D1688346

Wissensbilanzen
Intellektuelles Kapital
erfolgreich nutzen und entwickeln

Kai Mertins · Kay Alwert
Peter Heisig (Herausgeber)

Wissensbilanzen

Intellektuelles Kapital
erfolgreich nutzen und entwickeln

Mit 112 Abbildungen und 16 Tabellen

Springer

Professor Dr.-Ing. Kai Mertins
Kay Alwert
Peter Heisig

Competence Center Wissensmanagement
Fraunhofer IPK
Pascalstraße 8–9
10587 Berlin

kai.mertins@ipk.fhg.de
kay.alwert@ipk.fhg.de
peter.heisig@ipk.fhg.de

Bibliografische Information der Deutschen Bibliothek
Die Deutsche Bibliothek verzeichnet diese Publikation in der Deutschen Nationalbibliografie; detaillierte bibliografische Daten sind im Internet über <http://dnb.ddb.de> abrufbar.

ISBN 3-540-23719-4 Springer Berlin Heidelberg New York

Dieses Werk ist urheberrechtlich geschützt. Die dadurch begründeten Rechte, insbesondere die der Übersetzung, des Nachdrucks, des Vortrags, der Entnahme von Abbildungen und Tabellen, der Funksendung, der Mikroverfilmung oder der Vervielfältigung auf anderen Wegen und der Speicherung in Datenverarbeitungsanlagen, bleiben, auch bei nur auszugsweiser Verwertung, vorbehalten. Eine Vervielfältigung dieses Werkes oder von Teilen dieses Werkes ist auch im Einzelfall nur in den Grenzen der gesetzlichen Bestimmungen des Urheberrechtsgesetzes der Bundesrepublik Deutschland vom 9. September 1965 in der jeweils geltenden Fassung zulässig. Sie ist grundsätzlich vergütungspflichtig. Zuwiderhandlungen unterliegen den Strafbestimmungen des Urheberrechtsgesetzes.

Springer ist ein Unternehmen von Springer Science+Business Media

springer.de

© Springer-Verlag Berlin Heidelberg 2005
Printed in Germany

Die Wiedergabe von Gebrauchsnamen, Handelsnamen, Warenbezeichnungen usw. in diesem Werk berechtigt auch ohne besondere Kennzeichnung nicht zu der Annahme, dass solche Namen im Sinne der Warenzeichen- und Markenschutz-Gesetzgebung als frei zu betrachten wären und daher von jedermann benutzt werden dürften.

Einbandgestaltung: design & production GmbH, Heidelberg

SPIN 11660828   43/3111-5 4 3 2 1 – Gedruckt auf säurefreiem Papier

Geleitwort

Wissen und Innovation entscheiden mehr denn je über Erfolg und Misserfolg im globalen Wettbewerb. Während wirtschaftlicher Erfolg leicht messbar ist, gewähren die traditionellen Kennzahlen der Bilanz und Gewinn- und Verlustrechnung nur unzureichenden Einblick in die Faktoren, die über die Zukunftsfähigkeit eines Unternehmens entscheiden.

Einsatzfreudige Mitarbeiter mit guten Fachkenntnissen, ein treuer Kundenstamm, eine ausgeklügelte Prozessorganisation oder ein gutes Betriebsklima sind in der heutigen Zeit Aktivposten, die in den Bilanzen eines Unternehmens nicht auftauchen, die aber gerade in wissensintensiven Branchen mehr über das Erfolgspotenzial aussagen als z.B. der Wert des Anlagevermögens.

Die Wissensbilanz hilft, diese so genannten "weichen Faktoren" transparent zu machen und zu bewerten. Das ist nicht nur wichtig, um knappe Wissensressourcen im Unternehmen möglichst effektiv und gewinnbringend einzusetzen. Mit einer greifbaren Aufstellung ihres Know-hows in Form einer Wissensbilanz kann sich eine Firma auch nach außen viel besser präsentieren, z.B. gegenüber Kunden, Geschäftspartnern, Kapitalgebern und im Zusammenhang mit Basel II.

Das Bundesministerium für Wirtschaft und Arbeit (BMWA) hat sich daher zum Ziel gesetzt, die Anwendung und Verbreitung der Wissensbilanz im deutschen Mittelstand und Handwerk zu begleiten und aktiv voranzutreiben.

Den Auftakt hierfür bildeten die Internationale Konferenz "Wissensbilanz - Made in Germany" und die Vorstellung eines Leitfadens zur Erstellung einer Wissensbilanz im September 2004. Um dem noch jungen Thema nachhaltigen Schub zu verleihen, sind weitere Maßnahmen zur Sensibilisierung des Mittelstandes und zur inhaltlichen Weiterentwicklung des Instruments erforderlich.

Ich bin zuversichtlich, dass das vorliegende Buch hierzu einen wichtigen Beitrag leisten und der Wissensbilanz-Bewegung in Deutschland neue Impulse verleihen wird.

Dr. Rolf Hochreiter
Ministerialrat im
Bundesministerium für Wirtschaft und Arbeit

Vorwort

Ständige Umwälzungen durch Globalisierung, Technologisierung und kürzer werdenden Produktlebenszyklen bedeuten für viele Organisationen schon heute, dass ein Wissens- oder Innovationsvorsprung oft ihr einziger Wettbewerbsvorteil ist. Besonders der Mittelstand ist darauf angewiesen, Veränderungen im Geschäftsumfeld schnell zu erkennen und ihnen mit bedarfsgerechten Lösungen, aber auch mit zeitgemäßen Strukturen und Technologien zu begegnen. Denn schon eine verschlafene Entwicklung oder eine verpasste Gelegenheit kann das wirtschaftliche Aus bedeuten. Anders als multinationale Konzerne können sowohl kleine und mittelständische Unternehmen (KMU) als auch Forschungseinrichtungen dem Kostendruck meist nicht durch kurzfristige Verlagerungen ins Ausland ausweichen. Zukünftige Ertragskraft und Innovationsfähigkeit am Standort sicherzustellen, ist für sie deshalb eine Frage des eigenen Überlebens.

Ähnlich wie die Kundenzufriedenheit oder die Mitarbeitermotivation, lassen sich der „Wissensvorsprung" und das „Innovationspotenzial" einer Organisation jedoch schwer in harten Daten und Fakten ausdrücken und sind damit auch schwer zu managen. So blieb diesen Organisationen und ihren „Chefs" nichts anderes übrig, als sich auf „klassische" Managementmethoden zu verlassen oder ihrem unternehmerischen Gespür zu vertrauen, wenn es um das mittel- und langfristige Überleben auf dem Markt ging. Doch in einer immer komplexeren und sich schneller verändernden Umwelt lässt sich die richtige Strategie nicht immer „aus dem Bauch heraus" definieren. Und selbst wenn die Richtung der strategischen Organisationsentwicklung klar ist und entsprechende Maßnahmen eingeleitet sind, können herkömmliche Controlling- und Managementinstrumente keine Auskunft darüber geben, ob die gesteckten Ziele erreicht werden oder nicht. Das liegt zum einen an der Vergangenheitsorientierung des klassischen Finanzberichtswesens und zum anderen daran, dass die nicht-materiellen Vermögenswerte, die das Innovationspotenzial vor allem ausmachen, bisher nicht erfasst werden.

In diesem Zusammenhang wird die Frage nach den „weichen" Erfolgsfaktoren und ihrer systematischen Steuerung immer bedeutender. Nicht nur die Geschäftsleitung und die Mitarbeiter, sondern auch externe Zielgruppen, wie potenzielle Kreditgeber oder Partner, fordern aus unterschiedlichen Interessenslagen Transparenz über interne Strukturen, Kompetenzen, Organisationskultur und andere Faktoren, die die zukünftige Wertschöpfung nachhaltig beeinflussen.

Diese immateriellen Organisationswerte strukturiert darzustellen und zu bewerten, ist das übergeordnete Ziel der Wissensbilanzierung. Eine Wissensbilanz weist prinzipiell das Vermögen einer Organisation aus, das nicht direkt greifbar, aber entscheidend für den wirtschaftlichen Erfolg in der Zukunft ist. Denn das vorhandene, erfolgskritische Wissen in einer Organisation – das so genannte intellektuelle Kapital – trägt maßgeblich dazu bei, dass auch in den nächsten Geschäftsjahren innovative Produkte oder Dienstleistungen entstehen, die den wirtschaftlichen Erfolg sichern. Das gezielte Fördern der individuellen Fähigkeiten der Mitarbeiter, wertvolle Kundenbeziehungen, effiziente Geschäftsprozesse und eine marktorientierte Produktentwicklung sind einige der kritischen Erfolgsfaktoren in einer wissensgetriebenen Wirtschaft.

Für all das steht die Wissensbilanz. Sie ist ein wirksames und zukunftweisendes Instrument zur systematischen Organisationsentwicklung. Sie ermöglicht die gezielte interne Steuerung von Projekten und Initiativen zum optimalen Management des intellektuellen Kapitals und trägt damit maßgeblich zur Produktivitätssteigerung und Wertschöpfung bei.

Die Frage nach dem Bilanzvolumen einer Wissensbilanz lässt sich noch nicht beantworten. Allerdings liefert uns der 1999 veröffentlichte „Geschäftsbericht der Deutschland AG" (Ederer u. Schuller 1999) einen ersten Anhaltspunkt. Demnach betrug der Wert des Humankapitals der Deutschland AG, verstanden als die „Bestandsgröße des erworbenen Wissens und der angeeigneten Fertigkeiten, die im Wirtschaftsleben eingesetzt werden können", für 1995 rund 6.210 Mrd. DM, dies entspricht etwa 3.175 Mrd. €. Die Wachstumsrate für das Humankapital lag damals bei 6,0 %, während das Anlagekapital im gleichen Zeitraum (1995) nur um 4,7 % wuchs. (ebda. S. 83) Edvinsson spricht in seinem Beitrag (vgl. Kapitel 21) von noch höheren Größenordnungen und verweist auf einen Multiplikatoreffekt, den Investitionen in das intellektuelle Kapital auslösen können. Schließlich sei auf die Differenz zwischen dem in der Bilanz ausgewiesenen Buchwert einer Unternehmung und dem Börsenwert des Unternehmens verwiesen. Ein Teil dieser Differenz gründet sicherlich auf dem zugeschriebenen Wert des intellektuellen Kapitals des Unternehmens.

Diese knappen Hinweise zeigen deutlich, dass mit dem Thema Wissensbilanzierung ein relevanter und bedeutender Teil des Vermögens von Unternehmen und der Gesamtwirtschaft angesprochen wird. Die Auseinandersetzung mit diesen Fragestellungen lohnt sich im wahrsten Sinne des Wortes.

Unter dem Begriff Wissensbilanzierung sind hierzu in der jüngeren Vergangenheit erste Methoden und Verfahren entwickelt worden. Allerdings fanden diese Entwicklungen, bis auf wenige Ausnahmen, bisher primär im Ausland statt. Unsere nördlichen Nachbarn Dänemark und Schweden sowie unser südlicher Nachbar Österreich, aber auch Spanien sind hier eindeutige Vorreiter in Europa. Bevor wir zum Überblick des vorliegenden Buches kommen, möchten wir noch kurz unseren Forschungshintergrund darstellen.

Das Competence Center Wissensmanagement am Fraunhofer IPK

Das Competence Center Wissensmanagement (CCWM) am Fraunhofer IPK entwickelt seit 1997 systematisch ganzheitliche Lösungen sowie Methoden und Werkzeuge für das Wissensmanagement für Anwender in der Wirtschaft, der öffentlichen Verwaltung und angewandten Forschung. Die geschäftsprozessorientierte Vorgehensweise zum Wissensmanagement ist inzwischen zum de facto Standard für die Einführung von Wissensmanagement in Deutschland und Europa geworden. 2004 sind diese Ergebnisse der Fraunhofer-Forschung auch in den ersten „Europäischen Leitfaden zur erfolgreichen Praxis im Wissensmanagement" des Europäischen Komitee für Normung (CEN 2004 – CWA 14924) eingeflossen. Das Fraunhofer IPK Referenzmodell zum Wissensmanagement war prägend für das europäische Knowledge Management (KM) Framework. Das Fraunhofer Referenzmodell ist eines der wenigen Modelle im Wissensmanagement, das auf einer empirischen Basis beruht und sich in der Unternehmenspraxis als Gestaltungsmodell mehrfach bewährt hat.

Die Erfahrungen des CCWM aus den Forschungs-, Entwicklungs- und Umsetzungsprojekten haben wir im CCWM Lösungshaus „Wissensmanagement" konsolidiert und zusammengefasst. Es steht damit ein abgestimmter Methodenpool für die vier Hauptphasen der Umsetzung von Wissensmanagement von der Strategie, über die Lösungserarbeitung und Einführung bis zum Betrieb für den Anwender zur Verfügung (vgl. Abb. 0.1.).

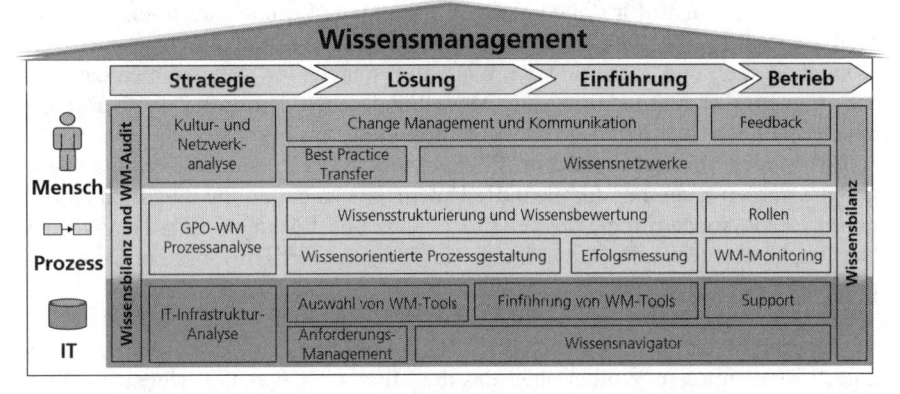

Abb. 0.1. CCWM Lösungshaus „Wissensmanagement"

Eine zentrale Frage, derer sich viele Führungskräfte heute stellen, aber lautet: „Wie messen wir den Wissensbestand und die Wissensnutzung und wie steuern wir die Entwicklung unseres Wissens heute und in Zukunft?"

Eine Antwort auf die Frage nach der Messung der Wissensnutzung und Steuerung der Wissensentwicklung geben die Wissensbilanzen, „Intellectual Capital Reports" (ICR) und „Intangible Assets Reports" (IAR). Hierzu möchten wir den Lesern einen Überblick über die aktuellen Arbeiten unserer europäischen Partner geben und die aktuellen Ergebnisse von Projekten mit Unternehmen in Deutschland darstellen. Im Folgenden wird ein kurzer Überblick über die einzelnen Beiträgen gegeben.

Der erste Teil des Buches führt ausführlich in die Thematik der Wissensbilanzierung ein. In dem Beitrag von **Alwert et al**. werden vor allem die verschiedenen Zielsetzungen der Wissensbilanz erläutert und Verbindungen zu anderen Management-Methoden aufgezeigt. Im zweiten Beitrag stellt **Alwert** detailliert die Entwicklung des Instrumentes Wissensbilanz in Wissenschaft und Praxis dar. Er ordnet die verbreitesten 28 Bewertungsansätze ein und analysiert insgesamt 64 Wissensbilanzen von 35 Organisationen aus ganz Europa auf ihre Gemeinsamkeiten.

Im zweiten Teil werden verschiedene Modelle zur Wissensbilanzierung vorgestellt, deren Fokus auf dem Erfassen, Darstellen, Messen und Bewerten des intellektuellen Kapitals von Unternehmen liegt.

Im Mittelpunkt des Beitrages von **Bornemann et al.** steht das vom Bundesministerium für Wirtschaft und Arbeit geförderte Projekt „ Wissensbilanz – Made in Germany", im Rahmen dessen 14 prototypische Wissensbilanzen in kleinen und mittelständischen Unternehmen erstellt wurden. Bornemann et al. gehen auf den Ablauf des Erstellungsprozesses ein und legen die in der Praxis gewonnenen Erkenntnisse und Erfahrungen dar.

Mouritsen und Bukh stellen in ihrem Beitrag die Struktur des Intellectual Capital Report" (ICR) gemäß der Danish Guideline vor, der ein Instrument zur Kommunikation und Steuerung der Wissensressourcen im Unternehmen darstellt. Sie erläutern das zugrunde liegende Modell und geben dem Leser darüber hinaus am Beispiel des Unternehmens COWI Hilfestellung zur Interpretation eines ICR.

Das Modell von **Reinhard und Flicker** zeigt auf, wie eine Wissensbilanz eingeführt werden kann, bei der nicht die Unternehmensleitung die inhaltlichen Vorgaben macht, sondern die Mitarbeiter Probleme und Lösungen selbst entwickeln. Darüber hinaus geben die Autoren eine Reihe anregender Hinweise zur Durchführung und Entwicklung von Wissensbilanzen.

Die von **Lingemann** beschriebene *Wissens*Bilanz zielt auf die Erfassung von Wissensbeständen im Unternehmen ab. Hierzu wird das am Arbeitsplatz notwendige Wissen mit dem Wissen, über das die Mitarbeiter bereits verfügen, entsprechend eines klassischen Buchungssystems in Kontenform gegenübergestellt, so dass Unter- und Überdeckungen transparent werden. Als Messgröße für das Wissen wird die Lernzeit herangezogen.

Das von **North und Grübel** am Beispiel der Commerzbank vorgestellte mehrstufige Indikatorensystem beruht auf einem Grundmodell wissensorientierter Unternehmensführung. Mit Hilfe von Indikatorenklassen wird der Zustand der organisationalen Wissensbasis im Unternehmen und ihre Veränderung durch Interventionen detailliert und strukturiert festgehalten, so dass eine dynamische Betrachtung des intellektuellen Kapitals möglich wird und Ursache- Wirkungszusammenhänge deutlich werden.

Das Knowledge-Asset-Measurement-System (KAM.Sys) von **Nagel und Mohr** kombiniert verschiedene Ansätze zur Wissensbewertung mit dem Konzept der wertorientierten Unternehmensführung, um die knowlegde assets einer Organisation erfassen, bewerten und steuern zu können. Die Autoren beschreiben neben der modular aufgebauten Methode, das Vorgehensmodell zur Implementierung, die Implementierung selbst und die daraus gewonnenen Erfahrungen.

Alwert und Offen stellen in ihrem Beitrag die Wissensbilanz der VR Bank Südpfalz vor und erläutern den Erstellungsprozess, der auf dem Leitfaden des Bundesministeriums für Wirtschaft und Arbeit beruht. Die angewandte Methode basiert auf einem prozessorientierten Steuerungsmodell zur Erfassung und Bewertung des intellektuellen Kapitals. Es erfolgt sowohl eine Bewertung nach Qualität, Quantität und Systematik als auch eine Analyse der Wirkungszusammenhänge zwischen dem intellektuellen Kapital und dem Geschäftserfolg.

Andriessen geht in seinem Artikel zunächst detailliert auf die von ihm angewandete Methode zur Entwicklung seines Instrumentes, dem „weightless wealth tool kit" ein. Dieses, anschließend von ihm näher vorgestellte, Instrument zur Bewertung des intellektuellen Kapitals ermöglicht es, den immateriellen Ressourcen im Unternehmen einen monetären Wert zu zuweisen.

Der Artikel von **Bornemann et al.** beschreibt die Einführung eines „Intangible Assets Reports" (IAR) bei der Böhler Schmiedetechnik GmbH & Co KG. Der IAR beruht auf dem Wissensbilanzmodell der Austrian Research Centers Seibersdorf (ARCS), das an die speziellen Anforderungen des Unternehmens angepasst wurde. Das Besondere an dieser Implementierung besteht darin, dass der IAR und die Sensitivitätsanalyse mit dem Drei Säulen Modell des kontinuierlichen Verbesserungsprozess des Unternehmens verbunden werden, um einen systematischeren Umgang mit dem intellektuellen Kapital zu erreichen.

Der dritte Teil geht auf einzelne Wissensbilanzmodelle ein, die das Management des intellektuellen Kapitals in Universitäten und Forschungseinrichtungen ermöglichen.

Das Modell nach **Biedermann und Graggober** ist an das Rahmenmodell für österreichische Universitäten angelehnt. Der Schwerpunkt dieses Wissensbilanzmodells liegt auf der Verwendung als Strategie- und Steuerungsinstrument. Um dies zu ermöglichen, werden neben der Einbindung in den Regelkreis der strategischen Führung, Aktivität und Qualität bzw. Innen- und Außensicht der verschiedenen Schwerpunktbereiche eines wissenschaftlichen Instituts miteinander verglichen und daraus Strategien für die Zukunft abgeleitet.

Als erste Organisation im deutschsprachigen Raum haben die Austrian Research Centers Seibersdorf (ARCS) eine Wissensbilanz durchgeführt. Das von ihnen entwickelte Modell ist zum Vorbild für eine Vielzahl von Wissensbilanzen geworden. In der Wissensbilanz werden die Inputfaktoren, Kernprozesse und Ergebnisse des Unternehmens, die als relevant für die Erreichung der Wissensziele des Unternehmens identifiziert wurden, mittels Indikatoren erfasst und bewertet. Der Artikel von **Leitner** beschreibt ausführlich den Implementierungsprozess, sowie die Erfahrungen, die während der praktischen Umsetzung gewonnen wurden.

Grasenick stellt den JR Explorer, die Wissensbilanz des Joanneum Research, vor, der entwickelt wurde, um sowohl die Besonderheiten von außeruniversitären Forschungseinrichtungen berücksichtigen zu können als auch den speziellen Anforderungen der Joanneum Research gerecht zu werden. Dabei beschreibt sie die praktischen Erfahrungen und geht u.a. auf die Auswahl der Indikatoren, die Einbindung von finanziellen Werten in den JR-Explorer und die Wirkung der Wissensbilanz auf die Unternehmenskultur ein.

Die Wissensbilanz von **Blum und Borrmann** orientiert sich am ARCS-Modell. Der Beitrag beschreibt die Einführung der Wissensbilanz im Deutschen Zentrum für Luft- und Raumfahrt e.V. (DLR) und zeigt Schwierigkeiten auf, die bei der Umsetzung der Wissensbilanz entstehen können und berücksichtigt werden sollten.

Im Mittelpunkt des Beitrages von **Alwert** steht die integrierte Wissensbewertung, die am Beispiel des Fraunhofer IPK beschrieben wird. Die aus einem Struktur- und einem Steuerungsmodell bestehende Methode betrachtet die fünf Dimensionen: Geschäftsprozesse, Wissensressource, externe Beziehungen, Prozess- und Wissensergebnisse sowie extern erzielte Wirkungen. Der geschäftsprozessbezogene Ansatz ermöglicht es, die Wirkungszusammenhänge zwischen den einzelnen Elementen aufzuzeigen. Zusätzlich kann den Wissensressourcen ein monetärer Wert zugewiesen werden.

Die Donau-Universität Krems erstellte die erste gesamtuniversitäre Wissensbilanz in Österreich. **Koch und Pircher** schildern die einzelnen Implementierungsschritte, beschreiben ihre Erfahrungen bei der Umsetzung und gehen auf die erarbeiteten Ergebnisse ein.

Im letzten Teil des Buches wird die Bedeutung des intellektuellen Kapitals für die Gesellschaft und die daraus resultierenden Konsequenzen und Aktivitäten auf gesamtgesellschaftlicher Ebene betrachtet.

Pulić und van der Zahn kritisieren das GDP (Gross Domestic Product) als ungeeignete Kennzahl für den Vergleich der Wirtschaftsstärke von Nationen im „Wissenszeitalter" und schlagen ein neues Messverfahren, den Value Added Intellectual Coefficient (VAIC™), vor. Neben der Herleitung des VAIC™ wird seine Anwendung anhand von Beispielen gezeigt.

Die von **Alwert** und **Vorsatz** durchgeführte Studie untersucht die Bedeutung des intellektuellen Kapitals in deutschen Unternehmen. Dabei werden insbesondere der Einfluss, die Ausprägung und die Systematik der verschiedenen immateriellen Faktoren in den Unternehmen beleuchtet. Die Auswertung der Befragung zeigt darüber hinaus, welche Instrumente von Unternehmen zur Steuerung des intellektuellen Kapitals bereits eingesetzt werden und welche Anforderungen an das Instrument Wissensbilanz gestellt werden.

Heisig zeigt die verschiedenen europäischen Projekte und Initiativen auf, die in den letzten Jahren zum Thema intellektuelles Kapital gestartet und durchgeführt wurden. Er gibt sowohl einen Überblick über länderübergreifende Projekte auf europäischer Ebene als auch über Aktivitäten einzelner Länder wie Frankreich, Niederlande, Finnland, Deutschland, Österreich, Island, Italien, Kroatien, Schweden und Spanien. Die Initiativen zielen vorwiegend darauf ab, Ansätze und Verfahren zu entwickeln, welche die Kommunikation und das Management des intellektuellen Kapitals für Unternehmen, Forschungseinrichtungen aber auch Staaten möglich machen, so dass der Bedeutung des intellektuellen Kapitals für die Wettbewerbsfähigkeit entsprechend Rechnung getragen werden kann.

Edvinsson gibt einen breiten Überblick über die Thematik des intellektuellen Kapitals. Er zeigt den Stand der F&E Investitionen verschiedener Ländern sowie deren Wachstum in den letzten Jahren auf und fasst die Bemühungen einzelner Länder um das intellektuelle Kapital zusammen. Darüber hinaus geht er auf Herausforderungen der Wissenswirtschaft ein.

Dieses Buch über Wissensbilanzen wird hoffentlich viele weitere Organisationen dazu anregen, das Instrument „Wissensbilanz" zu implementieren und daraus Vorteile für ihre Wettbewerbsfähigkeit und ihr Innovationspotenzial zu ziehen.

Kai Mertins, Peter Heisig, Kay Alwert

Danksagung

An dieser, unserer zweiten Veröffentlichung[1] im Bereich Wissensmanagement haben auch diesmal wieder viele Personen mitgearbeitet. Folgenden Mitarbeiterinnen und Mitarbeitern sind wir zu besonderem Dank verpflichtet. Herrn Michael Hahne danken wir für sein unermüdliches Engagement bei der Koordination und Redaktion dieses Werkes. Er hat diese schwierige Aufgabe zielstrebig und mit großer Ruhe erfolgreich gemeistert. Frau Nadine Vorsatz ist für ihre hervorragende Organisationsarbeit bei der Durchführung des Pilotprojektes „Wissensbilanz - Made in Germany" sowie ihrer Unterstützung bei der Endredaktion und der Zusammenstellung der Literatur dieses Buches sehr herzlich zu danken. Den Mitarbeiterinnen und Mitarbeitern des Competence Centers Wissensmanagements danken wir für ihre unermüdliche Unterstützung bei der Erstellung dieses Buches.

Besonderen Dank möchten wir den Geschäftsführungen sowie den Mitarbeiterinnen und Mitarbeitern der 14 Pilotunternehmen des Projektes „Wissensbilanz – Made in Germany" aussprechen. Ihr Engagement, ihre konstruktive Mitarbeit, ihr Feedback und ihre Anregungen sowie Kritik haben es ermöglicht, dass das Pilotprojekt in nur sechs Monaten durchgeführt und der Praxis-Leitfaden erstellt werden konnte. Wir hoffen, dass ihre Vorreiterrolle zahlreiche Nachahmer in allen Branchen und Regionen findet und dieses Buch allen an der Wissensbilanz Interessierten hilfreiches und notwendiges Hintergrundwissen liefert.

Schließlich möchten wir Herrn Ministerialrat Dr. Rolf Hochreiter und Herrn Christian Liebich vom Bundesministerium für Wirtschaft und Arbeit (BMWA) sowie Herrn Hans-Jürgen Herrmann vom Projektträger IT-Anwendungen im DLR sehr herzlich für ihre hervorragende Unterstützung des Projektes „Wissensbilanz – Made in Germany" danken.

Ferner sei unseren europäischen und deutschen Partner zu danken, die unsere Arbeit kritisch begleitet und mit Anregungen und Hinweisen zum Gelingen beigetragen haben. Dazu zählen insbesondere Prof. Daniel Andriessen, Prof. Leif Edvinsson, Dr. Karl-Heinz Leitner, Prof. Jan Mouritsen, Prof. Klaus North, Herr Günter Szogs.

Zu guter Letzt sei den Mitgliedern des Arbeitskreises Wissensbilanz (www.akwissensbilanz.org) insbesondere Dr. Manfred Bornemann und Mart Kivikas für ihr großes Engagement, die sehr intensiven und fruchtbaren Diskussionen, die ausgezeichnete Zusammenarbeit und stets motivierende Atmosphäre bei der gemeinsamen Projektarbeit gedankt.

---

[1] Die Veröffentlichung: Mertins, K., Heisig, P., Vorbeck, J. (Eds.): Knowledge Management. Concepts and Best Practices. Berlin u.a. Springer-Verlag 2003, 2. Aufl. stellt die vom CCWM am Fraunhofer IPK entwickelten Methoden und Werkzeuge vor, sowie Ergebnisse von Befragungen zum Thema als auch Unternehmensfallstudien mit Best Practice Beispielen. Diese Veröffentlichung wurde 2004 in die chinesische Sprache übersetzt und eine Ausgabe in russischer Sprache ist für 2005 geplant.

Literaturverzeichnis

Ederer P, Schuller P (1999): Geschäftsbericht Deutschland AG. Schäffer-Poeschel Verlag, Stuttgart

CEN (2004): Europäischer Leitfaden zur erfolgreichen Praxis im Wissensmanagement. CWA 14924, Brüssel: CEN 2004

Inhaltsverzeichnis

Geleitwort .... **V**
  Rolf Hochreiter

Vorwort .... **VII**
  Kai Mertins, Peter Heisig, Kay Alwert

**1 Wissensbilanzen – Intellektuelles Kapital
  erfolgreich nutzen und entwickeln** 1
  Kay Alwert, Peter Heisig, Kai Mertins
  1.1 Einleitung 1
  1.2 Begriffsklärung 2
  1.3 Ausgangssituation - Warum Wissen bilanzieren? 4
    1.3.1 Diskrepanz zwischen Markt und Buchwert 4
    1.3.2 Rating und Basel II 4
    1.3.3 Rechtliche Rahmenbedingungen, Rechnungslegung
       und Standards 5
    1.3.4 Mitarbeiterakquisition und -bindung 7
    1.3.5 Kooperationen mit Partnern im Geschäftsumfeld 7
    1.3.6 Markt und Kunden 8
    1.3.7 Organisationsmanagement 8
  1.4 Zielsetzungen der Wissensbilanzierung – eine kritische Betrachtung 9
    1.4.1 Wissensbilanzen als Instrument zur Kommunikation des
       intellektuellen Kapitals 10
    1.4.2 Wissensbilanzen als Instrument zum Management des
       intellektuellen Kapitals 12
  1.5 Wissensbilanzen – Zwischen Kommunikation und Management 12
  1.6 Positionierung der Wissensbilanz zu anderen
     Managementinstrumenten 13
  Literaturverzeichnis 15

2 Wissensbilanzen – Im Spannungsfeld zwischen Forschung und Praxis 19
  Kay Alwert
  2.1 Einleitung 19
  2.2 Herausforderungen bei der Messung und Bewertung des
     intellektuellen Kapitals 19
  2.3 Historischer Überblick und aktueller Stand der Forschung und
     Entwicklung 23
  2.4 Anwendungspraxis
     – Eine Analyse veröffentlichter Wissensbilanzen 31
    2.4.1 Untersuchungsgegenstand 31
    2.4.2 In der Praxis verwendete Begriffe 32

2.4.3 Inhalt und Struktur der analysierten Wissensbilanzen 32
2.4.4 Die Messung des intellektuellen Kapitals 33
2.4.5 Die Bewertung und Steuerung des intellektuellen Kapitals 33
2.4.6 Wie wird mittels der Wissensbilanz kommuniziert und wo wird diese ausgewiesen? 35
2.4.7 Zusammenfassung der Ergebnisse und Vorschlag einer Definition 35
Literaturverzeichnis 36
Anhang 39

3 Wissensbilanzen – „Made in Germany" Ein Praxisbericht aus dem Mittelstand 41
Manfred Bornemann, Leif Edvinsson, Kai Mertins, Peter Heisig, Kay Alwert, Mart Kivikas

3.1 Motivation und Zielsetzung 41
    3.1.1 Unternehmenswert 41
    3.1.2 Produktivität 42
    3.1.3 Unterstützung bei täglichen Entscheidungen 43
    3.1.4 Abgrenzung zur Balanced Scorecard 43
3.2 Vorgehen zur Projektumsetzung 43
    3.2.1 Selektion der Teilnehmer und Erfahrungstransfer 44
    3.2.2 Erfahrungen aus dem Implementierungsprozess in den 14 Pilotunternehmen 45
    3.2.3 Nutzen für KMU aus dem Erstellungsprozess 50
3.3 Lessons Learned 50
    3.3.1 Was ist eine Wissensbilanz? 50
    3.3.2 Bedeutung von schnellen Ergebnissen 51
    3.3.3 Etablierung und Legitimation 51
    3.3.4 Hohe Voraussetzungen und Aufwand 52
    3.3.5 Vergleichbarkeit und Interpretation 52
3.4 Zusammenfassung und Ausblick 53
Literaturverzeichnis 53

4 Analyse und Interpretation von „Intellectual Capital Reports" 55
Jan Mouritsen, Per Nikolaj Bukh

4.1 Wissensressourcen 56
4.2 Der 'Intellectual Capital Report' 56
4.3 Der ‚Intellectual Capital Report' als Management-Instrument 58
4.4 Schlussfolgerung 66
Literaturverzeichnis 67

5 Die Entwicklung und Einführung eines Wissensbilanzsystems: Vorteile eines „bottom up"-Prozesses 69
Rüdiger Reinhardt, Anja Flicker

5.1 Einführung 69
    5.1.1 Hintergrund 69

5.1.2 Vorgehen: Übersicht 69
5.2 Projektbeschreibung 70
  5.2.1 Phase 1: Pilotphase 71
  5.2.2 Phase 2: Generalisierungsphase 80
  5.2.3 Phase 3: Aggregation & Entwicklung der Wissensbilanz 80
  5.2.4 Resümee 81
5.3 Diskussion & Schlussfolgerungen 81
  5.3.1 Erfolgsfaktoren 81
  5.3.2 Wissensmanagement – Quo vadis? 84
Literaturverzeichnis 84

6 Instrument für Wissens- und Personalarbeit 87
Hans-Friedrich Lingemann
6.1 Ausgangssituation 87
  6.1.1 Prolog für den eiligen Leser 87
6.2 Das Modell *Wissens*Bilanz 89
6.3 Anwendung und Ergebnisse der *Wissens*Bilanz 94
  6.3.1 Struktur Wissen$_S$ 95
  6.3.2 Lernzeit als Messgröße 97
  6.3.3 Das Buchungssystem 98
  6.3.4 Bilanzsystem 100
  6.3.5 Unterstützung durch eine Datenbanklösung 102
6.4 Rückblick und Kritik 107
Literaturverzeichnis 108

7 Von der Intervention zur Wirkung:
Das mehrstufige Indikatorenmodell 109
Klaus North, Daniela Grübel
7.1 Wissen bilanzieren 109
7.2 Problemfelder bisheriger Ansätze 109
7.3 Das mehrstufige Indikatorenmodell zur Wissensbilanzierung 110
7.4 Anwendung des mehrstufigen Indikatorenmodells auf die
    Abteilung IT-Skill Resources der Commerzbank AG 112
  7.4.1 Die betrachtete Einheit 112
  7.4.2 Die organisationale Wissensbasis der IT-Skill Resources 113
  7.4.3 Beispiele typischer Ursache-Wirkungs-Zusammenhänge 115
7.5 Beurteilung des Indikatorenmodells 117
7.6 Fazit 118
Literaturverzeichnis 119

8 Die Wissensbilanz als Teilaspekt eines
Knowledge-Asset-Measurement-Systems 121
Claus Nagel, Christina Mohr
8.1 Die Ausgangssituation 121
8.2 Charakterisierung der Organisation 122
8.3 Die besondere Herausforderung im Projekt 122

8.4 Zielsetzungen und Erwartungen innerhalb des Unternehmens 123
8.5 Projektfokus im Unternehmen.. 123
8.6 Das Knowledge-Asset-Measurement-System 123
8.7 Besonderheiten der Methode.. 126
8.8 Anwendungsmöglichkeiten der Methode... 127
8.9 Das angewandte Vorgehensmodell 130
8.10 Die Implementierung... 132
8.11 Erfahrungen aus der Implementierung... 134
    8.11.1 Ein Resümee 136
Literaturverzeichnis.. 137

9 Warum eine Wissensbilanz in der VR Bank Südpfalz? 139
Kay Alwert, Rainer Offen
9.1 Einleitung... 139
9.2 Unternehmensportrait der VR Bank Südpfalz eG 141
9.3 Das Wissensbilanzmodell des AK Wissensbilanz............................... 141
    9.3.1 Ausgangspunkt Vision und Strategie der VR Bank Südpfalz...... 142
    9.3.2 Wissensziele in der VR Bank Südpfalz 143
    9.3.3 Die Gestaltung unserer Wissenskapitalkomponenten................... 143
    9.3.4 Gewichtung der Faktoren nach Einfluss und
          Verbesserungspotential... 145
    9.3.5 Lernschleifen des Modells, Systemumwelt 146
    9.3.6 Geschäftserfolgskomponenten der VR Bank Südpfalz............... 146
9.4 Dimensionen und Prozesse... 147
    9.4.1 Gezielte systematische Qualifikation... 147
    9.4.2 Beispiel: Interpretation des EF „Gezielte systematische
          Qualifikation" 148
    9.4.3 Indikatoren unseres Humankapitals... 149
    9.4.4 Maßnahmen und Zukunftsperspektive.. 149
9.5 Zusammenfassung und Ausblick... 151
9.6 Erfahrungen aus der Wissensbilanzierung bei der
    VR Bank Südpfalz – Ein Resümee aus externer Sicht 152
Literaturverzeichnis.. 154

10 Die Implementierung eines Instruments zur Bewertung von intellektuellem Kapital – Aus Fehlern lernen 155
Daniel Andriessen
10.1 Einführung... 155
10.2 Methodik 156
    10.2.1 Der Gestaltungs-Ansatz 156
    10.2.2 Fallbeispiele 158
10.3 Das "weightless wealth tool kit" 158
10.4 Ergebnisse 162
    10.4.1 Methodenerfolg... 162
    10.4.2 Notwendige Voraussetzungen für den Erfolg........................... 163
    10.4.3 Problemdefinitionen 164

10.4.4 Qualität der Methode 166
10.4.5 Die richtige Methode für die Aufgabenstellung 168
10.4.6 Qualität der Implementierung 169
10.5 Schlussfolgerung 171
Literaturverzeichnis 172

11 Mit kontinuierlichen Verbesserungsprozessen zur Lernenden Organisation 175
Manfred Bornemann, Gertraud Denscher, Jürgen Zinka
11.1 Überblick 175
    11.1.1 Problemstellung 176
    11.1.2 Kurzbeschreibung der bisherigen Aktivitäten 176
11.2 Neue Herausforderungen und Aufgabenstellung 179
    11.2.1 Voraussetzungen 179
11.3 Integration von IAR und KVP 180
    11.3.1 Verbindung von KVP, Innovation und Wissensmanagement 181
    11.3.2 Management durch Kennzahlen 182
    11.3.3 Selbstverstärkende Wirkungsbeziehungen 183
11.4 Zusammenfassung und Ausblick 184
Literaturverzeichnis 185

12 Die Wissensbilanz als Strategie- und Steuerungsinstrument im Forschungsmanagement 187
Hubert Biedermann, Marion Graggober
12.1 Ausgangssituation 187
12.2 Wissensbilanzierung an österreichischen Universitäten 188
12.3 Institut für Wirtschafts- und Betriebswissenschaften 190
12.4 Ziele für die Entwicklung und Erstellung der Wissensbilanz 191
12.5 Das Modell 191
12.6 Die Einsatzbereiche der Wissensbilanz 194
12.7 Strategieentwicklung, Steuerung und Controlling 196
12.8 Erfolgsfaktoren und Erfahrungen 200
Literaturverzeichnis 202

13 Wissensbilanzierung für den Forschungsbereich: Erfahrungen der Austrian Research Centers 203
Karl-Heinz Leitner
13.1 Einleitung 203
13.2 Funktion und Ziele der ARC-Wissensbilanz 205
13.3 Das Wissensbilanzmodell der ARC 207
13.4 Der Implementierungsprozess 209
13.5 Nutzen und Wirkung 214
13.6 Lessons Learned 217
    13.6.1 Wissensbilanzen müssen Ziele ausweisen! 217
    13.6.2 Externes Reporting bedingt internes Management! 217
    13.6.3 Konzentration auf wesentliche Indikatoren! 218

13.6.4 Wissensbilanz-Modelle müssen Beziehungen visualisieren!......219
13.6.5 Wissensbilanzen können keine Evaluierungen ersetzen, ermöglichen aber eine bessere Selbststeuerung und liefern Informationen für Evaluierungen!......219
13.6.6 Wissensbilanzen liefern Benchmarks, die nur im Kontext interpretiert werden können!......220
13.7 Ausblick......220
Literaturverzeichnis......221
Anhang......223

14 Wissensbilanzen in außeruniversitären Forschungseinrichtungen: Der JR-Explorer......225
Karin Grasenick
14.1 Einleitung......225
14.2 Die JOANNEUM RESEARCH im Spannungsfeld zwischen Wissen, Geld und Macht......225
14.2.1 Die Aufgaben der JOANNEUM RESEARCH als außeruniversitäre Forschungseinrichtung......225
14.2.2 Die Planungsinstrumente der JOANNEUM RESERACH......227
14.2.3 Der JR-Explorer-Zyklus......228
14.3 Der JR-Explorer im Detail......230
14.3.1 Ebene 1: Ressourcenorientierung – die Erfolgsfaktoren......230
14.3.2 Ebene 2: Ergebnisorientierung – die Leistungskriterien......232
14.3.3 Ebene 3: Zukunftsorientierung – das Managementinstrument..234
14.4 Hintergründe, Überzeugungen und Erfahrungen......235
14.4.1 Wissen, Finanzen und Bilanzen......235
14.4.2 Indikatoren: Messbarkeit vs. Aussagekraft......237
14.4.3 Wissen, Visionen und Kultur......238
Literaturverzeichnis......240

15 Analyse der Konzeption und Umsetzung der Wissensbilanzierung im Deutschen Zentrum für Luft- und Raumfahrt e.V.......241
Jürgen Blum, Robert Borrmann
15.1 Einleitung......241
15.2 Grundverständnis und Ziel der Wissensbilanzierung im Deutschen Zentrum für Luft- und Raumfahrt......241
15.2.1 Das Deutsche Zentrum für Luft- und Raumfahrt......241
15.2.2 Wissensbilanzierung im Deutschen Zentrum für Luft- und Raumfahrt......242
15.3 Aufbau und Anwendung der Wissensbilanzierung im Deutschen Zentrum für Luft- und Raumfahrt......243
15.3.1 Charakterisierung der Wissensbilanz des DLR......243
15.3.2 Beschreibung der Wissensbilanz des DLR......244
15.3.3 Anwendung der Wissensbilanz des DLR......245
15.4 Erfahrungen mit der DLR-Wissensbilanz......247
15.5 Ausblick und Fazit......249

15.5.1 Ausblick und Weiterentwicklung..249
15.5.2 Zusammenfassung und Fazit...251
Literaturverzeichnis...251

16 Die integrierte Wissensbewertung – ein prozessorientierter Ansatz........253
Kay Alwert
16.1 Einleitung..253
16.2 Die integrierte Wissensbewertung (IWB) –
    Das zu Grunde liegende Modell und Besonderheiten der Methode ..253
    16.2.1 Wie ist das Modell aufgebaut?..253
    16.2.2 Was ist die theoretische Grundlage des Modells?.....................255
    16.2.3 Was sind die Besonderheiten der
        Integrierten Wissensbewertung IWB?......................................256
16.3 Die sieben Schritte zur „Eröffnungs-Wissensbilanz".........................257
16.4 Anwendung und Ergebnisse der IWB im Bereich
    Unternehmensmanagement des Fraunhofer IPK..................................259
    16.4.1 Ausgangssituation im konkreten Anwendungsfall....................259
    16.4.2 Ziele und erwarteter Nutzen..260
    16.4.3 Vorgehen und Ergebnisse 261
16.5 Lessons Learned – Was sind die zentralen Erfahrungen
    aus der Wissensbilanzierung?..273
16.6 Ausblick 276
Literaturverzeichnis...276

17 Die erste gesamtuniversitäre Wissensbilanz:
Donau-Universität Krems 279
Günter R. Koch, Richard Pircher
17.1 Der Weg zur Wissensbilanz der Donau-Universität Krems 279
    17.1.1 Die Entstehung des verwendeten Wissensbilanzmodells..........279
    17.1.2 Charakterisierung der Donau-Universität Krems (DUK)
        als „zu bilanzierende" Wissensorganisation.............................282
17.2 Das Wissensbilanzmodell der DUK 284
    17.2.1 Anwendung..286
    17.2.2 Ergebnisse..291
    17.2.3 Bewertung und Reflexion der im Zuge
        der Wissensbilanzierung ermittelten Ergebnisse 296
17.3 Erfolgsfaktoren und Lessons Learned 298
    17.3.1 Unterstützung durch das Top-Management..............................298
    17.3.2 Methodische Vorgangsweise und Moderation..........................298
    17.3.3 Kommunikation innerhalb der Organisation............................299
    17.3.4 Generelle Chance zur kritischen Selbstreflexion 299
    17.3.5 Differenzierte Erwartungen gegenüber der Wissensbilanz........299
    17.3.6 Unterschiedliche Perspektiven auf die Kernprozesse 300
    17.3.7 Interessenskonflikte und Widerstände 300
    17.3.8 Fehlende Datenquellen und mangelhafte
        Homogenität der Daten..301

17.3.9 Organisatorischer Lern- und Veränderungsprozess 301
17.4 Die Zukunft 302
Literaturverzeichnis 303

18 Intellektuelles Kapital – Performance auf nationaler Ebene 305
Ante Pulić, Mitchell Van der Zahn
18.1 Einleitung 305
18.2 Prinzipien für ein nationales IC-Messsystem 306
18.3 Entwicklung eines Messsystems für Intellektuelles Kapital
 auf nationaler Ebene 308
18.4 IC-Wertschöpfungseffizienz auf nationaler Ebene 311
18.5 Vereinbarkeit auf mikro- und makroökonomischer Ebene 318
18.6 Schlussbemerkungen 320
Literaturverzeichnis 322

19 Intellektuelles Kapital in deutschen Unternehmen – aktuelle Studie des Fraunhofer IPK 323
Kay Alwert, Nadine Vorsatz
19.1 Einleitung 323
19.2 Datensammlung 323
19.3 Ergebnisse der Studie 325
    19.3.1 Einflussgewicht, Ausprägung und Systematik
     der einzelnen Faktoren 326
    19.3.2 Erfassung und Steuerung des intellektuellen Kapitals ... 330
19.4 Zusammenfassung 334
Literaturverzeichnis 335

20 Europäische Aktivitäten zur Wissensbilanzierung – Ein Überblick 337
Peter Heisig
20.1 Europäische Projekte 337
    20.1.1 MERITUM 338
    20.1.2 PRISM 339
    20.1.3 MAGIC 340
    20.1.4 Initiativen der nordischen Länder:
     NORDIKA, FRAME, NHKI und PIP 341
20.2 Aktivitäten in Europa 341
    20.2.1 Dänemark 341
    20.2.2 Deutschland 343
    20.2.3 Finnland 344
    20.2.4 Frankreich 345
    20.2.5 Großbritannien 346
    20.2.6 Island 347
    20.2.7 Italien 348
    20.2.8 Kroatien 349
    20.2.9 Niederlande 349
    20.2.10 Österreich 350

    20.2.11 Schweden 352
    20.2.12 Spanien 354
    20.3 Resümee 356
    Literaturverzeichnis 357

21 Das unerschöpfliche Potenzial des intellektuellen Kapitals 361
Leif Edvinsson
    21.1 Ein wachsendes Ungleichgewicht 361
    21.2 Eine „Landkarte" der immateriellen Vermögenswerte
        und ihre Größenordnung 362
    21.3 Internationale Initiativen zum intellektuellen Kapital 363
    21.4 Die „Longitude Perspektive"
        – eine *neue* Sicht auf das Unternehmen 365
    21.5 Wachsendes strategisches intellektuelles Kapital
        – der IC-Multiplikator 366
    21.6 Rechnungslegung, Vertrauen und Messung 367
    21.7 Die Unternehmensführung weiterentwickeln und strategisches
        intellektuelles Kapital als organisatorische Potenziale fördern 370
    21.8 Schlussfolgerung 372
    Literaturverzeichnis 372
    Links für weiteres Lesen 373

Empfohlene Literatur 375

Verzeichnis der Beitragsautoren 377

Sachverzeichnis 389

1 Wissensbilanzen – Intellektuelles Kapital erfolgreich nutzen und entwickeln

Kay Alwert, Peter Heisig, Kai Mertins

1.1 Einleitung

Neben finanziellen und materiellen Ressourcen ist Wissen heute anerkannterweise einer der wichtigsten Faktoren für den Geschäftserfolg von Organisationen. Im Zuge der Veränderung von der Produktions- zur Dienstleistungs- und zur Wissensgesellschaft nimmt Wissen im Vergleich zu traditionellen materiellen Ressourcen rasant an Wert zu und wird voraussichtlich in Zukunft alle anderen Ressourcen in ihrer Bedeutung übertreffen. Dies wurde auch auf höchster politischer Ebene erkannt und so hat die Europäische Union in ihrem Lissabon Abkommen das Ziel ausgerufen Europa bis 2010 „zum wettbewerbsfähigsten und dynamischsten wissensbasierten Wirtschaftsraum der Welt zu machen" (Europäischer Rat 2000). Um so erstaunlicher ist es, dass bisher keine allgemein anerkannten Methoden zur Messung dieses wichtigen immateriellen Faktors[1] vorliegen. In traditionellen finanzorientierten Bilanzierungs- und Steuerungssystemen bleiben immaterielle Faktoren und im Besonderen Wissen weitgehend unberücksichtigt oder werden lediglich als Kostenpositionen versteckt erfasst. Wie und woran wollen wir aber 2010 messen, ob wir das Ziel von Lissabon erreicht haben? Wie wollen wir dieses Ziel überhaupt sinnvoll anstreben, wenn uns die Instrumente zu einem gezielten Management der Ressource Wissen fehlen? Hier wird die Kluft zwischen Anspruch und Wirklichkeit deutlich, die das Dilemma der aktuellen Situation im Management kennzeichnet. Es ist also dringende, gemeinsame Aufgabe von Politik, Wissenschaft und Wirtschaft, diese Kluft zu schließen und adäquate Methoden zur erfolgreichen Nutzung und Entwicklung des intellektuellen Kapitals bereitzustellen und einzusetzen.

---

[1] Weder national noch international hat man sich bisher auf eine einheitliche Begrifflichkeit festlegen können. Für den geläufigen Begriff „intellektuelles Kapital" gibt es keine adäquate Singularform. Die Autoren werden in der Folge daher die Begriffkombination „immaterieller Faktor" verwenden, da er noch keine wertende Implikation enthält und als Überbegriff aufgefasst werden kann. Wenn ausgedrückt werden soll, dass ein immaterieller Faktor einen Wert für eine Organisation darstellt, so wie das z.B. in den Rechnungslegungsstandards behandelt wird, werden die Autoren statt von „immateriellem Faktor" von „immateriellem Vermögenswert" sprechen. Damit soll deutlich gemacht werden, dass ein immaterieller Faktor nicht in jeder Betrachtungsweise einem immateriellen Vermögenswert entsprechen muss. Weiteres im Kapitel „Begriffsklärung".

Das in diesem Band beschriebene und bereits in der Praxis erprobte Instrument der Wissensbilanz nimmt sich dieser Herausforderung an. Zwei wesentliche Ausgangssituationen und Zielsetzungen werden bei der Wissensbilanzierung dabei unterschieden. Zum einen zielt diese darauf ab, die Methoden zur Organisationsbewertung, Kommunikation und Rechenschaftslegung gegenüber externen Stakeholdern zu verbessern. Zum anderen ermöglicht die Wissensbilanzierung eine zeitgemäße Organisationssteuerung aufzubauen, die immaterielle Faktoren als wichtige Vermögenswerte der Organisationen systematisch mit einbezieht.

1.2 Begriffsklärung

Im noch jungen Themenfeld Wissensbilanz werden zahlreiche unterschiedliche Begrifflichkeiten verwendet, auf die zum besseren Verständnis hier kurz eingegangen werden soll. Wie in jungen Disziplinen üblich, dauert es eine gewisse Zeit, bis sich eine klare Begrifflichkeit mit Definitionen herausbildet. Diesen Status scheint die Wissensbilanz noch nicht vollständig erreicht zu haben, obwohl sich Tendenzen in der einschlägigen Literatur und in der Praxis bereits erkennen lassen (Bontis u. Choo 2002). Ein Teil der Begriffsverwirrung, die noch vorherrscht, ist sicherlich darauf zurückzuführen, dass bereits der „Gegenstand" der Betrachtung immateriell und damit prinzipiell schwer fassbar ist. Zahlreiche unterschiedliche Umschreibungen aus unterschiedlichen Kontexten heraus waren in dem interdisziplinären Forschungsfeld die Folge, je nachdem in welcher Begriffswelt sich die jeweiligen Autoren zu Hause fühlten und welche Ziele sie mit dem Thema verfolgten[2]. Erschwerend für den deutschen Leser kommt hinzu, dass die Begriffswelt um die Wissensbilanzierung stark durch die englische Sprache geprägt ist, in der ein Großteil der internationalen Diskussion zu dem Thema stattfindet. Intellectual capital, intellectual resources, intangible assets, knowledge assets, knowledge resources, human resources, intangible resources, intellectual assets etc. sind nur einige der teilweise auch in aktuellen deutschen Publikationen verwendeten Bezeichnungen (Horvath u. Möller 2004).

Für zusätzliche Verwirrung sorgen die häufig synonyme Verwendung mehrerer dieser Begriffe in oft ein und derselben Publikation. In der letzten Zeit zeichnet sich allerdings zumindest im Englischen eine gewisse Klärung ab[3]. Zwei maßgebliche Disziplinen bestimmen dabei die Richtung: „Intellectual capital" scheint sich als Oberbegriff in der Wissensmanagement-Community durchzusetzen, während „intangible asset", geprägt durch die Rechnungslegungsstandards, als Begriff im betriebswirtschaftlichen Umfeld dominiert. Beide Begriffe werden jedoch weiterhin kontrovers diskutiert, da die Konnotation der Teilbegriffe in vielerlei Hinsicht

---

[2] Eine gute Zusammenfassung findet sich bei Andriessen (2004).
[3] Als Indikator dafür kann eine aktuelle „google Suche" am 25.06.2004 stehen, die für Wortkombination „intellectual capital" ca. 411.000 Treffer, für die Kombination „intangible asset" immerhin 46.700 Treffer verzeichnet. Alle anderen erreichen zusammen weniger als eine der beiden allein.

irreführend sein kann (Andriessen 2004). Im Wesentlichen wird bei „intangible assets" darauf verwiesen, dass diese Begriffskombination weitgehend durch die Rechnungslegung definiert ist und in dieser Definition ein großer Teil der im intellektuellen Kapital enthaltenen Dimensionen nicht berücksichtigt sind (Edvinsson u. Malone 1997). Der Begriff schränkt den Betrachtungsgegenstand also zu sehr ein. Bei „intellectual capital" dagegen richten sich die Gegenargumente auf die einzelnen Teilbegriffe. Das englische „capital" aber auch das deutsche „Kapital" bezeichnet in der klassischen Bilanz die Passivseite, also die Mittelherkunft, während der eigentliche Betrachtungsgegenstand als Ressource aufgefasst wird und daher eher einem Vermögenswert entspricht, der der Aktivseite der Bilanzierung zuzurechnen wäre. „Intellectual" oder „intellektuell" hingegen ist ein Begriff der normalerweise Menschen zugeschrieben wird und in diesem Sinne irreführend ist, da das „intellectual capital" das Humankapital nur als eine Dimension neben Strukturkapital und Beziehungskapital betrachtet (Andriessen 2004).

Bei der Übertragung der Begriffe ins Deutsche stellt sich die Situation nicht besser dar, zumal einige der sich im Englischen durchsetzenden Begriffe schwer ins Deutsche zu übertragen sind. Jedoch sind analog zum Englischen die beiden erwähnten Disziplinen dominant und führen scheinbar dazu, dass sich die Begriffe „intellektuelles Kapital" und „immaterieller Vermögenswert" je nach Disziplin durchsetzen. Ausgehend von der Disziplin des Wissensmanagements wird jedoch weiterhin vorzugsweise von Wissen oder Wissensressourcen gesprochen, auch wenn teilweise dasselbe betrachtet wird. Problematisch bleiben die aus den englischen Begriffen abzuleitenden deutschen Benennungen von Methoden und Instrumenten.

„Intellectual capital statement" (vgl. DMSTI 2003b) oder „Intellectual capital report"[4] sind in ihrer wörtlichen Übersetzung ins Deutsche wenig klangvoll. Die Folge ist, dass sich der zwar provokante, aber auch einprägsame Name „Wissensbilanz" durchzusetzen scheint. Dies wird nicht zuletzt dadurch belegt, dass der Begriff bereits in erste Gesetzgebungen Eingang gefunden hat. (vgl. Republik Österreich 2002a)

---

[4] Siehe Skandia AFS (1994) oder die englischen Übersetzungen der österreichischen Wissensbilanzen z.B. der Austrian Research Center Seibersdorf oder der Joanneum Research (2002).

1.3 Ausgangssituation – Warum Wissen bilanzieren?

Im Folgenden sollen die Ausgangssituationen, die die Wissensbilanzierung prägen und derzeit im Vordergrund der Diskussion stehen kurz betrachtet werden.

1.3.1 Diskrepanz zwischen Markt und Buchwert

Die zunehmende Diskrepanz zwischen dem Marktwert eines an der Börse gelisteten Unternehmens und seinem in der Bilanz ausgewiesenen Buchwert ist einer der Ausgangspunkte sich von der Kapitalmarktseite her dem Thema zu nähern. Der große Erfolg von wissensintensiven Unternehmen vor allem aus dem Umfeld Technologie, Hightech, Beratung etc. machen die Grenzen der traditionell finanzorientierten Unternehmensbewertung deutlich (vgl. Pitt 2001). Investoren, Kapitalgeber und Analysten müssen feststellen, dass es nicht mehr reicht lediglich die Bilanzen der vergangenen Periode zu analysieren, um eine Prognose über die zukünftige Geschäftsentwicklung abzugeben. Auf der Suche nach Erklärungen sind sich die Marktteilnehmer jedoch dahingehend einig, dass die Erfolge dieser Unternehmen großteils auf das immaterielle Vermögen zurückzuführen sind. Gerade über diese Werte sind jedoch keine verlässlichen Daten am Markt zu erhalten. Die Folge sind ausufernde Spekulationen über den möglichen immateriellen Wert dieser Unternehmen. Im Fokus stehen u.a. die Geschäftsideen, das vorhandene Know-how, das geistige Eigentum, die Kompetenz des Management, sowie die Beziehungen zu Kunden und Partnern. Die Unternehmen selbst sind zwar bemüht, dem Informationsdefizit des Marktes gerecht zu werden und veröffentlichen in mehr oder weniger regelmäßigen Abständen einzelne Informationen aus diesen Bereichen, eine verlässliche Bewertung des immateriellen Vermögens ist auf Basis dieser Daten jedoch meist nicht möglich. Unsicherheit in Bezug auf Anlagen und Investitionen in Unternehmen sind die Folge.
Zuverlässige Berichtsinstrumente könnten helfen, das Informationsdefizit zwischen Kapitalmarkt und Unternehmen abzubauen. Einerseits würde dies Auswüchse bei Anlage-Spekulationen einschränken und andererseits einen verlässlichen Kapitalfluss in zukunftsträchtige Unternehmen gewährleisten (OECD 2004).

1.3.2 Rating und Basel II

Nicht nur Analysten und Investoren haben ein Interesse daran den wahren Organisationswert zu kennen. Auch Banken und die Organisationen selbst stehen unter steigendem Druck diesen Wert plausibel nachzuweisen. Gerade kapitalschwache kleine und mittelständische Unternehmen (KMU) haben es zunehmend schwerer an günstiges Fremdkapital zu gelangen. Mit den Regelungen nach Basel II, die ab 2007 in Kraft treten sollen (vgl. DIHK 2004), wird sich die Situation für diese Organisationen weiter verschärfen, wenn bis dahin keine adäquate Methode zur Verfügung steht auch die immateriellen Vermögenswerte der Organisationen schnell und sicher bewertbar zu machen. Hinzu kommt, dass die derzeit unbefriedigende wirtschaftliche Situation Banken zunehmend dazu veranlasst, ihre risikobehafteten Investitionen abzubauen, was voraussichtlich zu einer vorzeitigen praktischen Umsetzung der Baseler Beschlüsse führt (Schmidt u. Arzbach 2003). Die bestehenden, von den Banken initiierten Ratingverfahren mit ihrer weiterhin stark gewichteten Finanzorientierung müssen um Berichte über die wichtigsten immateriellen Vermögenswerte ergänzt werden, um eine ausreichende Basis zur Bestimmung des Risikos und der Sicherheit von Finanzierungen zu bieten (Kivikas u. Tenbieg 2004). Es liegt nahe, dass betroffene Unternehmen sich frühzeitig um eine eigene, erweiterte Rechenschaftslegung bemühen, die es ihnen ermöglicht ihre unternehmensspezifischen Werte selbst plausibel nachzuweisen. Diese verbesserte Argumentationsgrundlage bei Finanzierungsverhandlungen könnte helfen, den Kreditvergabeprozess positiv zu beeinflussen.

1.3.3 Rechtliche Rahmenbedingungen, Rechnungslegung und Standards

Auch die nationalen und internationalen Standardisierungsgremien haben die Situation erkannt und treiben die Erweiterung der gesetzlichen Rechenschaftslegung über immaterielle Vermögenswerte voran. So wurden bereits im September 1998 im International Accounting Standard (IAS seit 2002 IFRS - International Financial Reporting Standard) Festlegungen zur Bilanzierung von „Intangible Assets" getroffen und Empfehlungen für den Umgang mit nicht aktivierungsfähigen immateriellen Vermögenswerten ausgesprochen (IASB 1998). Mit dem deutschen Rechnungslegungsstandard DRS 12 „Immaterielle Vermögenswerte des Anlagevermögens"[5] und dem Entwurf des Deutschen Rechnungslegungsstandard E-DRS 20 zur Lageberichterstattung (DRSC 2004b) haben die nationalen Gesetzgeber nachgezogen und ebenfalls Empfehlungen für die Rechnungslegung von immateriellen Vermögenswerten und einen erweiterten Lagebericht ausgesprochen. Beide Standards legen fest, dass immaterielle Vermögenswerte bei einer ordentlichen Bilanzierung zu berücksichtigen sind. Durch zahlreiche schwer zu erfüllende Kriterien sind jedoch vorerst nur wenige immaterielle Vermögenswerte in der Bilanz direkt aktivierbar. Für alle weiteren empfehlen die Standards, allen voran der E-DRS 20, einen Ausweis im Lagebericht, also im Anhang an die klassische Bilanz. Im DRS 12 wird erstmals auch explizit der Terminus „intellektuelles Kapital" verwendet. Mit der Empfehlung das intellektuelle Kapital im Lagebericht auszuweisen, folgt das DRSC dem Vorschlag der Schmalenbach Gesellschaft (Schmalenbach-Gesellschaft 2004): "Bei der Berichterstattung über das intellektuelle Kapital des Konzerns kann beispielsweise zwischen den Kategorien Humankapital (human capital), Kundenbeziehungen (customer capital), Lieferantenbe-

---

[5] Deutscher Rechnungslegungs Standard Nr. 12 (DRS 12)* Immaterielle Vermögenswerte des Anlagevermögens - *Verabschiedung durch den Deutschen Standardisierungsrat (DSR) am 08. Juli 2002. Der Standard in deutschsprachiger Fassung ist dem Bundesministerium der Justiz zugeleitet mit der Bitte um Bekanntmachung nach § 342 Abs. 2 HGB. Diese ist noch nicht erfolgt. (vgl. DRSC 2004a).

ziehungen (supplier capital), Investor- und Kapitalmarktbeziehungen (investor capital), Organisations- und Verfahrensvorteile (process capital), Standortfaktor (location capital) und Innovationskapital (innovation capital) unterschieden werden."
(DRSC 2004a). Der E-DRS 20 geht noch einen Schritt weiter und empfiehlt alle Informationen auszuweisen, um „Informationsasymmetrien zwischen den Adressaten der Rechnungslegung und der Unternehmensleitung" zu reduzieren (DRSC 2004b). Hierzu wird empfohlen das intellektuelle Kapital im Hinblick auf die strategische Ausrichtung des Konzerns zu erläutern und mittels Indikatoren zu quantifizieren. Der Entwurf des Standards unterbreitet bereits konkrete Vorschläge für einzelne Indikatoren zu den oben aufgeführten Dimensionen des intellektuellen Kapitals[6].

Im Gegensatz zu Wirtschaftsunternehmen geben bei Non-Profit-Organisationen, besonders im Bereich der Bildung und Forschung, übliche finanzorientierte Instrumente so gut wie keinen Aufschluss über den Geschäftserfolg. Dieses Defizit wurde von einigen Gesetzgebern aufgegriffen. So ist in Österreich bereits 2004 ein Gesetz in Kraft getreten, das Hochschulen dazu verpflichtet Wissensbilanzen gemäß einer vorgegebenen Struktur vorzulegen, um damit Rechenschaft über ihre Geschäftstätigkeit zu legen (Republik Österreich 2002a).

In den Erläuterungen zum Universitätsgesetz 2002 ist das folgendermaßen ausgedrückt: „Mit einer „WISSENSBILANZ" legt die Universität eine Bestandsaufnahme des zur Zeit in der Organisation verfügbaren Wissens vor, das für die Forschungs-, Lehr-, Lern-, Weiterbildungs- und Verwaltungsprozesse wichtig ist und auf das zugegriffen werden kann. Die WISSENSBILANZ soll den Universitäten vor dem Hintergrund politischer und selbstdefinierter Ziele als Instrument zur ganzheitlichen Darstellung, Bewertung und Kommunikation von immateriellem Vermögen, Leistungsprozessen und deren Wirkungen dienen. Diese Form der „Bilanz" soll der Tatsache Rechnung tragen, dass für Universitäten – mehr noch als für andere Organisationen – Wissen ein zentraler Produktionsfaktor ist." (Republik Österreich 2002b)

Als Struktur des immateriellen Vermögens wird die weit verbreitete Definition des intellektuellen Kapitals (im Gesetz als das „intellektuelle Vermögen" bezeichnet) verwendet, das sich aus Humankapital, Strukturkapital und Beziehungskapital zusammensetzt. Hierzu die Erläuterungen zum Gesetz: „Als Humankapital ist das für die Aufgaben der Universität relevante Wissen des wissenschaftlichen und nicht wissenschaftlichen Personals zu verstehen. Mit Strukturkapital wird die nicht personengebundene Ausstattung bezeichnet, wie z.B. Labors, Datenbanken, orga-

---

[6] E-DRS 20: „Es wird empfohlen, beim Humankapital Angaben zu Fluktuation, Mitarbeiterqualifikation, Weiterbildungsaufwendungen pro Mitarbeiter, Entlohnungssystemen und Vergütungsregelungen sowie wesentlichen Änderungen der tariflichen und betrieblichen Vereinbarungen zu machen. Die Kundenbeziehungen können z.B. anhand der Kundenzufriedenheit, der Kundenbindungsdauer, der Anteilsquoten wesentlicher Produkte im Markt oder der Wertschöpfung pro Kunde beschrieben werden. Organisations- und Verfahrensvorteile können z.B. anhand der Durchlaufzeit der Auftragsabwicklung und Angaben zur Produktqualität, wie Rückweisquoten pro Produkt und Gewährleistungsaufwendungen, beschrieben werden."

nisatorische Lösungen etc. Die Terminologie „Human-, Struktur- und Beziehungskapital" entspricht der üblichen Form der Erfassung des intellektuellen Vermögens. Unter Beziehungskapital wird das Netzwerk von sozialen Beziehungen verstanden, das die Universität bei der Leistungserbringung unterstützt. Insbesondere sind darunter jene Beziehungen zu verstehen, durch die eine Universität Zugang zu komplementärem Wissen bekommt." (ebd.)

1.3.4 Mitarbeiterakquisition und -bindung

Die finanziellen und rechtlichen Rahmenbedingungen einer Organisation bilden jedoch nicht den einzigen Ausgangspunkt, der Druck auf einen plausiblen Nachweis von immateriellen Faktoren ausübt. Ein weiterer zentraler Erfolgsfaktor für wissensintensive Unternehmen ist die Akquisition und Bindung von fachlichen Spitzenkräften. Gerade in wissensintensiven Branchen wie Hightech, Beratung, Forschung und Entwicklung, aber auch bei der Besetzung von Führungspositionen im Management, kann dies mitunter ein herausforderndes Unterfangen sein. Der Boom in der „New Economy" und der dort stattfindende „Kampf" um die besten Informatiker, hat gezeigt, dass zwar finanzielle Aspekte eine Rolle spielen, aber für (potenzielle) Mitarbeiter in einem umkämpften Markt auch andere Faktoren wie der Ruf des Unternehmens in der Öffentlichkeit, das fachliche Know-how, Aufstiegschancen, die Unternehmenskultur und das damit verbundene Arbeitsklima von entscheidender Bedeutung sind. Die Unternehmen, welche ihre Stärke in diesen Bereichen am glaubwürdigsten nachweisen können, haben bei gleichen finanziellen Voraussetzungen zweifelsohne bessere Chancen, Spitzenkräfte für sich zu gewinnen und nachhaltig zu binden.

1.3.5 Kooperationen mit Partnern im Geschäftsumfeld

Die Entwicklungen einer immer stärker zusammenwachsenden Wertschöpfungskette über Organisations- und Landesgrenzen hinweg, die sich in Managementstrategien wie dem Supply Chain Management, Unternehmensnetzwerk- und Kooperationsstrategien oder sich abwechselnden „Insourcing-." und „Outsourcingsaktivitäten" widerspiegeln, machen deutlich, dass die Kommunikation mit dem Geschäftsumfeld an Bedeutung stark zugenommen hat. Zudem fordert die anhaltende Globalisierungstendenz in fast allen Bereichen, dass sich Organisationen zunehmend in einem internationalen Geschäftsumfeld behaupten müssen. Dass Kooperationen und strategische Partnerschaften in einem derartigen Geschäftsumfeld zum wichtigen Erfolgsfaktor geworden sind, zeigt anschaulich das Beispiel des Silicon Valley, in dem Firmen wie Sun Microsystems oder Hewlett Packard ihren Erfolg maßgeblich darauf begründeten, dass sie langfristige Beziehungen mit besonders zuverlässigen und qualitativ hochwertigen Partnern eingingen (vgl. etwa Saxenian 1991). Jedoch passen nicht alle Partner zueinander. Unterschiedliche Unternehmenskulturen und Kompetenzen sowie voneinander abweichende Zielsetzungen und Geschäftsstrategien, können - wenn diese sich nicht ergänzen -

eine Kooperation oder gar einen Firmenzusammenschluss zu einem schwierigen und aufreibenden Unterfangen werden lassen. Um derartige Probleme zu vermeiden und die individuell besten Partner zu finden, ist es demnach erforderlich, dass aussagekräftige Informationen über diese erfolgskritischen immateriellen Faktoren möglichst frühzeitig zur Verfügung stehen. Ist dies gegeben, könnten sowohl die Suche nach Partnern, als auch die anschließenden Kooperationsverhandlungen wesentlich effizienter gestaltet werden, was nicht zuletzt die Erfolgsquote von nachhaltigen Partnerschaften positiv beeinflussen würde.

1.3.6 Markt und Kunden

Auch die Kunden einer Organisation haben ein gesteigertes Interesse daran, zu wissen, bei wem sie ein Produkt oder eine Dienstleistung erwerben. Am Markt sind meist zahlreiche Anbieter mit ähnlichen Produkten und Leistungen vertreten. Der Preis ist dabei längst nicht mehr das einzige Entscheidungskriterium für einen Kauf. Das Image der Marke, Zuverlässigkeit, Qualität, Schnelligkeit, Service und die sich daraus ableitende Kundenzufriedenheit sind weitere wichtige Faktoren, die bei aktuellen und potenziellen Kunden im Fokus stehen. Geht es um eine langfristige Entscheidung für ein Produkt- oder eine Produktlinie, spielt unter Gewährleistungs- und Serviceaspekten sogar die Zukunftsfähigkeit des Unternehmens als Ganzes eine wichtige Rolle. Dazu sind jedoch weitergehende Informationen notwendig, als sie in üblichen Marketingunterlagen enthalten sind. Von besonderer Bedeutung ist dies bei der Akquisition von Neukunden. In kürzester Zeit muss es dabei gelingen, eine Vertrauensbasis aufzubauen, die den potenziellen Kunden davon überzeugt, dass er bei genau diesem Unternehmen kaufen soll und nicht beim vergleichbaren Wettbewerber. Üblicherweise ist es die Aufgabe von Vertrieb und Marketing, potenzielle Kunden mit derlei Informationen zu versorgen. Die meisten Marketingkampagnen beschränken sich jedoch darauf, dem Kunden ein qualitatives Bild des Unternehmens zu vermitteln, das leider allzu oft der Wirklichkeit nicht entspricht. Unsicherheiten bzgl. der in den Werbekampagnen vermittelten Bildern und der Realität stellen sich bei den Kunden ein[7]. Mehr Transparenz und Sicherheit bzgl. der Werbeversprechen durch Nachweis von Zahlen und Fakten zu den versprochenen Leistungen und Kompetenzen könnte ein wichtiges Argument bei der Akquisition von Neukunden liefern.

1.3.7 Organisationsmanagement

Neben der Überbrückung von Informationsdefiziten zwischen Organisationen und deren Geschäftsumfeld, geht es bei der Wissensbilanzierung jedoch vor allem darum, das intellektuelle Kapital einem gezielten Management zugänglich zu machen. Die zunehmende Bedeutung von immateriellen Faktoren für den wirtschaft-

---

[7] Das mangelnde Vertrauen in die Aussagen des Marketings spiegelt sich auch im Wunsch der Kunden nach Zertifizierungen wider, wie sie im Qualitätsmanagement üblich sind.

lichen Erfolg von Organisationen, deren Wettbewerbs- und damit Überlebensfähigkeit macht die Dringlichkeit dieses Aspektes deutlich. Die Organisationen, welche es schaffen ihr intellektuelles Kapital effizient zu nutzen und für zukünftige Aufgaben systematisch zu entwickeln, werden für die Herausforderungen der Zukunft gewappnet sein. Wie aktuelle Studien zeigen (vgl. z.B. Kapitel 19 in diesem Band) wird jedoch in den meisten Organisationen ein Großteil der erfolgskritischen immateriellen Faktoren im Moment weder systematisch erfasst geschweige denn systematisch gesteuert und entwickelt. Folglich wird ein Großteil der Zukunfts- und Überlebensfähigkeit der Organisationen der Intuition des Managements oder im schlimmsten Fall dem Zufall überlassen. Das heißt nicht, dass das Vertrauen auf Intuition per se schlecht ist. Bis zu einer gewissen Größe funktioniert die Intuition des Management – besonders in Eigner geführten Organisationen – oft sehr gut, da sie mit den Strukturen der Organisation gewachsen ist. Spätestens jedoch bei der Nachfolge oder dem Übergang von einer Eigner- zu einer Management geführten Organisation geht diese Intuition verloren und die fehlende Systematik im Umgang mit den immateriellen Faktoren kann zu einem Problem werden. „You can´t manage what you can´t measure" (Drucker 1993b).

Methoden sind daher gefragt, welche dieses Defizit beseitigen und eine zuverlässige aber auch pragmatische Messung von Veränderungen im intellektuellen Kapital ermöglichen und darüber hinaus die Wirkung auf den Geschäftserfolg nachvollziehbar machen.

1.4 Zielsetzungen der Wissensbilanzierung – eine kritische Betrachtung

Aus den beschriebenen Ausgangssituationen werden die beiden grundsätzlichen, bereits zu Beginn skizzierten, Zielsetzungen der Wissensbilanzierung noch einmal deutlich. Zum einen zielt die Wissensbilanzierung darauf ab, die Kommunikation von Organisationen mit ihrem Geschäftsumfeld zu verbessern, indem gezielt versucht wird, Informationsasymmetrien zwischen den Organisationen und ihren externen Stakholdern abzubauen. Zum anderen soll durch die Wissensbilanzierung das intellektuelle Kapital einem systematischen Management zugänglich gemacht werden, wobei natürlich wieder Kommunikationsaspekte, dieses mal jedoch intern zu Managern und Mitarbeitern, eine Rolle spielen. Abb. 1.1. liefert eine gute Zusammenfassung der unterschiedlichen Fragestellungen und Zielgruppen bei der Wissensbilanzierung. Inwieweit sich diese unterschiedlichen Zielsetzungen, vor allem die interne Management- und die externe Kommunikationsperspektive vereinbaren lassen und was dies für Konsequenzen hat, soll im Folgenden kurz diskutiert werden.

1.4.1 Wissensbilanzen als Instrument zur Kommunikation des intellektuellen Kapitals

Zielgruppe für die Kommunikation immaterieller Faktoren mittels der Wissensbilanz können alle Stakeholder einer Organisation sein. Die in der Praxis veröffentlichten Wissensbilanzen zielen meist auf die in den Ausgangssituationen skizzierten Zielgruppen: Investoren, Eigner, Banken sowie aktuelle als auch zukünftige Kunden, Mitarbeiter und Kooperationspartner. Problematisch gestaltet sich der Umstand, dass jede Zielgruppe eine andere Art von Information über die Organisation benötigt (siehe Abb. 1.1.). Die stringente Darstellung in nur einem Dokument, das ggf. an den Geschäftsbericht angehängt wird, ist dabei schwer zu erreichen (Pike et al. 2002).

Neben Inhalt und Gliederung können die Gestaltung und das Layout eine wichtige Rolle spielen, um die gewünschte Botschaft ansprechend zu verpacken. Eine Vielzahl unterschiedlicher Formen von Wissensbilanzen sind die Folge[8]. Die im Vergleich zur Finanzbilanz deutlich größeren Gestaltungs- und Interpretationsspielräume bei der Wissensbilanzierung können darüber hinaus dazu führen, dass unliebsame Informationen weggelassen werden oder durch geschickte Festlegung von Berechnungsgrundlagen für Indikatoren positiver erscheinen, als tatsächlich gegeben. Die durch die Stakeholder geforderte Vergleichbarkeit von Wissensbilanzen leidet stark darunter und so ist eine Interpretation der bisherigen Wissensbilanzen nach wie vor recht schwierig. Die enge Anlehnung der Wissensbilanz an das Marketing hat zudem in der Vergangenheit dazu geführt, dass die Wissensbilanz sich dem Vorwurf gegenüber sah, lediglich ein erweitertes und verbessertes Marketinginstrument zu sein. Trotz all dieser Argumente kann dennoch festgestellt werden, dass die ursprüngliche Zielsetzung des Ausgleiches von Informationsasymmetrien zwischen Organisation und Umfeld mit der Wissensbilanz erreicht werden kann. Auch wenn noch nicht alle Anforderungen an das junge Instrument voll erfüllt werden, bleibt festzustellen, dass über Organisationen, die eine Wissensbilanz bereits vorlegen, wesentlich mehr und qualitativ bessere Informationen zu erhalten sind. Für die Praxis der Analyse und Interpretation dieser Wissensbilanzen muss, wie bei der Finanzbilanz, allerdings erst ein Verständnis entwickelt werden (DMSTI 2003a). Der praktische Einsatz der Wissensbilanz als Kommunikationsinstrument für immaterielle Vermögenswerte ist dabei Voraussetzung und Unternehmen sind gefragt, sich aktiv an dieser Entwicklung zu beteiligen.

---

[8] Für eine Analyse von Gemeinsamkeiten vgl. Kapitel 2 in diesem Band.

1 Wissensbilanzen – Intellektuelles Kapital erfolgreich nutzen und entwickeln

Fokus der Fragestellung in der Berichtslegung	Zielgruppe Intern	Zielgruppe extern
Wer sind die Zielgruppen?	Geschäftsführung, Management und Aufsichtsrat, Mitarbeiter-Organisationseinheiten und Abteilungen.	Eigen- und Fremdkapitalgeber (Investoren, Eigner, Banken), Kunden, potentielle Mitarbeiter, Lieferanten und Kooperationspartner.
Was erwarten die Zielgruppen primär?	Wie extern und zusätzlich: Orientierung, wie Wissen und Abläufe zur Erstellung der Unternehmensleistung optimal integriert werden können. Teilweise sehr operative Motivation: wer weiß was und ist wofür "zuständig" und: Wie geht es besser?	Informationen über die der Organisation, Stärken/Schwächen einzelner Wissensgebiete, Erfolg und Misserfolg der Wissensentwicklung.
Was wird berichtet? "Vollständigkeit" der Information	Je detaillierter, desto besser; die Grenzen bilden datengeschützte, personenbezogene Daten.	Strategisch gefiltert – je nach Zielgruppe und Grad der Verbindlichkeit der Zielgruppe (Partner erfahren mehr als Konkurrenten).
Wie wird berichtet? An der Darstellung und Aufbereitung	Als Präsentation, Bericht oder Broschüre. Wichtige Indikatoren, Geschichten und Bilder reichen meist für die strukturierte Diskussion. Die interne Darstellung ist mit weniger Aufwand als die externe Kommunikation verbunden.	Zentral für die Verständlichkeit ist die klar strukturierte Darstellung von Informationen im Unternehmenskontext. Wesentlich ist die zusätzliche explizite Ergänzung um Interpretationen und deren Konsequenzen, da die externen Leser selbst wenig oder keinen Einblick in die Organisation haben. Wichtig ist des weiteren eine ansprechende Gestaltung und graphische Aufbereitung.
Instrumenteller Nutzen aus Sicht der Organisation	Steuerung: Was sind unsere wichtigsten Ressourcen im Hinblick auf aktuelle und zukünftige Entwicklungen? Wo sind wir gut, wo sind wir schlecht? Wo stehen wir im Vergleich zu anderen und zu den Besten (Benchmarking)? Was müssen und können wir tun? Welche Auswirkungen sind bei Veränderungen zu erwarten? Wie erfolgreich sind unsere hierzu eingeleiteten Maßnahmen (ROI)?	Kommunikation: Wer sind wir? Was können wir und was haben wir zu bieten? Warum sind wir gut? Was sind wir wert?

Abb. 1.1. Verschiedene Zielgruppen und Perspektiven der Wissensbilanz (BMWA 2004)

1.4.2 Wissensbilanzen als Instrument zum Management des intellektuellen Kapitals

In dieser Perspektive geht es darum, Schwachstellen und Potenziale aufzudecken, um den angestrebten Geschäftserfolg zu maximieren. Es geht also in weiten Teilen um strategisches Management und Projektmanagement. Von besonderer Bedeutung sind hierbei die möglichst detaillierte Erfassung der erfolgskritischen immateriellen Faktoren, deren Zusammenhänge untereinander und die zu erwartenden Auswirkungen auf den Geschäftserfolg. Dies ist deshalb besonders wichtig, da das Management dieser Faktoren oft mit erheblichem Aufwand verbunden ist, der im Sinne einer Investitionsrechnung nur Sinn macht, wenn er einen zu erwartenden und idealerweise nachweisbaren Nutzen in Bezug auf den angestrebten Geschäftserfolg bringt. Erst in diesem Wertschöpfungszusammenhang wird transparent, wie wichtig eine Ressource für die Organisation ist, mit welchen Unwägbarkeiten bei deren Entwicklung und in welchen Zeithorizonten mit Veränderungen zu rechnen ist. Auch wenn der valide Nachweis der Ursache-Wirkungszusammenhänge schwierig bleibt[9], wurden doch in den letzten Jahren erhebliche Fortschritte diesbezüglich erzielt (Bontis 2002). Momentan wird an diesem Punkt international mit Hochdruck gearbeitet, so dass in den nächsten Jahren hier zahlreiche Vorschläge zu erwarten sind.[10]

1.5 Wissensbilanzen – Zwischen Kommunikation und Management

Die Problematik, die sich aus den beiden unterschiedlichen Zielsetzungen ergibt, ist offensichtlich. Während die Kommunikation mittels der Wissensbilanz darauf zielt die Stärken einer Organisation herauszuarbeiten, um diese möglichst positiv darzustellen, ist es für die Wissensbilanz als Steuerungs- und Managementinstrument, erforderlich die Schwächen transparent zu machen und den Veränderungsbedarf zu betonen. An dieser Stelle stößt die Wissensbilanz an die gleiche Problematik wie die Finanzbilanz, mit der man ebenfalls unterschiedliche Zielsetzungen verfolgen kann. Einerseits muss der Gewinn möglichst hoch sein, um Investoren von dem Unternehmen zu überzeugen, andererseits ist aus Gesichtspunkten der Besteuerung ggf. ein niedriges Ergebnis von Vorteil. Wie bei der Finanzbilanz können auch bei der Wissensbilanz aus den unterschiedlichen Zielsetzungen unterschiedliche Investitionsstrategien resultieren. So ist es im Extremfall möglich, dass die Zielsetzungen der Kommunikation den strategisch als richtig erkannten Steuerungsaspekten sogar zu wider laufen.

Um dieses Dilemma auszuräumen, werden in aktuellen Ansätzen der Management- und der Kommunikationsaspekt der Wissensbilanzierung zusammengebracht, indem das intellektuelle Kapital innerhalb des Managementmodells der

---

[9] Vgl. z.B. KM Benefits Tree von David Skryme. Zitiert aus Schindler u. Jaitner 2003.
[10] Siehe auch die Artikel in diesem Band.

Organisation dargestellt wird. Hierzu werden alle immateriellen Faktoren in das Wertschöpfungsmodell der Organisation integriert und die einzelnen Indikatoren anhand der konkreten und expliziten Zielsetzungen der Organisation ausgewiesen (vgl z.B.: DMSTI 2003b; ARCS 1999, 2000, 2001, 2002 u.a.). Für die Zielgruppen werden damit nicht nur die einzelnen Fakten anhand von Indikatoren ausgewiesen, sondern jetzt auch die Zusammenhänge zur aktuellen Strategie und dem angestrebten Geschäftserfolg deutlich. Neben den auch bisher schon üblichen Informationen für die Zielgruppen wird damit zusätzlich eine erhöhte Transparenz über die angestrebte zukünftige Entwicklung erreicht und das Management des intellektuellen Kapitals auch auf Basis der kommunizierten Wissensbilanz möglich und angestrebt. Die Glaubwürdigkeit des Instrumentes wird dadurch in jedem Fall positiv beeinflusst.

1.6 Positionierung der Wissensbilanz zu anderen Managementinstrumenten

Die Wissensbilanz hat neben ihren speziellen Zielsetzungen und methodischen Besonderheiten auch zahlreiche Schnittstellen und teilweise auch Überschneidungen mit anderen Managementinstrumenten. Grundsätzlich ist dies positiv, zeigt sich doch darin, dass die Wissensbilanz an die bestehende Managementpraxis anschlussfähig ist und nicht ein schwieriges und grundsätzliches Umdenken erfordert. Dennoch ist es wichtig klar, zu machen, was die Wissensbilanz wirklich leisten kann und an welchen Stellen andere Instrumente besser geeignet sind. Aus diesem Grund soll in diesem Abschnitt kurz aufzeigt werden, wie diese Schnittstellen und Überschneidungen aussehen und im Sinne der Organisationen genutzt werden können, um Synergien zu erzielen.

Immer wieder angesprochen werden dabei die Positionierung der Wissensbilanz zur Finanzbilanz, der Balanced Scorecard (Kaplan u. Norton 1992), dem Qualitätsmanagement und dem Wissensmanagement.

Die Schnittstelle der Wissensbilanz zur **Finanzbilanz** wurde in Kapitel 1.3.3 bereits angesprochen. Während hier vor allem die Rechenschaftslegung und Kommunikation zu Investoren und Kapitalgebern die Verbindung der Instrumente darstellt, liegen die Gemeinsamkeiten zu den anderen Instrumenten mehr im Managementaspekt.

Am meisten diskutiert werden dabei die Abgrenzungen und Gemeinsamkeiten zur **Balanced Scorecard** (BSC) (siehe auch Kapitel 3 in diesem Band). Grundsätzlich gibt es hierbei zwei wesentliche Gemeinsamkeiten: Beide Instrumente gehen von der Strategie der Organisation aus und fokussieren überwiegend auf immaterielle Faktoren. Beide Instrumente messen diese Faktoren u.a. mit Hilfe von Indikatoren. Die BSC verwendet dabei die Dimensionen Finanzen, Kunden, interne Prozesse sowie Lernen und Wachstum, während die Wissensbilanz sich meist auf die Dimensionen Humankapital, Strukturkapital und Beziehungskapital bezieht. Ein wichtiger Synergieeffekt, der sich hieraus ergibt ist, dass die Ergebnisse des einen Instrumentes im jeweils anderen bereits als Input zu verwenden sind.

Dies können sowohl bereits erarbeitete, strategische Überlegungen, als auch einzelne erhobene und deckungsgleiche Indikatoren sein.

Ein wichtiger Unterschied liegt jedoch in den zentralen Zielsetzungen der Instrumente. Während die BSC vor allem dafür konzipiert wurde, Strategien zu operationalisieren und bis auf Mitarbeiterebene messbar herunter zu brechen, fokussiert die Wissensbilanz auf die Erfassung und Bewertung des intellektuellen Kapitals, dessen strategische Entwicklung und vor allem auch dessen Kommunikation nach extern. Grundsätzlich ergänzen sich die Instrumente daher sehr gut. Hat die Wissensbilanz ihre Stärke bei der Erfassung und Bewertung des intellektuellen Kapitals, lässt sich eine implementierte und gut funktionierende BSC sehr gut zur Operationalisierung der entwickelten „Wissensstrategien" einsetzen. Ist es erforderlich, den Status Quo der Organisation zu kommunizieren, vor allem auch zu externen Stakeholdern, ist die Wissensbilanz besser geeignet. Erste Erfahrungen aus Organisationen, die beide Instrumente anwenden, bestätigen diese erzielbaren Synergien (vgl. Kapitel 3 in diesem Band).

Qualitätsmanagement (QM) ist in vielen Organisationen bereits seit Jahren wichtiger Bestandteil des Managements. Die Grundprinzipien eines ordentlichen Management, die hierbei zur Anwendung kommen (siehe z.B. EFQM 2003; Deutsches Institut für Normung e.V. 2000), finden sich natürlich auch in der Wissensbilanzierung. Dies liegt vor allem daran, dass diese allgemeinen Regeln des Management sich in der Organisationspraxis als erfolgreich erwiesen haben und sich neuere Entwicklungen in der Wissensbilanzierung auch explizit auf diese Modelle beziehen (siehe Kapitel 13 in diesem Band). Demzufolge sind die Instrumente natürlich in weiten Teilen kompatibel und weisen auf konzeptioneller Ebene Ähnlichkeiten auf. Wesentlicher Unterschied ist, dass beide Instrumente auf völlig unterschiedliche Dimensionen und Inhalte fokussieren. Während das QM sich darauf konzentriert die Qualität von Produkten und Prozessen sicher zu stellen, fokussiert die Wissensbilanz auf die strategische Entwicklung und Kommunikation des intellektuellen Kapitals im Hinblick auf zukünftige Zielsetzungen. Beide Instrumente bedienen sich dabei Bewertungsmethoden und Indikatoren. Ein wesentlicher Synergieeffekt zwischen den Instrumenten entsteht daraus, dass eine Organisation, die mit einem der beiden Instrumente bereits vertraut ist, sich relativ leicht in die jeweils andere Methode einfinden kann. Zeiteinsparungen und ein insgesamt geringerer Aufwand bei der Einführung und im Betrieb der beiden Instrumente sind positive Effekte, die zu erwarten sind.

Der Begriff Wissen ist nicht die einzige Schnittstelle zwischen **Wissensmanagement** und Wissensbilanzierung. Beide Instrumente widmen sich konkret dem Thema Wissen, als wichtiger organisationaler Ressource. Wissensmanagement ist dabei die Disziplin, die diese Ressource aktiv und operativ „managt" und dies mit konkreten und vielfältigen Methoden im täglichen Geschäft unterstützt (Heisig 2004). Die Wissensbilanz hingegen betrachtet das Wissen einer Organisation aus strategischer Sicht im Sinne der Bedeutung für die gesamte Wertschöpfung und der Zukunftsfähigkeit der Organisation und konzentriert sich vor allem auf die Messung von Veränderungen im Wissensbestand. Beide Instrumente hängen dementsprechend klar miteinander zusammen und ergänzen sich wechselseitig: Die Wissensbilanz gibt die Richtung und Strategie für das Wissensmanagement vor, welches konkrete Maßnahmen zur Organisationsveränderung dann aktiv umsetzt. Die Wissensbilanz wiederum sorgt dafür, dass Veränderungen durch das Wissensmanagement gemessen werden können und der Zusammenhang zum Geschäftserfolg deutlich wird. Die Wissensbilanz steht also sinnvollerweise am Beginn und am Ende eines Wissensmanagementprojektes und kann, wenn nötig, auch als Steuerungsinstrument im Laufe eines solchen Projektes eingesetzt werden.

Die Darstellungen machen deutlich, dass zahlreiche Gemeinsamkeiten zwischen diesen wichtigen Managementinstrumenten und der Wissensbilanzierung bestehen. Jedes der angesprochenen Instrumente fokussiert jedoch einen speziellen Problembereich innerhalb von Organisationen und kann in diesen Bereichen auch durch die anderen Instrumente nicht sinnvoll ersetzt werden. Eine Konkurrenz zwischen den Instrumenten, wie sie häufig postuliert wird, ist bei angemessenem Einsatz der jeweiligen Instrumente in der Praxis daher nicht geben. Vorteilhaft ist auf jeden Fall, dass alle angesprochenen Methoden ähnlichen Managementprinzipien folgen und dadurch grundsätzlich miteinander kombinierbar sind. Die hieraus entstehenden Synergien können zu erheblichen Zeit- und Kosteneinsparungen bei der Einführung und dem Betrieb der jeweils anderen Methoden führen. Es wird Aufgabe der Zukunft sein eine noch engere Verknüpfung zwischen den Instrumenten herzustellen. Das Ziel muss ein integriertes Managementsystem sein.

Literaturverzeichnis

Andriessen D (2004) Making Sense of Intellectual Capital: Designing a Method for the Valuation of Intangibles. Butterworth-Heinemann, Burlington MA

Austrian Research Center Seibersdorf (ARCS) (1999 - 2003) ARC Wissensbilanz. http://www.arcs.ac.at/publik/fulltext/ wissensbilanz

Bontis N (2002) Framing and Advancing the State of the Field. In: Bontis N, Choo CW (Hrsg.) The Strategic Management of Intellectual Capital and Organizational Knowledge. Oxford University Press, Oxford

Bontis N, Choo CW (2002) The Strategic Management of Intellectual Capital and Organizational Knowledge. Oxford University Press, Oxford

Bundesministerium für Wirtschaft und Arbeit BMWA (2004) Wissensbilanz – Made in Germany. Leitfaden. http://www.bmwa.bund.de/Redaktion/Inhalte/Pdf/wissensbilanz-made-in-germany-leitfaden,property=pdf.pdf

Danish Ministry of Science, Technology and Innovation DMSTI (2003a) Analysing Intellectual Capital Statements http://www.videnskabsministeriet.dk/fsk/publ/2003/analyse_uk/analyse_uk.pdf (Abruf: 9.12.2004)

Danish Ministry of Science, Technology and Innovation DMSTI (2003b) Intellectual Capital Statements – The New Guideline. http://www.videnskabsministeriet.dk/fsk/publ/2003/guideline_uk/guideline_uk.pdf (Abruf: 9.12.2004)

Deutsches Rechnungslegungs Standards Committee e.V. DRSC (2004a) Deutscher Rechnungslegungstandard Nr. 12 (E-DRS 14) Immaterielle Vermögenswerte des Anlagevermögens. http://www.standardsetter.de/drsc/documents.php?do=show&doc_typ=1&language=german

Deutsches Rechnungslegungs Standards Committee e.V. (2004b) Überarbeiteter Entwurf DRS 20. http://www.standardsetter.de/drsc/docs/press_releases/E-DRS%2020_revised_150704.pdf

Deutscher Industrie- und Handelstag DIHK (2004) Unternehmensfinanzierung Basel II http://www.dihk.de/inhalt/informationen/ news/schwerpunkte/rating/basel.html

Deutsches Institut für Normung e.V. (2000) DIN EN ISO 9001 Ausgabe:2000-12 Qualitätsmanagementsysteme – Anforderungen. Beuth, Berlin, Wien, Zürich

Drucker P (1993a) Post-Capitalist society. HarperBusiness, New York

Drucker P (1993b) The Practice of Management (Reissue edition), HarperBusiness, New York

Edvinsson L, Malone M (1997) Intellectual Capital. Harper Business, New York

Europäischer Rat (2000) Schlussfolgerungen des Vorsitzes. Europäischer Rat (Lissabon 23. und 24. März 2000) http://ue.eu.int/ueDocs/cms_Data/docs/pressData/de/ec/00100-r1.d0.htm

European Foundation for Quality Management EFQM (2003) EFQM Excellence Model. http://www.efqm.org/model _awards/model/excellence_model.htm

Heisig P (2003) Business Process Oriented Knowledge Management. In: Mertins K, Heisig P, Vorbeck J (Hrsg) Knowledge Management. Concepts and Best Practices. Second Edition. Springer, Berlin

Horváth P, Möller K (2004) Intangibles in der Unternehmenssteuerung, Vahlen, München

International Accounting Standard Board IASB (1998) IAS 38, http://www.iasplus.com /standard/ias38.htm

Joanneum Research (2002) JR Explorer. Intellectual Capital Report 2002. http://www.joanneum.at/cms_img/img1523.pdf

Kaplan R, Norton D (1992) The Balanced Scorecard - measures that drive performance. Harvard Business Review 1:71-79

Kivikas M, Tenbieg MS (2004) Intellectual Capital Management auf Basis eines IC-Rating^{TM}. Brainconn Deutschland http://www.braiconn.net/file/20040629175652artikel 02.2003intellectualcapitalmanagementaufbasiseinesicrating.pdf

OECD (2004) OECD Summary record from the joint CIBE and CSTP Forum on business performance and intellectual assets. Wednesday 6 October 2004. Paris

Pike S, Rylander A, Roos G (2002) Intellectual Capital Management and Disclosure. In: Bontis N, Choo CW (Hrsg.) The Strategic Management of Intellectual Capital and Organizational Knowledge. Oxford University Press, Oxford

Pitt H (2001) Speech by SEC Chairman: Remarks Before the AICPA Governing Council. Miami Beach 22.10.2001 http://www.sec.gov/news/speech/spch516.htm

Republik Österreich (2002a) § 13 Leistungsvereinbarung. Bundesgesetzblatt für die Republik Österreich. http://www.unigesetz.at/html/cont_gesetzestext.asp?ID=19058

Republik Österreich (2002b) Erläuterung zu § 13 Leistungsvereinbarung. Bundesgesetzblatt für die Republik Österreich. http://www.unigesetz.at/html/cont_erlaeuterungen.asp?ID=19058

Saxenian A (1991) The origin and dynamics of production networks in Silicon Valley. Research Policy 20:423-437

Schindler R, Jaitner A (2003) Intellectual Capital: Measuring Knowledge Management. In: Mertins K, Heisig P, Vorbeck J (Hrsg) Knowledge Management. Concepts and Best Practices. Second Edition. Springer, Berlin

Schmalenbach-Gesellschaft, Arbeitskreis „Immaterielle Werte im Rechnungswesen" der Schmalenbach-Gesellschaft für Betriebswirtschaft Schmalenbach-Gesellschaft (2004) Erfassung immaterieller Werte in der Unternehmensberichterstattung vor dem Hintergrund handelsrechtlicher Rechnungslegungsnormen. In: Horváth P, Möller K (Hrsg) Intangibles in der Unternehmenssteuerung, Vahlen, München

Schmidt G, Arzbach V (2003) Rating für produzierende Unternehmen. In: Mertins K et al. Benchmarking 2003. Benchmarking für den Mittelstand. Fraunhofer IRB Verlag, Stuttgart

Skandia AFS (1994) Visualizing Intellectual Capital in Skandia. http://www.skandia.com/en/includes/documentlinks/annualreport1994/e9412Visualizing.pdf

2 Wissensbilanzen – Im Spannungsfeld zwischen Forschung und Praxis

Kay Alwert

2.1 Einleitung

Die Wissensbilanz, so wie sie heute zum Einsatz kommt, wurde im Spannungsfeld zwischen Erkenntnissen aus der Forschung einerseits und praktischer Anwendung andererseits entwickelt und ist durch diese Konstellation bis heute geprägt. Die Erkenntnis, dass traditionelle Instrumente wie die Finanzbilanz einen Großteil der Werte einer Organisation nicht adäquat abbilden, war Ausgangspunkt, sich dem Thema verstärkt anzunehmen. Viele der heute gängigen und wichtigen Entwicklungen erfolgten initial aus der Praxis heraus und wurden mit großem Einsatz und auch Risiko von Pionierfirmen entwickelt und umgesetzt. Dabei wurden, gerade in den Anfängen, auch Fehler gemacht, die von der Wissenschaft aufgegriffen und fundiert kritisiert wurden. Dennoch profitierte gerade die Wissenschaft von der großen Eigeninitiative der Wirtschaft. Denn aus der Anwendungspraxis lagen bereits empirische Daten vor, als die theoretische Entwicklung noch in den Kinderschuhen steckte. Daraus ist ein interessantes Wechselspiel zwischen Forschung und Anwendung entstanden, das bis heute eine große Dynamik in dieser noch jungen Disziplin zur Folge hat. Der Beitrag trägt dieser Besonderheit Rechnung und geht daher sowohl auf die aktuelle Diskussion in der Wissenschaft ein als auch auf das, was bereits in der Praxis Anwendung findet.

2.2 Herausforderungen bei der Messung und Bewertung des intellektuellen Kapitals

Wenn wir die aktuelle Diskussion um die Bewertung des intellektuellen Kapitals (IK) betrachten, fällt auf, dass vier Dinge oft vermischt und wenig differenziert behandelt werden: Die *Erfassung und Beschreibung* des intellektuellen Kapitals als treibende „Kraft" in Organisationen, die *Messung von Eigenschaften* einzelner Faktoren des IK, die *Bewertung* dieser Faktoren im Sinne eines Stärken- und Schwächenprofils sowie die *Ermittlung eines monetären Wertes* für diese Faktoren.

Die Erfassung des intellektuellen Kapitals ist immer der erste Schritt. Während bei der Erfassung materieller Gegenstände primär unsere sechs Sinne den Ausgangspunkt bilden, versagt diese Methode bei immateriellen „Gegenständen". Von

Anfang an muss im abstrakten, sprachlichen „Raum" mit diesen Faktoren umgegangen werden. Jedem von uns sind die Tücken von Sprache bekannt. Zahlreiche Interpretationsspielräume erschweren die Eingrenzung und genaue Definition (Rorty 1992). Für die Messung und Bewertung von immateriellen Faktoren ist die klare Identifizierbarkeit und Abgrenzung gegenüber anderen möglichen Betrachtungsgegenständen jedoch wichtig (DRSC 2004). Hierzu müssen eindeutig zuordenbare und *relevante Eigenschaften* bestimmt werden, die die gewünschte Information enthalten und gemessen werden können (Hannula 1999; M`Pherson u. Pike 2001).

Für die Messung selbst muss eine konkrete Eigenschaft eines „Messgegenstandes" herausgegriffen und genau beschrieben werden. Des Weiteren muss ein definierter Maßstab mit numerischer Einheit und ein Messverfahren festgelegt werden.

Für immaterielle Faktoren gestaltet sich jedoch bereits die Festlegung von relevanten Eigenschaften schwierig. Welche relevanten Eigenschaften beschreiben z.B. Wissen, Kundenbeziehung oder Innovationen? Darüber hinaus ist eine wichtige Anforderung an Messverfahren, dass sie die Vergleichbarkeit zwischen einzelnen Messungen gewährleisten muss, um Veränderungen *zuverlässig* zu erfassen (vgl. Sveiby 1998; North 2002; Probst et al. 2003). Das Messverfahren muss also sicher stellen, dass Messungen unter gleichen Bedingungen, *unabhängig vom Beobachter* (M`Pherson u. Pike 2001), zu gleichen Ergebnissen führen (Bornemann et al. 1999).

Ist all das gewährleistet, liegt mit dem Ergebnis der Messung noch keine Bewertung vor. Das heißt, es ist noch nicht klar, ob das Ergebnis als gut oder schlecht einzuschätzen ist. Hierzu ist ein Bewertungsverfahren notwendig, das einen oder mehrere Messwerte, nach einem nachvollziehbaren Umrechnungsverfahren, mit einem klar definierten *Bewertungsmaßstab* in Beziehung setzt (M`Pherson u. Pike 2001; Andriessen 2004).

Beispielsweise könnte bei einem Softwareunternehmen aus dem Arbeitsprozess heraus definiert sein, dass mindestens 20 erfahrene Software-Ingenieure gebraucht werden, um das laufende Geschäft zu bewältigen (Bewertungsmaßstab). Hätte die Organisation 20 erfahrene Software-Ingenieure (Messwert) wäre dies gut. Hätte sie hingegen nur 10 (Messwert) wäre dies nach Definition des Bewertungsmaßstabes schlecht. Dieses Bewertungsverfahren sollte die oben beschriebenen Kriterien (Relevanz, Zuverlässigkeit, Unabhängigkeit) natürlich ebenfalls erfüllen (M`Pherson u. Pike 2001).

Lediglich die Sondersituation, in der die Messung von vornherein wertende Eigenschaften fokussiert, führt unmittelbar zu einer Bewertung. Dies ist dann der Fall, wenn die Messskala als Kriterium semantische Differentiale wie z.B. gut-schlecht, wichtig-unwichtig oder wertvoll-wertlos verwendet.

Werden die immateriellen Faktoren lediglich zu internen Steuerungszwecken bewertet, würde es in vielen Fällen reichen, eine direkte Bewertung aus dem Kontext der Organisation heraus vorzunehmen, die alle relevanten Argumente und bekannten Fakten mit einbezieht. Als Bewertungsmaßstab könnte der Nutzen für die Organisation im Hinblick auf konkrete Zielsetzungen dienen (Pike et al. 2002) (siehe auch Beispiel der Software-Ingenieure weiter oben).

Soll das Mess- oder Bewertungsergebnis darüber hinaus eine externe Vergleichbarkeit zwischen Organisationen ermöglichen (Sveiby 1998; Probst et al. 2003), reicht eine Bewertung im Kontext der Organisation jedoch nicht mehr aus. Ein Vergleichsmaßstab muss gefunden werden, der sich auf andere Kontexte übertragen lässt. Für immaterielle Faktoren, die stark kontextgebunden sind und ihren Wert oft nur in der besonderen Konstellation einer Organisation entwickeln, gestaltet sich dies besonders schwierig. Einige, auf Indikatoren basierende Ansätze, beschränken sich daher auf den externen Vergleich von Organisationen mit gleichem Kontext und daher großer Ähnlichkeit (Viedma 2001).

Durch eine direkte monetäre Bewertung von immateriellen Faktoren am Markt, so die Meinung vieler, wäre eine solche externe Vergleichbarkeit gegeben. Für eine derartige monetäre Bewertung ist jedoch die „selbständige Verkehrsfähigkeit" (Schmalenbach Gesellschaft 2004), also die unabhängige Veräußerbarkeit des immateriellen Faktors Voraussetzung. Auf Grund der bereits angesprochenen Kontextsensitivität von immateriellen Faktoren, ist dieses Kriterium jedoch häufig nicht erfüllt, ganz zu schweigen davon, dass eine Organisation natürlich ihre Mitarbeiter nicht veräußern kann. Dies ist einer der Gründe dafür, dass in den Rechnungslegungsstandards nur wenige immaterielle Gegenstände für bilanzierungsfähig gehalten werden[1].

Bei all diesen Betrachtungen über exakte Messverfahren darf jedoch der Aspekt der *Ökonomie des Verfahrens* nicht außer Acht gelassen werden (Pike u. Roos 2004). Der Versuch, immaterielle Faktoren möglichst umfassend zu erfassen und zu messen, kann leicht dazu führen, dass eine sehr große Zahl an Messgrößen erhoben wird. Manche Wissensbilanzen weisen bereits weit über hundert Kennzahlen aus. Stehen hier keine Automatismen zur Erfassung der Kennzahlen zur Verfügung, kann der Aufwand der Messung den Nutzen leicht übersteigen. Das Messverfahren sollte daher ökonomischen Anforderungen genügen (Pike et al. 2002).

Tabelle 2.1 fasst die Anforderungen und Kriterien, die ein ordentliches Bewertungsverfahren für immaterielle Faktoren erfüllen muss, zusammen und zeigt die Schwierigkeiten, die sich hieraus ergeben, noch einmal auf. In den folgenden Kapiteln wird dargelegt, wie sich ausgehend von dieser Problematik Ansätze zur Messung und Bewertung des intellektuellen Kapitals entwickelt haben, wie sich der aktuelle Stand in Forschung, Entwicklung und Praxis darstellt und wie sich die Wissensbilanz als Instrument hier einordnet.

---

[1] Siehe auch IAS 38 (IASB 1998), FAS 141 und 142 (FASB 2001), DRS 12 (DRSC 2004).

Tabelle 2.1. Anforderungen an ein Bewertungsverfahren für immaterielle Faktoren

Prozessschritte eines Bewertungsverfahren	Anforderungen	Beschreibung: Das Bewertungsverfahren...
Identifizierung von Eigenschaften des „Messgegenstandes"	Relevanz	...muss sicher stellen, dass die relevanten Eigenschaften eines immateriellen Faktors, also diejenigen Eigenschaften, welche die erforderliche Information liefern, gemessen werden[2,3].
Messung der Eigenschaften mit einem definierten Maßstab	Zuverlässigkeit und Unabhängigkeit	...muss sicher stellen, dass Messungen unter gleichen Bedingungen, unabhängig[4] vom Beobachter, zu gleichen Ergebnissen führen und damit zuverlässig sind.[5]
Kombination und Bewertung der Messwerte	Klar definierter Bewertungsmaßstab	...muss einen oder mehrere Messwerte nach einem nachvollziehbaren Umrechnungsverfahren mit einem klar definierten Bewertungsmaßstab in Beziehung setzen, so dass Aussagen darüber möglich sind, ob das Ergebnis gut oder schlecht ist[6]. Ggf. ist ein solcher Bewertungsmaßstab ein externer Vergleich. Die Kriterien Relevanz, Zuverlässigkeit und Unabhängigkeit müssen bei allen Bewertungen ebenfalls erfüllt sein.[7]
Gilt für alle Schritte davor	Ökonomie	...sollte ökonomischen Anforderungen genügen und sicher stellen, dass der Aufwand für die Messung und Bewertung den Nutzen nicht übersteigt[8,9].

---

[2] Hannula 1999, zitiert nach Lönnqvist u. Mettänen 2002.
[3] M`Pherson u. Pike 2001.
[4] M`Pherson u. Pike 2001.

2.3 Historischer Überblick und aktueller Stand der Forschung und Entwicklung

Die ersten Bemühungen, immaterielle Faktoren zu messen und deren Potenzial zu bewerten, begannen in den 60er Jahren mit den Arbeiten zum Humankapital von Schultz (1961) und Becker (1964). Ihr Fokus lag auf Investitionen in Humankapital und u.a. deren Bedeutung für das Wachstum von Volkswirtschaften. Im Rahmen von Human Resource Accounting, das daran anschloss, wurden vor allem von Hermanson (1964), Flamholtz (1974) und Fitz-enz (1984) Modelle entwickelt, die sowohl die Kosten als auch den Wert von Humanressourcen ermitteln, um eine bessere Steuerung dieser Ressourcen im Unternehmen zu ermöglichen.

Als einer der Ersten ging 1980 der Japaner Hiroyuki Itami über die Humanperspektive hinaus. In seinem Buch „Mobilizing Invisible Assets" (Itami u. Roehl 1987) stellt er die unsichtbaren Unternehmenswerte als Quelle für die Wettbewerbsfähigkeit von Unternehmen dar.

Entscheidend wurde die Forschung und Entwicklung zum intellektuellen Kapital jedoch erst Mitte der 90er Jahre von Praktikern wie Leif Edvinsson (1997) und Karl-Erik Sveiby (Sveiby 1997; Konrad Group 1998) angestoßen und vorangetrieben. Beide entwickelten unabhängig voneinander Modelle zur Erfassung und Bewertung des intellektuellen Kapitals und wendeten diese in Unternehmen mit großem Erfolg an. Die Arbeiten befassen sich dabei im Wesentlichen mit der Ermittlung eines in einzelne Komponenten zerlegten intellektuellen Kapitals, das mit quantitativen und qualitativen Aussagen über Indikatoren beschrieben und in einem Bericht (Intellectual Capital Report[10]) dargestellt wird. Fast alle in den letzten Jahren entstandenen Methoden zur Bewertung des intellektuellen Kapitals sind an die ursprüngliche Strukturierung von Leif Edvinsson (Edvinsson u. Malone 1997) angelehnt und beschreiben drei wesentliche Strukturdimensionen: das Humankapital, das Strukturkapital und das Beziehungskapital.

Neben diesen Strukturansätzen wurden vorwiegend im angloamerikanischen Raum Ansätze zur monetären Bewertung des intellektuellen Kapitals entwickelt. Der Market-to-Book-Ratio, der das intellektuelle Kapital über den Quotienten aus Marktwert und Buchwert einer Organisation bestimmt, ist dabei sicherlich der bekannteste aber auch der umstrittenste[11]. Zu erwähnen sind hier auch die Methoden von James Tobin (1969), NCI Research (1995) (vgl. Stewart 1997), Baruch Lev (2002) u.a.[12] Alle diese Ansätze versuchen, den Wert des immateriellen Vermö-

---

[5] Bornemann et al. 1999.
[6] Siehe Andriessen 2004.
[7] Vgl. M'Pherson u. Pike 2001.
[8] Vgl. Pike u. Roos 2004.
[9] Vgl. Pike et al. 2002.
[10] Siehe bspw. http://www.celemi.com/about/news/upfiles/Ann%20Rep%202003.pdf oder http://www.skandia.com/en/ir/annualreports.shtml
[11] Eine ausführliche Kritik hierzu findet sich in Andriessen 2004.
[12] Eine ausführlichere Beschreibung der Ansätze folgt ab Seite 27 in diesem Beitrag.

gens einer Organisation über unterschiedliche Kombinationen und Berechnungen von Kosten, vom Markt zugewiesenen monetären Werten oder von erwarteten zukünftigen Erträgen zu bestimmen. Damit sind sie vor allem bei der Analyse von Unternehmen in einer „Merger and Acquisition" Situation oder bei einer Gesamtbewertung und dem Vergleich am Aktienmarkt hilfreich. Die Aussage dieser Ansätze bleibt jedoch relativ begrenzt, wenn es um die Erklärung von möglichen Defiziten beim intellektuellen Kapital geht und Handlungsempfehlungen abgeleitet oder gar umgesetzt und gesteuert werden sollen.

Die Balanced Scorecard (BSC) von Norton und Kaplan (1992, 1996), die als Instrument zur strategischen Steuerung von Organisationen schon Anfang der 90er Jahre entwickelt wurde, ist hierfür der bekannteste Ansatz. Die BSC zielt darauf ab, strategische Ziele von Unternehmen unter Einbeziehung finanzieller und nicht finanzieller Einflussgrößen transparent und operationalisierbar zu machen, sowie die Steuerung von Maßnahmen mit Hilfe von Indikatoren zu ermöglichen.

Neuere Ansätze, vor allem aus dem österreichischen Raum, versuchen diese Steuerungsaspekte sowie einen Geschäftsprozessbezug in das Modell zur Bewertung des intellektuellen Kapitals mit einzubeziehen. So integriert das Wissensbilanzmodell der Austrian Research Center Seibersdorf (ARCS)[13] wie auch das daran angelehnte Modell der DLR[14] die Sichtweisen des EFQM Modells (EFQM 2003) mit dem Steuerungsaspekt der BSC.

Parallel dazu wurden Methoden entwickelt, die neben der Bewertung mittels Indikatoren zusätzlich auf eine monetäre Wertermittlung der einzelnen Komponenten des intellektuellen Kapitals abzielen[15]. Hierdurch sollen die Vorteile beider Sichtweisen miteinander verbunden werden.

Um eine stärkere theoretische Fundierung der Forschung zum intellektuellen Kapital bemüht, wurden in den letzten Jahren verschiedene, größer angelegte nationale und internationale Forschungsprojekte[16] gestartet. Gleichzeitig widmeten sich verschiedene Standardisierungsgremien der Rechnungslegung IASB (1998), FASB (2001), DRSC (2004) mit erhöhter Aufmerksamkeit der Frage, wie das immaterielle Vermögen von Unternehmen gemessen und bilanziert werden kann[17]. Vor allem im skandinavischen Raum wurden die zahlreich durchgeführten Forschungsarbeiten mit dort ansässigen Unternehmen in der Praxis erprobt. Zu erwähnen sind hier vor allem die Empfehlung für „Intellectual Capital Statements" in der Danish Guideline der Danish Agency for Trade and Industry (2000)[18]. Diese geht über die sehr vagen Empfehlungen der Rechnungslegungsstandards hinaus und gibt erstmals, aufbauend auf dem praktischen Vorbild von skandinavischen Firmen, klare Hinweise und Vorgehensweisen zur Struktur und Entwicklung eines „Intellectual Capital Statements" als Anhang zum Geschäftsbericht von Unter-

---

[13] Siehe Kapitel 13 in diesem Band.
[14] Siehe Kapitel 15 in diesem Band.
[15] Siehe bspw. Andriessen 2004; Kapitel 16 in diesem Band.
[16] Siehe Kapitel 20 in diesem Band.
[17] Für eine ausführliche Beschreibung siehe Kapitel 1 in diesem Band.
[18] Siehe neue Richtlinie: DMSIT (2003).

nehmen. Weitere vergleichbare Leitfäden sind in den letzten Jahren u.a. auch in Japan (METI 2004) und Deutschland (BMWA 2004) erarbeitet und mit Unternehmen praktisch erprobt worden.

Abb. 2.1. fasst einige der wichtigsten Methoden in einem Portfolio zusammen und ermöglicht damit einen Überblick über die Ausrichtung der einzelnen Ansätze. Die Abbildung ist an die Darstellung und Einteilung von Sveiby (2002) angelehnt und beschreibt die einzelnen Methoden nach unterschiedlichen Kriterien:

Betrachtet die Methode einzelne Komponenten oder das intellektuelle Kapital als Ganzes (y-Achse) und ermittelt die Methode einen monetären Wert für das intellektuelle Kapital oder beschreibt sie dieses mittels Indikatoren (x-Achse)?

Darüber hinaus sind weitere Informationen zur Ausrichtung der einzelnen Methoden in der Darstellung enthalten. So gibt die Grauabstufung an, ob ein Ansatz eher zur externen Berichterstattung (dunkelgrau) oder zum internen Management des intellektuellen Kapitals (hellgrau) geeignet ist[19,20]. Des weiteren gibt die Form der Symbole an, ob es sich um ein Messverfahren ohne oder mit Bewertung des intellektuellen Kapitals handelt. Ein Messverfahren ohne Bewertung (Kreis) erfasst und misst Eigenschaften des intellektuellen Kapitals. Ein Messverfahren mit Bewertung (Quadrat) gibt darüber hinaus an, ob ein Messwert als gut oder schlecht einzustufen ist und ermöglicht dadurch eine direkte Ableitung eines Stärken- und Schwächenprofils.[21]

Die Fußnoten zu jeder Methode beschreiben weitere Details der jeweiligen Ansätze. Die (1) zeigt an, dass die Methode nur auf eine einzelne Komponente, also einen Teil des intellektuellen Kapitals fokussiert, während die anderen Ansätze ein weites Spektrum des intellektuellen Kapitals betrachten. Die (2) zeigt an, ob die einzelnen - zum Teil detaillierten Messwerte - aggregiert und zu einem Index zusammengefasst werden können. Hierdurch kann im Idealfall ein schneller Überblick über den Status des intellektuellen Kapitals erreicht werden.

Bestimmt eine Methode den Wert des intellektuellen Kapitals in Geldwerten, z.B. in Euro oder Dollar, ist meist von Interesse, auf welcher Berechnungsbasis dies geschieht. Die hierbei am häufigsten verwendeten Ansätze sind der „market approach" (3), der „cost approach" (4) und der „income approach" (5).[22]

Ersterer zieht hierzu den Marktwert eines Unternehmens heran und bestimmt, meist aus der Differenz zu den materiellen Werten der Organisation, den Wert des intellektuellen Kapitals (siehe z.B. Tobin`s q und Market to Book Ratio), während beim „income approach" die aktuellen und zukünftigen Erträge die Ausgangsbasis für die Berechnung des monetären Wertes bilden (siehe z.B. Intangibles Scoreboard oder Weightless Wealth Tool Kit). Der „cost approach", so wie er z.B. im „Human Resource Accounting" angewendet wird, berechnet den monetären Wert aus den Kosten für die Erzeugung oder Bereitstellung der immateriellen Faktoren.

---

[19] Für eine ausführliche Erläuterung dieses Aspektes siehe Kapitel 1 in diesem Band.
[20] Bei dieser Einteilung wurden sowohl die Aussagen der Autoren als auch die Kritik von Andriessen (2004) und die praktischen Erfahrungen mit diesen Ansätzen berücksichtigt.
[21] Siehe Kapitel 2.2.
[22] Vgl. Andriessen (2004); Reilly u. Schweihs (1999), Reinhardt (2002)

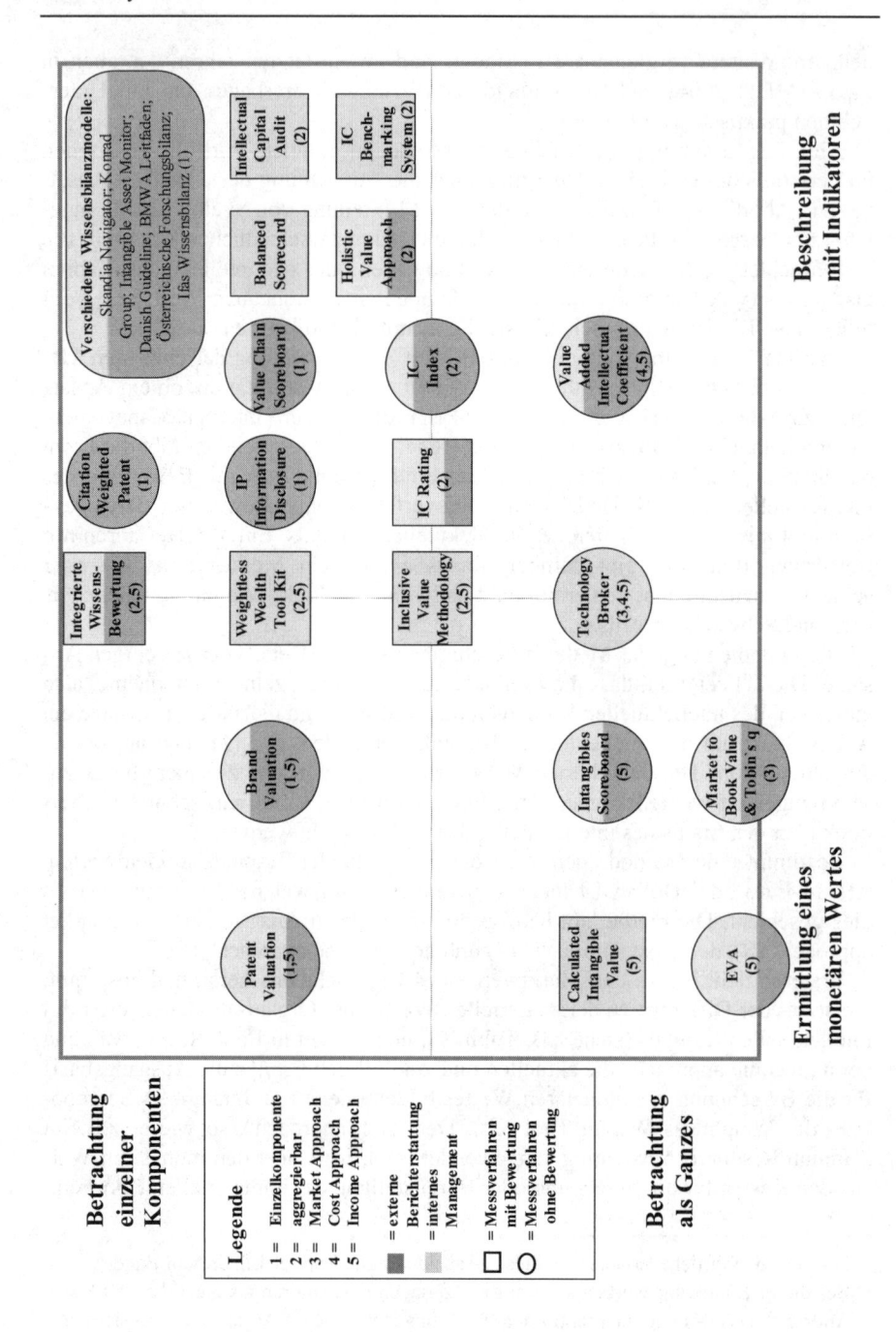

Abb. 2.1. Unterschiedliche Bewertungsmethoden des intellektuellen Kapitals im Vergleich

Die im Portfolio dargestellten Ansätze sind im Folgenden alphabetisch aufgelistet und zur Orientierung kurz beschrieben.

Balanced Scorecard (BSC) – Norton u. Kaplan 1992, 2004
Konzept zur Umsetzung der Unternehmensstrategie. Dabei werden vier Perspektiven betrachtet: Finanzen, Kunden, interne Prozesse sowie Lernen und Wachstum. Aus der Vision und Strategie der Organisation werden für jede Perspektive Ziele abgeleitet, die durch Indikatoren operationalisiert werden. Über den Vergleich von Zielwert und Istwert wird geprüft, inwieweit die festgesetzten Ziele durch initiierte Maßnahmen erreicht wurden. Eine Weiterentwicklung der BSC sind die „strategy maps", welche „intangible assets" in der Lern- und Wachstumsperspektive berücksichtigen. Diese werden nach „human capital", „information capital" und „organization capital" gegliedert und beeinflussen, nach Norton und Kaplan, über die internen Prozesse und die Kundenperspektive letztlich die Finanzen und damit die Unternehmensperformance.

BMWA Leitfaden zur Wissensbilanzierung – BMWA 2004
Hierbei handelt es sich um ein prozessorientiertes Steuerungsmodell zur Erfassung und Bewertung des intellektuellen Kapitals. Es erfolgt sowohl eine Bewertung nach Qualität, Quantität und Systematik, als auch eine Analyse der Wirkungszusammenhänge zwischen dem intellektuellen Kapital und dem Geschäftserfolg. Hierzu werden die Einflussfaktoren des IK und die angestrebten Geschäftserfolge zueinander in Beziehung gesetzt. Verschiedene Auswertungen ermitteln das Potenzial der einzelnen Einflussfaktoren in Bezug auf eine gezielte Verbesserung. Die Bewertungen werden mit passenden Indikatoren hinterlegt und als Bericht ausgewiesen.

Brand Valuation (Bsp. Interbrand, Nielsen) –Wirtz et al. 2001; Zimmermann et al. 2001
Dieser Ansatz ermittelt den monetären Markenwert mit Hilfe eines Indikatorenmodells über eine nicht monetäre Größe. Diese ergibt sich aus der Bewertung und Gewichtung von festgelegten, über Indikatoren operationalisierte Faktoren wie z.B. „Internationalität der Marke", „Marktattraktivität" und „Markenstabilität". Um den monetären Wert der Marke zu erhalten, wird die ermittelte nicht monetäre Größe bspw. mit dem durchschnittlichen Nachsteuergewinn des Unternehmens multipliziert („income approach").

Calculated Intangible Value – Stewart 1997
Nach dieser Methode entspricht der Wert der „intangible assets" der Fähigkeit eines Unternehmens einen durchschnittlichen Konkurrenten mit ähnlichen „tangible assets" zu übertreffen. Hierzu wird der durchschnittliche Branchenertrag von „tangible assets" mit dem durchschnittlichen Buchwert der „tangible assets" des Unternehmens multipliziert und vom durchschnittlichen Gewinn des Unternehmens subtrahiert. Durch Abdiskontierung dieses Wertes wird der Barwert der „intangible assets" berechnet.

Citation - Weighted Patents – Hall et al. 2001
Hierbei wird davon ausgegangen, dass die nach Zitationen gewichteten Patente ein geeigneter Indikator für den Wissensbestand eines Unternehmens sind. Als Zitationen werden Patente und Veröffentlichungen von bspw. Vorgängertechnologien bezeichnet, auf die bei der Entwicklung einer Innovation zurückgegriffen wurde, und die daher bei der Anmeldung der Innovation als Patent mit angegeben werden müssen. Hall zeigt, dass die durchschnittlichen Zitationen pro Patent des Unternehmens stärker mit dessen Marktwert korrelieren als die reine Anzahl der Patente.

Danish Guideline for Intellectual Capital Statement – DMSTI 2003
Der Ansatz analysiert die Wissensressourcen eines Unternehmens über die vier Elemente: „narratives, knowledge management challenges, initiatives and indicators". Dabei wird üblicherweise in vier Typen von Wissensressourcen unterschieden: Mitarbeiter, Kunden, Prozesse, Technologien. Die „narratives" beschreiben, welche Wissensressourcen notwendig sind, um den Kundennutzen zu erhöhen. Daraufhin werden Ziele festgelegt, die sich auf die Verbesserung der Wissensressourcen beziehen. Um diese Ziele zu erreichen, werden Maßnahmen (initiatives) initiiert, die durch Indikatoren messbar und bewertbar gemacht werden. Alle Informationen werden in einem „intellectual capital statement" als Ergänzung zum klassischen Geschäftsbericht ausgewiesen.

Economic Value Added (EVA) – Stewart III 1994
Der EVA ergibt sich vereinfacht aus dem Geschäftsergebnis nach Steuern abzüglich der Kapitalkosten. Der EVA zielt nicht direkt auf die Messung des intellektuellen Kapitals ab. Durch die Annahme, dass das Management der „intangible assets" die Höhe des EVA beeinflusst, wird dieser jedoch in einigen Fällen als Kennzahl für das intellektuelle Kapital herangezogen.

Holistic Value Approach (HVA) – Pike u. Roos (2000); Pike et al. 2002
Die HVA ist eine Kombination aus dem „IC Index" (Roos et. al.) und der „Inclusive Value Methodology (IVM)" (M`Pherson u. Pike), der die Vorteile beider Methoden in sich vereint. Hierzu werden die Ziele der Stakeholder gewichtet und in normalisierte, messbare Attribute transformiert. Um die „wertschöpfenden Pfade" im Unternehmen zu bestimmen, werden die Wichtigkeit und der Einfluss zwischen diesen Attributen ermittelt und mittels eines „Navigators" so visualisiert, dass Zusammenhänge transparent werden.

Inclusive Value Methodology (IVM) – M´Pherson u. Pike 2001
M`Pherson und Pike gliedern Organisationswerte in monetäres, physisches und intellektuelles Kapital. Die IVM ist eine Berechnung des Wertes des IK und geht davon aus, dass der Wert vom Kontext abhängt. Die IVM zieht hierzu die auf das IK bezogenen Ziele der „Stakeholder" heran. Diese Ziele werden in Attribute transformiert, die messbar und beobachtbar sind und den vier Anforderungen: „completeness, distinctness, commensurability and independence" genügen. Über die Normalisierung aller Messwerte auf eine Skala von null bis eins, können diese zu einem einzigen Wert („combined intangible value") zusammengefasst werden. In Kombination mit dem cash flow ergibt sich daraus der „inclusive value", der damit aus einem finanziellen und nicht finanziellen Wert besteht.

Intangible Asset Monitor (IAM) – Sveiby 1997,1997a, 2002
Der IAM gliedert das IK in individuelle Kompetenz, interne und externe Struktur. Indikatoren werden verwendet, um diese Dimensionen sichtbar zu machen. Dabei werden solche Indikatoren gewählt, die mit Effizienz, Risiko/Stabilität, Wachstum und Erneuerung der immateriellen Faktoren korrelieren und damit deren Entwicklung aufzeigen.

Intangibles Scoreboard – Gu u. Lev 2002
Das Intangibles Scoreboard ermittelt den finanziellen Wert für das intellektuelle Kapital eines Unternehmens, indem von den durchschnittlichen Gewinnen (aus den vergangenen und zukünftig erwarteten) des Unternehmens die Gewinne aus physischem und finanziellem Kapital abgezogen werden. Damit ergibt sich der Beitrag der „intangible assets" zur Unternehmensperformance: die „intangibles driven earnings". Der Barwert der zukünftig erwarteten „intangibles driven earnings" ergibt einen Schätzwert für den finanziellen Wert des intellektuellen Kapitals.

Intellectual Capital Audit (ICA) – Brooking 1996
Das Modell identifiziert und misst die Komponenten des IK, gegliedert nach „market assets, intellectual property assets, human-centered assets and infrastructure assets". Mithilfe des Audits werden die Stärken und Schwächen eines „assets" ermittelt und in einem Index erfasst, wobei nur die für die Zielerreichung bedeutenden Indikatoren berücksichtigt werden. Der Index gibt an, inwieweit der ermittelte Status eines Indikators mit dem als optimal definierten Zustand (dream ticket) übereinstimmt. Neben dem Index wird auch die Wichtigkeit der einzelnen „assets" ermittelt und abgebildet.

Intellectual Capital Benchmarking System (ICBS) – Viedma 2001
Das ICBS ist eine Methode, um die Kernkompetenzen, bestehend aus Human-, Struktur- und Beziehungskapital, mit dem „weltbesten" Wettbewerber zu vergleichen (Benchmarking). Das ICBS bezieht sich dabei auf die Wertschöpfungskette. Anhand eines „Excellence Models" werden die relevanten Wettbewerbsfaktoren und Kriterien bestimmt, welche die Grundlage für den Fragebogen bilden. Die Ergebnisse werden in einer Bilanz nach „assets" und „liabilities" aufgeschlüsselt, wobei verschiedene Aggregationsstufen möglich sind.

Intellectual Capital (IC) Index – Roos u. Roos 1997; Roos et al. 1998; Skandia 1997
Der Ansatz baut auf den ursprünglichen reinen Indikatorensystemen, wie z.B. dem Skandia Navigator, auf. Der IC-Index fasst die verschiedenen individuellen Indikatoren der einzelnen Komponenten des Human- und Strukturkapitals in einem Index zusammen, wobei die einzelnen Indikatoren durch das Management gewichtet werden. Besondere Beachtung liegt auf der Unterscheidung von „IC stocks and flows". Darüber hinaus wird die Änderung des IC-Index mit dem Marktwert korreliert. Der IC-Index zielt vorrangig auf die Vereinfachung der Indikatorensysteme für Kommunikationszwecke ab.

Intellectual Capital (IC) Rating – Kivikas u. Tenbieg 2003
Basierend auf den Daten unternehmensintern und -extern geführter Interviews erfolgt ein Rating des intellektuellen Kapitals - gegliedert in Geschäftsidee, Struktur-, Human- und Beziehungskapital. Das IK wird nach den drei Kriterien Effizienz, Erneuerung und Weiterentwicklung sowie Risiko bewertet. Aufgrund des standardisierten Verfahrens ist ein Benchmarking mit anderen Unternehmen möglich.

Integrierte Wissensbewertung – Mertins u. Alwert 2003
Diese Methode zur Wissensbewertung besteht aus einem Struktur- und einem Steuerungsmodell. Der Aufbau des Strukturmodells orientiert sich am Geschäftsmodell der Organisation und beinhaltet die fünf Dimensionen: Geschäftsprozesse, Wissensressourcen, externe Beziehungen, Prozess- und Wissensergebnisse sowie extern erzielte Wirkungen. Wissensziele werden unter Berücksichtigung der Strategie und Vision aus dem operativen Geschäft abgeleitet und bilden die Grundlage für die kontinuierliche Entwicklung der Wissensbasis. Im Wissensbilanzbericht werden die einzelnen Dimensionen erfasst und mit Indikatoren hinterlegt. Durch den geschäftsprozessbezogenen Ansatz werden die Ursache- Wirkungszusammenhänge zwischen den einzelnen Elementen aufgezeigt. Über das Einflussgewicht auf den Geschäftsprozess und den damit erzielten monetären Ertrag kann den Wissensressourcen zusätzlich ein monetärer Wert zugewiesen werden.

Intellectual Property (IP) Information Disclosure – METI 2004
Im Mittelpunkt der Richtlinie des Japanischen Ministeriums für Wirtschaft, Handel und Industrie steht die Offenlegung von Informationen über das geistige Eigentum von Organisationen gegenüber Investoren. Der vorgeschlagene „Intellectual Property Report", der als Anhang an den Geschäftsbericht gedacht ist, soll u.a. Informationen über Kerntechnologien

und Geschäftsmodelle des Unternehmens, die Geschäftsstrategie jedes F&E Segments, eine Analyse der Marktfähigkeit von Technologien sowie das wichtigste geistige Eigentum und dessen gegenwärtigen und potenziellen Nutzen enthalten.

Konrad Group 1998
Der Ansatz der Konrad Group zielt auf die externe Rechenschaftslegung von Dienstleistungsunternehmen ab, welche Erträge überwiegend durch ihr „know how" erwirtschaften. Bei diesen Unternehmen liegen zwei Kapitalarten vor: Finanzkapital und „know how capital". Das „know how capital" gliedert sich wiederum in Strukturkapital und individuelles Kapital. Die Konrad Group schlägt entsprechend dieser Kategorisierung Indikatoren für das externe Reporting vor.

Market to Book Ratio – Edvinsson u. Malone 1997; Stewart 1997
Das Verhältnis zwischen Marktwert und Buchwert eines Unternehmens wird verwendet, um den Wert des intellektuellen Kapitals näherungsweise zu ermitteln. Dabei wird davon ausgegangen, dass die Differenz aus dem Marktwert des Unternehmens und dessen Buchwert aus der Bilanz dem nicht in der Bilanz angesetzten intellektuellem Kapital des Unternehmens entspricht.

Österreichische Forschungsbilanz – Republik Österreich 2002a, 2002b; Österreichische Rektorenkonferenz 2003; Koch et al. 2000
Nach diesem Ansatz wird das intellektuelle Kapital einer Forschungseinrichtung in einer Wissensbilanz erfasst, gemessen und bewertet. Das zugrunde liegende Modell bezieht neben den Wertschöpfungspotenzialen, gegliedert in Human-, Struktur- und Beziehungskapital, die Kernprozesse und die Ergebnisse der Organisation mit ein. Die Wissensziele, abgeleitet aus der Vision und den Unternehmenszielen, bilden den Ausgangspunkt für die Bewertung der einzelnen Dimensionen mittels Indikatoren. Die Ergebnisse werden in einem Bericht zusammengefasst und veröffentlicht.

Patent Valuation – Kloyer 2004
Der Wert eines Patentes ergibt sich bei dieser Methode aus dem Barwert der erwarteten Einzahlungsüberschüsse aus seiner Nutzung.

Skandia Navigator – Edvinsson u. Malone 1997
Der Navigator besteht aus fünf Perspektiven: Finanzen, Kunde, Prozesse, Mitarbeiter sowie Erneuerung und Entwicklung. Die finanzielle Perspektive entspricht dabei der vergangenheitsorientierten Betrachtung, während der Mitarbeiter-, Kunden- und Prozessfokus die Gegenwart und die Erneuerungs- und Entwicklungsperspektive die zukünftige Betrachtung widerspiegelt. Die einzelnen Dimensionen werden mit einer Vielzahl von Indikatoren kumulativer, komperativer, kompetitiver und kombinierter Art hinterlegt und im Anhang an den Geschäftsbericht ausgewiesen.

Technology Broker – Brooking 1996
Der Technology Broker basiert auf dem Intellectual Capital Audit (Brooking 1996) und berechnet einen monetären Wert für das intellektuelle Kapital. Dabei können drei Methoden zur Anwendung kommen: der „cost approach", der „market approach" oder der „income approach".

Tobin's q – Brainard u. Tobin 1968; Tobin 1969; Stewart 1997
Tobin's q ist der Quotient aus dem Marktwert eines Unternehmens und den Wiederbeschaffungskosten für seine materiellen Vermögenswerte. Wie beim „Market to Book Ratio" kann die Differenz zwischen Marktwert und Wiederbeschaffungskosten als der Wert des intellektuellen Kapitals interpretiert werden.

Value Added Intellectual Coefficient (VAIC) – Pulic 2000
Der VAIC gibt die Wertschöpfungseffizienz aller Ressourcen im Unternehmen an und ist die Summe aus den Indikatoren „Intellectual Capital Efficiency" und „Capital Employed Efficiency". Die Effizienz der einzelnen Kapitalarten ist das Verhältnis von Wertschöpfung zum eingesetzten Kapital. Das „Intellectual Capital" beinhaltet Human- und Strukturkapital, während das „Capital Employed" dem Buchwert des Nettovermögens entspricht. Dieses Konzept wird nicht nur auf Unternehmen sondern auch auf Staaten angewandt.

Value Chain Scoreboard – Lev 2001
Der Ansatz betrachtet den Innovationsprozess von Unternehmen, der in drei Phasen unterteilt ist: „Discovery and Learning" (Entstehen einer neuen Produkt-/Serviceidee), „Implementation" (Umsetzung der Idee in ein Produkt/Service) und „Commercialization" (Vermarktung des Produktes/Service). Die Phasen werden jeweils in weitere „subsets of items" (bspw. die technische Machbarkeit) gegliedert und mit Indikatoren hinterlegt. Die Indikatoren sollten quantitativ, standardisierbar und ihre Relevanz empirisch bestätigt sein. Die Informationen sollten separat von Marketingunterlagen ausgewiesen werden.

Weightless Wealth Tool Kit (WWTK) – Andriessen 2004
Über diese Methode wird der monetäre Wert von immateriellen Ressourcen ermittelt. Hierzu werden die wichtigsten Kernkompetenzen der Organisation erfasst, deren Wertbeitrag zum operativen Geschäftsergebnis gewichtet und in einen monetären Wert umgerechnet. Mit Hilfe der „Discounted Cash Flow Methode (DCF)", unter Berücksichtigung von Risiken und Prognosen, wird der monetäre Gesamtwert der einzelnen Kernkompetenzen ermittelt. Darüber hinaus ist im WWTK ein Audit integriert, das die einzelnen immateriellen Ressourcen bewertet und für das Management transparent macht.

WissensBilanz der ifas – Lingemann 2005
In der WissensBilanz der ifas wird das Wissen, das zur Ausführung von Tätigkeiten benötigt wird, in Buchungskonten erfasst. Als Messgröße für Wissen dient die Lernzeit der Mitarbeiter. Damit wird es möglich, das am Arbeitsplatz notwendige Wissen (WissenS) und das bei den Mitarbeitern vorhandene Wissen (WissenM) gegenüberzustellen. Die Differenz gibt Unter- oder Überdeckungen im Wissensbestand an, woraus Maßnahmen abgeleitet werden können. Die Wissensbestände können sowohl für den einzelnen Mitarbeiter als auch für das Unternehmen als Ganzes betrachtet werden.

2.4 Anwendungspraxis – Eine Analyse veröffentlichter Wissensbilanzen

2.4.1 Untersuchungsgegenstand

In den letzten Jahren haben weltweit zahlreiche Organisationen Wissensbilanzen erstellt und veröffentlicht. Vorreiter auf diesem Gebiet war der schwedische Finanzdienstleister Skandia AFS, der bereits 1994 die erste Wissensbilanz veröffentlicht hat. Dieses Kapitel soll eine Analyse der bereits in der Praxis eingesetzten und veröffentlichten Wissensbilanzen liefern und sowohl Gemeinsamkeiten als auch Unterschiede herausarbeiten. Zu einigen der Organisationen, die hier einen maßgeblichen Beitrag geleistet haben, finden sich im vorliegenden Band auch Detailbeiträge.

Insgesamt wurden 35 europäische Organisationen aus 6 Ländern mit insgesamt 64 Wissensbilanzen aus den Jahren 1994-2004 untersucht. Unter den Organisationen sind zehn Hochschulen und Forschungseinrichtungen sowie 25 Unternehmen aus unterschiedlichen Branchen[23]. Auf Grund der ständig wachsenden Zahl an Wissensbilanzen wurden nicht alle, sondern eine repräsentative Auswahl von Wissensbilanzen betrachtet[24]. Folgende Fragestellungen standen bei der Analyse im Vordergrund:

- Welche Begrifflichkeiten werden verwendet?
- Welchen Inhalt und welche Struktur haben die Wissensbilanzen?
- Wie wird das intellektuelle Kapital gemessen?
- Wie wird das intellektuelle Kapital bewertet und gesteuert?
- Wie wird mittels der Wissensbilanz kommuniziert und wo wird diese ausgewiesen?

2.4.2 In der Praxis verwendete Begriffe

Anders als in Kapitel 1 für die Theorie beschrieben, ist in der Praxis die Begriffsverwirrung weniger ausgeprägt. So verwenden bereits 90 % der Organisationen aus dem deutschsprachigen Raum den Begriff Wissensbilanz. International besteht weniger Einheitlichkeit, jedoch verwendet die Mehrzahl (68 %) der Organisationen den Terminus Intellectual Capital allein oder in Kombination mit Report, Statement, Accounts oder Management. Die restlichen 32 % der Organisationen teilen sich auf die Begriffe Intangible Assets, Intangible Assets Report, Knowledge Statement und Stakeholder Report auf. Zusammenfassend kann gesagt werden, dass sich im internationalen Raum eine Begriffskombination aus Intellectual Capital und einem Synonym für Bericht etabliert, während sich im deutschsprachigen Raum auf Grund des starken Einflusses der österreichischen Hochschulen und des in Österreich bereits in Kraft getretenen Gesetzes zur Wissensbilanzierung (Republik Österreich 2002a, 2002b) der Begriff Wissensbilanz durchzusetzen scheint.

2.4.3 Inhalt und Struktur der analysierten Wissensbilanzen

Fast alle Organisationen (92 %) beziehen sich bei der Erfassung immaterieller Faktoren auf die ursprünglich von Leif Edvinsson (Edvinsson u. Malone 1997) und Karl-Erik Sveiby (1997) eingeführte Struktur des intellektuellen Kapitals bzw. verwenden eine begriffliche Abwandlung davon. Das intellektuelle Kapital oder

---

[23] So sind unter den Unternehmen, die eine Wissensbilanz vorlegen, sowohl Berater, IT-Unternehmen, Banken und Versicherungen, als auch produzierende Unternehmen aus dem Maschinenbau und der Medizintechnik.
[24] Eine Liste der untersuchten Organisationen mit weblink findet sich im Anhang an diesen Beitrag.

intellektuelle Vermögen, wie es in Österreich vorzugsweise genannt wird, wird dabei meist als Ressource oder Potenzial der Organisation aufgefasst und in Humankapital (Mitarbeiterkompetenzen, Mitarbeiterverhalten, etc.), Strukturkapital (Informationstechnologie, Geistiges Eigentum, Kultur, Prozessorganisation etc.) und Beziehungskapital (Kundenbeziehungen, Lieferantenbeziehungen, Beziehungen zur Öffentlichkeit etc.) oder synonyme Begriffe unterschieden.

66 % der betrachteten Organisationen stellen in der Wissensbilanz darüber hinaus ihr Geschäftsumfeld vor und 94 % gehen auf ihre Vision und ihre Geschäftsstrategie ein. 69 % der Organisationen beschreiben zudem ihre Wissensziele oder ihre Wissensstrategie, während 60 % ihre Prozesse und 71 % die Dimension Ergebnisse oder Wirkung berücksichtigen. 25 % verwenden zusätzlich erzählende Elemente, in dem sie Kurzgeschichten zu ihrem Umgang mit dem intellektuellen Kapital in die Wissensbilanz einfließen lassen.

Die Mehrzahl der Forschungseinrichtungen (80 %) und der Unternehmen (68%) gehen noch einen Schritt weiter und integrieren das intellektuelle Kapital in ihr Wertschöpfungs- und Steuerungsmodell. Hierzu werden die Wissensstrategie, die Leistungsprozesse, erarbeitete Ergebnisse und extern erzielte Wirkungen sowie deren Zusammenhang explizit aufgezeigt. Die Ursache-Wirkungsbeziehungen zwischen den immateriellen Faktoren und dem Geschäftserfolg sollen dadurch verdeutlicht werden.

2.4.4 Die Messung des intellektuellen Kapitals

In allen betrachteten Wissensbilanzen werden zur Messung des intellektuellen Kapitals Indikatoren eingesetzt. In den Wissensbilanzen der Unternehmen sind diese meist individuell festgelegt, während die Wissensbilanzen der Forschungsorganisationen eher ähnliche oder schon einheitliche Indikatoren aufweisen. Die Zuordnung der einzelnen Indikatoren zu den jeweiligen Dimensionen der Wissensbilanz (z.B. Prozess/Ergebnis/Wirkung) erfolgt jedoch nicht einheitlich. Eine klare Aussage darüber, welche Indikatoren zu welcher Dimension der Wissensbilanz etwas aussagen, kann nicht getroffen werden.

Alle Wissensbilanzen verwenden quantitative Indikatoren, wie z.B. die Anzahl der Mitarbeiter, Weiterbildungen, Kunden, Partner, Patente, Zertifizierungen usw. Mehr als die Hälfte aller Organisationen weisen darüber hinaus auch qualitative Indikatoren aus. Dabei stehen vor allem die Kunden- und Mitarbeiterzufriedenheit im Zentrum der Betrachtung. 74 % verwenden neben diesen nicht-monetären Indikatoren auch monetäre Indikatoren, wobei hierzu überwiegend auf finanzielle Aufwands- und Erfolgskennzahlen zurückgegriffen wird.

2.4.5 Die Bewertung und Steuerung des intellektuellen Kapitals

Für die gezielte Entwicklung des intellektuellen Kapitals einer Organisation ist neben der reinen Messung auch eine Bewertung des Gemessenen erforderlich.

Hierzu müssen die einzelnen Messwerte der Indikatoren darauf hin bewertet werden, ob diese gut oder schlecht für die Organisation sind (siehe oben).

Lediglich 37 % der Organisationen nehmen diese explizite Bewertung vor, indem sie zusätzliche Symbole (z.B. einen Smiley) verwenden, die angeben, ob der Wert als gut, schlecht oder neutral eingestuft wird. 50 % machen für ausgewählte Indikatoren Zielvorgaben, um aufzuzeigen, welche Werte in Zukunft verbessert werden sollen.

Über 40 % der Organisationen setzten die Wissensbilanz bereits seit mehreren Jahren ein und können daher einen internen Vergleich über die Jahre hinweg ausweisen. Allerdings ist zu beachten, dass einige der Organisationen im Laufe der Zeit neue Indikatoren aufgenommen, aber auch einige gestrichen oder die Berechnungsgrundlage geändert haben.

Eine Bewertung des intellektuellen Kapitals mittels eines Organisationsvergleichs wurde von zwei Organisationen durchgeführt, jedoch nach kurzem wieder eingestellt (DLR 2001 und ARCS 2001)[25].

Eine detaillierte und plausible Beschreibung von Maßnahmen zur Veränderung des intellektuellen Kapitals wird von 37 % der Organisationen vorgenommen. Nur diese Organisationen können glaubhaft den Eindruck vermitteln, dass die vorliegende Wissensbilanz auch zur internen Steuerung eingesetzt wird, obwohl alle Organisationen angeben, ihre immateriellen Faktoren aktiv zu managen.

Insgesamt bleibt zu bemerken, dass lediglich 11 % der Organisationen ihre Indikatoren und deren Definition genauer erklären. Auch die genaue „Accounting Policy" wird lediglich von 11 % der betrachteten Organisationen beschrieben. So wird der Leser meist im Unklaren darüber gelassen, was die Berechnungsgrundlage der einzelnen Indikatoren ist, warum gerade diese ausgewiesen wurden und wie diese zu interpretieren sind.

Es bleibt daher schwierig einzuschätzen, ob auf Grund der ausgewiesenen Indikatorenwerte die Organisationen als eher besser oder schlechter zu bewerten sind. Vergleiche mit anderen Organisationen sind auf Grund der individuellen Handhabung der Indikatoren kaum möglich. Zusätzlich erschwert wird dies dadurch, dass bei einer Großzahl der Unternehmen die Wissensbilanz immer noch durch das Marketing geprägt ist. Der Ton ist fast durchweg überschwänglich positiv und bei den meisten Wissensbilanzen wird daher nicht deutlich, wo Handlungsbedarf und wo die Organisationen wirklich gut oder gar besser als die Konkurrenz sind. Neuere Entwicklungen zeigen jedoch, dass einige Organisationen den Mut haben, dies zu verändern und auch negative Bewertungen und Entwicklungen aufzuzeigen. Hierdurch werden die Inhalte der Wissensbilanz insgesamt wesentlich glaubwürdiger, vor allem in Bezug auf positive Darstellungen. Darüber hinaus sind diese Wissensbilanzen meist leichter verständlich, da die eigentlichen Informationen für eine umfassende Interpretation und Bewertung nicht mühsam zwischen den Zeilen herausgelesen werden müssen, sondern offen ersichtlich sind. Dennoch gilt für alle Organisationen, dass durch die Wissensbilanz die Transparenz über deren immaterielle Faktoren erheblich verbessert wird und weitaus mehr Informationen für

---

[25] Siehe Kapitel 15 in diesem Band.

eine externe Unternehmensbewertung vorliegen, als bei Unternehmen, die keine Wissensbilanz veröffentlichen.

2.4.6 Wie wird mittels der Wissensbilanz kommuniziert und wo wird diese ausgewiesen?

Alle Organisationen veröffentlichen ihre Wissensbilanz im Internet[26] und/oder als Broschüre. Auf Anfrage sind fast alle Organisationen bereit, ein Exemplar zu übersenden. Die Wissensbilanz ist dabei meist ein eigenständiger Bericht. Bei 23 % der Organisationen ist die Wissensbilanz bereits Bestandteil des herkömmlichen Geschäftsberichtes, wodurch der aktuellen Entwicklung in den Rechnungslegungsstandards[27] entsprochen wird.

2.4.7 Zusammenfassung der Ergebnisse und Vorschlag einer Definition

Die Analyse der 64 Wissensbilanzen macht deutlich, dass die Anzahl der praktischen Anwender des Instrumentes in den letzten Jahren erheblich gestiegen ist. Einige Organisationen weisen bereits seit 5 Jahren in Folge eine Wissensbilanz aus (vgl. z.B.: ARCS 1999, 2000, 2001, 2002, 2003). Gerade die Entwicklungen in Österreich haben dem Thema einen neuen Schub verliehen und auch in Deutschland wurden Initiativen gestartet, um die Wissensbilanz in Unternehmen zu verbreiten und zu etablieren[28]. Obwohl die Messung und Bewertung des intellektuellen Kapitals auf Grund der großen Individualität bei der Auswahl und Berechnung der Indikatoren weiterhin schwierig bleibt, zeigen die Entwicklungen vor allem im Forschungsbereich, dass eine Harmonisierung von Indikatoren möglich ist. Auch die Integration der Indikatoren in ein Wertschöpfungsmodell hat dazu beigetragen, Ursache-Wirkungszusammenhänge zwischen dem intellektuellen Kapital und dem Geschäftserfolg einer Organisation transparenter zu machen. Es scheint kein Zweifel mehr darüber zu bestehen, dass das intellektuelle Kapital einen wesentlichen Beitrag zum Organisationserfolg leisten kann und daher Bestandteil des internen und externen Controlling sein sollte.

Auf Basis der identifizierten Gemeinsamkeiten zwischen den analysierten Wissensbilanzen soll hier folgender Vorschlag für die Definition einer Wissensbilanz unterbreitet werden:

> Eine Wissensbilanz ist eine strukturierte Darstellung des erfolgskritischen intellektuellen Kapitals einer Organisation mittels quantitativer und qualitativer Indikatoren. Das intellektuelle Kapital wird dabei als Ressource oder Potenzial

---

[26] Siehe Liste der Organisationen im Anhang an diesen Artikel.
[27] Siehe Kapitel 1 „Rechtliche Rahmenbedingungen und Standards".
[28] Siehe Kapitel 3 in diesem Band.

aufgefasst und meist in Humankapital, Strukturkapital und Beziehungskapital unterschieden. Viele aktuelle Wissensbilanzen binden das intellektuelle Kapital in ein Wertschöpfungsmodell ein, das die Zusammenhänge zwischen der Geschäfts- und Wissensstrategie, den Leistungsprozessen, den erzielten Ergebnissen und externen Wirkungen der Organisation in ihrem Geschäftsumfeld aufzeigt.

Um die Definition weiter zu schärfen, kann folgende Abgrenzung helfen: „Eine Wissensbilanz ist keine Bilanz im klassischen finanziellen Sinne. Sie legt Rechenschaft ab über die Verwendung des intellektuellen Kapitals und bilanziert Zielerreichungen..." (BMWA 2004).

Literaturverzeichnis

Andriessen D (2004) Making sense of Intellectual Capital – Designing a Method for Valuation of Intangibles. Butterworth Heinemann, Amsterdam

Becker G S (1964) Human Capital. University of Chicago Press, Chicago

Bornemann M, Knapp A, Schneider U, Sixl KI (1999) Holistic Measurement of Intellectual Capital. International Symposium Measuring and Reporting Intellectual Capital: Experience, Issues, and Prospects, Amsterdam

Brainard WC, Tobin J (1968) Pitfalls in Financial Model Building. American Economic Review (Papers and Proceedings), 58:99-122

Brooking A (1996) Intellectual Capital: core asset for the third millennium. International Thomson Business Press, London

Bukh PN, Larsen HT, Mouritsen J (2001) Constructing Intellectual Capital Statements. Scandinavian Journal of Management, 17(1): 87-108

Bundesministerium für Wirtschaft und Arbeit BMWA (2004) Leitfaden Wissensbilanz – Made in Germany. www.bmwa.bund.de/Redaktion/Inhalte/Pdf/wissensbilanz-made-in-germany-leitfaden,property=pdf.pdf (Abruf: 9.12.2004)

Danish Agency for Trade and Industry (2000) A Guideline For Intellectual Capital Statements - A Key To Knowledge Management. Danish Agency for Trade and Industry, Copenhagen, http://www.efs.dk/download/pdf/videnUK.pdf (Abruf: 9.12.2004)

Danish Ministry of Science, Technology and Innovation DMSTI (2003) Intellectual Capital Statements – The New Guideline. http://www.videnskabsministeriet.dk/fsk/publ/2003/guideline_uk/guideline_uk.pdf (Abruf: 9.12.2004)

Deutsche Rechnungslegungs Standards Committee DRSC (2004) DRS 12 - Immaterielle Vermögenswerte des Anlagevermögens. www.drsc.de (Abruf: 9.12.2004)

Edvinsson L, Malone MS (1997) Intellectual Capital – realizing your company's true value by finding its hidden brainpower. Harper Business, New York

European Foundation for Quality Management EFQM (2003): EFQM Excellence Modell. http://www.efqm.org/model_awards/model/excellence_model.htm

Financial Accounting Standards Board FASB (2001) FAS 142 Goodwill and Other Intangible Assets, FAS 141 Business Combinations. http://www.fasb.org/pdf/fas142.pdf; http://www.fasb.org/pdf/fas141.pdf (Abruf: 9.12.2004)

Fitz-enz J (1984) How to measure human resources management. McGraw-Hill, New York

Flamholtz E (1974) Human Resource Accounting. Dickenson, Encino
Gu F, Lev B (2002) Intangible Assets: measurement, drivers, usefulness. www.stern. nyu.edu/~blev/ (Abruf: 9.12.2004)
Hall H, Jaffe A, Trajtenberg M (2001) Market value and patent citations - a first look. University of California at Berkley working papers, Department of Economics
Hannula M (1999) Expedient Total Productivity Measurement. The Finnish Academy of Technology, Espoo
Hermanson RH (1964) Accounting for Human Assets. Bureau of Business and Economic Research, Michigan State University
International Accounting Standards Board IASB (1998) IAS 38 Intangible Assets. http://www.iasplus.com/standard/ias38.htm (Abruf: 9.12.2004)
Itami H, Roehl T (1987) Mobilizing Invisible Assets. Harvard University Press, Cambridge
Japanese Ministry of Economy, Trade and Industry METI (2004): Reference Guideline for Intellectual Property Information Disclosure.
Kaplan R, Norton D (1992) The Balanced Scorecard – measures that drive performance. Harvard Business Review, January – February, 71-79
Kaplan R, Norton D (1996) The Balanced Scorecard – Translating Strategy into Action. Harvard Business School Press, Boston
Kaplan R, Norton D (2004) Strategy Map Converting intangible assets into tangible outcomes. Harvard Buisness School Press, Boston
Kivikas M, Tenbieg M (2003) Intellectual Capital Management, Hintergrund, Methodik und Nutzen. www.wissenskapital.info (Abruf: 9.12.2004)
Kloyer M (2004) Methoden der Patentbewertung in: Hovárth P, Möller K (Hrsg.) Intangibles in der Unternehmenssteuerung. Vahlen, München
Koch G, Leitner KH, Bornemann M (2000) Measuring and reporting intangible assets and results in a European Contract Research Organization Paper prepared for the Joint German-OECD Conference Benchmarking Industry-Science Relationships, Berlin
Konrad Group (1998) Invisible Balance Sheet – Key indicators for accounting, control and valuation of know-how companies. Schwedische Version: Den osynliga balansräkningen (1988) http://www.sveiby.com/articles/IntangAss/DenOsynliga.pdf (Abruf: 9.12.2004)
Lev B (2001) Intangibles, Management, Measurement, and Reporting. Brookings Institution Press, New York
Lingemann HF (2005) WissensBilanz – Instrument für Wissens- und Personalarbeit. In: Mertins K, Alwert K, Heisig P (Hrsg) Wissensbilanzen. Intellektuelles Kapital erfolgreich nutzen und entwickeln. Springer, Berlin
Lönnqvist A, Mettänen P (2002) Criteria of Sound Intellectual Capital Measures. Proceedings of the 2nd International Workshop on Performance Measurement, Hannover, Germany, 147-157
Mertins K, Alwert K (2003) Integrierte Wissensbewertung – Ein Instrument zur Bewertung, Steuerung und Bilanzierung von Wissen. Zeitschrift für wirtschaftlichen Fabrikbetrieb, 98(11): 578-582
M'Pherson PK, Pike S (2001) Accounting, empirical measurement and Intellectual Capital. Journal of Intellectual Capital, 2(3):246-260
North K (2002) Wissensorientierte Unternehmensführung – Wertschöpfung durch Wissen. Gabler, Wiesbaden
Österreichische Rektorenkonferenzen (Hrsg) (2003) Wissensbilanz: Bilanz des Wissens? Die Wissensbilanz für Universitäten im UG 2002

Pike S, Roos G (2004) Mathematics and Modern Business Management on the 25th McMaster Congress Managing Intellectual Capital, Hamilton, Ontario, Canada

Pike S, Ross G (2000) Intellectual Capital measurement and holistic value approach (HVA). Works Institute Journal (Japan), 42.

Pike S, Roos G, Rylander A (2002) Intellectual Capital Management And Disclosure. In: Bontis N, Choo CW (Hrsg): The Strategic Management of Intellectual Capital and Organizational Knowledge. Oxford University Press, New York, 657-673

Probst JBG, Raub S, Romhardt K (2003) Wissen managen – wie Unternehmen ihre wertvolle Ressource optimal nutzen. Gabler, Wiesbaden

Pulic A (2000) VAIC^{TM} an accounting tool for IC management, International Journal Technology Management, Vol. 20, Nos. 5/6/7/8

Reilly R F, Schweihs R P (1999) Valuing Intangible Assets, Mc Graw Hill, New York

Reinhardt R (2002) Wissen als Ressource: Theoretische Grundlagen, Methoden und Instrumente der Erfassung von Wissen. Habilitationsschrift, veröffentlicht in: P. Lang Verlag, Frankfurt

Republik Österreich (2002a) § 13 Leistungsvereinbarung. Bundesgesetzblatt für die Republik Österreich. http://www.unigesetz.at/html/cont_gesetzestext.asp?ID=19058 (Abruf: 9.12.2004)

Republik Österreich (2002b) Erläuterung zu § 13 Leistungsvereinbarung. Bundesgesetzblatt für die Republik Österreich. http://www.unigesetz.at/html/cont_erlaeterungen.asp?ID=19058 (Abruf: 9.12.2004)

Roos G, Roos J (1997) Measuring Your Company's Intellectual Performance. Journal of Long Range Planning, 30(3): 413-426

Roos J, Roos G, Dragonetti NC, Edvinnson L (1998) Intellectual Capital: navigating in the new business landscape. New York University Press, New York

Rorty R (1992) Kontingenz, Ironie und Solidarität. Suhrkamp, Frankfurt a Main

Schmalenbach Gesellschaft Arbeitskreis „Immaterielle Werte im Rechnungswesen" 2004 Erfassung immaterieller Werte in der Unternehmensberichterstattung vor dem Hintergrund handelsrechtlicher Rechnungslegungsnormen in: Horváth P, Möller K (Hrsg.) Intangibles in der Unternehmenssteuerung. Vahlen, München

Schultz T W (1961) Investment in Human Capital. American Economic Review, 51, 1–17

Skandia (1997) Intellectual Capital Supplement to Skandia's Annual Report: Intelligent enterprising. http://www.skandia.com/en/includes/documentlinks/annualreport1997/e9706Intellenter.pdf

Stewart III GB (1994) EVA: fact and fantasy. Journal of Applied Corporate Finance, 7:71-84

Stewart TA (1997) Intellectual Capital – the new wealth of organisations. Doubleday Currency, New York

Sveiby KE (2002) Die Messung immaterieller Vermögenswerte in: Bellmann M, Krcmar H, Sommerlatte T (Hrsg.) (2002) Praxishandbuch Wissensmanagement: Strategien — Methoden — Fallbeispiele. Symposion, Düsseldorf

Sveiby, KE (1998) Wissenskapital – das unentdeckte Vermögen: immaterielle Vermögenswerte aufspüren, messen und steigern. Moderne Industrie, Landsberg/Lech

Sveiby KE (1997) The New Organisational Wealth, Managing and Measuring Knowledge-Based Assets. Berrett-Koehler, San Fransisco

Sveiby KE (1997a) The Intangible Assets Monitor. Journal of Human Resource Costing & Accounting, Vol 2, No. 1

Tobin J (1969) A General Equilibrium Approach to Monetary Theory. Journal of Money, Credit and Banking, 1, February, 15-29

Viedma JM (2001) ICBS Intellectual Capital Benchmarking System. Journal of Intellectual Capital, 2: 148-164

Wirtz B, Göttgens O, Dunz M (2001), Markenbewertung als strategischer Erfolgsfaktor. Der Markt, 40,4, S. 159-167

Zimmermann R, Klein-Bölting U, Sander B, Murad-Aga T (2001), Brand Equity Excellence, in: BBDO Group Company (Hrsg.), Brand Equity Review

Anhang

Liste der Firmen, deren Wissensbilanz in die Analyse eingeflossen ist:

Universitäten/ Forschungseinrichtungen	
Austrian Research Center	www.arcs.ac.at
Center for Molecular Medicine	www.cmm.ki.se
DLR	www.dlr.de
Donau Universität Krems	www.donau-uni.ac.at
Fachhochschule des bfi Wien	www.fh-vie.ac.at
Joanneum Research	www.joanneum.at
NanoNet Styria	www.nanonet.at
Salzburg Research	www.salzburgresearch.at
Universität Leoben	wbw.unileoben.ac.at
Universität Innsbruck	www.uibk.ac.at
Unternehmen	
ACTech GmbH	www.bmwa.bund.de
ATP	www.atp.dk
bad & heizung concept AG	www.bmwa.bund.de
Baker&Hughes	elektronisch nicht verfügbar
Böhler Schmiedetechnik GmbH& Co KG	elektronisch nicht verfügbar
Caritas	www.bmwa.bund.de
Carl Bro Group	www.carlbro.com
Celemi	www.celemi.com
Coloplast	coloplast.webannualreport.com
COWI	www.cowi.dk
Deutsche Bank	www.deutschebank.de
DIEU	www.dieu.com
domino world™	www.bmwa.bund.de
Ementor	www.ementor.com
Helios Kliniken	www.helios-kliniken.de
KGM Geräte- und Maschinenbau GmbH	www.bmwa.bund.de
Nova KBM	www.nkbm.si
Österreichische Nationalbank	www.oenb.at
Skandia	www.skandia.com
SØR GmbH	www.bmwa.bund.de
SSL Maschinenbau GmbH	www.bmwa.bund.de
Systematic	www.systematic.dk
Union Fenosa	www.unionfenosa.es
VR Bank Südpfalz	www.bmwa.bund.de
Xcc Software AG	www.bmwa.bund.de
Stand: 9.12.2004	

3 Wissensbilanzen – „Made in Germany"
Ein Praxisbericht aus dem Mittelstand

Manfred Bornemann, Leif Edvinsson, Kai Mertins, Peter Heisig, Kay Alwert, Mart Kivikas

3.1 Motivation und Zielsetzung

Die wichtigste Säule der wirtschaftlichen Stärke der Bundesrepublik Deutschland ist der Mittelstand. Mittelständische Unternehmen, also jene mit bis zu etwa 500 Arbeitnehmern, beschäftigen mit Abstand am meisten Mitarbeiter und sind ein verlässlicher Motor für Innovationen und beständige Qualitätsverbesserung. Für das Bundesministerium für Wirtschaft und Arbeit (BMWA) stellt sich daher die Frage, wie dieser Mittelstand, der durch seine direkten und indirekten Steuerleistungen auch den wichtigsten Beitrag zum Wohlstand des Landes leistet, optimal für die Herausforderungen der Wissensgesellschaft unterstützt werden kann. Das langfristige Ziel der unter der Überschrift „Fit für den Wissenswettbewerb" laufenden Initiative ist die Sicherung und Entwicklung des Innovationsstandortes Deutschland (BMWA 2004).

Das Institut für Produktionsanlagen und Konstruktionstechnik der größten deutschen Forschungsanstalt, der Fraunhofer Gesellschaft, wurde beauftragt, gemeinsam mit erfahrenen Experten aus dem Ausland zu überprüfen, wie mit dem Instrument der „Wissensbilanz"[1] diese Ziele unterstützt werden können.

Drei Überlegungen spielten bei der Auswahl der Wissensbilanz als mögliches Instrument eine besondere Rolle: Wie kann der **Unternehmenswert** einer Organisation durch Erhöhung der **Produktivität** und klarere **Entscheidungen** verbessert werden?

3.1.1 Unternehmenswert

Der Unternehmenswert von KMU, welche gewöhnlich nicht an der Börse gehandelt werden, besteht aus materiellen und immateriellen Vermögensteilen. Vermögen (Umlaufvermögen und Anlagevermögen) wird dem (im Allgemeinen sehr hohen) Fremdkapital gegenübergestellt, eine positive Differenz ist Voraussetzung für den langfristigen Bestand der Organisation. Der Anteil der immateriellen Vermögenswerte am Gesamtwert steigt aber seit den 80er Jahren kontinuierlich an, was sich auch positiv auf die internationale Wettbewerbsfähigkeit der Organisationen

---

[1] Über Definition und modellhafte Beschreibung der Wissensbilanz siehe Leitfaden Wissensbilanz –Made in Germany (BMWA 2004).

auswirkt. Doch wird dieser Anstieg in der Unternehmensrechnungslegung gewöhnlich nicht sichtbar – eine Ausnahme bildet der Zeitpunkt eines möglichen Verkaufs einer Organisation. Allerdings entstehen aus dieser Verschiebung und in Verbindung mit dem im deutschsprachigen Europa dominanten Prinzip des Gläubigerschutzes in der Rechnungslegung große Probleme bei der Finanzierung der Organisationen.

Aufgrund der fallenden Anteile der „greifbaren Haftungsmasse" steigt formell für den Investor – meistens eine Bank – das Risiko und damit die Finanzierungskosten. Diese Herausforderungen werden auch mit dem Schlagwort „Basel II" assoziiert. In diesem Projekt resultierte daraus die Frage: *Wie kann den Unternehmern geholfen werden, ihr Wissenskapital und damit „Haftungspotenzial der aus Wissen künftig erzielten Einnahmen" möglichst realistisch darzustellen?*

3.1.2 Produktivität

Zur Steigerung des Unternehmenswertes trägt, wenig überraschend, die optimale Nutzung der verfügbaren Ressourcen bei. Immaterielle Ressourcen haben hier aufgrund der bisher unsystematischen Managementzugänge noch hohes Verbesserungspotenzial. Bei KMU, insbesondere bei den zahlreichen Organisationen mit weniger als 50 Mitarbeitern, wird häufig unterstellt, dass effiziente Managementinstrumente zur optimalen Nutzung der Ressourcen fehlen. Das mag sein, doch dürfte in Bezug auf immaterielle Vermögenswerte die Hypothese gelten, dass hier auch das „intuitive" Wissen der Geschäftsführer über die internen Abläufe und ihre enge Verbindung zu den Mitarbeitern und deren täglicher Arbeit häufig genügen, einen guten Überblick über den Status Quo der Organisation zu behalten. Durch dieses intuitive Wissen der Geschäftsführer wird auch ein günstiges Verhältnis von Kosten (Aufwendungen für Managementinstrumente) und Nutzen (Ergebnisse der Geschäftstätigkeit und mittelfristig der gesteigerte Unternehmenswert) bewahrt[2].

Für etwas größere Unternehmen kann das Funktionieren des „intuitive Management" von immateriellen Ressourcen nicht allgemein unterstellt werden, da einerseits der tägliche Kontakt des Managements mit den Herausforderungen des operativen Geschäftes mit zunehmender Betriebsgröße geringer wird, andererseits die Komplexität der inneren Abhängigkeiten zunimmt. Zur Steigerung der Produktivität könnte sich daher für größere Organisationen ein Instrument eignen, das ein Inventar über die verfügbaren immateriellen Vermögenswerte, eventuell sogar ergänzt um eine „Bewertung", liefert. Eine Dokumentation über die verfügbaren immateriellen Vermögenswerte erlaubt, vorhandene Lücken festzustellen und etwaige Überschüsse ergebniswirksam zu verwerten.

---

[2] Diese Hypothese wird durch Aussagen von an dem beschriebenen Projekt teilnehmenden Geschäftsführern gestützt, deren Tenor sich wie folgt zusammenfassen lässt: „Jetzt können wir endlich schwarz auf weiß darstellen, was wir aus dem Bauch heraus schon länger vermuteten."

3.1.3 Unterstützung bei täglichen Entscheidungen

Unternehmer und Geschäftsführer von KMU stehen gleichermaßen ständig vor der Herausforderung, Entscheidungen mit zum Teil erheblichen Implikationen für die Zukunft der Organisation zu treffen. Naturgemäß sind die für eine „korrekte" Entscheidung notwendigen Daten weder hinsichtlich Relevanz noch Aktualität oder Validität, also inhaltlicher Gültigkeit, in wünschenswerter Qualität verfügbar. Ähnlich stehen auch Personen aus dem mittleren Management als Abteilungs- und Teamleiter permanent vor Entscheidungen mit unvollständiger Datenbasis. Wenn, wie oben postuliert, die Bedeutung von immateriellen Vermögenswerten bei Entscheidungen ständig zunimmt, ist das Fehlen von Daten über immaterielle Vermögenswerte besonders problematisch.

Verschärfend wirkt weiterhin die häufig unklare Wirkungsbeziehung zwischen immateriellen Ressourcen und dem Unternehmenserfolg. Transparenz über die Wirkungsbeziehungen von immateriellen Vermögenswerten erleichtert die Simulation der Konsequenzen von Entscheidungen und in Folge die Selektion der besten Variante. Das im Zuge der Erarbeitung einer Wissensbilanz entwickelte gemeinsame Verständnis der Mitglieder einer Organisation über diese Zusammenhänge von immateriellen Vermögenswerten und den Ergebnissen hilft, die Qualität der Entscheidungen zu verbessern.

3.1.4 Abgrenzung zur Balanced Scorecard

Die Methodik der Balanced Scorecard ist in Teilen sehr ähnlich zur hier diskutierten Wissensbilanz. Dennoch gibt es einige wichtige Unterschiede. Der wohl wichtigste liegt darin, nicht auf einer „Tafel" Kennzahlen zu präsentieren – mögen diese noch so relevant für eine Person oder einen Teilbereich der Organisation sein, sondern bewusst bei den Mitarbeitern ein ganzheitlicheres Bild zu entwickeln, das der Organisation nahe kommt.

Kennzahlen spielen in der Wissensbilanz eine vergleichsweise untergeordnete Rolle. Im Vordergrund steht der Wissensträger, der Mitarbeiter als Repräsentant des Humankapitals, und dessen Verständnis, wie in der Organisation Wertschöpfung erzielt wird. Dazu sind narrative Formen in Ergänzung mit geteilten mentalen Modellen und Vorstellungen sehr wichtig.

Schließlich geht es – ähnlich wie in der BSC – auch um Orientierung. Die Mitarbeiter brauchen einen gemeinsamen Interpretationskontext, um die täglichen Herausforderungen auch sinnvoll lösen zu können. Dieser Kontext wird durch die Wissensbilanz und durch die dahinter liegenden realen Zusammenhänge und Verbindungen von Einflussfaktoren erarbeitet.

3.2 Vorgehen zur Projektumsetzung

Neben den Überlegungen zum Beitrag der Wissensbilanz zur Steigerung des Unternehmenswertes der KMU, deren Produktivität und damit zur Sicherung des Innovationsstandortes Deutschland gab es für das BMWA aber noch ein wichtiges

Argument zu berücksichtigen: das beste Instrument / Methode nützt nichts, wenn sie sich im Unternehmensalltag nicht als praktikabel und kosteneffizient erweist. Basierend auf viel versprechenden Erfahrungen mit Wissensbilanzen aus Schweden, Dänemark, Holland und Österreich sollten in möglichst repräsentativ ausgewählten Organisationen Prototypen der Wissensbilanz getestet werden.

3.2.1 Selektion der Teilnehmer und Erfahrungstransfer

Nach einer öffentlichen Ausschreibung wurden aus etwa 60 Organisationen nach einem Kriterienkatalog zunächst zehn, dann zusätzliche vier Organisationen zur Umsetzung von Wissensbilanzen ausgewählt.

Parallel wurde mit den als führend betrachteten **Experten aus dem internationalen Umfeld ein Erfahrungsaustausch** organisiert, bei dem auch das diesem Projekt zugrunde liegende Modell zur Wissensbilanz diskutiert und für fortschrittlich befunden wurde. Zusätzlich wurden wesentliche Hinweise, die bei der Projektumsetzung zu beachten sind, dokumentiert:

- Ein **einfaches Modell** ist einem „vollständigen" vorzuziehen.
- Klare **Erklärung des Zusatznutzens** einer Wissensbilanz für KMU.
- Klare Differenzierung und Definition von **Begriffen** erleichtern das Verständnis.
- Hohe Priorität für ein gutes **Kosten-Nutzen** Verhältnis und insgesamt niedrigen Ressourceneinsatz.
- Fokussierung auf Faktoren, die die **Zielerreichung** effektiv unterstützen.

Entsprechend dem prototypischen Charakter veränderte sich daher der Umsetzungsprozess mit jeder Lernschleife, bis am Ende ein stabiler Prozess im „Leitfaden Wissensbilanz" dokumentiert wurde (siehe Abbildung 3.1.). Bis dahin gab es allerdings noch einige Umwege.

Vorgehen bei der Wissensbilanzierung

Wie? Steuerung	Meilenstein IV
Wem? Kommunikation	Meilenstein III
Wie viel? Indikatoren	Meilenstein II
Wie gut? Bewertung	Meilenstein I
Was? Intellektuelles Kapital	
Wozu? Ausgangssituation	

Abb. 3.1. Vorgehensschritte und Meilensteine der Wissensbilanzierung

3.2.2 Erfahrungen aus dem Implementierungsprozess in den 14 Pilotunternehmen

Die Weiterentwicklung des Wissensbilanzmodells erfolgte hinsichtlich des **Umsetzungsprozesses in den am Projekt beteiligten KMU** kontinuierlich während der Testphase entsprechend den laufenden Erkenntnissen. So sind auch leichte Unterschiede in den pilotierten Wissensbilanzen zu erklären. Die meisten teilnehmenden Organisationen haben ihre Wissensbilanzen veröffentlicht, eine Liste zum Download für Interessierte findet sich unter http://www.akwissensbilanz.org. Über die konzeptionellen Grundlagen des Projektes wird hier nicht diskutiert[3], vielmehr liegt der Fokus auf den während der Erarbeitung des Leitfadens erlebten praktischen Herausforderungen und Antworten.

Es stellte sich heraus, dass die ursprünglich versuchte „eigenständige" Lösungsentwicklung durch einzelne Projektteams, also ohne auf bereits verfügbare Beispiele zurückzugreifen, nicht den gewünschten Erfolg brachte[4]. Der **Bedarf nach Orientierung** an bereits umgesetzten Lösungen ist insbesondere bei KMU sehr hoch, das Bedürfnis nach einer vollkommen eigenständigen, den eigenen Anforderungen ideal angepassten Lösung hingegen eher niedrig. Für künftige Umsetzungsprojekte und Weiterentwicklungsvorhaben scheint es sinnvoll, auf möglichst viele unterschiedliche Erfahrungen zurückzugreifen und die für die eigenen Anforderungen „beste" Lösung zu entwickeln.

3.2.2.1 Entwicklung einer Wissensstrategie

Wesentlich für sämtliche Dokumentations- und Bewertungsmethoden ist die Zieldefinition. Entsprechend aufwendig wurde versucht, zu Beginn des Projektes aus der allgemeinen Strategie der Organisation eine spezifische **Wissensstrategie** herauszuarbeiten. Die Frage nach den „wesentlichen Wissensgrundlagen der Organisation" löste vielfach weitere Fragen aus und bot dem in etwa 90% der Arbeitssitzungen anwesenden Management Gelegenheit, über die grundsätzliche Ausrichtung der Organisation und strategische Prioritäten Klarheit zu schaffen. Diese im Grunde simple Darstellung der Ziele ermöglicht, alle weiteren Aussagen relativ einzuordnen.

Der **Zieldiskussionsprozess** wurde in jeder einzelnen Organisation angestoßen, aber – hauptsächlich aus Zeit- und Budgetgründen – in keiner abschließend behandelt. In den meisten Organisationen verlief diese Diskussion daher parallel zum Projekt der Erstellung des Wissensbilanz weiter und wurde am Ende bei der Entwicklung des Wissensbilanz-Dokumentes wieder einbezogen. Insgesamt wurde im ganzen Projektverlauf ein Workshopkonzept angewendet, das die Einbezie-

---

[3] Eine detaillierte Erläuterung der konzeptionellen Grundlagen findet sich im Leitfaden Wissensbilanz - Made in Germany (BMWA 2004).

[4] Aus Perspektive einer „wissenschaftlich orientierten Problemlösung" wäre es nach wie vor sinnvoll, zunächst ohne vorgefasste Lösungsstrategie Antworten auf die Fragen rund um die Bewertung von immateriellen Vermögenswerten zu suchen. Dieser Weg stellte sich jedoch als relativ aufwendig und damit im Rahmen dieses Projektes nicht vollständig umsetzbar heraus.

hung möglichst vieler Perspektiven (vertikal und horizontal) auf die Organisation verlangt.

Aus der theoretischen Perspektive der externen Projektmoderation gibt es zwei Argumente, die für den Start mit den Zieldefinitionen sprechen:

1. Einerseits ist das **Wissen der Organisation dezentral in den Köpfen der Mitarbeiter verteilt**, die im Allgemeinen täglich weitgehend selbständig wissensbasierte Entscheidungen treffen (müssen), die das Ergebnis – unabhängig ob profitorientiert oder nicht – beeinflussen. Ab einer kritischen Größe verlieren in den meisten Organisationen die schließlich verantwortlichen Topmanager den vollständigen Detailüberblick. Je besser die tatsächlich ausführenden Mitarbeiter über die Gesamtziele und die davon abhängigen Wissensziele der Organisation informiert sind (und eventuell sogar bei der Definition mitarbeiten), desto effektiver können sie mit jeder einzelnen Minientscheidung zum Erreichen der Ziele beitragen.
2. Andererseits erfolgt auch die **Bewertung der immateriellen Vermögenswerte** in einem Interaktionsprozess, der sich an den Zielen der Organisation orientiert. Wieder wissen die jeweils betroffenen Mitarbeiter am Besten Bescheid über die Ausprägung von Einflussfaktoren in ihren Verantwortungsbereichen. Durch eine Diskussion der Argumente, die für eine hohe, mittlere oder niedrige Bewertung aus unterschiedlichen (funktionalen oder divisionalen) Perspektiven sprechen, ergeben sich fast immer erhöhte Transparenz, besseres Verständnis für die Probleme des im Leistungserstellungsprozess vor- oder nachgeordneten Kollegen und schließlich auch Vertrauen zueinander.

Diese Überlegungen haben sich im Laufe des Projektes als richtig erwiesen, doch ergeben sich daraus Konsequenzen:

- Es entstehen zunächst relativ hohe Opportunitätskosten durch die Einbindung von vielen Leuten aus der Organisation und aus deren Umfeld. Für sehr kleine Organisationen stellt das häufig ein großes Problem dar, da das operative Tagesgeschäft faktisch eingeschränkt läuft. Planung, Abstimmung und Analyse benötigen eben grundsätzlich Ressourcen, ohne die eine sinnvolle Betriebsführung nicht möglich ist.
- Es kann durch das partizipative Vorgehen zu einer Verschiebung der Kräfteverhältnisse innerhalb der Organisation kommen. Einerseits werden Mitarbeiter aus allen Hierarchieebenen gefragt und in die Bewertung mit einbezogen, andererseits geht mit der Befragung nicht automatisch Zustimmung oder notwendige Akzeptanz der Antworten durch das Management einher. Diese Abweichung kann Spannungen schaffen, mit denen unterschiedlich umgegangen wird. Im Idealfall wird sie als Lern- und Veränderungschance genutzt. Die sich aus der Miteinbeziehung breiterer Gruppen ergebende „Aufwertung" der Mitarbeiter sollte nicht als Führungsschwäche, sondern als Stärke verstanden werden.

Rückblickend auf die realisierten Prototypen hat sich gezeigt, dass der Aufwand für die Mitarbeiterbeteiligung schon sehr kurzfristig positive Wirkungen für die interne Kommunikation auslöst. Die sich ergebenden Diskussionen und das Aufbrechen von möglicherweise lange existierenden Tabus ist mittelfristig nicht zu verhindern, warum sie also nicht gleich in einem kontrollierbaren Prozess kanalisieren? Der geordnete Dialog führte in den Organisationen zum Überdenken der Ursachen und entweder zur Erklärung des Status Quo oder aber zu positiven Veränderungen.

3.2.2.2 Entwicklung von Einflussfaktoren

Sobald über die strategischen Ziele einer Organisation Klarheit besteht, stellt sich die Frage, wie diese möglichst schnell und effektiv erreicht werden können. Aus der Literatur zum Intellektuellen Kapital abgeleitet und entsprechend dem verwendeten Modell wurden drei Dimensionen besonders betrachtet: **Human-, Struktur- und Beziehungskapital**. Diese bilden wesentliche Dimensionen, die den Prozess der Leistungserstellung, also die Kernprozesse einer Organisation zur Erreichung der Ergebnisse massiv beeinflussen. Zu Beginn des Projektes wurden, in Gruppen mit Vertretern aus möglichst vielen Organisationsbereichen, Einflussfaktoren zu jeder Dimension des Intellektuellen Kapitals erfasst und zusammen gestellt. Fast immer wurden nach kurzer Zeit deutlich über hundert, in einem Extremfall sogar mehr als dreihundert Schlagworte genannt, die in Zusammenhang mit Intellektuellem Kapital und den Ergebnissen stehen.

Dieser Teilprozess der Erstellung der Wissensbilanz löste unterschiedliche Reaktionen aus. Das Spektrum reicht von Begeisterung, gemeinsam ein Verständnis über die wichtigen Zusammenhänge in der Organisation aufzubauen, bis zur klaren Ablehnung, für so eine „soziale Übung" Zeit und Geld zu verwenden.

Was steht dahinter? Für das Management und in weiterer Folge für das aktive Arbeiten mit Intellektuellem Kapital ist innerhalb der Organisation eine möglichst **einheitliche Sprache** notwendig, die sicherstellt, dass die Beteiligten ein ähnliches Verständnis über a) die Begriffe und b) die Implikationen haben. Beides kann man auch ohne diesen Diskussionsprozess etwa durch längere Betriebszugehörigkeit erreichen. Für das Intellektuelle Kapital fehlte aber bei allen hier beteiligten Organisation eine differenzierte Sprache. Da diese Sprache nicht existiert, kann sie – im Gegensatz zur Corporate Identity oder anderen weichen Differenzierungsmerkmalen – auch nicht durch kulturelle Erlebens- und Sozialisierungsprozesse informell auf neue Mitarbeiter übertragen werden.

Es ist also ein neuer, alternativer Weg notwendig, für den es wieder zwei Varianten gibt: a) die gemeinsame, organisationsspezifische Entwicklung einer eigenen Sprache und eines Verständnisses für Intellektuelles Kapital oder b) die normative Übertragung von weitgehend „standardisierten" Konzepten. Als großer Vorteil der zweiten Variante wird häufig die so erreichte Zeitersparnis angeführt. Gegen die zweite Variante, welche ebenfalls gegen Ende des Projektes (nach Vorliegen von entsprechend aufbereiteten Erfahrungswerten) getestet wurde, sprechen zwei wichtige Argumente:

- **Lernen braucht Zeit** – jene Zeit, die bei der (eigenständigen aber moderierten) Erarbeitung verbraucht wird.
- Das Phänomen von „**Not invented here**" – die Beobachtung, dass „wir anders als die anderen sind" und daher auch eigene Lösungen benötigen.

Welcher Variante auch immer der Vorzug gegeben wird, bleibt häufig eine Kultur- oder Geschmacksfrage – eine abschließende theoretische Diskussion ist hier abgesehen von der kurzen Argumentation nicht möglich.

Aus der Projekterfahrung lässt sich sagen, dass beide Varianten im Sinne der Erstellung einer Wissensbilanz erfolgreich waren, eine „nachhaltige" Wirkung aber tendenziell von einer eigenständigen Erarbeitung zu erwarten ist. Im Leitfaden schließlich wird, der Forderung einer möglichst guten Kosten-Nutzen Relation entsprechend, eine Mischvariante vorgeschlagen: Unter Verwendung eines „typischen" Sets an Einflussfaktoren[5] als Ausgangsbasis wird eine eigenständige Definition, die den spezifischen Bedürfnissen angepasst ist, erarbeitet.

3.2.2.3 Der Bewertungsprozess des Intellektuellen Kapitals

Die Bewertung der Einflussfaktoren ist vor allem für die Personen aus den Organisationen, die an diesem Projekt beteiligt waren, ein Schlüsselerlebnis gewesen. Nun geht es darum, eine Aussage über den Status der Einflussfaktoren zu machen. Das ist Chance und Bedrohung gleichzeitig, man exponiert sich manchmal mit einer Meinung, kann unter Umständen kritisiert werden für eine abweichende Aussage und soll dann auch noch begründen, warum man zu dieser Aussage kommt. Das ist vielfach eine vollkommen neue Situation für Mitarbeiter, die es sonst gewohnt sind, klare Vorgaben zu erhalten.

In den bewusst sehr heterogen besetzten Teams aus Vertretern der Führungsebene, der mittleren und unteren Ebenen kommt es in diesen als Workshop organisierten Arbeitsrunden manchmal zu neuen Berührungspunkten, die zuvor nicht existierten. Die Teilnehmer lernen sich neu kennen und verstehen durch die entstehende Interaktion langsam, wie die anderen Teilnehmer handeln und manchmal auch warum. Diese nicht dokumentierten und möglicherweise auch gar nicht direkt dokumentierbaren Veränderungen können mittel- und langfristig bei Organisationen zu dramatischen und auch nach außen sichtbaren Veränderungsprozessen führen. Bereits drei Monate nach Fertigstellung der Wissensbilanzen kam es in etwa 25% der Organisationen zu massiven, direkt der Wissensbilanz zuordenbaren organisationalen Veränderungen.

Um den Prozess der Bewertung der Einflussfaktoren selbst möglichst neutral zu halten und die aus der Gruppendynamik entstehenden gegenseitigen Beeinflussungen zu minimieren, helfen farbige Karten, die analog der Bewertung von Eisläufern oder Schispringern möglichst gleichzeitig gezeigt werden. Dabei können sich Gruppen bilden, die immer wieder ähnlich aber konstant abweichend zu anderen Gruppen bewerten. Die Analyse und sofortige Hinterfragung dieser Beobachtungen führt zu weiterer Interaktion, die meistens in einer unmittelbaren, zum Problem passenden Antwort mündet. Veränderung findet statt.

Wenn es gelingt, die Bewertung sehr schnell und flüssig zu gestalten, verschwimmen für die Teilnehmer die (unterstellten) Zusammenhänge, und „manipulierte" Bewertungen können vermindert werden. Wesentlich ist dann aber die Zu-

---

[5] Ein laufend angepasstes Set an typischen Einflussfaktoren inklusive eines Vorschlages zur möglichst allgemeingültigen Definition findet sich unter http://www.akwissensbilanz.org.

sammenführung der Ergebnisse am Schluss und die ausführliche Diskussion der Implikationen. Mehrmalige Iteration der Bewertung, Hinterfragung der Einschätzung und der Begründungen führen zu besseren Ergebnissen und bleiben dann auch in Erinnerung. Die einzelnen Zahlen werden schlicht aufgrund der Menge der Bewertungen – meistens deutlich über 60 Einzelwertungen, abhängig von der Anzahl der Einflussfaktoren – vergessen, was bleibt, ist ein neues mentales Bild über den Status Quo der Organisation in jedem einzelnen Mitarbeiter.

3.2.2.4 Die Unterlegung mit Indikatoren

Wie weit kann man diesen Ergebnissen vertrauen und Relevanz zuschreiben? Wie weit sind die Ergebnisse vergleichbar? Das hängt von den Erwartungen und dem unterstellten Grad an Genauigkeit ab. Zur Zeit gib es keine verbindlichen Messgrößen. Das liegt am nicht verfügbaren – und hier auch nicht empfohlenen – Standard zur Wissensbilanz und an den jeweils unterschiedlich berechneten Kennzahlen, die zur Begründung der Einflussfaktoren verwendet werden.

Ein Verweis auf die im Handelsgesetzbuch beschriebene Berechnung der einfachen Finanz-Kennzahl „Gewinn" lässt erahnen, welche Spielräume selbst diese etablierte und vergleichsweise stark reglementierte „Berechnung" hat. Trotz aller Bemühungen des Rechnungswesens ist der Anspruch der Objektivität (d.h. hier: eine unabhängige zweite oder dritte Bewertung durch Fachleute, die zum selben(!) Ergebnis kommen) selbstverständlich nicht erfüllbar. Zu viele strategische Überlegungen oder konzeptionelle Grundhaltungen spielen hinein.

In der Umsetzung des Projektes wurden daher zwei unterschiedliche Wege eingeschlagen: Einerseits liegen im betrieblichen Informationssystem bereits viele Kennzahlen und Messgrößen vor, die nun mit der Brille des Intellektuellen Kapitals neu zusammengestellt und anders interpretiert werden. Sie sind sehr schnell und, weil ohne hohen Aufwand verfügbar, günstig in die Wissensbilanz integrierbar. Andererseits beleuchtet die Wissensbilanz durch die neuen Fragestellungen oft auch neue, bisher unberücksichtigte Bereiche, für die schlicht keine Daten verfügbar sind. Dazu sind neue Indikatoren notwendig.

Aus der Projekterfahrung zeigt sich, dass die Formulierung der Messhypothese, also der Frage, was überhaupt gemessen werden soll, das schwierigste Problem ist. Schnell ergeben sich jede Menge Alternativen, die ebenfalls interessant und wichtig wären. Wenn die Frage, was gemessen oder bewertet werden soll, geklärt ist, ergeben sich die Indikatoren sehr schnell durch logische Ableitung. Eine Liste von typischen Indikatoren wurde erarbeitet[6], ist jedoch nicht ohne weitere Anpassung auf jede Organisation übertragbar.

Die begrenzte Übertragbarkeit von Indikatoren und die damit verbundene Problematik der korrekten Interpretation sowie die schwierige Ableitung von Konsequenzen mag unbequem erscheinen, ist aber auch ein strategischer Vorteil für jene Organisationen, welche sich dem Thema widmen. (Eine Analogie wäre der Lernaufwand, denn jeder Mensch für sich investieren muss, um Neues zu verstehen und dann auch anzuwenden.)

---

[6] Eine jeweils aktualisierte Liste findet sich unter: www.akwissensbilanz.org.

3.2.3 Nutzen für KMU aus dem Erstellungsprozess

Viele Organisationen, die eine Wissensbilanz erstellt haben, berichten, dass eine Reihe von Nutzenaspekten bereits aus dem Prozess der Erstellung zu erwarten sind:

- Die **hierarchieübergreifende Erstellung** der Wissensbilanz erhöht das Verständnis, wie das Unternehmen funktioniert. Daraus folgt eine bessere Abstimmung über gemeinsame Zielsetzungen und zukünftige Aufgaben, welche die permanente (und meist dezentrale) Entscheidungsfindung erleichtert.
- Die Erfassung und Definition der wichtigsten Einflussfaktoren verhilft zu einer unmissverständlichen **Sprachregelung**, was konstruktive Diskussionen fördert, die Fokussierung von Lern- und Verbesserungsaktivitäten erleichtert und ein innovationsförderliches Klima schafft.
- Die Konzentration auf den Kunden und das Wissen um dessen Bedürfnisse erlauben eine bessere **Ausrichtung auf die Wertschöpfung** und Wettbewerbsvorteile.
- Eine ganzheitliche Perspektive auf die Organisation und ihre Zusammenhänge macht den Stellenwert der einzelnen Einflussfaktoren deutlich. Dies ermöglicht eine **Priorisierung von erforderlichen Aktivitäten und Maßnahmen** und trägt so aktiv zur Prozessgestaltung und -verbesserung bei.
- Eine offene und aufrichtige Diskussion über Stärken und Schwächen sowie eine solide und ehrliche Messung des Intellektuellen Kapitals schafft **Transparenz und Vertrauen zwischen Mitarbeitern**, Organisationseinheiten und -funktionen.

3.3 Lessons Learned[7]

Bei den verschiedenen Projekten gibt es eine Reihe von Fragestellungen und Beobachtungen die sich wiederholen. Im Folgenden sollen diese, allgemein formuliert dargestellt werden:

3.3.1 Was ist eine Wissensbilanz?

Auf diese mit Sicherheit am häufigsten gestellte Frage muss zunächst im Managementteam und dann im Projektteam eine Antwort gefunden werden. Die Antwort hat sehr viel mit den Erwartungen und der allgemeinen Zielsetzung zu tun. Zu vielfältig sind die aus der deutlich systemorientierten Methode zur Erstellung der Wissensbilanz ableitbaren Optionen. Im Verlauf des Projektes hat sich – wie schon von Beginn an vermutet – herausgestellt, dass drei vollkommen unterschiedliche Ziele mit einer Wissensbilanz erreicht werden können:

---

[7] Die Elemente dieses Kapitels basieren auf Aussagen der beteiligten Projektverantwortlichen in einem Erfahrungsaustauschtreffen, welches ein halbes Jahr nach Fertigstellung der Wissensbilanzen stattfand.

- Vorbereiten einer Datenbasis zur Entscheidungsfindung (Managementfunktion)
- Kommunikation mit Dritten zur Veränderung des Wertschöpfungsumfeldes (Kommunikationsfunktion)
- Beschreibung und Bewertung der Wissensbasis im Kontext der Gesamtorganisation (Perspektive der Organisationsentwicklung)

Wenn sich das Team nicht auf eine Zielsetzung beziehungsweise auf eine Reihenfolge einigt, wird sich im Rest des Erstellungsprozesses die Frage ständig wieder neu stellen, und es wird unnötig Zeit verloren gehen.

Gibt es eine „richtige" Antwort? Zur Zeit stehen mehrere Ansätze zur Diskussion – siehe dazu Kapitel 2 in diesem Band – weshalb die Antwort negativ ausfallen muss. Je mehr Beispiele und Erfahrungen aber gesammelt werden – in Abteilungen von Organisationen, über die Zeit, aber natürlich auch über Branchen und Regionen-, desto klarer wird das Bild werden. In diesem Projekt berichten allerdings mehr als 90% der Teilnehmer, dass schon sehr kurzfristig positive Ergebnisse realisiert wurden.

3.3.2 Bedeutung von schnellen Ergebnissen

Über die Herausforderungen jedes Projektmanagers, kurzfristig Erfolge nachweisen zu können, soll hier nur soweit eingegangen werden, als dass sie mit der hier getesteten Methode gemeistert werden konnten. Durch die sehr einfache, an die übliche Darstellung durch Portfolios angelehnte Visualisierung, wird ein Bild geschaffen, mit dem die Wissensbilanzbeauftragten die Botschaft aus der Reflexion und strategischen Bewertung der Wissensbasis kommunizieren können. Die im Projekt dominante Botschaft bezog sich auf die Identifikation von Maßnahmenfeldern, wo eine Intervention den größten Grenznutzen, also das beste Kosten-Nutzenverhältnis, erwarten lässt.

Im nächsten Schritt werden diese umgesetzt, wobei in vielen Fällen bereits unmittelbar nach dem Erstellungsprozess eine interessante Reaktion feststellbar war: „Aha, jetzt wissen wir, warum wir (so) erfolgreich sind ..." Die Reflexion führt zur Beschleunigung der bisher etablierten Prozesse und damit zu gesteigerter Produktivität.

3.3.3 Etablierung und Legitimation

Eine große Herausforderung besteht in der ersten Verankerung des neuen Instrumentes. Da praktisch niemand mit Wissensbilanzen Erfahrungen hat, braucht es eine gewisse Risikofreude, um an das Thema heranzugehen. Als erfolgreich hat sich erwiesen, mit einem sehr kleinen Pilotprojekt zu starten, um herauszufinden, was die Wissensbilanz in dieser Organisation leisten kann. Dabei sollen nach Möglichkeit die mit Gruppendynamik und Interaktion erfahrensten Mitarbeiter mitwirken, da sie den ganzen Prozess der Erstellung durch aktives Einbringen ihrer Arbeit erleichtern und beschleunigen können.

In einer weiteren Stufe kann eine Erweiterung stattfinden, wobei auf den ersten Arbeiten aufgebaut werden soll. Meistens kommt es dabei zu einer massiven

Überarbeitung und Anpassung, sowohl im strukturellen Aufbau als auch in den hinter der Wissensbilanz liegenden gedanklichen Modellen. Nach zwei bis drei Versionen stabilisiert sich die Wissensbilanz, bis weitere externe Einflüsse eine neuerliche Veränderung notwendig machen.

3.3.4 Hohe Voraussetzungen und Aufwand

Alle in diesem Projekt beteiligten Organisationen haben ein hohes Niveau an organisationaler Entwicklung. Es existieren diverse Formen der Prozessorganisation, der Personalentwicklung, der Qualitätssicherung, Maßnahmen zur Entwicklung und Pflege der Unternehmenskultur und des Informationsmanagements. Unter Informationsmanagement werden sehr breit die Aufbereitung von digitalen Daten im Geschäftsprozess, die strukturierte interne und externe Kommunikation oder auch nur Datenablageroutinen verstanden. Wissen und Erfahrungen sind nicht Teil dieses Themas, werden aber durch Informationsmanagement unterstützt.

Je besser diese Grundlagen entwickelt sind, oder wenn sogar Erfahrungen mit Managementsystemen wie etwa der BSC, EFQM oder anderen bestehen, desto effektiver ist auch der Erstellungsprozess der Wissensbilanz. Wenn diese Grundlagen nicht vorliegen, müssen sie zumindest teilweise nachgezogen und entwickelt werden, was mittelfristig einen deutlichen Entwicklungsschub auslösen kann, aber kurzfristig mit erheblichem Aufwand verbunden ist.

Schließlich ist der Aufwand auch größenabhängig. In ganz kleinen Organisationen kann die Erstellung der Wissensbilanz sehr schnell gehen, doch stellt sich wie oben schon diskutiert, die Frage nach dem Nutzen, insbesondere, wenn Management und Kommunikation noch sehr unstrukturiert ablaufen. Der relative Aufwand, geschätzt als Pro-Kopf Aufwand, ist bei mittleren im Vergleich zu sehr großen Organisationen aufgrund der unterschiedlichen Verteilung von Overheads tendenziell größer. Dafür ist auch der realisierbare Nutzen aufgrund der noch möglichen direkten Interaktion der Mitarbeiter untereinander ohne technische Unterstützung oder Verlagerung auf eine nächst höhere Ebene sehr hoch. Erfahrungen mit integrierten Großorganisationen liegen noch nicht vor.

3.3.5 Vergleichbarkeit und Interpretation

Ein wichtiges Element nach Fertigstellung der Wissensbilanzen inklusive Unterlegung von wichtigen Einflussfaktoren mit passenden Kennzahlen betrifft die Interpretation. Was bedeuten die Zahlen und welche Konsequenzen ergeben sich daraus? Sind wir „gut" oder „schlecht"? Zur Zeit gibt es nur wenige Benchmarkmöglichkeiten. Das zwingt die Entscheidungsträger, sich selbst mit den Bedeutungen und Interpretationsoptionen zu beschäftigen und führt unmittelbar zurück zu den Grundlagen der Betriebswirtschaftslehre. Gedanken über die Ziele, Wege zur Zielereichung und schließlich eine Reflexion der tatsächlich erreichten Ergebnisse sind die grundlegenden Dimensionen des Managements.

3.4 Zusammenfassung und Ausblick

Wissensbilanzen in KMU sind möglich und sinnvoll. Das belegen Erfahrungen mit Organisationen aus unterschiedlichen Branchen und Regionen in dem beschriebenen Projekt. Das am Ende der Implementierungen der Wissensbilanzen noch deutlich mehr Fragen offen sind als zu Beginn und neue Herausforderungen diagnostiziert werden, ist eine normale Konsequenz von organisationalen Lernprozessen. Doch wie geht es weiter? Bis auf zwei Organisationen, werden alle Prototypen weiter entwickelt und gepflegt. Parallel laufen Bemühungen, die sich daraus ergebenden Ergebnisse sinnvoll aufzubereiten. Sowohl Entwicklungstendenzen in der Wissensbasis, deren Beeinflussbarkeit und – vielleicht für das Management noch wichtiger – die zeitlichen Verzögerungen, mit denen Wirkungen von Maßnahmen nachweisbar sind, stellen noch große Herausforderungen an das konzeptionelle Rahmenwerk.

International gibt es mehrere Trends, die eine weitere Entwicklung des Themas der Bewertung von Intellektuellem Kapital für KMU wahrscheinlich machen. Daher wird es auch eine Fortsetzung dieser Arbeitsgruppe geben. Die Ergebnisse werden zumindest via Internet publiziert.

Literaturverzeichnis

BMWA (2004) Initiative des BMWA „Fit für den Wissenswettbewerb – Ziele und Leitlinien. http://www.eid.dlr.de/pt/mm/AE621/Leitfaden%20Wissensmanagement.pdf

Bundesministerium für Wirtschaft und Arbeit BMWA (2004) Leitfaden Wissensbilanz - Made in Germany http://www.bmwa.bund.de/ Redaktion/Inhalte/Pdf/wissensbilanz-made-in-germany-leitfaden,property=pdf.pdf

4 Analyse und Interpretation von „Intellectual Capital Reports"

Jan Mouritsen, Per Nikolaj Bukh

Für viele Unternehmen ist das Zeitalter der Wissenswirtschaft bereits eingetreten. Wissen – ob in personaler Form, in Prozessen, Kundenbeziehungen oder in Management- und Informationssystemen – ist kritisch für die Funktionen und die Leistung eines Unternehmens (vgl. Austin u. Larkey 2002; Lev 2001; Roos et al. 1997; Sveiby 1997). Doch Wissen kann nur eine steuerbare Ressource sein, wenn es „sichtbar" gemacht wird. Diese Rolle kommt ‚Intellectual Capital Reports' zu, die helfen, die Wissensressourcen einer Unternehmung kommunizierbar und steuerbar zu machen. Sie helfen Managern und Zulieferern von Ressourcen (finanziellen, personellen und technologischen) die richtigen Fragen zu stellen. Vermehrt sich das Wissen oder verringert es sich? Welches Wissen existiert? Wie wird Wissen entwickelt? Dabei kann ein ‚Intellectual Capital Report' intern für das Management und extern für die Berichtslegung genutzt werden.

In diesem Kapitel umreißen wir eine Methode, einen ‚Intellectual Capital Report' zu lesen und zu interpretieren. Dabei versuchen wir, der Schwierigkeit gerecht zu werden, zu verstehen, was ‚Intellectual Capital Reports' eigentlich aussagen und was sie dem Leser vermitteln. Wir zeigen eine Methode der Interpretation von ‚Intellectual Capital Reports' auf, die zwei Schritte beinhaltet: (1) erstens wie die Indikatoren eines ‚Intellectual Capital Reports' systematisch und analytisch gelesen werden können, und (2) zweitens wie die Strategie der Wertschaffung des Unternehmens mittels des Reports erkennbar wird. Als ein Informationsmedium muss ein ‚Intellectual Capital Report' kritisch gelesen werden (wie es auch bei Gewinn- und Verlustrechnung der Fall ist). Deswegen entsteht die Aussage eines ‚Intellectual Capital Report' erst im Zusammenspiel der im Report in analytischer Form enthaltenen Informationen und der Beurteilung dieser Informationen durch den Leser. Im Folgenden werden wir dies nachvollziehen, indem wir zuerst zeigen, wie ein ‚Intellectual Capital Report' zusammengesetzt ist, und zweitens, indem wir dieses Vorgehen auf das Fallbeispiel von COWI anwenden, einer großen Beratungsgesellschaft in der Bauindustrie (Mouritsen et al. 2003a, b).

4.1 Wissensressourcen

Wissen, als Information, Kenntnis oder Denken, kann entweder personengebunden oder in Büchern und IT-Systemen gespeichert sein. Im wirtschaftlichen Kontext dient es dazu, Innovationen, Prozesse und die Leistung eines Unternehmens zu verbessern. Als immaterielles Gut muss es jedoch in Wissensressourcen, ‚übersetzt' werden, die eindeutig identifiziert werden können. Diese können dann beschrieben, entwickelt, bewertet und kombiniert werden und mit Hilfe der Darstellung in einem ‚Intellectual Capital Report' gesteuert werden.

Typischerweise gibt es vier Arten von Wissensressourcen - Mitarbeiter, Kunden, Prozesse und Technologien.

- **Mitarbeiter** umfasst ihre Fähigkeiten und persönlichen Kompetenzen, ihre Erfahrung, die Kooperation mit Mitarbeitern anderer Disziplinen, ihre Motivation, ihr Engagement und ihre Bereitschaft, sich anzupassen.
- **Kunden** umfasst das Kundenprofil, Beziehungen zu Kunden und Nutzern, Kundenzufriedenheit und -treue, die Weiterempfehlung des Unternehmens, das Verständnis für den Bedarf der Kunden und den Grad von Zusammenarbeit mit Kunden und Nutzern in Produkt- und Prozessentwicklung.
- **Prozesse** beziehen sich auf das in Verfahren und Routinen enthaltene Wissen. Dies können Innovationsprozesse und Qualitätspraktiken, Management- und Controllingprozesse und Mechanismen für Informationsverarbeitung sein.
- **Technologien** beziehen sich auf die technische Unterstützung der anderen drei Wissensressourcen. IT-Systeme wie ein Intranet, IT-Kompetenzen und -Nutzung fallen in diese Kategorie.

Wissensmanagement heißt, die Interaktion dieser vier Ressourcen zu steuern.

4.2 Der 'Intellectual Capital Report'

Der ‚Intellectual Capital Report' besteht aus vier Elementen, die zusammen das Wissensmanagement des Unternehmens reflektieren. Diese Elemente verbinden die Kunden der Produkte oder Dienstleistungen des Unternehmens mit dem Bedarf des Unternehmens nach Wissensressourcen, eine Anzahl von Initiativen zur Verbesserung des Wissensmanagements und eine Reihe von Indikatoren zur Definition, Messung und Nachverfolgung dieser Initiativen.

Ein Element ist die narrative Schilderung („knowledge narrative"), die das Bestreben des Unternehmens nach Erhöhung des Kundennutzens beschreibt. Diese hilft festzustellen, was wir wissen müssen und wie Wissen am besten zielgerichtet eingesetzt werden kann – sei das Ziel ein Produkt oder eine Dienstleistung, die einen Wert für den Kunden generiert. Um diesen Nutzwert zu erstellen, werden eine Reihe von Wissensressourcen benötigt. Die Schilderung zeigt nun, welche Wissensressourcen benötigt werden, um den Nutzen zu generieren, den das

Unternehmen liefern will. Um die Elemente einer solchen Wissensschilderung zu identifizieren, ist es nützlich, die folgenden Fragen zu beantworten:

- Welches Produkt oder welche Dienstleistung liefert das Unternehmen?
- Wie nutzt es dem Kunden?
- Welche Wissensressourcen sind notwendig, um das Produkt oder die Dienstleistung zu erstellen?
- Wie erzeugt die Kombination von Wissensressourcen das Produkt / die Dienstleistung?

Ein anderes Element sind die Ziele des Wissensmanagements, die jene Wissensressourcen fokussieren, die durch innerbetriebliche Entwicklung oder externe Unterstützung verbessert werden müssen. Dies sind langfristige Ziele, die zusammen die Strategie für den Umgang mit Wissen definieren. Dies kann z.B. die Zusammenarbeit mit innovativen Kunden, die Erreichung von Expertise in bestimmten Bereichen oder die Kenntnis der Controlling-Prozesse des Unternehmens sein.

Der Ausgangspunkt für diese Ziele könnten die bestehenden Wissensressourcen sein. Aber auch die Einführung neuer Wissensressourcen in das Unternehmen wäre denkbar. Um eine Vorstellung von den Aufgaben zu bekommen, vor die das Wissensmanagement gestellt ist, sollten die folgenden Fragen beantwortet werden:

- Welche Bezüge bestehen zwischen den Wissensressourcen?
- Welche bestehenden Wissensressourcen sollten gestärkt werden?
- Welche neuen Wissensressourcen werden benötigt?

Ein drittes Element sind die Maßnahmen zur Erreichung dieser Ziele. Diese Maßnahmen betreffen die Form, Entwicklung und Beschaffung der Wissensressourcen und wie man deren Ausmaß und Auswirkungen überwacht. Dies könnte zum Beispiel eine Investition in IT, die Einstellung von mehr F&E-Mitarbeitern oder Softwareentwicklern oder die Durchführung von Ausbildungsprogrammen über Unternehmensprozesse und -verfahren sein. Auch berufsbezogene und gesellschaftliche Aktivitäten mit dem Ziel der Erhöhung der Mitarbeiterzufriedenheit könnten eingeführt werden.

Die Maßnahmen müssen langfristig geplant werden; manche innerhalb mehrerer Jahre auch wiederholt werden. Für die einzelnen Maßnahmen können Verantwortlichkeiten festgelegt werden - zum Beispiel für die Personaleinstellung, für Ausbildungsinitiativen und für die Entwicklung von Verfahren und Routinen. Um eine solche Reihe von Maßnahmen zu entwickeln, müssen Antworten für folgende Fragen gefunden werden:

- Welche aktuellen und potentiellen Maßnahmen können identifiziert werden?
- Welche Maßnahmen sollten priorisiert werden?

Ein viertes Element sind die Indikatoren, die den Status der Maßnahmen überwachen und ermitteln, ob die Managementziele erreicht wurden. Indikatoren machen Maßnahmen durch Messung sichtbar und ermöglichen eine Bewertung. Einige beziehen sich unmittelbar auf bestimmte Maßnahmen, wie z.B. Ausbildungstage oder Investitionssummen für IT. Andere Indikatoren beziehen sich nur indirekt auf Maßnahmen, wie z.B. die Anzahl von F&E-Mitarbeitern oder neuen Softwareingenieuren. Indikatoren messen dabei:

- Auswirkungen – wie funktionieren Maßnahmen?
- Maßnahmen – was unternimmt das Unternehmen, um die Wissensressourcen zu verbessern?
- Ressourcen-Mix – welche Zusammensetzung haben die Wissensressourcen?

Zusammen stellen diese Elemente die Analyse des intellektuellen Kapitals des Unternehmens dar. Die Elemente stehen untereinander in Beziehung und ihre Relevanz wird im Kontext deutlich. Die Indikatoren zeigen, wie Maßnahmen initialisiert und wirksam werden. Die Initiativen definieren die Probleme, die als Managementaufgaben identifiziert wurden. Sie bestimmen was getan werden muss, wenn Wissensressourcen entwickelt werden sollen. Die narrative Schilderung fasst zusammen, kommuniziert und definiert neu, was die Fähigkeiten und Kapazitäten der Unternehmung für die Kunden leisten müssen und welche Wissensressourcen innerhalb der Unternehmung benötigt werden.

4.3 Der ‚Intellectual Capital Report' als Management-Instrument

Intellektuelles Kapital hilft Managern und externen Anbietern von Ressourcen auf unterschiedliche Weise. Zum einen stellt es Indikatoren zur Verfügung, die helfen Wissensressourcen zu bewerten. Indem es sich eher auf Wissensressourcen konzentriert als auf Wissen per se, kann es zum anderen eine Struktur für die Wissensressourcen und deren Beziehungen untereinander schaffen. Dies führt zu einem viel besseren Verständnis der Wissensressourcen als wenn Wissen hauptsächlich als Teil der Humanressourcen verstanden würde, bei dem es darum geht, geheimes oder verborgenes Wissen der Mitarbeiter zu kodifizieren. Der ‚Intellectual Capital Report' unterstützt auch die Entwicklung einer Wissensstrategie eines Unternehmens. Indem er sich nicht nur auf Indikatoren, sondern auf die gesamte Wirkungskette zwischen Wissensschilderung, Managementaufgaben, Maßnahmen und Indikatoren konzentriert, repräsentiert er ein Beziehungsgeflecht, das in der Gesamtheit ein wertschaffendes Wissensmanagement abbildet.

Dabei handelt es sich um ein komplexes Vorgehen, das in zwei getrennte aber sich gegenseitig bestimmende Aspekte unterteilt werden kann. Ein Aspekt ist die separate Analyse der Kennzahlen eines ‚Intellectual Capital Reports', um eine einführende Übersicht über das zu bekommen, was er abzubilden versucht. Der zweite Aspekt ist die erneute Integration der Kennzahlen, die dann mit Strategien und Geschäftsinteressen hinterlegt werden. Der erste Schritt reduziert in gewisser Weise die Komplexität eines ‚Intellectual Capital Reports' und ermöglicht so ein ansonsten anfänglich schwieriges Lesen und damit einen Einblick in den ‚Intellectual Capital Report'. Der zweite Schritt ermöglicht ein detaillierteres Lesen des ‚Intellectual Capital Reports', indem die Übersetzung der Kennzahlen in organisationale Maßnahmen und Strategien einen besseren Einblick in die jeweiligen Gegebenheiten des Unternehmens erlaubt. Beide Aspekte sind wichtig, weil sie zusammen ein komplexes Thema wie immaterielle Vermögenswerte in eine verständliche und damit steuerbare Größe verwandeln.

Ein Beispiel: Der ‚Intellectual Capital Report' der Unternehmensberatung COWI

Eine Überlegung des Leiters der Wissensmanagement-Initiative, der auch für die ersten drei ‚Intellectual Capital Reports' von COWI verantwortlich war, besagte:

'Wenn ich zurückblicke, nachdem ich einige Jahre lang ‚Intellectual Capital Reports' erstellt habe, stelle ich mir vor allem Folgende zwei Fragen: Wie konnte ich jemals glauben, dass es leicht werden würde? und: Wie konnten wir ohne sie ausgekommen'?

Der erste ‚Intellectual Capital Report' von COWI zielte zuerst auf die Information der Öffentlichkeit. Dies ist nach wie vor wichtig, aber allmählich wurde der Report im gleichen Maße ein internes Managementwerkzeug. Seit 2002 hat COWI separate ‚Intellectual Capital Reports' für beinahe alle seine 70 Bereiche und Abteilungen erarbeitet. Als wäre eine jährliche Berichterstattung nicht ausreichend, ist es grundsätzlich geplant, jeden Monat oder alle vier Monate Bilanz zu ziehen. Dies ist möglich, da die Erfassung fast aller Daten für den Report eine automatische Bearbeitung vorsieht. Berichterstattung über Wissen ist ein vollständig integrierter Teil des Tagesgeschäfts geworden. Die Projektgruppe, die den ersten ‚Intellectual Capital Report' erstellte, ist mittlerweile aufgelöst worden und der Report wird nicht mehr als ein unabhängiges Dokument veröffentlicht, sondern bildet einen integralen Bestandteil des Jahresberichtes.

'Für ein Unternehmen wie das unsere sind Kundenbeziehungen entscheidend. Was wissen wir über unseren Kunden und was wissen unsere Kunden über uns? Der ‚Intellectual Capital Report' lässt Lücken im Wissen für jeden offenbar werden', stellt der Leiter des Wissensmanagements fest, *'aber auch innerhalb der Organisation gewinnen wir wichtige neue Erkenntnisse. Quer durch das Unternehmen erlangen wir einen viel besseren Einblick in die Arbeit anderer, deren Stärken und Schwächen: "Ah, so steht meine Abteilung im Vergleich mit anderen dar!? Also deshalb arbeiten sie so oder so."'*

Er glaubt auch, dass der ‚Intellectual Capital Report' die externe Kommunikation von COWI wiederbelebt hat. Der Jahresbericht ist solch ein Beispiel; der Text war früher mit Fakten durchsetzt. Nun wird die Information in Tabellen und Abbildungen systematisch präsentiert und lässt auch Raum für mehr Infotainment und anschauliche Berichte über das Unternehmen.

COWI ist ein dänisches Beratungsunternehmen, die ihre Dienstleistungen vor allem im Bereich der internationalen Industrie, der Bauwirtschaft, der Transportbranche und der Umwelttechnik anbietet. Die Gesellschaft wurde 1930 gegründet und hat heute über 2.800 Mitarbeiter, von denen rund 2.000 in Dänemark sitzen. Der überwiegende Teil hat in irgendeiner Form eine Weiterbildung absolviert. Der Umsatz der Gruppe lag 2000/2001 bei 1.720 Millionen DKK. Der ‚Intellectual Capital Report' betrachtet nur die Muttergesellschaft, COWI-A/S. Der ‚Intellectual Capital Report' für 2000/2001 ist der insgesamt dritte Report dieser Art von COWI.

Betrachten wir COWIs ‚Intellectual Capital Report' mit Hilfe der beiden Aspekte des oben beschriebenen Vorgehens: Zuerst eine Analyse, in der die Kennzahlen im ‚Intellectual Capital Report' vom Text getrennt werden und mit Hilfe eines allgemeinen, analytischen Modells lesbar gemacht werden. Zweitens kann versucht werden, Kennzahlen und Text (über Strategien und Geschäftsaktivitäten) des ‚Intellectual Capital Reports' zusammen zu bringen.

Schritt 1: IC-Indikatoren systematisch lesbar machen – eine ‚besonnene Entflechtung'

In ‚Intellectual Capital Reports' gibt es viele Indikatoren; die Schwierigkeit liegt eher darin, sie zu interpretieren. Sie müssen vom (textlichen) Rest und den Bildern, die oftmals einen großen Anteil an ‚Intellectual Capital Reports' ausmachen, losgelöst werden. Der Leser wird wissen wollen, welche Rolle die intellektuellen Ressourcen im Unternehmen spielen – genauso wie die traditionelle Berichterstattung die Funktion der finanziellen Ressourcen aufzeigt. Dies heißt, dass die Erwartungen, die ein Leser an eine finanzielle Berichtslegung stellt, auch für ‚Intellectual Capital Reports' gelten können. Demnach ist das Ziel vorrangig, die Indikatoren derart anzuordnen, das sie etwas über die allgemeinen Management-Herausforderungen aussagen. Im Fall der finanziellen Bilanz betrifft dies die Kreditfähigkeit des Unternehmens und die Zusammensetzung der Vermögenswerte und Verbindlichkeiten, die Investitionen in Wachstum und Innovation, sowie die Profitabilität und andere Leistungsmerkmale. Der Informationsbedarf hinsichtlich des intellektuellen Kapitals verhält sich ganz ähnlich. Es werden Aussagen über die Zusammensetzung der Wissenswerte, über die Anstrengungen des Unternehmens, die Ressourcen zu verbessern, und über die Auswirkungen von Wissen und intellektuellen Ressourcen erwartet. Dies wird in Abb. 4.1. illustriert.

Financial statement	Intellectual capital statement
What are the company's assets and liabilities?	How is the company's knowledge resource comprised?
What has the company invested?	What has the company done to strengthen its knowledge resources?
What is the company's return on investment?	What are the effects of the company's knowledge work?

Abb. 4.1. Parallelen zwischen der finanzorientierten Bilanz und dem ‚Intellectual Capital Report'

4 Analyse und Interpretation von „Intellectual Capital Reports"

Knowledge resources \ Evaluation criteria	Effects What happens	Activities What is done	Resources What is created
Employees			
Customers			
Processes			
Technologies			

Abb. 4.2. Framework für die Indikatoren des ‚Intellectual Capital Reports'

Für jede Wissensressource des Unternehmens - Mitarbeiter, Kundenbeziehungen, Prozesse oder Technologien – können diese drei Fragen gestellt werden (Abb. 4.2.).

Verfolgt man die Entwicklung dieser Ressourcen im Zeitablauf, erlaubt dies einige allgemeine Einblicke, die nur teilweise aus dem Kontext gerissen sind, in die Struktur und Verwendung von intellektuellen Ressourcen in der Unternehmung. Für jede der drei Fragen können im Zeitverlauf Antworten gefunden werden.

- Die Spalte der Wissensressourcen bietet die Grundlage für eine Portfolio-Analyse des Unternehmens. Der Leser des ‚Intellectual Capital Reports' kann sich über die Wettbewerbsfähigkeit und die Zukunftsfähigkeit des Portfolios der Wissensressourcen informieren.
- Die Spalte der Maßnahmen erlaubt, die Fähigkeit des Managements zu beurteilen, die Entwicklung der Mitarbeiter, der Organisation und der Kundenbeziehungen voranzutreiben.
- Die Spalte der Auswirkungen bietet die Grundlage für die Bewertung der Maßnahmen und der Ausrichtung des Wissensmanagements des Unternehmens, die ihrerseits eine Bewertung der Unternehmensstabilität erlaubt.

Die Spalten können in beliebiger Reihenfolge gelesen werden, da sie nicht allzu eng miteinander verflochten sind. Die Spalten werden erst dann verkettet, wenn die jeweiligen Aussagen nebeneinander gesetzt werden, und der Leser sich selbständig ein Bild von der Situation des Unternehmens entwirft.

Einige Leser – z.B. Analysten - werden wahrscheinlich besonderen Wert auf eine allgemeine Einschätzung des Unternehmens und seines Managements legen. Die Frage ist daher, ob ‚Intellectual Capital Reports' aufzeigen können, in welchem Maß ein Unternehmen in der Lage ist, die Herausforderungen der Zukunft zu meistern, indem es passende Wissensressourcen entwickelt und diese sinnvoll nutzt.

Ein Analyst würde sich auch dafür interessieren, welche Rolle knappe Wissensressourcen im Unternehmen spielen und spielen sollten. Die Spalte der Wissensressourcen kann aufzeigen, was das Unternehmen gegenwärtigen und potentiellen Mitarbeitern an interessanten Kollegen, Weiterbildungsmöglichkeiten, herausfordernden Technologien, innovativen Kunden und Projekten bieten kann. Die Spalte der Maßnahmen kann die Grundlage für die Bewertung der Entwicklungsmöglichkeiten für die Mitarbeiter bilden. Die Spalte der Auswirkungen kann die aktuelle Mitarbeiterzufriedenheit mit dem Arbeitsplatz im Unternehmen und die Effektivität des Wissensmanagements im Unternehmen messen. Erfahrungen mit ‚Intellectual Capital Reports' konnten zeigen, dass sie auch ein wichtiges Instrument für die Kommunikation der Corporate Identity und für das Verhältnis zu den aktuellen und potentiellen Mitarbeitern sein kann.

Ein Analyst wird üblicherweise auch versuchen, das Unternehmen aus der Perspektive der gegenwärtigen und potentiellen Kunden zu bewerten. Die Spalte der Wissensressourcen ist relevant für die Bewertung der Anzahl und Art der Kundenbeziehungen und deren Entwicklung. Dies spiegelt die (kontinuierliche) Fähigkeit des Unternehmens wider, seinen Kunden nützliche Dienstleistungen anzubieten.

Die Spalte der Maßnahmen ist die Basis für die Bewertung der Initiativen zur Entwicklung der Kundenbeziehungen und das Portfolio der Wissensressourcen zeigt, ob es irgendwelche Risiken im Kundenstamm gibt. Schließlich stellt die Spalte der Auswirkungen die Grundlage für die Bewertung der Kundenzufriedenheit und der Unternehmensstabilität dar.

Betrachten wir den ‚Intellectual Capital Report' des Beratungsunternehmens COWI.

Systematische Interpretation der Indikatoren von COWI
Abb. 4.3. stellt die Indikatoren von COWI gemäß dem erläuterten Framework (vgl Abb. 4.2.) dar. Diese Indikatoren können unterschiedlich interpretiert werden. Die erste Feststellung ist, dass die Kennzahlen innerhalb des Framework breit gestreut sind. Die Spannweite der Indikatorentypen ist deswegen erheblich. Eine unmittelbare Interpretation der Indikatoren von COWI kann folgendermaßen lauten:

1. Ressourcen: Die Humanressourcen des Unternehmens hinsichtlich Alter und Ausbildung sind stabil. Das hohe Niveau der Mitarbeiterfluktuation ist ebenfalls stabil. Die Anzahl von Expertennetzwerken nimmt zu, was zeigt, dass das Unternehmen die fachliche Weiterentwicklung vorantreibt.

Der Kundenstamm vermehrt sich langsam aber stetig und COWI vergrößert kontinuierlich die Anzahl von beschriebenen Prozessen und Methoden.

2. Geschäftsaktivitäten: COWI konzentriert sich zunehmend darauf, sein Profil gegenüber den Kunden zu schärfen, und der Anteil der auf Weiterentwicklung verwendeten Ressourcen ist konstant. Dies weist darauf hin, dass das Unternehmen seine Entwicklungsanstrengungen systematisch organisiert hat.

3. Auswirkungen: COWI hat eine stabile Belegschaft. Die Anzahl von Anmerkungen in der Qualitäts-Befragung des Unternehmens ist ebenfalls stabil.

	Effects	97	98	99	00	Activities	97	98	99	00	Resources	97	98	99	00
Employees	Job satisfaction index		65		68	Number of professional networks		29	33	32	Number of employees	1563	1544	1571	1667
	Sickness absence	2.1	2.5	2.2	2.6	Degree of organisation		7.4	8	13	Average age	42	42	42	42.1
	Loss of employees in %		13	13	11	Proportion of working hours					Average years of education	5.8	5.9	6.7	6.7
	Proportion of employees					used on further training	0.6	0.5	1.1	1.1	Written of value of years				
	with COWI shares (%)			79	70						of education	4.3	4.2	4.6	4.6
	Image among engineering students			Nr. 2	Nr. 2						Proportion of employees				
											with top education			4.4	4.7
											Work experience			16.2	16.2
											No. of years service			10.2	9.8
											Number of employees with project				
											management experience			56	58	57
											Travel activity proportion	4.1	4.1	5.2	6.4
											Proportion of employees posted				
											abroad long term		1.8	3.8	2.8
											Cross-disciplinary co-operation				
											(% working hours)	29	30	30	30
Customers	Media exposure			238	131	Number of presentations					Customer's distribution, proportion				
	Percentage of new customers				24	per 100 employees	7.5	3.5	19	13	of private sector customers			33	26	24
	Percentage loss of customers				8	Number of publications					Number of individual customers			1274	1484
						per 100 employees	8.8	6.2	17	6	Number of on-going projects			5192	5102
											Ave. turnover per project				
											(thousand DKK)			915	1010
											International customers			15	17
											International projects				
											(% working hours)			29	30
Processes	Remarks per QA audit			5.1	5.7	Proportion of time used on					Number of best practices				
						development		7.3	5.7	5.9	on the intranet	612	699	773	
						• of which internally financed	5.2	5.8	4.1	4.2	Number of projects per employee			17	18
						• of which externally financed		1.4	1.6	1.7	Trade within the COWI group			2.3	2.7
						QA audits carried out			49	83	Exchange of employees with				
											the COWI group			1.1	1.1
Technologies															

Abb. 4.3. Indikatoren im ‚Intellectual Capital Report' von COWI

Die Anzahl der Kunden hat im letzten Jahr merklich zugenommen, aber es wird kein Zeitraum angegeben, der einen stabilen Kundenstamm aufzeigen würde.

Auch wenn der Markt in einigen Bereichen turbulent ist, zeigt der ‚Intellectual Capital Report' von COWI ein stabiles Unternehmen, das im letzten Jahr ein erhebliches Wachstum erfahren hat. Hinsichtlich der organisationalen Entwicklung scheint sich das Unternehmen in einem langen und schwierigen Umbruch zu befinden. Alle für die Entwicklung relevanten Indikatoren sind stabil - stabile Entwicklung, stabile Investitionen in Weiterentwicklung und (im Allgemeinen) stabile Auswirkungen, sofern diese gemeldet wurden. Stabilität in den Geschäftsaktivitäten sollte dabei nicht mit Stagnation verwechselt werden; es handelt sich eher um eine stetige Veränderung. Ob diese Veränderungsrate jedoch ausreichend ist, bleibt fraglich.

Fragen hinsichtlich der Stabilität und Entwicklung bleiben schließlich unbeantwortet. Bilden die Angaben des ‚Intellectual Capital Reports' ein Unternehmen ab, das zwar, wie es von wissensintensiven Unternehmen oftmals erwartet wird, flexibel und innovativ sein möchte, aber tatsächlich zu starr und vorhersagbar in seinen Aktivitäten ist? Betrachtet man diese Stabilität genauer, so ist COWI in seiner Entwicklung und seiner Organisationsstruktur scheinbar stabil, da die Ziele der Maßnahmen von Jahr zu Jahr dieselben bleiben. Die Unternehmensentwicklung ist also eine kontinuierliche Aufgabe. Wahrscheinlich liegt hier aber nicht Stagnation vor, sondern Wachstum. Allerdings unterlag die Anzahl der Kunden neuerdings einer gewissen Fluktuation. Der Anteil von Kunden aus der Privatwirtschaft ist relativ niedrig, was bedeutet, dass ein Großteil des Umsatzes von öffentlichen Budgets abhängig ist. Dies könnte ein Risiko sein.

Dies ist eine eher allgemeine Analyse des ‚Intellectual Capital Reports'. Es lässt bestimmte Fragen auftauchen und erlaubt, eine Reihe von Hypothesen zu formulieren, die mehr Aufmerksamkeit für spezielle Abläufe im Unternehmen erfordern. Diese Hypothesen müssen überprüft werden und zu diesem Zweck müssen dem ‚Intellectual Capital Report' sowohl Relevanz als auch Perspektive entnommen werden können, was im zweiten Aspekt der Analyse des Reports im Mittelpunkt steht (dies ist das gleiche Verfahren wie in der finanziellen Berichtslegung!).

Schritt 2: Interpretation der Zahlen – Herstellen von Relevanz und Perspektive

Die allgemeine Analyse des ‚Intellectual Capital Reports' ist nur ein Zwischenschritt. Ein ‚Intellectual Capital Report' zeigt zugleich die Verknüpfung der Indikatoren mit Zielen – somit bildet er auch die Wissensstrategie mit den angestrebten Auswirkungen ab. Dies ist ein strategischer Aspekt und die Kennzahlen allein können hier keine Aussage machen. Daher muss der Leser Beziehungen zwischen der Wissensstrategie, den langfristigen Aufgaben des Managements im Rahmen der Geschäftsstrategie, der Umsetzung der Strategie und den Indikatoren für das Monitoring herstellen. Die vier Elemente stehen in engem Zusammenhang, in dem sie sich gegenseitig bestimmen und erläutern. Abb. 4.4. zeigt einen solchen Zusammenhang bei COWI.

Sie zeigt eine Übersetzung des Texts eines ‚Intellectual Capital Reports' in eine für den Leser leicht verständliche Form: Ist dies wirklich ein gutes Unternehmen? Und wie kann die Analyse der in Abb. 4.4. dargestellten Indikatoren helfen, diese Frage zu beantworten? COWI stellt hier die Zweckbestimmung des intellektuellen Kapitals dar, was eine Vorstellung vom Kundennutzen der Dienstleistung vermitteln soll, der durch eine konkrete Leistung, die bestimmte Wissensressourcen erfordert, erbracht wird. Aus der Abbildung ist weiter ersichtlich, wie diese Leistungserbringung und entsprechende Maßnahmen zusammenhängen: Das Ziel, ‚interdisziplinäre Lösungen' zu erarbeiten, wird übersetzt in die Ziele ‚Zusammenarbeit mit Kunden', ‚Projekt-Management' und ‚Wissensteilung'. Diese Ziele wiederum werden übersetzt in verschiedene Maßnahmen von ‚Marktentwicklung', über ‚Intensivierung von Zusammenarbeit zwischen Abteilungen' hin zu ‚Qualitätskontrolle'. Diese Maßnahmen werden dann durch eine Reihe von Indikatoren abgebildet wie ‚Kundenprofil', ‚Grad der interdisziplinären Zusammenarbeit' und ‚Qualitätsbefragungen'. Nicht für alle gibt es auch Indikatoren, wie man aus dem Vergleich der Abb. 4.3. und 4.4. erkennen kann. So sind einige nur für den internen Gebrauch gedacht. Aber die Zusammenhänge zeigen, wie das Ziel der ‚interdisziplinären Lösungen' umgesetzt wird und dass die einzelnen Elemente sich gegenseitig näher bestimmen und erläutern.

Knowledge narrative elements	Management challenges	Actions	Indicators
Use value COWI offers well-defined and formulated interdisciplinary descriptions of requirements within engineering, finance and environment. This is achieved by combining front-line competencies within these fields. **Product or service** COWI supplies interdisciplinary development-oriented consulting services. These are total solutions (analyses, planning and design) within engineering, finance and the environment. **Knowledge resources** In order to supply these services we need high-level interdisciplinary competencies and the ability to combine them.	• Supply complete solutions in close cooperation with the customer	• Develop international og private markets	• Customer profile • Proportion of international customers • Proportion of international projects
		• Enhance our image with customers	• Number of speeches, articles and publications • Customer satisfaction
	• Well-organised project processes	• Increase cooperation among group companies	• Interdisciplinary cooperation • Cross-organisational cooperation • Intra-group trading (expatriation, trade)
		• Improve project processes	
		• Improve development processes	
		• Control quality at all organisational levels	• Internal and external quality audits: number and reprimands • Number of errors and expenses
		• Optimise management systems	
	• Right mix of competencies and skills	• Visualise internal and external knowledge	• Number of internal and external professional networks • Number of best practice cases • Number with educational profile and length of education • Number with length of ancientitet service

Abb. 4.4. Die Wirkungskette des intellektuellen Kapitals von COWI

Daraus wird ersichtlich, wie sich 'interdisziplinäre Lösungen' und ‚Qualitätsbefragungen' zueinander verhalten. Dies spiegelt die Sichtweise von COWI wider und ist als Vorschlag zu verstehen. Der Leser mag diese Sichtweise teilen oder nicht. Der Leser kann dann beurteilen, ob es sich um ein brauchbares Geschäftsmodell handelt, ob diesem Modell tatsächlich gefolgt wird oder ob das Geschäftsmodell ein Defizit hat. Es erlaubt so Flexibilität.

Diese Wirkungskette ist als Vorschlag zu verstehen, der durch den Leser bewertet wird, indem er seine Logik - die Erklärung der Zusammenhänge zwischen den Elementen - und den Bezug zu den Indikatoren hinterfragt. Die Indikatoren (Abb. 4.2.) werden vor dem Hintergrund zweier Fragen betrachtet: (1) geben sie Auskunft über die unterschiedlichen Bereiche, über die der Leser Informationen erwartet?, und (2) entwickeln sie sich auf wünschenswerte Weise? Zu diesen Schlussfolgerungen muss der Leser kommen, sie können nicht von den Indikatoren allein geleistet werden. Dabei steht dem Leser als Informationsquelle die Wirkungskette zur Verfügung (Abb. 4.4.), die eine Logik vorschlägt, die wiederum vor dem Hintergrund zweier Fragen bewertet werden kann. (1) Ist die Wirkungskette logisch und nachvollziehbar?, und (2) ist es ein lebensfähiges Geschäftsmodell?

4.4 Schlussfolgerung

Der ‚Intellectual Capital Report' dient dem Management und der Berichtslegung und ermöglicht dem Leser ein fundiertes Urteil zu fällen. Er kann Managern helfen, Wissensressourcen zu erfassen und abzubilden und erlaubt ihnen, auf der Grundlage von Information über die Zusammensetzung, die Investitionen und Auswirkungen der Wissensressourcen zu intervenieren. Der ‚Intellectual Capital Report' gibt darüber hinaus Auskunft über die Funktionen von immateriellen Vermögenswerten, da die narrative Schilderung die angenommene Wirkungskette beschreibt, d.h. den Zusammenhang zwischen den Wissensressourcen, den Arbeitsabläufen und der Geschäftsstrategie. Sowohl die analytische Darstellung als auch die integrierende Wirkungskette der immateriellen Vermögenswerte sind Informationen für den internen oder externen Leser, um fundierte Entscheidungen im Unternehmen oder über das Unternehmen zu treffen. Er gibt dabei keinen absoluten (Zukunfts-) Wert der Wissensressourcen des Unternehmens an. Dies ist nicht wirklich ein Problem, weil der künftige Wert der Wissensressourcen des Unternehmens immer eine Folge der Art wie sie verwendet – wie sie mobilisiert – werden ist. Damit sind die Indikatoren und die Wirkungskette Informationen für eine Entscheidungsfindung. Durch diese Entscheidungsfindung wird der Unternehmenswert im Idealfall steigen, was auf die im ‚Intellectual Capital Report' enthaltenen Informationen zurückzuführen sein wird. Informationen über das intellektuelle Kapital sind also demnach eine Informationsquelle für die Entscheidungsfindung, mit dem Ziel der Steuerung zukünftiger Ereignisse.

Literaturverzeichnis

Austin P, Larkey P (2002) The Future of Performance Measurement: Measuring Knowledge Work. In: Neely A (Hrsg) Business Performance Measurement. Theory and Practice. Cambridge University Press, Cambridge

Lev B (2001) Intangibles. Management, measurement, and reporting. Brookings Institution Press, Washington, D.C.

Mouritsen J, Bukh PN et al. (2003) Analysing an Intellectual Capital Statement (Copenhagen, Ministry of Science, Innovation and Technology, 2003, http://www.vtu.dk/icac counts)

Mouritsen J, Bukh PN et al. (2003) Intellectual Capital Statements – The New Guideline (Copenhagen, Ministry of Science, Innovation and Technology, 2003, http://www.vtu.dk/ icaccounts)

Roos G, Ross G, Edvinsson L, Dragonetti NC (1997) Intellectual capital: navigating in the new business landscape. Macmillan Business, Houndsmil

Sveiby KE (1997) The New Organizational Wealth: Managing and Measuring Knowledge-based Assets. Berrett-Koehler, San Francisco

5 Die Entwicklung und Einführung eines Wissensbilanzsystems: Vorteile eines „bottom up"-Prozesses

Rüdiger Reinhardt, Anja Flicker

5.1 Einführung

5.1.1 Hintergrund

Einer der Preisträger von „Wissensmanager 2002", die LHI Leasing GmbH in München, hat beschlossen, das Preisgeld des Wettbewerbs zu nutzen, um die eigenen Wissensmanagementkompetenzen weiter auszubauen.

Die zentrale Überlegung hierbei war, eine wissenschaftlich gesicherte Methode zu entwickeln und einzuführen, mit deren Hilfe das Unternehmen lernen kann, den Erfolg von Wissensmanagementprojekten bzw. -maßnahmen zu erfassen. Konkret führte dies zu dem folgenden Auftrag bzw. Zielen:

1. Entwicklung eines Messsystems zur Erfassung des Erfolgs von Wissensmanagementmaßnahmen.
2. Generalisierbarkeit der Methode über das Gesamtunternehmen.
3. Entwicklung von Grundlagen eines Messsystems für die Unternehmensleitung.

Einer der beiden Autoren – Rüdiger Reinhardt – wurde mit der Methodenentwicklung und -implementierung beauftragt. In den folgenden Abschnitten werden die hierfür relevanten theoretischen und methodischen Implikationen und erste Ergebnisse bzgl. der Implementierung und Messung aufgezeigt.

5.1.2 Vorgehen: Übersicht

In Abb. 5.1. wird eine Übersicht über den Ablauf des Projekts gegeben. Dabei wird deutlich, dass zwischen drei Phasen differenziert wird:

- **Phase 1 – Pilotierung „Wissensprozessmessung":** Vorbereitung, Konzeption und Erprobung eines Instruments zur Erfassung von Wissensprozessen (Messgrößen I), Design und Realisierung von Feedback-Workshops mit dem Ziel, geeignete Verbesserungsmaßnahmen (Projekte) abzuleiten, zu planen, umzusetzen und deren Erfolg zu erfassen (Messgrößen II).
- **Phase 2 – Generalisierung „Wissensprozessmessung":** Kritische Analyse der Erfahrungen aus den Piloten, ggf. Verbesserung des Messinstruments (Mess-

größen I) und des Workshop-Designs. Roll Out des Prozesses über das Gesamtunternehmen mit dem Ziel – analog zu Phase 1 – Projekte zu definieren, umzusetzen und deren Erfolg zu messen (Messgrößen II).
- **Phase 3 – Wissensbilanz:** Aufgrund der Analyse der Projekterfolge und der dabei eingesetzten Messgrößen II in Phase 2 wird eine Aggregation dieser Messgrößen II vorgenommen, diese mit den strategischen Erfordernissen des Unternehmens kontrastiert und auf dieser Basis ein Wissensbilanzierungssystem entwickelt und implementiert (Messgrößen III).

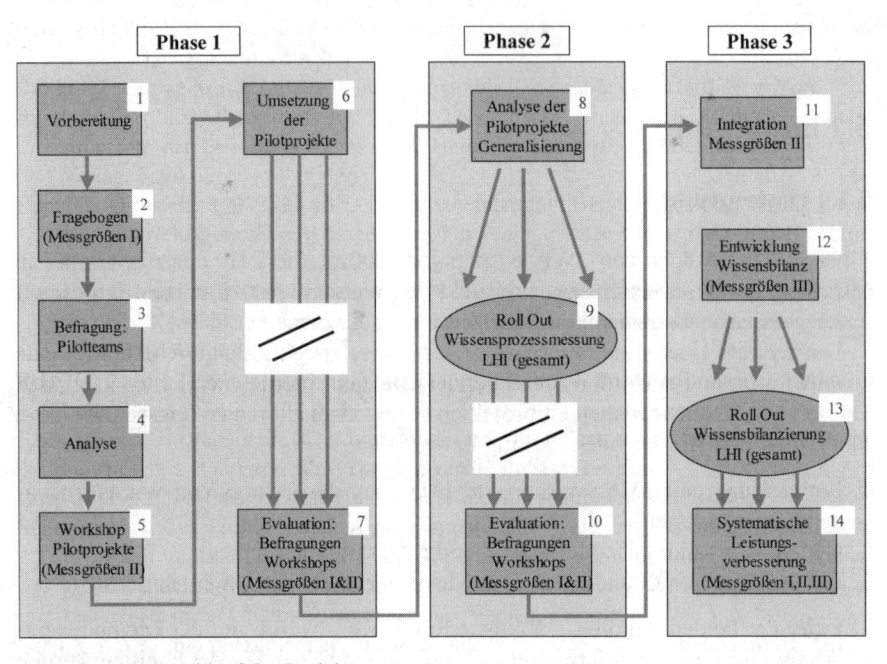

Abb. 5.1. Gesamtablauf des Projekts

Fasst man dieses Vorgehen aus theoretischer Sicht zusammen, so basiert das vorgeschlagene Vorgehen auf einer **Bottom Up-Entwicklung eines Wissensbilanzierungssystems**, bei dem schon im Vorfeld auf ein hohes Maß an Nutzenstiftung Wert gelegt wurde.

5.2 Projektbeschreibung

Im vorliegenden Abschnitt wird eine Übersicht über die in Abb. 5.1. skizzierten Phasen und die darin enthaltenen Schritte gegeben. Dabei ist auf einen unterschiedlichen Detaillierungsgrad zu verweisen, da sich das Projekt aktuellerweise zwischen Schritt 6 und 7 befindet, d.h. bei der Umsetzung der Pilotprojekte.

5.2.1 Phase 1: Pilotphase

Die Pilotphase dient dem Unternehmen dazu, Erfahrungen mit geeigneten Wissensprozess- und projektbezogenen Messgrößen zu sammeln, um somit prüfen zu können, in welchem Umfang das vorgeschlagene Vorgehen für das Unternehmen geeignet ist oder ob ggf. weitere Anpassungsschritte notwendig sind. Aus praxisbezogener Sicht geht es sehr stark darum, mittels der realisierten Schritte den Mehrwert bzw. die Effizienz des Vorgehens zu dokumentieren und somit die Akzeptanz für das spätere Vorgehen in der Generalisierungsphase zu sichern.

Schritt 1: Vorbereitung

Personalressourcen: Ein zentrales Erfolgskriterium für Change Management-Projekte – so auch für Wissensmanagement-Projekte – besteht darin, auf geeignete interne Ressourcen zurückgreifen zu können und auf die Unterstützung des Vorhabens durch die Unternehmensleitung bauen zu können. Bei der LHI waren beide Voraussetzungen erfüllt: Die Referentin für Wissensmanagement ist die anerkannte Expertin im Haus für Wissensmanagement. Der Vorgesetzte dieser Referentin ist Generalbevollmächtigter, zudem für IT und Organisation zuständig, und vor diesem Hintergrund ein höchst geeigneter Treiber für Wissensmanagement im Hause. Außerdem sind alle drei Geschäftsführer aufgrund der Preisverleihung daran interessiert, die Reputation der LHI als Wissensunternehmen auf dem Markt weiter voranzutreiben. Schließlich konnte mit Herrn Reinhardt ein wissenschaftlicher Berater gewonnen werden, der auf umfangreiche Erfahrungen im Kontext der Wissensmessung verfügt.

Finanzressourcen: Aufgrund des Preisgeldes war eine Anschubfinanzierung für dieses Projekt vorhanden. Da die Stabsstelle Wissensmanagement über ein geeignetes Budget verfügt, konnten hier entsprechende Zusatzleistungen eingekauft werden.

Design des Gesamtprojekts: Das Design des Gesamtprojekts wurde im Rahmen des obigen Personenkreises abgestimmt. Im Mittelpunkt standen hierbei die Vorerfahrungen von Herrn Reinhardt mit vergleichbaren Projekten (Reinhardt 2002). Von Bedeutung war hier, dass es zunächst mit einer Ist-Soll-Analyse gelingen sollte, Auskunft über die Leistungsfähigkeit der Wissensprozesse zu erhalten, woran sich entsprechende Evaluations- und Planungsworkshops anschliessen sollten.

Schritt 2: Entwicklung des Fragebogens (Messgrößen I)

Ausgehend von den Vorerfahrungen wurde ein Befragungsinstrument entwickelt, mit dessen Hilfe es gelingt, die Güte der Wissensprozesse zu erfassen.
Konzeptioneller Hintergrund: Aufbauend auf Erfahrungen mit Vorläuferstudien (Reinhardt 1998, 2002) soll die Qualität des Wissensverarbeitungsprozesses mit Hilfe einer geeigneten Diagnostik überprüft werden. Die grundlegende Idee hierbei ist, dass eine solche Diagnose dazu geeignet ist, wissenschaftlich begrün-

dete Hinweise zur Gestaltung von Projekten zu geben, mit deren Hilfe sich die Qualität der Wissensverarbeitung verbessern lässt.

Als theoretischer Rahmen für dieses Messinstrument wurde das Phasenmodell des Integrativen Wissensmanagements gewählt (Pawlowsky 1994), das um vier managementbezogene Dimensionen – nämlich „wissensbezogene Ziele", „wissensbezogene Messgrößen" und „Speicherung/Abruf von Wissen" sowie „Einsatz von IT-Instrumenten" ergänzt wurde (Reinhardt 2002).

Auf Basis dieses erweiterten Wissensmanagementmodells wurde ein Fragebogen dadurch entwickelt, dass jede der einzelnen Dimensionen dieses Modells anhand entsprechend Likert-skalierter Items operationalisiert wurde. Hinzuzufügen ist, dass nicht nur um die aktuelle Einschätzung der Ausprägung der einzelnen Phasen gebeten (Ist-Zustand), sondern gleichzeitig nach der gewünschten bzw. für die Tätigkeit notwendigen Ausprägung der jeweiligen Phase (Soll-Zustand) gefragt wurde. Die hierbei erwartete Soll-Ist-Differenz sollte ebenfalls Hinweise für weitere Interventionen liefern.

Somit standen für jede Phase eine Reihe von fünffach-gestuften Items zur Verfügung, die hinsichtlich ihrer aktuellen Bedeutung und ihrer Wichtigkeit beurteilt werden sollten.

Implikationen für den Fragebogen: Der Gesamtfragebogen enthielt die folgenden vier Befragungsdimensionen

1. **Wissensprobleme:** Diese Einschätzung soll verdeutlichen, inwieweit Wissensprobleme die Teilnehmer beim Erreichen der eigenen Ziele behindern.
2. **Phasen des Wissensmanagementprozesses:** Hier ging es darum, die Qualität der Wissensprozesse entlang der oben skizzierten Phasen des Wissensmanagement-Prozesses zu erfassen.
3. **Einflussfaktoren des Wissensmanagements:** Hier sollte herausgearbeitet werden, welche Faktoren innerhalb der LHI das Management von Wissen besonders fördern oder beeinträchtigen.
4. **Erfahrungen zum Wissensmanagement:** Hier ging es darum herauszuarbeiten, in welchem Umfang das bisherige Engagement der LHI im Bereich Wissensmanagement wahrgenommen wird.

Schritt 3: Befragung der Pilotteams

Die Auswahl der Pilotteams erfolgte anhand folgender Überlegungen:

- Hohe Motivation an dem Pilotprojekt teilzunehmen – und somit hohe Nutzenerwartung.
- Bezug zu Kernprozessen des Unternehmens.
- Abdeckung der Leistungsbreite des Unternehmens.

Aufgrund dieser Vorüberlegungen konnten zwei Gruppen aus unterschiedlichen Bereichen gewonnen werden. Die Befragung selbst wurde im Rahmen der Arbeitszeit durchgeführt. Um hier auf eine entsprechende Akzeptanz zurückgreifen zu können, wurden die jeweiligen Führungskräfte im Vorfeld in die Feinabstimmung der Fragebogenkonstruktion miteinbezogen.

Alle Mitarbeiter erhielten einen Fragebogen mit frankiertem Rückumschlag, den sie direkt an den wissenschaftlichen Berater zurücksenden konnten. Die Rücklaufquote betrug in beiden Fällen ca. 90 Prozent.

Schritt 4: Analyse

Die Fragebögen wurden in Abhängigkeit der beiden Pilotteams getrennt analysiert. Aufgrund der Zielsetzung des vorliegenden Beitrags werden lediglich die Befragungsergebnisse von Team A hinsichtlich der Phasen des Wissensmanagementprozesses (Messgrößen I) gezeigt.

Abb. 5.2. zeigt die Ergebnisse in Bezug auf die Qualität der Wissensverarbeitung (Messgrößen I) in der Gesamtübersicht.

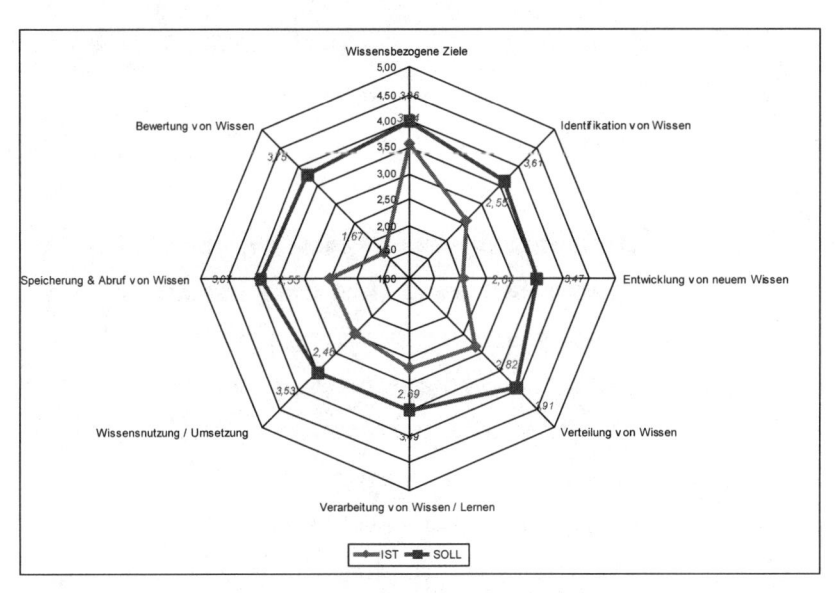

Abb. 5.2. Übersicht über die Qualität des Wissensverarbeitungsprozesses bei einem Pilotteam

Zur besseren Nachvollziehbarkeit der weiteren Argumentation werden zunächst die Ergebnisse dargestellt, die grundlegend für die Ableitung der selbständig umzusetzenden Projekte waren.

Qualität der Wissensprozesse (Messgrößen I): Aufgrund der im Folgenden dargestellten Detailergebnisse bzgl. der drei Wissensprozesstypen „Entwicklung neuen Wissens", „Verarbeitung von Wissen / Lernen" und „Wissensnutzung / Umsetzung" wird ersichtlich, dass eine große Lücke bei Themen vorhanden ist, die sich unter der Problemstellung „Erfahrungsaustausch / Feedback / individuelle und gemeinsame Lernprozesse" subsumieren lassen (vgl. Abb. 5.3., 5.4., 5.5.).

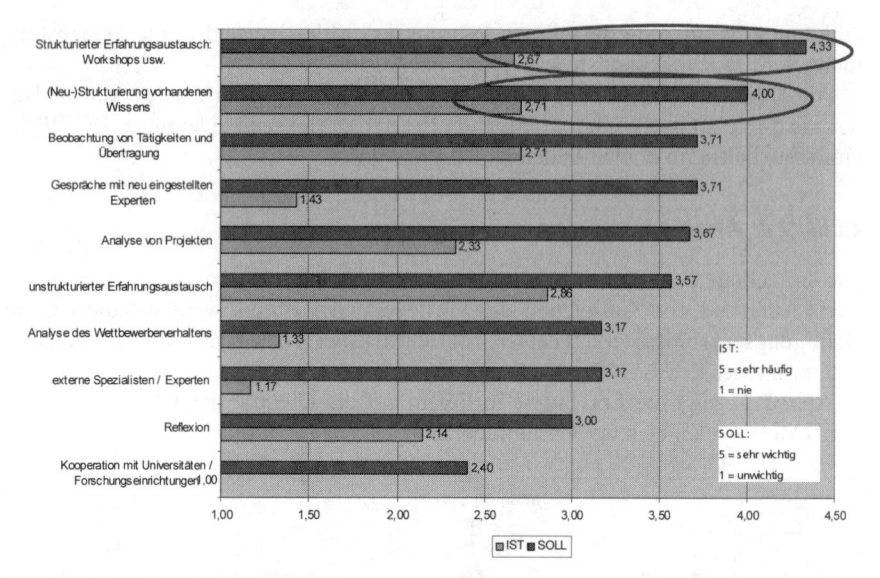

Abb. 5.3. Detailergebnis – Entwicklung neuen Wissens

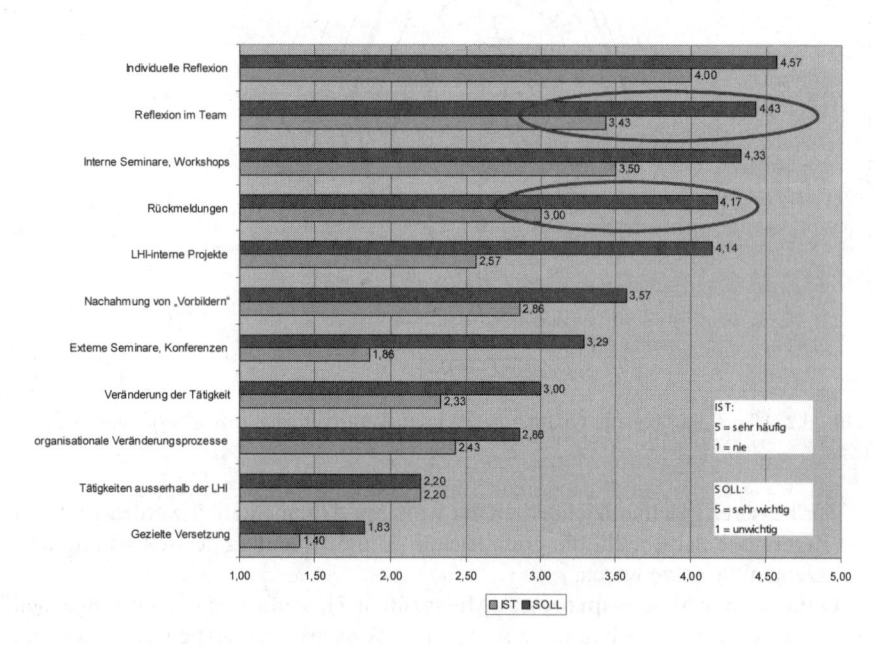

Abb. 5.4. Detailergebnis – Verarbeitung von Wissen / Lernen

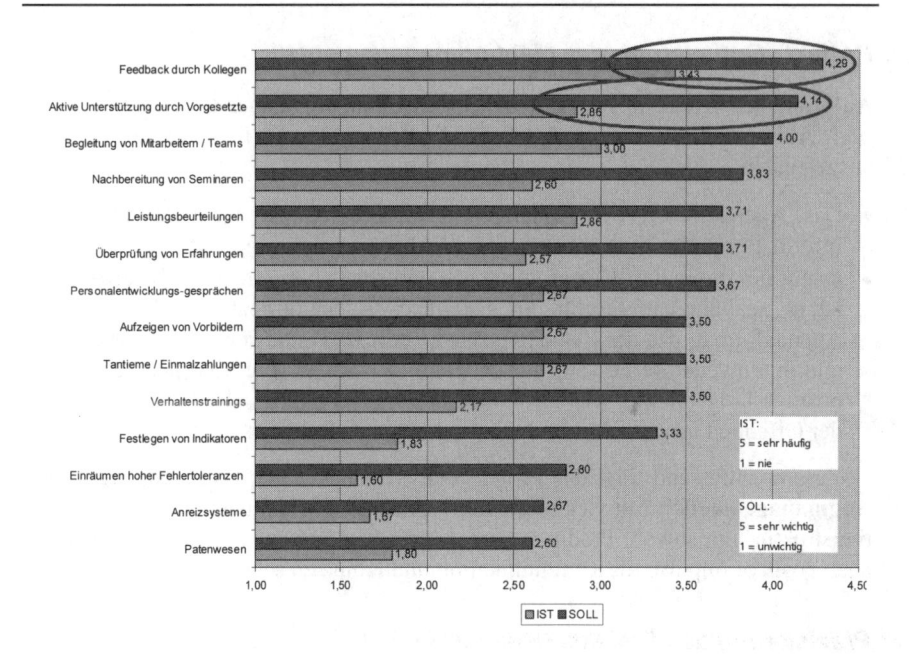

5 Die Entwicklung und Einführung eines Wissensbilanzsystems   75

Abb. 5.5. Detailergebnis – Wissensnutzung / Umsetzung

Schritt 5: Workshop mit Pilotteams

Übersicht

Die Workshops wurden als ganztägige Veranstaltungen konzipiert und enthielten folgende Module:

- **Modul 1: Einführung** (Erwartungen, Ziele, Agenda, Regeln, Übung)
- **Modul 2: Konzeptionelle Grundlagen** (Wissensmanagement: Nutzenmessung / Grundlage des Fragebogens)
- **Modul 3: Analyse der Ergebnisse: Übersicht** (Wissensprobleme, Wissensmanagement-Prozess (Übersicht), Einflussfaktoren des Wissensmanagements, Erfahrungen zum Wissensmanagement I: Perspektive LHI, Erfahrungen zum Wissensmanagement II: Teamspezifische Perspektive)
- **Modul 4: Detailergebnisse und Hinweise für Maßnahmen** (Wissensbezogene Ziele, Identifikation von Wissen, Entwicklung neuen Wissens, Verbreitung von Wissen, Wissensverarbeitung & Lernen, Wissensnutzung: Die Umsetzung von Know-how in effiziente Handlungen, Speicherung und Abruf von Wissen, Wissensbewertung)
- **Modul 5: Aktionsplanung**
- **Modul 6: Follow Up – Wie geht es weiter?**

Projekt „Optimierung des Meetingmanagements"

Aufgrund des Workshops entschied sich das Team, die oben angedeuteten Lücken (vgl. Abb. 5.3. bis 5.5.) zu schließen. Hierbei wurde von folgender Zielsetzung ausgegangen:

- Das Agendaformat der bisherigen Teammeetings ist stark auf top-down-Informationsvermittlung ausgelegt (aufgabenorientierter Aspekt).
- Damit ein optimaler Wissensaustausch und somit Lerneffekte realisierbar sind, ist es unabdingbar, hierfür ein geeignetes Agendaformat zu schaffen – ein Agendaformat, das die Beziehungsebene adressiert und somit das Lernen von- und miteinander verbessert, die Effizienz der Meetings erhöht und schließlich positive Folgeeffekte, wie z.B. Verbesserung des Klimas, der Kommunikation, der Offenheit usw. auch außerhalb der Meetings nach sich zieht.

Zusammenfassend trägt das Projekt den Arbeitstitel **„Optimierung des Meetingmanagements"**: Entwicklung einer lern- und entwicklungsförderlichen Meetingstruktur, um sowohl Produkte besser verstehen und entwickeln zu können als auch positive Impulse für Kommunikation und Klima zu setzen.

Präzisierung des Projekts (Messgrößen II)

Es stellt sich somit die Frage, mittels welcher Messgrößen der Erfolg dieses Projektes erfasst werden kann. In Abb. 5.6 und 5.7. wird eine Übersicht über relevante Messgrößen gegeben. Von Bedeutung ist hier, dass nicht nur Input-, sondern auch Prozess- bzw. Outputgrößen eingesetzt werden.

Messgrößen II: Optimierung des Meetingmanagements
(A) Input-Perspektive
1. Die Agenda existiert (ja / nein)
2. Die Agenda wurde gemeinschaftlich entwickelt (ja / nein)
3. Konsens / Commitment zur Agenda (ja / nein)
4. Team einigt sich auf Regeln, die im Meeting Gültigkeit haben sollen (ja / nein)
5. Qualitätskriterien:
a) Die Agenda enthält den Punkt „Jeder berichtet"; Folge: alle erfahren, was jew. im Tagesgeschäft anliegt sowie systematisches Einfordern von Feedback und Verbesserungsvorschlägen
b) Die Agenda enthält den Punkt „Feedback-Kultur", um die Entwicklung des Vorhabens nachzuhalten
c) Die Agenda ist eine „lebendige" Agenda, d.h. in Abhängigkeit der TN-Bedürfnisse flexibel ausgestaltbar
d) Dokumentation der Sitzungen: geeignete Blaupause existiert – so dass follow up/Lernen einfach möglich ist
e) Die Agenda enthält Raum für Selbstreflexion / Feedback
f) Die Agenda sieht folgenden Einstieg vor: Wer von den TN ist von anderen unterstützt worden?
Messgrößen (ja / nein) & Ratingskalen (c, e)

Abb. 5.6. Indikatoren für die Inputseite des Projekts

Messgrößen II: Optimierung des Meetingmanagements
(B) Output-Perspektive

Deskriptiv
• Anzahl der Meetings, in denen das neue Agendaformat eingehalten wurde in Relation zu allen Meetings
 	
Effekte
• Qualitative Perspektive
  o Zufriedenheit
  o Nutzungsgrad der vermittelten Information
  o Verbesserung des Lernens
  o Zufriedenheit mit der Unterstützung durch andere: Identifikation von Knowhow-Trägern/Kollegen, die einem optimal helfen können, Fehlervermeidung
  o Entwicklung von „good practices" /Erfahrungsberichten
 	
• Quantitative Perspektive
  o Effizienz (Achtung: Trade-Off mit Qualität / Lernen / verstehen / umsetzen können / wollen)
  o Zeitersparnis: Finden einer geeigneten Lösung
 	
• Folgeeffekte I
  o Verbesserung von Kommunikation generell
  o Anwendung von Regeln
  o Erfahrungen in anderen Situationen
 	
• Folgeeffekte II
  o Transfer der positiven Erfahrungen in andere Gruppen (innerhalb Asset, außerhalb Asset)
  o Lerndokument in Datenbank

Abb. 5.7. Indikatoren für die Outputseite des Projekts

Schritt 6: Umsetzung der Pilotprojekte

Aufbauend auf den bisherigen Argumenten werden nachfolgend aus unmittelbarer Perspektive der LHI die bisherigen Erfahrungen mit der Umsetzung des Projekts „Meeting-Management" dargestellt (vgl. Kasten 1).

Eine neue Art von Meeting bedingt auch ein Festlegen auf (neue) Regeln:
Bisher war man regelmäßig zusammengekommen, um zu informieren oder besser gesagt, sich informieren zu lassen, denn die Kommunikation war eindeutig „top-down" geprägt. Das sollte sich ändern und das Team legte sich auf drei entscheidende Punkte fest:

1. Es wird jedes Mal eine Agenda erstellt, aus der die Inhalte des Meetings klar hervorgehen. Jeder bekommt diese Agenda vor dem Meeting gemailt und kann fehlende Punkte ergänzen.
2. Es gibt keine „top-down"-Kommunikation, sondern jeder kommt zu Wort und kann seinen Beitrag liefern.
3. Jedes Meeting hat einen Moderator, der die Einhaltung der Regeln und die Struktur gewährleistet. Die Auswahl der Moderatoren erfolgt nach dem Prinzip „Reihum".

Die Inhalte der ersten Treffen waren folglich die Erörterung und Festlegung von Kommunikations- und Feedback-Regeln sowie deren Einübung. Ziel war, die stark einseitige, Aufgaben orientierte Informationsvermittlung aufzuweichen und stattdessen mehr zu interagieren und die Beziehungsebene in den Vordergrund zu stellen. Es wurde schnell klar, dass diese neue Form der Treffen für einen intensiveren Wissensaustausch und bessere Lerneffekte günstig ist. Die einzelnen Teilnehmer beschreiben übereinstimmend, dass sich das Gesprächsklima signifikant verbessert hat. Die Kommunikation gestaltet sich offener – auch außerhalb der Meetings – und das Verständnis für die Gegenstände der Diskussionen hat sich ebenfalls erhöht.

Ein zweiter Schritt war die Verbesserung der Wissenskommunikation. Nachdem sich die Regeln bereits förderlich auf die Interaktion und die menschlichen Aspekte der Meetings ausgewirkt hatten, war es wichtig, sich die individuellen Arbeitssituationen gegenseitig transparent zu machen. Dazu wurde in die Agenda der Punkt „Jeder berichtet" aufgenommen. So können alle erfahren, was im jeweiligen Tagesgeschäft anliegt, ihre Fragen dazu stellen und gegebenenfalls Verbesserungen/Lösungen vorschlagen.

Durch die Entwicklung der Feedback-Kultur wurde es auch möglich, solche Themen/Ansätze auch in nachfolgenden Sitzungen weiter zu verfolgen. Die neue Flexibilität der Tagesordnung lässt zudem eine intensivere Beschäftigung mit den Bedürfnisse einzelner zu und erhöht die Zufriedenheit sowie die Motivation für die Treffen. Auch die Tatsache, dass der Ablauf der Meetings jetzt umfassend dokumentiert wird, verbessert das Lernen neuer Sachverhalte sowie die nachhaltige Erinnerung der einzelnen Beiträge. Einhellig erkannt und begrüßt wird von den Teilnehmern auch die zeitliche Ersparnis als Folge dieses Vorgehens.

Hier möchte ich ein typisches Beispiel erzählen, das sich aus diesem Meeting ergeben hat:

Eine Kollegin berichtet im Meeting von einem für sie neuen Thema, in das sie sich einarbeitet und das sie auch für die anderen als interessant einstuft.

Sie plant, in zirka einem Vierteljahr, nachdem sie sich einen Überblick in die komplizierte Materie verschafft hat, davon zu berichten. Daraufhin sagt eine andere Kollegin, dass ihre Gruppe an diesem Thema schon länger und intensiv arbeitet und dass sie gerne bereit ist, die Kollegin in das Thema einzuführen. Das Ergebnis: eine wirkliche Zeitersparnis von fast einem Vierteljahr Kompetenzaufbau, der ohne solche systematische Information sich nicht hätte ergeben können, sowie eine positive Zusammenarbeit und inhaltlich wie persönlich verbesserte Kommunikation.

Es ist selbstverständlich, dass solche Ergebnisse motivieren, im Sinne der Studie weiterzumachen und dauerhaft an einer qualitativen Verbesserung der Wissenskommunikation zu arbeiten.

Kasten 1: Erörterung der Projektumsetzung „Meeting-Management" aus Perspektive der Betroffenen

Schritt 7: Evaluation der Pilotprojekte

Hier liegen noch keine abschließenden Informationen vor – doch soll an dieser Stelle zumindest ein „Original-Eindruck" aus der Perspektive der verantwortlichen Wissensmanagerin gegeben werden (vgl. Kasten 2):

Das beschriebene Projekt ist noch nicht abgeschlossen und einige der festgelegten Punkte sind noch nicht bearbeitet. Aber der Prozess ist in vollem Gange und wird von jedem der Beteiligten zur Gänze unterstützt. Dieser Erfolg freut mich als Wissensmanagerin, die ich einige der Meetings auf Wunsch der Teilnehmer beobachtet und miterlebt habe.

Mein Credo, dass jeder sein eigener Wissensmanager ist und langfristiger Erfolg sich nur durch offene, systematische Kommunikation erreichen lässt, hat sich zumindest bei den Teilnehmern dieser Wissensrunde durchgesetzt. Es ist bereits so, dass einige Kolleginnen und Kollegen, die diesem Team aufgrund interner Umstrukturierungen nicht mehr angehören, dennoch gebeten haben, weiterhin an den Wissensrunden teilnehmen zu können und dies auch tun. So hat sich die Runde im Laufe der Zeit auch vergrößert, nämlich um die neu hinzugekommenen Teammitglieder.

Insgesamt kann ich konstatieren, dass eine Gruppe, die sich nicht unbedingt aus „Kommunikationsfachleuten" zusammensetzt, sondern aus hoch spezialisierten Experten auf ihren jeweiligen Gebieten, auch sozial zusammengefunden hat. So hat sich nicht nur die Wissenskommunikation verbessert, sondern auch die menschliche Interaktion. Es ist Vertrauen entstanden, das sich ebenso positiv auf das menschliche Miteinander wie auf die Arbeitsweisen und –ergebnisse auswirkt. Diese Beurteilung erfolgt nicht nur von außen, sondern findet das gleiche Echo auch innerhalb des Teams. Der Eindruck bei den Vorgesetzten ist ebenfalls hervorragend und damit auch die Unterstützung für den weiteren Fortgang der Studie gesichert.

Kasten 2: Bisheriger Umsetzungserfolg des Pilotprojekts „Meeting-Management"

5.2.2 Phase 2: Generalisierungsphase

Schritt 8: Analyse der Pilotprojekte

Hier geht es um die Realisierung von Lern- bzw. Evaluations-Workshops: Mit den beiden Pilotteams sollen die Stärken und Schwächen des bisherigen Vorgehens herausgearbeitet werden. Somit soll es gelingen, das bisherige Verfahren vor dem Roll Out zu modifizieren bzw. noch besser an das Unternehmen anzupassen.

Schritt 9: Roll Out

Das angepasste Verfahren wird im gesamten Unternehmen umgesetzt. Dadurch gelingt es

1. für alle Abteilungen eine dezidierte Analyse der Qualität der Wissensprozesse vorzunehmen
2. darauf aufbauend Projekte zu definieren und umzusetzen
3. und der Geschäftsleitung eine Vielzahl von Hinweisen zur Verbesserung der wissensbezogenen Wertschöpfung zu geben.

Schritt 10: Evaluation der Gesamtprojekte

Die Evaluation erfolgt in Analogie zu Schritt 7.

5.2.3 Phase 3: Aggregation & Entwicklung der Wissensbilanz

Schritt 11: Integration der projektbezogenen Messgrößen

Aufgrund des dezentralen projektbezogenen Vorgehens entsteht ein „Universum von Indikatoren" zur Erfassung des Erfolgs wissensbezogener Projekte. Dieses „Universum" lässt sich als Indikatorenvorrat auffassen, der (a) erprobt und (b) bereits von den Mitarbeitern akzeptiert ist. Beides sind wichtige Voraussetzungen für die darauf aufbauenden Schritte.

Schritt 12: Entwicklung der Wissensbilanz

Die Entwicklung der Wissensbilanz erfolgt anhand der folgenden Schritte:

1. Der erste Schritt besteht darin, ein *gemeinsames* Verständnis im Topmanagementteam herauszuarbeiten, in welchem Geschäft man ist und wo man hin will. Dies führt notwendigerweise dazu, die Mission, Vision oder Strategie des Unternehmens zum Ausgangspunkt der Indikatorenentwicklung zu machen.
2. Im zweiten Schritt werden aus Determinanten des Geschäftskonzepts kritische Erfolgsfaktoren (KEF) abgeleitet und definiert. KEF stellen Faktoren dar, die notwendigerweise erfüllt werden müssen, um das Geschäft erfolgreich entwickeln zu können.

3. Die ersten beiden Schritte stellen Standardschritte der Strategieentwicklung dar. Der innovative Schritt ist der dritte, wenn es darum geht herauszuarbeiten, mit Hilfe welcher Wissenskapitalindikatoren sich die KEF am besten messen und somit überwachen lassen.
4. Im vierten Schritt erfolgt die Integration der im vorherigen Schritt abgeleiteten Messgrössen aus Unternehmensleitungssicht und des „Indikatorenvorrats" aus Schritt 11, die zur Festlegung des Wissensbilanzsystems führt.

Schritt 13: Roll Out der Wissensbilanz

Die definierte Wissensbilanz wird eingeführt und umgesetzt.

Schritt 14: Kontinuierliche Leistungsverbesserung

Nach einer Periode werden die erreichten Ergebnisse und die Passung der Wissensbilanz zum bisherigen Kerngeschäft überprüft und ggf. angepasst.

5.2.4 Resümee

Das vorgeschlagene Projekt zur Erfassung der Wertschöpfungsrelevanz von Wissen bei der LHI weist einen innovativen Charakter auf: Es verknüpft einen bottom up- mit einem top down-Ansatz und stellt somit eine hohe Akzeptanz des Gesamtvorhabens sicher. Damit aber gelingt es, die mit der effizienten Nutzung einer Wissensbilanz einhergehenden Probleme, nämlich die mangelnde Berücksichtigung lokaler Erfordernisse und die zu geringe Spezifizität von Maßnahmen aufgrund des hohen Abstraktionsgrads der Indikatoren, zu vermeiden.

5.3 Diskussion & Schlussfolgerungen

5.3.1 Erfolgsfaktoren

Die vorgelegte Argumentation hat gezeigt, dass sich Wissensmanagement-Projekte – entgegen der zunehmenden Skepsis – sehr wohl erfolgreich abwickeln lassen und dass dem Thema „Messung des Erfolgs von Wissensmanagementprojekten" eine wichtige Rolle zukommt.

Aus Sicht der Autoren ist allerdings vielmehr von Bedeutung, die „Krise" im Wissensmanagement richtig einzuordnen und zu verstehen, dass es sich dabei nicht um eine „Wissensmanagement-Krise", sondern um eine „Führungs- bzw. Change Management-Krise" handelt. Daher sollen zum Abschluss wichtige Erfahrungen zusammenfassend weitergegeben werden (vgl. Reinhardt 2003):

- **Wissensmanagement als Change-Ansatz:** Wissensmanagement muss als Change-Ansatz aufgefasst werden, bei dem die Freiheitsgrade, etwas falsch zu machen, noch deutlicher eingeschränkt sind als bei anderen Konzepten: Wenn

Wissen nicht nur ein organisationaler, sondern auch ein persönlicher Erfolgsfaktor ist, dann gelingt Wissensmanagement nur, wenn die betroffenen Führungskräfte und Mitarbeiter ihr Wissen freiwillig weitergeben. Wenn es nicht gelingt, diese intrinsische Motivation zu entwickeln und zu stärken, dann ist Wissensmanagement von vornherein zum Scheitern verurteilt.

- **Commitment der Oberen Führungskräfte**: Die *Ziele*, die mit Wissensmanagement erreicht werden sollen, müssen klar kommuniziert sein – beim Zielfindungsprozess ist es günstig, das Know-how der Betroffenen zu nutzen. Wissensmanagement ist keine Nebenbeschäftigung: Daher muss *Zeit* explizit zur Verfügung gestellt werden, um Wissensmanagement vorantreiben – und somit lernen – zu können. Die oberen Führungskräfte müssen zudem als *Vorbild* sichtbar sein: Warum sollte ich Zeit aufwenden, das neue Intranet zu verstehen, wenn bekannt ist, dass sich der Geschäftsführer seine e-mails von seiner Sekretärin in ausgedruckter Form vorlegen lässt? Schließlich soll hier ebenfalls eine *explizite Unterstützung* der oberen Leitung von Wissensmanagement beobachtbar sein: Hier geht es nicht nur um Symbole wie der Begrüßungsrede bei einem Kick Off-Workshop, sondern vielmehr darum, Wissensmanagement aktiv zu unterstützen: Um wie viel mehr steigt die Glaubwürdigkeit einer Wissensmanagement-Initiative, wenn beobachtet wird, dass ein GL-Mitglied aktiv in einer Projektgruppe mitarbeitet?
- **Ganzheitlichkeit des Ansatzes:** Ganzheitlichkeit meint hier zweierlei: Aus der Perspektive der *Breite* ist Wissensmanagement zum einen keine Angelegenheit zur Optimierung der vorhandenen IT-Infrastruktur, sondern bezieht notwendigerweise personenbezogene wie organisationale Rahmenbedingungen explizit mit ein – die sog. *Balance aus „Mensch, Organisation und Technologie"*. Zum anderen stellen Wissensmanagement-Projekte aus der Perspektive der *Tiefe* keine Aneinanderreihung des Abarbeitens von entsprechenden Wissensmanagement-Instrumenten dar, sondern basieren *auf ganzheitlichen Problemlösungs- und Lernprozessen*: Selbst wenn Produktivitätssteigerung und Effizienzerhöhung der zentrale Mittelpunkt eines Wissensmanagement-Ansatzes sein sollten, dann möge man bitte auf eine „mechanistische Orchestrierung" wie damals beim Business Process Reengineering verzichten sondern hoch-reflexive Settings einbauen, mit deren Hilfe es gelingt Problemursachen zu erkennen und anzugehen: Was nützen die ausgefeiltesten Anreizsysteme zur Teilung von Wissen, wenn der monetäre Beitrag jeder Geschäftseinheit zum Unternehmenserfolg isoliert erfasst wird und somit bereichsübergreifende Zusammenarbeit im Keim erstickt wird?
- **Die Rolle des Wissensmanagement-Verantwortlichen**: Zunehmend mehr Unternehmen sind dazu übergegangen, eine Wissensmanagement-Funktion zu institutionalisieren und einen expliziten Leiter für Wissensmanagement zu ernennen. Im Gegensatz zu den Überlegungen Ende der 90er Jahre, eine solche Funktion in der Hierarchie möglichst hoch zu verankern, lässt sich diese Forderung im deutschsprachigen Raum nicht verifizieren: Wissensmanager sind im allgemeinen höchstens der Stufe des mittleren Managements zugeordnet, zum Teil Projektleiter oder gar „nur" Referenten für Wissensmanagement. Momentan ist es zu früh, um diesen Tatbestand abschließend würdigen zu können. Ak-

tuelle Untersuchungen verdeutlichen wider Erwarten, dass die formale Macht eines Wissensmanagers den Erfolg von Wissensmanagement-Aktivitäten zwar positiv beeinflussen kann, aber nicht notwendigerweise muss. Vielmehr zeigt sich als wichtiger Erfolgsfaktor, in welchem Umfang er zum einen auf „geliehene Macht" – also das Commitment der Oberen Führungskräfte (wie beispielsweise bei der LHI) zurückgreifen kann, und zum anderen, in welchem Umfang es ihm gelingt, ein tragfähiges Netzwerk aufzubauen, das ihm hilft, das Thema Wissensmanagement in der Organisation zu verankern und schnell und unkompliziert die Erwartungen und Bedürfnisse der Linie wahrnehmen zu können.

- **Die Nutzenerwartung und -kommunikation:** Eines der zentralen Probleme des heutigen Wissensmanagements ist es, nur sehr bedingt monetäre Nutzeneffekte nachweisen zu können. Unabhängig davon, dass in vielen Unternehmen seit längerer Zeit wissensmanagement-bezogene Erfolgsstories in anekdotenhafter Art und Weise kursieren, ist genausoviel Unbehagen beobachtbar, was einen systematischen Nutzennachweis angeht. Wie oben bereits ausgeführt, ist dieses Defizit auch eines der zentralen Argumente, Wissensmanagement-Aktivitäten zu stoppen. Aufgrund vorhandener Einzelfallstudien soll an dieser Stelle folgende Hypothese formuliert werden: Die Projekte, die aufgrund des fehlenden offiziellen Nutzennachweises abgebrochen wurden, wären wohl mehrheitlich aus anderen Gründen gescheitert: Dies zeigt letztlich nur, dass die oberen Führungskräfte nicht sonderlich von dem Erfolg des Wissensmanagement-Ansatzes überzeugt waren – ihr Commitment fehlt in solchen Fällen weitestgehend. Diese Hypothese wirkt aufgrund der beiden Überlegungen plausibel: Trotz dreissigjähriger Erfahrungen mit EDV-Systemen sind weniger die – meist schwierig zu interpretierenden – ROI-Analysen ausschlaggebend für Investitionen in IT, sondern die Macht der Gewohnheit, also letztlich eine Scheinrationalität, die für Wissensmanagement eben noch nicht tradiert ist. Zudem – und jetzt kommen wir zu einer sehr zentralen Überlegung bzgl. des Nutzennachweises von Wissensmanagement – besteht die Kunst des Nachweises von Wissensmanagement-Aktivitäten nicht darin, elaborierte IC-Systeme oder vergleichbare Messsysteme zu entwickeln und zu implementieren – was dann genauso gut (oder schlecht) wie ein BSC-System funktioniert, sondern schlicht und einfach darin, den Nutzen, den der (interne) Kunde aufgrund der Anwendung von Wissensmanagement-Methoden hat, herauszuarbeiten. Damit lässt sich festhalten, dass es bei der Nutzenfrage nicht um den Nutzen von Wissensmanagement, sondern um den Nutzen von Wissensmanagement für den (internen) Kunden geht. Auch hier ist der Weg, den die LHI eingeschlagen hat, als vorbildlich zu nennen: Aufgrund des bottom up-orientierten Vorgehens bleibt die Frage nach dem (internen) Kundennutzen durch Wissensmanagement-Projekte stets im Blickfeld der verantwortlichen Akteure.

5.3.2 Wissensmanagement – Quo vadis?

Abschließend sollen einige Überlegungen in bezug auf die weiteren Entwicklungspfade von Wissensmanagement angestellt werden – aktuellerweise lassen sich folgende Perspektiven identifizieren:

- Für Grossunternehmen ist Wissensmanagement als Begriff verbreitet – unabhängig davon, wie erfolgreich die jeweiligen Erfahrungen waren bzw. noch sind. Hier ist zu vermuten, dass sich das Thema Wissensmanagement in andere Rahmenkonzepte einordnen wird. Der Grund hierfür ist schon heute absehbar: Das „W-Wort" hat in Teilen einen zweifelhaften Charakter bekommen, und letztlich ist es egal – so die weitverbreitete Meinung der Linie – welcher Ansatz mir hilft, erfolgreicher zu werden. Allerdings besteht zu befürchten, dass die Erfolgspotenziale von Wissensmanagement mehrheitlich nicht ausgeschöpft wurden, da versäumt wurde, bis in die Tiefen des Selbstverständnisses des Businesses und der Regeln der eigenen Organisation vorzudringen.
- Bei den KMU sieht die Situation anders aus: Sie werden erst seit kürzerer Zeit als Ansprechpartner bzw. Kunden für Wissensmanagement-Angelegenheiten entdeckt. Hier zeigt sich zum einen ein hohes Maß an Interesse und Bedarf, auf der anderen Seite geht diese Nachfrage mit einem Ressourcen- und Zeitmangel einher. Hier gilt es, ein an die Bedürfnisse der KMU angepasstes Unterstützungsangebot zu entwickeln. Eine Vielfalt von Pilotprojekten zeigt vielversprechende Ansätze (vgl. Lamieri u. North 2001).
- Unabhängig von der konkreten Bezeichnung erhält das Wissensmanagement-Gedankengut Unterstützung von eher unerwarteter Seite: Aktuelle Veränderungen in den Rechnungslegungsstandards beinhalten Empfehlungen, den Anhang von Geschäftsberichten mit Intellectual Capital Reports gemäß US-amerikanischem oder skandinavischem Vorbild zu ergänzen. Entscheidet sich ein Vorstand zu einem solchen Schritt, so impliziert dies, dem Thema wissensbezogene Wertschöpfung eine höhere Aufmerksamkeit zu widmen.

Literaturverzeichnis

Davenport T, Prusak L (1998) Working Knowledge. How Organizations Manage What They Know. Harvard
Hamel G, Prahalad CK (1991) Nur Kernkompetenzen sichern das Überleben. Harvard Manager 2:66–78
Lamieri L, North K (2001) Wissensmanagement in Klein- und Mittelbetrieben. Wissensmanagement 6:18-22
North K (2002) Wissensorientierte Unternehmensführung. Gabler-Verlag, Wiesbaden
North K (2003) Auswertung Wissensmanager des Jahres 2002. Berlin.
North K, Hornung T (2002) The benefits of Knowledge Management – Results of the German Award „Knowledge Manager 2002". Journal of Universal Computer Science 9:463-471

Reinhardt R (2002) Wissen als Ressource: Theoretische Grundlagen, Methoden und Instrumente der Erfassung von Wissen. Habilitationsschrift, TU Chemnitz; veröffentlicht in: P. Lang Verlag, Frankfurt.

Reinhardt R (2003) A Profound Perspective of Measuring Knowledge: Integrating Knowledge Flow and Knowledge Stock Measures. (The 4th European Conference on Organizational Knowledge, Learning, and Capabilities, 13.-14. April, Barcelona)

6 Instrument für Wissens- und Personalarbeit

Hans-Friedrich Lingemann

6.1 Ausgangssituation

6.1.1 Prolog für den eiligen Leser

Der Verfasser dieses Beitrages hat etwa seit 1990 viele Gespräche mit ganz unterschiedlichen Personen geführt, um den Grundgedanken der *Wissens*Bilanz zu erläutern. Dabei stellte sich in der Regel nach etwa fünf Minuten eine eindeutige Meinung heraus, die man entweder als eher gleichgültig oder als begeistert bezeichnen könnte. Um es gleich vorweg zu sagen, die Mehrheit neigte zu der Beurteilung gleichgültig, aus welchen Gründen auch immer.

Um nun dem Leser die Entscheidung leicht zu machen, ob der Beitrag in die Kategorie interessant oder gleichgültig fällt, seien einige kurze Fragen vorangestellt.

- Die erste Frage, die nach der Bedeutung von Wissensmanagement bzw. der Beschäftigung mit Wissen im Zusammenhang z. B. mit unternehmerischer Tätigkeit, ist durch die Lektüre dieses Buches bereits beantwortet.
- Ebenso ist die Frage nach der Bedeutung der Bilanzierung von Wissen durch das Lesen dieser Zeilen mit ja beantwortet.
- Würden Sie einer einfachen, übersichtlichen, in sich schlüssigen Darstellung der Wissensbilanz den Vorzug geben, auch um den Preis, dass hier und da vereinfachende Annahmen getroffen werden müssen?
- Halten Sie es für den Gesamterfolg eines Unternehmens für wichtig, dass man sich nicht nur mit dem Wissen z.B. in FuE-Abteilungen beschäftigt, sondern z.B. auch in der Fabrik?
- Ist für Sie der Gedanke attraktiv, durch eine einfache Bewertung oder Messgröße unternehmens- und personenbezogenes Wissen transparent zu machen und dadurch Entwicklungen anzustoßen?
- Würden Sie sich der Gefahr aussetzen, dass bei personenbezogenem Wissen in der Regel ein enger Zusammenhang zu Entgeltfragen besteht und man dadurch auf betriebspolitisch schwieriges Terrain gelangen kann?

Vielleicht fällt die Entscheidung zum Weiterlesen immer noch schwer, daher ein Hinweis auf Ihre „Vorgänger". Wer sich das erste Mal mit der *Wissens*Bilanz beschäftigt, bildet meist seine Meinung aus dem Umstand, dass diese Methode eine deutliche Ähnlichkeit zu Geschäftsbilanzen hat. Mit Hilfe einer einfachen

Messgröße kann man praktisch alle Vorgänge, die einen Wissensbezug haben, buchungsmäßig erfassen. Die folgenden Beispiele mögen diese praktische Sicht verdeutlichen.

Tabelle 6.1. Beispiele aus praktischer Sicht

Betrieblicher Vorgang	Wissensrelevante Veränderung
eine neue Technologie wird eingeführt	Wissensanforderung des Arbeitssystems wird erhöht
eine Technologie entfällt	Wissensanforderung des Arbeitssystems wird reduziert
eine neue Produktbaureihe wird gefertigt	Wissensanforderung des Arbeitssystems wird erhöht
ein Mitarbeiter erlernt eine neue Arbeitsaufgabe	Wissensangebot der Mitarbeiter wird erhöht
ein Mitarbeiter führt eine Arbeitsaufgabe nicht mehr aus	Wissensangebot der Mitarbeiter wird reduziert
der Zeitvertrag eines Mitarbeiters läuft aus	Wissensangebot der Mitarbeiter wird reduziert

Da Sie sich für Weiterlesen entschieden haben, sei es aus Anwendungs- oder Erkenntnisinteresse, möchten wir Sie für einen kleinen Moment bitten, sich gedanklich an den Anfang der 90er Jahre zurückzuversetzen. Wissensmanagement war zu diesem Zeitpunkt kein Thema. Man beschäftigte sich – was Methoden anbelangt – mit dem Abklingen der CIM Welle und dem Aufkommen des Gedankens der Lean-Production, ausgelöst durch die MIT-Studie. Die Idee zu dieser *Wissens*Bilanz entstand am Schnittpunkt zweier Gedankenlinien, die sich aus der praktischen beruflichen Tätigkeit des Verfassers ergaben.

1. Maschinenbau
Die politischen Entwicklungen der ersten Hälfte der 90er Jahre deuteten darauf hin, dass z. B. die osteuropäischen Länder zunehmend als Markt und Konkurrenz interessant werden würden. Ganz verkürzt war (und ist) aus der Sicht von Jemanden, der für ein Unternehmen Verantwortung trägt, die Annahme naheliegend, dass die Beschäftigung mit Wissen für die Entwicklungsaussichten am Standort Deutschland eine größere Bedeutung bekommen würde, dies auch unter Absatz- und Konkurrenzgesichtspunkten.

2. Organisationsberatung
Hier ließ sich bei einer Vielzahl von Projekten ein Mainstream beobachten (der bis heute ungebrochen anhält) und sich mit Themen wie Gruppenarbeit, lernende Organisation, Produktionssysteme usw. in Verbindung bringen lässt. Arbeitssysteme wurden komplexer, spezieller, dynamischer und insgesamt weniger beschreibbar. Diese Entwicklung speist sich nach wie vor aus verschiedenen Quellen wie Ratio-

nalisierung, technische Entwicklung, Organisations- und Personalentwicklung. Damit zusammenhängend gab es zunehmend Schwierigkeiten, die Anforderungen in diesen Systemen entgeltmäßig abzubilden.

Beide Fragen scheinen auf den ersten Blick zunächst wenig miteinander zu tun zu haben, die Standortproblematik im Maschinenbau ist eher strategischer Natur, Aussagen dazu beruhen oft auf Annahmen, die schwer zu prüfen sind, andererseits sind allgemeine volkswirtschaftliche Daten nicht ohne weiteres auf einzelne Betriebe, Betriebsteile oder gar Arbeitsplätze zu übertragen. Auf der anderen Seite haben die Mikroentwicklungen an Arbeitsplätzen, z. B. das Verlagern von indirekten Tätigkeiten in die Fertigung oder das Zusammenfassen von Abläufen in der Logistik oder Planung, meist einen konkreten wirtschaftlichen Hintergrund wie die Reduzierung von Durchlaufzeiten oder von Schnittstellenaufwand. Bei etwas tieferer Betrachtung wird jedoch deutlich, dass die Strukturierung und Bewertung von betrieblich erforderlichem Wissen am Schnittpunkt der beiden Fragestellungen folgende Probleme lösen könnte.

- Strategische Überlegungen zur Unternehmensentwicklung im Zusammenhang mit Wissenspositionen würden sich gezielter in die Organisation hinein umsetzen lassen (Top-Down-Ansatz).
- Bottom-up-Ansätze wie sie z. B. häufig in der Organisationsentwicklung vorkommen, ließen sich mit übergeordneten Entwicklungsrichtungen besser abstimmen und verzahnen.
- Struktur und zahlenmäßige Darstellung von Wissen würden das Management auf der Basis von Zahlen erlauben.
- Falls sich die Zahlenwerte für das erforderliche Wissen an Arbeitsplätzen als hinreichend genau und damit die Anforderungen an diesen Arbeitsplätzen als hinreichend vollständig beschreiben ließen, könnten diese Zahlenwerte sogar zur Ermittlung von Anforderungs- bzw. Entgeltbestandteilen herangezogen werden. Entwicklungen von Wissenspositionen könnten dann logisch, zeitnah und transparent ihren Niederschlag in der Darstellung von Anforderungen bzw. Entgelt finden.

Diese Träume (und noch einige mehr) ließen sich realisieren, wenn
a) eine Bewertungsgröße,
b) ein Bilanzsystem und
c) ein Buchungssystem
entwickelt werden könnte.

6.2 Das Modell *Wissens*Bilanz

Mit dieser Mischung aus Träumen und praktischen Problemen war es fast zwangsläufig, dass eine Bewertungsgröße er-/gefunden wurde, die nicht zuletzt wegen ihrer Einfachheit und universellen Anwendbarkeit der Schlüssel für den Erfolg bei den weiteren Entwicklungsschritten werden sollte. Dazu bedurfte es jedoch zunächst der Unterstützung weiterer Partner, denen der Modellentwurf in groben Zügen vorgestellt wurde.

Der in Abbildung 6.1. dargestellte Zusammenhang gibt einen ersten Hinweis darauf, dass zwischen der Bedeutung des Wissens für den Unternehmenserfolg und der praktischen Anwendung eine deutliche Diskrepanz besteht. Während für die Themen im oberen Teil der Abbildung entsprechende Messgrößen und Hilfsmittel in großer Vielzahl bereit stehen, gab es (zumindest Anfang der 90er Jahre) für den Wissensbereich nichts Entsprechendes.

Dimension	Messgrößen	Hilfsmittel
Geld	€; $	GuV, Bilanz, Kostenrechnung...
Technik	techn. Einheiten	Zeichnungen, Pläne...
Termine/Zeit	Monat, Tag...	PPS, Kanban...
Qualität	alle Messgrößen	QM-System, VA´s...
Ökologie	(Schad)-stoffe...	Ökobilanzen...
Wissen	?????	?????

Abb. 6.1. Wissen – eine vergessene Dimension

Mit Hilfe einer Gegenüberstellung von Geld- und Wissenswirtschaft (in der Tabelle 6.2. auf der Folgeseite) konnten sowohl Grundzüge des Modells veranschaulicht als auch die Bedeutung der Wissensthematik herausgearbeitet werden.

Tabelle 6.2. Geld- und Wissenswirtschaft

	Geldwirtschaft	Wissenswirtschaft
Betrachtungsgegenstand	Maschinen und Anlagen, Finanzen	Anforderungen an Arbeitsplätzen, Mitarbeiterqualifikationen
Beispiel	Drehmaschine Kredit	Drehen Dreher
Bewertung nach Menge	Anzahl gleichartiger Maschinen	Anzahl gleichartiger Maschinen
Bewertung nach Höhe (Maßstab, Größe, „Währung")	Euro	Lernzeit (wird im folgenden noch erläutert)
Bilanz	stichtagsbezogene Betrachtung (Status)	
GuV	periodenbezogene Betrachtung (Entwicklung)	

Um das Modell etwas anschaulicher zu machen, stellen wir uns – natürlich grob vereinfacht und verfremdet – ein Unternehmen (Kleinklein) vor, dessen Kernkompetenz traditionell im Erbsenzählen und seit einiger Zeit auch in der Beherrschung der anspruchsvollen Technologie des Haarspaltens besteht. Stellen wir uns weiter vor, die Firma sei komplett eingerichtet, d. h. die Anforderungen an die Mitarbeiter bzw. deren Wissen seien bekannt. Weiterhin sei die Wissensstruktur recht einfach und bestünde lediglich aus den folgenden Bausteinen

- Erbsenzählen
- Haarspalten Niveau I
- Haarspalten Niveau II
- Haarspalten Niveau III.

An dieser Stelle sei ein, in der Entwicklung der Methode großer, didaktisch jedoch sinnvoll erscheinender Schritt erlaubt, nämlich die Einführung der Bewertungsgröße wie sie sich nach etlichen Erprobungen als tragfähig erwiesen hat. Folgende Überlegungen führten zur Herleitung (Abb. 6.2.).

> ✤ Wissen wird durch Lernen erworben (gleich auf welchem Wege).
>
> ✤ Für den Erwerb von viel Wissen braucht man eine längere Zeit als für den Erwerb von wenig Wissen (zumindest gilt das im Durchschnitt der Lernenden).
>
> ✤ Die Länge, der für das Lernen benötigten Zeit, ist somit ein Maß für die Menge des Wissens.
>
> ✤ Die Länge der Lernzeit hängt vom Ausgangswissen ab.
>
> ✤ Für eine allgemeine Vergleichbarkeit ist daher ein gleiches Ausgangswissen vorauszusetzen.
>
> ✤ Das Wissen wird in diesem Zusammenhang als arbeitsaufgabenbezogen betrachtet und auf eine industrietypische Umgebung bezogen.

Abb. 6.2. *Wissens*Bilanz – Herleitung Messgröße

Im Rahmen der *Wissens*Bilanz wird Wissen also zunächst personenneutral als aus Arbeitssystemen (vorhanden oder geplant) resultierende Anforderung betrachtet. Die Bewertungsgröße für die Höhe der Anforderung und damit des Wissens nennen wir Lernzeit.

Messgröße Lernzeit

Lernzeit ist die Zeit, die eine grundsätzlich geeignete Person mit durchschnittlicher Begabung nach Abschluss der allgemein bildenden Schule und ohne Vorkenntnisse benötigt, um eine Aufgabe selbständig und in normaler Zeit (z. B. REFA-Normalleistung) ausführen zu können.
Die *Lernzeit* ist somit die Gesamtzeit, die erforderlich ist, um alle Kenntnisse und Fertigkeiten zur Erfüllung einer Aufgabe zu erwerben.

Mit der Einführung der Wissensmessgröße Lernzeit kann nun das zum reibungslosen Betrieb der Firma Kleinklein notwendige Wissen dargestellt werden. Wir nehmen dazu weiter an, dass von der Kapazität her fünf Personen erforderlich seien und dass die Arbeit in Gruppen organisiert ist.

Tabelle 6.3. Wissenswirtschaft / Anforderungen / Wissen$_S$

Anforderung (Wissensbaustein)	Lernzeit [Jahre] [1]	erforderliche Anzahl	Wissen$_S$ [2] [Jahre Lernzeit]
Erbsenzählen	0,2	3	0,6
Haarspalten I	1,5	4	6,0
Haarspalten II	plus 2,8	2	5,6
Haarspalten III	plus 4,5	1	4,5
Summe			16,7

1) Je nach betrieblicher Situation d. h. Anforderungsniveau kann die Angabe auch in Wochen oder Monaten sinnvoller sein.
2) Die aus dem Arbeitssystem resultierenden Anforderungen werden im Rahmen der *Wissens*Bilanz vereinbarungsgemäß als Wissen$_S$, d. h. aus dem System her definiertes (personenneutrales) Wissen bezeichnet.
Definition: Das arbeitsplatzbezogene Wissen wird in der *Wissens*Bilanz mit dem Begriff Wissen$_{System}$ (kurz Wissen$_S$) bezeichnet.

Mit den Inhalten der Tabelle 6.3. ist der erste Teil der *Wissens*Bilanz vollständig beschrieben. Natürlich fehlt jetzt noch das entscheidende Element, der Mensch, der entscheidende Wissensträger, der mit Leben erfüllt, gestaltet und entwickelt.

Die Definition für die Bewertungsgröße Lernzeit bedient sich, wie weiter vorn erläutert, eines gedachten, virtuellen Menschen, um auf diesem Wege zu einem personenneutralen Maßstab zu gelangen. In der Wirklichkeit sind die Begabungen, die Ausbildungen und die Umstände, die letztendlich zum Beherrschen einer Qualifikation führen, ganz unterschiedlich. Aus diesem Grund wird auch die individuelle Lernzeit sehr unterschiedlich sein. Für die *Wissens*Bilanz als Bewertung ist dies zunächst unerheblich, da es sich vereinbarungsgemäß um eine allgemeingültige Darstellung handeln soll. Im übrigen ist es bei einer analogen Betrachtung der Geldwirtschaft auch nicht anders. Eine Drehmaschine die z. B. für 100.000 Euro eingekauft wurde, kann im Falle A mit Herstellkosten von 80.000 Euro und im Falle B mit Herstellkosten von 120.000 Euro produziert worden sein.

Als weiteren Schritt zur Erstellung der *Wissens*Bilanz betrachten wir nun, welche der fünf Mitarbeiter welche Aufgaben beherrschen (vgl. Tabelle 6.4.). Vereinfachend wird davon ausgegangen, dass rein kapazitätsmäßig die erforderliche Anzahl von Mitarbeitern vorhanden sei, d. h. von dieser Seite her keine Bilanzabweichung eintritt. Analog zur Bezeichnung Wissen$_S$ bezeichnen wir die zweite Seite der *Wissens*Bilanz als Wissen$_M$, wobei M für Mensch oder Mitarbeiter stehen kann.

Tabelle 6.4. Wissenswirtschaft / Mitarbeiterqualifikation / Wissen$_M$

Anforderung / Qualifikation	Lernzeit	Zählmeier	Spalter	Spaltmeier	Spaltschmidt	Spaltmeister	Summe
Erbsenzählen	0,2	✓	✓	✓		✓	0,8
Haarspalten I	1,5	✓	✓	✓	✓	✓	6,0
Haarspalten II	2,8				*	✓	2,8
Haarspalten III	4,5					✓	4,5
Summe							14,1

✓ Anforderung wird beherrscht
* in Ausbildung

Mit der Gegenüberstellung Wissen$_S$ und Wissen$_M$ erhalten wir nun die eigentliche WissensBilanz mit den sich ergebenden Abweichungen (Tabelle 6.5.).

Tabelle 6.5. *Wissens*Bilanz Kleinklein

	Wissen$_S$	Wissen$_M$	Abweichung
Erbsenzählen	0,6	0,8	+0,2
Haarspalten I	6,0	6,0	-
Haarspalten II	5,4	2,8	-2,6
Haarspalten III	4,5	4,5	-
Summe			+0,2 / -2,6

6.3 Anwendung und Ergebnisse der *Wissens*Bilanz

Die Beispiele, die in diesem Kapitel aufgezeigt werden, kommen durchweg aus dem produzierenden Bereich. Dafür sind zwei Gründe maßgebend. Zum einen sind die Entwicklungspartner und die bisherigen Anwender überwiegend diesem Sektor zuzuordnen, zum anderen sind die Beispiele aber auch deswegen so gewählt, damit deutlich wird, dass nicht nur in FuE-Abteilungen Wissensbilanzen Sinn machen, sondern auch bei ganz „normalen" Arbeiten möglich sind und nutzbringend Anwendung finden können.

Aussage K. Günther, S. Hännig, T. Hahn,
Gruppenleiter Karosseriebau, VW Sachsen GmbH

> *"Wir arbeiten mit der WissensBilanz, weil wir unsere Mitarbeiter so einsetzen wollen, dass alle etwas davon haben."*

6.3.1 Struktur Wissen$_S$

Im Laufe der Entwicklung dieser *Wissens*Bilanz stellte sich heraus, dass eine strukturierte und in der Regel auch grafische Darstellung des erforderlichen Wissens nötig ist. Wir fanden dafür folgende Gründe:

- allein die Beschäftigung mit dem erforderlichen Wissen schafft Klarheit und häufig auch überraschende Erkenntnisse,
- das grundlegende Basiswissen ist relativ stabil und in der Regel für mehrere Arbeitsplätze oder gar Bereiche gleich,
- auf der anderen Seite ist die Betrachtung des einzelnen Arbeitsplatzes wichtig und richtig, weil er als organisatorische Einheit das kleinste sinnvolle Element bildet,
- letztlich ist eine strukturierte Darstellung auch deswegen nötig, weil anderenfalls z. B. bei Gruppenarbeit der Fall schwierig abzubilden ist, dass eine Person mehrere Arbeitsplätze beherrscht.

Aus diesen Gründen besteht in der Praxis in den meisten Fällen eine Mischung aus arbeitsplatzübergreifendem Basiswissen und arbeitsplatzbezogenem Wissen. Das Beispiel in der folgenden Abbildung 6.3. stellt einen Auszug einer derartigen Struktur dar, wie er typischerweise z. B. in der Teilefertigung eines Maschinen- oder Anlagenbauers vorkommt. Das erforderliche Wissen für den Arbeitsplatz ganz links in der Abbildung (Drehmaschine AP 22) setzt sich beispielsweise aus Basiswissen für Produktion/Zerspanen/Drehen plus dem spezifischen Wissen für den Arbeitsplatz 22 zusammen. In der praktischen Anwendung wird automatisch von oben nach unten verknüpft, d. h. der Arbeitsplatz 22 mit den darunter liegenden Basen verbunden, die Lernzeit für jeden einzelnen Baustein ermittelt. Der Gesamtwert ergibt sich somit aus der Addition.

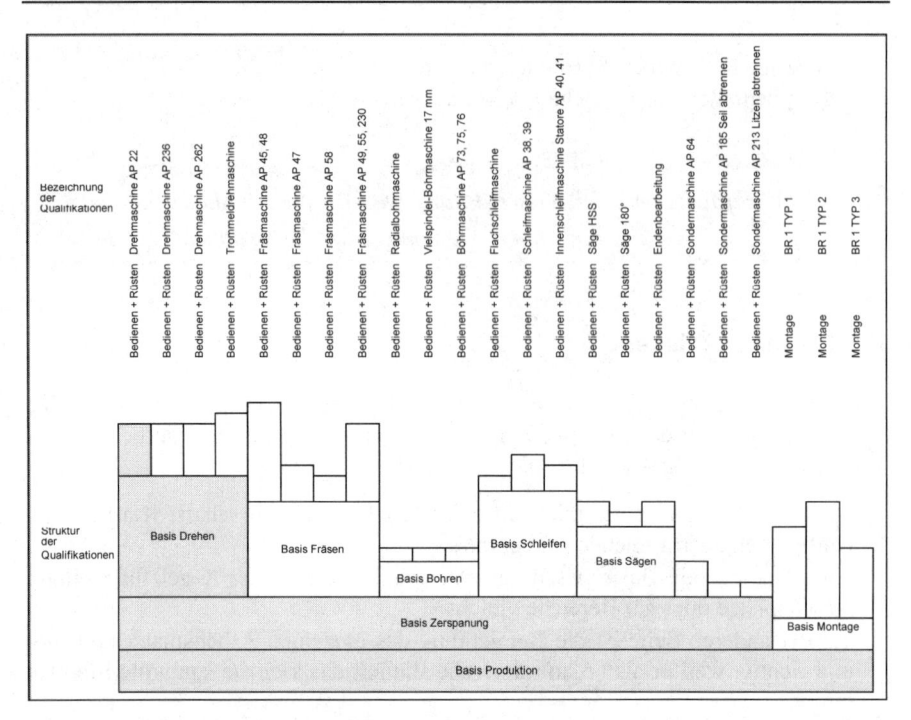

Abb. 6.3. *Wissens*Bilanz – Feinstruktur

Geldbilanzen werden zumeist nur für ein Unternehmen oder für größere Einheiten aufgestellt. Für die einzelnen Führungsebenen werden Auszüge erstellt oder mit anderen Informationssystemen gearbeitet. Die *Wissens*Bilanz ermöglicht sowohl die Betrachtung auf der Ebene Arbeitsplatz/Mitarbeiter als auch auf Unternehmens-/Belegschaftsebene – und selbstverständlich aller Ebenen dazwischen (siehe Abb. 6.4.).

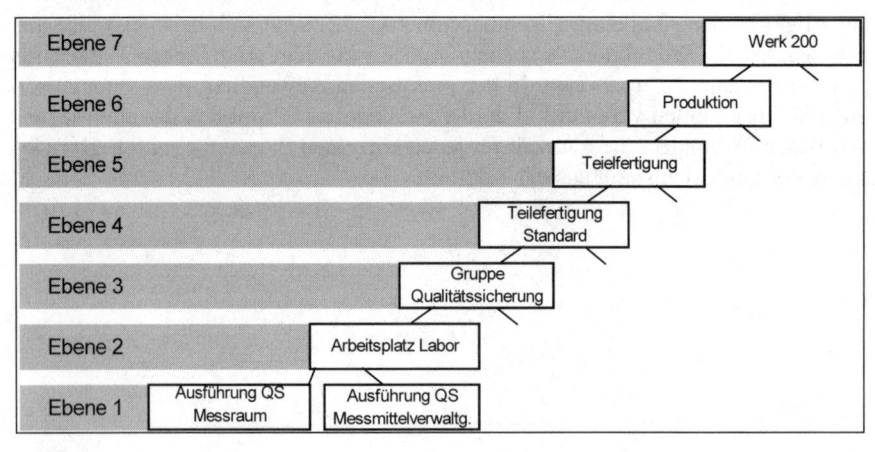

Abb. 6.4. *Wissens*Bilanz – Struktur

Die einzelnen Bausteine von Wissen$_S$ und Wissen$_M$ werden also sukzessive mit der höheren Ebene verknüpft. Dies erfolgt in der Regel entlang der vorhandenen Strukturen (Organisationen, Kostenstellen). Die Logik der Lernzeit als quantitative Messgröße erlaubt dann die Zusammenfassung auf höheren Ebenen bzw. umgekehrt eine Auflösung. So kann z. B. ein Produktionsleiter die Abweichungen in seiner Bilanz analysieren, indem er die Abweichung auf der nächst niedrigeren Ebene oder sogar darunter betrachtet.

Aussage Dr. Th. Peukert,
Geschäftsleiter R. Stahl Fördertechnik GmbH, Künzelsau

"In unserem Termin- und Produktionsgespräch nutzen wir die WissensBilanz unter anderem als Kontroll- und Führungsinstrument zur Überwachung der angestoßenen Qualifizierungsmaßnahmen."

6.3.2 Lernzeit als Messgröße

Die Grundidee der *Wissens*Bilanz, nämlich für das Erlernen einer Aufgabe eine Durchschnittsperson anzunehmen und die dann benötigte Zeit als Messgröße zu verwenden, erwies sich als tragfähig für alle weiteren Entwicklungen.

In Deutschland gibt es übrigens viele Beispiele einer solchen personenneutralen Lernzeit, nämlich die Ausbildungsrahmenpläne für Berufsbilder in der beruflichen Ausbildung. Sie enthalten Bausteine, die in der Summe zu 3,5 Jahren Lernzeit führen, die dann zu einer Arbeitsaufgabe befähigen bzw. ein Wissensniveau beschreiben.

Im betrieblichen Alltag weichen Anforderungen mehr oder weniger deutlich von Berufsbildern ab. Solche Abweichungen können aus der Höhe des Anforderungsniveaus, aus neuen Entwicklungen oder daraus resultieren, dass lediglich Ausschnitte benötigt werden. Auch sind Kombinationen von verschiedenen Berufsbildern anzutreffen. Diese vorhandenen Bausteine haben sich in vielen Fällen als hilfreich erwiesen. Aus diesem Grund wurde eine EDV-gestützte Dokumentation bereitgestellt, die fallweise vergleichend bei der Ermittlung von Lernzeiten herangezogen werden kann.

Natürlich lässt sich die *Wissens*Bilanz auch nach der Methode „Versuch und Irrtum" unter Zuhilfenahme vorhandener Literatur erlernen. Eine ein- bis zweitägige Schulung erwies sich in der Praxis jedoch als ausreichend und effektiv. Dabei werden Methoden der Lernzeitermittlung vorgestellt, vertieft und geübt. Eine wichtige Rolle spielt dabei die erforderliche Genauigkeit. Sie bestimmt sich allein aus der beabsichtigten Anwendung und ist kein Selbstzweck. Die Bandbreite reicht vom vergleichenden Schätzen grober Bausteine bis zu eingehender Analyse einzelner Elemente.

Die Überlegungen wären nicht vollständig, wenn nicht auch Grenzen der Anwendbarkeit der *Wissens*Bilanz und damit einhergehend der Lernzeit als Messgröße für Wissen angesprochen würden. Von der Aufwands- bzw. Kostenseite ist es so, dass im Wesentlichen die angestrebte Genauigkeit den Aufwand bestimmt und von daher praktisch keine Grenzen gegeben sind.

Etwas anders gelagert ist die Situation im Falle von Anforderungen, die eher auf Merkmale abzielen, die im Bereich der Persönlichkeit oder von Charaktereigenschaften liegen und nicht direkt mit Wissen zusammenhängen. Beispiele sind Eigenschaften wie Zuverlässigkeit, Geduld, Ausstrahlung, Kreativität oder Belastbarkeit. Glücklicherweise ist der Mensch nach wie vor mehr als sein Wissen und seine Fähigkeiten, demzufolge erhebt die *Wissens*Bilanz auch nicht den Anspruch auf eine vollständige Beschreibbarkeit von Bedingungen, auch nicht unter der einschränkenden Sichtweise von betrieblichen Arbeitssystemen.

Mittlerweile wurden für ca. 11.400 Menschen an ca. 6.800 verschiedenen Arbeitsplätzen in der praktischen Anwendung Erfahrungen gesammelt. Die Differenz erklärt sich aus der Mehrfachbesetzung von gleichartigen Arbeitsplätzen. Die folgende Tabelle vermittelt beispielhaft einen Eindruck von der Bandbreite der Lernzeit bei der Anwendung in traditionellen, gewerblichen Bereichen.

Tabelle 6.6. *Wissens*Bilanz – Beispiele Wissen$_S$

Arbeitsplatz/-bereich	Qualifikationsstufe	Lernzeit
Montagelinie	Einzelarbeitsplatz	2 Wochen
Kochgeräte (weiße Ware)	Linie komplett	9 Monate
	Springer	12 Monate
	Reparatur	3 Jahre
Fertigungsinsel	Bedienen	2,5 Jahre
Zerspanung	Rüsten/Programmieren	2,0 Jahre
	Optimieren	0,5 Jahre
Versuch	Montieren/Prüfen	6,0 Jahre
Hydraulikkomponenten	Dauerprüfstand	7,5 Jahre
	Funktionsprüfstand	8,5 Jahre

6.3.3 Das Buchungssystem

Bewährtes muss man nicht neu erfinden, deswegen lohnt sich ein Seitenblick auf die traditionelle Geschäftsbuchhaltung. Natürlich werden dort EURO statt Lernzeiten verbucht, ansonsten sind Geschäftsvorfälle durchaus analog zu den in der *Wissens*Bilanz zu verbuchenden Wissensfällen zu sehen, siehe Tabelle 6.1.

Betrachten wir den Fall, dass ein Mitarbeiter zusätzlich zu seiner vorhandenen Qualifikation die Fähigkeit erworben hat, den Arbeitsplatz Drehmaschine 262 zu bedienen. Der Sonderfall, dass das Wissen erworben und zur Zeit nicht benötigt wird, möge dabei im Moment außer Acht gelassen werden. Wir nehmen weiter an, dass der Erwerb im Rahmen einer innerbetrieblichen Schulung erfolgte, dann ergeben sich folgende Buchungen:

- Das Wissenskonto des betreffenden Mitarbeiters erfährt einen Zuwachs in Höhe des Bausteins für den genannten Arbeitsplatz - z. B. 25 Wochen.
- Das Konto interne Qualifizierung erfährt einen Zuwachs von ebenfalls 25 Wochen. Auf diesem Konto werden mitarbeiterneutral Wissenserwerbe oder -verluste nach der Art des Zustandekommens – in diesem Fall interne Maßnahmen – erfasst.

Diese Buchung fand im Bereich der Mitarbeiter also Wissen$_M$ statt.

Analog wird mit Wissen$_S$ verfahren, wenn z. B. durch die Einführung einer neuen Technik ein Wissenszuwachs an einem Arbeitsplatz entsteht, wird er auch dort verbucht und zwar entweder als neuer Baustein oder als Vergrößerung eines vorhandenen Bausteins.

Arbeitsplatzneutral erfolgt quasi die Gegenbuchung nach Art des Zuwachses. Dabei kann z. B. folgende Kontengliederung zum Tragen kommen (Abb. 6.5.).

Bewegungskonten Wissen$_S$	
Konto Nr	**Konto Bezeichnung**
S 100	Eröffnungsbuchung
S 101	Minimalbesetzung
S 102	Zusatzbesetzung Fehlzeiten
S 103	Zusatzbesetzung Flexibilität
S 104	Zusatzbesetzung Kapazität
S 210	Neues Betriebsmittel
S 220	Aufrüstung eines Betriebsmittels
S 250	Betriebsmittel wird entfernt
S 260	Abrüstung eines Betriebsmittels
S 310	Neue Aufgaben
S 320	Zusammenfassen von Aufgaben
S 350	Aufgaben entfallen
S 410	Kapazitätserhöhung
S 450	Kapazitätsabbau
S 500	Korrekturbuchung

Abb. 6.5. *Wissens*Bilanz – Beispiel für Kontengliederung

Das *Wissens*Bilanz-Buchungssystem lässt sich damit folgendermaßen beschreiben.

- Jede Buchung hat einen Wertansatz in Höhe der jeweiligen Lernzeit.
- Es gibt zwei ähnlich aufgebaute Buchungskreise, nämlich Wissen$_S$ und Wissen$_M$.
- Bestandskonten im Buchungskreis Wissen$_S$ bilden arbeitsplatzbezogen die Wissensanforderungen ab, während bei Wissen$_M$ mitarbeiterbezogen die Höhe des Wissens dargestellt wird.

- Bewegungskonten klassifizieren nach verschiedenen Arten von Zuwächsen bzw. Verlusten bei Anforderungen bzw. Qualifikation.
- Jede Buchung erfolgt sowohl in einem Bestandskonto als auch in einem Bewegungskonto, in Analogie zur Geschäftsbuchhaltung könnte man daher von einer doppelten Buchhaltung sprechen.

Aussage W. Grübel,
Leitung Kompetenzcenter Kettenzug und Seilzug,
R. Stahl Fördertechnik GmbH, Künzelsau

"Mit der WissensBilanz können wir alle notwendigen Qualifikationsanpassungen im Zusammenhang mit laufenden Umstrukturierungsmaßnahmen erkennen und daraus die mittelfristigen Maßnahmen ableiten. Im Meistergespräch nutzen wir die WissensBilanz zur kurzfristigen Personaleinsatzplanung."

6.3.4 Bilanzsystem

Nähert man sich den verschiedenen Aspekten des Bilanzsystems der *Wissens*Bilanz unter Anwendergesichtspunkten, dann steht zumeist ein Vergleich von benötigtem und tatsächlich vorhandenem Wissen im Vordergrund, oder in den Worten der *Wissens*Bilanz eine Gegenüberstellung von $Wissen_S$ und $Wissen_M$ bzw. umgekehrt, also zweier Bestandskonten. Im Unterschied zur Geschäftsbuchhaltung sind die beiden Konten jedoch nicht direkt miteinander verbunden, es ergibt sich auch kein Ausgleich durch Gewinn oder Verlust. $Wissen_S$ und $Wissen_M$ stellen vielmehr zwei Buchungskreise dar. Man könnte zwar $Wissen_S$ als Aktivposten eines Unternehmens (eigenes Wissen) und $Wissen_M$ als Passivposten (fremdes Wissen) betrachten, im Vordergrund der praktischen Anwendung steht jedoch die Aufgabe, jede Seite für sich zu entwickeln und den Ausgleich beider Seiten im Auge zu behalten (siehe Abb. 6.6.). Durch geeignete Maßnahmen können so z. B. bei festgelegtem $Wissen_S$ Unter- und Überdeckungen, d. h. Mangel bzw. Überschuss an Qualifikation entdeckt, verringert bzw. zu einem dynamischen Entwicklungsprozess auf beiden Seiten gebracht werden.

Unterdeckung auf Ebene 31.08.2002		Gruppe 12		Insel "Gehäuse"	inWochen
Nr	Bezeichnung	$Wissen_S$Einzelwert	$Wissen_S$Summe	$Wissen_M$	Unterdeckung
1213	Programmieren Bearbeitungszentrum	15,00	80,00	30,00	-30,00
1214	Optimieren Bearbeitungszentrum	10,00	20,00	10,00	-10,00
1223	Programmieren Mehrspindelbohrmaschine	5,00	20,00	15,00	-5,00
1224	Optimieren Mehrspindelbohrmaschine	3,00	6,00	3,00	-3,00
				Summe Unterdeckung:	-48,00

Abb. 6.6. *Wissens*Bilanz – Unterdeckung auf Gruppenebene

Aussage Werkleiter

*"Als wir das erste mal einen Überblick über den Wert des Wissens hatten, stellten wir fest, dass wir in allen Bereichen bei verschiedenen Qualifikationen erhebliche Unterdeckung und bei anderen Qualifikationen unnötige Überdeckungen hatten. Als Gründe dafür haben wir fehlende Sollvorgaben für Qualifikationen, unstrukturierte Qualifizierung, zum Teil nicht nötige Versetzungen und fehlende Qualifizierungsplanung analysiert. Seit dem ich in meinem Werk eine **ausgeglichene** WissensBilanz habe, haben sich auch die Qualifizierungskosten reduziert. Dies ist auf die gezielte Qualifizierung ohne Wissensüberhänge (Überdeckungen) zurückzuführen."*

Diese Betrachtung der Bestandskonten ist zunächst stichtagsbezogen und die Höhe der entsprechenden Werte steht im Vordergrund. Stellt man nun einen Vergleich zweier Stichtage an, ergibt sich ähnlich wie bei der Geschäftsbuchhaltung eine Aussage über Zuwachs/Minderung (Gewinn/Verlust) und zwar jeweils für $Wissen_S$ und $Wissen_M$. Damit entsteht aus wenigen Konten und Buchungen ein einfaches Bilanzsystem, dessen Elemente in der folgenden Abbildung 6.7. zusammenfassend dargestellt sind.

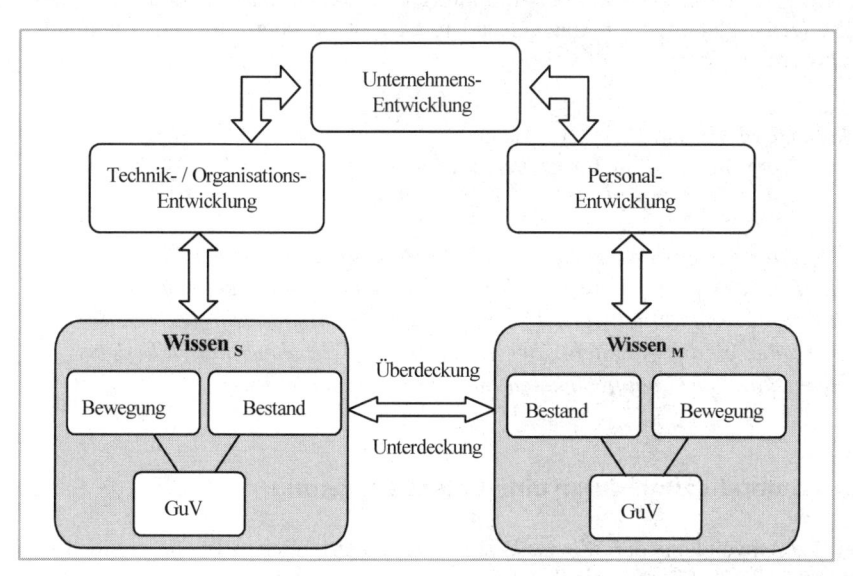

Abb. 6.7. *Wissens*Bilanz – Bilanzsystem

Aussage J. Uhlemann,
Abteilungsleiter Personal, Sauer Danfoss (Neumünster) GmbH & Co. OHG

> *"Die WissensBilanz ist für mich ein Instrument für die Personalarbeit und hier insbesondere für die Qualifizierung und Entlohnung der Mitarbeiter."*

Die Beschreibung der Anwendung klingt bis hierhin sicher etwas deterministisch. Dies ist insoweit beabsichtigt, als es eine reine Beschreibung des Systems anbelangt. Die Anwendung eines solchen *Wissens*Bilanz-Systems in der betrieblichen Wirklichkeit ist selbstverständlich komplexer hinsichtlich der Wirkzusammenhänge. Vor allem sind die als Wissen$_M$ „verbuchten" Akteure ja nicht reine Vollstrecker von Wissen$_S$-Anforderungen, sondern gestalten ja durchaus die Systeme mit. Dies ist geradezu erforderlich, wenn man eine weitere Dimension der *Wissens*Bilanz erschließen möchte, nämlich die als Gestaltungs- und Planungsinstrument. Dann löst man sich von einer buchhalterischen Erfassung der in der Vergangenheit erfolgten Vorgänge und berücksichtigt ergänzend in der Zukunft beabsichtigte Entwicklungsschritte und belegt sie mit konkreten Werten (Konto, Zeitpunkt, Lernzeit). Bei diesem Vorgehen ergibt sich ein interessantes Instrument zur gezielten Beeinflussung und Beobachtung von Entwicklungsprozessen. Sämtliche Auswertungen der obigen Abbildung 6.7. können dann z. B. rollierend als Pläne (z. B. Planbilanz) betrachtet und fortschreitend überprüft und weiterentwickelt werden.

Aussage M. Herz,
Qualifizierungskoordinator im Karosseriebau, Volkswagen AG, Wolfsburg

> *"Mit der WissensBilanz haben wir ein Instrument, mit dem wir Qualifizierungsmaßnahmen frühzeitig planen und budgetieren können, so z.B. vor einem Modellwechsel. Wir sind darüber hinaus sehr flexibel, da wir jederzeit die Übersicht über die geplanten Teilnehmer haben und uns rechtzeitig um einen geeigneten Einsatz kümmern können."*

6.3.5 Unterstützung durch eine Datenbanklösung

Bei der Anwendung der *Wissens*Bilanz in der betrieblichen Praxis ergaben sich naturgemäß ganz unterschiedliche Sichtweisen. Dies war durchaus beabsichtigt, nicht zuletzt deswegen, damit weitere Nutzer bereits ein weites Spektrum an Anwendungsmöglichkeiten vorfinden. Die *Wissens*Bilanz arbeitet mit wenigen Eingangsdaten. Die wesentlichen sind:

- Struktur
- Anforderungen / Lernzeit
- Mitarbeiter / Qualifikation
- laufende Änderungen (Buchungen).

Mit diesen Daten lässt sich theoretisch eine kaum überschaubare Fülle an Auswertungen und Kombinationen erzeugen.

In einem fortgeschrittenen Stadium des Projekts gelang es, mit VW einen Interessenten zu gewinnen, der für die Methode einen weiteren erheblichen Schub in Richtung Großanwendung bedeutete. Spätestens hier zeigten sich auch die Früchte der inzwischen begonnenen DV-Unterstützung als Datenbanklösung mit umfangreichen Auswertungsmöglichkeiten.

Aussage Dr. F. Schultz,
Leiter Volkswagen Wissensmanagement ww.deck,
Volkswagen Coaching GmbH

> *"An allen Standorten in der Volkswagenwelt gibt es hochkompetente Mitarbeiter und Mitarbeiterinnen, die bereit sind zu kooperieren und ihr Wissen zu teilen.*
> *Das ergibt eine ganz neue Dimension der vernetzten Wissensarbeit in unserem Unternehmen."*

Auf den Folgeseiten sind einige dieser Auswertungen zu sehen. Dabei geht es nicht in erster Linie um DV-Aspekte, sondern eher darum, wie facettenreich die Anwendung sein kann. Die Vielfalt kann durchaus erdrückend wirken, auch in diesem Fall erweist sich die umfangreiche Funktionalität als Fluch und Segen gleichermaßen. Entscheidend bleibt jedoch festzuhalten.

- Der Eingabeaufwand ist denkbar gering. (z. B. 1 Stunde pro Monat für einen typischen Meisterbereich)
- Die Auswertungen stimmt man auf seinen persönlichen Bedarf ab und verwendet nur diejenigen, die für die eigene Arbeit sinnvoll eingesetzt werden können.

Eine Übersicht über die Eingabe- und Auswertungsmöglichkeiten der Datenbank enthält die Abbildung 6.8. Die einzelnen Funktionen beruhen ausschließlich auf Anregungen von Nutzern. Daher sind in den beispielhaften Auswertungen Anwendungen aufgeführt, die nicht direkt die *Wissens*Bilanz darstellen (z. B. Unter-/Überdeckung), sondern eher solche, die in der betrieblichen Auswertung eine wertvolle Ergänzung bilden.

Funktionsübersicht

Eingaben

Kennwort ändern	
Struktur	Datenbankstruktur (wird **einmal** festgelegt)
Konten	Klassifizierung
Arbeitsplatz	$Wissen_{System}$
Mitarbeiter	$Wissen_{Mensch}$ (Abb. 9)
Qualifizierung / Lernzeit	Lehrgänge, Inhalte, Qualifizierungsplanung (geht nicht in Bilanzen ein)
Berechtigungen	Festlegung der Zugriffsrechte
Abschlüsse und Fähigkeiten	Zusatz-Info's Menschen
Profile	Abschluss- und Fähigkeits-Suchprofile (Abb. 12)

Auswertungen

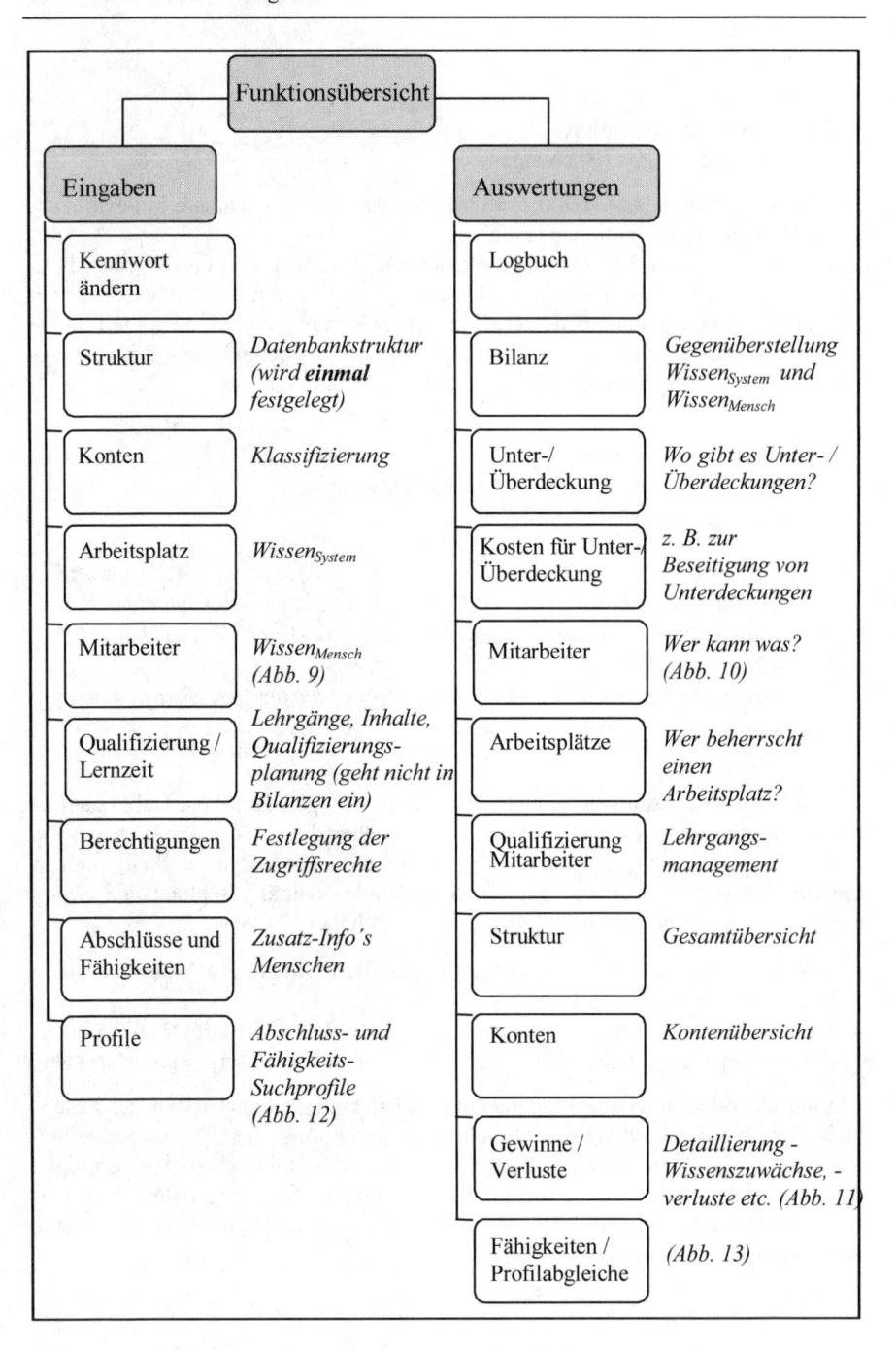

Logbuch	
Bilanz	Gegenüberstellung $Wissen_{System}$ und $Wissen_{Mensch}$
Unter-/Überdeckung	Wo gibt es Unter-/Überdeckungen?
Kosten für Unter-/Überdeckung	z. B. zur Beseitigung von Unterdeckungen
Mitarbeiter	Wer kann was? (Abb. 10)
Arbeitsplätze	Wer beherrscht einen Arbeitsplatz?
Qualifizierung Mitarbeiter	Lehrgangsmanagement
Struktur	Gesamtübersicht
Konten	Kontenübersicht
Gewinne / Verluste	Detaillierung - Wissenszuwächse, -verluste etc. (Abb. 11)
Fähigkeiten / Profilabgleiche	(Abb. 13)

Abb. 6.8. *Wissens*Bilanz – Überblick Eingabe- und Auswertestruktur der Datenbank

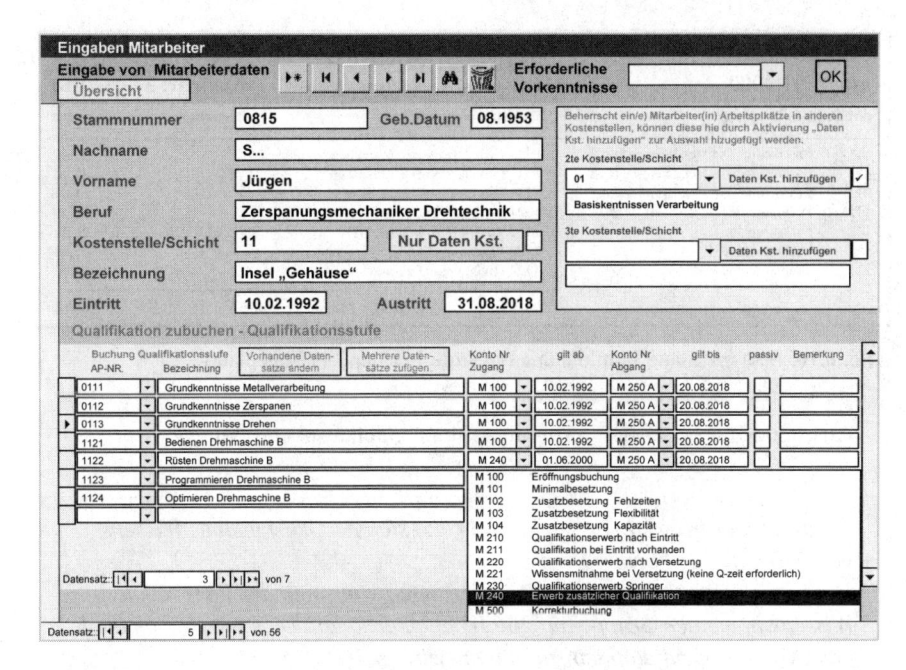

Abb. 6.9. *Wissens*Bilanz – Zubuchung von Qualifikationen zu Mitarbeitern

Als Beispiel für die Eingabe ist in Abbildung 6.9. die Zubuchung von Qualifikationen dargestellt. Jürgen S... hat sich aktuell die Qualifikationsstufe 1122 „Rüsten Drehmaschine B" angeeignet. Der *Wissens*Bilanz-Buchhalter ist gerade dabei diesen Vorgang dem Konto M 240 „Erwerb zusätzlicher Qualifikation" zuzuordnen. Der ungewöhnlich erscheinende Zeitraum der Gültigkeit (bis 2018) ergibt sich aus einer angenommenen Tätigkeit bis zur Vollendung des 65sten Lebensjahres. Solange keine sonstigen Umstände, wie Austritt, Versetzung o. ä. bekannt sind, wird (in diesem Fall) eine konstante Ausübung angenommen.

Man kann natürlich auch eine andere Strategie der Personalentwicklung verfolgen und in regelmäßigen Abständen die Gültigkeit verfallen lassen und wieder neu prüfen („Qualifikations-TÜV").

In Abbildung 6.10. sind zwei Aspekte beleuchtet. Zunächst ist – wieder am Beispiel von Jürgen S... – dargestellt, welche Qualifikationsstufen er beherrscht. Diese eher trivial anmutende Auswertung wird in der betrieblichen Praxis viel häufiger genutzt als zunächst angenommen. So bewährt sie sich z. B. bei Personalengpässen, indem rasch Ersatz gefunden werden kann. Der zweite Aspekt ist ein „Nebenprodukt" der *Wissens*Bilanz. Jede Qualifikationsstufe hat eine Lernzeit. Auf Grund der Struktur (siehe auch Abb. 6.3.) stellt die Summe der Lernzeiten (Wissen$_M$) ein Maß für die Gesamtqualifikation der entsprechenden Person dar. Dadurch bietet sich die Lernzeit zur Unterstützung bei der Ermittlung des Grundentgelts an.

Was beherrscht am 01.01.2000		S... *Jürgen* erlernter Beruf *Zerspanungsmechaniker Drehtechnik*	Kostenstelle 11	Eintritt: 10.02.1992 Austritt: 31.08.2018
Arbeitsplatz		Qualifikationsstufe	Bemerkung	Lernzeit
011	Basiskenntnisse Metallverarbeitung	0111 Grundkenntnisse Metallbearbeitung		52,00
011	Basiskenntnisse Metallverarbeitung	0112 Grundkenntnisse Zerspanen		40,00
011	Basiskenntnisse Metallverarbeitung	0113 Grundkenntnisse Drehen		44,00
112	Drehmaschine B	1121 Bedienen Drehmaschine B		20,00
112	Drehmaschine B	1122 Rüsten Drehmaschine B		25,00
112	Drehmaschine B	1123 Programmieren Drehmaschine B		15,00
112	Drehmaschine B	1124 Optimieren Drehmaschine B		10,00
			Summe Lernzeit:	206,00

Abb. 6.10. *Wissens*Bilanz - Entlohnung (Q-Stufe 1123 und 1124 geplant)

Aussage Mitarbeiter der Fertigungsgruppe „Gehäusebearbeitung"

"Durch Qualifizierung im letzten Jahr hat sich der Wert meines Wissens von 156 auf 181 Wochen Lernzeit erhöht.
Durch die weiter geplanten Qualifizierungen kann sich der Wert meines Wissens in meiner Gruppe auf 206 Wochen erhöhen. Dies würde sich auch positiv in der Grundlohneinstufung auswirken."

Die in Abbildung 6.11. enthaltene Auswertung dürfte eher in großen Betrieben eine Rolle spielen. Hier wird – z. B. im Rahmen von Planungsüberlegungen – ermittelt, welche Dimension das Auslaufen von Zeitverträgen in einer bestimmten Organisationseinheit haben kann.

JournalM Wissensverluste *Konto Nr M 260 A*			Wissensverlust durch Ende Zeitvertrag		
Datum	Qualifikationsstufe	Personal-Nr.	Nachname	Vorname	Lernzeit
31.12.2001	1111 Bedienen Drehmaschine A	02560	B...	Oluson	104
31.12.2001	1112 Rüsten Drehmaschine A	02560	B...	Oluson	35
31.12.2001	1211 Bedienen BZ	00865	H...	Dieter	20
31.12.2001	1212 Rüsten BZ	00865	H...	Dieter	15
31.12.2001	1213 Programmieren BZ	00865	H...	Dieter	5
31.05.2002	0111 Grundkenntnisse Metallverarbeitung	212121	S...	Ingo	50
31.05.2002	0112 Grundkenntnisse Zerspanen	212121	S...	Ingo	40
31.05.2002	0114 Grundkenntnisse Fräsen	212121	S...	Ingo	47
31.05.2002	1151 Bedienen ZRFM	212121	S...	Ingo	35
31.05.2002	1152 Rüsten ZRFM	212121	S...	Ingo	20
				Summe	371

Abb. 6.11. WissensBilanz – Verdichtung / Auswertung zur Personalplanung

Schließlich stellt das Anlegen von Profilen (Abb. 6.12.) und die Suche (Abb. 6.13.) nach solchen Mitarbeitern, die dem Profil am ehesten entsprechen, eine weitere Ergänzung dar. Mit Hilfe dieses Instruments können z. B. Detailkenntnisse und vor allem Kompetenzen im überfachlichen Bereich dargestellt und ausgewertet werden. Im konkreten Beispiel wird eine bestimmte Kombination aus Berufsabschlüssen und Fähigkeiten gesucht, denen Kurt A... am ehesten entspricht.

Stelle:	Detailkonstrukteur		
Abschluß	Fachrichtung	Vertiefungsrichtung	
Dipl. Ing. Uni			
Facharbeiter			
Alternativ			
Betriebsingenieur			
Techniker/in			
Dipl- Ing.FH			

Fähigkeit	Fähigkeitsart	Fähigkeitsgruppe	Niveau	Wichtigkeit	Muß
CATIA V5	CAD / CAE	fachlich IT	3	2	■
CATIA V4	CAD / CAE	fachlich IT	3	2	■
Internet	Office-Anwendungen	fachlich IT	2	2	■
Werkstoffkunde	Werkstoffkunde	fachlich Technik	2	2	■
Gesprächsführung	Kommunikation	überfachlich	2	2	■
Präsentation	Kommunikation	überfachlich	2	2	■
Innovationsfähigkeit	Arbeitsstil	überfachlich	2	2	■

Abb. 6.12. *Wissens*Bilanz + Fähigkeitsmanagement – Profil „Stelle Detailkonstrukteur"

Ergebnisbericht										Mögliche Punkte: 90	
PersNr	Nachname	Vorname	Stellen-Nr. E3	Eintritt	Austritt	Aus-bildung	Fach-richtung	Vertiefungs-richtung	Zus.Aus-bildung	Fähigkeit	Gesamt-punkte	Ziel-erfüllung
00121213	A...	Kurt	EZVT/4	1.01.1990	31.01.2015	10	0	0	10	50	70	78%
00943426	S...	Joerg	EZVT/2	1.08.1976	28.02.2026	6	0	0	10	20	36	40%
00944925	P...	Sebastian	EZVT/2	1.09.1981	31.10.2029	6	0	0	10	10	26	29%

Abb. 6.13. *Wissens*Bilanz + Fähigkeitsmanagement – Mitarbeitersuche Bericht

6.4 Rückblick und Kritik

Im Laufe der Zeit hatten wir an verschiedenen Punkten immer wieder die Gelegenheit, Anwender oder Fachleute nach ihrer Meinung bezüglich der *Wissens*Bilanz zu fragen. Die im Text eingestreuten Aussagen (die zugegebenermaßen eher wohlmeinende sind) vermitteln einen Eindruck davon.

Damit mindestens zum Schluss wieder etwas kritische Distanz sichtbar wird, folgt ein Strauß von Hinweisen und Empfehlungen, die häufig daraus entstanden, dass eben diese bei Einführung oder Anwendung nicht hinreichend Beachtung fanden und entsprechend schmerzliche Erfahrungen nach sich zogen.

- Anwendung erweist sich als besonders sinnvoll, stark und nachhaltig, wenn sie vom Linienverantwortlichen benutzt wird.
- Struktur und Übernahme von vorhandenen Personal-Stammdaten klären.
- Beabsichtigte Ziele der Anwendung vorher formulieren.
- Möglichkeiten zur Kombination mit vorhandenen Organisationsmethoden nutzen.
- Genauigkeit (und damit Aufwand) der Lernzeitermittlung dem beabsichtigten Anwendungsschwerpunkt anpassen.

- 80/20-Regel beachten.
- Forderung nach voller SAP-Kompatibilität kann z. Z. nicht erfüllt werden.
- Datenschützer und Betriebsräte möchten gehört und beteiligt werden.
- Die *Wissens*Bilanz ist neu und noch nicht verbreitet. Das Pionierdasein hat Licht- und Schattenseiten.

Literaturverzeichnis

Eggert B, Grübener J, Lingemann HF, Walter T (2002) Wissensbilanz Instrument für Wissens- und Personalarbeit, Leistung und Lohn. Zeitschrift für Arbeitswirtschaft der Bundesvereinigung der Deutschen Arbeitgeberverbände 377/378/379

Eggert B, Grübener J, Lingemann HF, Walter T (2004) Wissensbilanz Instrument für Wissens- und Personalarbeit. In: Gergs HJ, Wingen S (Hrsg) Qualifizierung von Beschäftigten in der Produktion. Praxishandbuch für Führungskräfte, Personalentwickler und Trainer. RKW-Verlag, Eschborn

Grübener J, Lingemann HF, Hering M (2004) Ermittlung der Qualifikationsstruktur Methodischer Ablauf (ERA-Handbuch Verband Metall NRW Düsseldorf)

Kuhlmann M, Sperling HJ, Balzert S (2004) Konzepte innovativer Arbeitspolitik. edition sigma, Berlin

Lingemann HF (2001) Wissensbilanz – Instrument für die Personalarbeit. Zeitschrift für Unternehmensentwicklung und Industrial Engineering „FB / IE" 4

Lingemann HF (2001) Wissen „messen"?! – ein pragmatische Ansatz / Wissensbilanz – Konzept, Möglichkeiten, Umsetzung, Tagungsband Wissensbilanz. Tagung „Wissensbilanz", Wolfsburg

Lingemann HF (2002) Wissensbilanz Instrument für Wissens- und Personalarbeit (REFA-IE Kongressband, Berlin)

Lingemann HF (2002) Wissensbilanz als ein Werkzeug für Personal- und Organisationsentwicklung (Fraunhofer-Personalforum 2002 Knowledge Work Management – Wissensarbeit unterstützen und gestalten, Frankfurt)

Plaut WD (2002) Wissensbilanz – Eine Methode zur Erfassung und Bewirtschaftung des im Unternehmen vorhandenen Wissens (Workshop „Alles wird gut! Oder? Wissensmanagementprojekte erfolgreich gestalten", Hattingen)

Plaut WD (2003) Wissensbilanz – Eine Methode zur Erfassung und Bewirtschaftung des im Unternehmen vorhandenen Wissens (Fachtagung „Wissen ist was wert", Bremen)

Womack JP, Jones DT, Roos D (1990) The Machine that Changed the World. Macmillan, New York. dt. Fassung (1991) „Die zweite Revolution in der Automobilindustrie", Campus Verlag, Frankfurt New York

7 Von der Intervention zur Wirkung: Das mehrstufige Indikatorenmodell

Klaus North, Daniela Grübel

7.1 Wissen bilanzieren

Vor dem Hintergrund der aktuellen Diskussion um Bilanzen und ihre Gültigkeit wird die Bewertung des intellektuellen Kapitals zunehmend diskutiert. Einige Unternehmen beginnen, ihre Finanzbilanzen durch ‚Intellectual Capital Reports' zu ergänzen, um der Bedeutung des intellektuellen Kapitals für den künftigen Erfolg Rechnung zu tragen und diese schwer greifbare Vermögensart sowohl intern als auch nach außen hin darzustellen.

Allerdings bestehen bis heute keinerlei verbindliche Standards für diese Art der Bilanzierung. Seit der Veröffentlichung des weltweit ersten Intellectual Capital Statements 1994 durch das schwedische Versicherungsunternehmen Skandia haben sich daher unterschiedliche Ansätze zur Erstellung sogenannter ‚Wissensbilanzen' entwickelt, die jedoch eine Reihe von Schwachstellen aufweisen, auf die North, Probst und Romhardt (1998) bereits hingewiesen haben.

Grübel, North und Szogs (2004) haben vier aktuelle Modelle des Intellectual Capital Reporting auf ein konkretes Praxisbeispiel angewendet und im Anschluss anhand eines hierfür entwickelten Kriterienkatalogs beurteilt sowie auf der Plattform www.LearnAct.de die detaillierten Bilanzen mit einer Vielzahl von Indikatoren verfügbar gemacht. Beurteilt wurden: The Danish Guideline for Intellectual Capital Statements (2000), der Ansatz der Austrian Research Centers Seibersdorf (Leitner 2000), das mehrstufige Indikatorenmodell nach North et al.(2002) und das IC Rating^{TM} nach Edvinsson [1]. Es zeigt sich, dass viele der bereits 1998 aufgezeigten Schwachstellen auch heute noch Schwierigkeiten in der realen Umsetzung der Konzepte zur Wissensbilanzierung bilden.

7.2 Problemfelder bisheriger Ansätze

Eine gezielte Entwicklung der organisationalen Wissensbasis und die Herstellung eines Bezuges zu Geschäftsergebnissen ist durch die Verfahren mit den präsentierten Kennzahlen nur bedingt möglich.

So werden häufig Kennzahlen unterschiedlicher Aggregationsniveaus und Bedeutungsgehalts nebeneinander gestellt. Zum Teil werden Bestandteile der Wis-

---

[1] Vgl. http://www.intellectualcapital.se.

sensbasis mit Kriterien beschrieben, die über Wissen nichts aussagen (z.B. Durchschnittsalter und Anzahl der Mitarbeiter). Daneben werden Inputs (Aufwand) in die Veränderung der organisationalen Wissensbasis (z.B. Aus- und Weiterbildungsaufwand) gestellt. Isolierte Zwischenerfolge und Übertragungsergebnisse aus Organisationsprozessen werden gemessen (z.B. telefonische Erreichbarkeit) sowie statische Finanzindikatoren (z.B. Prämienvolumen). Es darf bezweifelt werden, dass solche Indikatoren hinreichende Steuerungshinweise in bezug auf die gezielte Entwicklung der organisationalen Wissensbasis gemäß der Geschäftsziele geben können. Als Darstellung der Wissensbasis für die Stakeholder können solche Indikatoren auch nicht überzeugen, da sie von diesen nur schwer interpretiert werden können.

Weiter zeigt die Analyse von Wissensbilanzen, dass Ergebnisse (Wertschöpfung pro Mitarbeiter) und reine beschreibende Elemente (Durchschnittsalter der Mitarbeiter) miteinander vermischt werden.

Ein Großteil der Verfahren ist statisch (Bestandsperspektive) und vernachlässigt die ständige Veränderung der Wissensbasis (dynamische Betrachtung). Das Nachvollziehen von Ursache-Wirkungs-Ketten ist insbesondere bei stark aggregierenden Verfahren unmöglich.

7.3 Das mehrstufige Indikatorenmodell zur Wissensbilanzierung

Vor diesem Hintergrund haben North, Probst und Romhardt (1998) ein mehrstufiges Verfahren zur dynamischen Betrachtung der organisationalen Wissensbasis entwickelt. Dieses Verfahren ist nicht als das „ultimative" Rezept zur Wissensbilanzierung gedacht, sondern möchte die komplexen Zusammenhänge wissensorientierter Unternehmensführung deutlich machen (vgl. North 2002).

Zur Überwindung der oben genannten Schwachstellen von Wissensbilanzen schlagen wir ein mehrstufiges Indikatorensystem vor[2], das Indikatoren für Bestandsgrößen der Wissensbasis, Interventionen, Übertragungseffekte und Ergebnisse der Geschäftstätigkeit voneinander trennt. Unsere Überlegungen bauen auf einem Grundmodell wissensorientierter Unternehmensführung (North 2002) auf. Dieses Modell stellt dar, wie Unternehmensziele durch gezielte Interventionen in die organisationale Wissensbasis erreicht und die Ergebnisse in mehreren Stufen in unterschiedlichen Indikatorenklassen messbar gemacht werden können. Dadurch werden Ursache-Wirkungs-Beziehungen transparent und nachvollziehbar.

In Abb. 7.1. ist das Modell dargestellt.

---

[2] Eine mehrstufige Evaluierung komplexer Transformationsprozesse wird auch von Roehl und Willke (2001) vorgeschlagen.

7 Von der Intervention zur Wirkung: Das mehrstufige Indikatorenmodell

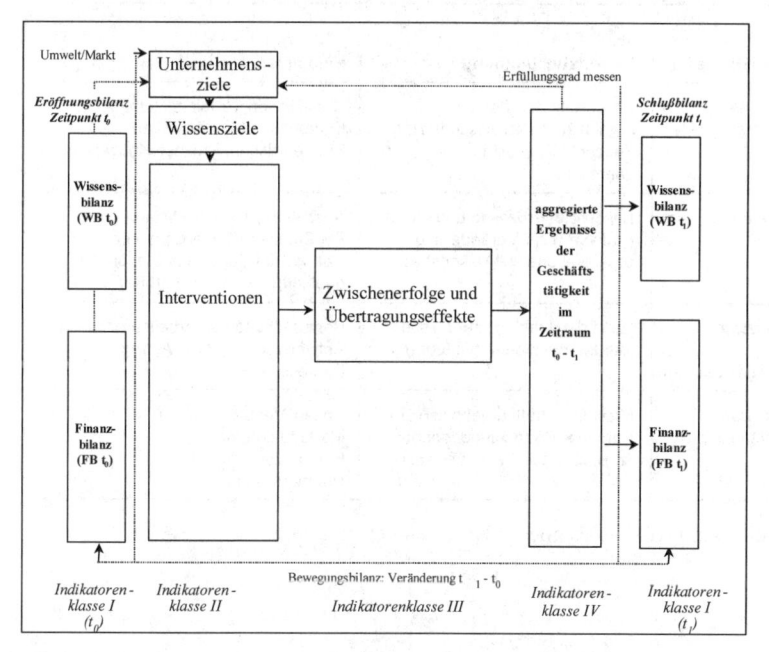

Abb. 7.1. Das mehrstufige Indikatorenmodell

Aus der Betrachtung unseres Prozesses der Wissensmessung ergeben sich vier Indikatorenklassen. Die *Indikatorenklasse I* beschreibt die organisationale Wissensbasis. Die *Indikatorenklasse II* beschreibt Inputs und Prozesse als meßbare Größen von Interventionen zur Veränderung der organisationalen Wissensbasis. Zwischenerfolge und Übertragungseffekte werden mit den *Indikatoren der Klasse III* gemessen und die Ergebnisse - sowohl finanzieller als auch nicht finanzieller Art - mit der *Indikatorenklasse IV*. Hierdurch wird es möglich, Ursache-Wirkungs-Zusammenhänge herzustellen und die Veränderung der organisationalen Wissensbasis mit Bezug zu Geschäftsergebnissen zu messen (vgl. Abb. 7.2.).

Im Folgenden soll das Modell für ein konkretes Anwendungsbeispiel umgesetzt und seine Aussagekraft diskutiert werden.

Indikatorenklasse	Begriffsbestimmung	Beispiele
organisationale Wissensbasis (I)	Beschreibt den Bestand organisationalen Wissens zum Zeitpunkt T_x qualitativ und quantitativ	Qualifikation, Problemlösungs-Kompetenz der Mitarbeiter, Kundenwissen, Prozess-Know-how
Interventionen (II)	Beschreibt Prozesse und Inputs (Aufwand) zur Veränderung der organisationalen Wissensbasis	Ausbildungstage pro Mitarbeiter, TN-Stunden Kundenseminare, Ratings der Beratungs-/Schulungs-qualität (Prozessmessgröße)
Zwischenerfolge und Übertragungseffekte (III)	Misst die direkten Ergebnisse der Interventionen (Outputs)	Beherrschung von Arbeitsprozessen, Antwortzeiten auf KD-Anfragen, Prozessqualität
Ergebnisse der Geschäftstätigkeit (IV)	Misst Geschäftsergebnisse am Ende der Betrachtungsperiode (z. B. Quartal, Geschäftsjahr)	Anzahl/Veränderung der KD-Aufträge, Marktdurchdringung, Kundenzufriedenheit, Prämienvolumen

Abb. 7.2. Indikatoren wissensorientierter Unternehmensführung

7.4 Anwendung des mehrstufigen Indikatorenmodells auf die Abteilung IT-Skill Resources der Commerzbank AG

7.4.1 Die betrachtete Einheit

IT Skill Resources ist im IT-Bereich der Commerzbank für die gezielte Entwicklung des Wissenskapitals zuständig. Dazu verfügt die betrachtete Abteilung über ihr intellektuelles Kapital:

Die Abteilung besteht aus 12 Mitarbeitern, die aufgrund ihrer Fähigkeiten, Erfahrungen und ihres Wissens den **Humankapital**bestand der Einheit darstellen.

Untereinander bedienen sich die Mitarbeiter verschiedener Systeme zur Kommunikation und Durchführung ihrer Aufgaben, es bestehen festgelegte Vorgehensweisen und Prozesse und ein ständiger interner Wissensaustausch (→ **Strukturkapital**).

Die Kunden der Trainingsabteilung sind intern zu finden: Sie betreut die ca. 2.500 Mitarbeiter des IT-Bereichs der Commerzbank in den Bereichen Qualifizierung, Ressourcenmanagement und - zusammen mit der Personalabteilung - Rekrutierung. Dieses Kundenkapital der Abteilung bildet gemeinsam mit ihrem externen Netzwerk, das aus Bildungsanbietern, Verbänden und Hochschulen besteht, das **Beziehungskapital** der betrachteten Einheit.

Um ihre Kunden optimal betreuen zu können, hat sich IT Skill Resources wie folgt aufgestellt: Das Team ‚**Kundenbetreuung**' nimmt eine beratende Funktion ein und entwickelt zusammen mit dem Kunden neue Bildungsbausteine. Für die operative Planung, Organisation und Durchführung der angebotenen Seminare ist das Team ‚Trainingsmanagement' zuständig. Das Team ‚Wissensvernetzung' schließlich entwickelt und betreut die von der Einheit erstellten Produkte zum Wissenstransfer innerhalb des gesamten IT-Bereichs der Commerzbank.

Für IT Skill Resources wurden folgende Ziele definiert:

- Wissensaufbau beim Kunden durch ein gezieltes Qualifizierungsangebot
- Wissenstransfer des Kunden initiieren und unterstützen
- Ausbau externer Netzwerke zum internen ‚Wissensgewinn'

Ausgehend von diesen Zielen der Abteilung IT Skill Resources wurden die innerhalb der Abteilung identifizierten Kennzahlen den vier oben beschriebenen Indikatorenklassen zugeordnet. Innerhalb jeder Indikatorenklasse fand eine Zuordnung entsprechend der Komponenten des intellektuellen Kapitals (Mitarbeiterkompetenz, interne und externe Struktur) statt.

7.4.2 Die organisationale Wissensbasis der IT-Skill Resources

Erster Baustein des Modells von North et al. ist eine ‚Bestandsaufnahme' des intellektuellen Kapitals, über das die Abteilung zu Beginn des Betrachtungszeitraum verfügte. Die entsprechenden ‚Bestandsindikatoren' *(Indikatorenklasse I)* werden entlang der von Sveiby vorgeschlagenen Kategorien Mitarbeiterkompetenz, interne und externe Struktur in die Eröffnungsbilanz eingeordnet. Hierbei wurde innerhalb der externen Struktur eine Unterscheidung in Kundenkapital und Beziehungskapital vorgenommen, um die Übersichtlichkeit der Darstellung zu erhöhen. Gleichzeitig gelingt damit eine klare Trennung zwischen der IT-Skill Resources und dem IT-Bereich der Bank. Letzterer geht somit eindeutig als Kundenperspektive in die Bewertung ein.

Vor dem Hintergrund der bereits definierten Wissensziele für IT-Skill Resources führten die Mitarbeiter und das Management innerhalb des betrachteten Zeitraums Maßnahmen und Investitionen durch. Solche ‚Interventionen' sind beispielsweise Schulungen für Mitarbeiter (Kategorie Mitarbeiterkompetenz), Gruppenmeetings (interne Struktur), Beratungsgespräche pro Kunde (externe Struktur: Kundenkapital) und Verhandlungen mit Zulieferern (externe Struktur: Beziehungskapital). Sie gehen innerhalb der *Indikatorenklasse II* in die Betrachtung mit ein.

Ihre Wirkung zeigt sich anhand sogenannter ‚Zwischenerfolge und Übertragungseffekte' in der *Indikatorenklasse III*. Als solche direkten Outputs sind Größen wie die Auslastung der Schulungsabteilung oder interne Abnahmen zu sehen. In diese fällt ein Großteil der für die Abteilung identifizierten Kennzahlen. Sie drücken die aus den Interventionen resultierenden Zwischenergebnisse aus, die zusammen zu den Ergebnissen der Geschäftstätigkeit führen.

Die Geschäftsergebnisse können finanzieller und nicht-finanzieller Art *(Indikatorenklasse IV)* sein. Sie lassen sich entlang der vier Perspektiven der Balanced Scorecard einteilen. Innerhalb der Abteilung ermittelte Geschäftsergebnisse sind dementsprechend Werte wie Mitarbeiterzufriedenheit (Mitarbeiterperspektive),

Nutzungsraten der Systeme (Prozessperspektive) oder die in Form der Teilnehmerzahl ausgedrückte Nutzungsquote des neuen Produktes Wissenscafé (Lern- und Wachstumsperspektive).

Abbildung 7.3. zeigt das Grundmodell wissensorientierter Unternehmensführung übertragen auf IT-Skill Resources: Das dort zu Beginn der Betrachtungsperiode vorhandene intellektuelle Kapital (Wissensbilanz t_0) wird über gezielte Interventionen erweitert und führt über Zwischenerfolge zum Ergebnis der Geschäftstätigkeit, ausgedrückt beispielsweise in Mitarbeiter- oder Kundenzufriedenheit.

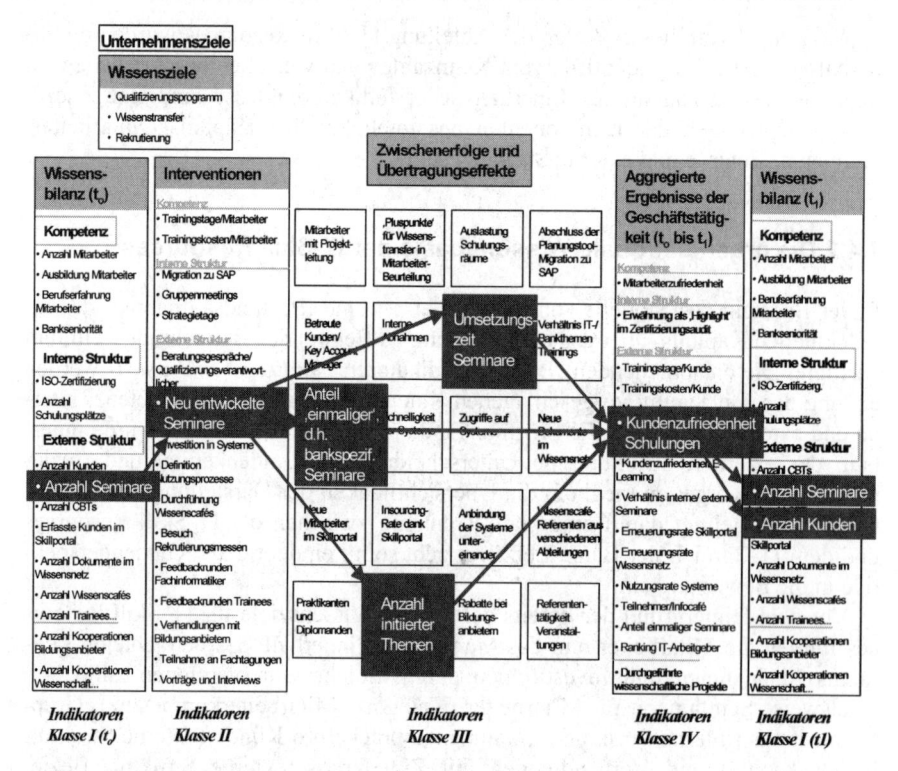

Abb. 7.3. Betrachtung der Abteilung IT-Skill Resources mit dem mehrstufigen Indikatorenmodell nach North et al.

So wird, wie in Abbildung 7.3. dargestellt, die Anzahl angebotener Trainings (Wissensbilanz t_0) durch die Entwicklung neuer Seminare (Intervention) erhöht. Zwischenerfolge können in diesem Fall die Verbesserung der Umsetzungszeit neuer Seminare, ein gestiegener Anteil einmaliger, d.h. am Markt nicht erhältlicher Trainings sowie die Erhöhung der von der Abteilung initiierten Themen sein. Durch diese Effekte wird zum einen die Anzahl der Seminare, zum anderen aber möglicherweise auch die Anzahl der Kunden (beides Wissensbilanz t_1) erhöht.

Der Vergleich der Wissensbilanzen in den Zeitpunkten t_1 und t_0 ermöglicht eine Aussage über die Entwicklung des intellektuellen Kapitals von IT-Skill Resources innerhalb des betrachteten Zeitraums.

7.4.3 Beispiele typischer Ursache-Wirkungs-Zusammenhänge

Die durch das mehrstufige System dargestellten Beziehungen zwischen den einzelnen Kennzahlen machen sichtbar, welche Maßnahme *(Indikatorenklasse II)* über welches Zwischenergebnis *(III)* zu welchem Erfolg *(IV)* führt. Der so hergestellte Bezug ermöglicht steuernde Eingriffe, denn Fehler genau wie Erfolge können gezielt identifiziert und verändert werden. Die Betrachtung kann daher an verschiedenen Ebenen ansetzen:

Beispiel 1: Wirkung eines Inputs

Die Anzahl angebotener Trainings *(I)* wird über die Entwicklung neuer Seminarbausteine *(II)* erhöht. Zwischenerfolge sind in diesem Fall die Verbesserung der Umsetzungszeit neuer Seminare *(III)* sowie ein gestiegener Anteil einmaliger, d.h. am Markt nicht erhältlicher Trainings *(III)*. Durch diese beiden Effekte wird die Kundenzufriedenheit *(IV)* gesteigert.

Beispiel 2: Ursache für eine nicht erfolgte Bestandsänderung

Ziel der Abteilung war es, die Anzahl der im Skill-Portal erfassten Mitarbeiter zu steigern. In der Schlussbilanz zeigt sich jedoch ein im Vergleich zur Eröffnungsbilanz nur wenig gestiegener Wert. Es stellt sich daher die Frage, ob die entsprechenden Interventionen nicht erfolgten, oder aber ob der von der Abteilung eingesetzte Input nicht zum gewünschten Output führte. Angenommen wird hierbei, dass die Nutzungsrate des Systems *(IV)* sich proportional zur Anzahl erfasster Mitarbeiter verhält. Diese (ausgedrückt durch die Erneuerungsrate) zeigt einen niedrigen Wert. Als entscheidender Faktor für die Nutzungsrate werden die Wartezeiten gesehen, die bei der Navigation im System entstehen *(III)*. Diese sind mit einem Wert von 2-4 Sekunden relativ hoch. Es stellt sich daher die Frage, ob seitens der Schulungsabteilung ausreichende Maßnahmen zur Verbesserung des Systems ergriffen wurden. Eine vorgenommene Investition bestätigt das. Da im Betrachtungszeitraum in gleicher Höhe wie im Jahr zuvor in das System investiert wurde, kann der Fehler lokalisiert werden: Offensichtlich wurde der Betrag fehlinvestiert, da er nicht zur Verringerung der Wartezeiten und damit zu keiner Erhöhung der Nutzungsrate (gleichbedeutend mit einer gesteigerten Anzahl erfasster Mitarbeiter) führte.

Gleichzeitig muss jedoch beachtet werden, dass ein Ergebnis oftmals von mehreren Faktoren bestimmt wird: So trägt sicherlich auch die bisher nicht erfolgte Definition von Nutzungsprozessen zu der niedrigen Nutzungsquote bei. Zu welchem Anteil die einzelnen Faktoren das Ergebnis beeinflussen, kann nur eine Analyse über mehrere Betrachtungsperioden hinweg ergeben.

Beispiel 3: Falscher Ursache-Wirkungs-Bezug

Die unterstellten Ursache-Wirkungs-Beziehungen müssen daher hinterfragt und auch nicht erfasste Größen in die Betrachtung miteinbezogen werden. So ließe sich beispielsweise die Ursache für die gesunkene Mitarbeiterzahl (Indikatorenklasse *I* in t_1) anhand des Modells aus der niedrigen Anzahl von Weiterbildungsangeboten *(II)* ableiten, die über eine nicht erfolgte Beförderung zum Projektleiter *(III)* zu einer gesunkenen Zufriedenheit bei den Mitarbeitern *(IV)* und damit zum Verlassen der Abteilung führte. Dieser Schluss erweist sich bei der genauen Situationsanalyse jedoch als übereilt, denn die Mitarbeiter wurden aufgrund ihrer guten Leistungen im IT-Bereich in einen anderen Bereich der Bank abgezogen.

Bei der Analyse ist somit Vorsicht geboten und es sollten alle Faktoren berücksichtigt werden. Unter dieser Maßgabe bietet das mehrstufige Indikatorensystem, wie im Rahmen der ersten beiden Beispiele deutlich wurde, eine gute Ausgangsbasis für die differenzierte Betrachtungsweise der Ursache-Wirkungs-Zusammenhänge.

Die unterschiedlichen Dimensionen des Indikatorensystems ermöglichen jedoch nicht nur die Herstellung oben dargestellter Ursache-Wirkungs-Zusammenhänge innerhalb einer Strukturkomponente, sondern auch über die Grenzen von Mitarbeiterkompetenz, interner und externer Struktur hinweg:

Beispiel 4: Diagonaler Ursache-Wirkungs-Zusammenhang

Betrachtet man beispielsweise das Geschäftsergebnis Mitarbeiterzufriedenheit (Mitarbeiterkompetenz), so haben darauf außer der internen Weiterbildung (Mitarbeiterkompetenz) und Projektleiteraufgaben (Mitarbeiterkompetenz) auch Gruppen- und Teammeetings (Interne Struktur), anspruchsvolle Aufgaben wie die Entwicklung neuer Seminare (Externe Struktur: Kunden) und nicht zuletzt wissenschaftliche Projekte (Externe Struktur: Partner) Einfluss.

Des weiteren können Bezüge nicht nur vertikal innerhalb des Indikatorensystems (d.h. zwischen verschiedenen Indikatorenebenen), sondern auch horizontal innerhalb einer Indikatorenklasse hergestellt werden.

Beispiel 5: Horizontaler Ursache-Wirkungs-Zusammenhang

Neben vielen anderen Faktoren hat auch die Mitarbeiterzufriedenheit Auswirkungen auf die Zufriedenheit der Kunden, beispielsweise in Form von Engagement und Einsatz des einzelnen Key Account Managers für seine Kunden. Gleiches gilt für die ISO-Zertifizierung, die über effiziente interne Prozesse der Abteilung auch die Infrastruktur zum Kunden verbessert.

Außerdem ist es mittels des Gesamtmodells möglich, Faktoren ‚aufzuspüren', die in der reinen Ergebnisbetrachtung keine explizite Erwähnung finden.

Beispiel 6: Betrachtung einzelner Ebenen – kurze Bezugskette

Dem Zwischenergebnis „Rabatte bei Schulungsanbietern" *(III)* steht innerhalb der Geschäftsergebnisse *(IV)* keine unmittelbare Wirkung gegenüber. Sie sind zwar ein Ergebnis der Verhandlungen mit den Kooperationspartnern *(II),* innerhalb des Modells bricht diese Wirkungskette jedoch offensichtlich innerhalb der dritten Indikatorenklasse ab. Es lässt sich argumentieren, dass die dadurch erzielten Einsparungen indirekt innerhalb der separat erstellten Finanzbilanz zum Tragen kommen. Ihre Ursachen (Verhandlungen *(II)*) und Wirkungen (Kundenzufriedenheit *(IV)*) werden jedoch erst innerhalb des Modells explizit ausgewiesen.

Aufgrund der vielen verschiedenen Ansatzpunkte und Betrachtungsweisen kann es nicht ein einziges, konkretes Ergebnis dieses Ansatzes geben. Er ermöglicht vielmehr die differenzierte Bewertung der unterschiedlichsten Aspekte – das jedoch immer vor dem Hintergrund der Herstellung eines Gesamtzusammenhangs.

7.5 Beurteilung des Indikatorenmodells

Auch wenn der von North et al. vorgeschlagene Ansatz zur Wissensbilanzierung mittels des mehrstufigen Indikatorensystems auf den ersten Blick kein gesamtes Vorgehensmodell darstellt, lassen sich aus dem Grundmodell wissensorientierter Unternehmensführung dennoch alle Elemente von der Zieldefinition über Maßnahmenbestimmung bis hin zur Identifikation und Messung von Indikatoren ableiten.

Dem vorgestellten Ansatz gelingt es darüber hinaus, die Kennzahlen mittels des mehrstufigen Indikatorensystems zu strukturieren und die Messergebnisse somit in einen Gesamtzusammenhang einzuordnen. Dadurch kann der ‚Leser' sich innerhalb kurzer Zeit einen Überblick über Bestand und Veränderungen des intellektuellen Kapitals eines Unternehmens verschaffen. Das mehrstufige System bietet im Anschluss daran die Möglichkeit, logische Verbindung zwischen den einzelnen Indikatoren(-klassen) herzustellen, aus denen eine Vielzahl von Ursache-Wirkungs-Zusammenhängen ablesbar wird. Diese können innerhalb einer Strukturkomponente (Beispiel 1 mit 3), zwischen den einzelnen Strukturkomponenten (Beispiel 4) oder auch innerhalb einer Indikatorenebene (Beispiel 5) zu finden sein. Es sind daher, ausgehend von dem in Abbildung 7.3. dargestellten Indikatorenmodell, vertikale, diagonale und horizontale Verknüpfungen möglich.

Zu einer weiteren Verbesserung der damit hergestellten Transparenz über die Ursache-Wirkungs-Zusammenhänge tragen die beiden folgenden Aspekte bei:

- Es können aufgrund der Zerlegung des Wertschöpfungsprozesses mittels der unterschiedlichen Indikatorenklassen falsche oder fehlende Inputs (vgl. Beispiel 2) nicht nur aufgespürt werden, es findet auch gleichzeitig eine Kontrolle über die unterstellten Kausalzusammenhänge (vgl. Beispiel 3) statt.
- Die stufenweise Untersuchung der unternehmensinternen Geschäftsprozesse bringt auch Zusammenhänge ‚ans Licht', die im Normalfall unentdeckt bleiben (vgl. Beispiel 6), da sie ‚nur' indirekt auf das Ergebnis einwirken.

Durch die so hergestellten, transparenten Wirkungszusammenhänge innerhalb des betrieblichen Wertschöpfungsprozesses werden dem Management gezielte, steuernde Eingriffe innerhalb der verschiedenen Ebenen (organisationale Wissensbasis, Interventionen etc.) ermöglicht. Es wird in die Lage versetzt, die Konsequenzen einzelner Entscheidungen zu antizipieren und daher besser planen zu können. Dabei steigt die Aussagefähigkeit des Modells mit der Länge des betrachteten Zeitraums. Denn trotz der Kategorisierung ist es an manchen Stellen nach wie vor nicht möglich, Zusammenhänge eindeutig zuzuordnen.

Den Mitarbeitern bietet das mehrstufige Indikatorensystem die Möglichkeit, Gesamtzusammenhänge innerhalb des Unternehmens nachzuvollziehen und daraus ihren persönlichen Wertschöpfungsbeitrag abzulesen. Das heißt, dass das Modell eine wertvolle Basis für Zielvereinbarungen für einzelne Mitarbeiter und Teams, und in Form der Wissensziele auch für die gesamte Unternehmung darstellt. Die mögliche differenzierte Betrachtungsweise identifiziert in diesem Zusammenhang die entscheidenden Größen und gibt gleichzeitig mittels Vergleichswerten Aufschluss darüber, welche Werte realistisch sind.

Externen Stake- und Shareholdern kann mittels der Wissensbilanz eine Übersicht über den aktuellen Bestand an intellektuellem Kapital, über das das Unternehmen verfügt, gegeben werden. Die innerhalb der Indikatorenklasse IV dargestellten Ergebnisse können so, ähnlich wie bei der Analyse von Finanzbilanzen, auf die organisationale Basis (I) zurückbezogen werden. Diesen Teil des Gesamtmodells öffentlich zugänglich zu machen hat drei entscheidende Vorteile:

- Die Darstellung bleibt für den externen Betrachter übersichtlich.
- Aufgrund der enthaltenen, relativ standardisierten Größen wird der Vergleich mit anderen Unternehmen ermöglicht.
- Wertvolle Unternehmensinterna und Betriebsgeheimnisse in Bezug darauf, wie die Geschäftsergebnisse erzielt werden, können vor der Konkurrenz zurückgehalten werden.

7.6 Fazit

Das von North et al. dargestellte Modell stellt einen Ansatz zur Wissensmessung im Gesamtzusammenhang wissensorientierter Unternehmensführung dar. Es wertet die Bilanzierung des intellektuellen Kapitals damit als einen, sicherlich essentiellen, Teilbereich innerhalb der Unternehmenssteuerung.

Allerdings verlangen der hohe Individualisierungsgrad und die Komplexität der untersuchten Zusammenhänge einen nicht unerheblichen Zeit- und damit auch Kostenaufwand. Die Einführung erfordert daher das volle Engagement von Management und Mitarbeitern. Bei der Anwendung des Modells auf größere Einheiten eines Unternehmens wird der am Beispiel einer Abteilung erzielte Differenzierungsgrad nicht realisierbar sein. Es ist dann mittels Priorisierung eine weitere Reduktion der Indikatorenzahl notwendig und die Zerlegung der Betrachtung auf Untereinheiten sinnvoll.

Literaturverzeichnis

Danish Agency for Trade and Industry (Hrsg.) 2000: A Guideline for Intellectual Capital Statements, S. 1. Danish Agency for Trade and Industry, Copenhagen.

Grübel D, North K, Szogs G (2004) Intellectual Capital Reporting – Vergleich von vier Ansätzen. Zeitschrift Führung + Organisation 1:19-27

Leitner KH et al. (2000) Entwicklung eines Bilanzierungssystems. Forschung Austria, Wien (Forschung Austria Report_A.03_08/00)

North K (2002) Wissensorientierte Unternehmensführung: Wertschöpfung durch Wissen. Gabler Verlag, Wiesbaden

North K, Probst G, Romhardt K (1998) Wissen messen. Zeitschrift Führung + Organisation 3:158-166

Roehl H, Willke H (2001) Kopf oder Zahl? – Zur Evaluierung komplexer Transformationsprozesse. Zeitschrift für Organisationsentwicklung 2:24-34

8 Die Wissensbilanz als Teilaspekt eines Knowledge-Asset-Measurement-Systems

Claus Nagel, Christina Mohr

8.1 Die Ausgangssituation

Die Veränderung der wirtschaftlichen Rahmenbedingungen hat in Europa dazu geführt, dass immer mehr Unternehmen erkennen, dass Wissen ein wesentlicher Produktions- und Wettbewerbsfaktor geworden ist (von der Oelsnitz 2003). Trotz dieser zunehmenden Bedeutung der immateriellen Vermögenswerte in der Wirtschaft lassen bisherige nationale und internationale Rechnungslegungsvorschriften kaum Möglichkeiten der Darstellung dieser Vermögenswerte zu. Damit stellen sich wissensbasierte Unternehmen weitgehend als „Black Box" für Kapitalgeber und andere Interessengruppen dar. Die gesammelten Informationen aus dem klassischen Rechnungswesen bilden die Ergebnisse der Geschäftätigkeit immer weniger ab (Bodrow u. Bergmann 2003). Sowohl für die interne Steuerung, wie auch für die externe Rechnungslegung sind deshalb neuartige Ansätze gefragt.

In der Literatur zum Thema Wissensbewertung überwiegen derzeit noch die Ansätze, die nicht-monetäre Bewertungs- und Steuerungsverfahren beschreiben. Doch gerade in wirtschaftlich schwierigeren Zeiten stellen Unternehmen wesentlich schneller die Frage nach monetären Auswirkungen eines Ansatzes, so dass nun auch verstärkt monetäre Bewertungsverfahren in den Vordergrund der Betrachtung rücken.

Während sich die skandinavischen Länder schon seit längerem mit der Thematik Wissensbewertung und -bilanzierung auseinandersetzen, beginnen deutsche Unternehmen erst langsam, sich mit immateriellen Vermögenswerten auseinander zusetzen (Lüthy 2002). In der Mehrzahl der Unternehmen im deutschsprachigen Raum ist das Bewusstsein für einen gezielten Umgang mit der Ressource Wissen auch deshalb noch nicht weiter verbreitet, da fehlende gesetzliche Vorschriften keinen entsprechenden Zwang auf die Unternehmensleitung ausüben.

Im Rahmen des vom „Bundesministerium für Bildung und Forschung" geförderten Projektes „Knowledge-Asset-Measurement-System" (kurz KAM.sys) werden neue Methoden und Verfahren zur Wissensbewertung und -bilanzierung entwickelt. Der Fokus des Projektes liegt dabei auf der Erfassung unternehmensrelevanter Wissenseinheiten, so genannter Knowledge-Items, und deren Bewertung und Bilanzierung. Das Knowledge-Asset-Measurement-System wird dabei als interdisziplinäres Managementkonzept zur nachhaltigen Steigerung des Unternehmenswertes betrachtet.

Weitere Eckpunkte der praktischen Arbeit im Forschungsprojekt sind die Schaffung eines Grundverständnisses für Wissen und Prozessqualität als Vermögensfaktor, sowie die proaktive Steuerung der Wissens-Vermögenswerte (Knowledge-Assets) in vorwiegend wissensbasierten Unternehmen. Der Wert des Wissens wird dabei im Sinne einer betriebsinternen „Wissens-Vermögens-Bilanzierung" ermittelt. Besondere Aufmerksamkeit wird dabei der Formalisierung und Qualitätssicherung der wissensbasierten Geschäftsprozesse geschenkt.

Zur Überprüfung des entwickelten Systems wurden entsprechende Erprobungstests bei wissensbasierten Unternehmen durchgeführt.

Assets bezeichnen gem. IAS und US-GAAP Ressourcen, über die das Unternehmen in der Folge vergangener Ereignisse verfügen kann und aus denen es in Zukunft wirtschaftlichen Nutzen zu ziehen erwartet. Knowledge-Assets lassen sich damit als Wissens-Ressourcen bezeichnen.

Im Rahmen der Einführung eines Knowledge-Asset-Measurement-Systems stellt die Eröffnungsbilanz für Wissensressourcen den ersten Schritt des Reporting dar. Mit der Wissensbilanz kann die IST-Situation der Wissensstrukturen des Unternehmens abgebildet werden. Sie stellt die Grundlage für nachfolgende Bewertungs- und Optimierungsmaßnahmen dar.

8.2 Charakterisierung der Organisation

Als Erprobungspartner zur Einführung eines Knowledge-Asset-Measurement-Systems wurde ein mittelständisches IT-Systemhaus mit 135 Mitarbeitern ausgewählt. Neben IT-Infrastruktur-Dienstleistungen bietet das Unternehmen auch verschiedene IT-Outsourcing-Dienstleistungen für mittelständische Unternehmen und kleinere Konzerne an. Durch den verschärften Wettbewerb in der Branche ist das Unternehmen gefordert, seinem Kundenstamm zunehmend innovative Produkte und Dienstleistungen anzubieten, bevor dies Wettbewerber übernehmen. Während im Hardwarebereich die Gewinnmargen ebenfalls stark rückläufig sind, können über neue wissensbasierte Dienstleistungen zusätzliche Kundengruppen erschlossen werden und stellen somit einen Wertschöpfungsfaktor dar.

8.3 Die besondere Herausforderung im Projekt

Im Vergleich zu Produktionsunternehmen ist die Prozessorientierung bei Dienstleistungsunternehmen vielfach nicht besonders ausgeprägt. Die Herausforderung in diesem Projekt bestand darin, den weitgehend prozessorientierten Ansatz zur Erfassung der Knowledge-Assets in einem eher projektorientierten Arbeitsumfeld des Erprobungspartners zu testen und dennoch die wesentlichen Daten für eine spätere Bewertung und Bilanzierung zu erheben. Weiterhin mussten für den Untersuchungsbereich die Unternehmensziele konkretisiert werden, um daraus relevante Wissensziele für die Erfassung der Knowledge-Assets ableiten zu können.

8.4 Zielsetzungen und Erwartungen innerhalb des Unternehmens

Für das Unternehmen stellte die Teilnahme am KAM.sys Projekt eine erstmalige Beschäftigung mit der Thematik Wissensbewertung und Wissenssteuerung dar. Deshalb stand zunächst eine klare und ausführliche Nutzenbeschreibung des Bewertungsansatzes im Vordergrund des Projektes. Als weitere Zielsetzung wurde die Praktikabilität des Ansatzes im Tagesgeschäft fokussiert. Zunächst bestand bei der Geschäftsleitung des Erprobungspartners die Erwartung, am Ende des ersten Implementierungsschrittes einen absoluten, monetären Wert für ihr Wissen als separate Bilanzposition zu erhalten. Diese Erwartungshaltung konnte jedoch nach einem einführenden Workshop korrigiert werden, indem die notwendigen Schritte für ein derartiges Gesamtsystem ausführlich skizziert wurden.

8.5 Projektfokus im Unternehmen

Das eigentliche Untersuchungsobjekt innerhalb der Organisation war ein Unternehmensbereich, der sich als separates Profitcenter im Unternehmen etablieren muss. Hauptansprechpartner war somit der Leiter des Profitcenters. Eine Untersuchung des Gesamtunternehmens stand für diesen ersten Erprobungstest nicht zur Debatte, da der interne Aufwand zur Überprüfung der grundsätzlichen Anwendbarkeit der Methodik für beide Projektseiten zu groß gewesen wäre.

Für die Erfassung und Bewertung der Knowledge-Assets war zusätzlich auch die Einbindung der Geschäftsleitung und der Controllingabteilung notwendig. Mit der Geschäftsleitung wurden die Unternehmensziele konkretisiert, um daraus die Wissensziele für den Untersuchungsbereich abzuleiten. Die Controllingabteilung war für die Bereitstellung der Datenbasis, für die verschiedenen Kennzahlen der Bereichsziele und deren Bewertung verantwortlich.

Das Projektteam setzte sich aus zwei Beratern des Forschungsprojektes, dem Bereichsleiter des Profitcenters, einem Mitarbeiter der Controllingabteilung und dem stellvertretenden Geschäftsführer zusammen. Im Rahmen der Datenerhebung wurden punktuell auch weitere Mitarbeiter des untersuchten Bereichs in das Projektteam eingebunden.

8.6 Das Knowledge-Asset-Measurement-System

Besonders in wirtschaftlich schlechteren Zeiten stellen Unternehmen verstärkt die Frage nach der Rentabilität bzw. dem monetären Nutzen eines neuartigen Konzeptes. Da bisherige Wissensbilanzierungsmodelle den Schritt in Richtung einer monetären Bewertung kaum gegangen sind, wird im Forschungsprojekt KAM.sys versucht, diesen notwendigen Schritt zu gehen.

Bisherigen Wissensbilanzierungsmodellen fehlt meist die notwendige Transparenz, um eine Vergleichbarkeit zwischen verschiedenen Unternehmen herzustellen (Bodrow u. Bergmann 2003). Die Vergleichbarkeit ist jedoch notwendig, wenn ein allgemein verbindlicher Standard geschaffen werden soll. Das Knowledge-Asset-Measurement-System verbindet verschiedene Ansätze der Wissensbewertung (North 1999) und der Unternehmensbewertung zu einem Gesamtkonzept, welches die Erfassung, Steuerung und Bewertung von Knowledge-Assets in einer Organisation ermöglicht.

Aus dem Bereich der Wissensbewertungsansätze wurden die Vorteile verschiedener Ansätze genutzt, um eine neue, praxisorientierte Vorgehensweise zu entwickeln. Wesentlichen Einfluss auf die Methodenentwicklung hatte jedoch der Wissensbilanzansatz des Austrian-Research-Centers Seibersdorf zur externen Kommunikation immaterieller Vermögenswerte (ARCS 1999).

Weiterhin wurden bestehende Konzepte zur Unternehmensbewertung (Spremann 2002), der Risikoanalyse (Gleißner u. Füser 2002) und des Unternehmens-Ratings (Gleißner u. Füser 2002) in Zusammenarbeit mit Wirtschaftsprüfungsgesellschaften auf Elemente untersucht, die eine Übertragbarkeit auf die Anforderungen des Knowledge-Asset-Measurement ermöglichen.

Aus den genannten Ansätzen wurden Themenbereiche, so genannte Inventarisierungsebenen, gebildet, die zur besseren Strukturierung des verwendeten Kennzahlensystems dienen. Die gesamte Datenerhebung im Unternehmen lässt sich damit in folgende sechs Ebenen aufteilen:

1. Unternehmensumwelt (Markt, Kunden, Lieferanten, Wettbewerber)
2. Unternehmensziele (Visionen, Ziele, Strategien)
3. Unternehmensstruktur (Organisationsaufbau und Personalstruktur)
4. Produkte & Dienstleistungen (Produktarten & -varianten, Qualitätsmerkmale, Zielgruppen)
5. Geschäftsprozesse (Prozess-Schritte, Verantwortliche, Ergebnisse)
6. Wissenseinheiten (Qualität, Stabilität, Fungibilität)

In Abbildung 8.1. sind die zeitliche Abfolge und die Aufteilung der Themenbereiche der externen und internen Analyse noch einmal grafisch dargestellt:

Die Aufteilung der Datenerhebung in diese sechs Ebenen ermöglicht eine ausgewogene Betrachtung der internen und externen Rahmenbedingungen für die spätere Bewertung der Knowledge-Assets. Um eine nachhaltig fundierte Bewertung der Knowledge-Assets durchführen zu können, ist vor allem die Berücksichtigung entsprechender Aspekte des Marktes und der Zielvorstellungen des Unternehmen wichtig.

Das Knowledge-Asset-Measurement-System ist ein adaptives System zur nachhaltigen Wertsteigerung des Vermögenswertes Wissen in Unternehmen. Als vorwiegende Kundenzielgruppe für den Einsatz der KAM.sys Methode stehen wissensintensive Unternehmen im Anwendungsfokus. Durch die Anpassung der Vorgehensweise an die jeweilige Bewertungssituation können in KAM.sys unterschiedliche Einsatzszenarien abgebildet werden.

6 Ebenenmodell

- 1. Unternehmensumwelt — Externe Analyse
- 2. Unternehmensziele — interne Analyse
- 3. Unternehmensstruktur
- 4. Produkt- & Dienstleistungen
- 5. Geschäftsprozesse
- 6. Wissenseinheiten

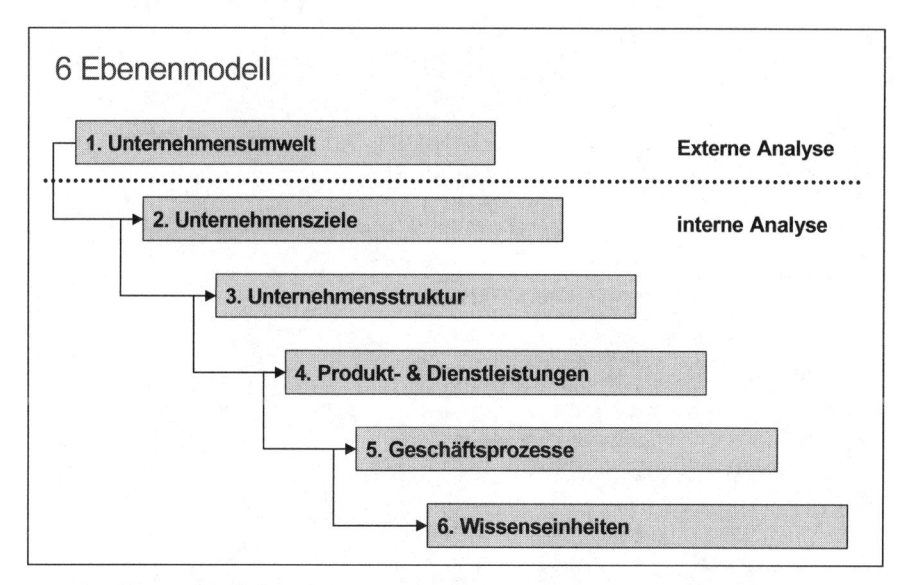

Abb. 8.1. Die Inventarisierungsebenen

Bei der Einführung des Knowledge-Asset-Measurement-Systems ist nicht vordergründig die Erstellung einer Wissensbilanz das eigentliche Ziel. Durch den Aufbau und die Implementierung des Steuerungssystems wird vor allem ein neues Bewusstsein für den Wert der Wissensressourcen geschaffen. Dieser Prozess der Veränderung der Denkstruktur und die konsequente Implementierung der Steuerungsmaßnahmen für Knowledge-Assets stellt den eigentlichen Nutzen des Konzepts dar.

Das Knowledge-Asset-Measurement-System orientiert sich bei seiner Gliederung der Indikatorenbereiche an der Potenzialstruktur der Wissensbilanz des Austrian-Research-Centers Seibersdorf. Das KAM-System unterscheidet bei den Bilanzbereichen somit zwischen Humankapital, Strukturkapital und Beziehungskapital. Innerhalb dieser grundsätzlichen Wertpotenziale wird jedoch auf ein mehrstufiges Indikatorensystem zurückgegriffen (North 1999). Der Humankapitalbereich erfasst und beschreibt die mitarbeiterbezogenen Knowledge-Assets. Dabei werden Attribute der Stabilität und der Fungibilität (Übertragbarkeit) der Knowledge-Asset ebenso bei der Bewertung mit berücksichtigt (Hofmann 2003), wie die gesamte Personalstruktur an sich.

Im Bereich des Strukturkapitals spielt die Prozessqualität der wissensbasierten Prozesse eine wesentliche Rolle. Zur Bewertung der Prozessqualität wird auf das „Capability Maturity Model Integration" (CMMI) Modell (Foegen u. Raak 2003) zurückgegriffen und auf wissensbasierte Prozesse übertragen. Das CMMI ermöglicht die Einteilung der wissensbasierten Geschäftsprozesse in fünf verschiedene Reifestufen. Diese fünf Reife- oder Qualitätsstufen ermöglichen eine präzise Einordnung der Prozesse. Über diese Reifestufen kann dann die Bewertung des Strukturkapitals erfolgen.

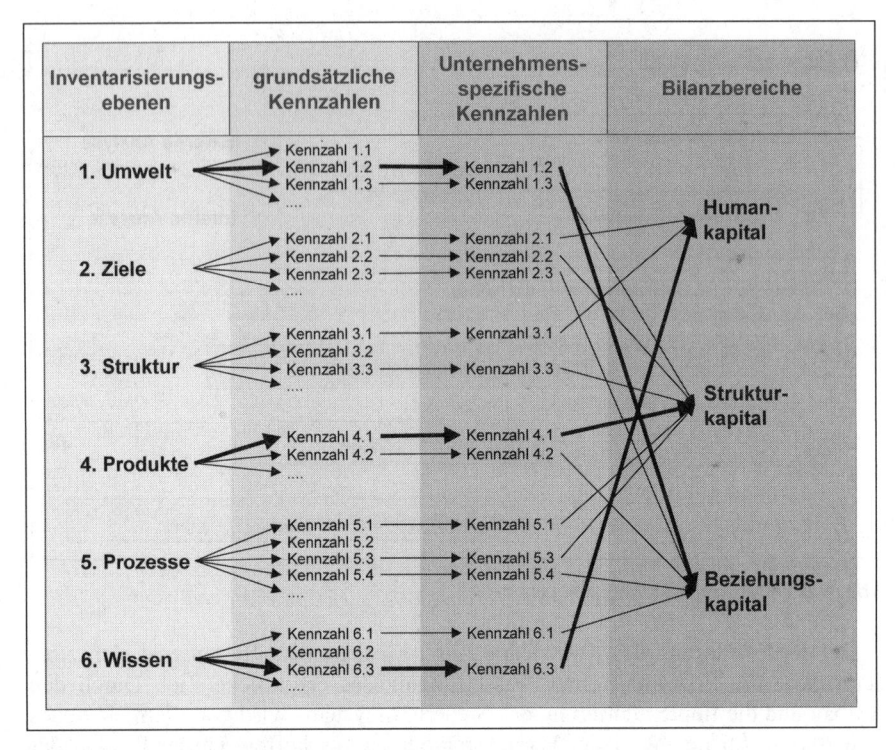

Abb. 8.2. Das mehrstufige Kennzahlensystem

Der Bereich des Beziehungskapitals wird vorwiegend über die erste Inventarisierungsebene erfasst. Dabei werden die Beziehungen zu Kunden, Lieferanten, und anderen Interessengruppen erfasst und bewertet. Insgesamt werden alle weiteren Inventarisierungsebenen, soweit möglich, in Bezug zur Marktebene gesetzt. Die eigentliche Bewertung der ermittelten Daten erfolgt jedoch immer anhand der definierten Wissensziele, die sich aus den Unternehmenszielen ableiten. Der Wert der Knowledge-Assets ist damit unternehmensspezifisch und ergibt sich „aus der Rolle im Geschäftskonzept eines Unternehmens" (Servatius 2004).

8.7 Besonderheiten der Methode

Das Knowledge-Asset-Measurement-System verbindet die Vorteile der verschiedenen Ansätze zur Wissensbewertung (Bodrow u. Bergmann 2003) mit dem Konzept der wertorientierten Unternehmensführung. Beiden Konzepten gemeinsam ist „die konsequente Ausrichtung des gesamten Unternehmens auf die Strategie, damit im Sinne des Ziels -Steigerung des Unternehmenswertes- gehandelt wird" (Horváth u. Möller 2004).

Die verschiedenen Indikatoren zur Erstellung einer Wissensbilanz werden dabei über Ursache-Wirkungsbeziehungen in Bezug zu den Werttreibern im Unternehmen gesetzt. Die relevanten Werttreiber ergeben sich aus der Analyse der Unternehmensplanung und den Unternehmenszielen. Bei der Ermittlung der Werttreiber und Knowledge-Assets werden gleichzeitig Hinweise auf mögliche Risikofelder gegeben. Durch diese Vorgehensweise kann das KAM-System auch als internes Risikosteuerungsinstrument eingesetzt werden.

Es handelt sich beim Knowledge-Asset-Measurement-System also um einen ganzheitlichen Ansatz, der sowohl eine kurzfristige Analyse der Stärken und Schwächen im Wissensmanagement ermöglicht, als auch die Umsetzung mittel- und langfristiger Steuerungsmaßnahmen für die Verwaltung der Knowledge-Assets.

Die Mehrzahl der Wissensbilanz-Ansätze, und damit auch das Knowledge-Asset-Measurement, sind als Frühindikatoren-Systeme für eine Unternehmenssteuerung zu betrachten. Je frühzeitiger Abweichungen erkannt werden, umso schneller und effektiver können Gegenmaßnahmen eingeleitet werden. Die Früherkennung möglicher Risikobereiche ist in Zeiten sich schnell verändernder Märkte zu einem wesentlichen Wettbewerbsfaktor geworden.

Das Ziel der Eröffnungsbilanz für Knowledge-Assets ist die transparente Darstellung der Potenziale (immaterielle Aktiva) und Barrieren (immaterielle Passiva) für die Werttreiber im Unternehmen (Servatius 2004)

8.8 Anwendungsmöglichkeiten der Methode

Im Zusammenspiel der einzelnen Teilbereiche des Knowledge-Asset-Measurement-Systems kann ein „Corporate Reporting" (Servatius 2004) zur internen Steuerung und externen Kommunikation abgeleitet werden.

Die Einteilung des KAM-Systems kann anhand einer Matrix skizziert werden (Abb. 8.3.):

Die **X-Achse** beschreibt den Betrachtungszeitraum näher, der für die weitere Analyse relevant ist. Während vergangenheitsbezogene Analysen auf nachprüfbaren Fakten basieren, ist bei der zukunftsbezogenen Planung die Reduzierung der möglichen Schwankungsbreiten bei den getroffenen Annahmen Ziel der eigentlichen Bewertung.

Die **Y-Achse** der Matrix unterscheidet den jeweiligen Adressatenkreis der Ergebnisse. Während für interne Adressaten meist detaillierte Steuerungsinformationen von Interesse sind, werden gegenüber externen Adressaten die wesentlichen Unternehmensentwicklungen kommuniziert.

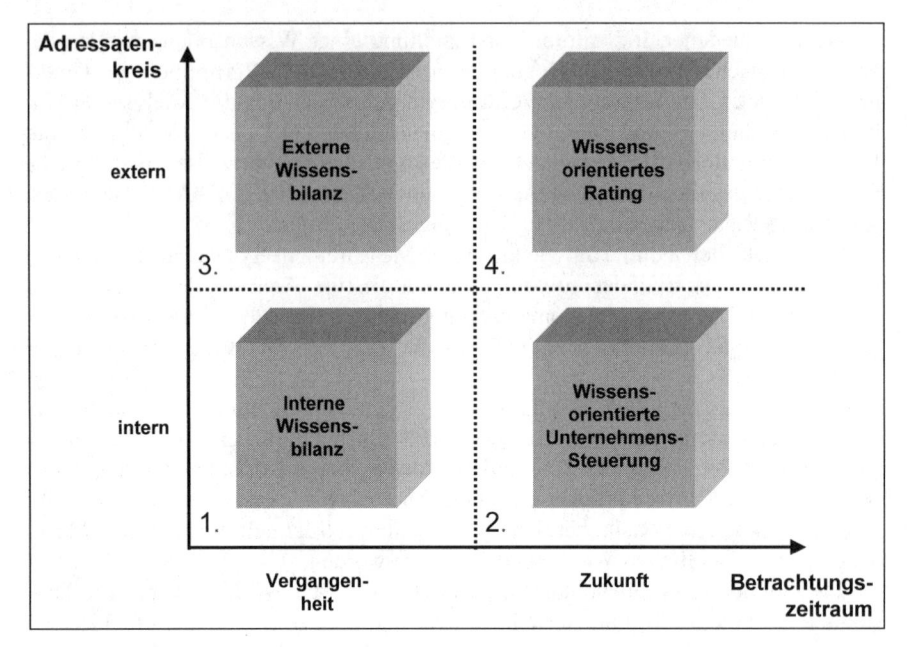

Abb. 8.3. Die Teilbereiche des KAM-Systems

Anhand dieser beiden Ebenen können vier verschiedene Module des KAM-Systems unterschieden werden:

Modul 1 (interne Wissensbilanz):
Die „klassische Wissensbilanz" wird in der Literatur als vergangenheitsbezogenes Indikatorensystem verstanden. Diese interne Wissensbilanz bildet die Grundlage für alle weitergehenden Module. Bei der internen Verwendung steht der Steuerungscharakter im Vordergrund. Hierbei werden zunächst nur vergangenheitsbezogene Daten ermittelt und dargestellt. Durch eine umfassende Dokumentenanalyse im Unternehmen und die Analyse der Bilanz und Gewinn- und Verlustzahlen werden die notwendigen Informationen für die vergangene Analyseperiode erfasst, zu einem aussagekräftigen Kennzahlensystem zusammengestellt und in einem Managementreport als „Wissensbilanz" dargestellt. Diese Art der Wissensbilanzierung enthält jedoch kaum Prognosen für die Zukunft, die für eine Steuerung des Unternehmens aber notwendig sind.

Modul 2 (wissensorientierte Unternehmenssteuerung):
Auf der Grundlage dieser vergangenheitsorientierten Daten aus der „Wissensbilanz" kann dann durch entsprechende Planung der möglichen Schwankungsbreiten der Kennzahlen für die einzelnen Untersuchungsbereiche eine zukunftsbezogene Unternehmenssteuerung (Modul 2) erstellt werden. Diese „knowledge-asset-basierte" Unternehmenssteuerung ermöglicht zugleich, detailliertere Aussagen über die zukünftige Wertentwicklung des Unternehmens, wenn der Bezug zur Finanzplanung hergestellt wird.

Während die Daten für eine interne Unternehmenssteuerung möglichst detailliert dargestellt werden, ist es für die externe Kommunikation mit Shareholdern notwendig, ausführliche Informationen zur Unternehmenssteuerung aufzubereiten.

Modul 3 (externe Wissensbilanz):
Hier werden die Daten der internen Wissensbilanz für einen externen Adressatenkreis so aufbereitet, dass keine unternehmenskritischen Informationen kommuniziert werden. Die Kommunikationsfunktion der vergangenheitsbezogenen Wissensbilanz steht bei der Verwendung für einen externen Adressatenkreis im Vordergrund. Ziel der Kommunikation dieser Informationen sind die Verbesserung der Transparenz des Unternehmens und der damit verbundene Image-Transfer bei Geldgebern, Kunden, Lieferanten und potenziellen Mitarbeitern.

Modul 4 (wissensorientiertes Rating):
Werden die zukunftsbezogenen Daten der wertorientierten Unternehmensplanung im Rahmen einer Due-Dilligence-Prüfung (Born 1995) auch für einen externen Adressatenkreis aufbereitet, kann von einem wissensorientierten Unternehmensrating gesprochen werden. Durch die Standardisierung der Vorgehensweise in KAM.sys kann eine Annäherung der internen und externen Bewertungsverfahren sichergestellt werden.

Bis auf die wertorientierte Unternehmensplanung (Modul 2 und 4) sind die dargestellten Konzepte vorwiegend kennzahlbasiert, da eine monetäre Bewertung bisher nicht integriert war. Das Knowledge-Asset-Measurement-System versucht nun die Brücke zwischen den kennzahlbasierten Systemen und den monetären, wertorientierten Ansätzen zu schlagen, indem über definierte Ursache-Wirkungsketten die Verbindung zur Finanzplanung hergestellt wird.

Die Aufgliederung der verschiedenen Teilbereiche des Knowledge-Asset-Measurement-Systems soll aufzeigen, dass alle Module eine gemeinsame Vorgehensbasis haben, die im Rahmen der Erstellung einer internen Wissensbilanz (Modul 1) realisiert wird. Alle weitergehenden Teilbereiche bauen darauf auf, ergänzen die Vorgehensweise oder konsolidieren die dargestellten Daten. Damit stellt das KAM-System ein umfassendes Managementsystem dar.

Die Einführung eines Knowledge-Asset-Measurement-Systems kann in verschiedene Teilbereiche untergliedert werden. Der erste Teilbereich enthält alle Basisaktivitäten zur Erstellung der Eröffnungsbilanz. Er bildet damit die Grundlage für alle weitergehenden Teilmodule. Das Knowledge-Asset-Measurement-System kann damit zunächst als internes Steuerungssystem eingesetzt werden.

Als Vorteil des Systems kann angeführt werden, dass auf die Basisfunktionalität der ersten Maßnahmenbündel weitergehende Berichts- und Bewertungsverfahren aufgesetzt werden können. Weitere Stärken des Systems liegen in seiner Flexibilität, der Modularität und der Standardisierung. Durch den modularen Aufbau können die verschiedenen Teile mit ihren Vorgehensmodellen je nach Einsatzszenario zusammengestellt werden. Die damit erfassten Daten können je nach Bewertungsziel dann unterschiedlich ausgewertet werden. Somit können sowohl interne Informationen zur Steuerung der Knowledge-Assets dargestellt werden, als auch die Aufbereitung für ein externes Reporting erfolgen. Um dennoch eine Vergleichbarkeit zwischen den Ergebnissen unterschiedlicher Unternehmen zu gewährleisten, wurde die empfohlene Vorgehensweise in Referenzmodellen dokumentiert.

8.9 Das angewandte Vorgehensmodell

Zur Verbesserung der Transparenz und Erhöhung der Nachvollziehbarkeit wurde in KAM.sys ein Vorgehensmodell entwickelt, welches alle Schritte von Projektbeginn bis zum Projektabschluss näher beschreibt.

Das Vorgehensmodell gliedert sich zunächst in sechs Phasen, wobei die ersten beiden Phasen (Vorstudie und Projekt-Initialisierung) nur bei der erstmaligen Projektierung notwendig sind (Abb. 8.4.).

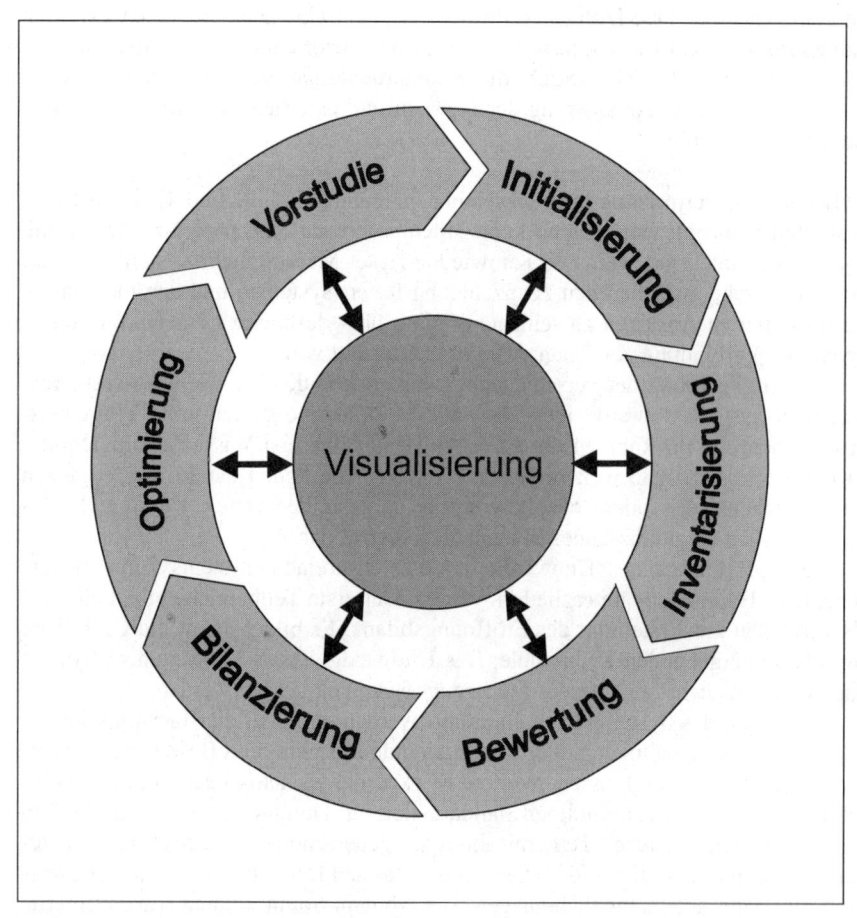

Abb. 8.4. Das Vorgehensmodell in KAM.sys

Die Einführung des KAM-Systems muss jedoch unternehmensindividuell erfolgen, um die jeweiligen Anforderungen des Unternehmens an die Wissenssteuerung zu berücksichtigen. Dazu werden im Rahmen einer Vorstudie die wesentlichen Wissensstrukturen im Unternehmen ermittelt. Die Ermittlung erfolgt anhand eines Assessments. Daraus kann dann eine erste Risikoanalyse in Bezug auf den Unternehmenswert Wissen erstellt werden.

Die Validierung der entwickelten Methode wurde im Rahmen des Forschungsprojektes durch die Anwendung des Vorgehensmodells bei so genannten Erprobungsunternehmen durchgeführt.

Bei der Auswahl der Erprobungspartner wurde zunächst eine Befragung der Geschäftsleitung über den Grad der Umsetzung von Wissensmanagement-Ansätzen durchgeführt. Auf der Grundlage dieser ersten Befragung wurde ein erster Startworkshop konzipiert, der ein grundsätzliches Verständnis zum Thema Wissensbewertung, sowie eine einheitliche Begriffsbasis zum Thema schaffen sollte.

Zur Vorbereitung der Implementierung des Knowledge-Asset-Measurement-Systems und der Erstellung einer ersten Eröffnungsbilanz wurde zunächst in einer ersten Phase eine Vorstudie im Unternehmen durchgeführt. Im Rahmen dieser Vorstudie wurden die Hauptindikatoren der sechs Inventarisierungsebenen erfasst und bewertet. Die Vorstudie dient der Adaption des Vorgehensmodells und der Ermittlung der wesentlichen Risikobereiche im jeweiligen Unternehmen in bezug auf die Knowledge-Asset Steuerung.

Im Rahmen der Projekt-Initialisierung, der zweiten Phase der Einführung des KAM-Systems, wurde ein unternehmensspezifisches Kennzahlensystem für das Knowledge-Asset-Measurement-System aufgebaut. Das Kennzahlensystem berücksichtigt dabei Indikatoren aus dem Wissensmanagement wie auch aus der wertorientierten Unternehmensführung. Dazu wurden die Unternehmensziele auf ihren notwendigen Detaillierungsgrad hin untersucht, um daraus die bereichsspezifischen Wissensziele ableiten zu können (Probst et al. 1999). Anhand dieser Wissensziele werden die Kennzahlen aus einem bestehenden Kennzahlen-Pool ausgewählt, die einen direkten Bezug auf den jeweiligen Unternehmenserfolg haben (Weber 2002). Aus den Anforderungen des Unternehmens, die sich auch aus der Vorstudie ergeben, wird dann aus den ausgewählten Kennzahlen ein mehrstufiges Steuerungssystem aufgebaut. Auch bei der späteren Wissensbewertung spielt die genaue Formulierung der relevanten Wissensziele eine entscheidende Rolle. Die Ermittlung des Werts eines Knowledge-Assets kann immer nur vor dem Hintergrund der Unternehmensziele erfolgen, da nur so beurteilt werden kann, welche die für den Geschäftszweck relevanten Wissenseinheiten sind.

In der dritten Phase, der Inventarisierung, wurden die relevanten Daten für die Kennzahlen entsprechend den sechs oben genannten Inventarisierungsebenen erhoben, um daraus dann eine erste Eröffnungsbilanz zu erstellen. In der Vorstudie wurde bereits der Grad der Verfügbarkeit elektronischer Daten ermittelt. Je mehr Daten aus bestehenden IT-Systemen (zum Beispiel ERP-Systeme, CRM-Systeme, Personalwirtschafts-System) übernommen werden können, umso weniger Daten müssen in Form von standardisierten Assessments und Workshops erhoben werden. Insgesamt liegt jedoch der Anteil, der aus bestehenden IT-Systemen verwendbaren Daten, derzeit bei maximal 50%. Alle weiteren Daten müssen manuell ermittelt werden. Nach Einführung des Knowledge-Asset-Measurement-Systems ist es jedoch das erklärte Ziel, den Anteil der elektronisch verfügbaren Daten auf mindestes 75% zu erhöhen.

In einer vierten Phase erfolgte die eigentliche **Bewertung** der ermittelten Daten. In dieser Phase kommen sowohl so genannte „Ursache-Wirkungsketten" zum Einsatz, als auch spezifische Bewertungsattribute der Knowledge-Assets. Im Rahmen des mehrstufigen Indikatorensystems wurde der Einfluss der jeweiligen Indikatorengruppen auf den Unternehmenserfolg anhand der vordefinierten Referenz-Wirkungsketten prognostiziert, um daraus die Schwankungsbreiten der Werttreiber in der Unternehmensplanung zu ermitteln.

Die Aufbereitung der bewerteten Daten zu einem Reporting-Bericht in Form einer Wissensbilanz erfolgt in der sechsten Phase. Je nach Zielsetzung des Berichts und dem angesprochenen Adressatenkreis kann an dieser Stelle zwischen einer internen oder externen Wissensbilanz unterschieden werden.

Die in Phase Fünf erstellte, interne Eröffnungsbilanz für Knowledge-Assets bildet den aktuellen IST-Stand der Wissensstrukturen im Unternehmen ab. Sie bildet damit die Grundlage für nachfolgende Optimierungsmaßnahmen zur Wertsteigerung.

Die in der Phase Sechs geplanten und durchgeführten Optimierungsmaßnahmen berücksichtigen sowohl die Ergebnisse aus der Eröffnungsbilanz (IST), als auch die gewünschten Wissens- und Unternehmensziele (SOLL). Damit mündet dieser Abschnitt wieder in die zweite Phase zur Überprüfung und gegebenenfalls Anpassung der Wissensziele ein. Das Knowledge-Asset-Measurement-System bildet einen Regelkreis ab, der eine kontinuierliche Überwachung der Knowledge-Assets im Unternehmen erlaubt.

8.10 Die Implementierung

Die Einführung des Knowledge-Asset-Measurement-Systems war zunächst beim Erprobungspartner von der ausführlichen Beschreibung des konkreten Nutzens geprägt. Obwohl bereits ein grundsätzliches Verständnis für die Thematik „Wissensmanagement" vorhanden war, mussten die einzelnen Nutzenaspekte anhand von gezielten Fallbeispielen für den konkreten Einsatzbereich nochmals genauer erklärt werden. Die Überzeugung der Ansprechpartner im Unternehmen konnte jedoch anhand der in der Vorstudie ermittelten Risikobereiche vergleichsweise schnell erfolgen.

Der Umfang der Einführung richtete sich stark nach den vorhandenen Gegebenheiten in den jeweiligen Unternehmen. Im Rahmen der Vorstudie wurden drei Führungskräfte zur aktuellen Situation befragt. Auf Grundlage dieser Vorstudie wurde in einem weiteren Schritt die modulare Vorgehensweise an die Rahmenbedingungen adaptiert. Dabei lagen die Schwerpunkte der Implementierung konkret auf den Bereichen, die im Rahmen der Vorstudie als besonders schwach ausgeprägt und damit risikobehaftet ermittelt wurden.

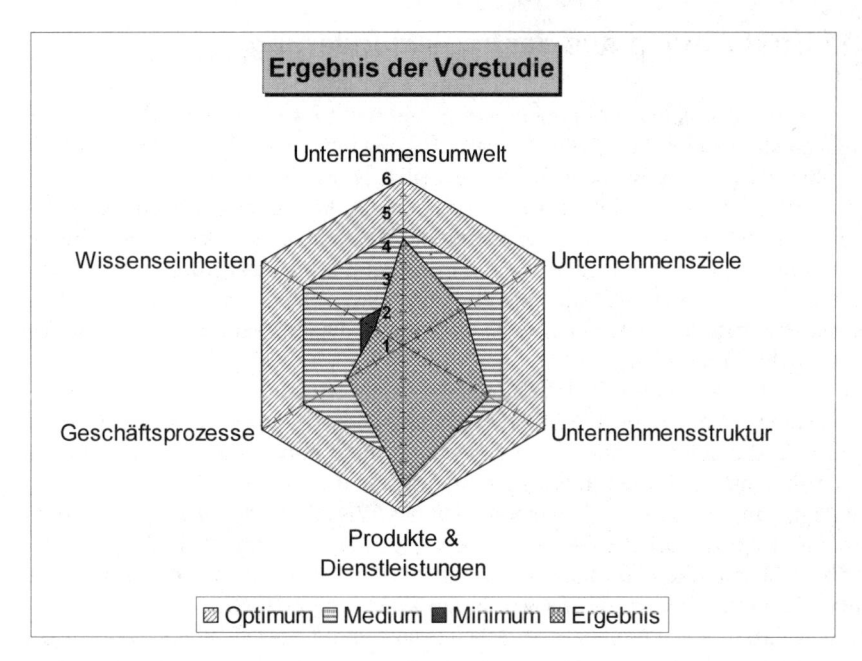

Abb. 8.5. Die Ergebnisdarstellung der Vorstudie

Alle Bereiche, die in der Vorstudie mit einem Skalenwert von weniger als 3.5 (also 50% Zielerreichung) aufgeführt sind, wurden durch einen separaten Workshop gezielt untersucht. In dem Erprobungsunternehmen wurden deshalb die Bereiche Unternehmensziele, Geschäftsprozesse und Wissenseinheiten, die sich wiederum als Ergebnis der Unternehmensziele und Geschäftsprozesse betrachten lassen, einer genaueren Untersuchung unterzogen.

Besonders bestimmend für die weitere Vorgehensweise war der bestehende Ausformulierungsgrad der Unternehmensziele. Hier stellte sich sehr schnell heraus, dass zwar ein grundsätzliches Zielset vorhanden war, dies jedoch nicht detailliert genug war, um entsprechend messbare Wissensziele abzuleiten. In einem umfassenden Ziel- und Strategieworkshop wurden die Unternehmensziele so weit konkretisiert, dass für den Untersuchungsbereich die erfolgsrelevanten Faktoren anhand von Kennzahlen ermittelt werden konnten.

Da jedoch auch die entsprechenden Geschäftsprozesse im Untersuchungsbereich noch nicht ausreichend gut strukturiert waren, musste auch hier in einem Zusatzworkshop eine hinreichende Detaillierung geschaffen werden, um die eingesetzten Wissenseinheiten in den jeweiligen Prozessschritten ermitteln zu können.

8.11 Erfahrungen aus der Implementierung

Wie einleitend schon kurz erwähnt, beinhaltet nicht allein die Erstellung der Eröffnungsbilanz einen konkreten Nutzen für das Unternehmen, sondern allein der Weg bis zur Erstellung bietet konkrete Optimierungsvorschläge. Die Vorstudie lieferte innerhalb kurzer Zeit einen Überblick über die drei Bereiche, die eine differenzierte Betrachtung benötigten. Durch die Konkretisierung der Unternehmensziele durch die Unternehmensleitung wurden bereits Inkonsistenzen in der bisherigen Ausrichtung deutlich, die teilweise zu Zielkonflikten führte. Durch fehlende Prozessbeschreibungen konnten auch bestehende Qualitätsanforderungen in den Zielen nicht erfüllt werden.

Bei der Implementierung des Knowledge-Asset-Measurement-Systems wurden verschiedene Workshops mit Mitarbeitern aus allen Unternehmensebenen durchgeführt. In diesem Zusammenhang war es unbedingt notwendig, die „Sprache des Unternehmens" zu finden, um mögliche Ängste zu zerstreuen. Grundsätzlich erzeugte die angesprochene „Dokumentation des Wissens" Angst bei den Mitarbeitern. Die Explizierung des Wissens in Form von Dokumentation rief bei den betroffenen Mitarbeitern oftmals Ressentiments hervor, da dies mit zusätzlichem Aufwand verbunden wurde. Es wurde die Frage aufgeworfen, „ob für die Wissensbewahrung nun ein eigener Mitarbeiter notwendig wird?" Weitere Fragen, die sich stellten sind z.B. „Wie könnte eine Form aussehen, das relevante Wissen zu dokumentieren?" Im Erprobungstest wurde weiterhin die spezielle Frage aufgeworfen: „Wie könnte das relevante Wissen eines Programmierers dokumentiert werden und welches Wissen aus heutiger Sicht das Relevante ist?"

Die Schaffung einer einheitlichen Begriffsbasis und die Erklärung der Zusammenhänge der Begriffe zu Beginn und im weiteren Verlauf der Implementierung waren dabei unumgänglich.

Oftmals bestehen in den Unternehmen bereits Methoden zur Wissenssicherung und Bewertung, diese werden aber zunächst nicht als diese erkannt und damit auch nicht in ein Gesamtkonzept „Wissensmanagement" eingebunden. Um das Verständnis der Mitarbeiter zu gewinnen, bedarf es einer detaillierteren Erklärung und Kontexteinordnung der Methoden. Dies kann durch eine interaktive Lernplattform zusätzlich unterstützt werden.

Des Weiteren bestand vielfach das Vorurteil, dass die Weitergabe von Wissen einen Mitarbeiter ersetzbar macht. Wissen wurde also als Machtfaktor gesehen. „Eine Veränderungen des unternehmerischen Meßsystems bedeutet auch eine Machtverschiebung (North 1999)." Oft sind diese Ängste jedoch unbegründet, da gerade Fachwissen einen Mitarbeiter wertvoll und unersetzbar macht. Die Einschätzung, wie die Weitergabe von Wissen individuell beurteilt wird, hängt sehr stark von der Unternehmenskultur und der Vorbildfunktion der vorgesetzten Führungskräfte ab (Mandl 2000). Die Grundphilosophie des Knowledge-Asset-Measurement-Systems muss von der Unternehmensleitung vorgelebt werden.

Erst wenn jeder einzelne Mitarbeiter einen individuellen Nutzen in der Weitergabe seines Wissens erkennt und dies durch die Unternehmenskultur unterstützt wird, trägt dies zur Wertsteigerung im Unternehmen bei. Voraussetzung dafür ist eine ausgewogene und auf Motivation bedachte Unternehmensphilosophie.

Ebenso kann nur durch eine kontinuierliche Anpassung des Knowledge-Asset-Measurement-Systems eine langfristig Veränderung der Unternehmenskultur herbeigeführt werden. Hierbei ist wichtig, dass die schriftliche Formulierung von Zielen eine Verbindlichkeit schafft und somit eine Verpflichtung entsteht, die so fixierten Ziele auch zu erreichen.

Bei der Implementierung eines Steuerungssystems für Knowledge-Assets können vor allem konkrete und ausführliche Nutzen- und Einsatzbeschreibungen das Verständnis für die Problematik erhöhen. Im konkreten Projekt wurde der Einsatz einer eLearning-Plattform für die Nutzenbeschreibung und die Begriffsabgrenzung mit Erfolg getestet.

Das Knowledge-Asset-Measurement-System ist in weiten Teilen ein Frühindikatorsystem. Wenn keine akuten Probleme bestehen, ist der Handlungsdruck zur Beseitigung von zukünftigen Risikofeldern eher gering ausgeprägt.

Im Unternehmen muss ein Verständnis dafür geschaffen werden, dass die Wissensbewertung und Steuerung kein einmaliger Prozess ist, sondern dass eine fortlaufende Überprüfung und Anpassung des Bewertungskonzeptes notwendig ist. Die Veränderungen im Unternehmensverlauf müssen sich gerade im Bewertungskonzept für Knowledge-Assets widerspiegeln. Damit handelt es sich bei der Nutzung des KAM-Systems um einen langfristigen, kontinuierlichen und dynamischen Prozess.

Aus der gesamten Implementierung resultierten folgende verbesserungswürdige Ansatzpunkte:

- Aufgrund von Terminengpässen wurde die ursprüngliche Reihenfolge des entwickelten Vorgehensmodells nicht konsequent eingehalten, dadurch wurden Mehrfacherklärungen notwendig und die Projektlaufzeit verlängerte sich unnötig.
- Der geschätzte Aufwand durch die Geschäftsleitung für die Einführung eines Steuerungssystems überstieg zunächst den erwarteten Nutzen, da vor der Vorstudie keine aktuellen Risikobereiche im Unternehmen angenommen wurden.
- Aufgrund der fehlenden Detaillierung bei den Unternehmenszielen und den Geschäftsprozessen war der Aufwand für die vorbereitenden Maßnahmen weit größer, als zunächst angenommen.
- Durch den höheren Einführungsaufwand konnte das Projekt nicht fristgerecht mit der Erstellung der Eröffnungsbilanz abgeschlossen werden.
- Da das Gesamtverständnis für die Thematik Wissensbewertung zunächst im Unternehmen noch nicht vorhanden ist, erscheint die gesamte Methodik und Nutzenbeschreibung zunächst vergleichsweise komplex und für die Entscheidungsträger nicht sofort durchschaubar.
- Zunächst entstehen Missverständnisse bei der Einschätzung der Teilkonzepte dadurch, dass die Definition der verwendeten Begriffe nicht umfassend genug erklärt wurden und der entsprechende Kontext fehlte.

Positive Resultate aus dem Projektverlauf:

- Als das Grundverständnis für den Nutzen vorhanden war, konnten einzelne konkrete Maßnahmen direkt umgesetzt wurden. Beispiel: Detaillierte Dokumentation eines Prozessablaufes im Bereich Controlling, da hier festgestellt wurde, dass bei Krankheit eines bestimmten Mitarbeiters, dieser Prozess von keiner anderen Person ausgeführt werden kann.
- Eine erste Maßnahmenplanung zur besseren Steuerung der Knowledge-Assets konnte schon nach der Vorstudie und während der Datenerhebung erfolgen. Es musste nicht bis zur Erstellung der Eröffnungsbilanz gewartet werden.
- Aufgrund der notwendigen Diskussionen über konkrete Nutzenbeschreibungen am Projektanfang konnte relativ schnell ein allgemeines Bewusstsein für die Thematik Wissensbewertung bei den Mitarbeitern geschaffen werden. Es bestand dann auch Konsens darüber, dass eine Steuerung der Knowledge-Assets im Unternehmen notwendig ist.

8.11.1 Ein Resümee

Für die Einführung eines Bewertungssystems für Knowledge-Assets müssen zunächst bestimmte organisatorische und kulturelle Grundlagen im Unternehmen vorhanden sein.

Die Einführung eines umfassenden Steuerungs- und Berichtssystems für Knowledge-Assets ist mit der Einführung eines herkömmlichen Controlling-Systems vergleichbar und damit ebenso zeitaufwendig. Ein derartiges System ist nicht als einmaliges Projekt zu betrachten, sondern muss fortlaufend an die Anforderungen des Unternehmens angepasst werden, um seine Aufgaben zu erfüllen.

Der Aufwand lohnt sich jedoch in jeden Fall, da dadurch gerade bei wissensintensiven Unternehmen die Steuerung des wesentlichen Teils des Unternehmenswertes erst ermöglicht wird. Zukünftig werden die Anforderungen an den Einsatz eines derartigen Systems von verschiedenen Interessensgruppen noch wesentlich deutlicher als bisher gestellt werden. Mit der Einführung eines Steuerungssystems für Knowledge-Assets werden gleichzeitig auch Risikobereiche aufgedeckt und verringert, die einem herkömmlichen Controlling-System meist verborgen bleiben.

Durch die Beschäftigung mit dem Thema „Wissensbewertung" wird im Unternehmen das notwendige Bewusstsein für einen „wirtschaftlichen" Umgang mit der Ressource Wissen geschaffen. Ein einheitliches Verständnis aller Mitarbeiter für den Nutzen des Systems ist jedoch notwendig, damit die Vorteile des Systems auch realisiert werden können.

Obwohl bei der Implementierung auch „Quick-Wins" geschaffen werden können, erfordert die vollständige Umsetzung eine Nachhaltigkeit, die besonders durch die Unternehmensleitung unterstützt werden muss. Vielfach ist dabei auch eine Veränderung der Unternehmenskultur im Umgang mit Wissen notwendig. Dadurch kann sich die vollständige Einführung eines Knowledge-Asset-Measurement-Systems über mehrere Jahre erstrecken. Deshalb ist eine modulare

Implementierung einzelner Bausteine für die Nutzenargumentation im Unternehmen hilfreich.

Für viele Unternehmen wird es jedoch zukünftig keine Alternative zum Aufbau eines Steuerungssystems für Knowledge-Assets geben, wenn sie ihre wichtigste Ressource wirtschaftlich einsetzen wollen, um daraus nachhaltige Wettbewerbsvorteile zu generieren und ihren Unternehmenswert steigern möchten.

Literaturverzeichnis

Austrian Research Center Seibersdorf (ARCS) (1999) Wissensbilanz 1999: Wissen schafft Zukunft. http://www2.dlr.de/forschung/industrie/wb/Wissensbilanz_2001_de.pdf

Bodrow W, Bergmann P (2003) Wissensbewertung im Unternehmen. Erich Schmidt, Berlin

Born K (1995) Unternehmensanalyse und Unternehmensbewertung. Schäffer-Poeschel, Stuttgart

Foegen M, Raak C (2003) Capability Maturity Model: Eine Einführung in CMM und CMMI. http://www.wibas.de/download/cmm.pdf

Gleißner W, Füser K (2002) Leitfaden Rating. Vahlen, München

Hofmann GR (2003) Strukturen und Komponenten rational-ökonomischer Wissensmärkte. (Beitrag zur 6. Internationalen Tagung Wirtschaftsinformatik, September 2003)

Horváth P, Möller K (2004) Intangibles in der Unternehmenssteuerung, Vahlen, München

Lüthy W, Voit E, Wehner T (2002) Wissensmanagement–Praxis. vdf Hochschulverlag AG, Zürich

Mandl H, Reinmann-Rothmeier G (2000) Wissensmanagement. Oldenbourg, München Wien

North K (1999) Wissensorientierte Unternehmensführung. Gabler, Wiesbaden

Probst G, Raub S, Romhardt K (1999) "Wissen managen". Gabler Verlag, Frankfurt am Main

Servatius HG (2004) Nachhaltige Wertsteigerung mit immateriellen Vermögen. In: Horváth P, Möller K (Hrsg) Intangibles in der Unternehmenssteuerung. Vahlen, München, S 84-95

Spremann K (2002) Finanzanalyse und Unternehmensbewertung. Oldenbourg, München Wien

von der Oelsnitz D, Hahmann M (2003) Wissensmanagement – Strategie und Lernen in wissensbasierten Unternehmen. Verlag W. Kohlhammer, Stuttgart

Weber M (2002) Kennzahlen – Unternehmen mit Erfolg führen. 3. Auflage. Haufe Verlag, Freiburg im Breisgau

9 Warum eine Wissensbilanz in der VR Bank Südpfalz?

Kay Alwert, Rainer Offen

9.1 Einleitung

Die Finanzdienstleistungsbranche befindet sich derzeit in einer bedeutenden Umbruchphase. Entwicklungen wie das Vordringen neuer Wettbewerber, Preis- und Margendruck, Entstehung neuer Vertriebskanäle (z.B. Online-, Direct-Banking), gestiegene Kundenansprüche führen zu einer völlig neuen Ausgangssituation am Bankenmarkt.

Hinzu kommen ständig steigende Anforderungen an das Bankgeschäft seitens des Gesetzgebers und der Aufsichtsbehörden. So ändern sich beispielsweise durch neue Regulierungsvorschriften im Kreditgeschäft - Stichwort Basel II - die Spielregeln der Kreditvergabe. Beim Rating von Unternehmen stehen neben den rein betriebswirtschaftlichen Fakten aus der Bilanz zunehmend die so genannten weichen Faktoren oder das immaterielle Vermögen von Unternehmen im Blickfeld der Betrachtung. Dazu zählen Faktoren wie die Qualität des Managements, die Nachfolgefrage oder die strategische Positionierung im Markt. Auch wie schnell ein Unternehmen in der Lage ist, seine Potenziale adäquat und reaktionsschnell zu mobilisieren, zählt hierzu. Das immaterielle Vermögen von Unternehmen ist dadurch selbst längst zu einer harten Währung und einem erfolgskritischen Faktor im Bankgeschäft geworden. Dies gilt selbstverständlich auch für die VR Bank Südpfalz, nicht zuletzt deshalb, weil auch Banken einem Rating unterliegen.

Schon immer war es notwendig, ausreichende Informationen über Kunde, Produkt, Markt und Wettbewerb zu haben. Das Wissen um die eigenen Produkte und Prozesse, die Kompetenzen der Mitarbeiter sowie die Bedürfnisse der Kunden sind die wichtigsten Voraussetzungen, um die weitreichenden Veränderungen zu meistern, denen die Bank derzeit ausgesetzt ist. Durch die zunehmende Komplexität wird immer mehr Wissen selbst für einen einzigen Geschäftsvorfall benötigt, ganz zu schweigen von weit reichenden strategischen Aufgaben. Die Qualität von Entscheidungen ist unmittelbar vom verfügbaren Wissen abhängig. Gleichzeitig beschleunigen sich die Prozesse und die Entwicklung neuer Produkte und Prozesse. Die Kunden wollen schnell und gut beraten werden. Die Erkenntnis, dass die Bank in Kontakt zu ihren Kunden immer und überall - insbesondere in der Beratungskompetenz - konkurrenzfähig sein und bleiben muss, zwingt zu einem hohen und aktuell verfügbaren Wissen zur Unterstützung des Bankbetriebes. "Die Schnellen fressen die Langsamen" beschreibt die Situation treffend.

Daher ist es unerlässlich, Strategien für den Umgang mit Information und Wissen zu entwickeln, unseren „Wissensberg", also den der VR-Bank Südpfalz, nutzbar zu machen.

Diese Entwicklungen beinhalten Chancen und Risiken für uns, denen wir mit einer Neupositionierung und daraus folgenden Umstrukturierungen begegnen müssen. Der genossenschaftliche Finanzverbund hat sich vor diesem Hintergrund bereits Ende der 90er Jahre neu positioniert. Aus dem Strategiepapier "Bündelung der Kräfte" ergaben sich in der Folgezeit eine Vielzahl von Aktivitäten. Die Ausrichtung zur Vertriebsbank und die zahlreichen daraus resultierenden Projekte wie z.B. aktuell die Errichtung eines Kundenservice-Center, sind nur ein Beispiel hierfür.

Um die Vision von der Zukunft selbst optimal gestalten zu können, gilt es das immaterielle Vermögen, das in unseren Mitarbeitern, Prozessen und Beziehungen steckt, in optimaler Weise aufeinander abzustimmen. Der Steuerung des intellektuellen Kapitals gilt daher besonderes Augenmerk.

Die zentralen Fragestellungen, die sich hieraus im Sinne einer Standortbestimmung für uns ergeben sind:

Wer sind wir, was können wir und wo müssen wir besser werden? Welche Informationen überzeugen unsere Kunden ihre Bankgeschäfte gerade bei uns abzuwickeln? Welche Kompetenzen müssen wir entwickeln oder aufbauen? Wie machen wir unsere Prozesse durch einen verbesserten Umgang mit Wissen effektiver, effizienter und innovativer? Welche Strukturen müssen wir errichten (IT, Infrastruktur, Kommunikation)? Welche Beziehungen unterstützen unsere aktuelle und zukünftige Entwicklung?

„Du kannst nicht managen, was Du nicht messen kannst", diese klassische Managementaussage macht deutlich, dass zuverlässige Methoden zur Messung und Bewertung Voraussetzung für ein effektives Management des intellektuellen Kapitals sind. Aber nicht nur reine Fakten, sondern auch das Wissen über Wirkungszusammenhänge zwischen den einzelnen Faktoren sind essentiell für eine effektive Steuerung.

Das Ziel der Wissensbilanz der VR Bank Südpfalz ist es daher das intellektuelle Vermögen zunächst systematisch zu erfassen, Wirkungszusammenhänge aufzuzeigen und die Wissensbilanz als Instrument zur Steuerung des intellektuellen Kapitals dauerhaft zu installieren.

Möglich wurde die Erstellung der ersten Wissensbilanz durch die Teilnahme an dem vom Bundesministerium für Wirtschaft und Arbeit im Rahmen des Programms „Fit für den Wissenswettbewerb" geförderten Projektes „Wissensbilanz – Made in Germany". Wissen ist in unserem Wirtschaftssystem zu einer bedeutenden Währung geworden. Wenn die Währung „Wissen" gut investiert wird, um in der Sprache der Banker zu bleiben, kann Sie in der Folge gute Zinsen und Erträge bringen. Wie bei jeder Investition ist dafür eine Kenntnis der "Wissensmärkte", des Wissensprofils (Anlegerprofil, im Sinne von Wissen und Erfahrungen) und des Wissensziels (Anlageziel) unerlässlich.

9.2 Unternehmensportrait der VR Bank Südpfalz eG

Die VR Bank Südpfalz mit Sitz in Landau i. d. Pfalz ist eine moderne Genossenschaftsbank mit regionaler Ausrichtung. 460 Mitarbeiterinnen und Mitarbeiter sind für Privat- und Firmenkunden im Einsatz. Die Schwerpunkte der Geschäftstätigkeit liegen insbesondere in den Feldern Konto und Service, Geldanlage und Vermögensmanagement, private und gewerbliche Finanzierungen sowie in den Bereichen Bausparen, Immobilien und Versicherungen.

Mit 47 Geschäftsstellen in den Landkreisen Germersheim und Südliche Weinstraße sowie in den Stadtgebieten Landau und Neustadt ist die Bank eine zukunftsorientierte und leistungsfähige Genossenschaftsbank mit über 100-jähriger Tradition. Die Mitarbeiterinnen und Mitarbeiter sind in allen Bereichen des modernen Bankgeschäftes tätig. Mehr als 38.700 Kunden sind Mitglieder und somit Bankteilhaber. Zum Jahresende 2003 betrug die Bilanzsumme 1,3 Mrd. €. Damit gehörte die VR Südpfalz zu den größten Genossenschaftsbanken in Rheinland-Pfalz.

9.3 Das Wissensbilanzmodell des AK Wissensbilanz

In der VR Bank Südpfalz sind mehr als 460 Menschen berufstätig oder befinden sich in der betrieblichen Ausbildung. Um erfolgreich tätig sein zu können, bedarf es vieler Faktoren wie z.B. der Qualifikation, der richtigen Arbeitsplatzausstattung, der Kommunikation oder auch des Wissens über die Kunden. In einem Team (System) entscheidet letztlich das Zusammenspiel aller relevanten Faktoren über den Erfolg. Was aber sind die Erfolgsfaktoren? Wie stark wirken die einzelnen Faktoren? Welche Wirkungszusammenhänge gibt es? Welche Punkte sind besonders kritisch für den Erfolg und wie schnell kann bei Bedarf gegengesteuert werden? Diese und weitere Fragen gaben letztlich den Ausschlag zur Bewerbung für eine Teilnahme an dem Projekt „Wissensbilanz – Made in Germany"[1].

Projektgegenstand war die prototypische Erstellung von Wissensbilanzen in kleinen und mittelständischen Unternehmen (KMU) in Deutschland. Eine Wissensbilanz weist, nach dem Verständnis des Arbeitskreis Wissensbilanz (AKWB), dabei das Vermögen eines Unternehmens aus, das nicht direkt greifbar, aber entscheidend für den wirtschaftlichen Erfolg in der Zukunft ist.

Initiator des Projektes ist der aus internationalen Experten zusammengesetzte AKWB, der den deutschen Leitfaden zur Wissensbilanzierung erarbeitet hat (BMWA 2004). Aufbauend auf den praktischen Erfahrungen der Experten wurde ein angepasstes Vorgehen zur Wissensbilanzierung in deutschen KMU entwickelt.

Bei dem verwendeten Wissensbilanzmodell handelt es sich um das in der nachfolgenden Darstellung vom AKWB entwickelte Modell, in das die im Rahmen des Projektes erarbeiteten Spezifikationen der Bank bereits eingearbeitet sind (z.B. die spezifischen Einflussfaktoren, Geschäftsprozesse etc.). Die Erläuterung der einzelnen Systemkomponenten erfolgt somit direkt am praktischen Beispiel.

---

[1] Siehe www.akwissensbilanz.org

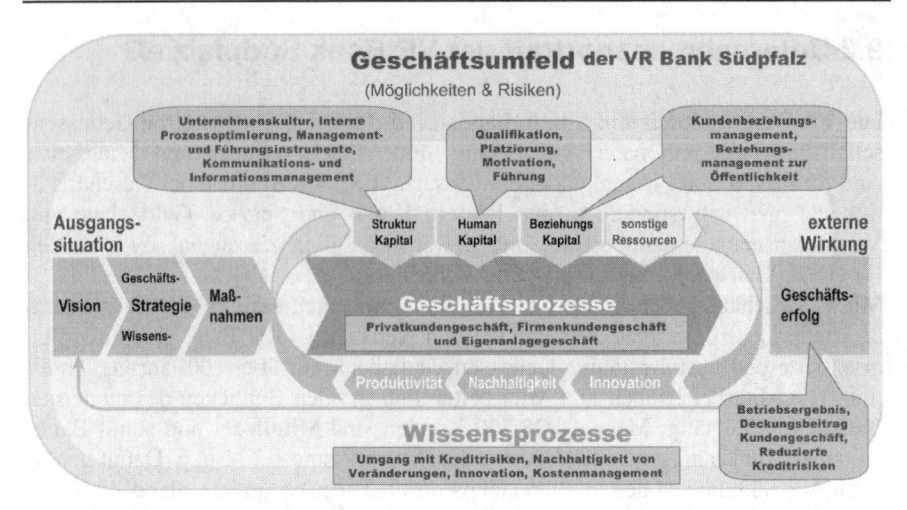

Abb. 9.1. Geschäftsumfeld der VR Bank Südpfalz

9.3.1 Ausgangspunkt Vision und Strategie der VR Bank Südpfalz

Ausgangspunkt des Modells ist die Vision und Strategie der VR Bank Südpfalz. Die Leitgedanken der Vision sind das Fundament, sowohl für die Strategie, als auch für die materiellen und immateriellen Zielsetzungen. Sie bestimmen neben den wirtschaftlichen Ergebnisgrößen, auch den gezielten Einsatz des Wissenskapitals zum Nutzen der Mitglieder und Kunden. Einige grundlegende Gedanken zur Vision der VR Bank Südpfalz sind im folgenden kurz dargestellt:

Vision Kunden (Das Kunden-Prinzip)

- Was für uns wirklich zählt, ist die Transparenz der Wünsche und Ziele unserer Kunden. *(oder: Es ist unser Ziel, unsere Kunden und ihre spezifischen Bedürfnisse am besten zu kennen.)* Mit diesem Wissen und Verständnis für die Situation des Einzelnen entwickeln unsere Berater gemeinsam mit dem Privat- oder Firmenkunden eine individuelle Finanzplanung.

Vision Mitglieder (Das Mitglieder-Prinzip)

- Einzigartige Kundennähe: Als genossenschaftliches Unternehmen gehören wir zur einzigen Bankengruppe die von ihren Mitgliedern getragen wird. Wir sind der Region und unseren Mitgliedern vor Ort verbunden und verstehen uns als deren Förderer. Denn in einer Gemeinschaft werden Ziele leichter erreicht.

Vision Mitarbeiter (Das Mitarbeiter-Prinzip)

- Mit engagierten, kundenorientierten Mitarbeitern mit fachlicher, sozialer und persönlicher Kompetenz wollen wir fit für den Kunden und den Wettbewerb sein, um die Ansprüche und Erwartungen unserer Kunden bestmöglich zu erfüllen.

9.3.2 Wissensziele in der VR Bank Südpfalz

Ausgehend von Vision und Strategie wurden im nächsten Schritt Wissensziele und Maßnahmen abgeleitet. Eines der strategischen Ziele ist die Ausrichtung zur Vertriebsbank. Dabei spielt der Ausbau der Kundenbeziehung die entscheidende Rolle bei der Festlegung der Ziele im Wissensmanagement.

Die Vision „Mitglieder" und „Kunden" führt zu einer sehr eng am Kunden ausgerichteten Optimierung der Geschäftsprozesse und zu einer Neuausrichtung des Firmenkundengeschäftes. Das Firmenkundengeschäft ist ein zentraler Faktor auf dem Weg zur Vertriebsbank und bietet großes Potential in Bezug auf den zukünftigen Geschäftserfolg. Dabei ist darauf zu achten, dass die erarbeitete Ausgewogenheit zwischen Ertrag, Kosten und Kreditrisiko auch künftig erhalten bleibt bzw. weiter zu Gunsten eines positiven materiellen Ergebnisses ausgebaut werden muss.

Aus Vision und Strategie leiten sich unter anderem folgende Wissensziele ab:

- Ausbau und Erhöhung von Führungskompetenzen
- Festlegung klarer Anforderungsprofile und Abgleich von Stellenprofilen und Mitarbeiterqualifikationen insbesondere im Hinblick auf die Ausrichtung zur Vertriebsbank
- Einführung einer Balanced Score Card auf Gesamtbankebene und im Roll-Out
- Einführung von Steuerungs- und Anerkennungssystemen zur leistungsorientierten Entlohnung auf Gesamtbankebene und im Roll-Out

9.3.3 Die Gestaltung unserer Wissenskapitalkomponenten

Die Wissensziele geben die Orientierung für die anschließende Gestaltung der Wissensbasis in Form von Human-, Struktur- und Beziehungskapital vor.

Das Humankapital charakterisiert dabei die Kompetenzen, Fertigkeiten, Motivation und Lernfähigkeiten der Mitarbeiter/innen. Das Strukturkapital umfasst all jene Strukturen, Prozesse und Abläufe, welche die Mitarbeiter/innen benötigen, um in ihrer Gesamtheit produktiv zu sein, also all jene intelligenten Strukturen, welche bestehen bleiben, wenn die Mitarbeiter/innen am Abend die Bank verlassen. Das Beziehungskapital stellt in erster Linie die Verbindung zu den Privatkunden, Firmenkunden, Mitgliedern sowie die Beziehungen zu Partnern im Verbund oder auch zu Nichtkunden dar. Die für die VR Bank Südpfalz in den einzelnen Kapitalkomponenten identifizierten Einflussfaktoren können dem obigen Schaubild entnommen werden.

Die Gestaltung der Dimensionen Human-, Struktur- und Beziehungskapital ist eng mit den Geschäftsprozessen im Privat-, Firmenkunden- und Eigenanlagegeschäft und den internen Wissensprozessen verknüpft. Die enge Verknüpfung des immateriellen Kapitals mit den Geschäfts- und Wissensprozessen wurde in Ursache-Wirkungs-Beziehungen dargestellt.

Alle Dimensionen werden durch Indikatoren beschrieben und sollen die Potentiale der betreffenden Kategorie sowohl quantitativ als auch qualitativ bewerten. Bei der Auswahl der Indikatoren kam es soweit als möglich auch auf externe Vergleichsmöglichkeiten im Sinne eines Benchmarking an. Anhand der Indikatoren kann ein Abgleich erfolgen, inwieweit die Wissensziele erreicht wurden bzw. wo die VR-Bank im Verhältnis zu anderen Banken vergleichbarer Größenordnung steht. Bei einzelnen Einflussfaktoren wurden zwar Indikatoren gefunden, es konnte jedoch noch nicht auf entsprechendes Datenmaterial zurück gegriffen werden. Da für die Steuerung des Einflussfaktors die Transparenz über diese Indikatoren jedoch erforderlich ist, wurden diese in der Wissensbilanz mit dem Wert „0" ausgewiesen, was gleichzeitig einen gewissen Handlungsbedarf bei dem jeweiligen Einflussfaktor dokumentiert.

Das Modell beschreibt aber nicht nur die einzelnen Dimensionen sondern stellt auch in systemischer Betrachtungsweise die einzelnen Faktoren des Systems in einem Wirkungsgefüge dar. Welche Auswirkung hat beispielsweise der Faktor Qualifikation der Mitarbeiter auf das Kundenbeziehungsmanagement? Oder welchen Einfluss hat die Führungskompetenz auf das Kommunikations- und Informationssystem? Das Wirkungsgefüge zeigt also auf, welchen Einfluss die einzelnen Faktoren innerhalb des Systems und vor allem auf den angestrebten Geschäftserfolg haben. Durch eine integrierte Sensitivitätsanalyse nach Vester (1999) werden darüber hinaus die Faktoren ermittelt, welche besonders risikoanfällig sind oder welche stabilisierend im System wirken. Auch dem zeitlichen Aspekt, innerhalb welchen Zeithorizonts Veränderungen im System spürbar werden, wird durch das Modell Rechnung getragen. Letztlich zeigt das Wirkungsgefüge auch die Stellschrauben bzw. Generatoren auf, an denen es Sinn macht zu arbeiten.

In dem nachfolgenden Schaubild wurden alle Einflussfaktoren zum einen nach ihrem Einflussgewicht innerhalb des Systems, also nach ihrer Wichtigkeit im System VR Bank, zum anderen nach ihrem Verbesserungspotential bewertet.

Das Bild zeigt deutlich auf, dass die Führungskompetenz der Faktor mit dem überragenden Einfluss in unserem System darstellt. Gleichzeitig ist aber bereits erkennbar, dass hier auch noch weiterer Verbesserungsbedarf besteht.

Das größte Potential für die Zukunft liegt in der internen Prozessoptimierung und im Firmenkundengeschäft. Das Firmenkundengeschäft befindet sich derzeit in einer großen Veränderung (Stichwort Basel II). In einem Geschäftszweig, in dem die Spielregeln der Kreditvergabe neu definiert werden, ergeben sich nahezu zwangsläufig Chancen und Risiken.

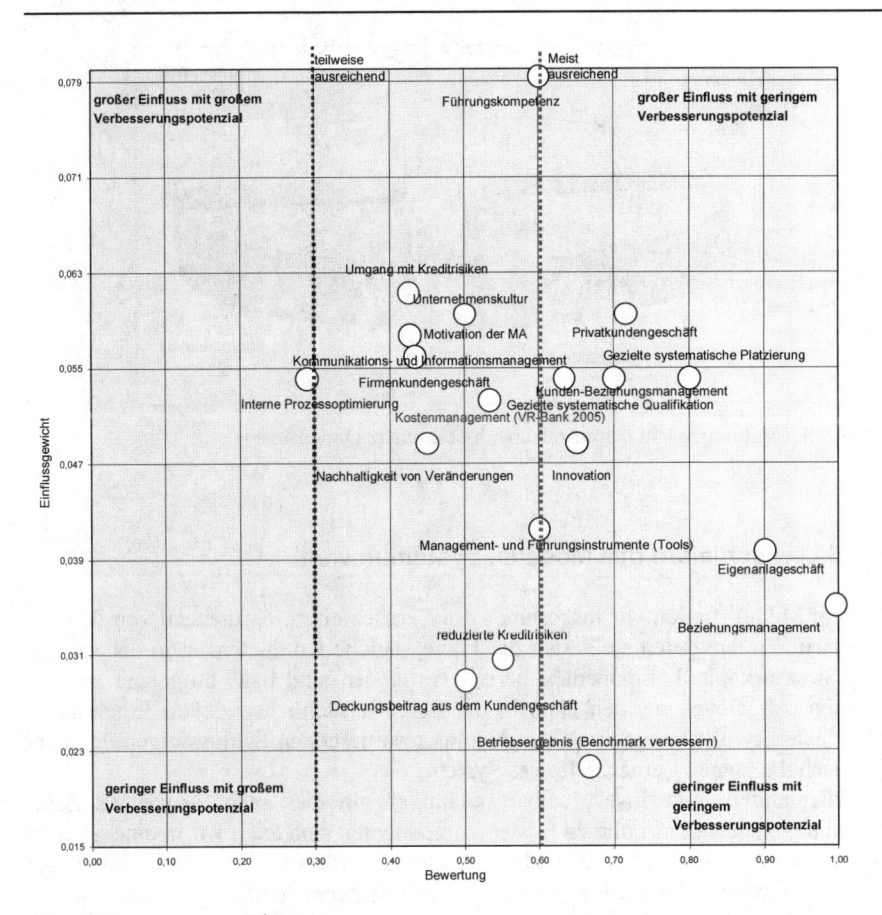

Abb. 9.2. Bewertungs-Diagramm

9.3.4 Gewichtung der Faktoren nach Einfluss und Verbesserungspotential

Eine Gewichtung aller Faktoren nach Einfluss und Verbesserungspotential zeigt, dass die Faktoren Humankapital, Strukturkapital, wertschöpfende Prozesse und Beziehungskapital sowie die weiteren erfolgsrelevanten internen Prozesse etwa gleich gewichtet sind. Der Erfolg hat viele Väter, respektive Mütter, die quasi gleichberechtigt nebeneinander stehen. Entscheidend ist letztlich das Zusammenspiel aller Komponenten. Das Bild hat Symbolcharakter.

Das "lebenslange Lernen" ist längst zum Teil des Arbeitsalltags geworden. Was dabei für jeden einzelnen gilt, gilt selbstredend auch für die VR Bank Südpfalz in ihrer Gesamtheit. Auf der individuellen Ebene bedeutet Lernen = Beschäftigbarkeit, auf Unternehmensebene bedeutet Lernen die Sicherung der wirtschaftlichen Zukunft durch Innovation und Nachhaltigkeit.

```
Interne Prozesse/
Wissensprozesse
23%

Wertschöpfende
Prozesse
17%

Humankapital
27%

Beziehungskapital
10%

Strukturkapital
23%
```

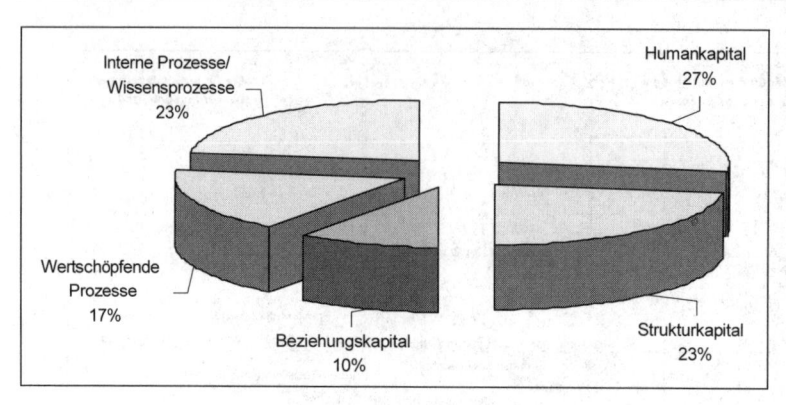

Abb. 9.3. Einflussgewicht der einzelnen Wissensbilanz Dimensionen

9.3.5 Lernschleifen des Modells, Systemumwelt

In dem Modell finden wir insgesamt zwei Lernschleifen. Ausgehend von den definierten Wissenszielen stellt sich die Frage, welche Kompetenzen in den einzelnen Strukturkapitalkomponenten bereits vorhanden sind bzw. aufgebaut werden müssen. Abgeleitet aus den dann in der Folge tatsächlich erzielten Ergebnissen bzw. externen Wirkungen und den hieraus resultierenden Schlussfolgerungen ergibt sich die zweite Lernschleife des Systems.

„Niemand ist eine Insel", selbstverständlich gilt dies auch für die VR Bank Südpfalz. Neben allen internen Systemkomponenten sind auch wir in eine größere Systemumwelt eingebettet. Die Marktsituation, Verbraucherverhalten, das Image in der Öffentlichkeit und vieles mehr haben selbstverständlich auch Einfluss auf die Zielsetzungen und bedürfen daher ebenfalls der Berücksichtigung.

9.3.6 Geschäftserfolgskomponenten der VR Bank Südpfalz

Der Geschäftserfolg ist das Ergebnis richtiger Entscheidungen. Im Vordergrund steht für uns qualitatives statt quantitatives Wachstum. Eine gute Aussteuerung zwischen Chance und Risiko trägt zum guten Ergebnis bei. Die Grundlage für den Geschäftserfolg bildet eine vertrauensvolle Partnerschaft zwischen Kunde und Bank.

Folgende Kenngrößen und Zielsetzungen für den Geschäftserfolg wurden definiert:

   Betriebsergebnis **Steigerung** des Betriebsergebnisses
   Konditionsbeitrag **Steigerung** des Konditionsbeitrages
   Kreditrisiken   **Reduzierung** der Kreditrisiken

Im Betriebsergebnis werden sämtliche Erfolgskomponenten eines Geschäftsjahres verrechnet. Die wesentlichen Komponenten sind der Zins- und Provisionsertrag und die Verwaltungskosten, aufgeteilt in Personal- und Verwaltungskosten. Ziel ist eine gesunde Kosten- / Ertragsrelation. Der Konditionsbeitrag stellt die Vorteilhaftigkeit der Konditionen im Kundengeschäft gegenüber den Sätzen am Geld- und Kapitalmarkt dar. Mit diesem Differenzbetrag müssen die Kosten und die mit dem Geschäft eingegangenen Risiken (Kredit- und Marktpreisrisiken) gedeckt werden. Ziel ist es, neben diesen Komponenten einen Zusatzertrag für die Eigenkapitalverzinsung zu erwirtschaften. Die Kenngröße Kreditrisiko zeigt die Höhe der Zahlungsausfälle der Kreditkunden auf. Ziel ist es, den Unternehmenswert permanent zu steigern, ohne dabei den Risikorahmen zu erhöhen.

9.4 Dimensionen und Prozesse

Für die einzelnen Dimensionen Human-, Struktur-, Beziehungskapital und die internen Prozesse bzw. Wissensprozesse wurden die wichtigsten Einflussfaktoren identifiziert. Zunächst wurde für jeden Faktor eine Definition im Sinne eines gewünschten Ist-Zustandes vorgenommen.

Beispielhaft sei hier eine solche Definition aus dem Bereich des Humankapitals angeführt.

9.4.1 Gezielte systematische Qualifikation

Unter der gezielten systematischen Qualifikation der Mitarbeiter wird eine an den Anforderungen des jeweiligen Aufgabenfeldes bzw. zukünftigen Anforderungen ausgerichtete Personalentwicklung und -bindung verstanden. Gegenstand der Qualifizierung sind dabei Fach-, Methoden-, Sozial- und Persönlichkeitskompetenzen (Kommunikation, Führung, Beziehungsmanagement etc.). Dabei spielen Qualifikationen im vernetzten Denken, im Umgang mit Veränderungen eine zunehmend wichtige Rolle, die es mit gezielten Maßnahmen zu qualifizieren gilt. Für die einzelnen Arbeitsplätze bestehen klare Anforderungsprofile und daraus resultierende Weiterbildungsprofile. Die Fähigkeiten und Fertigkeiten der Mitarbeiter sind transparent und werden regelmäßig zur individuellen Bedarfsermittlung abgeglichen. Die Personalentwicklung ist in die Strategie der Bank eingebunden und begleitet und unterstützt Veränderungsprozesse aktiv.

Anschließend erfolgte für alle Faktoren eine Bewertung der Ausprägung des derzeitigen Ist-Zustandes im Hinblick auf den Soll-Zustand nach Quantität (Summe der Aktivitäten), Qualität und Systematik (Wie gut tun wir das was wir tun und wie systematisch tun wir es?). Hierbei kam eine Skala von 0-120% zum Einsatz, wobei 0% eine nicht ausreichende Ausprägung und 120% eine Übererfüllung darstellt.

Die Ergebnisse wurden abschließend interpretiert sowie ein Rückblick und Ausblick auf vergangene bzw. zukünftige Aktivitäten in den einzelnen Feldern gegeben.

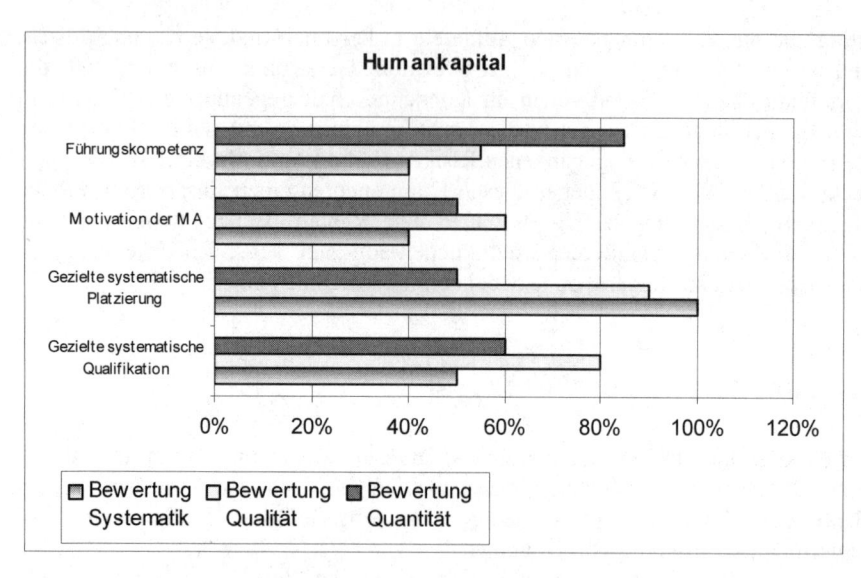

Abb. 9.4. Bewertung des Humankapitals in einem Balkendiagramm

9.4.2 Beispiel: Interpretation des EF „Gezielte systematische Qualifikation"

Im Bereich der **gezielten systematischen Qualifikation** unserer Mitarbeiter konnten in den vergangenen Jahren gute Fortschritte erzielt werden. Das Klassenziel ist allerdings bei weitem noch nicht erreicht. Vor dem Hintergrund der Notwendigkeit höherer Qualifikationen, Entwicklungen am Arbeitsmarkt (Stichwort Fachkräftemangel) und gesellschaftlichem Wandel investieren wir weiter in den Faktor Qualifikation. Seit einigen Jahren fördern wir berufsbegleitende Studiengänge, investieren massiv in den Faktor Ausbildung und haben systematisch zahlreiche interne Weiterbildungsmaßnahmen bis hin zur Errichtung einer Freizeitakademie initiiert. Das Manko in der Qualifikation liegt sicherlich in der Quantität und Systematik, die nicht in allen Bereiche der VR Bank Südpfalz in der gleichen Intensität bearbeitet wird. Dies gilt insbesondere für die dem Markt nachgelagerten Bereiche und Stäbe. Im Vergleich zu anderen Banken vergleichbarer Größe erreicht die VR Bank Südpfalz bei den einzelnen Indikatoren in etwa vergleichbare Werte. Zur Verbesserung der Situation wird der Bereich Personal in die Bereiche Personalbetreuung und Personalentwicklung aufgeteilt, um den Qualifizierungsprozess konzentrierter voranzutreiben.

9.4.3 Indikatoren unseres Humankapitals

Die wichtigsten Indikatoren im Bereich des Humankapitals werden seit 5 Jahren im Rahmen eines Personalreports regelmäßig erhoben. Externe Vergleichswerte liegen ebenfalls vor, so dass eine Vergangenheitsbetrachtung möglich ist. Im Jahr 1999 lag beispielsweise die Zahl der Mitarbeiter mit einer akademischen Ausbildung noch bei 1 %, aktuell sind es 5 %, ein deutlicher Beleg unserer Aktivitäten.

Humankapital	Wert	Ext. B.	Bew.	Ziel
Anzahl der MA gesamt (nach Köpfen)	481		☺	⇨
Anzahl der MA in Vollzeit in Vollzeitäquivalent	366		☺	⇨
Frauenanteil (bezogen auf Anzahl MA gesamt)	58,00%	57,00%	☺	⇨
Teilzeitquote (bezogen auf Anzahl MA gesamt)	32,00%	24,00%	☺	⇨
Durchschnittl. Betriebszugehörigkeit in Jahren	14,11	n.a.	☺	⇨
Führung				
Anzahl FK insgesamt in %	8,00%	10,00%	☺	⇨
männliche Führungskräfte	72,00%	86,00%	☺	⇨
weibliche Führungskräfte	28,00%	14,00%	☺	⇨
Personalentwicklung				
Ausbildungsquote	8,00%	7,00%	☺	⇨
Übernahmequote	100,00%	81,00%	☺	⇨
Investitionen Aus-u. Weiterbildung in % zu PK	1,201%	1,310%	☺	⇗
Aus-u. Weiterbildungstage insgesamt	1733	n.a.	☺	
Aus- u. Weiterbildungstage je Mitarbeiter	3,60	3,81	☺	⇗
Bildungsstruktur berufsspezifisch				
mit Ausbildung Bankkaufmann/frau	73,00%	70,00%	☺	⇨
mit sonstiger kfm. Ausbildung	20,00%	18,00%	☺	⇨
mit FH-Studium/Hochschulstudium	2,00%	5,00%	☺	⇗
mit sonstiger Ausbildung	5,00%	7,00%	☺	⇨
Bildungsstruktur Weiterbildung				
mit abgeschlossener Fachfortbildung GenoPE	30,00	14,00	☺	⇗
mit abgeschlossenem Bankfachwirtstudium	14,00	10,00	☺	⇨
mit abgeschl. Betriebswirtschaftlichem Studium	5,00	8,00	☺	⇗
mit sonstigem IHK-Abschluß	8,00	7,00	☺	⇨

Abb. 9.5. Humankapitalindikatoren

9.4.4 Maßnahmen und Zukunftsperspektive

Die Wissensbilanz hat wesentlich zur Transparenz in unserer Bank beigetragen und uns in systematischer Weise unsere Stärken aber auch unsere Verbesserungspotentiale aufgezeigt. Die Herausforderungen sind vielfältig. Unsere Stärken wollen wir auch weiter stärken und wo möglich natürlich auch ausbauen. Gleichzeitig gilt es unseren Potenzialen, die beispielsweise in der internen Prozessoptimierung liegen, besondere Beachtung zu schenken. Idealerweise nutzen wir dabei unsere Stärken zur Aktivierung unserer brachliegenden Potentiale.

Eine Orientierung, an welchen Punkten es anzupacken gilt, geben uns die entwickelten Wirkungsnetze, welche die zwischen den einzelnen Faktoren bestehenden Wirkungszusammenhänge aufzeigen. Führung kann in unserer Bank beispielsweise nur dann funktionieren, wenn wir den Führungskräften entsprechende Management- und Führungswerkzeuge an die Hand geben und einen entsprechenden Handlungs- und Entscheidungsrahmen einräumen. Mit einem Seminar zur Erhöhung der Führungskompetenz allein ist es also noch nicht getan. Führung braucht auch Raum, damit sie funktionieren kann. Ähnliches gilt für die Qualifikation unserer Mitarbeiter. Auch hier muss der Raum dafür da sein, Erlerntes auch in die Praxis umsetzen zu können. Die Frage die sich also stellt, ist wie die einzelnen Einflussfaktoren in unserem System aufeinander wirken.

Wir haben für unsere Bank aus allen Faktoren ein Wirkungsgefüge zusammengestellt, das genau diese Zusammenhänge aufzeigt. Die Erkenntnisse aus dieser so entstandenen Wirkungsanalyse bilden gleichzeitig die Grundlage für zu ergreifende Maßnahmen aus der Wissensbilanz. Die für uns erfreulichste Erkenntnis und der entsprechende Wirkungskreislauf werden nachstehend beispielhaft erläutert.

Die gute Nachricht: Die VR Bank Südpfalz hat das Potential, hin zur soviel beschworenen lernenden Organisation zu gelangen. Ausgangspunkt hierfür bilden unsere Aktivitäten im Kundenbeziehungsmanagement. Der Anstoß zur Aktivierung des Kreislaufes erfolgt über die Führung. Hierüber gilt es ein positives emotionales Umfeld, Leistungsanreize (wie z.B. leistungsorientierte Vergütung) sowie die Eigenmotivation der Mitarbeiter für eine gezielten systematischen Qualifikation zu fördern bzw. zu entwickeln. Wird dieses Ziel erreicht, hat das wiederum eine unmittelbar positive Auswirkung auf das Management unserer Kundenbeziehungen. Motivierte und gut qualifizierte Mitarbeiter, die ihre Kunden optimal beraten, können zu einer Steigerung des Deckungsbeitrages und damit zur Verbesserung unseres Betriebsergebnisses beitragen. Der hierdurch eintretende Effekt wird langfristig die Kultur hin zu einer lernenden Kultur verändern. Die nachfolgende Darstellung zeigt den Wirkungszusammenhang auf.

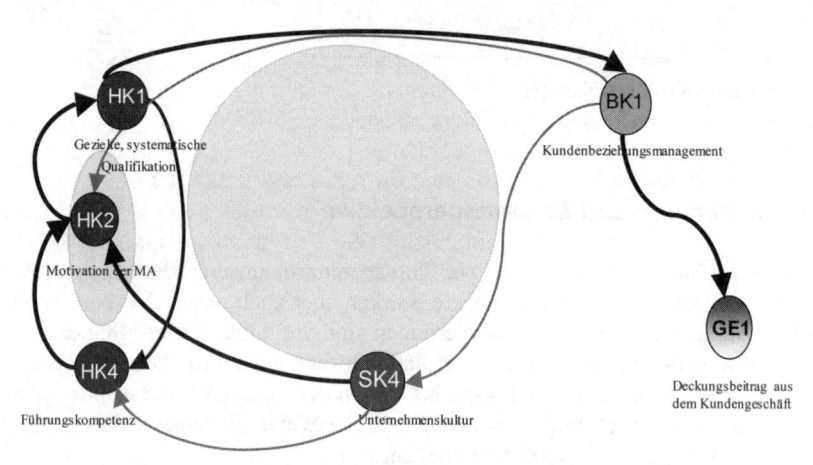

Abb. 9.6. Wirkungszusammenhang innerhalb der VR Südpfalz

Was wollen wir konkret tun? Das Potential zur lernenden Organisation wollen wir in jedem Falle nutzen.

Die Wissensbilanz hat deutlich aufgezeigt, dass der Faktor Führung die überragende aktive Steuerungsgröße in unserem System darstellt. Eine Investition in den Faktor Führung macht aber wie bereits aufgezeigt nur dann Sinn, wenn parallel dazu auch andere, die Führung beeinflussende Faktoren bzw. Felder die durch die Führung beeinflusst werden sollen, eine angemessene Veränderung erfahren. Hier zeigt sich bereits deutlich die Notwendigkeit des vernetzten Denkens bei allen Maßnahmen, die wir planen.

Zur Verbesserung der Leistungsmotivation in unserem Hause, werden wir im zweiten Halbjahr 2004 eine Projektgruppe initiieren, die sich mit der Thematik „Leistungsorientierte Vergütung" beschäftigt.

Die Erkenntnisse der Wissensbilanz werden wir in unser Steuerungsinstrument Balanced Score Card einfließen lassen, das sich derzeit in der Einführungsphase befindet. Dieser Prozess lief parallel zur Erstellung der Wissensbilanz und hat sich in hervorragender Weise ergänzt.

9.5 Zusammenfassung und Ausblick

Die erste Wissensbilanz der VR Bank Südpfalz ist fertig, die Eröffnungsbilanz steht und ist veröffentlicht (VR Bank Südpfalz 2004). Die Erwartungen und Zielsetzungen, die wir mit dem Projekt der Erstellung einer Wissensbilanz hatten, haben sich mehr als erfüllt. Die Zusammenarbeit in nur drei Projektgruppensitzungen verlief sehr konstruktiv und in einem sehr positiven Arbeitsklima. Die Gesamtergebnisse wurden dem Gesamtvorstand präsentiert und riefen ein positives Echo hervor, auch wenn manche negative Bewertung durchaus kontrovers diskutiert wurde. Begrüßt wurde vor allen Dingen die in diesem Maße noch nie dagewesene Transparenz und der Einblick in die Wirkungszusammenhänge von Veränderungen.

Die Wissensbilanz werden wir als Steuerungsinstrument unseres intellektuellen Kapitals daher in unserer Organisation verankern. Das Instrument eignet sich in der Praxis darüber hinaus auch für eine detaillierte Betrachtung einzelner Einflussfaktoren wie z.B. „Interne Geschäftsprozessoptimierung". Mit Hilfe der Indikatoren können wir zielgerichteter den Erfolg von Investitionen in den Bereich so genannter weicher Faktoren messen bzw. nachweisen.

Durch die vernetzte Darstellung der Einflussfaktoren, auch dies bereits eine erste Erfahrung, wird die Kommunikation insbesondere bei Veränderungsprozessen wesentlich erleichtert. Vision, Strategie, Zielsetzungen und daraus resultierende Maßnahmen sind transparent darstellbar. Die angewandte Methode fördert nachhaltig die Fähigkeit des vernetzten Denkens und gibt eine gute Struktur für das Komplexitäts-Management vor.

In unserer Wissensbilanz haben wir darüber hinaus eine Methode des „Story-Tellings" als unterstützendes Kommunikationsinstrument angewandt. Mit Geschichten aus dem Bankalltag und den Erfahrungen wollten wir eine Brücke zum emotionalen Verständnis unter dem Schlagwort „Wissen in Aktion" schlagen. Die nachfolgende Anekdote verdeutlich anschaulich, dass wir zu mehr fähig sind als wir selbst oder andere dies vermuten. Die Wissensbilanz ist damit auch ein deutliches Aufbruchsignal für ein neues Selbstbewusstsein für den von unseren Bundespräsidenten so vehement geforderten „Ruck" der durch Deutschland gehen muss. Ein amerikanischer Sportartikelhersteller bringt es auf den Punkt: „Just do it".

Beispiel: Anekdote aus dem Bereich „Beziehungsmanagement":
„Ein sehr vermögender Kunde, der unsere Bank als Zweitbankverbindung nutzte, erwähnte anlässlich eines Besuches in unserer Bank, dass er eine Beteiligung in einem geschlossenen Immobilienfond der IVB gezeichnet hätte. Die Beteiligung beinhaltete Garantien. Er hatte dieses Geschäft mit einem freien Vermögensberater abgeschlossen. Obwohl der Kunde das Geschäft bereits getätigt hatte, vereinbarten wir dennoch einen Gesprächstermin mit dem Kunden. Unser Versprechen für das Gespräch war, den Kunden mit einer innovativen Produktkombination, die sehr individuell auf seine persönlichen Verhältnisse zugeschnitten war, zu beeindrucken. Mit diesem Versprechen begannen wir das Gespräch. Wir waren nervös aber überzeugt davon, dass unserer Kombination einzigartig, und daher trotz des Garantievorteils der Konkurrenz, besser war. Die Beratung dauerte ca. eine Stunde. Nach dem Gespräch entstand eine kurze Pause. Der Kunde war sichtlich beeindruckt und bestätigte, dass es uns gelungen war, unser Versprechen zu halten. Der Kunde hatte diese Kompetenz in unserem Hause offensichtlich zuvor nicht vermutet. Das Geschäft war wie oben bereits geschildert ja bereits gelaufen. Was hat uns dieser Aufwand denn dann überhaupt genutzt? Heute sind andere „Zweitbankverbindung", der Kunde tätigt seine Abschlüsse über uns und empfiehlt uns weiter."

„Wessen wir am meisten im Leben bedürfen ist jemand, der uns dazu bringt, das zu tun, wozu wir fähig sind." Ralph Waldo Emerson

9.6 Erfahrungen aus der Wissensbilanzierung bei der VR Bank Südpfalz - Ein Resümee aus externer Sicht

Die Wissensbilanz der VR Bank Südpfalz ist die erste vollständig veröffentlichte Wissensbilanz in einer deutschen Bank. Einige Ergebnisse und Erkenntnisse aus dem Prozess der Erstellung sollen daher an dieser Stelle kurz beschrieben werden, da sie für andere Organisationen und im Besonderen natürlich für Banken wichtige Hinweise enthalten können.

Sowohl der Prozess der Erstellung, als auch die Offenheit im Umgang mit den zum Teil auch negativen Ergebnissen muss als vorbildlich herausgehoben werden. Die gesamte Wissensbilanz wurde in sechs Wochen zwischen Mitte März und Ende April 2004 erstellt. Die hierfür erforderlichen Ergebnisse wurden in nur drei, vom Arbeitskreis Wissensbilanz moderierten Workshops, erarbeitet und in weiteren internen Sitzungen selbständig ergänzt und an Erkenntnisse aus weiteren Diskussionen angepasst. Die Ausarbeitung des „Wissensbilanzberichtes" wurde intern zwischen den im Workshop beteiligten Mitarbeitern aufgeteilt, wobei der Leiter Personal (gleichzeitig auch der interne Projektverantwortliche) für die Zusammenführung der Einzelarbeiten und die Gewährleistung des „roten Fadens" verantwortlich war.

Die Zusammensetzung der Workshops war ideal und folgte den Anforderungen der Methode, so wie sie im Leitfaden zur Wissensbilanzierung des Bundesministeriums für Wirtschaft und Arbeit (BMWA 2004) gefordert sind: Möglichst alle unterschiedlichen Perspektiven und Argumente in der Diskussion zusammenbringen. Daher waren Mitarbeiter nicht nur aus allen wesentlichen Geschäftsfeldern und Tätigkeitsbereichen der Bank beteiligt, sondern auch aus allen Hierarchieebenen. So waren in den Workshops neben dem Vorstandsvorsitzenden auch operative Privat- und Firmenkundenbetreuer aktiv, die der Diskussion jederzeit die nötige „Bodenhaftung" gaben. Die Diskussionen waren durch ein sehr offenes Klima geprägt in dem sowohl positive, wie negative Aspekte offen angesprochen und ausdiskutiert wurden. In besonderem Maße ausschlaggebend für den vorbildlichen Ablauf der Wissensbilanzierung war das Engagement der einzelnen Mitarbeiter, die freiwillig bei der Erstellung der Wissensbilanz mitwirkten und sich über das geforderte Maß hinaus einbrachten. Zudem wurde das Projekt jederzeit durch den Vorstand aktiv unterstützt, indem dieser der Wichtigkeit des Projektes offiziell Nachdruck verlieh, Ressourcen freigab und selbst aktiv mitwirkte.

Auch die zahlreichen Vorarbeiten in der Strategieentwicklung sowie der Zugriff auf das gut funktionierende interne Controlling stellten sicher, dass jederzeit das nötige Zahlen- und Informationsmaterial verfügbar war. Hierdurch reduzierte sich der Aufwand und die Wissensbilanzierung konnte erheblich beschleunigt werden. Der insgesamt angefallene Aufwand für die Wissensbilanzierung in der VR Bank Südpfalz war mit ca. 30 – 35 Personentagen dementsprechend niedrig, zieht man in Betracht, dass zum Schluss eine veröffentlichte und schriftlich fein ausgearbeitete Version der Wissensbilanz steht, die jedem über das Internet frei zugänglich ist.

Jedoch nicht nur die Kommunikation der Wissensbilanz nach extern stand im Fokus, sondern vor allem die Initiierung von internen Veränderungsmaßnahmen zur Beseitigung der Schwächen. Beeindruckend war auch hier die Geschwindigkeit. Schon wenige Wochen nach Beendigung des Projektes waren die bei der Wissensbilanzierung bestimmten prioritären Maßnahmen in konkrete interne Projekte gegossen und gestartet worden.

Der Projektstart wurde durch die Kommunikation zu den eigenen Mitarbeitern flankiert. Hierzu wurde das Wissensbilanzdokument verteilt und die am Erstellungsprozess beteiligten Mitarbeiter trugen (und tragen immer noch) die Ergebnisse persönlich in die einzelnen Bereiche der Bank, um sie allen Mitarbeitern zu erläutern.

Abschließend bleibt anzumerken, dass gerade die Offenheit im Umgang mit den aufgedeckten Stärken und Schwächen maßgeblich zu dem Best-Practice-Charakter der Wissensbilanz der VR Bank Südpfalz beiträgt. Dieser, speziell für den Bankbereich, außergewöhnliche Mut zur Transparenz untermauert nicht nur die Glaubwürdigkeit des Instrumentes, sondern vor allem auch die des gesamten

Managements. Die dadurch erreichte Verbindlichkeit der getätigten Aussagen wird den angestoßenen Veränderungsprozess sicher positiv beeinflussen und nachhaltig zum Erfolg der VR Bank Südpfalz beitragen.

Literaturverzeichnis

Bundesministerium für Wirtschaft und Arbeit (2004) Wissensbilanz – Made in Germany. Leitfaden. http://www.bmwa.bund.de/Redaktion/Inhalte/Pdf/wissensbilanz-made-in-germany-leitfaden,property=pdf.pdf

Vester F (1999) Die Kunst vernetzt zu denken. 2. durchges. Aufl. Deutsche Verlags-Anstalt, Stuttgart

VR Bank Südpfalz (2004) Wissensbilanz 2004. http://www.vrbank-suedpfalz.de/

10 Die Implementierung eines Instruments zur Bewertung von intellektuellem Kapital – Aus Fehlern lernen

Daniel Andriessen

10.1 Einführung

In den letzten zehn Jahren sind zahlreiche Methoden für die Messung oder Bewertung von intellektuellem Kapital (Intellectual Capital = IC) vorgeschlagen worden. (Für Überblicke siehe: Bontis 2001; Bontis et al. 1999; Luthy 1998; Petty u. Guthrie 2000; Sveiby 2002; Andriessen 2004a). Über die Implementierung dieser Methoden und über die kritischen Erfolgsfaktoren für eine erfolgreiche Implementierung wurde jedoch nur wenig empirisch geforscht.

Folglich gibt es zwar eine Fülle von Ansätzen, wie intellektuelles Kapital gemessen und bewertet werden kann, aber man weiß nur wenig darüber, wie diese Methoden in der Praxis erfolgreich angewendet werden können. Die Implementierung eines neuen Bewertungsinstruments kann als Intervention in die täglichen Arbeitsabläufe eines Unternehmens angesehen werden. Wie erfolgreich sind die vorgeschlagenen Methoden? Was sind ihre Auswirkungen? Die Implementierung dieser Methoden erfordert bestimmte Kenntnisse seitens des für die Einführung Verantwortlichen. Sie erfordert auch die Erfüllung von gewissen Voraussetzungen, damit die Einführung erfolgreich ist. Was sind das für Kenntnisse und Voraussetzungen? Welche Fehler müssen während der Implementierungsphase vermieden werden? Was sind die kritischen Erfolgsfaktoren?

Die Forschung über die Messung und Bewertung des intellektuellen Kapitals ist mittlerweile an einem Punkt angelangt, an dem begonnen werden muss, die Erfolge und Auswirkungen der vorgeschlagenen Methoden auszuwerten. Zudem müssen Anwendern bewährte Richtlinien für eine erfolgreiche Implementierung und Nutzung dieser Methoden an die Hand gegeben werden. Dieser Artikel stellt daher einen ersten Versuch dar, die Implementierung und Effektivität der Methoden zu untersuchen. Er beschreibt das Ergebnis einer empirischen Studie, in der ein Bewertungsinstrument, das „weightless wealth tool kit", in sechs Unternehmen eingeführt wurde. Die Methode bietet die Möglichkeit der Identifikation und (finanziellen) Bewertung von immateriellen Vermögenswerten (Andriessen 2004a).

Es wird zuerst die Forschungsmethodik beschrieben, die für die Entwicklung, Implementierung und Beurteilung des „weightless wealth tool kit" verwendet wurde. Dann wird ein kurzer Überblick über das Instrument selbst gegeben und schließlich werden die Ergebnisse von jenen sechs Unternehmen vorgestellt, in denen das Tool-kit angewendet wurde. Zuletzt werden die kritischen Erfolgsfaktoren für die Einführung des Instruments zusammengefasst.

10.2 Methodik

10.2.1 Der Gestaltungs-Ansatz

Als Forschungsmethodik dieser Studie wurde der Design-Ansatz (Andriessen 2004a; van Aken 2000; Weggeman 1995) verwendet. Dabei soll das Verständnis der IC-Forschung als Gestaltungswissenschaft wissenschaftliche Erkenntnisse über die Gestaltung von Management-Methoden ermöglichen. Es lehnt sich dabei an andere Gestaltungswissenschaften wie die Ingenieurwissenschaften, die Medizin und die moderne Psychotherapie an. Ich verwendete den *reflective cycle*, um Erkenntnisse über die Gestaltung des „weightless wealth tool kit" zu generieren. Abbildung 10.1. zeigt eine detailliertere Übersicht über den *reflective cycle*. Der *reflective cycle* beginnt mit einer allgemeinen Diagnose und Beschreibung der aktuellen Problemstellung: das Problem, das intellektuelle Kapital einer Organisation in einer Weise zu bestimmen, die zur Lösung organisationaler Probleme beiträgt.

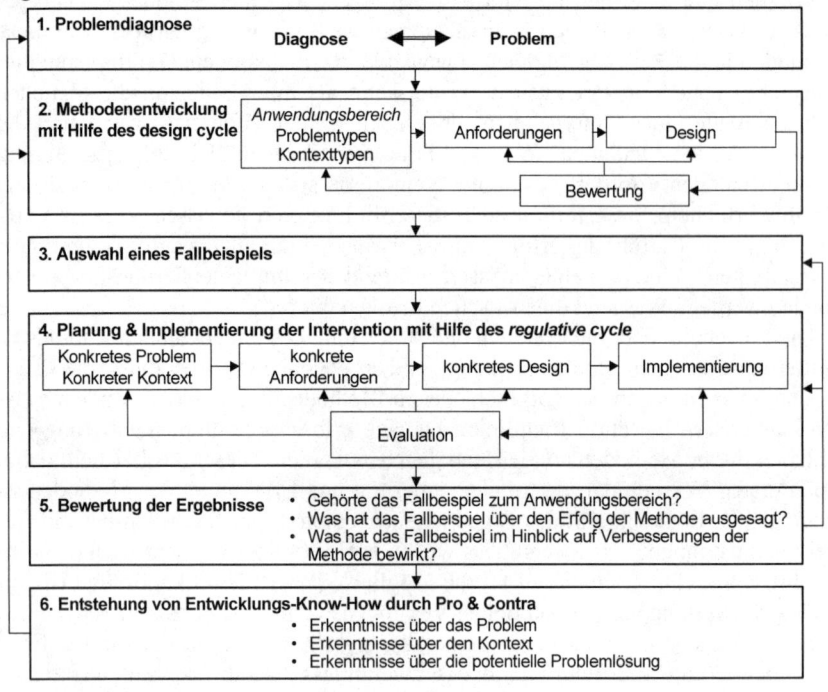

Abb. 10.1. Der reflective cycle

Der zweite Schritt des *reflective cycle* besteht darin, einen ersten Entwurf einer Methode zu erarbeiten, die helfen soll, das Problem zu lösen: das „weightless wealth tool kit". Dafür verwendete ich den *design cycle*, der aus den folgenden vier Schritten besteht: Eine allgemeine Diagnose und Beschreibung des Problems vermittelt zunächst eine Vorstellung vom Anwendungsbereich der zu entwickelnden Methode. Der Anwendungsbereich beschreibt die Art der Problemstellung, für die das „weightless wealth tool kit" entworfen wird und die Art des Kontextes, in dem dieses zur Anwendung kommen soll. Zweitens bilden die Art der Probleme und die Art des Kontextes sowie auch die Anforderungen der Kunden, der Nutzer und der Umwelt eine Informationsquelle für die Anforderungen an das „weightless wealth tool kit". Drittens wird ein erstes Konzept für die neue Methode entwickelt, das auf diesen Anforderungen und auf vorhandenen Theorien basiert. Viertens überprüfen wir, ob diese Konzeption den Anforderungen entspricht. Diese Evaluation führte zu Änderungen in der Konzeption, aber auch zur Änderung von Aufgabenstellung und Anforderungen. Nach Van Aken (1996) sollte dieser Prozess so lange wiederholt werden bis eine angemessene Konzeption erreicht wird.

Der dritte Schritt im *reflective cycle* ist die Auswahl eines Fallbeispiels, um die entworfene Methode zu prüfen. Das spezifische Problem des Fallbeispiels muss dabei der Art der Problemstellung entsprechen, für die wir die Methode entworfen haben. Außerdem muss auch der spezifische Kontext des Fallbeispiels zu der Art des Kontexts passen, für den das „weightless wealth tool kit" entworfen wurde. Dies geschieht mit Hilfe von Kriterien, die die Kontextkategorie beschreiben. In der Praxis ist jeder Kontext und damit auch jedes Problem einzigartig. Bei der Evaluation der Methode stellt man vielleicht fest, das sich das spezifische Problem in dieser spezifischen Situation von denen unterscheidet, für welche die Methode entworfen wurde. Ist dies der Fall, kann dieses Fallbeispiel für die Evaluation der Methode nicht verwendet werden.

Im vierten Schritt des *reflective cycle* wird das „weightless wealth tool kit" genutzt, um die fallspezifische Problemstellung mit Hilfe des *regulative cycle* zu lösen. Der *regulative cycle* besteht aus fünf Arbeitsschritten. Zuerst diagnostizieren wir die spezifische Situation, um die Problemstellung im entsprechenden Kontext zu definieren. Zweitens führt dies oft zu speziellen Anforderungen, die die allgemeinen Anforderungen ergänzen. Drittens zwingt dies häufig auch dazu, Veränderungen an der Methode vorzunehmen. Viertens wird die Methode implementiert und fünftens wird das Ergebnis der Methodenanwendung evaluiert. Diese Evalutaion führte zu weiteren Modifikationen der Methode, aber auch zu Änderungen in der Wahrnehmung der Aufgabenstellung und manchmal auch zu Veränderungen in der Zusammensetzung der spezifischen Voraussetzungen.

Der fünfte Schritt im *reflective cycle* sollte zu einer Bewertung der Ergebnisse anhand von drei Evaluations-Fragen führen:

1. Gehörte das Fallbeispiel zum Anwendungsbereich?
2. Was hat das Fallbeispiel über den Erfolg der Methode ausgesagt?
3. Was hat das Fallbeispiel im Hinblick auf Verbesserungen der Methode bewirkt?

Als sechsten Schritt im *reflective cycle*, entwickelte ich (Methoden-)Wissen in drei Bereichen. Zuerst entwicklte ich Wissen über die Art von Problemen, für deren Lösung das „weightless wealth tool kit" entworfen wurde. Dies führt zu einer weiteren Verfeinerung der Problemdefinition. Zweitens wird Wissen über die Art des Kontexts entwickelt, für die die Methode verwendbar ist. Die Argumente für und wider die Methode zeigen, unter welchen Umständen die Methode korrekte Ergebnisse produziert. Sie sind die notwendigen Erfolgsfaktoren. Drittens entwickle ich ein Verständnis für die Mittel-Zweck-Beziehungen, die wir für die Lösung der Problemstellung verwenden.

10.2.2 Fallbeispiele

Das „weightless wealth tool kit" wurde in sechs mittelständischen Unternehmen implementiert (Abb. 10.2.). Die ersten drei Fallbeispiele – „Bank Ltd.", „Electro Ltd." und „Automotive Ltd." - wurden für eine Studie ausgewählt, die vom holländischen Wirtschaftministerium finanziert und 1998/1999 durchgeführt wurde. Die Auswahl begründete sich durch die Unternehmensgröße, die Wissensintensität und die Unterschiedlichkeit der Wirtschaftszweige. „LogisticServices BU" war der vierte Anwender der neuen Methode, dessen Unternehmensführung die Kernkompetenzen des Unternehmens bewerten lassen wollte. Der fünfte Anwender war „Professional Services LLP", die ihr intellektuelles Kapital im Jahresbericht darstellen wollten. Der letzte Anwender, „Consulting Department", war eine kleine Unternehmensberatung innerhalb eines größeren Finanzdienstleisters. Wir boten ihnen Hilfe an bei der Stärken/Schwächen-Analyse als Teil des Entscheidungsprozesses für oder gegen eine Ausgliederung aus der Muttergesellschaft.

Fallbeispiel	Wirtschaftszweig	Organisationtyp
Bank Ltd.	Bank	Tochtergesellschaft einer AG
Electro Ltd.	Maschinenbau	Tochtergesellschaft einer AG
Automotive Ltd.	Automotive	GmbH
Logistic Services BU	Logistik	Unternehmensbereich einer AG
Professional Services LLP	Dienstleistungen	Personengesellschaft
Consulting Department	Bank	Unternehmensbereich einer Tochtergesellschaft einer AG

Abb. 10.2. Überblick über die Fallbeispiele

10.3 Das "weightless wealth tool kit"

Das „weightless wealth tool kit" basiert auf den Arbeiten von Andriessen et al. (1999), Andriessen und Tissen (2000) und Andriessen (2001). Es handelt sich um eine verbesserte Version der Value Explorer®-Methodik (Andriessen u. Tissen,

2000), die das Konzept der Kernkompetenzen nutzt, um das strategisch wichtige intellektuelle Kapital einer Organisation zu identifizieren.

Das „weightless wealth tool kit" besteht aus einem fünf Schritte-Vorgehen:

1. Identifizierung des intellektuellen Kapitals durch die Auflistung der Kernkompetenzen der Organisation.
2. Durchführung einer Bewertung mit Hilfe einer Checkliste, in der Wertschöpfung, Konkurrenzfähigkeit, Potenzial, Nachhaltigkeit und Stabilität dieser Kernkompetenzen abgeschätzt werden.
3. Durchführung einer finanziellen Bewertung des intellektuellen Kapitals durch die Zuweisung eines Teils der erwarteten Erträge der Organisation an die identifizierten Kernkompetenzen.
4. Entwicklung einer hierauf basierenden Management-Agenda, die Empfehlungen für das Management ausspricht, wie der Wert des intellektuellen Kapitals erhöht werden kann.
5. Erstellung eines Berichts für das Management in Form eines „value dashboards".

Im Folgenden werden diese Schritte noch einmal etwas detaillierter beschrieben. Die vollständige Beschreibung eines „do-it-yourself"-Instruments ist in Andriessen (2004a) wiedergegeben.

Der erste Schritt ist die Identifizierung des intellektuellen Kapitals des Unternehmens. Auch wenn viele immaterielle Vermögenswerte in einem Unternehmen existieren können (tatsächlich wird ein Großteil in einem Unternehmen existieren, auch wenn dies nicht wahrgenommen wird), sind nicht alle von ihnen gleich wichtig. Wir müssen also diejenigen identifizieren, die wertschaffend sind. Im ersten Schritt hin zu einer Bewertung des intellektuellen Kapitals muss entschieden werden, welche immateriellen Vermögenswerte für uns am wichtigsten sind. Dies geschieht nicht nur im Hinblick auf eine wirtschaftliche Bewertung des Unternehmens, sondern auch hinsichtlich der zentralen Rolle dieser wertschaffenden immateriellen Vermögenswerte für den zukünftigen Erfolg des Unternehmens. Diese immateriellen Werte können jedoch nicht isoliert betrachtet werden, denn nur deren Kombination führt zu wirtschaftlichen Synergieeffekten. Daraus ergibt sich folgende kritische Fragestellung: Anhand welcher Kriterien soll man entscheiden, welche der vielen immateriellen Vermögenswerte innerhalb eines Unternehmens strategische Bedeutung haben? Die Antwort ist, die Kernkompetenzen des Unternehmens zu definieren, wobei Kernkompetenz ein Bündel an Fähigkeiten meint, das im Zentrum eines Wettbewerbserfolgs steht und zum langfristigen Erfolg des Unternehmens beiträgt. Es ist eine Kombination von verschiedenen Formen intellektuellen Kapitals und umfasst Fertigkeiten und implizites Wissen, Werte und Normen, Technologie und explizites Wissen, Prozesse und (Unternehmens-)Image. Eine Auflistung dieser Kernkompetenzen kann das intellektuelle Kapital eines Unternehmens identifizieren. Eine Kernkompetenz von „Electro Ltd." war zum Beispiel die Fähigkeit, Energieumwandlungssysteme zu entwerfen, was eine Mischung aus implizitem und explizitem Wissen, gewissen Entwicklungsprozessen und dem Ansehen des Unternehmens in diesem Markt ist.

Der zweite Schritt soll bestimmen, wie die heutigen Kernkompetenzen – die oft über einen langen Zeitraum aufgebaut wurden und eine erhebliche Investition an Zeit, Geld, Mitarbeitern und Fertigkeiten darstellen - ein Unternehmen zu Wettbewerbserfolg in einem sich verändernden Markt befähigen.

Üblicherweise wird in der Literatur davon ausgegangen, dass eine Kernkompetenz nicht als solche betrachtet werden sollte, solange sie nicht eine Reihe festgelegter Kriterien erfüllt. In der Theorie mag dies denkbar sein, in der Praxis ist es jedoch nicht immer umsetzbar. Im Extremfall kann eine solche Analyse nach "traditionellen" theoretischen Vorgaben zeigen, dass ein Unternehmen überhaupt keine Kernkompetenzen besitzt! Dem würde ich vehement widersprechen. Für viele Unternehmen kann eine Unternehmenskompetenz eine Kernkompetenz darstellen, auch wenn sie nicht allen festgelegten Kriterien entspricht. Unserer Meinung nach, ist die Stärke jeder dieser Kompetenzen weit wichtiger als die Bezeichnung, die wir ihnen geben. Dabei ist die Stärke nicht gleichbleibend, sondern verändert sich. Eine Kompetenz kann in einigen Aspekten stärker sein, in anderen hingegen schwächer. Für das Management ist es vor allem wichtig, in der Lage zu sein, die unterschiedlichen Stärken der definierten Kompetenzen abschätzen zu können. Aus diesem Grund bietet das „weightless wealth tool kit" eine Kriterienliste, welche die Stärke jeder Kompetenz praxisnah bestimmen hilft.

Im dritten Schritt soll dem intellektuellen Kapital ein monetärer Wert beigemessen werden. Hierfür stehen grundsätzlich drei Ansätze zur Verfügung: kostenorientiert, marktorientiert und ertragsorientiert. Der kostenorientierte Ansatz basiert auf den ökonomischen Prinzipien von Substitution und Preisgleichgewicht. Diesen Prinzipien zufolge, wird ein Investor nicht mehr für eine Investition aufbringen als für eine alternative Investition mit gleichem Nutzen (Reilly u. Schweihs 1999). Damit ist der Preis einer neuen Ressource gleich dem wirtschaftlichen Wert der Leistung, den diese Ressource in ihrem Lebenszyklus generiert. Der marktorientierte Ansatz basiert auf den ökonomischen Prinzipien von Wettbewerb und Gleichgewicht. Diese Prinzipien behaupten, dass in einem freien und unbeschränkten Markt Angebot und Nachfrage zu einem Gleichgewichtspreis führen werden. Im marktorientierten Ansatz werden unternehmenseigene Ressourcen mit ähnlichen Ressourcen verglichen, die kürzlich verkauft oder lizensiert wurden. Diese Marktdaten werden genutzt, um einen Marktwert zu ermitteln. Der ertragsorientierte Ansatz basiert auf dem Prinzip der Erwartung. Der Wert der immateriellen Ressource ist der Wert des erwarteten wirtschaftlichen Ertrags dieser Ressource.

Jeder Ansatz hat Stärken und Schwächen. Das Problem beim kostenorientierten Ansatz ist, dass in vielen Fällen Kosten kein brauchbarer Indikator für den tatsächlichen Wert sind. Viele der wichtigsten wertschaffenden Faktoren werden hier nicht berücksichtigt. Der marktorientierte Ansatz kann nur verwendet werden, wenn Daten vorhanden sind, d.h. wenn vergleichbare immaterielle Ressourcen gehandelt wurden. Wenn die zu bewertenden immateriellen Ressourcen einzigartig sind, wie dies oftmals der Fall ist, kann dieser Ansatz nicht verwendet werden. Der ertragsorientierte Ansatz basiert auf der Prognose von Erträgen und damit auf einer Vorhersage der Zukunft. Damit bleibt die Bewertung unsicher und subjektiv. "Alle ertragsorientierten Ansätze basieren auf der Prämisse, dass der Analytiker den Ertrag mit einem sinnvollen Grad an Gewissheit vorhersagen kann. ... Die Formulierung ‚sinnvoller Grad an Gewissheit' ist naturgemäß subjektiv." (Reilly u. Schweihs 1999, S.182).

Das „weightless wealth tool kit" verwendet einen ertragsorientierten Ansatz und analysiert demnach die zu erwartenden Erträge eines Unternehmens. Es schätzt dann den Beitrag des identifizierten intellektuellen Kapitals zur Generierung dieses Ertrags und berücksichtigt auch den Beitrag anderer Kapitalformen (finanzielle und materielle Vermögenswerte). Mittels eines Abzinsfaktors wird der Barwert des intellektuellen Kapitals errechnet.

Im vierten Schritt werden die Daten analysiert und eine Management-Agenda erstellt. Die Identifikation von Kernkompetenzen, die Beurteilung der Stärken und Schwächen und die finanzielle Bewertung geben einen wichtigen Einblick in die Probleme und Herausforderungen des Managements. Diese werden nun priorisiert und in einer Management-Agenda festgehalten.

Schließlich wird die Management-Agenda mit einer graphischen Abbildung des Ergebnisses der Erfassung und Bewertung verbunden (Abbildung 10.3. als Beispiel für die „Bank Ltd."). Diese Bewertung anhand des sog. „value dashborad" ist eine einfache und wirkungsvolle Möglichkeit, die Ergebnisse gegenüber der Unternehmensführung zu kommunizieren.

6. Info-Verarbeit. & Mgt.			1. Kundenorientierte Dienstlst.		
4	Wertschöpfung		5	Wertschöpfung	
0	Wettbewerbsfähigkeit	5.8 Mio	4	Wettbewerbsfähigkeit	7.9 Mio
3	Potential	2%	5	Potential	10%
3	Nachhaltigkeit	2 Jahre	5	Nachhaltigkeit	5 Jahre
4	Stabilität	80%	5	Stabilität	100%
	Wert	**0 Mio**		**Wert**	**53 Mio**

5. Innovationsfreude			2. Investitionsrate		
2	Wertschöpfung		5	Wertschöpfung	
1	Wettbewerbsfähigkeit	3.1 Mio	2	Wettbewerbsfähigkeit	8.4 Mio
3	Potential	5%	3	Potential	2%
2	Nachhaltigkeit	2 Jahre	3	Nachhaltigkeit	3 Jahre
3	Stabilität	60%	5	Stabilität	100%
	Wert	**4 Mio**		**Wert**	**26 Mio**

Immaterielle Vermögenswerte 114 Millionen

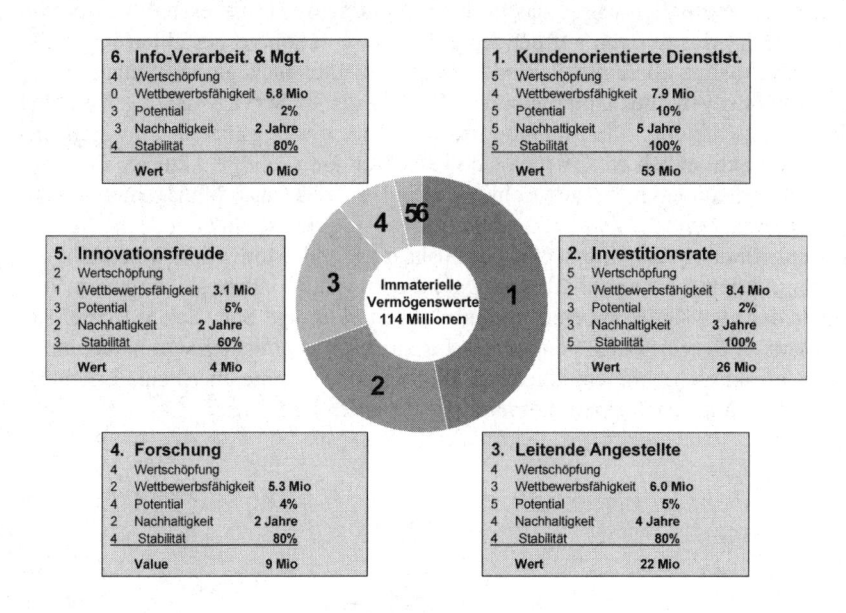

4. Forschung			3. Leitende Angestellte		
4	Wertschöpfung		4	Wertschöpfung	
2	Wettbewerbsfähigkeit	5.3 Mio	3	Wettbewerbsfähigkeit	6.0 Mio
4	Potential	4%	5	Potential	5%
2	Nachhaltigkeit	2 Jahre	4	Nachhaltigkeit	4 Jahre
4	Stabilität	80%	4	Stabilität	80%
	Value	**9 Mio**		**Wert**	**22 Mio**

Abb. 10.3. Sog. „value dashboard" für „Bank Ltd."

10.4 Ergebnisse

10.4.1 Methodenerfolg

Der Erfolg der Methode im Hinblick auf die Lösung der identifizierten Probleme war beschränkt (Tabelle 10.1.). In zwei Fällen war dies auf schlechte Implementierung zurückzuführen. Bei der „Bank Ltd." brachen wir das Projekt aus finanziellen Gründen in der Implementierungsphase ab. Obwohl das Projekt nicht abgeschlossen werden konnte, wurde der Abschlussbericht für die Entscheidungsfindung im Bezug auf die Loslösung von der Muttergesellschaft genutzt. Nach Aussage des Vorstandsvorsitzenden war der Beitrag zur Entscheidungsfindung allerdings gering. Aufgrund einer neuen Prioritätensetzung brach der Eigentümer bzw. Geschäftsführer das Projekt auch bei der „Automotive Ltd." ab und konnte auch nicht vom Gegenteil überzeugt werden.

Wurde die Methode erfolgreich implementiert, konnte nur in einem Fall das Problem auch tatsächlich gelöst werden. „Consulting Department" wurde ein unabhängiges und erfolgreiches Unternehmen. Nach Aussage des Geschäftsführers erleichterte die Methode die Diskussion über die Unabhängigkeit des Unternehmens und half, wichtige Überlegungen über das Outsourcing zu explizieren. In den drei anderen Fällen wurde das Problem nicht gelöst. Der Geschäftsführer von „Electro Ltd." war mit den auf der Abschlusspräsentation vorgestellten Ergebnissen sehr zufrieden, allerdings veränderte sich projektunabhängig die Situation und führte zur Insolvenz des Unternehmens. Bei „Logistics Services BU" gab es eine ähnliche Entwicklung. Die Methode trug zur Entscheidung für ein Managementbuyout bei. Schließlich entschieden sich jedoch einige wichtige Akteure, sich dem neuen Unternehmen nicht anzuschließen und so dass das Managementbuyout nicht umgesetzt wurde. Zwei Akteuren zufolge trug die Methode jedoch zur Entscheidungsfindung bei. Sie schuf Enthusiasmus und Motivation innerhalb der Gruppe und half, eine Geschäftsstrategie zu entwickeln, indem sie zu einem Verständnis der vier Kernkompetenzen und ihrer Stärken und Schwächen führte. Bei „Professional Services LLP" entsprach die Situation sämtlichen Voraussetzungen für eine erfolgreiche Implementierung. Die Methode brachte aber keine Ergebnisse, die problemlos nach extern kommuniziert werden konnten.

Tabelle 10.1. Einschätzung des Erfolgs des "weightless wealth tool kit" in den sechs Fallstudien

Problemtyp	Fallstudie	Problemdefinition	Erfolgreiche Implementierung	Problem gelöst?	Beitrag der Methode?
Internes Management	Electro Ltd.	Entwicklung einer Strategie auf Grundlage der vorhandenen Technologien und Fähigkeiten	Ja	Falsche Problemdefinition	n.n.
Externe Berichtslegung	Logistic Services BU	Zukunftssicherung für die Logistic Services Ltd.	Ja	Nein	wenig
	Consulting Department	Zukunftssicherung für das Consulting Department	Nein	Ja	groß
	Automotive Ltd.	Verbesserung des Strategieenwicklungsprozesses	Nein	Nein	keiner
	Bank Ltd.	Erhaltung der Unabhängigkeit innerhalb der Holding	Nein	Ja	beschränkt
	Professional Services LLP	Berichtslegung der immateriellen Vermögenswerte	Ja	Nein	n.n.

10.4.2 Notwendige Voraussetzungen für den Erfolg

Um diese Ergebnisse zu interpretieren, müssen wir die vier möglichen Ursachen für den Misserfolg betrachten. Prinzipiell können vier Fehler im Prozess der Implementierung eine Erfassung oder Bewertung des intellektuellen Kapitals erschweren. Die Feedback-Pfeile in Abbildung 10.1. deuten diese Fehler an. Zum einen können wir die Ausgangssituation falsch diagnostiziert und damit ein falsches Problem identifiziert haben. Eine weitere Ursache für den Misserfolg könnte auch in der Methode selbst liegen, die dann verbessert werden müsste. Es könnte auch sein, dass der Anwendungsfall nicht zum Anwendungsbereich der Methode passte. Mit anderen Worten, es wurde das falsche Instrument für die Problemstellung gewählt. Oder die Methode wurde einfach schlecht implementiert. Abbildung 10.4. fasst die potenziellen Fehler zusammen, die nun als notwendige Voraussetzungen für eine erfolgreiche Implementierung definiert werden.

Die Angaben in Abbildung 10.4. beziehen sich auf die Phasen im *reflective cycle* (vgl. Abb. 10.1.). Eine Analyse der sechs Fallbeispiele kann weiteren Aufschluss über diese vier Voraussetzungen geben. So können wir feststellen, wie wir mit der Verwendung der Methode zu einer Fehldiagnose der Probleme gekommen sind (Fehler 1), oder feststellen, dass die Methode in der Praxis hinsichtlich der Problemlösungsfähigkeit untauglich ist (Fehler 2), dass die Methode für manche Problemstellungen nicht geeignet ist (Fehler 3), oder dass die Methode nicht effektiv eingesetzt wurde, d.h. schlechte Implementierung zum Misserfolg führte (Fehler 4).

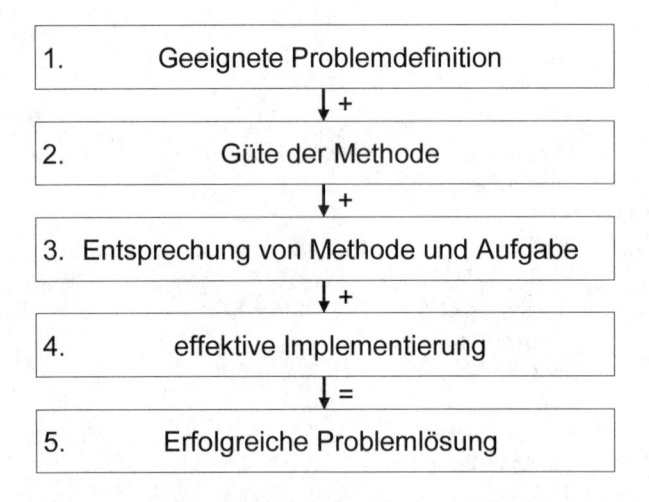

```
1.  Geeignete Problemdefinition
        ↓ +
2.  Güte der Methode
        ↓ +
3.  Entsprechung von Methode und Aufgabe
        ↓ +
4.  effektive Implementierung
        ↓ =
5.  Erfolgreiche Problemlösung
```

Abb. 10.4. notwendige Voraussetzungen für eine erfolgreiche Intervention

10.4.3 Problemdefinitionen

Jedes Unternehmen hatte eigene Motive für die Anwendung des Instruments. Vier Unternehmen wollten ihr internes Management verbessern. Zwei wollten das Instrument für die externe Berichtslegung nutzen. Insgesamt war die genaue Problemstellung nicht immer unmittelbar klar.

Internes Management

„Electro Ltd." befand sich allgemein in einer schwierigen Situation. In den vorhergehenden sieben Jahren hatte das Unternehmen aus der Elektrotechnik-Branche fünf Geschäftsführer, von denen jeder das Unternehmen innerhalb eines Jahres wieder verließ. Das Unternehmen konzentrierte sich ausschließlich auf die eigene

Organisation, war produktorientiert und es fehlte an Marktorientierung. In den letzten zwei Jahren war die Anzahl an neuen Vertragsabschlüssen rapide zurückgegangen und die Erträge aus nationalen und internationalen Projekten waren stark gefährdet. Der neue Geschäftsführer arbeitete an einem neuen Unternehmenskonzept; er verbesserte die Marktorientierung und den Vertrieb des Unternehmens und entwickelte eine auf bestimmte Produkt/Marktkombinationen ausgerichtete Strategie. Er wollte das „weightless wealth tool kit" nutzen, um die neue Strategie zu entwickeln und Prioritäten und Schwerpunkte zu setzen. Allerdings hatte „Elektro Ltd." ein Cash-flow Problem, das unmittelbar nach Beendigung des Projekts eintrat. Dieses Problem wurde nicht gelöst und die Gesellschaft meldete Insolvenz an. In gewisser Hinsicht löste die Methode also das falsche Problem.

Bei „Automotive Ltd." teilten wichtige Mitarbeiter nicht die anfängliche Definition der Aufgabenstellung. Der wichtigste Ansprechpartner war der Finanzvorstand, dessen Interesse sich auf die Formalisierung einer Anzahl von Prozessen innerhalb des Unternehmens richtete. Bei einer geringeren Größe konnte das Unternehmen mit eher unformalisierten Arbeitsabläufen operieren. Mit zunehmendem Wachstum ergab sich nun die Notwendigkeit einer höheren Transparenz und stärkeren Formalisierung. Eines der Ziele des Finanzvorstands war die Verbesserung des strategischen Entscheidungsfindungsprozesses. Bis dahin hatte der Eigentümer alle strategischen Entscheidungen aufgrund von ungenügender Marktforschung und ohne eine explizite Unternehmensstrategie getroffen. Der Finanzvorstand hoffte, dass eine Diskussion über das intellektuelle Kapital dazu führen würde, Strategieprozesse stärker zu explizieren. Im Gespräch mit dem Eigentümer konnte das Implementierungs-Team diesen Bedarf nicht feststellen und auch nicht, dass der Eigentümer irgendein anderes spezifisches Probleme wahrnahm. Solange das Projekt nicht zuviel seiner Zeit in Anspruch nahm, waren er und sein Stab zur Zusammenarbeit bereit. Als jedoch mehr Input benötigt wurde, brach er die Implementierung ab.

Sowohl „Logistics Services BU" als auch „Consulting Department" überdachten ihre Einstellung nochmals. Die Unternehmensführung wollte eine neue Ausrichtung des Unternehmens durch die Konzentration auf immaterielle Vermögenswerte entwickeln. Allerdings war sich die Unternehmensführung nicht bewusst, wo die Stärken des Unternehmens lagen und wollte demzufolge Erkenntnisse über ihr Potenzial erlangen. In beiden Fällen war das Werkzeug erfolgreich.

Externe Berichtslegung

„Bank Ltd." war eine unabhängige private Bank, die Teil eines weltweiten Finanzdienstleisters war. Als kleine Privatbank pflegte es seine Unabhängigkeit und Neutralität durch eine ausgeprägte Dienstleistungs- und Kundenorientierung. Das Management stand vor der Herausforderung, gegenüber der Muttergesellschaft zu begründen, dass die Unabhängigkeit des Unternehmens innerhalb der Holding lebenswichtig für den Charakter und die Identität der Bank und damit für den künftigen Erfolg war. Das „weightless wealth tool kit" sollte dazu dienen, der Muttergesellschaft Einblick in die Bedeutung des intellektuellen Kapitals der Bank, wie

Corporate Identity, Führungsstil und Werte und Normen zu geben, um diese zu veranlassen, auf eine Intervention zu verzichten, und damit die Unabhängigkeit des Unternehmens in der Zukunft zu sichern. Der Geschäftsführer formulierte es wie folgt: „Was ist der Wert unserer Unabhängigkeit?". Das tool kit erwies sich als nützlich, allerdings wurden bei der Implementierung einige Fehler gemacht.

„Professional Services LLP" bot seinen Kunden eine Reihe von Beratungs- und Wirtschaftsprüfungsdienstleistungen an. Dem Unternehmen war der Übergang der globalen Wirtschaft von einer Industrie- zu einer Wissensgesellschaft durchaus bewusst. Am Ende des Jahrtausends wollte „Professional Services LLP" diesen Übergang auch in seinem Jahresbericht ausdrücken und hielt diesen Aspekt des intellektuellen Kapitals deshalb für einen guten Leitgedanken. Man wollte das intellektuelle Kapital des Unternehmens analysieren, seine Stärken und Schwächen bewerten und diese Information für die externe Kommunikation nutzen und die Umwelt von der Zukunftsfähigkeit des Unternehmens überzeugen. Wie wir sehen werden, war das „weightless wealth tool kit" nicht das geeignete Instrument für diese Aufgabenstellung.

10.4.4 Qualität der Methode

Stärken des "weightless wealth tool kit"

In den vier Fällen, in denen die Implementierung erfolgreich war, konnten wir eine Reihe von Stärken des Instruments erkennen. Diese lassen sich unter die fünf Schritte des „weightless wealth tool kit" einordnen. Der erste Schritt ist die Identifizierung von intellektuellem Kapital mit Hilfe der Kernkompetenzen, d.h. indem es die zusammengefasste Stärke immaterieller Ressourcen bestimmt. Es bestimmt, wie einzelne immaterielle Werte zur Einzigartigkeit und zum gesamten Leistungsvermögen des Unternehmens beitragen. Es legt fest, welche immateriellen Vermögenswerte wichtig sind und wie sie zum Unternehmenserfolg beitragen. Wir stellten fest, dass die Betrachtung von Kernkompetenzen mit dem Ziel der Identifizierung der immateriellen Ressourcen eine neue und nützliche Perspektive auf das Unternehmen ermöglicht. Eine gemeinsame Sprache wurde erlangt, die den Unternehmenserfolg erklären, ein gewisses Selbstbewusstsein erzeugen, das Selbstvertrauen fördern und bei der Identifizierung von neuen Chancen helfen kann.

Der zweite Schritt des „weightless wealth tool kit" ist die Bewertung der Kernkompetenzen mit Hilfe von fünf Checklisten. Wir fanden, dass die Bewertung zu einer realistischen Einschätzung derjenigen Fähigkeiten eines Unternehmens beiträgt, die als echte Kernkompetenzen gelten können. Außerdem ermittelt die Bewertung Stärken und Schwächen der Kernkompetenzen, die dann Ausgangspunkt für Verbesserungsinitiativen sein können.

Der dritte Schritt ist die monetäre Bewertung der Kernkompetenzen. Sie hebt die *absolute* Wichtigkeit der immateriellen Vermögenswerten hervor. Sowohl der Geschäftsführer der „Bank Ltd." als auch der Manager des „Consulting Department" erkannten die Bedeutung der monetären Bewertung für die Darstellung der

Wichtigkeit von immateriellen Vermögenswerten gegenüber Stakeholdern. Der Geschäftsführer des „Consulting Department" drückte es folgendermaßen aus: „Innerhalb der Finanzdienstleister-Branche sprechen Leute die Sprache des Geldes. Wenn sich etwas nicht mit einem Geldwert festmachen lässt, hat es keine Relevanz" (persönliche Mitteilung). Die Bedeutung der monetären Bewertung der immateriellen Ressourcen liegt vorwiegend in der Tatsache, dass Zahlen die Aufmerksamkeit des Managements erregen. Diese Erkenntnis deckt sich mit den Aussagen von Mouritsen et al. (2001) über die Bedeutung von Indikatoren in IC-Reports, wo sie behaupten, dass diese Indikatoren besonders wichtig sind, da sie die Ernsthaftigkeit des Anliegens seitens des oberen Managements beweisen. Außerdem zeigt die finanzielle Bewertung die *relative* Wichtigkeit der Kernkompetenzen. Geld wird so der Maßstab, um den Nutzen der Kompetenzen zu vergleichen. Dies kann helfen, wenn Entscheidungen über Investitionen in intellektuelles Kapital zu treffen sind.

Der vierte Schritt ist die Management-Agenda, die die Implikationen der Ergebnisse für das Management widerspiegelt. Es beinhaltet einen Maßnahmenplan, wie man das intellektuelle Kapital des Unternehmens verstärken will. Wir stellen fest, das die Management-Agenda dabei helfen kann, die Verbindung von Bewertung und Maßnahmen herzustellen, was die Methode zu einem praktischen und sinnvollen Instrument macht.

Der fünfte Schritt der Methode ist der Abschlussbericht. Dazu gehört die Darstellung als „value dashboard", die hilft, die Ergebnisse der Methode in einer effektiven und umfassenden Form zu kommunizieren, indem man sich von den Stärken, Schwächen und Schlüsselfaktoren der Wertschaffung der Kernkompetenzen ein umfassendes Bild verschafft.

Schwächen des "weightless wealth tool kit"

Wir haben auch festgestellt, dass das Instrument gewisse Schwächen aufweist. So fehlte der von uns verwendeten Version des „weightless wealth tool kit" eine Diagnosephase. Die Version beinhaltete keinen Schritt, in dem der Analytiker überprüft, ob die Problemstellung im Unternehmen mit der Art der Probleme übereinstimmt, für die die Methode entworfen wurde. Wir stellten auch fest, dass die Methode vorschnell zu Ergebnissen führte (Kerssens 1999) und ein gewisses Schubladendenken nicht verhindern konnte (Perrow 1970). Anders ausgedrückt, das Instrument litt am „Kind mit einem Hammer Syndrom".[1] Als Konsequenz dieser Erkenntnisse integrierten wir eine Diagnosephase (Andriessen 2004 a).

Als zweites stellten wir fest, dass der Schritt von der Erfassung der immateriellen Vermögenswerte hin zu der Definition der Kernkompetenzen ein mehr oder weniger kreativer und unstrukturierter Prozess ist. Die persönlichen Fähigkeiten des Analytikers spielen hierbei eine wichtige Rolle und die bestehenden Leitfäden für diesen Schritt lassen Raum für persönliche Präferenzen, die die Reliabilität des Ergebnisses vermindern. Zukünftige Forschung muss zeigen, wie die Reliabilität

---

[1] Gib einem Kind einem Hammer und plötzlich wird für das Kind alles zu einem Nagel.

der Definitionen der Kernkompetenzen bestimmt und wie sie verbessert werden kann.

Drittens stellten wir fest, dass die Ergebnisse einen starken internen Fokus haben, denn die Methode beschreibt das intellektuelle Kapital eines Unternehmens, ohne die Umwelt zu betrachten. Roos et al. (2001) unterscheiden hier zwischen zwei Strategieansätzen: Umweltanalyse und ressourcenbasierter Ansatz. Ich stimme ihnen zu, dass ein Strategieprozess im Idealfall die jeweils besten Aspekte beider Ansätze verbinden sollte. Unsere Methode berücksichtigt zwar den ressourcenbasierten Ansatz bei der Identifizierung der Ressourcen des Unternehmens, jedoch muss auch eine Analyse von externen Umwelt- und Wettbewerbsfaktoren durchgeführt werden, bevor ein Unternehmen eine neue Strategie entwickeln kann. Auch hier wird weitere Forschung nötig sein, die diesen komplementären Ansatz untersucht.

10.4.5 Die richtige Methode für die Aufgabenstellung

Zweifellos hat die Methode gewisse Stärken, allerdings bleibt die Frage offen, unter welchen Umständen sie das richtige Instrument für die Aufgabe ist? Zwei Aspekte müssen hier berücksichtigt werden: Zur Lösung welcher Typen von Problemstellungen kann die Methode beitragen und unter welchen Umständen ist sie erfolgreich?

Die Untersuchungen der Fallbeispiele zeigen, dass die Methode nicht geeignet ist für die externe Berichtslegung von intellektuellem Kapital. Wir kamen auch zu dem Schluss, dass die Ergebnisse nicht selbsterklärend sind, sondern von einer umfassenden Erklärung begleitet werden müssen. Die Interpretation der Ergebnisse setzt zudem ein Verständnis für die zugrunde liegende Methodik voraus. Hinzu kommt, dass Kunden die Ergebnisse nur ungern publizieren. So hielt „Professional Services LLP" die Kommunikation der finanziellen Bewertung für riskant. Außerdem schließen Hinweise auf Kernkompetenzen oftmals Erkenntnisse über Wettbewerber mit ein. „Professional Services LLP" zögerte, diese Ergebnisse zu publizieren, weil sie Kritik provozieren könnten. Die Methode hebt die Stärken eines Unternehmens, aber auch seine Schwächen hervor; sowohl „Professional Services LLP" als auch „Electro Ltd." zögerten, diese Schwächen zu veröffentlichen. Schließlich hielten diese Unternehmen Daten über ihre Kernkompetenzen für vertraulich. Der Geschäftsführer von „Electro Ltd." sagte dazu: „Ich werde diese Informationen in den nächsten sechs Jahren nicht veröffentlichen" (persönliche Mitteilung).

In drei Fällen war die Methode ein nützliches Instrument und half die Unternehmensführung zu verbessern. Wir kamen zu dem Schluss, dass das „weightless wealth tool kit" helfen kann, Probleme bei der Unternehmensausrichtung und Strategieentwicklung zu lösen, indem ressourcenbasierte Strategien für Unternehmen entwickelt werden. Dies hilft Unternehmen, denen ein Überblick über diejenigen immateriellen Ressourcen fehlt, die zum Unternehmenserfolg beitragen und das künftige Potenzial bestimmen.

Ein zweiter Faktor, der den Anwendungsbereich eines Managementinstruments bestimmt, ist die Art des Kontexts, in dem die Methode genutzt werden kann. Wir kamen zu dem Schluss, das die Methode für wissensintensive, mittelständische Unternehmen mit 50 bis 1000 Angestellten geeignet ist. Die Untersuchung zeigte jedoch, dass sie sowohl in kleineren Abteilungen eingesetzt werden kann, die Teil eines größeren Unternehmens sind („Logistic Services Ltd.", „Consulting Department"), als auch in größeren Unternehmen genutzt werden kann („Professional Services LLP"), vorausgesetzt, dass der Analyst sich auf die Kernkompetenzen des Unternehmens konzentriert, die bereichsübergreifend vorhanden sind. Die Untersuchungen ergaben, dass folgende Voraussetzungen erfüllt werden müssen, um eine erfolgreiche Implementierung sicherzustellen. Im Unternehmen muss eine Diskussion über die zukünftige Ausrichtung stattfinden. Wenn dies nicht thematisiert wird, wie es bei der „Automotive Ltd." der Fall war, ist es weniger wahrscheinlich, dass die Methode nützliche Ergebnisse erzeugen wird. Außerdem muss die Unternehmensführung bereit sein, grundsätzlich über die Organisation zu reflektieren und kritisch die Stärken und Schwächen zu analysieren. Das Management muss ausreichend Zeit investieren - wenigstens um an den Interviews und der Präsentation des Abschlussberichts teilzunehmen. Im Fall der „Automotive Ltd." wurde diesen beiden Voraussetzungen nicht entsprochen, was zum frühen Abbruch des Projektes beitrug. Schließlich muss die Unternehmensführung die Bereitschaft und auch die Fähigkeit haben, das Unternehmen aus einer immateriellen Perspektive zu betrachten. Auch letzteres fehlte im Fall der „Automotive Ltd.".

10.4.6 Qualität der Implementierung

Die letzte notwendige Voraussetzung für eine erfolgreiche Implementierung der Methode für die Erfassung und Bewertung von intellektuellem Kapital ist die Qualität der Implementierung selbst. Selbst wenn das Unternehmen ein akutes Problem hat und eine geeignete Methode für die Problemstellung vorhanden ist, so kann das Projekt dennoch erfolglos verlaufen, weil die Methode nicht vernünftig implementiert wurde.

De Caluwé und Stoppelenburg (2003) identifizieren sechs Prozesskriterien für die erfolgreiche Implementierung von Methoden durch externe Berater (Abb. 10.5.). Diese können verwendet werden, um die Qualität der Implementierung abzuschätzen. In zwei unserer Fallstudien wurden diese Kriterien nicht erfüllt. Im Fall der „Bank Ltd." behinderte die mangelnde Implementierung die Anwendung der Methode. Wir stellten fest, dass zwei der Voraussetzungen für eine erfolgreiche Implementierung hier nicht erfüllt wurden: wichtige Mitarbeiter des Kunden waren an zentralen Schritten der Implementierung nicht beteiligt, und die Kommunikation zwischen dem Implementierungs-Team und dem Kunden war hinsichtlich des Inputs und des Outputs der Bewertung ungenügend. Konkret wurde der Fehler gemacht, dass bei der Abschlusspräsentation der Unternehmensleitung kommuniziert wurde, dass eine vorläufige Version das Endergebnis darstelle und in der Folge nur noch gröbere Fehler beseitigt werden würden. Wenn die Bank weitergehende Forschung, Analysen oder Kalkulationen für notwendig hielte, müsste sie mehr bezahlen. Die Unternehmensführung war sehr überrascht. Sie hatten erwartet, dass diese Präsentation nur das Feedback der Ergebnisse des zweiten Workshops sei. Es war zugleich das erste Mal, dass das Management die Ergebnisse der Bewertung zu sehen bekam. Sie hatten weitere Fragen und Verbesserungsvorschläge und waren enttäuscht, dass wir keine zusätzlichen Analysen durchführen wollten. Sie fanden die Analyseergebnisse interessant, hielten das Projekt aber noch nicht für beendet. Dieser Fehler hatte große Auswirkung auf den Erfolg der Methode insgesamt. Als ich den Geschäftsführer der „Bank Ltd." zwei Jahre nach dem Projekt über die Implementierung befragte, zeigte er sich nicht so sehr enttäuscht über die Methode und die potenziellen Ergebnisse als vielmehr über die Tatsache, dass das Projekt nicht ordnungsgemäß beendet wurde.

Kriterium	Typ
Grad der Einbindung von Berater und Kunden in das Projekt	Prozesskriterium
Intensität der Kommunikation zwischen Berater und Kunden	Prozesskriterium
Umfang, in dem die Methodik während des Projekts entwickelt wird	Prozesskriterium
Ausmaß der Vorgaben für den Kunden durch den Berater	Prozesskriterium
Grad der Gleichberechtigung von Berater und Kunden	Prozesskriterium
Umfang, in dem eine spezifische Methode genutzt wurde	Prozesskriterium

Abb. 10.5. Rangliste der Wichtigkeit der Kriterien für die Effektivität von Beratern, übernommen von De Caluwé and Stoppelenburg (2003), übersetzt von D. Andriessen

Bei der „Automotive Ltd." wurden drei der Voraussetzungen für eine erfolgreiche Implementierung nicht erfüllt: Der Kunde war kaum involviert in das Projekt, die Kommunikation zwischen dem Implementierungs-Team und den Mitarbeitern des Kunden wurde absichtlich auf ein Minimum beschränkt, um die Zeit des Kunden nicht zu sehr in Anspruch zu nehmen, und die Gleichstellung zwischen dem Kunden und unserem Team fehlte. Diese Faktoren erklären einen Teil des Misserfolgs. Der Mangel an einem eindeutigen und akuten Problem und die sehr pragmatische Haltung des Eigentümers waren weitere wichtige Faktoren. Der Eigentümer war schließlich nicht überzeugt vom Nutzen des Projekts und beendete es vorzeitig.

10.5 Schlussfolgerung

Basierend auf der Implementierung einer spezifischen Methode für die Bewertung von intellektuellem Kapital in sechs Unternehmen können wir die folgenden Schlussfolgerungen im Hinblick auf die Erfolgsfaktoren der Einführung einer Methode zur Evaluation von intellektuellem Kapital ziehen. Die Schlussfolgerungen sollen als Hypothesen verstanden werden. Eine der Beschränkungen des *reflective cycle* ist, dass Ergebnisse nur beschränkt generalisiert werden können. Forschung anhand von Fallstudien erlaubt keine Generalisierung von Ergebnissen auf eine größere Gesamtheit.

Als erstes muss eine solide Diagnose des vorliegenden Problems erfolgen. Hier kann die Bewertung von intellektuellem Kapital dazu beitragen, drei mögliche Problembereiche von Unternehmen anzusprechen (Andriessen 2004b): interne Managementprobleme, externe Berichtslegungsprobleme, Transaktions- und Rechtsprobleme. In jedem Fall ist eine sorgfältige Analyse der spezifischen Problemlage in der jeweiligen konkreten Situation notwendig. Dies ist besonders wichtig, wenn das Ziel die Verbesserung interner Managementprozesse ist. Es kann viele Gründe geben, warum die Unternehmensleistung suboptimal oder schlecht ist, und genauso gibt es viele Möglichkeiten, die Leistung zu optimieren. Es reicht nicht aus, das Problem als ein internes Managementproblem zu identifizieren. Stattdessen sollten wir den jeweiligen Kontext der Organisation analysieren und die jeweils einzigartige Situation in Rechnung stellen. Dies kann dazu führen, dass die Perspektive des intellektuellen Kapitals die angemessene Perspektive für die Identifizierung des Problems ist, d.h. es wird das intellektuelle Kapital eines Unternehmens betrachtet, wie es gesteuert wird, seine Stärken und Schwächen und sein Potenzial. Um allerdings eine voreilige Einordnung zu vermeiden, muss grundsätzlich das Bewusstsein vorhanden sein, dass andere Perspektiven geeigneter sein können. Ansonsten läuft man Gefahr, dass ein nicht der Methode entsprechendes oder irrelevantes Problem gelöst wird, wie im Fall der „Electro Ltd.". Um das zu vermeiden, muss der Bewertung des intellektuellen Kapitals eine Problemdiagnose vorgeschaltet werden.

Wir müssen die Stärken und Schwächen der Methode verstehen, die verwendet werden soll. Viele der bestehenden Methoden haben Schwächen in der internen Validität (Andriessen 2004 a), was auch eine mangelnde Praxistauglichkeit beinhaltet. Leider ist bisher zu diesen praxisrelevanten Schwächen der bestehenden Methoden kaum geforscht worden.

Wir müssen den Anwendungsbereich der Methode genau kennen, d.h. die Art von Problemstellungen und die Art von Kontexten, für die die Methode geeignet ist. Welche Probleme kann sie lösen und für welche Art von Problemen ist es ein ungeeignetes Instrument? Diese Frage ist entscheidend, wenn man ein voreiliges „Schubladendenken" vermeiden möchte. Unter welchen Umständen und unter welchen Voraussetzungen kann das Instrument genutzt werden? Dies schließt kritische Voraussetzungen, wie die IC-Intensität des Unternehmens, die Unternehmensgröße, die Bereitschaft des Managements zur Mitarbeit und die Fähigkeit, Ergebnisse zu verstehen und sinnvoll zu nutzen, mit ein.

Die notwendigen Kenntnisse und Fähigkeiten zur Implementierung der Methode müssen vorhanden sein. Dies gilt gleichermaßen für Berater und unternehmensinterne Verantwortliche. Für einen Berater beinhaltet dies grundsätzliche Beratungsfähigkeiten, d.h. die Kommunikation mit dem Kunden und seine Integration, die Fähigkeit zur Analyse der Situation, eine maßgeschneiderte Lösung zu entwickeln, konkrete Richtungen vorzugeben und einen Grad von Gleichstellung zwischen Berater und Kunden zu erreichen. Unternehmensinterne Manager brauchen ganz ähnliche Fähigkeiten. Die Implementierung einer Erfassungs- oder Bewertungsmethode im eigenen Unternehmen erfordert zugleich die Berücksichtigung von wichtigen Stakeholdern und eine solide Problemdiagnose.

Die erfolgreiche Implementierung einer Methode für die Erfassung oder Bewertung von intellektuellem Kapital ist keine einfache Aufgabe. Anwender erhalten allerdings wenig Unterstützung von der Forschung, denn bisher sind die Erfolgsfaktoren einer Einführung kaum untersucht worden. Dieser Artikel stellt einen ersten Versuch dar, systematisch einige Faktoren für die erfolgreiche Einführung eines Instruments zur Messung oder Bewertung von intellektuellem Kapital zu identifizieren. Dabei konzentrierte sich dieser Artikel auf ein Instrument. Weitere Untersuchungen dieser Art über andere zur Verfügung stehende Instrumente sind erforderlich.

Literaturverzeichnis

Andriessen D (2001) "Weightless wealth: four modifications to standard IC theory." Journal of Intellectual Capital 2(3): 204–214
Andriessen D (2004a) Making Sense of Intellectual Capital. Butterworth Heinemann, Burlington
Andriessen D (2004b) "IC Valuation and Measurement; Classifying the state of the art". Journal of Intellectual Capital 5 (erscheint demnächst).
Andriessen D, Tissen R (2000) Weightless wealth: find your real value in a future of intangibles assets. Financial Times Prentice Hall, London
Andriessen D, Frijlink M, Van Gisbergen I, Blom J (1999) 'A core competency approach to valuing intangible assets'. (Vorgetragen am ‚International Symposium Measuring and Reporting Intellectual Capital': Experiences, Issues, and Prospects, OECD, Amsterdam, June.)
Bontis N (2001) "Assessing knowledge assets: a review of the models used to measure intellectual capital." International Journal of Management Reviews 3(1):41–60
Bontis N, Dragonetti NC, Jacobsen K, Roos G (1999) "The Knowledge Toolbox: a review of the tools available to measure and manage intangible resources." European Management Journal 17(4):391–401
De Caluwé L, Stoppelenburg A (2003) "Organisatieadvies bij de Rijksoverheid; kwaliteit onderzocht." Tijdschrift voor Management en Organisatie 57 (1):25–52
Kerssens IC (1999) Systematic design of R&D performance measuring systems. University of Twente, Enschede

Luthy DH (1998) "Intellectual Capital and its measurement". Proceedings of the Asian Pacific Interdisciplinary Research in Accounting Conference (APIRA), Osaka, Japan. http://www3.bus.osaka-cu.ac.jp/apira98/archives/htmls/25.htm

Mouritsen J, Larsen HT, Bukh PN (2001) "Valuing the future: Intellectual Capital supplements at Skandia." Accounting, Auditing and Accountability Journal, 14(14):399–422

Perrow C (1970) Organizational analysis: a sociological review. Wadsworth Publications, Belmont

Petty R, Guthrie J (2000) "Intellectual capital literature overview: measurement, reporting and management." Journal of Intellectual Capital 1(2):155–176

Reilly R, Schweihs R (1999) Valuing intangible assets. McGraw-Hill, New York

Roos G, Bainbridge A, Jacobsen K (2001) "Intellectual capital analysis as a strategic tool." Strategy and Leadership Journal 29(3):21–26

Sveiby KE (2002) Methods for measuring intangible assets. http://www.sveiby.com/articles/IntangibleMethods.htm

Van Aken JE (1996) "Methodologische vraagstukken bij het ontwerpen van bedrijfskundige systemen." Bedrijfskunde, Jahrgang 68/2:14–22

Van Aken JE (26. September 2000) Management research based on the paradigm of the design sciences: the quest for tested and grounded technological rules. http://www.tm.tue.nl/ecis

Weggeman M (1995) Creatieve Ambitie Ontwikkeling. Dissertation, Tilburg University Press.

11 Mit kontinuierlichen Verbesserungsprozessen zur Lernenden Organisation

Manfred Bornemann, Gertraud Denscher, Jürgen Zinka

11.1 Überblick

Beim Wandel von der Industrie- zur Wissensgesellschaft stehen Unternehmen aus traditionellen Branchen der „Old Economy" vor der Herausforderung, ihr intellektuelles Kapital gezielt zu bewirtschaften und wertschöpfend einzusetzen. Dies gilt insbesondere auch für die Böhler Schmiedetechnik GmbH & Co KG (BSTG), einem Tochterunternehmen der Böhler-Uddeholm AG[1], einer internationale Edelstahl- und Werkstoffgruppe, welche Weltmarktführer im Bereich Werkzeugstahl ist. Die Hauptprodukte der BSTG sind Luftfahrt-Strukturteile, Triebwerkscheiben, Turbinenschaufeln und Spezialschmiedestücke aus dem Bereich Maschinen- und Anlagenbau. Diese technologisch anspruchsvollen Schmiedeprodukte in kleinen Seriengrößen werden unter Einhaltung eines sehr umfangreichen Systems zur Qualitätssicherung gefertigt. Der Vertrieb erfolgt weltweit, die umsatzstärksten Regionen sind dabei Europa, Nordamerika und Asien.

Seit dem Einstieg in die Luftfahrtzulieferindustrie spielt bei BSTG neben den traditionellen arbeits- und kapitalintensiven Prozessen im Bereich der Metallumformung der Umgang mit Wissen entlang der Wertschöpfungskette eine wesentliche Rolle. Wissen bildet die Grundlage für den vom Kunden gewünschten „Extra Value". Darunter versteht man bei der BSTG das hohe Niveau an Service und Qualität, die vom Kunden wahrgenommene hohe Problemlösungskompetenz der Mitarbeiter, die Termintreue, die hohe Qualität der Produkte sowie den kundennahen Service, welche auch den Preis der Produkte und Leistungen rechtfertigen. „Extra Value" trägt somit nachhaltig zum strategischen Unternehmensziel „Customer Intimacy" bei. Customer Intimacy bedeutet bei BSTG die nachhaltige Kunden-Lieferantenbeziehung basierend auf Vertrauen, Kundenkenntnis und einzigartigen Technologie- und Serviceleistungen.

Um die Transparenz über die bisher nicht dokumentierten, immateriellen und strategisch relevanten Prozesse zu erhöhen und ihr effektives Management sicherzustellen, wurde im Jahr 2002 ein Pilotprojekt zur Implementierung einer Wissensbilanz – unternehmensintern „Intangible Assets Report" (IAR) genannt – ge-

---

[1] Weitere Hintergrundinformationen unter: www.bohler-uddeholm.com

startet. Die Wissensbilanz macht das intellektuelle Kapital der BSTG sichtbar, bewertet es und hilft, dessen zukünftiges Wertschöpfungspotenzial abzuschätzen[2].

11.1.1 Problemstellung

Nach der prototypischen Erstellung der Wissensbilanz durch ein Team aus dem Management und zwei externen Beratern besteht die Herausforderung der Implementierung dieses neuen Managementinstruments im ganzen Böhler-Uddeholm-Konzern.

Noch wichtiger aber ist die Umsetzung der für die Erreichung der Wissensstrategie als erfolgsrelevant identifizierten Maßnahmen zur Verbesserung der „Wissensproduktivität", also der Nutzung der verfügbaren Wissensbasis. Das Gesamtziel der BSTG bleibt die Entwicklung einer Lernenden Organisation zur nachhaltig profitablen Sicherung des Standortes sowie zur weiteren Erschließung neuer Wachstumsmärkte im Bereich der Luftfahrt und soll auch durch die Wissensbilanz unterstützt werden.

Neben Fragen der strategischen Steuerung interessieren sich die Verantwortlichen in industriellen Produktionsunternehmen vor allem dafür, wie die Produkte qualitativ verbessert und die Kosten weiter reduziert werden können. Diese im Bereich des Ideenmanagements angesiedelten Probleme werden traditionell durch kontinuierliche Verbesserungsprozesse – KVP – erfolgreich gelöst. Auch in der BSTG gibt es KVP, welche dem Ziel des Organisationalen Lernens verpflichtet sind.

Im Folgenden wird dargestellt, wie eine Integration dieser beiden Zugänge, der Wissensbilanz und des KVP, unter konsequenter Berücksichtigung der Kosten-Nutzen Aspekte, zur Entwicklung einer Lernenden Organisation umgesetzt wird.

11.1.2 Kurzbeschreibung der bisherigen Aktivitäten

Ziel der Erstellung des Intangible Assets Reports bei der BSTG war die Steigerung der Transparenz über unternehmenserfolgsentscheidende immaterielle Wertschöpfungsprozesse und Wertschöpfungspotenziale. Abbildung 11.1. zeigt das in Anlehnung an die Austrian Research Center Seibersdorf (ARCS 1999) verwendete Modell. Das Modell ist an den Wertschöpfungsprozess der BSTG angelehnt und bildet den Wissensfluss im Unternehmen geordnet nach den Dimensionen des Intellektuellen Kapitals[3] ab.

---

[2] Das gesamte Projekt wurde dokumentiert in: Bornemann, Denscher, Sammer (2004), und auch als Best Practice Kandidat Fallstudie in Sammer, Denscher, Bornemann, Horvath (2003). In diesen Artikeln werden auch einige methodologische Elemente zur Erstellung der Wissensbilanz, welche hier nicht im Zentrum stehen, detailliert dargestellt.

[3] Für weiterführende Literatur zu „Intellektuellem Kapital" vgl. Kapitel 2 in diesem Band.

11 Mit kontinuierlichen Verbesserungsprozessen zur Lernenden Organisation

Unternehmens-konstitution	Wertschöpfungs-potential	Kernprozesse	Ergebnisse
Visionen Werte			Materielle Ergebnisse
Wissens-strategie & -ziele	Humankapital Strukturkapital Beziehungs-kapital	• Innovationsprozess • Produktionsprozess • Vertriebsprozess	
			Immaterielle Ergebnisse
Unternehmens-ziele	Entwicklung	Maßnahmen	

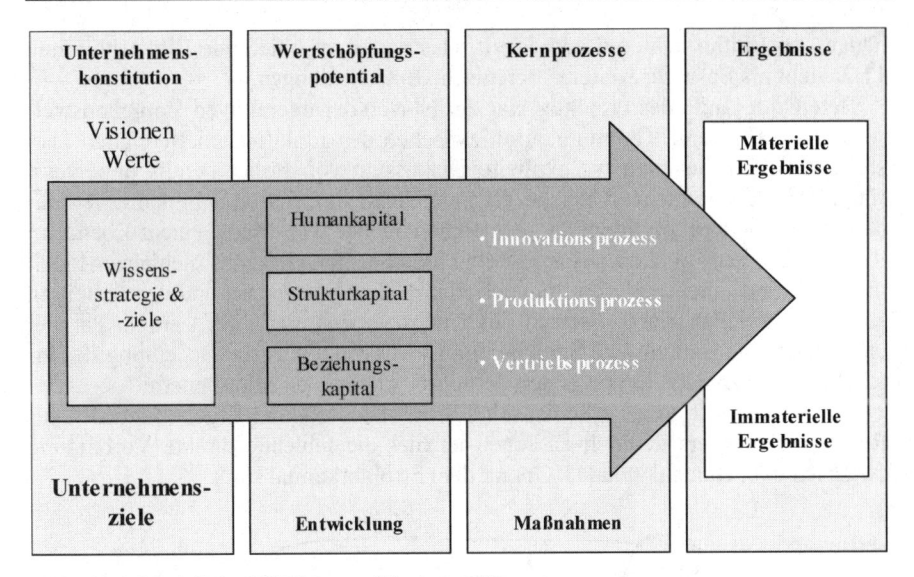

Abb. 11.1. Modell des BSTG Intangible Assets Reports

Humankapital bildet die Summe aller innerhalb der BSTG verfügbaren Kompetenzen, Erfahrungen, und der Kreativität der Mitarbeiter. Unter Strukturkapital sind sämtliche nicht-greifbare Organisationsmerkmale zu verstehen, die den flüssigen Ablauf der Wertschöpfungsprozesse ermöglichen, nicht aber Anlagen. Beziehungskapital beschreibt die externe Vernetzung, also den Umgang mit - sowie den Wissenszu- und abfluss von Kunden und Lieferanten.

Ausgehend von der Wissensvision und den *Wissenszielen* werden die Wertschöpfungspotenziale in die Kernprozesse der BSTG eingebracht und tragen so zur Ergebnisentwicklung bei. Insgesamt wurden sieben *Einflussfaktoren* aus dem Intellektuellen Kapital (vgl. Abbildung 11.2.) auf die Ergebnisse identifiziert. Dabei stehen nicht so sehr die direkten monetären Umsatzbeiträge (Deckungsbeiträge) sondern die Beiträge zur Verbesserung der Wissensbasis, also des innerhalb der BSTG verfügbaren Wissens im Vordergrund. Wesentlich ist neben der Dokumentation der Verfügbarkeit aber vor allem auch die Analyse der „Nicht-Verfügbarkeit" der für die Zielerreichung notwendigen Kompetenzen.

Zur möglichst guten Beschreibung und Bewertung der Einflussfaktoren in der Wissensbilanz wurden aussagekräftige *Indikatoren* zur Messung des Ist-Zustandes sowie von Veränderungen des intellektuellen Kapitals der BSTG gesucht (vgl. Sammer et al. 2003; Bornemann u. Sammer 2004), sie werden hier aber nicht weiter diskutiert.

Die Wissensbasis lässt sich durch Lernen und Erfahrungen verändern, allerdings häufig nur langsam. Für die Priorisierung der Entwicklungsschritte zur Erreichung dieser Ziele und die Optimierung von Maßnahmen zur Umsetzung wurde von allen Mitgliedern des Managements gemeinsam mittels Sensitivitätsanalyse nach Vester (1980) ein Wirkungsmodell über die Ursache-Wirkungs-Zusammenhänge von Einflussfaktoren entwickelt. Das daraus resultierende Bild Abbildung 11.2. dient als Basis für weitere strategische Entscheidungen.

Bereits im Laufe des Projektes war der Nutzen der interaktiven Vorgehensweise durch verbesserte Kommunikation zwischen den funktionalen Bereichen feststellbar. Durch die intensive explizite Diskussion von bisher bereits unbewusst (implizit) angenommenen Ursache-Wirkung-Beziehungen und dem damit verbundenen Überdenken traditioneller Annahmen in der Top-Management-Ebene im Rahmen der Sensitivitätsanalyse konnte ein neues gemeinsames mentales Modell über das Zusammenspiel von immateriellen Vermögenswerten und deren Beitrag zu den materiellen Kernprozessen des Unternehmens erarbeitet werden. Parallel entstanden eine gemeinsame Sprache und Bewusstsein über die Bedeutung des intellektuellen Kapitals für den Unternehmenserfolg bei den Mitarbeitern.

Abbildung 11.2. zeigt schematisch Einflussfaktoren und Ergebnisse („R" für Results). Besonders deutlich zu sehen ist hier die fehlende direkte Verbindung zwischen dem Humankapital (HC) und dem Strukturkapital (SC).

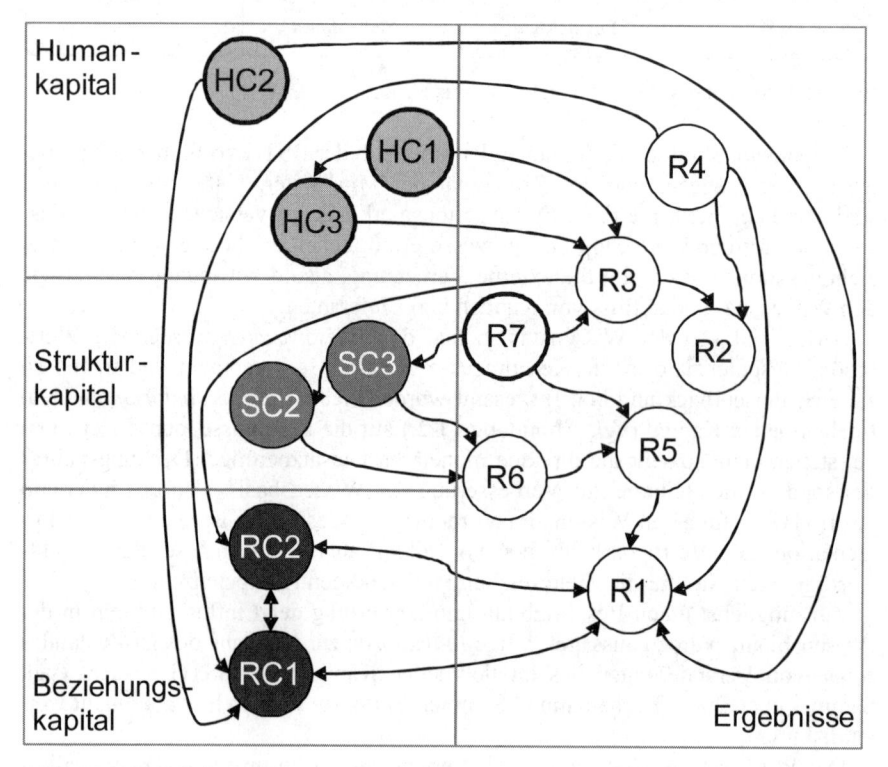

Abb. 11.2. Model des BSTG Intangible Assets Reports

11.2 Neue Herausforderungen und Aufgabenstellung

Nach der erfolgreichen Fertigstellung der ersten Version des Intangible Assets Reports soll er nach einer weiteren Testphase in das bestehende Berichtswesen und in die Managementabläufe dauerhaft integriert werden. Zusätzlich soll das potenzielle Verbesserungspotenzial bei der Verbindung von Human- und Strukturkapital ausgeschöpft werden. Schließlich geht es auch um die laufende (Weiter-) Entwicklung des Humankapitals. Dies steht allerdings im Zentrum der Personalentwicklung und wird in diesem Text nicht weiter thematisiert.

Die Umsetzung der aus der ersten Version abgeleiteten Maßnahmen, die im Zusammenhang mit Generieren, Sammeln, Aufarbeiten und Transferieren von Wissen stehen, sowie die laufende Erhebung von Indikatoren zur Feststellung des Zielerreichungsgrades werden allerdings nur nach einem längerfristigen Prozess abgeschlossen sein. Durch Integration der „Bewertung von Intangible Assets" in die bereits etablierten Geschäftsprozesse wird ein weiterer Schritt zur nachhaltigen Entwicklung einer Lernenden Organisation gesetzt.

11.2.1 Voraussetzungen

Dazu ist die Einbindung praktisch aller Mitarbeiter notwendig, da sie die neuen Maßnahmen als Teil ihrer täglichen Arbeit ständig mitdenken (=umsetzen) und zweitens mittragen (=verantworten) sollen. Dies gestaltet sich im Bereich der Kernprozesse der Produktion aufgrund der hohen Anzahl der Beteiligten – ca. 300 Arbeitnehmer – als Herausforderung. Allen Mitarbeitern muss die neue und ergänzende Perspektive des Intellektuellen Kapitals auf das Unternehmen vermittelt werden, wofür einige Voraussetzungen zu erfüllen sind:

1. **Geteiltes Verständnis**: Alle Mitarbeiter müssen die Wirkung der immateriellen Einflussfaktoren auf den Unternehmenserfolg zumindest in groben Zügen verstehen, um darauf in den täglichen Abläufen Rücksicht nehmen zu können. Wie und warum immaterielle Faktoren den Erfolg beeinflussen ist für die meisten ein neuer Zugang. Dazu ist eine
2. **gemeinsame Alltagssprache** notwendig. Nur wenn die aus der Wissensbilanz abgeleiteten Begriffe und Maßnahmen in die Alltagssprache übersetzt werden, besteht eine Chance zur Umsetzung.
3. **Nutzen kommunizieren**: Nur wenn die Mitarbeiter den Nutzen für das Gesamtunternehmen – im Idealfall auch direkt für sich selbst – sehen, werden sie die Maßnahmen mittragen und später leben. In der Anfangsphase empfiehlt es sich daher, sich auf schnell durchführbare Maßnahmen zu konzentrieren, welche sich unmittelbar als nützlich erweisen.
4. **Bottom-Up-Prinzip**: Ausgewählte Erfolgsfaktoren und damit zusammenhängende Indikatoren müssen mit allen Beteiligten abgestimmt bzw. von ihnen selbst genannt werden – damit steigen ebenfalls die Wahrscheinlichkeit der Akzeptanz und der Nachhaltigkeit.

Um diese Aufgaben in den operativen Bereichen zu erfüllen und Widerstände gegen Neues minimal zu halten, bietet es sich an, an bereits vertraute oder zumindest anderswo etablierte Instrumente anzuschließen. Aus dem Qualitätsmanagement und dem Innovationsmanagement ist in der BSTG das Schlagwort KVP bereits bekannt, und wird daher auch zur Entwicklung einer Lernenden Organisation verwendet.

11.3 Integration von IAR und KVP

KVP steht für den „Kontinuierlichen Verbesserungsprozess" und bedeutet die ständige umfassende und nicht endende Verbesserung von Geschäftsprozessen in kleinen Schritten unter Einbeziehung aller Mitarbeiter. Mit ständigen kleinen Verbesserungen und Lernfortschritten, die sich auf Arbeitsmethoden, Arbeitsmittel und Arbeitsumgebung beziehen und kontinuierlich zum Abbau von Verschwendung und zur Perfektionierung der Produkte, Dienstleistungen und Prozesse beitragen, kann die Wettbewerbsfähigkeit des Unternehmens und die Sicherung der Arbeitsplätze erhöht werden. Das KVP-Modell der BSTG baut auf drei Säulen auf: den Mitarbeitern, dem Management und dem Innovationsprozess. Es wurde in Form eines leicht kommunizierbaren und leicht verständlichen Modells (s. Abbildung 11.3.) visualisiert.

Ziel des KVP-Gedankens bei BSTG ist es, mit Hilfe des vorhandenen Ideen-, Innovations- und Kreativitätspotenzials der Mitarbeiter:

- eine ständig verbesserte Qualität der Produkte, Dienstleistungen und Prozesse,
- die Steigerung der Produktivität und
- die Senkung der Produktionskosten zu erreichen.

Dieses Projekt läuft in Anlehnung an den Kernprozess des Unternehmens „Schmiedetechnik" unter dem Begriff „Ideenschmiede". Der Mitarbeiter-KVP greift auf das „Betriebliches Vorschlagswesen (BVW)" zurück. Initiator für kontinuierliche Verbesserungen ist hier jeder einzelne Mitarbeiter. Der Management-KVP wird durch das Element SIX SIGMA aus dem Qualitätsmanagement verkörpert und durch das Management initiiert.

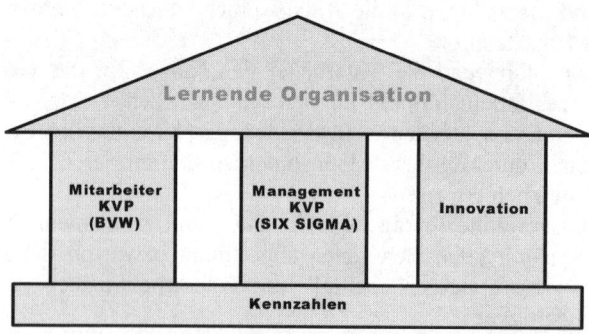

Abb. 11.3. KVP-Modell der BSTG

Innovation ist in diesem Zusammenhang in einem breiteren Kontext zu verstehen. Hier gelten nicht nur technische Verbesserungen von Prozessen und die Weiter- bzw. Neuentwicklung von Produkten, welche im Rahmen der Forschungs- und Entwicklungstätigkeit vorangetrieben werden, sondern sämtliche Verbesserungen, die sich positiv auf den Wertschöpfungsprozess auswirken. Ideen für Innovationen im weiteren Sinn sollen ebenfalls von den Mitarbeitern kommen und können im Rahmen des Mitarbeiter-KVP eingereicht werden.

Alle drei Säulen greifen auf ein gemeinsames Set an Kennzahlen zurück, welche zum Teil automatisiert während der Produktions- und Leistungsprozesse, zum Teil aus der Wissensbilanz gepflegt werden.

11.3.1 Verbindung von KVP, Innovation und Wissensmanagement

Durch die Verbindung der Ergebnisse aus dem Projekt der Wissensbilanz und der Sensitivitätsanalyse mit dem KVP – dargestellt in Abbildung 11.4. – wird künftig das Intellektuelle Kapital der BSTG deutlich intensiver und systematischer genutzt.

Durch die Kreativität der Mitarbeiter, deren kontinuierliche Lern- und Erfahrungsfortschritte zur Produktivitätssteigerung sowie deren Engagement für die Organisation (Motivation) kann über den kontinuierlichen Verbesserungsprozess KVP das Strukturkapital der BSTG künftig besser genutzt und die Ergebnisse, wie z.B. die hohe Produkt- und Prozessqualität, weiter verbessert werden.

Die Lernende Organisation wird in einer Drei-Phasen Strategie umgesetzt, die in Abbildung 11.5. dargestellt ist. Ziel der Phase 1 und Voraussetzung für die weitere Etablierung des Systems ist unter anderem der Abgleich mit vorhandenen Systemen, um die Wissensbilanz in die gewohnten Handlungsabläufe und Routineprozesse einzubetten und eine Akzeptanz des verwendeten Modells sowie parallel entwickelten Wirkungsnetzes sicherzustellen.

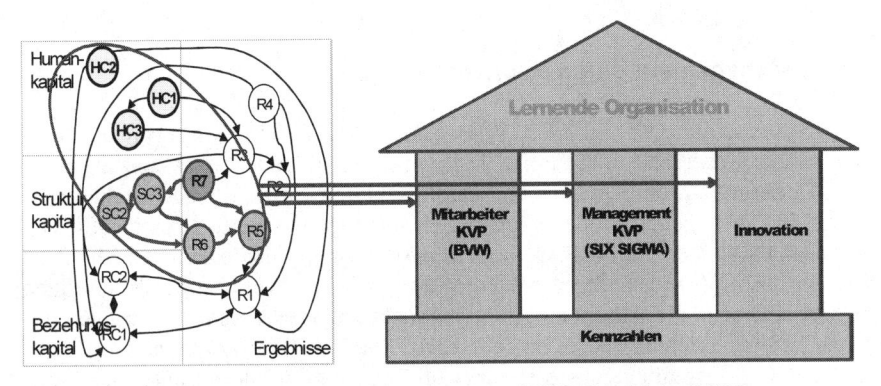

Abb. 11.4. Zusammenführen von Wirkungsnetzen und KVP -Model der BSTG

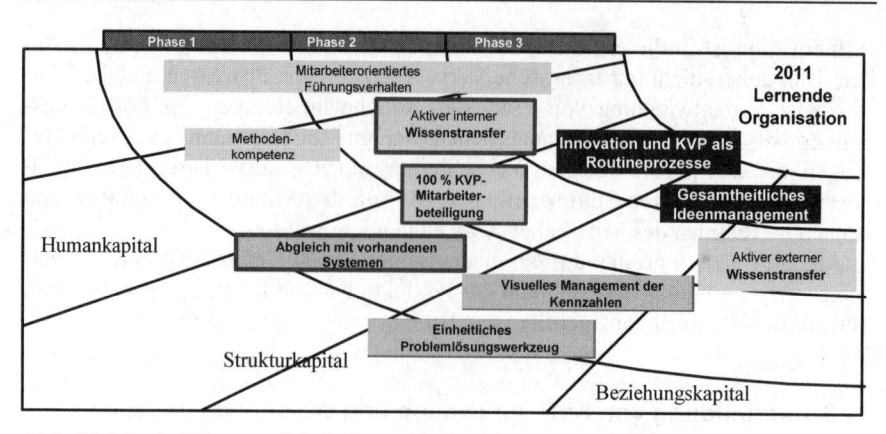

Abb. 11.5. In drei Phasen wird die Lernende Organisation langfristig Wirklichkeit

Auch hier wird auf die drei Dimensionen des Intellektuellen Kapitals Human-, Struktur- und Beziehungskapital Rücksicht genommen und jede einzelne, wenn auch mit unterschiedlichem Gewicht, im Laufe der Zeit weiterentwickelt. In Phase 2 liegt der Schwerpunkt – dargestellt durch den Rahmen – auf aktivem Wissenstransfer. Mit dieser Maßnahme werden alle Schritte zusammengefasst, die dazu dienen, dass jedes Problem tatsächlich nur einmal gelöst wird und nicht Ressourcen für eine doppelte Lösungsentwicklung verloren werden. Zusätzlich sollen im Sinne einer breiten Stakeholderorientierung auch Mitarbeiterbeteiligungsmodelle an den Produktivitätsgewinnen entwickelt und umgesetzt werden.

Voraussetzung dafür, dass kontinuierliche Verbesserung und Innovation überhaupt stattfinden können, sind motivierte und engagierte Mitarbeiter. Erfahrungswissen, Fantasie, Kreativität und Identifikation mit dem Unternehmen und den zu erledigenden Aufgaben sind erfolgsrelevante Faktoren. Die für den kontinuierlichen Verbesserungsprozess notwendigen Potenziale müssen durch ein entsprechendes mitarbeiterorientiertes Führungsverhalten aktiviert werden. Entsprechend liegt auch über alle drei Phasen im Sinne eines abteilungsübergreifenden Projektes ein wichtiger Schwerpunkt auf diesem Thema.

11.3.2 Management durch Kennzahlen

Die Zusammenführung von KVP, Wissensmanagement und Wissensbilanz sowie Innovationsprozessen bringt für die BSTG auch ein aktualisiertes Kennzahlensystem. Es beruht auf der Kenntnis von Erfolgsfaktoren, entsprechenden Indikatoren sowie der Festlegung von den Ergebnissen im Zuge des Strategieprozesses. Die Kennzahlen werden vom Management in Absprache mit den beteiligten Mitarbeitern an den KVP-Zuständigen weitergegeben. Diese Absprache der Kennzahlen sichert einerseits die Akzeptanz und ermöglicht andererseits einen Vergleich mit jenen Erfolgsfaktoren, welche im Jahr zuvor durch das Top-Management festgelegt wurden. Erfreulicherweise stimmen die nun gültigen Kennzahlen fast vollkommen mit den in der Wissensbilanz verwendeten überein, was auf ein durchgehend einheitliches Verständnis der Unternehmensstrategie quer durch alle Unternehmensebenen schließen lässt.

Ausgehend von der Anforderung, dass Indikatoren einfach zu erheben sein müssen, ist vorgesehen, die Kennzahlen künftig über SAP zu pflegen. Das Kennzahlensystem der BSTG wurde „Performance Management System" genannt und enthält in Anlehnung an die Balanced Scorecard die vier Perspektiven Finanz, Kunden, Prozesse und Lernen/Innovation. Die Kennzahlen werden bottom-up gemanagt und auch die Erhebung der Indikatoren erfolgt jeweils durch den direkt Verantwortlichen. Der Report wird monatlich an eigens installierten Kommunikations- und Informationszentren in den Arbeitsbereichen der Mitarbeiter veröffentlicht. Für den jeweils eigenen Bereich sind die Daten jederzeit abrufbar. Bei Abweichungen des vorgegebenen Ziels liegt die Verantwortung für die Problemlösung direkt beim Zuständigen vor Ort.

11.3.3 Selbstverstärkende Wirkungsbeziehungen

Das Ziel der Lernenden Organisation wird künftig durch eine Rückkoppelungsschleife unterstützt, die konsequent Humankapital mit Strukturkapital verbindet. Das System – dargestellt in Abbildung 11.6. – wird immer wieder neu durch den Mitarbeiter-KVP gespeist, in den Mitarbeiter einzelne Verbesserungen einbringen. Nach einem Schritt der Qualitätssicherung erfolgt die Integration der Verbesserung in die standardisierten Prozesse, über die auch die Mitarbeiter laufend informiert und geschult werden. Die Verbesserung des Humankapitals erfolgt entsprechend der Wissensstrategie der BSTG, wobei einerseits Erfahrungen bewahrt, obsolete Elemente eliminiert und wichtige neue Elemente aktualisiert werden.

Folgendes Beispiel illustriert diesen Kreislauf: Ein Meister hat innerhalb seines Verantwortungsbereiches ein Problem und löst es. Damit findet ein Verbesserungsprozess statt. Um zu gewährleisten, dass dieses Problem an einer anderen Stelle nicht nochmals gelöst werden muss, ist ein aktiver Wissenstransfer zwischen den Meistern sicherzustellen. Ergänzend dazu wird überlegt, ausgearbeitete Problemlösungen EDV-mäßig nach einer vorgegebenen Struktur zu erfassen, wobei jeweils nicht nur das Problem sowie dessen Lösung dokumentiert wird, sondern auch die Person, die das Problem gelöst hat. Ziel ist, dass derjenige, der ein Problem hat, in der Datenbank den Problemlöser findet, direkt mit ihm in Kontakt treten kann und beide gemeinsam an der aktuellen Problematik arbeiten.

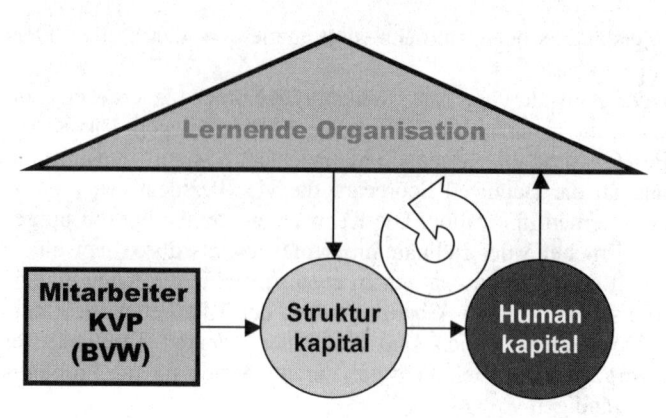

Abb. 11.6. Zusammenführen von Wirkungsnetz und KVP-Modell der BSTG

11.4 Zusammenfassung und Ausblick

Obwohl die Schmiedebetriebe in Kapfenberg – heute BSTG – schon eine jahrhundertelange Tradition haben, stehen sie permanent im Wandel. Änderungen aus dem Organisationsumfeld, neue Technologien und neue Produkte werden mit immer wieder neuen Mitarbeitern erstellt. In diesem Umfeld hilft das Konzept einer Lernenden Organisation, basierend auf einem realistischen Berichtswesen, den Mitarbeitern und den Entscheidungsträgern im täglichen Wettbewerb.

Permanente Lernprozesse, die fallweise auch unstrukturiert ablaufen können, werden dank der Entwicklung einer gemeinsamen Sprache zwischen Angehörigen unterschiedlicher funktionaler Bereiche der BSTG systematisch dargestellt. Die sich im Laufe der Zeit verschiebenden mentalen Modelle der Mitarbeiter über Wirkungszusammenhänge werden gemeinsam reflektiert, dokumentiert und transparent gemacht, sodass sie über differenzierte Verbesserungswege in die laufende Optimierung der Geschäftsprozesse einfließen können. Wesentlich ist auch die laufende Überprüfung der Übereinstimmung von Status Quo mit den Zielen inklusive allfälliger Anpassung. Die Wissensbilanz sichert somit in Verbindung mit KVP die ständige Anpassung an veränderte Umweltbedingungen und ermöglicht langfristig profitables Wachstum.

Die Wissensgesellschaft ist für ein Unternehmen der „Old Economy" Neuland und erfordert von jedem Einzelnen neue Sichtweisen und gedankliche Neuorientierung. Mit nicht greifbaren Dingen umzugehen muss erst gelernt werden, es ist jedoch noch ein Stück Weg zu gehen, bis zur (gedanklichen) Gleichstellung und zum ähnlich souveränen Umgang wie mit den materiellen Dingen. Die Vision von Böhler-Uddeholm „materializing visions" hilft dabei im täglichen Umgang, doch wird es auch unter permanenter Verwendung und laufender Promotion durch das Top Management sicher noch einige Jahre dauern, bis alle Ziele umgesetzt sein werden.

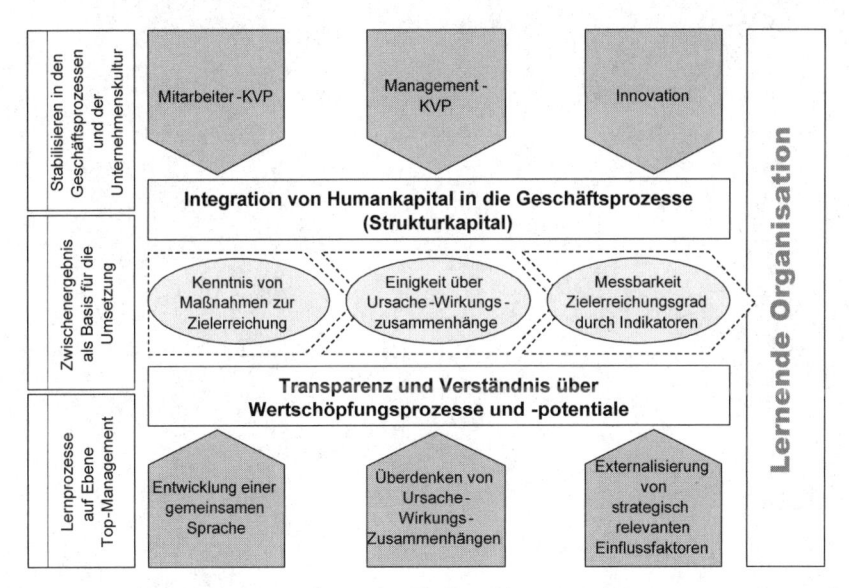

Abb. 11.7. Schematische Darstellung von Einflussfaktoren und Prozessen zur Lernenden Organisation bei der BSTG

Literaturverzeichnis

Austrian Research Center Seibersdorf (ARCS) (1999) ARC Wissensbilanz. http://www.arcs.ac.at/publik/fulltext/ wissensbilanz

Bornemann M, Denscher G, Sammer M (2004) Kommunikation und Intellectual Capital Reporting. In: Reinhardt R Eppler MJ (Hrsg.) Wissenskommunikation in Organisationen: Methoden, Instrumente, Theorien. Springer, Berlin

Bornemann M, Sammer M (2004) Intellectual Capital Report as an Assessment Instrument for Strategic Governance of Research and Technology Networks. (Konferenzpaper OKCL 2004)

Sammer M, Denscher G, Bornemann M, Horvath W (2003)Wie man intellektuelles Kapital steuert: Die Entwicklung einer Wissensbilanz der Böhler Schmiedetechnik GmbH & Co KG. new management 5:62-68

Vester F (1980) Neuland des Denkens. Vom technokratischen zum kybernetischen Zeitalter. Deutsche Verlagsanstalt, Stuttgart

12 Die Wissensbilanz als Strategie- und Steuerungsinstrument im Forschungsmanagement

Hubert Biedermann, Marion Graggober

12.1 Ausgangssituation

Um im internationalen Wettbewerb bestehen und auf nationaler Ebene die monetären Zuwendungen rechtfertigen zu können, müssen die Universitäten ebenso wie andere Zweige der staatlichen Verwaltung ihre Leistungen gegenüber dem Parlament, der Regierung bzw. dem Ministerium aber auch der interessierten Öffentlichkeit transparenter ausweisen. Bereits in den 80er Jahren wurde im angloamerikanischen Raum mit der Evaluation von Universitätsleistungen und der Etablierung von Qualitätssicherungssystemen begonnen, die im Zuge des New Public Managements entwickelt wurden.

Universitäten vermitteln nicht nur, sondern produzieren auch Wissen, welches für den Fortschritt einer Gesellschaft auf wirtschaftlichem und kulturellem Gebiet maßgeblich ist. Das dem österreichischen Universitätsgesetz 2002 zugrunde liegende Modell der staatlichen Aufsicht mit vermehrter Autonomie und Flexibilität zielt darauf ab, den Fokus auf Ergebnisse im Sinne von Effizienz, Effektivität und Qualität der Leistungserstellung zu lenken und dies durch umfassende Wirkungsprüfungen zu dokumentieren.

Der Weg führt weg von einem Kontroll- hin zu einem Steuerungsmodell, dass durch politisch-strategische Vorgabe von Rahmenbedingungen, Leistungsvereinbarungen bzw. -verträgen in Verbindung mit Globalbudgets, Marktelementen, Selbststeuerung und Rechenschaftslegung zentralistische Inputsteuerung ersetzt. Die Erweiterung des Kompetenzrahmens der Universitätsleitung – so ist dieselbe neben dem Ressourcenmanagement unter anderem auch zuständig für die Schwerpunktbildung in Forschung und Lehre sowie der Festlegung von Qualitätsstandards – führt zu einer Festigung der Managementautorität und vermehrter Selbstregulierung.

Zentraler Baustein der Leistungsvereinbarung ist eine Zielvereinbarung, in welcher die Orientierung an Output und Outcome im Vordergrund steht. Die Wissensbilanz dient in Verbindung mit der Leistungsvereinbarung und dem Leistungsbericht u.a. dem Dialog mit dem Ministerium.

In der Implementierungsphase des Zusammenspiels der Instrumentenkombination Leistungsvereinbarung – Wissensbilanzierung – Evaluierung übernimmt die Wissensbilanz die Darstellung der Ausgangssituation des intellektuellen Kapitals einer Universität und der damit verbundenen Leistungsprozesse. Sie ergänzt damit auch die (monetäre) Eröffnungsbilanz. Im Verlauf der dreijährigen Leistungsvereinbarung bietet sich die Wissensbilanz als Steuerungsinstrument und Bewertungsbasis an, da in ihr strategische Ziele definiert und deren Auswirkungen sichtbar gemacht werden können. Während die Leistungsvereinbarung die vertraglich definierten Leistungen zwischen Ministerium (Prinzipal) und Universität (Agent) beschreibt, umfasst die Wissensbilanz die ganzheitliche Darstellung des Leistungsspektrums der Universität aus der Innensicht. Dies erfolgt mittels eines - die Charakteristik des jeweiligen Universitätstypus (Medizin, Kunst, Technik) berücksichtigenden - vorgegebenen Standardindikatorensets, ergänzt durch Individualindikatoren, welche den spezifischen Eigenheiten desselben Rechnung trägt und die Möglichkeit bietet, das jeweilige Profil hinreichend darzustellen. Um dieser Darstellung ein einheitliches System zu geben, wurde ein Rahmenmodell entwickelt. Die Wissensbilanz ist damit auch ein Steuerungsinstrument, das Informationen für Entscheidungen an den Universitäten wie auch beim Eigentümer ermöglicht. Darüber hinaus bietet sich die Wissensbilanz als Kommunikationsinstrument mit den unterschiedlichen Interessenspartnern (Scientific Community, Gesellschaft, Wirtschaft etc.) an. Sie unterstützt damit auf der einen Seite den Profilbildungsprozess der Universitäten und stellt ein Instrument des strategischen Managements dar. Andererseits sollen auch Änderungen im Profil der Universitäten sowie neue Impulse im Leistungsspektrum der Universität Eingang in die Wissensbilanz finden. Je nach Adressaten wird die Wissensbilanz eine unterschiedliche Aggregationsform und damit teilweise auch unterschiedliche Bewertungen und Beschreibungen beinhalten. Als Kommunikationsinstrument von Leistungen und Ergebnissen kann sie so einerseits auf den spezifischen Interessensaspekt der Stakeholder aber auch der jeweilig darzustellenden Fachbereiche bzw. Leistungsprozesse eingehen.

12.2 Wissensbilanzierung an österreichischen Universitäten

Die Internationalisierungs- und Liberalisierungsentwicklungen im Bereich der höheren Bildung berühren Universitäten direkt. Traditionelle geographische und konzeptionelle Grenzen werden überschritten, neue Anbieter treten auf den Markt, neue Angebotsformen entstehen, die internationale Akkreditierung wird üblich und vermehrt werden gemischte öffentlich-private Strukturen angestrebt. Universitäten müssen sich gleichzeitig auf verschiedenen Feldern positionieren und ihre Programme und Curricula so ausrichten, dass sie im Wettbewerb bestehen können. Der zu Grunde liegende Leitgedanke muss daher jener der Output- und Leistungsorientierung sein, wobei letztere eine Leistungsvereinbarung erfordert, die über ein Globalbudget finanziert wird. In der Orientierung am New Public Management wurde mit dem neuen österreichischen Universitätsgesetz im Jahr 2002 (bm:bwk 2002) das Ziel verfolgt, eine vollrechtsfähige und autonome Universität zu schaffen, die den geänderten Rahmenbedingungen des Marktes durch gewonnenen internen Handlungsspielraum begegnet. Ganz im Sinne des New Public

Managements repräsentiert die leistungsorientierte Kultur den verstärkten Fokus auf Ergebnisse im Sinne von Effizienz, Effektivität und Qualität der Leistungen und eine Veränderung zentralistischer bürokratischer Strukturen in Richtung dezentralisierter, Management-orientierter Systeme. Dezentralisiertes, eigenverantwortliches Handeln verlangt aber wiederum nach einer adäquaten Beziehungsgestaltung zwischen Universität und Ministerium: Die Instrumentenkombination Leistungsvereinbarung in Verbindung mit Globalbudget und ergänzenden organisatorischen Maßnahmen stellen international adäquate Bausteine dieser Beziehungsgestaltung dar. Für das österreichische Universitätssystem wurde die Leistungsvereinbarung in Anlehnung an die Prinzipien des Beziehungskontraktes konzipiert, in welchem Konsens und Kooperation wesentliche Elemente der Beziehungsgestaltung sind, permanente Lernprozesse etabliert werden sollen und die Langfristigkeit der Beziehung im Vordergrund steht. Insgesamt fußt das Konzept auf einer Vertrauenskultur, wobei der Informationsasymmetrie zwischen Ministerium und Universität nicht nur durch die jährlich vorzulegenden Leistungsberichte, sondern auch durch die umfassende Darstellung in Form einer Wissensbilanz neben dem Rechnungsabschluss, bestehend aus Bilanz sowie Gewinn- und Verlustrechnung, begegnet wird. Neben dieser Anwendung als Berichtsinstrument bedürfen die Universitäten auch eines Instrumentariums, welches strategische Profilierung und interne Steuerung ermöglicht. In dieser Funktion hat die Wissensbilanz zum Ziel, die Leistungen von Universitäten ganzheitlich darzustellen und Indikatoren über die immateriellen Ressourcen auszuweisen. Hierzu ist sie ein Instrument zur Erfassung, Darstellung, Bewertung und Kommunikation von immateriellen Vermögensbeständen und den geschaffenen Werten. In der gewählten Architektur wird gesetzlich nur der konzeptionelle Rahmen für die Erstellung der Wissensbilanzen normiert. Die Architektur ist eine Kombination aus Bestands- und Prozessmodell. In vier Bereichen erfolgt die Beschreibung der Rahmenbedingungen, des intellektuellen Vermögens, der Leistungsprozesse und des Nutzens bzw. der Leistung. Diese werden auf Basis von Indikatoren in Kombination mit deskriptiven Elementen und qualitativen Bewertungen dargestellt. Die Wissensträger, welche das soziale System „Universität" konstituieren (Humankapital), die Art und Weise der Gestaltung der Leistungsprozesse im Hinblick auf Effizienz und Effektivität, die Verfügbarkeit und das Management der Infrastruktur (Strukturkapital) wie auch die Vernetzung zu weiteren Wissensträgern anderer leistungsrelevanter Institutionen (Beziehungskapital) sind in dem Modell vereint. Die unterschiedlichen Leistungsprozesse repräsentieren die Hauptaktionsfelder der Universität, wobei neben der Forschung und Lehre zusätzlich Weiterbildung, die direkte Kommerzialisierung von Forschungsergebnissen, die Vernetzung von Wissensträgern sowie Dienstleistungen bzw. Infrastrukturleistungen für Dritte Berücksichtigung finden. Der Rahmen für die Entwicklung des intellektuellen Vermögens und der Leistungsprozesse wird durch die in der Leistungsvereinbarung beschriebenen Ziele sowie durch selbst definierte Ziele und Strategien (Profilbildung) vorgegeben. Durch die Unterscheidung von Input-, Output und Outcome-Indikatoren lassen sich Größen wie Wirtschaftlichkeit, Effizienz und Effektivität unterscheiden und zueinander vorzugsweise in einer mehrjährigen Betrachtung in Bezug bringen. Während Input-Indikatoren das intellektuelle Vermögen bzw. relevante Ressourcen eines Systems beschreiben, charakterisieren Output-Indikatoren die Ergebnisse eines Leistungserstellungsprozesses. Outcome-Indikatoren als dritte Art von quantifizierenden Größen stehen in keinem direkten Zusammenhang mit dem Leistungserstellungsprozess, beleuchten aber die Wirkung derselben auf das entsprechende Umfeld (stakeholder). Sie sind nicht unmittelbar steuerbar, werden in der Außenwelt erzeugt und ihr Effekt tritt erst mit einigem Zeitverzug ein. Der Rahmen wird durch Impact-Indikatoren erweitert, der auch das subjektive Empfinden des betroffenen Individuums bzw. der Anspruchsgruppe mit einbezieht. In Form eines Erlasses wird das Ministerium in Ergänzung zum Gesetz ein Mindestset an auszuweisenden Indikatoren für die Schlüsselprozesse der Universität untergliedert nach Universitätsgruppen (Medizinuniversitäten, Kunstuniversitäten, technische Universitäten etc.) festlegen. Diese können zur besseren Charakterisierung des Universitätsprofils durch Individualindikatoren und Narration ergänzt werden.

12.3 Institut für Wirtschafts- und Betriebswissenschaften

Das Institut für Wirtschafts- und Betriebswissenschaften (WBW) ist eine Organisationseinheit der Montanuniversität Leoben (Österreich) und vermittelt den Studenten der ausschließlich technischen Studienrichtungen eine Basisausbildung auf dem Gebiet der Betriebswirtschaft. Zum Forschungsteam des WBW zählen der Institutsvorstand, Universitäts- und Vertragsassistenten sowie wissenschaftliche Mitarbeiter, welche über Projektaufträge finanziert werden. Insgesamt beträgt die Zahl der Mitarbeiter 19. Die Forschungsschwerpunkte reichen vom Anlagen- und Qualitätsmanagement, der Industrielogistik über Umwelt- und Technologiemanagement bis hin zu Risiko- und Wissensmanagement.

Die Einführung, Adaptierung und Anwendung des für die Wirtschaft entwickelten Qualitätsmanagements am Institut hat lange Tradition. Bereits 1996 wurde ein Qualitätsmanagementsystem nach ISO 9001 eingeführt; seit diesem Zeitpunkt ist die Organisationseinheit ISO zertifiziert. Darauf aufbauend wurde das Managementsystem in Richtung des EFQM-Modells erweitert und somit die Standardisierung von Kern- aber auch Supportprozessen wie bspw. Forschung, Lehre, Weiterbildung oder Dienstleistung ermöglicht. Dies versetzte das Institut in eine gute Ausgangsposition für die Entwicklung und Anwendung der Wissensbilanz, da auch der Umgang mit Indikatoren kein Neuland darstellte. Vor Einführung derselben wurde der Strategieentwicklungs- und -umsetzungsprozess durch ein nach der Balanced-Scorecard (BSC) aufgebautes Kennzahlensystem unterstützt. Mithilfe der Wissensbilanz sollten über die bereits im Managementsystem definierten Leistungsindikatoren hinaus auch das intellektuelle Kapital des Institutes sowie die Weiterentwicklung der thematischen Schwerpunktbereiche deutlich gemacht werden. Relevante Tätigkeiten, welche einen Beitrag für die Entwicklung dieser Bereiche liefern, finden dabei in allen Leistungsprozessen statt.

12.4 Ziele für die Entwicklung und Erstellung der Wissensbilanz

Die Motivation zur Erstellung einer Wissensbilanz kam aus dem Wunsch nach einer umfangreichen und ganzheitlichen Darstellung des Institutsprofils, der Leistungen unter Berücksichtigung bzw. Darstellung der Rahmenbedingungen aber auch der vorhandenen Potenziale. Die Bewertung der erbrachten Leistungen bedeutet bereits die Realisierung der angestrebten Outputorientierung, welche allerdings im Modell noch durch einen weiteren Aspekt – der Wirkungsorientierung – verstärkt werden sollte. Dies macht die Wissensbilanz zu mehr als einem Instrument des Berichtswesens, da durch die Quantifizierung der Wirkung von Leistungen der Beitrag, den die Wissensbilanzierung zu einer nachhaltigen Entwicklung liefert, wesentlich ist. Diese sollte sich durch die Darstellbarkeit von jährlichen Trends widerspiegeln aber auch die Zielerreichung dokumentieren.

Als weitere Zielsetzung ist die Integrierbarkeit in das, nach dem EFQM-Modell aufgebaute und die ISO Zertifizierung beinhaltende, Managementsystem zu nennen. Dadurch wird die laufende Anwendung der Wissensbilanz sichergestellt; ein die Akzeptanz fördernder Faktor. Der zweite Grund ist ein pragmatischer; durch die Kombination der Modelle sollten Mehrfachdatenerhebungen sowie die Pflege mehrerer Systeme vermieden werden. Die Datenerfassung erfolgt durch ein System auf Basis Lotus-Notes, in welchem die Mitarbeiter ihre erbrachten Leistungen (Veröffentlichungen, Projektabschlüsse, Vorträge etc.) dokumentieren.

Schlussendlich sollte mit der Wissensbilanz ein Bezug zwischen der Entwicklung des Institutes mit seinem Humankapital und der damit untrennbar verbundenen Personalentwicklung geschaffen werden.

12.5 Das Modell

In Anlehnung an das bereits erwähnte Rahmenmodell für Universitäten wurde für das WBW eine das Leistungsspektrum desselben repräsentierende Wissensbilanz entwickelt (siehe hierzu Abb. 12.1.). Die Beschreibung der Rahmenbedingungen als Teil des Modells soll die an den äußeren und inneren Gegebenheiten orientierte Entwicklung des intellektuellen Kapitals sowie die gezielte Leistungserstellung ermöglichen.

Das Modell selbst gibt durch seinen kombinierten Aufbau als Struktur- und Prozessmodell einen Gesamtüberblick über den Input wie auch über die im Rahmen der Prozesse erbrachten Leistungen und deren Wirkung. Der Bereich Input bezieht sich auf die drei Formen des intellektuellen Kapitals Human-, Struktur- und Beziehungskapital, welche die Grundlage für die Leistungserstellung bilden. Vorschläge für Indikatoren können bspw. den „Danish Guidelines"(Danish Agency für Trade and Industry 2000) entnommen werden. Auch für den Universitätsbereich wurden Beispielindikatoren erarbeitet. Am WBW wurde großteils auf Indikatoren zurückgegriffen, die im BSC-System (Prozess-, Stakeholder-, Mitarbeiter- und Finanz-/Ressourcenorientierung) vorhanden waren.

Das *Humankapital* ist nicht nur die quantitative Abbildung der an der Leistungserstellung mitwirkenden Personen, sondern schließt auch die Zufriedenheit der Mitarbeiter mit den Bedingungen am Institut ein. Jeder der am Institut beschäftigten Forscher bzw. wissenschaftlichen Mitarbeiter ist zumindest in den Leistungsprozessen Forschung, Lehre, Weiterbildung und Dienstleistungen tätig. Ein hoher Anteil von externen Lehrbeauftragen (LB in Abb. 12.2.) unterstreicht die Vernetzungsaktivitäten in Lehre und Weiterbildung. Das *Strukturkapital* beschreibt jene Ausstattungen und Organisationsstrukturen, welche die Arbeit in den Prozessen erst ermöglichen bzw. erleichtern. Es erfasst die institutsinternen Ausstattungen wie z.B. Informationstechnologie und Bibliothek, beinhaltet aber auch das verwendete Managementsystem. Durch die Mitarbeit in Gremien und die Einbindung von externen Lehrbeauftragten wird das *Beziehungskapital*, das Bilden von sozialen Netzwerken, gefördert. Gastvortragende, Gastprofessoren, externe Lehrbeauftragte, aber auch Dissertationsstipendiaten sind Indikatoren des Beziehungskapitals, die als Input für die Leistungserstellungsprozesse dienen.

Eine Besonderheit des Humankapitals der WBW-Wissensbilanz ist besonders herauszuheben. Im Sinne der direkten Verbindung zur Personalentwicklung wird die Wissensbasis nicht nur quantitativ (Anzahl der wissenschaftlichen Mitarbeiter u.ä.) sondern auch inhaltlich bewertet. Dies erfolgt über die Darstellung von Basisfertigkeiten als jene Fertigkeiten, die unabhängig davon in welchem Forschungs- bzw. Lehrbereich ein Mitarbeiter tätig ist, gleichermaßen relevant sind. Dazu zählen bspw. betriebswirtschaftliches Methodenwissen, Projektmanagement oder das wissenschaftliche Arbeiten an sich. Durch die Darstellung der Fertigkeiten anhand von -symbolisierten- Lernkurven ist der entsprechende Fortschritt ersichtlich.

Grundlage für die Definition der *Leistungsprozesse*, welche den zweiten Modellbereich bilden, waren die bereits im Rahmen des Qualitätsmanagementsystems definierten Schlüsselprozesse. Dieselben beschreiben den Ablauf der Kerntätigkeiten unterteilt in einzelne Phasen. Zur umfassenden Beschreibung des Tätigkeitsbereichs des Institutes, sind die sechs Leistungsprozesse Forschung, Lehre, Weiterbildung, Dienstleistungen, Kommerzialisierung und Vernetzung für das Wissensbilanzmodell relevant (Abb. 12.1.).

Rahmenbedingungen	Intellektuelles Kapital	Leistungsprozesse	Wirkung
Gesetz Politik Strategie	Humankapital Strukturkapital Beziehungskapital	Forschung Lehre Weiterbildung Dienstleistungen Kommerzialisierung Vernetzung	Stakeholder: Ministerium Studenten Wirtschaft Öffentlichkeit Scientific Community etc.
Leitbild Ziele			
	INPUT	OUTPUT	OUTCOME IMPACT

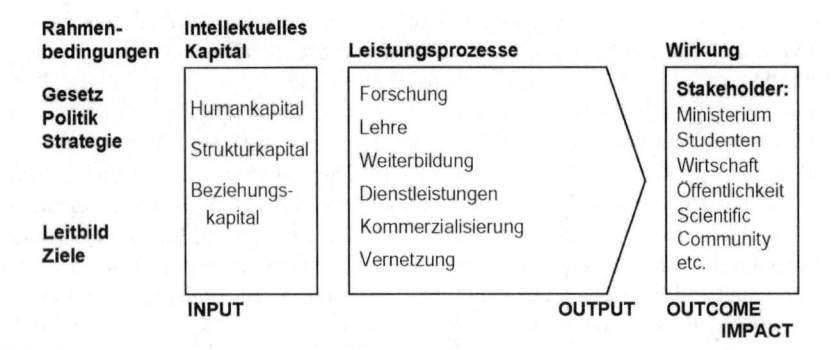

Abb. 12.1. Grundmodell der Wissensbilanz des WBW

Die Prozesse Forschung und Lehre sind zentrale Prozesse jedes Universitätsinstitutes. Da sich die Lehrtätigkeit des Institutes nicht nur auf den universitären Bereich beschränkt, steht der Prozess Weiterbildung für den Bereich der postgradualen Lehre (MBA-Programm). Der Prozess Dienstleistung beschreibt in diesem Zusammenhang Auftragsforschung für die Wirtschaft, die auf der Expertise des Institutes aufbaut. Die Kommerzialisierung von Forschungsergebnissen im Rahmen von Spin-off-Gründungen durch ehemalige Mitarbeiter stellt den fünften Leistungsprozess dar. Im Zuge des Vernetzungsprozesses erfolgt die gezielte Stärkung des Beziehungskapitals bspw. durch das Abhalten von Seminaren, die Kooperation mit strategischen Partnern oder die Einbindung von Gastprofessoren.

Aufbauend auf der Empfehlung, Leistungen sowohl durch Indikatoren mit quantitativem als auch mit qualitativem Inhalt zu messen, wird der Output nicht nur ausgewiesen, sondern auch bewertet (Outcome, Impact). Abbildung 12.2. zeigt beispielhaft die Zuordnung einzelner Indikatoren zu den entsprechenden Leistungsprozessen. Auch im Input-Bereich wird das intellektuelle Kapital nicht nur quantitativ sondern auch qualitativ, beispielsweise durch das Ergebnis von Mitarbeiterzufriedenheitsmessungen oder die Verbesserungsvorschlagsquote, beschrieben. Im Outcomebereich sind Beispiele dafür neben laufenden Leistungsevaluierungen, die Nachhaltigkeit der Spin-Offs, Absolventenbefragungen, Projektwiederholhäufigkeiten etc.

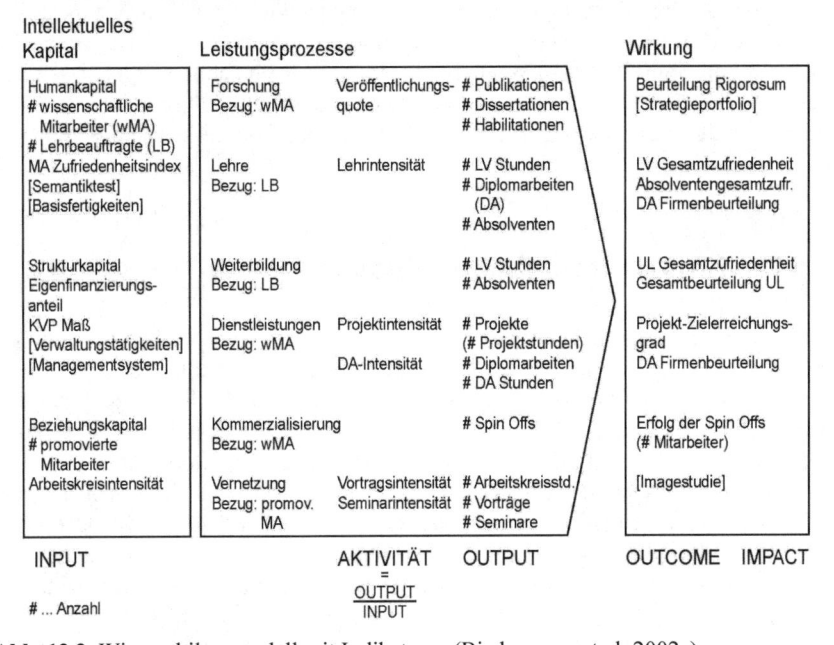

Intellektuelles Kapital	Leistungsprozesse			Wirkung
Humankapital # wissenschaftliche Mitarbeiter (wMA) # Lehrbeauftragte (LB) MA Zufriedenheitsindex [Semantiktest] [Basisfertigkeiten]	Forschung Bezug: wMA Lehre Bezug: LB	Veröffentlichungsquote Lehrintensität	# Publikationen # Dissertationen # Habilitationen # LV Stunden # Diplomarbeiten (DA) # Absolventen	Beurteilung Rigorosum [Strategieportfolio] LV Gesamtzufriedenheit Absolventengesamtzufr. DA Firmenbeurteilung
Strukturkapital Eigenfinanzierungsanteil KVP Maß [Verwaltungstätigkeiten] [Managementsystem]	Weiterbildung Bezug: LB Dienstleistungen Bezug: wMA	 Projektintensität DA-Intensität	# LV Stunden # Absolventen # Projekte (# Projektstunden) # Diplomarbeiten # DA Stunden	UL Gesamtzufriedenheit Gesamtbeurteilung UL Projekt-Zielerreichungsgrad DA Firmenbeurteilung
Beziehungskapital # promovierte Mitarbeiter Arbeitskreisintensität	Kommerzialisierung Bezug: wMA Vernetzung Bezug: promov. MA	 Vortragsintensität Seminarintensität	# Spin Offs # Arbeitskreisstd. # Vorträge # Seminare	Erfolg der Spin Offs (# Mitarbeiter) [Imagestudie]
INPUT # ... Anzahl	AKTIVITÄT = OUTPUT / INPUT		OUTPUT	OUTCOME IMPACT

Abb. 12.2. Wissensbilanzmodell mit Indikatoren (Biedermann et al. 2002a)

Bezugsgröße für den Leistungsprozess *Forschung* sind die Forscher bzw. wissenschaftlichen Mitarbeiter. Wesentlicher Indikator des Outputs ist die Veröffentlichung von Forschungsergebnissen aber auch die Anzahl der Dissertationen, die Konferenzteilnahme wie auch gegebenenfalls Gutachtertätigkeit. Im Veröffentlichungsindex wird die Wertigkeit einer Veröffentlichung berücksichtigt, wobei eine Dissertation eine höhere Bewertung erfährt als ein Artikel beispielsweise in einem nicht referierten Journal. Auch die Fachzeitschriften sind in unterschiedlichen Kategorien gewichtet, ebenso haben Buchpublikationen beginnend mit der Habilitation bis hin zur Herausgeberschaft ein unterschiedliches Gewicht. Die universitäre *Lehre* lässt sich auf der Outputseite durch die Abhaltung von Lehrveranstaltungen, von Prüfungen und die Betreuung von Diplomarbeiten charakterisieren. Auch die Anzahl der Absolventen einer bestimmten Studienrichtung, die insbesondere durch das Institut zu betreuen sind, ist eine charakterisierende Kenngröße, die als Output/Inputrelation auf die Anzahl der Lehrbeauftragten bezogen wird. Der Leistungsprozess *Weiterbildung* spiegelt die Aktivitäten im Bereich der postgradualen Ausbildung und die Abhaltung von Seminaren zu wirtschaftsnahen Themen wider. Die Anzahl der Projektstunden je wissenschaftlicher Mitarbeiter (Leistungsprozess *Dienstleistung*) charakterisiert die Auftragsforschungsaktivität. Im Outcomebereich sind charakteristische Größen die Gesamtzufriedenheit der Wirtschaft mit den Forschungsergebnissen und die Häufigkeit der Vergabe von Folgeprojekten. Im Sinne einer vollständigen Darstellung der Leistungsprozesse wurden die Bereiche *Kommerzialisierung* und *Vernetzung* definiert, wobei die Gründung von Spin-Offs als Kommerzialisierung von Forschungsergebnissen gesehen werden kann. Die Vernetzungsaktivitäten sind durch die von wissenschaftlichen Mitarbeitern gehaltenen Vorträge bei Tagungen, Kongressen und Seminaren gekennzeichnet.

12.6 Die Einsatzbereiche der Wissensbilanz

Die Wissensbilanz kann je nach Verwendungszweck - interne und externe Berichterstattung oder internes Controlling - zwei Aufgaben erfüllen. Im ersten Fall steht die Verwendung als Kommunikationsinstrument im Vordergrund, dabei sollen Potenziale, Leistungen und Wirkungen kommuniziert werden. Es erfolgt sowohl eine Sensibilisierung der internen (Mitarbeiter) als auch der externen (Kunden, Studenten/Wirtschaft, Ministerium) Anspruchsgruppen für die *Effizienz* (Output/Input-Relation) und *Effektivität* (Outcome bzw. Impact) der Leistungserbringung einer Organisationseinheit unter den beschriebenen Rahmenbedingungen. Für die Präsentation wird die Darstellung der Ergebnisse im Wissensbilanzmodell durch qualitative Interpretationen ergänzt, in denen auf die Entwicklung ausgewählter Indikatoren oder Schwerpunktbereiche im Betrachtungszeitraum explizit eingegangen wird.

Schon zu Beginn des Wissensbilanzprojektes am WBW stand fest, dass die Verwendung der Wissensbilanz als internes Strategie- und Steuerungsinstrument im Vordergrund stehen soll. Dabei wurden aus Anforderungen des strategischen

Managements und des Controllings zum einen das Modelldesign abgeleitet und zum anderen die Art des Modelleinsatzes festgelegt.

Externe Rahmenbedingungen für die zielgerichtete Steuerung der immateriellen Vermögenswerte und Schwerpunktbereiche sind bspw. aktuelle Entwicklungen oder Anforderungen von Stakeholdern, welche mit internen Vorgaben, wie Institutsgrundsätzen oder internen Ressourcen, in Einklang zu bringen sind.

Als Steuerungsinstrument ist die Wissensbilanz in den Regelkreis der strategischen Führung eingebunden (siehe Abb. 12.3.). Eine besondere Rolle kommt derselben im Rahmen der internen Analysen, der Formulierung des strategischen Plans und der strategischen Kontrolle zu. Wobei betont werden muss, dass der externe Vergleich nur bedingt zulässig ist, da aufgrund der Kontextabhängigkeit von Wissen, auch die auf Basis dessen erbrachten Leistungen in Bezug auf das Umfeld zu betrachten sind.

Aufgrund dieser Einschränkung findet der im Zuge der Strategieentwicklung durchgeführte externe Vergleich mit Instituten bzw. Institutionen mit ähnlichen Schwerpunkten auf Basis eines Benchmarking mittels Indikatoren statt. Die Ergebnisse finden Eingang in die Wissensbilanz als Sollwerte (Zielgrößen) für Veröffentlichungsquoten, Lehrbelastungen u.ä.

Große Bedeutung kommt dem umfassenden internen Vergleich und der mehrjährigen Entwicklung zu. Betrachtet werden Trends innerhalb von und zwischen den Schwerpunktbereichen und einzelnen Prozessergebnissen aber auch der Zusammenhang mit den Inputfaktoren des intellektuellen Kapitals. Die Analyse dieser Ergebnisse führt direkt in den Bereich der Personalentwicklung, der durch die Definition von Basis- und Fachfertigkeiten in diesem Projekt betrachtet worden ist. Die vielfältigen Einsatzmöglichkeiten der Wissensbilanz im Bereich der Strategieentwicklung und Steuerung werden im nächsten Kapitel kurz skizziert.

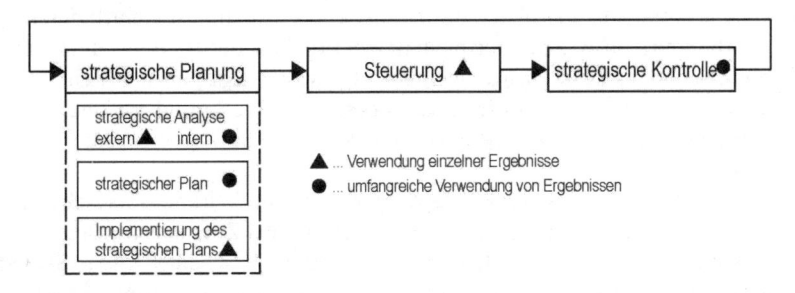

Abb. 12.3. Verwendung der Wissensbilanz im Prozess der strategischen Führung (Graggober 2004)

12.7 Strategieentwicklung, Steuerung und Controlling

Die Bewertung der Schwerpunktbereiche (insbesondere der Forschungsschwerpunkte), welche die Basis für die gezielte Entwicklung derselben darstellt, erfolgt nach den Dimensionen „Aktivität" und „Qualität". Dies sind aggregierte Werte, die sich aus ausgewählten Beiträgen der einzelnen Prozesse zu einem Schwerpunktbereich ergeben. Dieselben bestimmen die Position des jeweiligen Schwerpunktbereiches im Leistungsportfolio des Institutes (siehe Abb. 12.4.).

Die Vorgehensweise zur Indexbildung ist in Abbildung 12.5. in verallgemeinerter Form dargestellt. Den ersten Schritt stellt die Auswahl der relevanten Indikatoren aus der Wissensbilanz dar, welche in den entsprechenden Index einbezogen werden. Dabei werden, unter Berücksichtigung sämtlicher Kriterien für die Indexbildung, jene Indikatoren gewählt, die das Gesamtergebnis eines Schwerpunktbereiches besonders beeinflussen. Um die Bedeutung einzelner Indikatoren bzw. Prozesse für die inhaltliche Entwicklung herauszustreichen, besteht im zweiten Schritt noch zusätzlich die Möglichkeit der relativen Gewichtung. Beiden Indizes liegt eine Normierung der Einzelergebnisse zugrunde, der Anwendung des Index entsprechend wird eine adäquate Art zur Indexbildung gewählt.

Die Aktivität gibt die Innensicht (Effizienz) eines Schwerpunktes wieder, dieser Index setzt sich aus ausgewählten Indikatoren des Outputbereiches der Leistungsprozesse zusammen. Zur Bildung desselben stehen zwei Methoden zur Auswahl, die additiv-gewichtete sowie die additiv-ungewichtete. Erstere Methode kommt dann zur Anwendung, wenn aus jedem Leistungsprozess nur ein Indikator ausgewählt wurde, diesem aber besondere Bedeutung zukommt. Werden die Ergebnisse aus einem Leistungsprozess durch mehrere Indikatoren dargestellt, ist keine zusätzliche Gewichtung notwendig. Zur Auswahl der relevanten Indikatoren kann beispielsweise eine Sensitivitätsanalyse (Vester 1999) durchgeführt werden, welche Unterstützung bietet, die Treiber eines Systems zu identifizieren.

Abbildung 12.6. zeigt beispielhaft das Ergebnis der Ist-Beurteilung des Schwerpunktbereiches Wissensmanagement, der sich wiederum aus den zusammengesetzten Aktivitäten im Bereich der Forschung, Weiterbildung und Lehre zusammensetzt. Gleichzeitig wird aber auch der strategisch gewünschte Entwicklungspfad vorgegeben.

Der Qualitätsindex repräsentiert aggregiert den Wirkungsbereich (Effektivität). Ergebnisse aus diesem Bereich resultieren oft aus Zufriedenheitsmessungen, welche auf der Bewertung nach einem Notensystem bzw. einer Likert-Skala basieren. Zusätzliche Indikatoren werden auf diese Skala normiert, welche auch Grundlage für die Darstellung im Portfolio ist. Der Qualitätsindex ergibt sich aus dem Mittelwert der Einzelergebnisse.

Die Darstellung von Aktivität und Qualität erfolgt im Leistungsportfolio oder der Wissenslandkarte, wobei dieselbe sich auf die Abbildung der relativen Aktivitätsanteile beschränkt aber zusätzlich die Fachfertigkeiten beinhaltet (siehe symbolisiert in Abb. 12.5.).

Im Zuge der Gesamtstrategieentwicklung werden individuelle Strategien und Entwicklungen für jeden Schwerpunktbereich festgelegt.

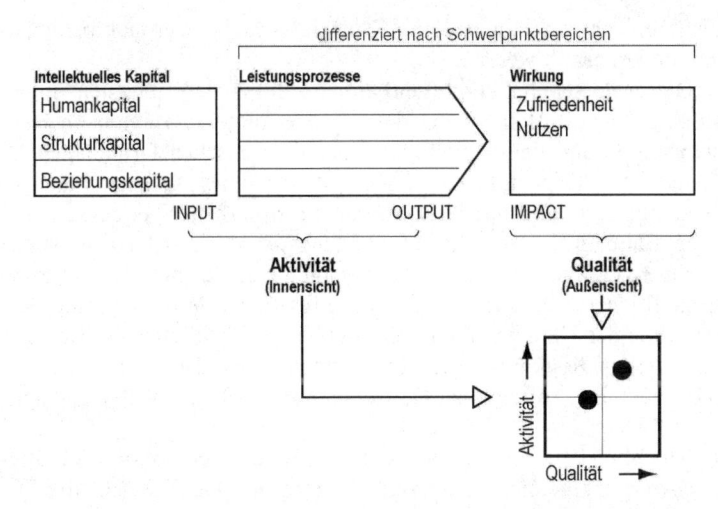

Abb. 12.4. Abhängigkeiten innerhalb des Wissensbilanzmodells (Biedermann et al. 2002b)

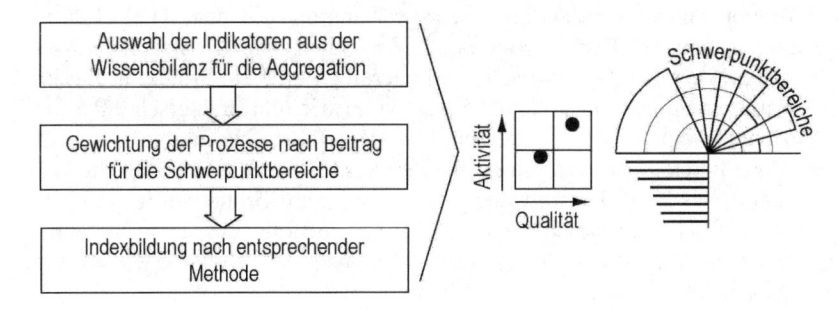

Abb. 12.5. Vorgehensweise der Indexberechnung zur Darstellung im Portfolio oder einer Wissenslandkarte (Graggober in Bearbeitung 2004)

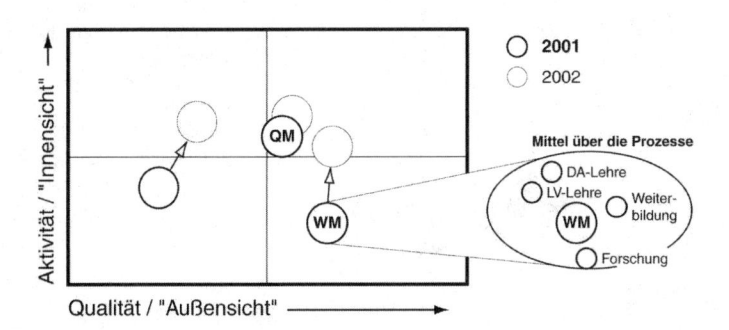

Abb. 12.6. Zusammengesetztes Portfolio des Schwerpunktbereiches Wissensmanagement (Biedermann et al. 2002b)

Eine Einzelstrategieentwicklung soll am Beispiel des Schwerpunktbereiches Risikomanagement dargestellt werden.

Fallbeispiel: Dieser Forschungs- und Lehrbereich zählt zu den „jüngsten" in der Institutsentwicklung und die Behandlung desselben erfolgte zu Beginn im Rahmen von Gastvorträgen und der Aufbereitung der theoretischen Grundlagen im Zuge einer Masterarbeit des postgradualen MBA-Programmes „Generic Management". Der Themenbereich wird inhaltlich von einem Mitarbeiter betreut. Die externe Analyse im Rahmen des Strategieentwicklungsprozesses hat einen Bedarf dahingehend ergeben, dass das Thema Risikomanagement, welches sich aufgrund der finanzwirtschaftlichen Herkunft bis dahin hauptsächlich auf die Liquiditäts- und Erfolgsdimension des Unternehmens beschränkte, ganzheitlicher -in Richtung leistungswirtschaftliches Risikomanagement- betrachtet werden muss. Darüber hinaus haben sich auch die Anfragen zu Konzepten der Risikohandhabung seitens der Wirtschaft deutlich erhöht.

Eine Gegenüberstellung von interner und externer Analyse ergab folgende Strategie für den Schwerpunktbereich: „Aktivität steigern und Qualität halten!" Die Aktivität sollte sowohl in der theoretischen als auch der praktischen Auseinandersetzung mit dem Themenbereich gesteigert werden. Im theoretisch wissenschaftlichen Bereich wurde dem durch die Vergabe einer zusätzlichen Dissertation und die Konzeption einer eigenständigen Lehrveranstaltung mit dem Titel „Krisen- und Risikomanagement" Rechnung getragen. Zusätzlich stieg die Anzahl der Masterarbeiten im Bereich. Zur empirischen Fundierung wurde ein Projekt in Zusammenarbeit mit einem Unternehmen der Prozessindustrie (ein strategischer Partner- siehe Beziehungskapital bzw. Vernetzung!) durchgeführt. Die interne, durch die Wissensbilanz unterstützte Analyse ergab, dass zusätzliche Kapazität für die Outputerhöhung dieses Bereiches notwendig sei. Aus diesem Grund wurde ein weiterer wissenschaftlicher Mitarbeiter eingestellt. Im Portfolio des darauffolgenden Jahres konnte die Wirksamkeit der gesetzten Maßnahmen bereits abgelesen werden (siehe dazu Abb. 12.7.).

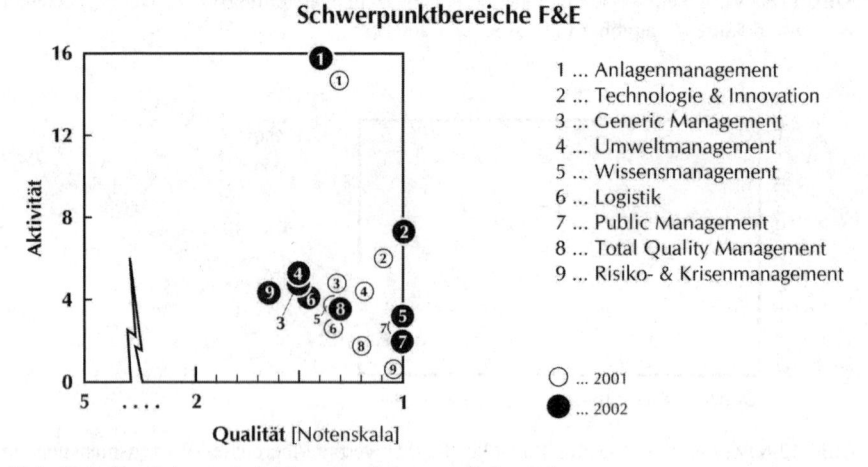

Abb. 12.7. Zweijahresentwicklung der Schwerpunktbereiche

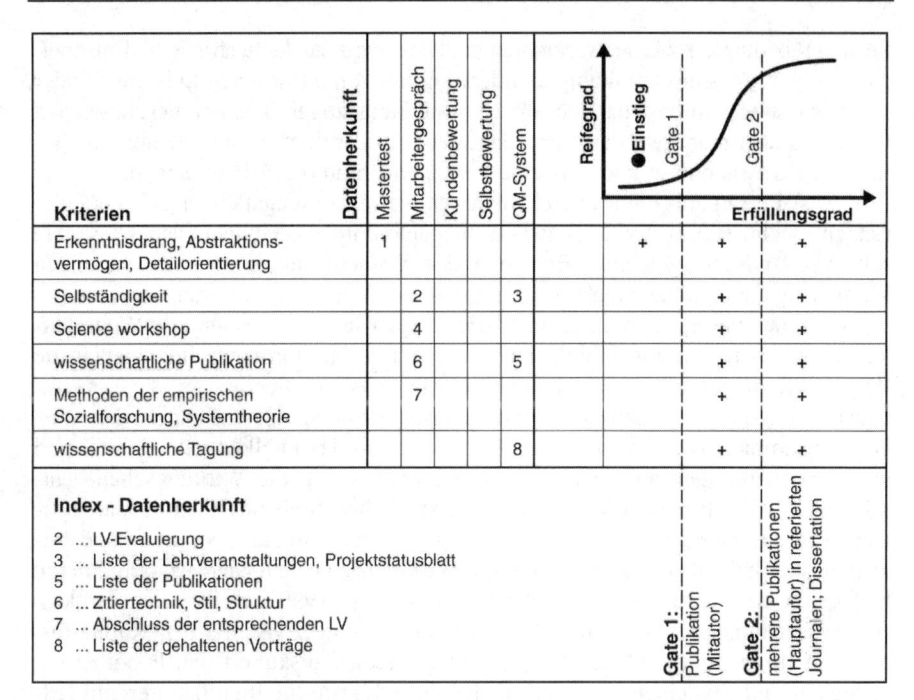

Kriterien	Datenherkunft	Mastertest	Mitarbeitergespräch	Kundenbewertung	Selbstbewertung	QM-System	Reifegrad / Erfüllungsgrad (Einstieg, Gate 1, Gate 2)
Erkenntnisdrang, Abstraktionsvermögen, Detailorientierung	1						+ + +
Selbständigkeit		2		3			+ +
Science workshop		4					+ +
wissenschaftliche Publikation		6			5		+ +
Methoden der empirischen Sozialforschung, Systemtheorie		7					+ +
wissenschaftliche Tagung						8	+ +

Index - Datenherkunft
2 ... LV-Evaluierung
3 ... Liste der Lehrveranstaltungen, Projektstatusblatt
5 ... Liste der Publikationen
6 ... Zitiertechnik, Stil, Struktur
7 ... Abschluss der entsprechenden LV
8 ... Liste der gehaltenen Vorträge

Gate 1: Publikation (Mitautor)
Gate 2: mehrere Publikationen (Hauptautor) in referierten Journalen; Dissertation

Abb. 12.8. Lernkurve für die Fachfertigkeiten „wissenschaftliches Arbeiten" (Biedermann u.a. 2002b)

Als strategisches Instrument hat die Wissensbilanz die Unterstützung organisationaler Lernprozesse in Bezug auf die Wissensbasis, das intellektuelle Kapital und das immaterielle Vermögen einer Organisation zur Aufgabe. Die Wissensbilanzierung unterstützt dahingehend, dass organisationale Lernprozesse beobachtet, bewertet, aber auch richtungweisend beeinflusst werden. Im Rahmen der Steuerungsfunktion wird die einfachste Form des Lernens, das „single-loop-learning" (Argyris et al. 1999), operativ umgesetzt. Dies ist eine Effizienzmessung, in der Output- und Inputgrößen gegenübergestellt und notwendige Anpassungen an Zielwerte vorgenommen werden (z.B. Anzahl an Publikationen/Mitarbeiter, Innovationen aufgrund einer guten Wissensbasis). Der Bezug zum einzelnen Mitarbeiter mit seiner Entwicklung im Rahmen der im jährlichen Mitarbeitergespräch vereinbarten Ziele, aber auch seiner „Lernkurve" ist hier wichtig. Abbildung 12.8. zeigt symbolisiert die Lernkurve für die Fachfertigkeiten „wissenschaftliches Arbeiten", wobei die beiden Achsen zum einen den Erfüllungsgrad der definierten Kriterien und zum anderen den Reifegrad in der jeweiligen Basisfertigkeit, der sich daraus ergibt, wiedergeben. Der eigentliche Lernprozess am Institut liegt zwischen dem Gate 1 und 2, wobei hier beispielhaft unterschiedliche Bewertungskriterien angeführt sind.

Das „double-loop-learning", welches ein umweltorientiertes Lernen darstellt, führt zu Rückkopplungen von Beobachtungen in das System. In der Wissensbilanz wird dies durch den Wirkungsbereich realisiert, der die Bewertung der erbrachten

Leistungen durch Externe widerspiegelt. Dies wird zu längerfristigen Entscheidungen über die Einschränkung oder den Ausbau von bestimmten Leistungen oder die Anpassung von bestehenden Strukturen herangezogen. Die den beschriebenen Prozessen übergeordnete Lernform, das „deutero-learning" ergibt sich aus der Tatsache, dass Ergebnisse und Prozesse permanent hinterfragt bzw. angepasst werden, was die Organisation an sich flexibler und anpassungsfähiger bei Veränderungen macht. Ein in den laufenden Managementprozess eingebundenes und wie selbstverständlich „gelebtes" Bewerten des Wissens im Sinne eines ständigen Monitorings unterstützt nachhaltig den Lern- und Wissensgenerierungsprozess.

Im Sinne dieses „Lernen-lernens" der Organisation, welches zur Weiterentwicklung der Innovationsfähigkeit und der Wissensperformance beiträgt, ist die Wissensbilanzierung selbst als dynamischer Prozess zu sehen.

Als langfristig wirksames Steuerungsinstrument ist das Erkennen der Wirkungszusammenhänge zwischen „Investitionen" in das intellektuelle Kapital und deren Auswirkungen auf bzw. die Prozessebene sowie die Wirkungsebene entscheidend. Mit Hilfe von Wirkungsanalysen können treibende Faktoren identifiziert werden, nachdem die Einflussfaktoren aus dem Human-, Struktur- und Beziehungskapital auf die Prozesse und die Wirkungsseite analysiert wurden. Hierzu bietet sich das Instrument der Vester-Matrix (Vester 1999) an. Zu einem strukturierten Leistungsprozess werden die Zusammenhänge zwischen den Kapitalformen mit ihrem Input auf den Output bzw. Outcome diskutiert und hypothetisch festgelegt und gewichtet. Als Ergebnis lassen sich kritische Inputfaktoren mit Hilfe der Vester-Matrix darstellen. Sobald mehrere Wissensbilanzen vorliegen, können durch Analyse der Veränderungen im Struktur-, Leistungs- und Wirkungsbereich die Hypothesen verifiziert oder zumindest erhärtet/entkräftet werden. Besonders wertvoll ist auch hier die durch das Modell vorgegebene strukturierte Diskussion und der damit verbundene Erkenntnisprozess.

12.8 Erfolgsfaktoren und Erfahrungen

Besonders wichtig war es, Akzeptanz bei allen Mitarbeitern für dieses Projekt zu schaffen. Dies wurde zum einen durch den Einbezug aller Mitarbeiter im Entwicklungsprozess wie auch durch die nachhaltige Betonung der Bedeutung des Projektes und der Ergebnisse für das Institut durch den Vorstand erreicht. Die Kombination von bottom-up und top-down Vorgehen war ideal.

Bei der Auswertung der Ergebnisse wurde darauf geachtet, laufend Feedback an jene Mitarbeiter zu geben, die in einzelnen Projektphasen nicht unmittelbar eingebunden waren. Der gewohnte Umgang mit Leistungsmessung erleichterte die praktische Anwendung des Modells. Für die Umsetzung des Projektes wurde in allen Entwicklungsphasen ausreichend Zeit zur Verfügung gestellt und die strategische Bedeutung unterstrichen.

Dem Diskussionsprozess in allen Projektphasen ist mehr Bedeutung zuzumessen als der Definition von exakten Messwerten. Daher ist es auch wichtig, dass die Wissensbilanz nicht durch Externe erarbeitet und implementiert wird.

In der jährlichen Erstellung und Interpretation der Wissensbilanz wird die Etablierung einer kritischen, sich ständig weiterentwickelnden Evaluierungskultur sichtbar. Bewertungen, Zielwerte, Gewichtungen und Indikatoren werden kritisch geprüft und ggf. adaptiert, der Fokus wie selbstverständlich auf relevante Output- und Outcomegrößen gelegt. Dieses Steuerungsmodell wird damit Teil der Organisationskultur. Auf diese Größen wird im jährlichen Mitarbeitergespräch ebenso Bezug genommen wie in den monatlich stattfindenden Institutsbesprechungen. Letztere weisen fixe Tagesordnungspunkte auf, die die unterschiedlichen Leistungsprozesse (Lehre, Forschung etc.) zum Inhalt haben. Die Wissensbilanz ist mit ihren wesentlichen Elementen damit im Managementsystem fest verankert.

Die Entwicklung bzw. Adaption des ersten Wissensbilanzmodells für ein Universitätsinstitut einschließlich der Erstellung derselben nahm etwa sechs Monate in Anspruch; die weiteren Bilanzen zwei Monate.

Die Implementierung und laufende Anwendung katalysiert die Diskussion über Vision, Leitbild, Forschungsziele, strategische Ausrichtung und Leistungseffizienz und –effektivität. Dies und das Erkennen der kritischen Erfolgsfaktoren stellt einen hohen Nutzen für die Organisation dar. Gleichzeitig ermöglichen sie eine komprimierte und in sich logisch geschlossene Darstellung der auf Basis der vornehmlich immateriellen Vermögenswerte erbrachten Leistungen einer Organisationseinheit.

Neben dem motivationsfördernden Effekt der partizipativ diskutierten und kollektiv beschlossenen Forschungsziele – im Wesentlichen wurden alle durchaus ambitionierten Ziele erreicht – zeigt die Analyse der Leistungszusammenhänge im Rahmen der dreijährigen Anwendung folgendes Bild:

- Nach etwa dreijährigem Entwicklungsprozess des einzelnen Wissenschaftlers (Lernkurve!) setzt die „Ernte" durch vermehrte Publikationstätigkeit ein.
- Eine ausreichende bis großzügige Investition in das Strukturkapital (IT, Bibliotheksausstattung) und das Beziehungskapital haben deutlich stimulierende Effekte auf den Leistungsoutput.
- Eine gleichmäßig hohe „Belastung" in mehreren Leistungsbereichen (Lehre, Forschung, Weiterbildung, etc.) erhöhen den Gesamtoutput pro Mitarbeiter. Eine hohe Lehrbelastung führt keineswegs zu geringem Forschungsoutput und umgekehrt. Erhöhte Projekttätigkeit korreliert positiv mit einer höheren Publikationsrate. In der forschungsgeleiteten Lehre ergeben sich bessere Evaluierungsergebnisse. Es kann von einem positiven Verbundeffekt der Leistungsbündel gesprochen werden.
- Der durch die Wissensbilanz stimulierte Quervergleich zur Forschungsdisziplin des Fachkollegen erhöht die intrinsische Motivation.
- Die fachübergreifende Zusammenarbeit insbesondere in der Publikations- und Forschungstätigkeit wird durch die Wissensbilanzierung stimuliert.

Nach mittlerweile dreijähriger Entwicklungsarbeit und praktischer Anwendung ist absehbar, dass der Wissensbilanzierungsprozess sich stets dynamisch weiterentwickelt.

Literaturverzeichnis

Argyris C, Schön D (1999) Die lernende Organisation. klett-cotta, Stuttgart
Bundesministerium für Bildung, Wissenschaft und Kultur (bm:bwk) (2002) Universitätsgesetz 2002. http://www.unigesetz.at
Biedermann H (2003a) Wissensbilanz 2002 - Ergebnisbericht und strategische Entwicklung, Leoben (Arbeitspapier, Institut für Wirtschafts- und Betriebswissenschaften)
Biedermann H (2003b) Wissensbilanz als Strategie- und Steuerungsinstrument. In: Matzler K, Pechlaner H, Renzl B (Hrsg) Werte schaffen: Perspektiven einer stakeholderorientierten Unternehmensführung. Gabler, Wiesbaden, S 482-498
Biedermann H (2003c) Wissensbilanzierung. In: Höllinger S, Titscher S (Hrsg) Die österreichische Universitätsreform - Zur Implementierung des Universitätsgesetzes S 246-263
Biedermann H, Graggober M, Hall K (2002a) Wissensbilanz 2001 einer universitären Organisationseinheit. Institut für Wirtschafts- und Betriebswissenschaften, Leoben
Biedermann H, Graggober M, Sammer M (2002b) Die Wissensbilanz als Instrument zur Steuerung von Schwerpunktbereichen am Beispiel eines Universitätsinstitutes. In: Bornemann M, Sammer M (Hrsg) Wissensmanagement: Konzepte und Erfahrungsberichte aus der betrieblichen Praxis. Gabler Edition Wissenschaft Deutscher Universitätsverlag, Wiesbaden
Danish Agency for Trade and Industry (2000) A Guideline for intellectual capital statements - A key to knowledge management, Copenhagen. http://www.videnskabsministe riet.dk/fsk/publ/2001/AGuidelineforIntellectualCapitalStatements/videnUK.pdf
Diekmann A (2002) Empirische Sozialforschung: Grundlagen, Methoden, Anwendungen. 8. Aufl. Rowohlt Taschenbuch Verlag, Reinbeck b. Hamburg
Graggober M (2004) Die Wissensbilanz als Instrument für das Management und Controlling von Intangible assets. In: Hinterhuber HH et al (Hrsg) Strategisches Kompetenzmanagement. S.A.F., Innsbruck
Graggober M (in Bearbeitung 2004) Wissensbilanz - Entwicklung und Implementierung eines Bewertungsinstrumentes zur strategischen Planung und Steuerung von Schwerpunktbereichen unter besonderer Berücksichtigung immaterieller Vermögenswerte. Dissertation. Montanuniversität Leoben
Hinterhuber HH (1996) Strategische Unternehmensführung: 1. Strategisches Denken. 6., völlig neu bearbeitete Auflage. de Gruyter, Berlin, New York
Leitner KH, Sammer M, Graggober M, Schartinger D, Zielowski C (2001) Wissensbilanzierung für Universitäten. ARC Seibersdorf research GmbH Institut für Wirtschafts- und Betriebswissenschaften, Seibersdorf Leoben (Arbeitspapier)
Reinhardt R (2000) Wissen als Ressource: Theoretische Grundlagen, Methoden und Instrumente zur Erfassung von Wissen. Habilitationsschrift. Technische Universität Chemnitz
Schenker-Wicki A (1996) Evaluation von Hochschulen. Deutscher Universitätsverlag, Wiesbaden
Vester F (1999) Die Kunst vernetzt zu denken. 2. durchges. Aufl.. Deutsche Verlags-Anstalt, Stuttgart
Weber J (1999) Einführung in das Controlling. 8. Auflage. Schäffer-Poeschel Verlag, Stuttgart

13 Wissensbilanzierung für den Forschungsbereich: Erfahrungen der Austrian Research Centers

Karl-Heinz Leitner

13.1 Einleitung

Forschungsorganisationen sind Wissensproduzenten per se, deren wichtigste Ressource ihr intellektuelles Kapital darstellt. Was liegt näher, als das Instrument der Wissensbilanz, das eine Methode zur umfassenden Erfassung, Bewertung und Management des intellektuellen Kapitals[1] ist, für Forschungsorganisationen einzusetzen? Erste Erfahrungen von industriellen Unternehmen, die Wissensbilanzen erfolgreich eingeführt hatten, eine intensive Diskussion über Auswirkungen der wissensbasierten Wirtschaft und die Forderung nach erhöhter Transparenz in Bezug auf die eingesetzten Forschungsmittel, haben Impulse geliefert, das Instrument der Wissensbilanz in Forschungsorganisationen einzuführen. Gleichwohl gibt es gerade im Forschungsbereich Bedenken, dass eine Messung von Forschungs-, Entwicklungs- und Innovationsprozessen die nötigen kreativen Freiräume einschränkt und Anreize liefert, die nur zu kurzfristiger Performanceoptimierung führen. Dennoch: erst die systematische Erfassung von Informationen über die Entwicklung des intellektuellen Kapitals – unter besonderer Berücksichtigung von Forschungs-, Entwicklungs-, und Innovationsprozessen – erlaubt es, Zielkonflikte sichtbar zu machen, Potenziale zu realisieren und strategische Entscheidungen zu fundieren. Eine Forschungsorganisation ist mehr als seine talentierten Forscher oder die Aggregation von Forschungsprojekten. Es geht darum, kohärente Ziele und Strategien zu formulieren, Anreize für die Mitarbeiterentwicklung zu setzen, Beziehungen auszubauen, Kundenwünsche zu optimieren und Forschungsprogramme zu strukturieren, allesamt Elemente, die unterschiedliche Formen des intellektuellen Kapitals betreffen.

Die öffentliche Hand als Eigentümer und andere Stakeholder von Forschungsorganisationen fordern seit einigen Jahren überdies zunehmend Informationen über die Effizienz der eingesetzten Mittel und die Effektivität der Zielerreichung. Wenngleich Forschungsorganisationen nicht auf Kapitalmärkten um Finanzmittel konkurrieren, so haben diese dennoch zunehmend im Wettbewerb um Forschungsmittel zu bestehen. Folglich sind Informationen über das Potenzial der investierten

---

[1] Im vorliegenden Beitrag werden die Begriffe intellektuelles Kapital, intangible assets und immaterielle Vermögenswerte synonym verwendet und ein breites Verständnis zugrunde gelegt, das sich nicht an den engen Vorgaben der Rechnungslegungsstandards orientiert.

Forschungsmittel aufzubereiten, die Informationsasymmetrien verringern können. Wissensbilanzierung hat in diesem Kontext zum Ziel, immaterielle Investitionen, also vornehmlich Investitionen in Forschung und Entwicklung (F&E) und die dadurch erbrachten Leistungen in einem Berichtssystem zu erfassen.

Die Austrian Research Centers (ARC), Österreichs größte außeruniversitäre Forschungseinrichtung, haben 1999 begonnen, sich mit dem Thema Wissensbilanz zu befassen und, dessen Potenzial erkennend, als erste europäische Forschungsorganisation eine Wissensbilanz publiziert[2]. Damit war das Unternehmen Vorreiter für den Forschungsbereich und zugleich das erste deutschsprachige Unternehmen, das eine Wissensbilanz publiziert hat. Mittlerweile blickt das Unternehmen auf fünf Jahre Erfahrung mit der Implementierung, Interpretation und Wirkung dieses neuen Management- und Berichtssystems zurück. Darüber hinaus hat das Unternehmen weitere Forschungsorganisationen und wissensintensive Unternehmen unterstützt, ähnliche Systeme einzuführen[3]. Die Erfahrungen, die das Unternehmen mit der eigenen Wissensbilanz gemacht hat, werden im folgenden Beitrag aufbereitet[4]. Die Ausführungen beruhen auf den Erfahrungen des Autors, der innerhalb der ARC für die Entwicklung der Wissensbilanz verantwortlich war.

Im vorliegenden Beitrag wird im Besonderen auf die Spezifikation von anwendungsorientierten Forschungsorganisationen eingegangen. Zum einen ist hierbei die Bedeutung des intellektuellen Kapitals für Forschungsprozess und Forschungsleistungen darzustellen, was vor allem durch das hier vorgestellte Wissensbilanz-Modell verdeutlicht werden soll, zum anderen ist auf den Umstand Rücksicht zu nehmen, dass Forschungsleistungen, zumal diese teilweise den Charakter öffentlicher Güter besitzen, besonders schwer finanziell zu bewerten sind. Hier stellt sich die Frage, was sinnvollerweise gemessen werden kann und wo die Grenzen der Wissensbilanzierung liegen. Schließlich ist auch der Prozess der Implementierung im Forschungsbereich zu beleuchten. Dabei zeigt sich, dass die im Zuge der Einführung ausgelösten Diskussionen selbst bereits einen wichtigen Nutzen darstellen.

Im Folgenden werden zunächst die Ziele der Wissensbilanz der ARC und das zugrunde liegende Wissensbilanz-Modell vorgestellt. Anschließend wird der jähr-

---

[2] Die Wissensbilanz der ARC ist downloadbar unter: www.arcs.ac.at/publik/fulltext/wissensbilanz

[3] Unter anderem wurden Wissensbilanz-Projekte mit dem Deutschen Zentrum für Luft- und Raumfahrt (DLR) und der Royal Scientific Society (RSS) in Jordanien durchgeführt. Gemeinsam mit Joanneum research wurde ein Handbuch für die Wissensbilanzierung der außeruniversitären Forschungseinrichtungen in Österreich entwickelt (siehe Leitner et al. 2000). Des Weiteren waren die ARC maßgeblich bei der Entwicklung eines Konzepts für die Wissensbilanzierung an österreichischen Universitäten beteiligt (siehe Leitner et al. 2001). Auf europäischer Ebene wurde gemeinsam mit der European Association of Research Managers and Administrators (EARMA) die Arbeitsgruppe Valuing Intangibles and Managing Knowlegde (VIMAK) eingerichtet, um die Entwicklung und Diffusion zu fördern (siehe www.earma.org/WG/vimak/vimak.html).

[4] Für weitere Analysen siehe Leitner u. Warden (2004) sowie Bornemann u. Leitner (2002).

liche Erstellungsprozess beschrieben. Die wichtigsten Erfahrungen mit der Implementierung und die Wirkungen werden sodann diskutiert. Im abschließenden Ausblick werden zukünftige Perspektiven für die Wissensbilanzierung im Forschungsbereich thematisiert.

13.2 Funktion und Ziele der ARC-Wissensbilanz

Die Austrian Research Centers (ARC) sind Österreichs größte außeruniversitäre Forschungseinrichtung, die als Public-Private-Partnership-Modell in Form einer GmbH geführt werden: 51% stehen im Eigentum der Republik Österreich, 49% sind im Besitz einer Reihe vorwiegend österreichischer Industrieunternehmen. Das Unternehmen fühlt sich damit der Wirtschaft wie auch der österreichischen Forschungs- und Technologiepolitik verpflichtet.

Die ARC GmbH ist eine Holding, die 2001 aus dem Zusammenschluss des ehemaligen Forschungszentrums Seibersdorf GmbH und der Forschungs- und Prüfanstalt Arsenal entstand. Erstere firmiert nunmehr als ARC Seibersdorf research GmbH, zweitere als arsenal research GmbH. Zwischen 2001 und 2003 wurden sodann weitere Forschungsunternehmen eingegliedert bzw. einzelne Forschungsbereiche der ARC Seibersdorf GmbH als eigenständige Tochtergesellschaften der ARC Holding organisiert. Das Forschungszentrum Seibersdorf am Hauptstandort Seibersdorf bei Wien selbst wurde bereits Ende der fünfziger Jahre als Nuklearforschungsinstitut gegründet, in den siebziger Jahren wurden die Tätigkeitsfelder sukzessive ausgebaut. Die ARC umfasst heute ein breites Spektrum naturwissenschaftlicher, technischer und sozialwissenschaftlicher Disziplinen. Die insgesamt mehr als 700 Mitarbeiter sind in internationale Netzwerke eingebunden und arbeiten entsprechend der anwendungsorientierten Ausrichtung an unter-schiedlichsten Forschungs- und Auftragsprojekten für Wirtschaft und öffentliche Hand.

Als Forschungsorganisation, die sich aus unterschiedlichsten - zu einem großen Teil öffentlichen Forschungsmitteln finanziert - standen die ARC bzw. ARC Seibersdorf research Ende der neunziger Jahre zunehmend vor der Herausforderung, die daraus erbrachten Leistungen zu kommunizieren. Mit der gewünschten effizienten und effektiven Mittelverwendung war das Bedürfnis nach stärkerer interner und externer Transparenz verbunden, die mit steigender Organisationsgröße tendenziell schwieriger aufrecht zu erhalten ist.

Nach Vorgesprächen mit diversen Stakeholdern, im Besonderen mit den Eigentumsvertretern, wurde im Frühjahr 1999 von der Geschäftsführung der Beschluss gefasst, mit der Veröffentlichung einer Wissensbilanz der geforderten Transparenz nachzukommen und einen Beitrag zur Realisierung des Unternehmensslogans "Wissen schafft Zukunft" zu leisten. Umstrukturierungen Mitte der neunziger Jahre hatten zu einer stärkeren Bündelung der Forschungsaktivitäten geführt und den Fokus vor allem auf die Anwendungs- und Industrienähe der Forschung verstärkt. Der Anteil der Auftragsforschung mit der Industrie ist im letzten Jahrzehnt in Folge dieser Strategie auch sukzessive gestiegen. Mit der Wissensbilanz sollten Informationen aufbereitet werden, die Leistungen dokumentieren, aber zugleich den möglichen Zielkonflikt zwischen kurzfristiger Marktorientierung und längerfristiger Forschungsorientierung aufzeigen sollten. Damit sollte eine nachhaltige Entwicklung ermöglicht werden. Zugleich wollten die ARC einen innovativen Schritt auf dem Gebiet der Erfassung, Bewertung und dem Management der Ressource Wissen für den Forschungsbereich setzen. Relativ früh bekannte sich die Geschäftsführung dazu, dass das Projekt kein bloßes PR-Instrument sein sollte, sondern Potenziale und Leistungen im Zeitverlauf über mehrere Perioden und im Vergleich mit anderen Forschungsorganisationen bewerten sollte. Wichtiger Promotor für die Erstellung der Wissensbilanz war der damalige wissenschaftliche Geschäftsführer Prof. Günther Koch.

Das explizite Projektziel der Wissensbilanz war es, zusätzlich zum klassischen Jahresbericht in einem eigenen Bericht in strukturierter Weise Daten über das intellektuelle Kapital aufzubereiten und somit über die Jahre das Leistungsvermögen zu demonstrieren. Parallel dazu wurde ein zweites Projekt initiiert, nämlich die Implementierung einer Balanced Scorecard, die zusätzliche Informationen für das interne Management aufbereiten sollte. Die Balanced Scorecard wurde in Form einer Active Scorecard implementiert, eine Weiterentwicklung der Balanced Scorecard, bei der einzelne Indikatoren normiert und zu Indizes aggregiert werden (Haase et al. 1999). Die Active Scorecard sollte demnach als internes Managementinstrument fungieren, die Wissensbilanz über das intellektuelle Kapital und Leistungen nach außen berichten und dazu einen Teil der intern verwendeten Indikatoren nach außen kommunizieren. Demzufolge sollten nur jene Daten extern kommuniziert werden, die aus wettbewerbspolitischen Gründen unbedenklich waren. Wie noch gezeigt werden wird, hat die Wissensbilanz im Laufe der Zeit jedoch interne Managementaufgaben partiell übernommen, da die Active Scorecard nach einer Testphase gemäß dem ursprünglichen Konzept nicht im gesamten Unternehmen implementiert wurde. Darüber hinaus ermöglichte die Wissensbilanz und die zugrunde liegende Modelllogik im Besonderen, komplexe Zusammenhänge intern wie auch extern nachvollziehbar zu diskutieren.

Die Ziele der Wissensbilanz wurden klar definiert: zum einen, um damit die Adressaten zu definieren, zum anderen, um die Wissensbilanz zu anderen Managementprojekten abzugrenzen. Folgende Projektziele wurden 1999 vor der Implementierung der ersten Wissensbilanz definiert:

1. Ermöglichung von Transparenz über die Verwendung investierter Mittel,
2. sichtbar machen bisher nicht dokumentierter immaterieller Leistungen und deren Nutzen für Stakeholder,
3. Dokumentation zukunftschaffender Potenziale und deren Nutzenverlauf.

Die erste Wissensbilanz wurde im Frühjahr 2000 für das Geschäftsjahr 1999 für die ARC Seibersdorf research GmbH erstellt. Von 1999 bis 2003 wurde die Wissensbilanz jährlich für ARC Seibersdorf research publiziert. 2004 wird die Wissensbilanz erstmals für die gesamte ARC Holding erstellt, bei der konsequenterweise auch Indikatoren der einzelnen Tochtergesellschaften ausgewiesen werden.

13.3 Das Wissensbilanzmodell der ARC

Die ARC haben im Rahmen der Realisierung der ersten Wissensbilanz ein eigenes Wissensbilanz-Modell entwickelt, das den Besonderheiten einer Forschungsorganisation gerecht werden sollte (Ohler u. Leitner 1999; Schneider 2000). Von Beginn an war es ein Ziel der Wissensbilanz, nicht nur Informationen über das intellektuelle Kapital zu erheben, sondern auch mit Hilfe von Indikatoren Forschungsleistungen und wissensbasierte Outputs auszuweisen.

Bei den zum Entwicklungszeitpunkt bekannten Modellen handelte es sich vornehmlich um Ansätze, die hier als Strukturmodelle bezeichnet werden sollen, die eine strukturierte Darstellung des intellektuellen Kapitals ausweisen, wie der Intangible Asset Monitor nach Sveiby (1996) oder die IC Skandia Klassifikation (Edvinsson 1997). Diese stellen jedoch nicht die Funktion des intellektuellen Kapitals im Wertschöpfungsprozess dar. Ansätze, die den gesamten Wertschöpfungsprozess abbilden, wie das EFQM-Modell, hatten den Nachteil, dass diese nicht explizit unterschiedliche Formen des intellektuellen Kapitals integrieren. Daher wurde beschlossen, die beiden Ansätze zu kombinieren und in einem Prozessmodell Inputs, Prozesse und Outputs auszuweisen. Das intellektuelle Kapital wird dabei als Inputressource verstanden und als Wertschöpfungspotential bezeichnet. Bei den Prozessen werden Kernprozesse definiert, die auch als wesentliche Geschäftsprozesse verstanden werden können. Die Outputs werden im Modell als Ergebnisse bezeichnet.

Bei der Definition des intellektuellen Kapitals wurde die dreiteilige Klassifikation in Human-, Struktur- und Beziehungskapital gewählt, die bereits zum damaligen Zeitpunkt durch das europäische Forschungsprogramm MERITUM propagiert wurde und auch für den Forschungsbereich als geeignet erschien (MERITUM 2001). Nicht separat ausgewiesen wurde Innovationskapital oder F&E, die ebenfalls als Formen intellektuellen Kapitals verstanden werden können. Da das Hauptgeschäft von Forschungsorganisationen Innovation und F&E ist, sollten diese nicht isoliert betrachtet werden, sondern vielmehr die Voraussetzungen dafür, eben das intellektuelle Kapital, die Forschungsprozesse selbst und die Ergebnisse differenziert ausgewiesen werden. Das Wissensbilanz-Modell der ARC kann damit auch als ein Ansatz verstanden werden, der den Forschungs- und Innovationsprozess einer Organisation konzeptualisiert, und ist damit mit jüngeren Ansätzen der Innovationsforschung kompatibel (vgl. etwa Dodgson u. Hinze 2000).

Als die zwei wesentlichen Kernprozesse des Unternehmens wurden die Programmforschung und Auftragsprojekte definiert. Bei der Programmforschung handelt es sich um längerfristig ausgelegte Forschungsprogramme mit einem Horizont von drei bis fünf Jahren. Dabei werden grundlegendere Forschungsfragen untersucht und Kompetenzen aufgebaut, die später im Rahmen innovativer Auftragprojekte umgesetzt werden sollten. Diese Programme werden vorwiegend durch den Eigentümer finanziert, kommen aber auch im Rahmen der Beteiligung an Ausschreibungen auf kompetitiver Basis zustande (Bsp. EU-Rahmenprogramme). Wesentliches Charakteristikum der Programme ist es, dass diese wiederum aus Projekten bestehen und entsprechend gemanagt werden.

Bei Auftragsprojekten handelt es sich um Projekte, die mit unterschiedlichsten privaten und öffentlichen Kunden durchgeführt werden, bei denen die konkrete Problemlösung für einen Kunden im Vordergrund steht. Je nach Fragestellung werden für Projekte alle drei Elemente des intellektuellen Kapitals gleichermaßen oder auch nur selektiv eingesetzt. Mit der Prozessdimension sollte demnach beantwortet werden, wie die wesentlichen Geschäftsprozesse des Unternehmens organisiert sind und wie sie zusammenspielen. Eine zentrale strategische Frage der ARC ist das Verhältnis zwischen Programmforschung und Auftragsforschung, das durch die längerfristige bzw. kurzfristige Ausrichtung an Marktbedürfnissen und Grundlagen- bzw. Anwendungsnähe der Forschung wesentlich bestimmt wird.

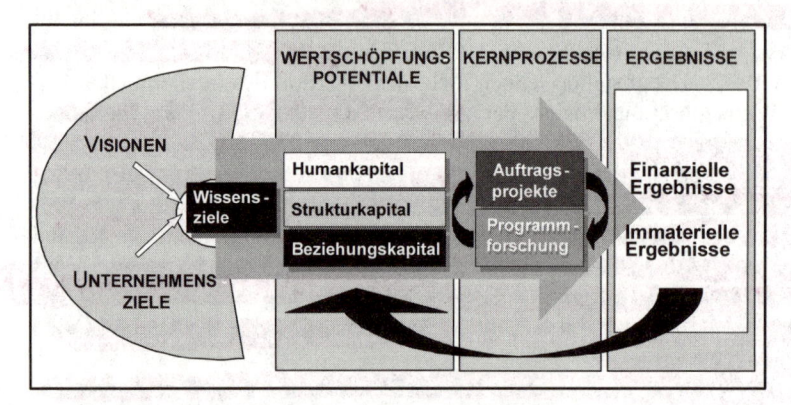

Abb. 13.1. Das ARC-Wissensbilanz-Modell, © ARC 2000

Was den Output des Wertschöpfungsprozesses betrifft, wurden unterschiedliche Kategorien definiert, die sich an den allgemeinen Unternehmenszielen der ARC orientieren. Die ARC fühlen sich sowohl der Wirtschaft, der wissenschaftlichen Community und der Gesellschaft verpflichtet. Entsprechend wurden die Leistungen in wirtschaftsbezogene, forschungsbezogene und gesellschaftsbezogene Ergebnisse kategorisiert. Diese wurden allesamt als immaterielle Ergebnisse bezeichnet. Zusätzlich wurden wichtige finanzielle Ergebnisse ausgewiesen, um den Konnex zu finanziellen Ergebnissen und der Finanzbilanz herzustellen. Immaterielle Ergebnisse können dieser Logik zufolge in späteren Perioden selbst in finanzielle Ergebnisse umgewandelt werden, etwa wenn es gelingt, Forschungserkenntnisse aus der Programmforschung im Rahmen von Projekten mit der Industrie zu kommerzialisieren, was jedoch nicht immer der Fall ist. Etwa dann nicht, wenn forschungspolitische Aufgaben erfüllt oder öffentliche Güter produziert werden, die sich nicht unbedingt in den finanziellen Ergebnissen des Unternehmens selbst spiegeln. Bestimmte Ergebnisse entstehen demnach bei Dritten, beispielsweise bei von Unternehmen aufgegriffenen Erkenntnissen oder umgesetzten Ideen infolge von Publikationen und Vorträgen. Gleichzeitig gilt es zu bedenken, dass die Erwirtschaftung von Gewinnen nicht das primäre Ziel der ARC ist und Gewinne nicht die zentrale Kenngröße für die Beurteilung erfolgreich investierter Forschungsmittel sind.

Der Output einer Forschungsorganisation sind wissensbasierte Produkte und Leistungen. Entsprechend der Eigenschaften der Wissensproduktion, nämlich, dass Wissen durch die Nutzung nicht zwangsläufig verringert wird (vgl. etwa Machlup 1980), kann gefolgert werden, dass Outputs selbst wiederum die Inputs, etwa durch Lernen, erhöhen können. Dies wird durch den Pfeil von den Ergebnissen zurück zum intellektuellen Kapital symbolisiert. Dies weist aber zugleich darauf hin, dass die Zuordnung von Indikatoren nicht eindeutig sein muss bzw. Indikatoren abhängig vom Kontext interpretiert werden müssen.

Eine weitere Besonderheit des Wissensbilanz-Modells ist es, dass Ziele, die als Wissensziele bezeichnet werden, explizit ausgewiesen sind. Wissensziele sind Bestandteil der Wissensbilanz und ermöglichen die sinnvolle Indikatorendefinition und -interpretation. Wissensziele definieren, in welche Richtung sich das intellektuelle Kapital weiterentwickeln soll und legen damit fest, wo spezifische Fähigkeiten, Strukturen und Beziehungen aufgebaut bzw. intensiviert werden müssen, um die Unternehmensstrategie umzusetzen. Sie leiten sich aus den allgemeinen Unternehmenszielen ab und stecken gemeinsam mit den finanziellen Zielen und den Marktzielen den Rahmen für die Unternehmensentwicklung ab.

13.4 Der Implementierungsprozess

Im Folgenden wird die Implementierung der ersten Wissensbilanz für das Geschäftsjahr 1999 und deren Prozessschritte beschrieben. Im Wesentlichen hat sich das Team auch in den Folgejahren an dieses Procedere gehalten, wenngleich auf den Ergebnissen der Vorjahre aufgebaut werden und der Prozess professionalisiert werden konnte.

Nachdem das oben beschriebene Modell für die Wissensbilanz im Rahmen eines Forschungsprojektes 1999 entwickelt und Ende 1999 die Projektziele gemeinsam mit der Geschäftsführung definiert waren (siehe oben), konnte das eigentliche Implementierungsprojekt im Januar 2000 starten.

Mit der Implementierung der Wissensbilanz wurde ein dreiköpfiges Team beauftragt, das aus zwei Mitarbeitern der damaligen ARC Seibersdorf research GmbH und einem Berater bestand. Daneben wurde ein Steuerungsteam mit Mitgliedern aus unterschiedlichen Bereichen des Unternehmens gebildet. Durch die Integration eines externen Beraters sollte das bekannte Problem der Betriebsblindheit, im Besonderen bei der Interpretation der Zusammenhänge, vermieden werden.

Die Implementierung erfolgte entlang der in Abb. 13.2. skizzierten Prozessschritte, die sich in der Praxis jedoch überlappten. Diese Prozessfolge wurde bereits am Projektbeginn geplant und orientiert sich an Erkenntnissen der Literatur (siehe etwa Roos et al. 1998) und einem Forschungsprojekt zu Wissensbilanzierung, das von der Forschung Austria, dem Interessensverband österreichischer außeruniversitärer Forschungseinrichtungen, unter der Federführung der ARC durchgeführt wurde (siehe Leitner et al. 2000).

Die Implementierung einer Wissensbilanz erfordert die Auseinandersetzung mit Zielen und Strategien, denn ohne eine klare Vorstellung über die Ausrichtung des Unternehmens und dem zugrunde liegenden Geschäftsmodell können keine für das Unternehmen spezifischen Indikatoren definiert werden.

Ein wichtiger Schritt im Rahmen der Implementierung bestand darin, die eher allgemein gehaltenen Leitsätze und Ziele der ARC Seibersdorf research, wie etwa die Verbesserung des Technologietransfers zwischen Universitäten und Wirtschaft, weiter zu konkretisieren, um später deren Erreichung mit Hilfe von Indikatoren operationalisieren und überprüfen zu können. Dazu waren zahlreiche Diskussionsrunden innerhalb des Projektteams und mit der Geschäftsführung notwendig. Auf Basis einer präzisierten Vorstellung der Unternehmensziele konnten sodann die Wissensziele formuliert werden, die wie folgt definiert wurden:

Phase 1:	Formulierung der Wissensziele

Phase 2:	Auswahl und Definition von Kennzahlen

Phase 3:	Erhebung der Indikatoren

Phase 4:	Interpretation und Erstellung des Berichts

Phase 5:	Kommunikation (intern und extern)

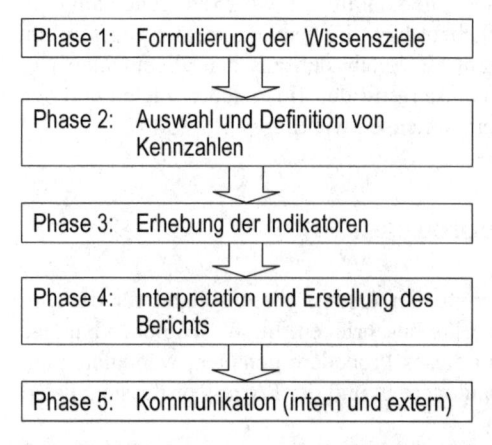

Abb. 13.2. Implementierungsprocedere der Wissensbilanz innerhalb der ARC

Wissensziel 1: Wir wollen die Kompetenzen entwickeln, um das Unternehmensziel des Wissenstransfers in die Wirtschaft, Wissenschaft und öffentlichen Stellen optimal zu unterstützen.

Wissensziel 2: Wir wollen sowohl Kompetenzen als auch Prozesse etablieren, um das umsetzungsorientierte Forschungsmanagement unserer Projekte zu optimieren.

Wissensziel 3: Wir wollen durch die Kombination externer und interner Wissensbestände mit gesicherter Theoriebasis anwendungsorientierte Problemstellungen in unseren Kernbereichen behandeln.

Wissensziel 4: Wir wollen durch eine verstärkte Kommunikation und Kooperation zwischen externen und internen Akteuren den Grad der Interdisziplinarität und damit der Problemlösungsfähigkeit erhöhen.

Wissensziel 5: Wir wollen uns für den globalen Forschungsmarkt öffnen und dafür die entsprechenden Netzwerke, Strukturen und Prozesse schaffen, um international erfolgreich zu sein.

Abb. 13.3. Wissensziele der ARC-Wissensbilanz 1999

Die Wissensziele bildeten einen wichtigen Rahmen für die Definition und Selektion von Indikatoren. Zum anderen bildeten bereits erhobene Kennzahlen oder existierende Daten, die unterschiedliche Abteilungen (z.B. Rechnungswesen, Controlling, Qualitätsmanagement, Personalentwicklung) verwenden, ein Fundament. Im Besonderen stand im Rahmen der Entwicklung und Implementierung der Active Scorecard, die im Sommer 1999 als Pilotprojekt eingeführt wurde, eine Reihe von potenziellen Indikatoren zur Verfügung (siehe oben). Hier wurden entlang der vier Dimensionen einer Balanced Scorecard – Mitarbeiter, Markt, Prozesse und Kompetenz Indikatoren formuliert, die jedoch nur teilweise erhoben wurden.

Ausgehend von den Zielen und der bereits existierenden Indikatorensammlung wurden sodann für die einzelnen Kategorien des Modells Indikatoren definiert und selektiert. Bei der Formulierung der Indikatoren wurde versucht, eine möglichst exakte Messung des Tatbestands vorzunehmen und die Indikatoren exakt zu definieren. Es war daher ständig abzuwägen, ob man eine vielleicht unscharfe Messung akzeptiert, eine exakte, aber vielleicht aufwendige Messung präferiert, oder einen Indikator nicht verwendet, da er zu ungenau und damit verzerrend oder sogar irreführend ist. Um hier zu entscheiden, lautete die zentrale Frage: „Was misst ein bestimmter Indikator tatsächlich?" Im Allgemeinen ist auch festzuhalten, dass ein Indikator mehrere Sachverhalte zugleich messen kann. Ein Beispiel für diese Problematik stellt etwa die Kennzahl „Anzahl der Lehraufträge der Mitarbeiter" dar. Durch diese wird erstens Wissen transferiert, zweitens Networking betrieben, aber auch drittens Kompetenz bei den Lehrenden selbst aufgebaut. Der Indikator steht also für Wissenstransfer (Ergebnis), Networking (Beziehungskapital) und Kompetenzaufbau (Humankapital). Einige Indikatoren wurden daher an verschiedenen Elementen des Modells (Input, Prozess, Output) gleichzeitig ausgewiesen, sind dabei aber jeweils unterschiedlich zu interpretieren.

Das Projektteam selektierte im Zuge der Diskussion einige bereits bekannte Indikatoren, die auch von anderen Unternehmen verwendet bzw. in der Literatur vorgestellt wurden[5], definierte aber auch einige neue spezifische Kenngrößen. Im Bereich Humankapital wurde etwa die Anzahl der jungen wissenschaftlichen Mitarbeiter, die innerhalb von 2 Jahren das Unternehmen verlassen haben, ausgewiesen. Da diese Wissenschafter besonders sensibel auf Arbeitsbedingungen reagieren und der Lernprozess als junger Wissenschafter zugleich längerfristiger ist, wurde gefolgert, dass die Fluktuationsrate in dieser Gruppe nicht zu hoch sein sollte. Mitarbeiter, die bereits nach einigen Monaten das Unternehmen verlassen, können demzufolge kaum das Humankapital aufbauen. Im Bereich des Strukturkapitals wurde ein besonderes Augenmerk auf Akkreditierungen gelegt, die ein Maß für Kompetenzen und Prozess-Know-how sind. Schließlich wurde in Bezug auf das Beziehungskapital die Anzahl der Vorträge auf Konferenzen pro Mitarbeiter erfasst. Vorträge auf Konferenzen sind nicht nur eine Form des Outputs son-

---

[5] Hierbei orientierte sich das Unternehmen auch an den in der Innovations- und Evaluationsliteratur vorgeschlagenen Indikatoren, um später eine möglichst hohe Vergleichbarkeit zu gewähren (siehe etwa Foray 2000; Roessner 2000).

dern ermöglichen im Besonderen die Vernetzung mit der wissenschaftlichen Community und Beziehungspflege[6].

Nachdem die Indikatoren definiert und aus der rund 200 Indikatoren umfassenden Liste rund 80 selektiert waren, begann das Team mit der Erhebung der Indikatoren (siehe Anhang). Ein Teil der Indikatoren war bereits vorhanden bzw. intern für andere Zwecke verwendet, ein Teil der Indikatoren musste erst erhoben werden. Der Großteil der Indikatoren lag elektronisch vor und wurde aus den vorhandenen Systemen (SAP, ARC-Publikationsdatenbank, Qualitätsmanagement, Personalverrechnung, etc.) generiert. Eine integrierte, softwaregestützte Erhebung und Verwaltung wurde in den ersten Jahren noch nicht vorgenommen.

Die Voraussetzungen für die Interpretation und die Erstellung der eigentlichen Wissensbilanz waren damit gegeben. Vor dem Hintergrund der Ziele, der einzelnen Zahlenwerte und des Modells wurden sodann die Indikatoren interpretiert und die wichtigsten Aussagen gemeinsam diskutiert.

Weiters galt es, die Struktur des Wissensbilanz-Reports festzulegen. Im ersten Jahr wurde entschieden, die einzelnen Elemente des Modells jeweils in einem eigenen Kapitel zu beschreiben. In den darauf folgenden Geschäftsjahren konnte aufgrund der gewonnen Datenreihe dazu übergegangen werden, in einem stärkeren Ausmaß auch zu überprüfen, ob die einzelnen Wissensziele erreicht wurden. Dazu wurden einige Indikatoren explizit zur Überprüfung der Zielerreichung herangezogen und einzelnen Wissenszielen zugeordnet. Die Frage, ob die Ziele jeweils erreicht wurden, wurde mit Hilfe einer dreistufigen Bewertung (Smilies) zu beantworten versucht (siehe Abb. 13.4.).

Bei der Gestaltung des Wissensbilanzberichts wurde darauf geachtet, die Indikatoren möglichst mit Hilfe von exemplarischen Schilderungen, best practice Fällen und dgl. zu interpretieren. Durch qualitative Beschreibungen, Aufzählungen und Bewertungen wurde der Rahmen gelegt, der eine sinnvolle Interpretation möglich macht. Darüber hinaus gibt es eine Reihe wichtiger Faktoren, die nach wie vor kaum durch Indikatoren erfasst werden können, sich also einer Messung widersetzen und daher nur qualitativ beschreibbar sind. Auch ein Gutteil der Managementaktivitäten und -projekte konnten nur qualitativ aufbereitet werden und wurden entsprechend verbal beschrieben. Die Wissensbilanz ist damit mehr als eine Auflistung von Indikatoren sondern lebt vor allem dadurch, inwieweit es gelingt, ein Gesamtbild der Entwicklung des intellektuellen Kapitals zu vermitteln. Das Projektteam orientierte sich bei Ausgestaltung der ARC-Wissensbilanz an anderen Referenzmodellen der Industrie und wurde als das Amalgam gesehen, welches Mouritsen et al. (2001) auch als *„numbering, visualisation und narration"* bezeichnen.

---

[6] Eine jüngere Publikation über den Output von Forschungsinstituten zeigt in diesem Zusammenhang, dass Vorträge auf Konferenzen eine wichtige Voraussetzung für die Erstellung von Publikationen sind (Teodorescu 2000).

13 Wissensbilanzierung für den Forschungsbereich: Erfahrungen der ARC

Internationalität	1999	2000	2001	2002	Ziel aus 2002	Ziel-erreichung	Ziel für 2003
STRUKTURKAPITAL							
Prozesse und Ausstattung							
Trefferquote bei EU-Forschungsprogrammen (in %)	30	40	27	35	↗	☺	⇨
BEZIEHUNGSKAPITAL							
Projektorientierte Kooperation und Vernetzung							
EU-Projekte (in % aller neuen Projekte)	9	9,3	2,3	13	↗	☺	
Forschungstätigkeiten im Ausland in Personenmonaten	0	0	12	12	↗	☹	↗
Anzahl internationaler ForscherInnen (in % der wM)	6,2	5,7	5,6	3,7	↗	☹	↗
Diffusion und Networking (pro wM)							
Anzahl der besuchten Konferenzen gesamt	1,14	1,53	1,40	1,25			
Vorträge bei wissenschaftlichen Konferenzen	0,88	1	1,89	1,18	↗	☹	↗
KERNPROZESSE							
Programmforschung							
Anteil internationale Programme (in %)	19	10	4	9		☺	
Auftraggeber Ausland (in %)	22	19	22	29	↗	☺	
ERGEBNISSE							
Wirtschaftsbezogene Ergebnisse							
Anzahl der Auftragszugänge von Firmen (Ausland in %)	34	17	34	30		☺	

Gesamtinterpretation
Insgesamt konnten die Ziele zur Internationalisierung aus dem Jahr 2002 größtenteils erreicht werden. Bei den Vorträgen bei internationalen Konferenzen ist ein leichter Rückgang relativ zum erfolgreichen Vorjahr zu verzeichnen, wie auch beim Anteil von internationalen ForscherInnen ein gewisser Trend nach unten zu erkennen ist. Allerdings gibt vor allem bei der Vernetzung mit EU-Partnern eine starke Steigerung beim Anteil von EU-Projekten an den neuen Projekten von 2,3 auf 13 % Grund zur Freude und erreicht ein neues Höchstniveau. ☺

Abb. 13.4. Wissensziel „Internationalität" und zugeordnete Indikatoren, Wissensbilanz 2002

Nachdem das Wissensbilanz-Team den Bericht verfasst hatte, wurde in Kooperation mit einer Kommunikationsagentur Layoutierung und Druck vorgenommen. Hierbei galt es durch graphische Elemente den Ausdruck zu verstärken, Zusammenhänge darzustellen und abstrakte Inhalte zu visualisieren. Überhaupt stand bei der Gesamtgestaltung im Vordergrund, ein in sich konsistentes Bild der Unternehmensentwicklung aufzubereiten.

Insgesamt dauerte der jährliche Prozess der Erstellung der Wissensbilanz rund drei Monate. Die Präsentation der Wissensbilanz erfolgte in der Regel gemeinsam mit der Präsentation des Jahresberichts. Im ersten Jahr wurde zusätzlich eine Pressekonferenz organisiert. Des Weiteren wurde die Wissensbilanz bei internen und externen Managementmeetings, Sitzungen mit den Eigentümern, Seminaren und Veranstaltungen präsentiert und aufgelegt.

In den letzten fünf Geschäftsjahren wurde der Prozess wie beschrieben durchlaufen, wobei jeweils die vier bis sechs Wissensziele sowie die rund 60 bis 80 Indikatoren und deren Aussagekraft überprüft und auch angepasst wurden. In den Jahren 2000 bis 2003 kam es infolge neuer strategischer Schwerpunkte, zu einer

Adaption und Ergänzung der Wissensziele. Einige wenige Indikatoren wurden aufgrund geringer Aussagekraft nicht mehr verwendet, einige hingegen neu definiert und erhoben. Eine besondere Herausforderung gab es bei der letzten Wissensbilanz, die nicht mehr nur für die ARC Seibersdorf research sondern für das gesamte ARC Holding erstellt wurde. Dabei wurden sowohl die Wissensziele angepasst, die aus den im Jahre 2003 neu formulierten strategischen Leitlinien abgeleitet wurden, als auch eine Reihe von Indikatoren für die einzelnen Gesellschaften separat ausgewiesen.

13.5 Nutzen und Wirkung

Eine Bewertung der Auswirkungen der Wissensbilanz ist naturgemäß schwierig. Während die Aufwendungen für die Erstellung der jährlichen Wissensbilanz erfasst werden können, sind im Besonderen der Nutzen und die Wirkungen schwierig zu erfassen. Zahlreiche Gespräche mit Forschungsmanagern, Mitarbeitern, Eigentümern, Kunden und anderen wichtigen Stakeholdern erlauben es aber, sich ein Bild von deren Nutzen zu machen.

Die Wissensbilanz hatte von Beginn an das explizite Ziel, externen Stakeholdern Informationen über die Entwicklung des intellektuellen Kapitals bereitzustellen. Die von den ARC erstellte erste Wissensbilanz stieß bereits nach der Veröffentlichung bei den Stakeholdern auf großes Interesse: Eigentümer, Kunden und Kooperationspartner begrüßten die Transparenz und die nachvollziehbare Logik der Wissensproduktion innerhalb der ARC. Zahlreiche Pressemeldungen, Anfragen, downloads und dgl. zeugen vom Interesse an der Wissensbilanz und hatten eindeutig einen positiven PR-Effekt.

Wohlgemerkt sollte die Wissensbilanz kein alleiniges PR-Instrument sein, sondern Informationen bereitstellen, die externe Stakeholder bei Entscheidungen unterstützen. Inwieweit die Wissensbilanz dazu beigetragen hat, dass die ARC zusätzliche Forschungsmittel akquirieren oder Kunden ansprechen konnten, kann im Einzelnen nicht nachvollzogen werden. Im Rahmen von Forschungsanträgen, Präsentationen, Akquisitionsgesprächen und dgl. wurde die Wissensbilanz jedoch häufig als Nachweis des Leistungsvermögens der ARC verwendet bzw. ausgewählte Indikatoren präsentiert. Insbesondere die Kommunikation über die Forschungsleistung mit dem Haupteigentümer der ARC, dem Bundesministerium für Verkehr, Innovation und Technologie, welches dem Unternehmen zugleich eine Basisfinanzierung gewährt, wurde mit Hilfe der Wissensbilanz durch zusätzliche Informationen ergänzt. Damit wurde auch ein Grundstein für die ab 2004 geplante Leistungsvereinbarung zwischen den ARC und dem Ministerium gelegt. Die Forschungsfinanzierung wird zukünftig zu einem gewissen Ausmaß von Leistungskenngrößen abhängig gemacht, die bereits aktuell zu einem Großteil in der Wissensbilanz ausgewiesen werden. Hier liegt der Schwerpunkt tendenziell auf Seite der Ergebnisindikatoren, in der Wissensbilanz sind zusätzlich die Input- und Prozessgrößen zu finden, die vor allem als interne Steuergrößen verstanden werden können. Damit wird zukünftig die Entwicklung einiger Kenngrößen der Wissensbilanz direkt Auswirkungen auf die Finanzierung haben, womit das Instrument weiter an Bedeutung gewinnen wird.

Zweifelsohne können mit der Wissensbilanz nicht ausschließlich positive Informationen kommuniziert werden. Während es in den ersten beiden Jahren leichter war, bestimmte Entwicklungen als positiv „zu verkaufen", wurde im Laufe der Zeit offensichtlich, dass unterschiedliche Entwicklungen entsprechendes Managementhandeln erfordern. Nicht alle Ziele konnten bislang zufrieden stellend umgesetzt werden, und im Besonderen im Bereich des Humankapitals zeigte sich Handlungsbedarf.

Mit der Wissensbilanz wurden nicht beliebige Indikatoren ausgewiesen, die einen Überblick über das intellektuelle Vermögen verschaffen, sondern bewusst strategisch relevante Indikatoren ausgewählt. Bestimmte Indikatoren können damit als Steuerungsgrößen für interne Managementhandlungen herangezogen werden, auch wenn hier Indikatoren detaillierter, in kürzeren Abständen bzw. auf Abteilungsebene ausgewiesen werden müssen. Wie angemerkt, war die ursprüngliche Idee, dass im Rahmen einer Active Scorecard strategierelevante Kenngrößen erhoben werden sollten und jener Teil, der über das intellektuelle Kapital Auskunft gibt und zugleich die Wettbewerbsfähigkeit des Unternehmens nicht gefährdet, extern kommuniziert wird[7]. Da die Active Scorecard aufgrund ihrer Komplexität, nicht unternehmensweit eingeführt wurde, - in der täglichen Routine konnte nicht nachvollzogen werden, wie sich die einzelnen Indizes zusammensetzen -, wurde das Wissensbilanz-Modell und eine Reihe von Indikatoren in den letzten Jahren zunehmend zur Beantwortung interner strategischer Fragen herangezogen. So wurde das Verhältnis zwischen Programmforschung und Auftragsforschung, Internationalisierung der Forschungsaktivitäten, Kooperationsausmaß zwischen Abteilungen, Mitarbeiterfluktuation oder die Bedeutung von Konferenzbesuchen diskutiert. Darüber hinaus hat auch die dem Modell inhärente funktionale Logik des Wissensproduktionsprozesses die Kommunikation via der Wissensbilanz erleichtert. Innerhalb der ARC wurden für eine Reihe von Indikatoren die Werte auf disaggregierter Ebene (auf Abteilungs- oder Bereichsebene) ausgewiesen, die jedoch nicht nach außen kommuniziert werden.

Ein besonderer Nutzen hat sich durch die Erstellung der Wissensbilanz selbst ergeben: Die Formulierung der Wissensziele und die Selektion der Indikatoren führten im Projektteam und im Management zu strategischen Diskussionen, die

---

[7] Im Rahmen der Active Scorecard sollten einzelne Indikatoren normiert und jeweils aus einigen Indikatoren Indizes gebildet werden, indem Abhängigkeiten und Funktionen zugrunde gelegt werden sollten (Haase et al. 1999). Damit sollte letztlich für jede Kategorie ein einziger Wert berechnet werden, für Humankapital also etwa ein Humankapital-Index, wozu einzelne Indikatoren durch unterschiedliche Operatoren verknüpft werden. Dieses hoch ambitionierte Projektziel konnte nicht vollständig umgesetzt werden. Aufgrund der fehlenden empirischen Basis über mögliche Input-Output-Relationen, eine große Anzahl von Annahmen, die zu treffen waren und die Vielschichtigkeit des Vorhabens, erwies sich das System für die Managementpraxis als zu komplex. Wenngleich theoretisch mit wenigen Kenngrößen gesteuert werden könnte, zeigte sich, dass gerade für die Praxis die Analyse der dahinter liegenden Ursachen wichtig ist.

eine große Bedeutung hatten. Durch den ausgelösten Diskussionsprozess erfolgte eine Veränderung in Hinblick auf die Wahrnehmung bisher nicht hinterfragter Prozesse und Abläufe oder althergebrachter Strukturen. Ähnlich wie Business Pläne ermöglicht die jährliche Erstellung der Wissensbilanz die Reflexion über die Entwicklung wichtiger Faktoren. Geänderte Ziele und Indikatoren sind demzufolge auch ein Spiegelbild interner Diskussions- und Wahrnehmungsprozesse. In den letzten Jahren ist darüber hinaus eindeutig zu beobachten, dass die neuen Begriffe wie Humankapital, Beziehungskapital etc. innerhalb des Managements zum täglichen Vokabular gehören und die Aufmerksamkeit auf das bewusste Management dieser Ressourcen gelegt wurde. Dies ist in der Regel eine wichtige Funktion jeglicher neuer Managementinstrumente (Eccles u. Noria 1997).

Weiters wurden durch die Wissensbilanz den externen Stakeholdern, aber vor allem auch den eigenen Mitarbeitern, neue Werte und Strategien kommuniziert. Die Tatsache, dass es sich um ein zentrales Berichtssystem handelt, das von der Geschäftsführung herausgegeben wird, verleiht dem Dokument zusätzliches Gewicht. Zusätzlich wirkte sich die Publikation der Wissensbilanz unterstützend für die Anwerbung neuer Mitarbeiter aus, die diese Form der Berichtslegung als innovativ und zukunftsweisend, etwa in Bezug auf Personalentwicklung, interpretierten.

Nach wie vor schränkt die begrenzte Vergleichbarkeit mit anderen Forschungsorganisationen, die mangelnde Erfahrung mit der Interpretation derartiger Indikatoren und die Fülle von Indikatoren die Nutzung und Wirkung der Wissensbilanz ein. Die Interpretation von Informationen der Wissensbilanz erfordert vom Leser neue Anforderungen und mitunter mehr Zeit als das Lesen einer traditionellen Finanzbilanz. Der Nutzer muss dazu in einem Prozess lernen, die publizierten Informationen zu interpretieren. Einfache Interpretationsregeln, wie etwa „je mehr Cashflow, desto besser", gelten im Zusammenhang mit Wissensbilanz-Indikatoren nicht zwangsläufig. Meist gibt es für jeden Indikator einen optimalen Bereich, der mit unter erst über die Jahre im Zeitvergleich oder im Benchmark mit anderen Unternehmen gefunden werden kann.

Die jährliche Erstellung der Wissensbilanz ist mittlerweile routinemäßig und standardisiert eingeführt. Nur ein kleiner Teil der insgesamt 80 Kennzahlen wird ausschließlich für die Wissensbilanz erhoben, womit sich der Aufwand in Grenzen hält. Ein Kernteam aus drei Personen arbeitet für die Erstellung netto rund zwei bis drei Monate. Zusätzlich wird das Team bei der Interpretation der Indikatoren und der Diskussion der Managementimplikationen jeweils von Vertretern aus unterschiedlichsten administrativen und operativen Bereichen unterstützt. Der Aufwand scheint sich damit für ein Unternehmen mit rund 700 Mitarbeitern angesichts der aufbereiteten notwendigen Informationen für interne strategische Entscheidungen, der damit ermöglichten externen Beziehungspflege und der kommunizierten Unternehmenswerte und Strategien eindeutig zu rentieren.

13.6 Lessons Learned

Im Folgenden werden einige wichtige Erkenntnisse, die im Zuge der Entwicklung und Nutzung der Wissensbilanz innerhalb der ARC in den vergangenen fünf Jahren gewonnen wurden, in Form von Leitsätzen zusammengefasst.

13.6.1 Wissensbilanzen müssen Ziele ausweisen!

Die Bewertung der unterschiedlichen Elemente und Kennzahlen des Wissensbilanzmodells erfordert grundsätzlich die Auseinandersetzung mit organisatorischen Zielen. Dies erleichtert bzw. ermöglicht die sinnvolle Interpretation der Indikatoren. Erst die Existenz klar formulierter Ziele ermöglicht die Definition von aussagekräftigen Indikatoren und bewahrt vor einem unüberschaubaren Konvolut von Kennzahlen. Mittels ausgewählter Indikatoren kann überdies die Zielerreichung gemessen werden. In bestimmten Fällen sind die formulierten Ziele aufgrund geänderter Umfeldbedingungen oder strategischer Kalküle zu revidieren, was dann intern wie extern zu kommunizieren ist.

Gleichwohl wird der Top-down-Prozess der Operationalisierung von Zielen in Indikatoren nicht immer machbar oder sinnvoll sein. Bestehende Indikatoren aber auch die Experimentierung mit Indikatoren kann hilfreich sein und stellt die Bottom-up-Komponente dar. Empirische Studien an Industrieunternehmen, die die Balanced Scorecard eingeführt haben, zeigen in diesem Zusammenhang, dass Indikatorensysteme entweder dazu genutzt werden, um bereits explizit formulierte Ziele und Strategien messbarer zu machen oder aber auf Basis der Indikatoren Strategien und Ziele zu präzisieren (Hoque u. James 1999). Jede Organisation hat daher vor ihrem spezifischen Hintergrund den geeigneten Weg zu finden, der Lernen in Bezug auf Strategie- und Zielformulierung und Controlling ermöglicht.

13.6.2 Externes Reporting bedingt internes Management!

Wissensbilanzen sollten externen Stakeholdern über die Entwicklung des intellektuellen Kapitals auf Basis ausgewählter Indikatoren Auskunft geben. Um das Potenzial längerfristig, nachvollziehbar und glaubwürdig umzusetzen, sollten die Indikatoren auch für die interne Steuerung Verwendung finden. Tendenziell eignen sich hier vornehmlich Indikatoren des intellektuellen Kapitals und der Prozesse, die gewissermaßen die Stellschrauben der Organisationen darstellen. Werden die extern ausgewiesenen Indikatoren für die interne Steuerung genutzt, sind gute Voraussetzungen gegeben, dass in der Wissensbilanz angestrebten Ziele bzw. Ergebnisse tatsächlich erreicht werden. Klarerweise ist im Allgemeinen abzuwägen, welche Indikatoren nur intern verwendet werden und welche extern publiziert werden, ohne Know-how preiszugeben oder falsche Erwartungen zu wecken. Es geht demzufolge darum, zu beschreiben, wie der Wissensproduktionsprozess in einer Forschungsorganisation organisiert und gesteuert wird, ohne die Inhalte des Wissens, Kompetenzen oder Geschäftsgeheimnisse offen zu legen.

Sind bestimmte Indikatoren auch an die Allokation von Budgets gebunden, erhöht dies die Bedeutung der relevanten Indikatoren. Gleichzeitig steigt die Gefahr, dass es zu einer Optimierung einiger weniger Kennzahlen kommt. Problematisch wird dies, wenn die Indikatoren nicht die tatsächlichen Ziele operationalisieren. Damit werden Anreize geschaffen, die Anforderung der Messung und des Reporting zu erreichen, nicht jedoch, um die Gesamtziele der Organisationen zu erreichen (Davies 1999). Letztlich werden Forschungsorganisationen immer nur zu einem gewissen Ausmaß gewillt sein, Informationen zu liefern, die negative Konsequenzen für die Finanzierung nach sich ziehen könnten. Entsprechend ist abzuwägen, welche Indikatoren nach außen kommuniziert werden (Leistungsdokumentation, Vertrauen und Transparenz) und welche Kenngrößen nur intern verwendet werden (Lernen).

13.6.3 Konzentration auf wesentliche Indikatoren!

Im Allgemeinen liegt dem Instrument der Wissensbilanz die Vorstellung zu Grunde, dass bestimmte Kenngrößen Auskunft über die zukünftige Leistungsfähigkeit einer Organisation geben. Die Komplexität der Wissensproduktion in einer Forschungsorganisation kann dabei nicht auf einige wenige oder eine Kennzahl reduziert oder durch Formeln aggregiert werden. Da Forschungsorganisationen eine Vielzahl von unterschiedlichen Zielen verfolgen, - etwa forschungs- und technologiepolitische Ziele -, sind auch mehrere Ergebniskategorien bzw. Indikatoren nötig, um den Erfolg zu bewerten. Gleichzeitig besteht die Tendenz, dass, falls die Ziele unscharf bleiben, „alles" gemessen wird. Fehlt das Bild über die Gesetzmäßigkeiten und Erfolgsfaktoren des Wissensproduktionsprozesses in einer (Forschungs)organisation - das auch als Geschäftsmodell interpretiert werden könnte -, ist es schwierig, sich auf wenige Indikatoren zu konzentrieren. Durch die Formulierung von Zielen und ein für die spezifischen Bedürfnisse adaptiertes Modell kann verhindert werden, dass zu viele Indikatoren erhoben werden und die relevanten Größen selektiert werden. Dieser Herausforderung stellen sich die ARC nach wie vor jedes Jahr, mit steigender Erfahrung wird es dabei einfacher, die wesentlichen Indikatoren zu finden.

Gerade im Zusammenhang mit der Vielzahl der ausgewiesenen Indikatoren wird häufig auf die Vorteile der Finanzbilanz hingewiesen. Während bei der Finanzbilanz der Erfolg eines Unternehmens letztlich an Hand weniger Kennzahlen erfasst wird (z.B. Gewinn), ist man bei der Interpretation der Ergebnisse aus dem Wissenswertschöpfungsprozess bzw. der Investitionen in intellektuelles Kapital auf mehrere Indikatoren angewiesen. Dennoch ermöglicht eine Analyse der unterschiedlichen Indikatoren und qualitativen Informationen eine ganzheitliche Betrachtung des Unternehmens und seines immateriellen Vermögens. Ein wesentlicher Vorteil der Wissensbilanz liegt eben darin, komplexe Zusammenhänge darzustellen und eine Diskussionsgrundlage für Management und Steuerung bereitzustellen. Damit sollte die steigende Komplexität heutiger Organisationen auf ein vernünftiges Maß reduziert werden, ohne jedoch Scheingenauigkeiten vorzutäuschen.

13.6.4 Wissensbilanz-Modelle müssen Beziehungen visualisieren!

Wissensbilanzen basieren in der Regel auf einem Modell, das unterschiedliche Formen des intellektuellen Kapitals klassifiziert. Im einfachsten Fall werden diese aufgelistet, in anderen Fällen in hierarchische oder komplexere Beziehungen gesetzt. Fokus des ARC-Ansatzes ist es vor allem, die Beziehung zwischen intellektuellem Kapital, Geschäftsprozessen und den Ergebnissen zu erklären. Er modelliert damit den Wissenswertschöpfungsprozess einer Organisation und ist damit mit anderen prozessorientierteren Modellen vergleichbar, wie sie etwa von Lev (2001) mit der value chain blue print, aber auch von anderen Performance-, Management- oder Controllingsystemen vorgestellt werden (vgl. etwa Müller-Stewens 1998). In derartigen Modellen wird auch ein Vorteil im Vergleich zur Balanced Scorecard gesehen, die keine Zusammenhänge zwischen den einzelnen Dimensionen herstellt.

Wissensbilanz-Modelle sind jedoch nicht kompatibel mit klassischen Finanzbilanzen, der Gewinn- und Verlustrechnung bzw. der Bilanz: Stattdessen ermöglichen sie ein Monitoring der Indikatoren über den Zeitverlauf (Perioden) und die Zielüberprüfung mit Hilfe von finanziellen und nicht-finanziellen Indikatoren. Das Modell lenkt dabei die Aufmerksamkeit auf die zentralen Faktoren, visualisiert Zusammenhänge und sinnvolle Interpretation.

13.6.5 Wissensbilanzen können keine Evaluierungen ersetzen, ermöglichen aber eine bessere Selbststeuerung und liefern Informationen für Evaluierungen!

Im Forschungs- bzw. Wissenschaftsbereich werden Wissensbilanzen keine umfassenden Evaluierungen ersetzen können. Sie liefern jedoch Indikatoren, die über die Effizienz und Effektivität der investierten Forschungsmittel Auskunft geben und Selbststeuerung und Selbstevaluierung ermöglichen. Die Überprüfung der strategischen Ausrichtung, die Evaluierung von einzelnen Forschungsprogrammen und –projekten ist durch andere Instrumente und Aktivitäten vorzunehmen.

Wissensbilanzen liefern Auskunft darüber, inwieweit die Organisation die erforderlichen Ressourcen und die Rahmenbedingungen setzt, innerhalb derer es gelingen kann, den Innovations- und Forschungsoutput zu optimieren. Forschungsoutputs sind eben nicht nur von intrinsisch motivierten Wissenschaftlern bestimmt sondern vom allgemeinen organisatorischen Setting abhängig, wie auch eine jüngste Studie über erfolgreiche Forschungsorganisationen zeigt (vgl. Hollingsworth u. Hollingsworth 2000). Eine Forschungsorganisation ist mehr als die Anzahl der talentierten Forscher (Humankapital) sondern ist vor allem durch die Organisationsstruktur und –kultur charakterisiert, innerhalb derer sich diese entfalten können. Gerade für diese bislang vernachlässigte Dimension liefern Wissensbilanzen Informationen, die bei reiner Performance-Messung oder Evaluierungen häufig untergehen.

13.6.6 Wissensbilanzen liefern Benchmarks, die nur im Kontext interpretiert werden können!

Die Bewertung der unterschiedlichen Elemente und Indikatoren des Wissensbilanzmodells erfordert grundsätzlich die Auseinandersetzung mit organisatorischen Zielen und dem spezifischen Kontext (siehe oben). Diese Zielvorgaben ermöglichen die Interpretation, schränken aber gleichzeitig die Generalisierung ein. So kann die Anzahl der Publikationen einer anwendungsorientierten Forschungsorganisation nicht mit einer Universität oder einer industriellen F&E-Abteilung verglichen werden. Generell erfordert die Bewertung und Interpretation von Wissensbilanzen die Berücksichtigung des Kontexts, etwa dem Wissenschaftsbereich oder der Branche, und der spezifischen organisatorischen Ziele. Die Interpretation der in Wissensbilanzen aufbereiteten Informationen erfordert einen Lernprozess, um robuste Interpretationsmuster, Aussagen und Bedeutungszusammenhänge zu finden.

Dennoch können sowohl unterschiedliche Forschungseinrichtungen mit unterschiedlichen Zielsetzungen wie auch ähnliche Forschungsorganisationen voneinander lernen. Sind die ausgewiesenen Indikatoren gemeinsam definiert bzw. existieren Vorgaben oder Standards - die bislang im Forschungsbereich jedoch noch kaum vorliegen - können Organisationen ihre Leistungen, Prozesse und Strategien unter Berücksichtigung des Kontexts vergleichen und von den Besten lernen. Die Innovationsgeschichte zeigt in diesem Zusammenhang, dass Lernen von Anderen stets eine wichtige Quelle für interne Verbesserungen war. Überdies liefern Benchmarks wichtige Informationen für Eigentümer und Forschungspolitiker.

13.7 Ausblick

Die ARC ziehen eine positive Bilanz nach fünf Jahren Wissensbilanzierung: Wissensbilanz wird sowohl als internes Managementinstrument genutzt wie auch zum externen Reporting verwendet. Gleichwohl wird noch Entwicklungspotenzial gesehen. Durch kontinuierliches Lernen sollte zukünftig das Instrument weiter ausgebaut werden. In drei Bereichen wird die ARC-Wissensbilanz zukünftig weiter entwickelt, um ihre zwei Funktionen noch besser zu erfüllen. Was die interne Nutzung betrifft, werden die Indikatoren noch stärker im Rahmen der Strategieentwicklung und des strategischen Controllings eingebunden. Für die interne Allokation von Forschungsmitteln zwischen den einzelnen Gesellschaften sollten zukünftig ebenfalls entsprechende Indikatoren genutzt werden. In Bezug auf die externe Kommunikation mit dem Eigentümer werden einige Indikatoren für die Leistungsvereinbarung genutzt, deren Management und Erreichung durch die gewonnenen Erfahrungen in den letzten Jahren auf einem sicheren Fundament steht.

Schließlich sollte eine finanzielle Erfassung und Bewertung des intellektuellen Kapitals, dort wo es sinnvoll ist, weiter geführt werden. Derzeit läuft ein Pilotprojekt in einer Tochtergesellschaft der ARC mit dem Ziel, die Projekte der Programmforschung finanziell zu bewerten. Damit soll längerfristig auch der Forderung der Rechnungslegungsstandards ein Schritt näher gekommen werden.

Bereits in der Vergangenheit haben sich die ARC als Vorreiter auf dem Gebiet der Wissensbilanzierung gesehen. Mit den publizierten Wissensbilanzen der ARC wird der Forderung, wie sie von derzeitigen Richtlinien, wie etwa den MERITUM Guidelines (MERITUM 2001), aber auch den Empfehlungen des deutschen Rechnungslegungsstandards für immaterielle Vermögenswerte (DRS 12), zu finden ist entsprochen werden. Mehr noch, das ARC-Modell wird hier als zukunftsweisendes Referenzmodell gesehen, das bei entsprechender Adaption auch von Industrieunternehmen, Universitäten oder Non-Profit-Organisationen eingesetzt werden kann. In jüngster Zeit haben dies die Böhler Schmiedetechnik und die Österreichische Nationalbank erfolgreich durchgeführt, wobei hierbei vor allem die Definition von spezifischen Prozessen und Ergebnissen im Vordergrund stand.

Gerade für den Forschungsbereich sind darüber hinaus spezifische Richtlinien bzw. Standards nötig. Die ARC und das DLR, das 2000 und 2001 nach dem Vorbild der ARC eine Wissensbilanz erstellt hat, haben in der Vergangenheit bereits einige gemeinsame Indikatoren definiert, die einen Vergleich ermöglichten. Weitere Bestrebungen wurden durch die EARMA auf europäischer Ebene durchgeführt[8]. Ein Handbuch für die Erstellung von Wissensbilanzen im Forschungsbereich wurde 2000 von der Forschung Austria vorgestellt (Leitner et al. 2000).

Schließlich ergeben sich auch Herausforderungen in Bezug auf die theoretische Fundierung und methodische Weiterentwicklung der Wissensbilanzierung für Forschungsorganisationen. Zum derzeitigen Entwicklungsstand kann mit Hilfe von Wissensbilanzen noch kein kausaler Zusammenhang zwischen Inputs und Outputs nachgezeichnet werden, statistische Analysen und empirische Untersuchungen sollten hier jedoch durchgeführt werden, um Zusammenhänge zu identifizieren und abzusichern. Des Weiteren existiert noch kein ganzheitlicher Ansatz oder eine Theorie für die Produktion von Forschungsorganisationen („Firmentheorie"). Hier liefern Studien über die wissenschaftliche Produktivität (etwa Middlaugh 2002), Organisationstheorien (Cohen et al. 1972) und Evaluierung (etwa Blalock 1999) erste Bausteine.

Literaturverzeichnis

Blalock AB (1999) Evaluation Research and the Performance Management Movement. Evaluation 5, 2:117-149
Bornemann M, Leitner KH (2002) Measuring and Reporting Intellectual Capital: The Case of a Research Technology Organisation. Singapore Management Review, Special Issue on Management of Knowledge and Intellectual Capital 24, 3:7-20
Cohen MD, March JG, Olsen JP (1972) The garbage can model of organizational choice. Administrative Science Quarterly 17:1-2

---

[8] Siehe Arbeitsgruppe Valuing Intangibles and Managing Knowledge (VIMAK) der European Association of Research Managers and Administrators (EARMA): www.earma.org /WG/vimak/vimak.html

Davies IC (1999) Evaluation and Performance Management in Government. Evaluation 5, 5:150-159
Dodgson M, Hinze S (2000) Indicators used to measure the innovation process: defects and possible remedies. Research Evaluation 8, 2:101-114
DRSC (2001) Deutscher Rechnungslegungs Standard Nr. 14, E-DRS 14, Immaterielle Vermögenswerte. November 2001, Berlin
Foray D (2000) Characterising the knowledge base: available and missing indicators. In: OECD Knowledge Management in the Learning society. OECD, Paris, 239-257
Eccles RG, Noria N (1997) Beyond the hype, rediscovering the essence of management. Harvard Business Scholl Press
European Foundation for Quality Management: http://www.efqm.org
Edvinsson L (1997) Intellectual Capital. Stockholm
Haase VH, Steinmann C, Wascher I (1999) Active Scorecard. Eine Methode zur Evaluierung und Steuerung von wissenschaftlichen Organisationen. HM&S Gmbh, Graz
Hollingsworth JR, Hollingsworth EJ (2000) Radikale Innovationen und Forschungsorganisation: Eine Annäherung. Österreichische Zeitschrift für Geschichtswissenschaften 11, 1:31-66
Hoque Z, James W (1999) Strategic Priorities, Balanced Scorecard Measures and their Interaction with Organizational Effectiveness: An Empirical Investigation. University of Glasgow (British Accounting Association, Annual Conference, March 29-31 1999)
Leitner KH, Grasenick K, Haubold H et al. (2000) Entwicklung eines Wissensbilanzierungssystems für die Forschung Austria, Seibersdorf
Leitner KH, Sammer M, Graggober M, et al. (2001) Wissensbilanzierung für Universitäten. Auftragsprojekt für das BMBWK, Seibersdorf Research Report ARC-S-0145, Oktober 2001. URL: http://www.weltklasse-uni.at/upload/attachments/150.pdf
Leitner KH, Warden C (2004) Managing and reporting knowledge-based resources and processes in Research Organisations: specifics, lessons learned and perspectives. Management Accounting Research 15:33-51
Lev B (2001) Intangibles, Management, Measurement, and Reporting. Brookings Institution Press, New York
MERITUM Project (2001) Guidelines for Managing and Reporting on Intangibles. Madrid (Intellectual Capital Report)
Machlup F (1980) Knowledge: its creation, distribution, and economic significance. Vol. 1: Knowledge and Knowledge Production. Princeton, University Press Princeton
Middlaugh MF (2002) Understanding Faculty Productivity. San Francisco
Müller-Stewens G (1998) Performance Measurement im Lichte eines Stakeholderansatzes. In: Renecke S, Dittrich D (Hrsg) Marketingcontrolling. St. Gallen, S 34-43
Mouritson J, Larsen HT, Bukh PND (2001) Intellectual Capital and the Capable Firm: Narration, Visualisation and Numbering for Managing Knowledge. Copenhagen Business School und Aarhus School of Business
Ohler F, Leitner KH (1999) Die Wissensbilanz: Ein Instrument der Unternehmenskommunikation. ARC, Seibersdorf (Arbeitsbericht)
Roessner D (2000) Quantitative and qualitative methods and measures in the evaluation of research. Research Evaluation 8, 2:125-132
Roos J, Roos G, Dragonetti NC, Edvinsson L (1998) Intellectual Capital. New York University Press, New York
Schneider U (1999) Bericht zur Erstellung einer Wissensbilanz. Universität Graz und ARC, Seibersdorf (Arbeitsbericht)

Sveiby KE (1997) The New Organizational Wealth: Managing and Measuring Knowledge-Based Assets. Berrett-Koehler, San Francisco

Teodorescu D (2000) Correlates of faculty publication productivity: A cross-national analysis. Higher Education 39, 2:201-222

Anhang

Ausgewählte Indikatoren der ARC-Wissensbilanz:

HUMANKAPITAL
Human Resources:
Anzahl der MitarbeiterInnen (MA) (Vollzeitäquivalent)
Anteil wissenschaftliche MitarbeiterInnen (wM) (%)
Zugänge MitarbeiterInnen gesamt
wissenschaftliche MA
Fluktuation MitarbeiterInnen gesamt (%)
Abgänge MitarbeiterInnen gesamt
Abgänge wissenschaftliche MitarbeiterInnen gesamt
davon im Alter von 25-35 Jahren (%)
davon innerhalb von 2 Jahren (%)
Pensionierungen gesamt
Personalaufwand am Gesamtaufwand (%)
Frauenanteil (%)
Frauenanteil wissenschaftliche Mitarbeiter (%)
Frauenanteil in Führungspositionen (%)
Anteil der Mitarbeiter mit Mehrfachabschlüssen (% wM)
Aufwand für die Personalentwicklung (€)
MitarbeiterInnenzufriedenheit
Weiterbildung:
Weiterbildungstage pro MitarbeiterIn gesamt
Kommunikation & Management
Computer Literacy
fachlich
Weiterbildungsaufwand pro MA (€)
STRUKTURKAPITAL
IT-Aufwendungen pro MitarbeiterIn (€)
Zuverlässigkeit der HW & SW
Telearbeitsplätze
Prozesse: Plantreue der Projekte (%)
Trefferquote bei EU-Forschungsprogrammen (%)
Anzahl der verfügbaren Datenbanken
Anzahl akkreditierte Prüfverfahren
BEZIEHUNGSKAPITAL
Projektorientierte Kooperation und Vernetzung:
EU-Projekte (% aller neuen Projekte)
Geschäftsfeldübergreifende Projekte(% aller neuen Projekte)
Geschäftsbereichsübergreifende Auftrags(Drittmittel)projekte

Forschungstätigkeiten im Ausland in Personenmonaten
Anzahl internationaler WissenschafterInnen (% wM)
BereichsleiterInnen mit Lehraufträgen (%)
Diffusion und Networking (pro wM):
Anzahl der besuchten Konferenzen gesamt
Vorträge bei wissenschaftlichen Konferenzen
Teilnahme an Gremien: wissenschaftlich, industriell, politisch
Lehraufträge
KERNPROZESSE
Anteil Programmforschung an Gesamtaufwendungen
Anteil internationale Programme
Umsatzvolumen/Auftrag (ohne Kleinprojekte) (€)
Auftraggeber Inland (%)
Durchschnittliche Größe Kleinprojekte (€)
ERGEBNISSE
Finanzielle Ergebnisse:
Summe betrieblicher Erträge (€)
Eigenfinanzierungsanteil (%)
Wirtschaftsbezogene Ergebnisse:
Projekterlöse aus Kundenprojekte inkl. Kleinprojekte (€)
Anzahl neu akquirierter Kundenauftragsprojekte
Anzahl der Auftragszugänge von Firmen
Anzahl neuer Kunden (Firmen und öffentlich)
Anzahl neuer Kunden (Firmen)
Anteil der Auftragszugänge von Firmen (%)
davon Kleine und mittlere Unternehmen (%)
davon Inland (%)
Koordination von EU Projekten und Netzwerken
Verhältnis Prime Contractor/gesamt EU-Projekte (%)
Anzahl Spin-offs
Anzahl Kunden - Aus- und Weiterbildung
Forschungsbezogene Ergebnisse:
Publikationen: wissenschaftliche referierte Zeitschriften
Publikationen: Fachzeitschriften, Tagungsbände, Bücher
Vorträge auf wissenschaftlichen Tagungen
Patente erteilt
Patente angemeldet
Lizenzerträge (€)
Lehraufträge
Abgeschlossene Diplomarbeiten und Dissertationen
Habilitationen
Anzahl der Projekte durch den nat. Wissenschaftsförderungsfonds
Gesellschaftsbezogene Ergebnisse:
Anzahl der Auftragszugänge von öffentlichen Auftraggebern (%)
Teilnahme an Gremien
Politikberatungsprojekte
Resonanzindex (Medienpräsenz)
Internetseitenabrufe Externe pro Monat pro MA

14 Wissensbilanzen in außeruniversitären Forschungseinrichtungen: Der JR-Explorer

Karin Grasenick

14.1 Einleitung

Seit nunmehr drei Jahren veröffentlicht die JOANNEUM RESEARCH den JR-Explorer – eine Wissensbilanz, welche speziell für die Aufgaben und Zielsetzungen außeruniversitärer Forschungseinrichtungen im Allgemeinen und den Anforderungen der JOANNEUM RESEARCH im Besonderen entwickelt wurde. Der Artikel beschreibt diese Anforderungen und macht das daraus abgeleitete Modell verständlich. Die Einbettung des JR-Explorers in die Planungsprozesse der JOANNEUM RESEARCH, die praktischen Erfahrungen und weiterführendes Entwicklungspotenzial werden erläutert. Die Auswahl der Indikatoren, die bewusste Einbindung von finanziellen Richtwerten in den strukturellen Rahmen des JR-Explorer und der mögliche Einfluss von Wissensbilanzen auf die Unternehmenskultur werden diskutiert.

14.2 Die JOANNEUM RESEARCH im Spannungsfeld zwischen Wissen, Geld und Macht

14.2.1 Die Aufgaben der JOANNEUM RESEARCH als außeruniversitäre Forschungseinrichtung

Als größte außeruniversitäre wirtschaftsnahe Forschungseinrichtung im Eigentum eines österreichischen Bundeslandes betreibt die JOANNEUM RESEARCH – vergleichbar mit ähnlichen Einrichtungen wie der Fraunhofer-Gesellschaft in Deutschland, VTT in Finnland oder den ARCS in Österreich – Auftragsforschung für oder in Kooperation mit Unternehmen der Wirtschaft sowie öffentlichen Auftraggeber/innen. Sie verfolgt dabei die Ziele, ihren Kund/innen hohe Innovations- und Problemlösungsfähigkeiten anzubieten, den Standort Steiermark zu stärken und zur weiteren Entwicklung des Landes Steiermark beizutragen (JR-Explorer 2002).

Wie bei anderen außeruniversitären wirtschaftsnahen Forschungseinrichtungen können die Aufgaben der JOANNEUM RESEARCH wie folgt zusammengefasst werden (vgl. Kuhlmann u. Holland 1995):

- Die Unterstützung der Umsetzung von Grundlagenforschung in die Anwendung in Wirtschaft und öffentlicher Verwaltung und – umgekehrt – die Rückvermittlung praktischer Anwendungserfordernisse in das Forschungssystem;
- Die Bereitstellung von spezialisierten Forschungskapazitäten, deren ständige Unterhaltung innerhalb eines Unternehmens oder der öffentlichen Verwaltung zu aufwändig wäre;
- Schaffung qualifizierter Beschäftigung und die Erleichterung des Transfers qualifizierten Personals aus Forschungseinrichtungen in die Praxis von Wirtschaft und Verwaltung;
- Schließlich das Aufgreifen von Themen, die zwar von hoher gesellschaftlicher Relevanz sind, aber aufgrund zu niedriger privater Anreize nicht oder nur unzulänglich vom privaten Sektor aufgegriffen werden („gesellschaftspolitische Missionen").

Gegenüber dieser allgemeinen Darstellung der Aufgaben ergeben sich für die JOANNEUM RESEARCH durch ihre regionale Ausrichtung und Einbettung in das lokale Innovationssystem folgende spezifische Funktionen:

- **Fokus auf Technologie und Innovation** abgestimmt auf die Bedürfnisse der regionalen Wirtschaft und Gesellschaft: Um die gegebenen Ressourcen optimal für die Steiermark zu nutzen und sub-kritische Größen zu vermeiden, konzentriert sich die JOANNEUM RESEARCH bewusst auf „Technologie & Innovation" und wählt dabei jene Felder aus, die künftig hohe technologische und gesellschaftliche Bedürfnisse erwarten lassen und auf den Bedarf der Steirischen Wirtschaftsunternehmen abgestimmt sind.
- **Spezielle Orientierung auf Kleine und Mittlere Betriebe (KMU):** KMU stellen das Gros der Wirtschaft dar und tragen wesentlich zur Beschäftigungsdynamik bei. Allerdings ist zwischen der Innovationsneigung und der Unternehmensgröße eine Wechselwirkung beobachtbar. Kleine Unternehmen innovieren üblicherweise deutlich weniger als große Unternehmen. Zudem wurden für die Steiermark Defizite insbesondere im Bereich der Mittelbetriebe festgestellt. Ein gravierender Engpass besteht darin, dass die Mehrzahl der KMU nicht ausreichend in der Lage sind, das im In- und Ausland verfügbare Wissen aufzunehmen und in Verfahren und Produkte umzusetzen. Die JOANNEUM RESEARCH versucht daher auch innerhalb ihrer wirtschaftsbezogenen Forschung insbesondere KMUs anzusprechen, sie in Projekte einzubeziehen und damit den Technologietransfer in diese Unternehmen zu unterstützen.
- **Regionalisierung innerhalb der Steiermark**: Zur Erfüllung des primären Unternehmenszieles, zur weiteren Entwicklung des Landes und zur Stärkung des Standorts Steiermark sowie zur Schaffung qualifizierter Beschäftigungsmöglichkeiten wurde eine Regionalisierungsoffensive begonnen. Es sollen damit auch regionale Entwicklungsschwerpunkte und durch die räumliche Nähe zu Auftraggebern aus der Wirtschaft das Entstehen von spill-over-Effekten unterstützt werden (bspw. Holz.Design.Institut, Laserzentrum Leoben).

14.2.2 Die Planungsinstrumente der JOANNEUM RESERACH

Die JOANNEUM RESEARCH hat eine äußerst dynamische Entwicklung in den letzten Jahren hinter sich, welche sich auch in Zukunft fortsetzen soll. Dies geht einher mit entsprechend dynamischen organisationalen Entwicklungsprozessen, begleitet von einer aktiven Forschungsplanung.

Der unternehmerischen Planung der JOANNEUM RESEARCH ist von gesetzlich festgelegten Aufgaben der außeruniversitären Forschung und den spezifischen Anforderungen des Landes Steiermark, die auch im Unternehmenskonzept ihren Niederschlag finden, ein eindeutiger Rahmen vorgegeben. Als Unterstützung stehen seit Jahren ausgereifte und bewährte Management-Instrumente (siehe Tabelle 14.1) zur Verfügung. Der JR-Explorer baut auf diesem gewachsenen System auf und bietet eine neue Gesamtsicht durch einen konsistenten Rahmen über das unternehmerische, wissenschaftliche und politische Entscheidungsspektrum der JOANNEUM RESEARCH, dessen Reflexion wiederum in die Planungsprozesse einfließt.

Tabelle 14.1. Die Einordnung des JR-Explorer in die Planungs- und Steuerungs-Instrumente der JOANNEUM RESEARCH

Ebene	Instrument	Inhalt
Planung	Unternehmenskonzept	Dreijährige Formulierung der strategischen Zielsetzungen
	Jahresforschungsprogramm	Jährliche Operationalisierung auf der Ebene der Institute
Ergebnisse, Evaluierung	Quartalsberichte	Vierteljährig, primär für das Finanz- und Budgetmonitoring. Ergänzung um Stellungnahmen der Institute zur wirtschaftlichen Entwicklung, wissenschaftlicher Kenngrößen und Weiterbildung der MitarbeiterInnen
	Geschäftsbericht	Jährliche Auskunft primär über das finanzielle Gebaren
	Institutsevaluierung	Jährliche Überprüfung der Forschungsprogramme mit externen ExpertInnen, inhaltliche Neuausrichtung der Forschung
Übergreifendes System	Qualitäts-Management (QM)	Beschreibung der Kernprozesse. Erfassung der Kenngrößen im Management-Review. Die Bereitstellung der notwendigen Kennzahlen wird laufend vereinfacht. Zugleich wird das eigentliche Ziel, die Sicherstellung von Standards bei gleichzeitig größtmöglicher Flexibilität u. a. durch regelmäßige Treffen der QM-Beauftragten aller Institute gewährleistet
	JR-Explorer	Begleitung jährlicher Entscheidungsprozesse, Feedback für die Planung des Unternehmenskonzeptes, Diskussion über Datengrundlagen, strategische Neuausrichtung

Auf Basis der einzelnen Instrumente, welche jeweils einen detaillierteren inhaltlichen Überblick in speziellen Bereichen gewährleisten und z.T. auf Institutsebene eingesetzt werden, wird mit dem JR-Explorer ein Steuerungs- und Monitoring-Instrument auf der Ebene des gesamten Unternehmens bereitgestellt. Dieses ermöglicht einerseits einen Ergebnisüberblick über die abgelaufene Periode und zeigt andererseits strategischen Handlungsbedarf für die nahe Zukunft auf, welcher in der Forschungsplanung und im dreijährigen Zyklus bei der Planung des Unternehmenskonzeptes Berücksichtigung findet (JR-Explorer 2001, 2003).

14.2.3 Der JR-Explorer-Zyklus

Der JR-Explorer ist eine Wissensbilanz, welche im Rahmen der Geschäftsprozesse und der involvierten Planungsdokumente eine entscheidende Rolle spielt, jedoch nicht als einzig relevantes Instrument betrachtet wird. Vorhandene bewährte Strukturen wurden genutzt und um jene Aspekte und Sichtweisen ergänzt, welche für die strategische Planung und die Zukunftsorientierung des Gesamtunternehmens eine wesentliche Bereicherung darstellen. Der JR-Explorer stellt damit ein unterstützendes Instrument dar, welches insbesondere hilft, Lernprozesse im Unternehmen anzuregen und durch die Zukunftskomponente Veränderungen zu antizipieren, um flexibel auf zukünftige Entwicklungen reagieren zu können. Eine Wissensbilanz, welche als laufendes Monitoring auch langfristig für JOANNEUM RESEARCH ihre Aussagekraft beibehalten möchte, muss dynamischen Entwicklungsprozessen Rechnung tragen.

Der gewünschte Effekt einer laufenden dynamischen Reorientierung der JOANNEUM RESEARCH durch kritische Reflexion der Ergebnisse des vorangegangenen Jahres ist schematisch in Abbildung 14.1. dargestellt: Der JOANNEUM RESEARCH stehen zur Umsetzung ihrer Aufgaben als Ressourcen (**Strukturkomponente** oder Ressourcenorientierung) Finanzkapital und hochqualifizierte Mitarbeiter/innen zur Verfügung, welche für ihre Arbeit laufend optimierte Organisationsstrukturen und regionale sowie internationale Netzwerke nutzen können. Eine Rückkoppelung der erreichten Ergebnisse auf die Strukturkomponente zielt damit auf die Optimierung der unternehmerischen Erfolgsfaktoren ab (entspricht „single-loop-learning", vgl. Argyris u. Schön 1978).

Wie für jedes außeruniversitäre Forschungsunternehmen sind die zu erbringenden Ergebnisse ebenso vielschichtig wie die gestellten Aufgaben: Die Projektarbeit ist nicht gewinn-, sondern qualitätsorientiert, dient jedoch sehr wohl auch der Finanzierung. Im Sinne der Transferleistung sind einerseits die für die Wirtschaft in Rahmen von Projekten erarbeiteten Lösungen von Relevanz, aber auch die hierfür benötigte eigenständige wissenschaftliche Grundlage. Auch für internationale Anerkennung innerhalb der Netzwerke sind eigenständige Forschungsergebnisse eine wesentliche Anforderung, welche in ihrer Ausrichtung gesellschaftspolitisch relevant sein sollen und auch einer breiten Öffentlichkeit vermittelt werden (**Ergebniskomponente** oder Ergebnisorientierung).

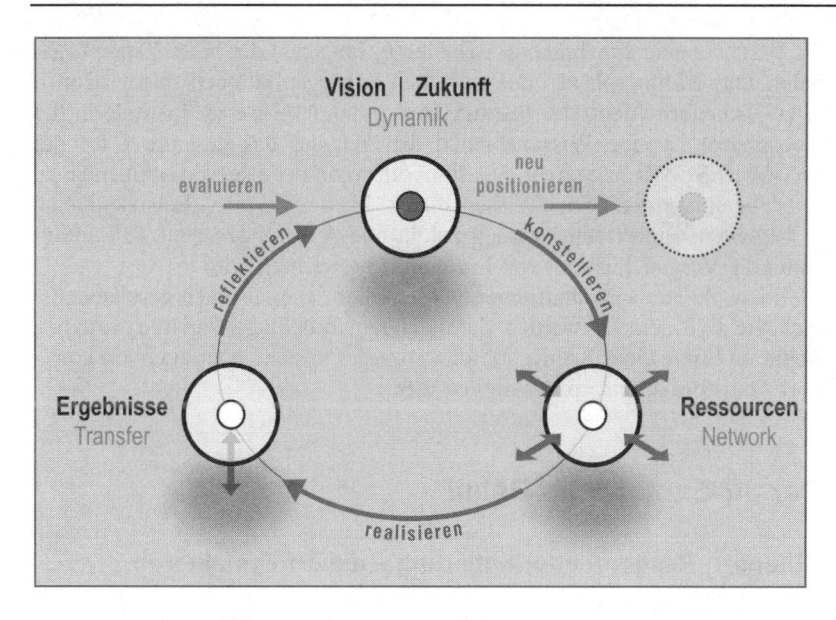

Abb. 14.1. Der JR-Explorer-Zyklus

Finanz-, Struktur und Ergebniskomponente werden in der Wissensbilanz mit Indikatoren (ausgehend vom Unternehmenskonzept) dargestellt, welche zum Großteil bereits in der JOANNEUM RESEARCH vorhanden waren.

Gesellschaftliche, wirtschaftliche und wissenschaftliche Veränderungen können bei einer Analyse der erzielten Ergebnisse und der Einschätzung zukünftiger Entwicklungen zu einer Veränderung in den Zielsetzungen des Unternehmens führen (entspricht „double-loop-learning", vgl. Argyris u. Schön 1978).

Im Rahmen der Zukunftskomponente werden die Erkenntnisse und Erfahrungen aus den beiden vorangegangenen Komponenten reflektiert und dabei insbesondere mit laufenden Entwicklungen des Umfeldes einbezogen. Daraus können sich völlig neue Zielsetzungen und damit Änderungen im Unternehmenskonzept und den notwendigen Erfolgsfaktoren ergeben. Der Einbeziehung des relevanten Umfeldes in die Zukunftskomponente wird als wesentliche Voraussetzung für einen Double-Loop-Learning-Mechanismus entscheidende Bedeutung beigemessen (Grasenick u. Ploder 2002). D.h. die dem System zugrunde liegenden Ziele und Strategien werden zur Unterstützung des Strategieentwicklungs- und Entscheidungsprozesses hinterfragt und führen zu einer laufenden „Neu-Konfigurierung" des Unternehmens, welche die langfristige Entwicklung gewährleistet. Die entsprechenden Informationen sind zu einem Großteil qualitativer Natur. Die verwendeten quantifizierten Indikatoren im JR-Explorer werden nicht zuletzt deshalb pragmatisch und leicht erhebbar gehalten.

Das Unternehmenskonzept der JOANNEUM RESEARCH wird für gewöhnlich für jeweils drei Jahre festgelegt, gerade am Ende der jeweiligen Periode erlangt die Berücksichtigung von Lernerfahrungen und laufenden Veränderungen mit Hilfe des JR Explorer eine zunehmende Bedeutung. Im Sinne der heterogenen organisationalen Entwicklungsphasen der einzelnen Suborganisationen (bspw. Konfiguration vs. Transformation oder Institute in der Pionierphase vs. Institute in der Integrationsphase) ist eine Wissensbilanz, die sich auf das gesamte Haus der JOANNEUM RESEARCH bezieht, nur sinnvoll, wenn derartige Zusammenhänge auch einbezogen werden. Die Wissensbilanz kann einerseits Entscheidungsprozesse begleiten, andererseits werden zukünftige Änderungen zum Teil antizipiert, womit die Vergleichbarkeit von Ergebnissen erleichtert wird.

Dies gilt sowohl aus wirtschaftlicher, wissenschaftlicher als auch gesellschaftspolitischer Sicht. Einerseits werden damit Herausforderungen an die Strukturkomponente im Sinne eines Konfigurationsprozesses gestellt, aber auch ein kontinuierlicher Transformationsprozess mitgetragen.

14.3 Der JR-Explorer im Detail

14.3.1 Ebene 1: Ressourcenorientierung – die Erfolgsfaktoren

Die in der ersten der drei Ebenen des JR-Explorer erfassten Indikatoren beschreiben die Ressourcen, die zur Erreichung der Ziele von JOANNEUM RESEARCH – wirtschaftliche Wirksamkeit, höchste wissenschaftliche Qualität und gesellschaftlicher Nutzen – notwendig sind.

1. Das **Finanzkapital** legt den „Forschungsspielraum" fest:
- Anlagen
- Eigenkapital
- Basisfinanzierung

2. Das **Strukturkapital** beschreibt die Einbettung der Themenfelder in die Organisationsstrukturen
- Organisatorische Strukturen
- Infrastruktur und Ausrüstung
- Beteiligungen
- Regionalisierung
- Internationale Vernetzung

3. Das **Humankapital** spielt die Schlüsselrolle in jeder Forschungseinrichtung und spiegelt Ausbildung, Fähigkeit und Motivation der Mitarbeiter/innen wider.
- Mitarbeiter/innen/stand und interne Stabilität
- Fachliche Qualifikation und Weiterbildung
- Gender Mainstreaming

Das Finanzkapital wurde in den JR-Explorer einbezogen, da der Anteil frei verfügbarer und nicht dem Akquisitionsdruck unterliegender Ressourcen wesentlich sind, um die Leistungen und Strategien einer Forschungsreinrichtung interpretieren zu können. Wie Booth und Roos bemerken, liegt die wahre Schwierigkeit nicht so sehr in der Klassifizierung, Identifikation und der Bewertung von immateriellen Werten, sondern vielmehr im Aufspüren der Verbindungen zwischen immaterieller und finanzieller Performance (Booth 1998; Roos und Roos 1997). Dieses Problem lässt sich nicht vermeiden, indem man das Finanzkapital vollkommen außer Acht lässt. Es ist sogar davon auszugehen, dass das Finanzkapital die „immaterielle Struktur" entscheidend prägt.[1] Auf der anderen Seite besteht insbesondere bei einer außeruniversitären Forschungseinrichtung, einem wissensintensiven Unternehmen wie der JOANNEUM RESEARCH, eine größere Notwendigkeit, das Finanzkapital im Licht des „intellektuellen Kapitals" zu interpretieren, als dies vielleicht bei einem Assembly-Betrieb oder einer „verlängerten Werkbank" im Automotivebereich der Fall ist. Ein entsprechend für die Zwecke der Wissensbilanz adaptierter Auszug aus der Finanzbilanz fließt somit in die Betrachtung des JR-Explorers ein.

Die JOANNEUM RESEARCH plant, in Zukunft auch die hochtechnologische Infrastruktur in die Wissensbilanz zu inkludieren, da sie in spezifischen Forschungsbereichen eine wesentliche Voraussetzung für die Erbringung wissenschaftlicher Leistungen darstellt, wie beispielsweise für die Nanotechnologie, Geowissenschaften etc. (vgl. Pike et al. 2003).

Gender Mainstreaming war in der JOANNEUM RESEARCH von Anfang an ein zentrales Anliegen. Chancengleichheit und die bestmögliche, vorurteilsfreie Einbindung aller MitarbeiterInnen nach ihren Fähigkeiten im Sinne des Diversity Managements wird nicht nur als zentrales Element des Unternehmenserfolges sondern auch als gesellschaftspolitisches Anliegen betrachtet. Der Anteil der Frauen am wissenschaftlichen Personal wird laufend mit den Quoten der Absolventinnen der relevanten Studienrichtungen und Assistentinnen an den Fakultäten verglichen, mit dem Ergebnis, dass die Quoten der JOANNEUM RESEARCH darüber liegen. Zusätzlich wurden Gehälter und Verantwortlichkeiten zwischen Männern und Frauen verglichen, auch hier kann von Chancengleichheit gesprochen werden. Allerdings verfügt die JOANNEUM RESEARCH derzeit über keine Institutsleiterinnen, ein Mangel, welcher bedauerlicher Weise auch dem Mangel an weiblichen Führungskräften an den technischen Universitäten entspricht. Es wurde ein internes Personalentwicklungsprogramm gestartet.

JOANNEUM RESEARCH hat in dieser Hinsicht die Anliegen und Erfahrungen auch in die Formulierung des in Österreich 2004 erstmals etablierten Forschungskollektivvertrages eingebracht, insbesondere in die Formulierung der Ethikvereinbarung, welche einen integrierten Bestandteil des Kollektivvertrages bildet (erhältlich über http://www.gpa.at/kv/index.htm).

---

[1] Die Finanzierungsstruktur prägt gerade im (außeruniversitären) Forschungsbereich die immateriellen Strukturen in besonderer Weise (bspw.: Basisfinanzierung, Auftragsforschung, EU-Rahmenprogramme etc.).

Gender Mainstreaming	00/01	01/02	02/03
Anteil der Frauen am Personal gesamt (Vollzeitäquivalente %)	25,9	26,2	26,1
Anteil der Frauen am wissenschaftlichen Personal (Vollzeitäquivalente %)	16,5	15,6	15,1
Anteil der Frauen am wissenschaftlichen Personal (Köpfe %)	19,5	18,4	18,2

Abb. 14.2. Humankapital – Gender Mainstreaming JR Explorer 03

14.3.2 Ebene 2: Ergebnisorientierung – die Leistungskriterien

Während in der Ressourcenorientierung die grundlegenden Erfolgsfaktoren bewertet werden, geben die Indikatoren der Ergebnisorientierung Aufschluss über die Relevanz der erbrachten Leistungen für Wirtschaft, Forschung und Gesellschaft.

1. **Wirtschaftsfokus**: Sind die Forschungsleistungen für die Wirtschaftsunternehmen relevant?
- Betriebsleistung nach Kundengruppen
- Betriebsleistung nach Regionen
- Internationale Projekte
- Kundenzufriedenheit

2. **Forschungsfokus:** Ist die eigenständige Forschung fundiert genug?
- Forschungsfinanzierung
- Wissenschaftliche Publikationen

3. **Gesellschaftsfokus**: Sind die Forschungsleistungen gesellschaftlich relevant und anerkannt?
- Öffentlichkeitsarbeit
- Externer Wissenstransfer und wissenschaftliche Ausbildung

Für den Wirtschaftsfokus ist relevant, dem Spannungsfeld zwischen Internationalität und regionaler Verantwortung insbesondere hinsichtlich steirischer Klein- und Mittelbetriebe gerecht zu werden. Neben einfachen Kennzahlen wie z.B. der anteilsmäßigen Verteilung des Auftragsvolumens, ist die laufende Reflexion der Kundenzufriedenheit integrativer Bestandteil der im QM-System festgeschriebenen Projektarbeit: jedes Projekt wird durch ein gemeinsames Gespräch über alle Aspekte der Zusammenarbeit (Kommunikation, Termintreue, Flexibilität, Qualität der Ergebnisse etc.) mit den Auftraggeber/-innen abgeschlossen. Diese Projektabschlüsse werden in der Wissensbilanz nicht dargestellt.

Die unabhängige Forschung wird als eine Investition in die Weiterentwicklung der Forschungsschwerpunkte, der Forschungseinheiten und damit des Gesamtunternehmens betrachtet. Von zentraler Bedeutung sind dabei insbesondere die Wechselwirkungen zwischen Vorlaufforschung und Auftragsforschungsprojekten. Diese werden in den jährlichen Evaluationsgesprächen mit den Instituten qualitativ und auf die spezifischen Zielsetzungen bezogen bewertet. Das Indikatorensystem des JR-Explorers liefert hierzu die Ausgangszahlen.

Besonders schwierig erfassbar in Form von Kennzahlen ist die gesellschaftspolitische Aufgabe von JOANNEUM RESEARCH. Hier erscheint eine Konzentration auf qualitative Reflexion der Zielsetzungen und erreichten Ergebnisse mit den Stakeholdern sowie externen ExpertInnen für die jeweiligen Themenfelder weitaus sinnvoller, als der Versuch, standardisierte Indikatoren einzusetzen. Der JR-Explorer misst hier durch Kennzahlen zur Öffentlichkeitsarbeit, die Verpflichtung zur breiten Sensibilisierung hinsichtlich schwieriger gesellschaftspolitischer Anliegen. Die inhaltliche Ausrichtung, Qualität und Erfolg der Veranstaltungen werden qualitativ erhoben, intern diskutiert und exemplarisch in der textuellen Darstellung des JR-Explorers erläutert.

Eine Besonderheit ist auch die Betrachtung wissenschaftlicher Ausbildung von Diplomand/innen und Dissertant/innen als gesellschaftspolitische Aufgabe (während andere Forschungseinrichtungen diese Kennzahlen als eigene Forschungsleistung ausweisen).

Generell ist zu bemerken, dass die für diese Ebene ausgewählten Indikatoren verhältnismäßig leicht quantifizierbar und erhebbar sind. Sie bilden die Basis, einen festen Rahmen, welcher laufend durch qualitative Aspekte und anlassbezogene Sondererhebungen ergänzt wird. Die qualitativen Aspekte sind unerlässlich für die sinnvolle Interpretation der Indikatoren; es ist jedoch wenig zielführend, sie in das Basisset der Indikatoren mit einbeziehen zu wollen. Beispielsweise wird bei Konzepten zur Wissensbilanzierung oft vorgeschlagen, neue Themenfelder und Innovation der Mitarbeiter/innen als Indikatoren heranzuziehen. Doch die Frage ist, welche Änderungen in den Forschungsfeldern, Aufträgen oder internen Strukturen lediglich Adaptierungen vorhandener Konzepte darstellen und was tatsächlich eine „Innovation" darstellt. Inkrementelle Veränderungen können ebenfalls in kleinen Schritten langfristig zu größeren Entwicklungsschüben führen. Eine qualitative Reflexion erscheint hier weitaus sinnvoller als eine standardisierte Erfassung.

Externer Wissenstransfer	00/01	01/02	02/03
Vortragstätigkeit (Vorträge gesamt)	319,0	394,0	330,0
Vortragstätigkeit in Fremdsprache (Englisch)	133,0	207,0	167,0
Konferenzen, Workshops etc. (veranstaltete Tage)	131,5	167,0	101,0
(Mit-)organisierte Konferenzen (TeilnehmerInnentage)	1.614,0	1.000,0	874,0
(Mit-)organisierte Workshops (TeilnehmerInnentage)	1.131,0	1.277,0	1.398,0
Lehrverpflichtungen an Universitäten (Semesterwochenstunden gesamt)	381,0	317,0	306,5
Lehrverpflichtungen an Fachhochschulstudiengängen (Semesterwochenstunden gesamt)	31,0	26,0	30,0
Abgeschlossene betreute Diplomarbeiten und Dissertationen im Berichtsjahr	83,0	103,0	71,0

Abb. 14.3. Gesellschaftsfokus – externer Wissenstransfer JR Explorer 03

14.3.3 Ebene 3: Zukunftsorientierung – das Managementinstrument

In seiner Funktion als Managementinstrument zieht der JR-Explorer nicht nur Bilanz, sondern richtet den Blick nach vorne. Um aus der Wissensbilanz ein effektives Managementinstrument zu machen, müssen die erhobenen Kennzahlen mit unternehmensrelevanten Entwicklungen in Beziehung gesetzt werden.

Unter dem Begriff Zukunftsorientierung werden die Ergebnisse der Wissensbilanz im Licht der strategischen Planungen reflektiert, um daraus zukünftigen Handlungsbedarf abzuleiten. Dem Strukturmodell der Wissensbilanz folgend werden hierbei die Elemente der Ressourcenorientierung und der Ergebnisorientierung berücksichtigt. Erkenntnisse und Erfahrungen werden reflektiert und laufenden Entwicklungen (neue wissenschaftliche Erkenntnisse, Aktivitäten anderer (außer)universitären Forschungseinrichtungen, Reflexion der Wünsche von Kund/innen, gesellschaftspolitische Veränderungen etc.), neuen Visionen und Zukunftsperspektiven gegenübergestellt, um daraus strategischen Handlungsbedarf abzuleiten.[2]

Dabei werden bereits mit Hilfe der gegenwärtig bekannten Erfolgsfaktoren sowie neu festzulegender Leistungskriterien, bisherige Ziele und Visionen kritisch in Frage gestellt bzw. künftige aus der Sicht des JR-Explorers operationalisiert, d.h.

---

[2] Dow Chemicals bezieht in seine Wissensbilanz bewusst eine Konkurrenzanalyse mit ein. Im Sinne einer Positionierung im Forschungsraum ist dies ein durchaus diskussionswürdiger Bestandteil der Zukunftskomponente.

Vor(aus)sicht. Hier werden somit benötigte Ressourcen, erwartete Ergebnisse und geplante Evaluation und Überprüfung diskutiert.

Zielvorgaben hinsichtlich der Entwicklung einzelner Indikatoren sind im JR-Explorer nicht vorgesehen. Sie lenken von der ganzheitlichen Sichtweise ab und bergen die Gefahr, der notwendigen Bewertung von Trade-Offs zu wenig Augenmerk zu schenken. Stattdessen werden intern in regelmäßigen Workshops Erfahrungen reflektiert und dabei je nach Bedarf unterschiedliche Sichtweisen auf die Kennzahlen generiert.

Das von der JOANNEUM RESEARCH entwickelte Modell unternimmt damit auch nicht den Schritt in Richtung metrischer Messungen des intellektuellen Kapitals im Sinne eines IC-Index^{TM} (vgl. Roos et al. 1997; Roos u. Pike 2000; Roos et al. 2004), da eine Gewichtung einzelner Einflussfaktoren nicht im Sinne eines fixierten Modells vorgenommen wird, sondern in der laufenden Interaktion zwischen Geschäftsführung und Institutsleitungen in einem Lernprozess kontinuierlich adaptiert wird. Ein derartiger Ansatz kann jedoch für Forschungseinrichtungen empfohlen werden und würde eine weitere Systematisierung der gewählten Vorgehensweise darstellen und dadurch die Reflexion wesentlich erleichtern.

14.4 Hintergründe, Überzeugungen und Erfahrungen

14.4.1 Wissen, Finanzen und Bilanzen

Die Instrumente zur Wissensbilanzierung wurden in erster Linie für Organisationen entwickelt, deren Zielsetzung die Gewinnmaximierung ist. Natürlich kann auch ein Wirtschaftsunternehmen andere Ziele haben, ist zumindest Shareholdern verpflichtet, aber evtl. auch Stakeholdern und kann sich durchaus allgemeineren gesellschaftlichen Werten verpflichtet fühlen, welche in der Formulierung von Zielen und Strategien mit einfließen.

Für außeruniversitäre Forschungseinrichtungen bzw. öffentliche Forschungs- und Bildungseinrichtungen im Allgemeinen ist die Ausgangssituation (und damit die grundsätzlichen Zielsetzungen) von vornherein anders gegeben. Während das Gewinnstreben den meisten Einrichtungen sogar „untersagt" ist, sind dafür die Restriktionen bzw. Vorgaben von Politik und Gesellschaft von viel größerer Bedeutung und Bindung als bei Wirtschaftsunternehmen.

Die Anforderungen an Forschungsunternehmen können jedoch in Form von zu erwartenden Ergebnissen differenziert werden. Hierbei ist anstelle der Gewinnmaximierung das wirtschaftliche Arbeiten zu setzen. Diese und weitere Anforderungen, wie insbesondere die Antizipierung gesellschaftspolitisch relevanter Fragestellungen und die Ausbildung qualifizierter Führungskräfte für die Wirtschaft, machen es schwierig, die wirtschaftliche Sorgfalt zu beurteilen und zu messen. Professionelle Organisationen (vgl. Hardy et al. 1983)[3] wie beispielsweise Univer-

---

[3] In der professionellen oder auch Expertenorganisation wird ein Großteil der Macht hochqualifizierten Fachleuten übertragen, die auf operativer Ebene die Verantwortung über-

sitäten unterscheiden sich von anderen Organisationstypen auch dadurch, dass die Festlegung der grundlegenden Mission, welche spezifischen Dienstleistungen wem angeboten werden sollen, abseits politischer und gesellschaftlicher Vorgaben (je größer die Akquisitionsfreiheit), zu einem guten Teil dem Urteil der einzelnen Mitglieder überlassen bleibt.[4]

(Außer-)universitäre Forschungseinrichtungen sind mit dem diversifizierten Organisationstypus vergleichbar (vgl. Mintzberg 1989). Trotz eines Leistungskontrollsystems weisen einzelne Einheiten eigene Strukturen auf, die ihrer speziellen Situation angepasst sind. Die eigentliche Aufgabe, relevante Forschungsergebnisse und Transferleistungen für Wirtschaft und Gesellschaft im spezifischen Fachbereich zu liefern, ist somit sowohl durch konkrete Anforderungen von Politik und Gesellschaft als auch durch individuelle Entwicklungsinteressen zu ergänzen.

Die Vielzahl von Einflussfaktoren, welche das Spektrum der Visionen und Ziele (außer-)universitärer Forschungseinrichtungen prägen, erschweren auch deren Übertragung auf das Instrument Wissensbilanz. Als Konsequenz unerkannter strategischer Lücken, selektiver Wahrnehmung und asymmetrisch greifender Messinstrumente (Indikatorensysteme) besteht die Gefahr, dass die Auswahl der Indikatoren in ihrer Verwertbarkeit und Aussagekraft in Frage gestellt werden muss.

Eine häufig, bei Ansätzen wie jenen von Edvinsson oder Sveiby, welche oben bereits angesprochen wurden, geäußerte Kritik ist (vgl. Bontis et al. 1999), dass ein zu großes Gewicht auf die „Vermögensbestände" und zuwenig auf die „Kapitalflüsse" gelegt wird.[5] Bei der Suche nach geeigneten Indikatoren wird das Verständnis von Wirkungszusammenhängen für gewöhnlich zwar angeregt, aber diese nicht erklärt. Es steht somit kein geeignetes theoretisches Modell zur Verfügung.

Die üblicherweise zur Darstellung verwendeten hierarchischen Strukturen und Modelle vermittelten implizit den Eindruck additiver oder mathematisch erfassbarer Zusammenhänge. Dies ist kritisch zu hinterfragen. So sind die anhand zweier unterschiedlicher Äste des „Strukturbaumes" oder „Strömen" innerhalb eines „Modells" dargestellten Elemente weder klar unterschiedlich noch unabhängig. Die Darstellungen beruhen auf empirischen Erfahrungen und Selbstreflexionen und können der komplexen Dynamik einer Organisation nicht gerecht werden. Die

---

nehmen, beispielsweise Ärzte in Krankenhäusern, Professoren an Universitäten etc. Zur Kontrolle dieser Personen stehen anders als beispielsweise bei einer Maschinenorganisation kaum Technokraten und Linienmanagement zur Verfügung.

[4] Professionelle Organisationen zeichnen sich durch ein bemerkenswertes Maß an Stabilität aus. Größere Richtungsänderungen in der Strategie – „strategische Revolutionen" werden durch Fragmentierung der Aktivitäten der Macht der einzelnen Mitarbeiter sowie jener außenstehender Verbände behindert. Bei genauerer Betrachtung ist die Veränderung allgegenwärtig. Die individuellen Programme werden ständig verändert, Verfahren umgestaltet und die Klientel verschiebt sich. Das bedeutet paradoxerweise, dass solche Organisationen extrem stabil sind, sich jedoch in ihren Betriebspraktiken in einem Zustand ständiger Veränderung bewegen.

[5] Beispielsweise ist, wie Edvinsson (1997) feststellt, die Transformation von Humankapital in Strukturkapital eine entscheidende Herausforderung für die Unternehmensführung (Dokumentation, internes Wissensmanagement etc.).

Verwendung fixer Modelle birgt die Gefahr der Inflexibilität bzw. Einschränkung der Wahrnehmung von Entwicklungen auf die bereits im Modell erfassten Komponenten (Weick 1995; Lipe u. Salterio 2002).

14.4.2 Indikatoren: Messbarkeit vs. Aussagekraft

Wissensbilanzierung setzt eine gewisse Stabilität im Unternehmen voraus, die es erlaubt, Diskussionen über interne Prozesse zu führen und entsprechende Ressourcen für deren Erfassung freizustellen (Roos und Roos 1997). Die Einbindung der Beschäftigten in den Entwicklungsprozess hat neben der Verfügbarkeit zeitlicher Ressourcen auch dort Grenzen, wo die Anzahl von Inspektoren die Qualität durch eine wachsende Zahl unterschiedlicher Sichtweisen – und damit Indikatoren – gefährden. Anders als bei einer traditionellen Bilanz ist jedoch eine Erstellung durch Dritte nicht möglich. Es muss ein durchgehender Konsens im Unternehmen und eine aktive Einbindung der Unternehmensführung geben, welche den Entwicklungsprozess mit ihren Geschäftsideen, Orientierungen und Zielrichtungen begleitet.[6]

Die Wissensbilanz bleibt dabei eine Momentaufnahme, welche jedoch bei regelmäßiger Erhebung Entwicklungen beschreibt.[7] Die Ursachen für Veränderungen sind meist nicht direkt erkennbar, die theoretische Fundierung der Modelle ist hierfür zu mangelhaft. Es bleibt den Erfahrungen des Managements vorbehalten, im unternehmerischen Kontext die richtigen Schlüsse zu ziehen. Einseitigkeiten können auch durch notwendigen Pragmatismus entstehen, denn bei der Auswahl der Indikatoren ist man starken Einschränkungen unterworfen, wenn der Aufwand nicht den Nutzen übersteigen soll: Personengebundene "Intangible Assets", wie z.B. intellektuelle Agilität, Motivation etc., aber auch die Unternehmenskultur sind nur durch spezielle aufwändige Verfahren zu erheben und können somit nicht leicht routinemäßig erfasst werden. Ein adäquates Pendant zum Gewinn- und Verlustansatz der Kostenrechnung wäre wichtig, welche nicht nur die Bestände, sondern auch die Flüsse zwischen einzelnen Kategorien intellektuellen Kapitals, aber auch zum finanziellen Kapital berücksichtigen, wie dies insbesondere beim IC-Index und dem Holistic Value Approach der Fall ist (Roos u. Roos 1997; Roos u. Pike 2000).

Geeignete Indikatoren zu finden ist keinesfalls eine leichte Aufgabe, da nicht alles, was gemessen werden kann, auch tatsächlich wichtig ist und umgekehrt die Schwierigkeit der Messung kein Indiz für Unwichtigkeit darstellt. Der Versuch, derartigen Problemen durch den Einsatz einer möglichst großen Anzahl von Indikatoren zu begegnen, ist mit Sicherheit die falsche Strategie, da eine große Anzahl

---

[6] Für eine ausführliche Beschreibung eines Vorgehensmodells und potenziellen Risiken vgl. insbesondere Leitner et al (2000, 39-53).

[7] Bewegungen von einer Kategorie zu einer anderen sind prinzipiell schwer abbildbar, was beispielsweise der Fall ist, wenn das implizite Wissen eines/einer Beschäftigten kodifiziert wird und damit allen anderen zugänglich wird (d.h. Humankapital wird zu Organisatorischem Kapital).

von Indikatoren von den wesentlichen Fragestellungen für die Organisation ablenken kann und der Aufwand der Erhebung in keiner Relation zum zusätzlichen Nutzen steht.

Ein zusätzliches Problem ist, dass ein guter Teil der allgemein diskutierten Indikatoren entsprechend ihrer potenziellen Aussagekraft auf unterschiedliche Bereiche intellektuellen Kapitals bezogen werden können, sodass die Zuordnung zu den vorgegebenen Strukturen mehr oder weniger willkürlich bleibt. So können beispielsweise Kooperationen und Netzwerke im Forschungsbereich als Indikatoren für Humankapital (zum Beispiel im Sinn von kommunikativer Kompetenz, eventuell Fähigkeit zur Interdisziplinarität etc.), aber auch als Strukturkapital (d.h. Beziehungskapital in Bezug auf Partnerinstitutionen) bewertet werden.

Ein einfacher, aber wichtiger Indikator für Forschungseinrichtungen wie die Anzahl der betreuten Diplomarbeiten kann ebenso vielfältig betrachtet bzw. eingesetzt werden. Dieser Indikator könnte beispielsweise eingesetzt werden, um die fachliche Kompetenz der betreuenden MitarbeiterInnen zu belegen. Sofern es sich um eine außeruniversitäre Einrichtung handelt, zeugt er aber auch von einer guten Vernetzung mit einer Universität. Eine weitere Möglichkeit wäre, damit den Aufbau von Humankapital im Sinne einer gesellschaftlichen Funktion oder der Förderung potenzieller zukünftiger MitarbeiterInnen zu sehen.

Während die Zuordnung zu den Kategorien intellektuellen Kapitals somit von der strategischen Sichtweise des Unternehmens abhängt, ist bei der Aussagekraft der Indikatoren größte Vorsicht angebracht und die Definition von Standards notwendig (Grasenick u. Low 2004; Pike u. Roos 2003). So stellen beispielsweise Weiterbildungstage und –kosten pro Mitarbeiter/in keine Indikatoren für ein erzieltes Ergebnis innerhalb einer Organisation dar. Sie sind lediglich Mittel zum Zweck (intermediäre Ziele) und müssen mit weiteren Indikatoren, welche die ursprünglichen strategischen Zielsetzungen der Weiterbildung erfassen, in Beziehung gebracht werden (beispielsweise Kund/innen/orientierung, wissenschaftlicher Output etc).

14.4.3 Wissen, Visionen und Kultur

Unternehmerische Ziele und Visionen weisen höchst unterschiedliche Grade der Präzision auf. Dementsprechend unterschiedliche Herausforderungen sind an die weitere Operationalisierung der Visionen und Ziele im Sinne einer Wissensbilanz gestellt. Managementinstrumente und Berichtswesen dürfen in jedem Fall nicht zum Selbstzweck werden, nicht zu viel Zeit benötigen und nicht zur Inflexibilität führen. Sonst sinkt paradoxerweise, wie Peters (1989) bereits feststellte, die Wahrscheinlichkeit einer guten Messung bis zu einem gewissen Grad mit einer steigenden Anzahl an Indikatoren. Unternehmen demonstrieren immer wieder, dass es auch einer „operationalen Exzellenz" bedarf, um dauerhaft erfolgreich zu sein.

Die JOANNEUM RESEARCH sieht die Voraussetzung für einen exzellenten Unternehmenserfolg gerade in schwierigen Zeiten in einem Rahmen aus gemeinsamen Zielsetzungen und Strategien, klaren Prinzipien und Werten gegeben (vgl. JR-Explorer 2003). Die Werte, die das Unternehmen zur Beibehaltung der Exzellenz klar definiert und anstrebt, sind Mut, Interdisziplinarität, Achtsamkeit und Glaubwürdigkeit:

- **Mut** bedeutet gerade in schwierigen Zeiten, MitarbeiterInnen zu motivieren, herausfordernde Ziele zu formulieren. Permanenter Wandel entsteht nur durch mutige Initiativen und Zielsetzungen zur Existenzsicherung. Motivation für Herausforderungen wird durch die Übertragung von Verantwortung bei optimaler Unterstützung der individuellen Fähigkeiten in kundenorientiert agierenden Teams gefördert.
- **Interdisziplinarität**: Innovative Ideen werden ermöglicht und durch erfolgreiche Forschung realisiert, indem enge Fachgrenzen überschritten werden, WissenschaftlerInnen verschiedener Disziplinen zusammenarbeiten und dadurch Synergien schaffen. Interdisziplinarität erhöht auch die Fähigkeit zur Achtsamkeit und die Glaubwürdigkeit außeruniversitärer Forschung.
- **Achtsamkeit** bedeutet, dass man über reiches Detailwissen und ein differenziertes Urteilsvermögen verfügt sowie über die ausgeprägte Fähigkeit, Fehler zu entdecken und zu berichten, ehe sie zu einer Krise eskalieren können.
- Achtsamkeit gegenüber internen Veränderungen setzt gegenseitige Wertschätzung, Transparenz und Kommunikation voraus. Es gilt, MitarbeiterInnen in das umfassende Ausloten und Ergründen der Erfahrungen und Beobachtungen einzubeziehen und eigenes Handeln ständig kritisch zu reflektieren. Die Integration externer Sichtweisen auf innerbetriebliche Abläufe und Ergebnisse ist dabei von entscheidender Bedeutung.
- Achtsamkeit gegenüber externen Veränderungen bedeutet, das Umfeld und die KundInnen zu verstehen. Die Augen offen halten für das, was andere wirklich machen: Branchen, Länder, Lieferanten, MitarbeiterInnen, MitbewerberInnen – Menschen überhaupt. In Netzwerken gilt es neue Zusammenhänge zu erkennen und konkrete Lösungsmöglichkeiten zu erarbeiten.
- **Glaubwürdigkeit** gewinnt man durch Ehrlichkeit und Verlässlichkeit. Das Vertrauen in die von JOANNEUM RESEARCH gewählten und an der Steiermark orientierten Strategien muss in ihrer Umsetzung bestätigt werden. Es gilt nicht zuletzt Partnerinstitutionen, FördergeberInnen und die steirische Wirtschaft immer wieder mit guten Ergebnissen zufrieden zu stellen.

Literaturverzeichnis

Argyris C, Schön DA (1978)"Organizational Learning: A Theory of Action Perspective". Addison-Wesley, Boston

Bontis N (1999) There's a price on your head: managing intellectual capital strategically". Business Quarterly

Booth R (1998) The measurement of intellectual capital. Management Accounting 76(10):26-28

Edvinsson L (1997) Developing intellectual Capital at Skandia. Long Range Planning 30(3):366-373

Edvinsson L, Malone MS (1997) Intellectual Capital. New York, HarperCollins Publishers

Grasenick K, Low J (2004) Shaken, not stirred: Defining and connecting indicators for the measurement and valuation of intangibles. Journal of Intellectual Capital 5(2):268-281

Grasenick K, Ploder M (2002) Intangible Asset Measurement and Organisational Learning: The Integration of Intangible Asset Monitors in Management Processes. Performance Measurement and Management: Research and Action, Boston, 235-242

Hardy C, Langley A, Mintzberg H, Rose J (1983) Strategy formation in the university setting. The Review of Higher Education 6(4):407-433

JR-Explorer (2001, 2002, 2003) Die Wissensbilanz der JOANNEUM RESEARCH, Graz

Kuhlmann S, Holland D (1995) Erfolgsfaktoren der wirtschaftsnahen Forschung, Schriftenreihe des Fraunhofer-Instituts für Systemtechnik und Innovationsforschung. Physica-Verlag, Heidelberg

Lipe MG, Salterio S (2002) A note on the judgemental effects of the balanced scorecard's information organization, Accounting. Organizations and Society 27:531-540

Mintzberg H (1989) Mintzberg on Management: Inside our Strange World of Organizations. Free Press, New York

Peters T (1989) Thriving on chaos. Handbook for a management revolution. Pan books, London

Pike S, Roos G (2004) "Mathematics and Modern Business Management". Journal of Intellectual Capital 5(2): 243-256

Pike S, Roos G, Marr B (2004) "Strategic Management of Intangible Assets and Value Drivers in R&D Organizations", R&D Management Special Issue Innovation and Intangible Assets, R&D Management (Sonderausgabe „Innovation and Intangible Assets" in Vorbereitung)

Roos G, Roos J (1997) Measuring your Company's Intellectual Performance. Long Range Planning 30(3):413-426

Roos J, Roos G, Edvinssons L, Dragonetti L (1997) Intellectual Capital. Navigating in the New Business Landscape. MacMillan, Basingstoke Hampshire

Roos G, Pike S (2000) Intellectual Capital Measurement and Holistic Value Approach (HVA). Works Institute Journal 42 Okt.-Nov.

Roos G, Pike S, Fernström L (2004) "Intellectual Capital Management, Measurement and Disclosure". In: Horváth P, Möller K (Hrsg) Intangibles in der Unternehmungssteuerung: Strategien und Instrumente zur Wertsteigerung des immateriellen Kapitals. Verlag Frans Vahlen, München

Sveiby KE (1997) The New Organizational Wealth: Managing and Measurement knowledge Based Assets. Berret Koehler, San Francisco CA

Weick KE (1995) Sensemaking in Organisation. Sage, London

15 Analyse der Konzeption und Umsetzung der Wissensbilanzierung im Deutschen Zentrum für Luft- und Raumfahrt e.V.

Jürgen Blum, Robert Borrmann

15.1 Einleitung

Die Messung und Bewertung immaterieller Vermögensgegenstände gewinnt in der Betriebswirtschaftslehre zunehmend an Relevanz. Die Bedeutung von Wissen und die damit verbundene Notwendigkeit, sich mit dieser wertvollen Ressource zu beschäftigen, nimmt zu. Für Forschungsorganisationen, deren eigentliche Funktion es ist Wissen zu produzieren und dieses in Form von Innovationen an den Markt zu transferieren, gilt dies umso mehr.

In diesem Kontext werden Wissensbilanzen zunehmend als Instrument diskutiert, welches es erlaubt, einen effektiven und effizienten Fördermitteleinsatz zu unterstützen. Den Anstoß zu dieser Überlegung gab die Austrian Research Centers GmbH mit der erstmals im Jahre 1999 erstellten Wissensbilanz, an die sich das DLR im Hinblick auf Struktur und Darstellungsform angelehnt und nach eigenen Bedürfnissen fortentwickelt hat.

Ziel dieses Artikels ist die Analyse der Wissensbilanzierung in der außeruniversitären Forschung in Deutschland am Beispiel der Wissensbilanz des DLR. Aufbauend auf der grundsätzlichen Idee und den Zielen der Wissensbilanzierung in der Forschung werden die Motive und Ziele, die zur Erstellung der DLR Wissensbilanz führten, dargestellt. Im Anschluss daran werden Aufbau und Funktionsweise der DLR Wissensbilanz kurz aufgezeigt und anhand praktischer Beispiele illustriert. Diese Vorstellung ist die Grundlage für eine kritische Betrachtung von Aufbau und Einsatz der Wissensbilanz des DLR, aus der heraus Gestaltungshinweise und Potenziale aufgezeigt werden.

15.2 Grundverständnis und Ziel der Wissensbilanzierung im Deutschen Zentrum für Luft- und Raumfahrt

15.2.1 Das Deutsche Zentrum für Luft- und Raumfahrt

Das Deutsche Zentrum für Luft- und Raumfahrt in der Helmholtz-Gemeinschaft bildet das nationale Zentrum der Bundesrepublik Deutschland für Luft- und Raumfahrt und betreibt umfangreiche Forschungs- und Entwicklungsprojekte in nationaler und internationaler Kooperation. Über die eigene Forschung hinaus ist das DLR als Raumfahrtagentur im Auftrag der Bundesregierung für die Umsetzung der deutschen Raumfahrtaktivitäten zuständig. Das DLR dient wissenschaftlichen, wirtschaftlichen und gesellschaftlichen Zwecken, organisiert seine Arbeit nach den Grundsätzen und im Geiste moderner Unternehmensführung leistungs- und zielorientiert, überprüft den Fortgang und Erfolg seiner Projekte durch ein modernes Controlling sowie externe Begutachtungen und reagiert - parallel zu langfristigen, programmatisch ausgerichteten Arbeiten - flexibel auf die Erfordernisse der Auftraggeber und Partner.

Mit über 5.000 Mitarbeiterinnen und Mitarbeitern ist das DLR an acht Standorten vertreten: Berlin, Bonn, Braunschweig, Göttingen, Köln-Porz (Sitz des Vorstands), Lampoldshausen, Oberpfaffenhofen, Stuttgart und unterhält weitere 30 Institute bzw. Test- und Betriebseinrichtungen. Der Etat des DLR für die eigenen Forschungs- und Entwicklungsarbeiten sowie für Betriebsaufgaben beträgt ca. 450 Millionen Euro; davon sind etwa ein Drittel im Wettbewerb eingeworbene Drittmittel. Das vom DLR verwaltete deutsche Raumfahrtbudget beträgt insgesamt ca. 760 Millionen Euro.

15.2.2 Wissensbilanzierung im Deutschen Zentrum für Luft- und Raumfahrt

Als Forschungsunternehmen ist der Produktionsfaktor Wissen für das DLR die entscheidende Ressource. Die Kenntnis und die Positionierung des eigenen Wissens in der Wissenschaftslandschaft ist für das Management eine entscheidende Voraussetzung, um Verbesserungspotenziale zu erkennen und zu realisieren. Zu diesem Zweck hatte das DLR im Jahr 2000 ein Projekt aufgelegt, welches einen adäquaten Wissensmanagementprozess entwickeln und implementieren soll.

Der Intellectual Capital Report des Industrieunternehmens Skandia aus dem Jahr 1994, insbesondere aber die Wissensbilanz der Austrian Research Centers GmbH schufen eine Vorlage, welche diesen Prozess zielorientiert strukturieren sollte. An diesem Beispielmodell orientierte sich die DLR Wissensbilanz und wurde nach eigenen Bedürfnissen fortentwickelt. Für die Entwicklung der Wissensbilanz wurde die Projektgruppe des DLR von zwei Mitarbeitern aus der Austrian Research Centers GmbH aktiv beraten und unterstützt.

Die Aufgabe der Wissensbilanz des DLR bestand nicht nur in der Bilanzierung monetärer Größen und der Bereitstellung standardisierter inhaltlicher Charakterisierungsparameter, sondern auch darin, sie zum Instrument der inneren Führung und Medium der transparenten Darstellung von Leistung und Leistungsfähigkeit zu machen (Blum 2001). Das konkrete Ziel des Deutschen Zentrums für Luft- und Raumfahrt war es „[…] mit der Erfassung, Bewertung und Kommunikation wissensbasierter Ressourcen, Prozesse und Ergebnisse […]" (Blum 2000, S. 5) einen innovativen Weg bei der Fortentwicklung des Management- und Berichtssystems des Forschungsunternehmens DLR zu beschreiben, um der zunehmenden Bedeutung der Kenntnis des eigenen Wissens und des Wissens der nationalen und internationalen Partner gerecht zu werden. Hierzu wurde im Oktober 2001 die Wissensbilanz des DLR als erste Wissensbilanz in Deutschland vorgelegt. Sie fokussierte sich - ergänzend zum traditionellen betriebswirtschaftlichen Berichtswesen - auf die zunehmend an Bedeutung gewinnenden immateriellen Vermögenswerte, die an den Maßstäben der Unternehmensziele und -strategien des DLR aufgestellt und bewertet wurden.

Zur eigenen Positionierung und zur gemeinsamen Erarbeitung von Standards wurde eine Verabredung zu einem Benchmarking mit der Austrian Research Centers GmbH getroffen, welche erstmalig in der Wissensbilanz des DLR 2001 umgesetzt wurde und damit einen Beitrag zur Diskussion über ein Benchmarking im Wissenschafts- und Forschungsbereich lieferte.

15.3 Aufbau und Anwendung der Wissensbilanzierung im Deutschen Zentrum für Luft- und Raumfahrt

15.3.1 Charakterisierung der Wissensbilanz des DLR

Die bestehenden Modelle des Intellectual Capital Reporting (zu den einzelnen Modellen vergleiche beispielsweise die Zusammenfassungen von Bontis 2001 und Edvinsson u. Brünig 2000) unterteilen sich in deduktiv-summarische und induktiv analytische Ansätze zur Bewertung des Intellektuellen Kapitals. Deduktiv-summarische Ansätze, wie beispielsweise der Economic Value Added (EVA), der Market Value Added (MVA), die Markt-/ Buchwert Relation, Tobin´s Q oder der Calculated Intangible Value (CIV) lassen aus der Differenz von Markt- zu Buchwert eines Unternehmens auf dessen Intellektuelles Kapital schließen. Induktiv-analytische Ansätze ermitteln das Intellektuelle Kapital eines Unternehmens mittels spezifischer Indikatoren. Der Fokus dieser Indikatoren kann zwei unterschiedliche Bereiche betreffen. In Prozessmodellen liegt der Schwerpunkt auf einer logistisch orientierten Prozesssicht, wobei die Prozesssicht einen detaillierten Blick auf die In- und Outputflüsse entlang der gesamten Wissensproduktion ermöglicht. Bei Strukturmodellen werden dagegen die organisationsinternen Veränderungen der Aktivposten Human-, Struktur- und Beziehungskapital analysiert.

Die Wissensbilanz des DLR (vgl. Blum 2000, 2001) verbindet ein Struktur- mit einem Prozessmodell. Sie hat damit einen grundsätzlich ähnlichen Aufbau wie die Wissensbilanzen der Austrian Research Centers GmbH in Seibersdorf (vgl. ARCS 1999, Folgejahre) und die 2001 veröffentlichte Wissensbilanz des Schwerpunktbereiches Betriebswirtschaft der Montanuniversität Leoben (vgl. WBW 2001, Folgejahr).

15.3.2 Beschreibung der Wissensbilanz des DLR

Ausgehend vom Leitbild des DLR als Forschungszentrum und Luftfahrtagentur wurden die Mission und das Selbstverständnis des DLR aus dem gesellschaftlichen Kontext der Organisation herausgebildet. Hierauf aufbauend wurden anschließend die Forschungsschwerpunkte (Luftfahrt, Raumfahrt, Energie und Verkehr) definiert, für die Wissensziele abgeleitet und in fünf Bereichen zusammengefasst wurden (vgl. Abb. 15.1.):

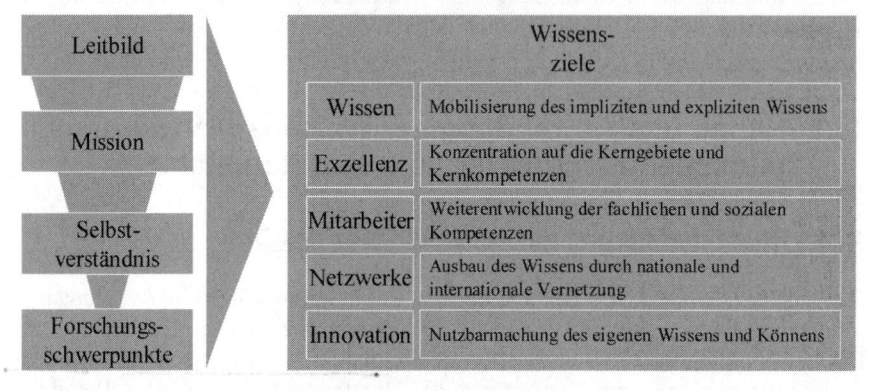

Leitbild	Wissensziele	
	Wissen	Mobilisierung des impliziten und expliziten Wissens
Mission	Exzellenz	Konzentration auf die Kerngebiete und Kernkompetenzen
Selbstverständnis	Mitarbeiter	Weiterentwicklung der fachlichen und sozialen Kompetenzen
	Netzwerke	Ausbau des Wissens durch nationale und internationale Vernetzung
Forschungsschwerpunkte	Innovation	Nutzbarmachung des eigenen Wissens und Könnens

Abb. 15.1. Ableitung der Wissensziele nach: (Blum 2000)

Diese Wissensziele machen Vorgaben für die Unternehmensentwicklung und stellen den Rahmen für den Einsatz der immateriellen Vermögenswerte im Wertschöpfungsprozess dar. Der Input sowie der Output für die Erreichung dieser Ziele rekrutiert sich aus den Wertschöpfungspotenzialen, die anhand der Dreiteilung in Human-, Struktur- und Beziehungskapital strukturiert werden, wobei der Begriff des Intellektuellen Kapitals im bilanziellen Sinne eher dem Begriff des Intellektuellen Vermögens entspricht (zum Terminus Kapital in Abgrenzung zum Vermögen vgl. Maul 2000). Aus dieser Strukturierung lässt sich die Transformation der Potenziale in reale Ergebnisse in den Kernprozessen (Programmforschung, Drittmittelprojekte und Fördermanagement) identifizieren. Aufgrund der Natur öffentlich geförderter Forschung können diese Ergebnisse sowohl finanzieller als auch immaterieller Art und forschungs-, wirtschafts- und gesellschaftsbezogen sein.

Abb. 15.2. zeigt den vollständigen Aufbau des Wissensbilanz Modells des DLR:

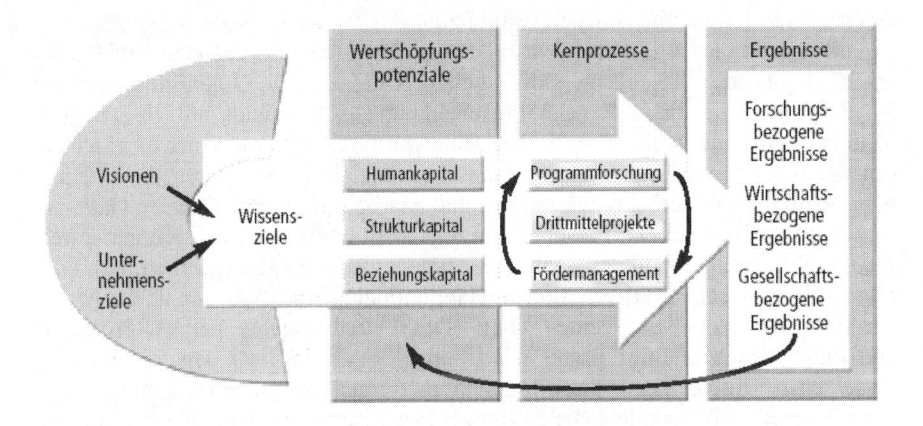

Abb. 15.2. Wissensbilanz Modell des DLR (Quelle: Blum 2000, S. 7)

15.3.3 Anwendung der Wissensbilanz des DLR

Der oben dargestellte Ansatz ermöglicht, durch die flexible Erhebung finanzieller und nicht-finanzieller Indikatoren schwer greifbares Wissen und Wissensflüsse innerhalb des DLR adäquater zu erfassen und zu strukturieren. Über die Berichterstattung hinaus eignet sich das Modell durch die jährliche Analyse und Interpretation der Indikatoren vor dem Hintergrund des Modells zur internen Steuerung und darüber hinaus durch die standardisierte Vorgehensweise und Indikatorendefinition zu einem internen und externen Benchmarking. Die Zielgruppe der Veröffentlichung der Wissensbilanzen 2000 und 2001 war der aufsichtsführende Senat des DLR, die Kunden sowie die Partner. Sie wurde sowohl als Printmedium als auch in elektronischer Form über das Internet der Öffentlichkeit zugänglich gemacht.

Die Umsetzung der internen Steuerungen beginnt bei der Strategie, aus der die Wissensziele generiert werden, die entlang der Kernprozesse erreicht werden sollen. Eine konsequente Quantifizierung der Wissensziele in Form geeigneter Indikatoren bzw. Kennzahlen ist hierbei die Ausgangsbasis der konkreten Zieldefinition. Die Strategiediskussion kann dabei für die Ableitung der Zielwerte durch Zeitreihenvergleiche und durch Informationen aus einem internen Benchmarking ergänzt werden. Der Vergleich mit ausgewählten Partnern im Sinne eines externen Benchmarking hilft darüber hinaus dabei, die eigene Position zu beurteilen und in Form einer Stärken- und Schwächenbilanz gegenüberzustellen. Dies erlaubt die Identifikation und Priorisierung von Feldern mit akutem Handlungsbedarf. Die Steuerungswirkung wird durch die Gegenüberstellung des Ziels im Sinne eines Planwertes mit dem am Jahresende tatsächlich erreichten Wert und daraus resultierenden Handlungsempfehlungen generiert.

Das DLR hat sich im Kernprozess der Programmforschung das Wissensziel gesetzt, die Kapazitäten auf diejenigen Bereiche zu konzentrieren, in denen es nachweisbar zu den hochqualifiziertesten Forschungszentren der Welt zählt, oder in den nächsten Jahren eine solche Position zu erreichen sucht. Seitens des Strukturkapitals wurde dieses Ziel mit dem Indikator „Einrichtung von Centers of Excellence" abgebildet. Diese Centers of Excellence, die separate Organisationseinheiten darstellen, die im DLR nach Entscheidung des Vorstands mit zusätzlichen Mitteln ausgestattet werden, sollen die fachliche Exzellenz, mögliche Marktchancen der Forschungsergebnisse und Transferpotenziale identifizieren. Das Beziehungskapital wird hierbei durch die Zusammenarbeit mit internationalen Gastwissenschaftlern ausgedrückt. Forschungsbezogene Ergebnisse lassen sich u.a. durch die Anzahl der Publikationen je Wissenschaftler, Rufe an Hochschulen, Lehraufträge, Diplomarbeiten, Dissertationen, Habilitationen, Beteiligungen an Projekten der deutschen Forschungsgemeinschaft (DFG), Erfolgsquote bei EU-Projekten und durch das Verhältnis der Prime Contractor Verträge zu den Gesamt-EU-Projekten beschreiben. Für diese Indikatoren werden Sollgrößen definiert. Diese manifestieren sich in verschiedenen Bemessungsparametern: bei einigen Indikatoren kann „nur" eine quantitative Verbesserung gegenüber dem aktuellen Stand angestrebt werden, wie z.B. Steigerung der Publikationstätigkeit, bei anderen Indikatoren ist es möglich, einen absoluten Wert anzusetzen (z.B. die Erhöhung der Anzahl von Centers of Excellence von vier auf sechs bis zehn).

Strukturkapital	2000	2001	Ziel
Centers of Excellence	4	6	6-10
Beziehungskapital	**2000**	**2001**	**Ziel**
Gastwissenschaftler	3,5	6,3	
Kooperationen mit der Wirtschaft			↗
Forschungsbezogene Ergebnisse	**2000**	**2001**	**Ziel**
Publikationen (je Wissenschaftler)		0,33	↗
Vorträge (je Wissenschaftler)	0,75	0,87	↗
Rufe an Hochschulen	8	13	
Lehraufträge	116	134	
Diplomarbeiten	166	163	
Dissertationen	59	76	
Habilitationen	5	1	
Beteiligungen	29	37	↗
Erfolgsquote EU-Anträge	50	40	↗

Abb. 15.3. Beispielhafter Auszug aus der Wissensbilanz des Deutschen Zentrums für Luft- und Raumfahrt 2001 (in Anlehnung an: Blum 2001)

Entscheidend für die Akzeptanz und damit die Verbindlichkeit der so abgeleiteten Zielwerte ist eine eindeutige Definition der Indikatoren. Für ein gemeinsames Verständnis wurden ausgewählte Indikatoren auch als Glossar in die Wissensbilanz aufgenommen. (vgl. Blum 2001)

15.4 Erfahrungen mit der DLR-Wissensbilanz

Die Erfahrungen des DLR mit dem Instrument der Wissensbilanz lassen sich zu fünf Empfehlungen zusammenfassen, die bei der Erstellung von Wissensbilanzen generell beachtet werden sollten (vgl. Abb. 15.4.):

Ziel	Eindeutige Festlegung des Ziels, welches mit der Wissensbilanz zu erreichen versucht wird.
Verantwortung	Eine eindeutige Verantwortung für die Wissensbilanz sowie die einzelnen Ziele ist Voraussetzung für die Steuerung.
Akzeptanz	Nur wenn die Wissensbilanz in der gesamten Organisation akzeptiert ist, kann sie eine Steuerungsfunktion erfüllen.
Transparenz	Die Wissensbilanz und ihre Erstellung sollte in der Organisation breit kommuniziert werden, um Verbindlichkeit zu erlangen.
Zeitpunkt	Frühzeitiges Erstellen einer Wissensbilanz schafft ein positives Image.

Abb. 15.4. Erfahrungen der Wissensbilanzierung im Deutschen Zentrum für Luft- und Raumfahrt

Ziel der Wissensbilanzierung

Die Wissensbilanz des DLR beinhaltet zwei elementare Intentionen: externe Berichterstattung und interne Steuerung. Diese doppelte Zielsetzung hat sich als nicht unproblematisch erwiesen. Während die interne Steuerung ihr Augenmerk auf Felder richtet, in denen Handlungsbedarf besteht, sollte die Außendarstellung für die Öffentlichkeit und die Zuwendungsgeber eher auf erreichten Zielen oder aber auf ausgewogenen Berichten erreichter und nicht erreichter Ziele beruhen. Eine fehlende oder nicht ausreichende Differenzierung der Zielgruppen, an die berichtet wird, beinhaltet die Gefahr, durch explizite Darstellung von Schwächen im Wettbewerb um Fördermittel öffentliche Anerkennung in Frage zu stellen.

Die zweite Gefahr besteht darin, dass im Sinne einer möglichst günstigen Außendarstellung möglichst solche Ziele dargestellt werden, die bereits erreicht sind und bei denen wenig Handlungsbedarf besteht. Interne und externe Berichterstattung basieren auf zumindest teilweise unterschiedlichen Indikatoren und haben auch unterschiedliche Funktionen.

Eine Möglichkeit zur Abhilfe besteht darin, einen allgemeinen Teil zu veröffentlichen, der ein mit anderen Forschungseinrichtungen vergleichbares Set an Indikatoren beinhaltet. Für die interne Steuerung würde ein Bericht sich mit spezifischen Punkten aktuellen Steuerungsbedarfs befassen. Diese Alternative würde die zur Berichterstattung herangezogenen Indikatoren als eine Art Zielsystem begreifen, welches die Definition des erhofften Outputs einer Wissenschaftseinrichtung enthält.

Steuerungsverantwortung

Wenn und soweit eine klare Steuerungsverantwortung besteht, kann darüber hinaus die konsequente Quantifizierung der Ziele, die in Wissensbilanzen erforderlich ist, die Steuerung und Profilbildung durch Abweichungsanalysen im Rahmen von internen Zielvereinbarungen unterstützen. Die durch die Quantifizierung der Ziele geschaffene Standardisierung sollte in einem nächsten Schritt zur Identifikation von Verbesserungspotenzialen auch im Rahmen eines Benchmarking mit anderen Wissenschaftseinrichtungen genutzt werden, um Ziele zu ermitteln und die eigene Position im Wettbewerb zu beurteilen.

Akzeptanz der Wissensbilanz

Sofern in der Wissenschaftsorganisation eine breite Akzeptanz der Wissensbilanz besteht, kann die Ableitung konkreter Wissensziele aus der Strategie entlang der Kernprozesse die Kommunikation und damit ein gemeinsames Verständnis von Strategie und strategischen Zielen fördern. Diese Akzeptanz und das gemeinsame Verständnis beginnt bei der Vorgehensweise und dem verwendeten Wissensbilanzmodell und reicht bis zum gemeinsamen Verständnis über die Indikatorendefinition.

Transparenz der Wissensbilanz und ihrer Erstellung

Voraussetzung für die Akzeptanz der Wissensbilanz ist Transparenz. Nur wenn sich sämtliche Beteiligte über die Ziele, den Prozess und das Ergebnis der Wissensbilanzierung im Klaren sind, wird die Wissensbilanz ein verbindliches Instrument der internen Steuerung und von der Akzeptanz der Verbindlichkeit der Ziele bis zur Disziplin bei der Kennzahlenerfassung und -pflege von allen Beteiligten unterstützt.

Zeitpunkt der Erstellung

Im Rahmen der Nutzung von Wissensbilanzen zur externen Berichterstattung existieren zwei grundsätzliche Alternativen. Zum einen können die konkreten Inhalte der Wissensbilanz vorgestellt werden, und zum anderen besteht die Möglichkeit, die Struktur des Wissensbilanzmodells vorzustellen und nur selektiv Inhalte zu publizieren. Während die erste Möglichkeit mit den oben genannten Risiken behaftet ist, kann durch die Vorstellung des Wissensbilanzmodells als innovatives Steuerungsinstrument unter der Voraussetzung des frühzeitigen Erstellens einer Wissensbilanz den „Stakeholdern" ein aktives Image präsentiert werden. Sobald Wissensbilanzen von mehreren Forschungsorganisationen erstellt werden, wird dieser Reputationsvorteil jedoch relativiert.

15.5 Ausblick und Fazit

15.5.1 Ausblick und Weiterentwicklung

Zu den Funktionen der Wissensbilanzierung im DLR, der Ergänzung des externen Berichtswesens und der Verbesserung der internen Steuerung kommt in jüngster Zeit ein weiterer Aufgabenbereich hinzu. Die Aufnahme von Wissensbilanzen in das Österreichische Universitätsgesetz (vgl. Nationalrat Österreich 2002) zeigt, dass auch staatliche Geldgeber vermehrt Beurteilungskriterien fordern, die über rein monetäre Größen deutlich hinausgehen. Der von der Bund-Länder-Kommission für Bildungsplanung und Forschungsförderung postulierte Paradigmenwechsel von einer Bestandssicherung (Input) zur Ergebnisorientierung (Output) und von einer Detail- zur Globalsteuerung zeigt, dass als „Gegenstand der Förderung und Finanzierung [...] künftig nicht mehr die Einrichtungen an sich, sondern ihre wissenschaftlichen Ergebnisse bzw. Serviceleistungen [...]" im Mittelpunkt kritischer Bewertung stehen (BLK 2003).

Im Gegensatz zur Darstellung des Inputs führt die Beschreibung des Outputs gerade in Wissenschaftseinrichtungen zu beträchtlichen Problemen. Da das wirtschaftliche Ergebnis öffentlich geförderter Forschungseinrichtungen per Definition ausgeglichen ist, besteht zwar der Zwang zum wirtschaftlichen Handeln, einen Indikator für einen messbaren „Erfolg" einer Wissenschaftseinrichtung erhält man daraus jedoch nicht. Pragmatische Plausibilitätsbetrachtungen führen zu der nahe liegenden These, dass die Preisbildung, die eine Rentabilitätsberechnung ermöglichen würde, für wissenschaftliche Leistungen bzw. ihre Indikatoren zumindest zurzeit nicht sinnvoll durchgeführt werden kann. Zu groß sind die Unsicherheiten, die sich z.B. aus der Beurteilung des monetären Wertes einzelner Publikationen oder wissenschaftlicher Auszeichnungen ergeben können. Eine weitere Möglichkeit neben der Monetarisierung besteht in der Beurteilung der Leistung einer Universität oder eines Forschungszentrums mittels weniger Kennzahlen, wie es heute bspw. in Rankings von Universitäten erfolgt. Die Frage nach dem Mehrwert, den Wissensbilanzen hierzu leisten können, steht noch offen.

Zielvereinbarungen mit dem Zuwendungsgeber dienen einer Organisation zur Fundierung von Entscheidungen über die angestrebten Ziele und erlauben eine Definition des Tätigkeitsspektrums. Sie sind das Ergebnis von Verhandlungen zwischen Staat und Forschungseinrichtung und stellen den finalen Kontrakt und damit die konsensuale Lösung im Hinblick auf die einzuleitenden Entwicklungen und die festgelegten Ziele dar. In diesem Sinne werden die zugeteilten Finanzen an Aussagen über die Ziele selbst sowie an die vereinbarten Sollgrößen, auf die die Ergebnisse des Handelns Bezug nehmen, gekoppelt (vgl. Ziegele 2000).

```
┌─────────────────────────────────────────────────────────────┐
│  Zuwendungsgeber        Finanzierungs-    Wissenschaftseinrichtung │
│                         verfahren                           │
│  Steuerung                                Autonomie         │
├─────────────────────────────────────────────────────────────┤
│           Anreizrahmen (Belohnung / Sanktionierung)         │
│              Stabilität und Kalkulierbarkeit                │
│                   Entscheidungsspielräume                   │
│                 Rationalität der Mittelvergabe              │
└─────────────────────────────────────────────────────────────┘
```

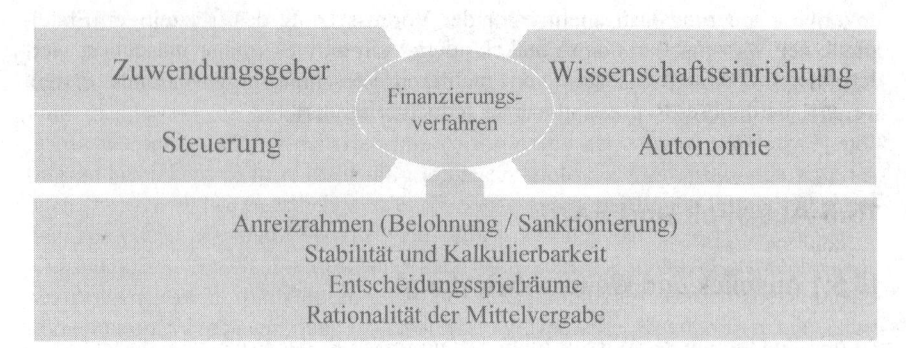

Abb. 15.5. Anforderungen an ein Finanzierungsverfahren (in Anlehnung an Ziegele 2000)

Wie aus Abb. 15.5. ersichtlich, ergeben sich fünf zentrale Herausforderungen an ein geeignetes Finanzierungsverfahren. Es sollte:

- einen wettbewerblichen Anreizrahmen schaffen, der Aufgabenerfüllung, Leistung und Innovationsfähigkeit von Forschungseinrichtungen finanziell belohnt bzw. geringen Erfolg in diesen Bereichen finanziell sanktioniert,
- eine stabile und kalkulierbare Finanzierung der per staatlichem Auftrag übernommenen Aufgaben sicherstellen,
- tatsächliche Entscheidungsspielräume belassen und
- den Anspruch auf die staatliche Globalzuweisung - als Folge der Rationalität des Verfahrens - der Höhe nach plausibel begründen und legitimieren.

Die dargestellten Anforderungen an ein Finanzierungsverfahren zeigen, dass Wissensbilanzen durchaus das Potenzial haben, zur Unterstützung der Zielvereinbarung zwischen Zuwendungsgeber und Wissenschaftseinrichtung eingesetzt zu werden, aber noch erheblicher Forschungsbedarf besteht.

Sofern Wissensbilanzen als Grundlage von Zielvereinbarungen einsetzbar sind, besteht für die Forschungseinrichtungen die Chance langwierige Evaluationswellen und die damit verbundene Belastung der Wissenschaftlerinnen und Wissenschaftler zu vermeiden. Ferner können Wissensbilanzen die Transparenz erhöhen und die Grundlage für ein gemeinsames Verständnis über die Ziele der Wissenschaftseinrichtung sein, welches der Wissenschaftseinrichtung eine Stärkung der Autonomie durch Outputorientierung in Aussicht stellt. Der Zuwendungsgeber erhält darüber hinaus eine bessere Argumentationslinie für den Bedarf öffentlicher Gelder, wenn die Zielvereinbarung auf einer Zieldiskussion zwischen Zuwendungsgeber und Forschungseinrichtung beruht. Letztlich kann die Umsetzung der externen Zielvereinbarung in eine interne Zielvereinbarung im Rahmen eines Management by Objectives münden, wodurch sich ein geschlossenes Steuerungskonzept ergibt.

15.5.2 Zusammenfassung und Fazit

Der Aufwand, der mit der Wissensbilanzierung verbunden ist, variiert von Organisation zu Organisation in Abhängigkeit von der Ausgangssituation. Für das DLR ergaben sich - mit einer Entwicklungszeit von unter einem Jahr und rund 200 TEuro Initialaufwand - Kosten von rund 150 TEuro per anno im laufenden Betrieb. Die Darstellung des Nutzens ist jedoch ungleich schwerer quantifizierbar. Je nach Funktion, die mit der Wissensbilanzierung verfolgt wird, können für die Nutzenbewertung zurzeit meist nur qualitative Aussagen zu Rate gezogen werden. Für die Steuerung und die Berichterstattung des Deutschen Zentrums für Luft- und Raumfahrt erschien die Erstellung und die Veröffentlichung der Wissensbilanzen 2000 und 2001 eine sinnvolle Bereicherung der bestehenden Instrumente. Das DLR hat unter einem neuen Vorstand die Wissensbilanz in der hier beschriebenen Form nicht fortgesetzt.

Wissensbilanzen sollen und können Peer Reviews als klassisches Instrument der Beurteilung von Forschungsleistungen nicht ersetzen. Sie stellen vielmehr ein Instrument dar, welches einerseits über Indikatoren die konsequente strategische Steuerung in Zeiten gestiegener Autonomie ermöglicht, und andererseits einen Mehrwert für die Transparenz in der Wissenschaftslandschaft zu Zeiten vermehrten Rechtfertigungsdruckes liefert. Der aktuelle Stand in Forschung und Praxis liefert zwar gute Ansätze, aber gegenwärtig zumindest in Deutschland noch keine in den Zielen und in der Methodik abgesicherte Basis für die Mittelzuweisung durch öffentliche Zuwendungsgeber. Eine derartige Einschränkung räumt die Wissensbilanz des DLR schon im Vorfeld ein und weist darauf hin, dass Neuland betreten wird und dass „[…] die Zahlen der Wissensbilanz […] auf ihre Aussagekraft zu analysieren und prognostisch zu bewerten sein [werden]" (Blum 2000).

Die Frage, ob Wissensbilanzen überhaupt eingeführt werden sollen, wurde für Österreich durch den Gesetzgeber beantwortet. Auch in Deutschland werden Bewertungssysteme für die Großforschung und in deren Sog auch für Universitäten kommen. Das Wissenschaftsmanagement sollte die Chance nutzen, den nationalen wie auch internationalen Bürokratien, die nach aussagekräftigen Bewertungsmethoden suchen, mit rationalen wissenschaftsadäquaten Lösungsvorschlägen entgegen bzw. zuvorzukommen. Nicht Zurückhaltung der „autonomen Wissenschaft" ist geboten, sondern aktive Gestaltung ist gefragt, welche die Wissenschaftlerinnen und Wissenschaftler vom Nutzen von Wissensbilanzen überzeugt.

Literaturverzeichnis

ARCS (1999 und Folgejahre) Wissensbilanz der Austrian Research Centers Seibersdorf, Seibersdorf
Blum J (2000) Wissensbilanz des Deutschen Zentrums für Luft- und Raumfahrt, Köln
Blum J (2001) Wissensbilanz des Deutschen Zentrums für Luft- und Raumfahrt, Köln
Bontis N (2001) Assessing knowledge assets: a review of the models used to measure intellectual capital. International Journal of Management Reviews (1)3: 41-60

Bund-Länder-Kommission für Bildungsplanung und Forschungsförderung (2003) Mindestanforderungen an Programmbudgets und Handreichung für die Erstellung von Programmbudgets in Einrichtungen der Wissenschaftsgemeinschaft. Gottfried Wilhelm Leibniz (WGL), Bonn

Edvinsson L, Brünig G (2000) Aktivposten Wissenskapital - Unsichtbare Werte bilanzierbar machen. Wiesbaden

Maul KH (2000) Wissensbilanzen als Teil des handelsrechtlichen Jahresabschlusses – Wissensbilanzen dargestellt am Beispiel des Jahresabschlusses von Hochschulen. DStR 47: 2009-2016

Nationalrat Österreich (2002), Bundesgesetzblatt, 9. August 2002

Titscher S, Winckler G, Biedermann H, u.a. (2000) Universitäten im Wettbewerb: zur Neustrukturierung österreichischer Universitäten, München u.a.

WBW - Institut für Wirtschafts- und Betriebswissenschaften der Montanunivsersität Leoben (2001) Wissensbilanz. Leoben

WBW - Institut für Wirtschafts- und Betriebswissenschaften der Montanunivsersität Leoben (2002) Wissensbilanz. Leoben

Ziegele F (2000) Mittelvergabe und Zielvereinbarungen - Finanzierungsinstrumente eines neuen Steuerungsmodells im Verhältnis Staat - Hochschule. Überlegungen und Erfahrungen in den deutschen Bundesländern. Titscher S, Winckler G, Biedermann H, u.a. (Hrsg) Universitäten im Wettbewerb: zur Neustrukturierung österreichischer Universitäten, München u.a, S.331-386

16 Die integrierte Wissensbewertung – ein prozessorientierter Ansatz

Kay Alwert

16.1 Einleitung

In einem Umfeld, das durch Globalisierung, Technologisierung und zunehmend kürzer werdende Produktlebenszyklen gekennzeichnet ist, sind Wissensvorsprünge in vielen Bereichen der entscheidende Wettbewerbsvorteil. Um auf diese Herausforderung zu reagieren, haben innovative Firmen damit begonnen Wissensmanagement einzuführen, um ihr erfolgskritisches immaterielles Vermögen, u.a. Wissen, zu identifizieren, zu entwickeln und schließlich nutzbringend einzusetzen. Übliche Bilanzen reichen als Instrument hierzu nicht aus, da diese lediglich die finanzielle und materielle Vergangenheit der Organisation widerspiegeln. Immaterielle Vermögenswerte, wie bspw. das erfolgskritische Wissen, die Erfahrung und Kreativität der Mitarbeiter, finden kaum Berücksichtigung (DRSC 2001). Gerade in diesen Elementen liegen jedoch die zukünftigen Potenziale und Entwicklungschancen am Innovationsstandort Deutschland.

Die hier vorliegende Fallstudie beschreibt die prototypische Einführung einer Wissensbilanz im Bereich Unternehmensmanagement des Fraunhofer IPK. Hierbei kam die Methode der Integrierten Wissensbewertung (IWB) zum Einsatz, welche am Competence Center Wissensmanagement des Fraunhofer IPK entwickelt wurde.

Im Folgenden wird kurz das zugrunde liegende Modell und die angewendete Methode beschrieben, um dann anhand des konkreten praktischen Fallbeispieles das detaillierte Vorgehen und Ergebnisse aus der Wissensbilanzierung aufzuzeigen. Zum Schluss werden die Erfahrungen einer kritischen Betrachtung unterzogen und den gesetzten Zielen gegenübergestellt.

16.2 Die integrierte Wissensbewertung (IWB) – Das zu Grunde liegende Modell und Besonderheiten der Methode

16.2.1 Wie ist das Modell aufgebaut?

Das Gesamtmodell der IWB setzt sich aus einem Strukturmodell und einem Regelkreis zur kontinuierlichen Steuerung zusammen. Das Strukturmodell bildet dabei das Herzstück und besteht aus fünf Strukturdimensionen, welche das Kernstück des Wissensbilanzberichtes bilden. Die Strukturdimensionen umfassen die Perspektiven: Geschäftsprozess(e), Wissensressourcen, externe Beziehungen, Prozess- und Wissensergebnisse sowie die Betrachtung der extern erzielten Wirkungen aus der Geschäftstätigkeit.

Die Stärke des Strukturmodells liegt in seinem logischen Aufbau gemäß eines Geschäftsprozessmodells mit den typischerweise darin bereits angelegten Wirkungszusammenhängen zwischen den einzelnen Elementen. Das Modell basiert auf der bewährten Methode der integrierten Unternehmensmodellierung (IUM) (Spur et al. 1993) des Fraunhofer IPK, das in seiner Erweiterung (Heisig 2003) den wissensverarbeitenden Geschäftsprozess ins Zentrum der Betrachtung rückt (siehe Abb. 16.1.).

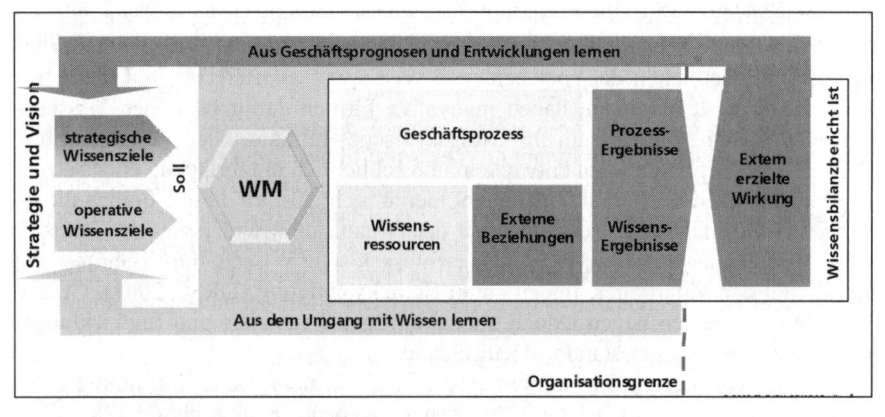

Abb. 16.1. Das Wissensbilanzmodell nach der IWB des Fraunhofer IPK

In den Geschäftsprozessen werden die einzelnen Wissensressourcen und externen Beziehungen unter vorgegebenen Rahmenbedingungen zusammengeführt, um Prozess- und Wissensergebnisse zu erzeugen. Die erzeugten Ergebnisse werden der Organisationsumwelt übergeben und erzielen dort, im besten Fall, die erwartete Wirkung. Die erzeugten Ergebnisse wirken wiederum über ggf. veränderte Wissensressourcen bzw. externe Beziehungen und Rahmenbedingungen zurück auf die Organisation und beeinflussen bei einem erneuten Prozessdurchlauf dessen Ablauf.

Die kontinuierliche Entwicklung von Wissen erfolgt über einen implementierten Regelkreis, mit dessen Hilfe Ziele für das Wissensmanagement (WM) definiert und die Zielerreichung gemessen werden.

Die Ziele werden dabei aus zwei unterschiedlichen Lernschleifen (vgl. Agyris u Schön 1996) unter Einbeziehung der Strategie und Vision der gesamten Organisation abgeleitet (Leitner 2004 in diesem Band). Die erste Lernschleife (im Bild die untere) resultiert aus den Anforderungen des operativen Ist-Zustands im Umgang mit Wissen (z.B. Ausgleich von Wissenslücken durch gezielten Aufbau von Kompetenz), die zweite Lernschleife (im Bild die obere) bezieht sich auf die zukünftige Ausrichtung der Organisation unter Einbeziehung der erzielten externen Wirkung im Geschäftsumfeld (z.B. erzielter Erlös aus dem Produktverkauf und veränderte Marktsituation).

Die zweite Lernschleife ist also eine Reflexion der Geschäftstätigkeit als Ganzes und mündet ggf. in eine Anpassung der strategischen Ausrichtung der gesamten Organisation. Auf Basis der Strategie- und Zieldefinition kann der gewünschte Soll-Zustand abgeleitet und operationalisiert werden. Dieser Soll-Zustand bildet den Bewertungsmaßstab für die zielgerichtete und messbare Umsetzung von Wissensmanagement (Danish Ministry of Science Technology and Innovation 2003; ARCS 2001).

16.2.2 Was ist die theoretische Grundlage des Modells?

Das Modell folgt einer systemtheoretischen Fundierung und nimmt zur systematischen Anordnung der Elemente eine klare Trennung zwischen System und Umwelt vor (Luhmann 2001).

Die Zugehörigkeit der einzelnen Elemente zur Organisation wird definiert über ein Verfügungs- bzw. Entscheidungsrecht in den organisierten Aktivitäten (Eigentum, Miete, Leasing, Bezahlung etc.). Diese Unterscheidung ist wichtig, da interne Prozesse und Elemente, wie z.B. die Kompetenz der Mitarbeiter, direkter beeinflusst werden können, als externe Gegebenheiten, wie Kunden, die Marktsituation oder das Image in der Öffentlichkeit. Durch die klare Festlegung der internen und externen Perspektive wird die Zuordnung von Kenngrößen und Indikatoren zu den einzelnen Dimensionen der Wissensbilanz erleichtert.

Warum, könnte man fragen, bezieht das Wissensbilanzmodell all diese allgemeinen Aspekte, wie Strategie, externe Wirkung, Produkte und sonstige Einflussfaktoren etc. mit ein, wenn es doch „nur" um Wissen geht?

Wenn es um Steuerung und Management einer Organisation geht, ist es von entscheidender Bedeutung zu wissen, welches die wichtigsten Elemente und Strukturen oder besser die wichtigsten Einflussfaktoren auf den definierten Geschäftserfolg sind, wie diese zusammenhängen, sich wechselseitig beeinflussen und dadurch das tägliche Geschäft bestimmen[1]. Hierzu ist es erforderlich die Wissensressourcen in das Gesamtsystem einer Organisation, das auf einen Organisationszweck hin ausgerichtet ist, zu integrieren. Dadurch wird es möglich Wissensressourcen im Verhältnis zu allen anderen Einflussfaktoren (sonstige Ressourcen, Prozesse, Rahmenbedingungen) zu gewichten, Zusammenhänge aufzuzeigen und damit deren Wichtigkeit und Wert für den strategischen Geschäftserfolg zu bestimmen.

---

[1] Siehe hierzu auch die Argumentation von Pike S, Rylander A, Roos G (2002) zu „Intellectual Capital Stocks and Flows".

16.2.3 Was sind die Besonderheiten der Integrierten Wissensbewertung IWB?

Die auffälligste Besonderheit der Wissensbilanzierung nach der IWB ist die direkte Integration der Wissensbewertung in die Geschäftsprozessperspektive. Geschäftsprozessmodelle sind prinzipiell beliebig detaillierbar und wieder aggregierbar. Hierdurch ist es möglich, Wissen in jedem prozessorientierten Kontext und Detaillierungsgrad zu beschreiben und zu bilanzieren. Damit wird sichergestellt, dass überall dort, wo Wissen als Ressource für Handlungen eingesetzt wird, eine Erfassung und Bewertung nach der IWB erfolgen kann. Darüber hinaus ist die Wissensbilanzierung nach der IWB mit den meisten geschäftsprozessorientierten Managementsystemen grundsätzlich kombinierbar, wodurch Doppelarbeiten vermieden werden.

Durch die Verknüpfung der Einflussfaktoren des immateriellen Vermögens mit den Geschäftsprozessen wird ein weiteres Problem bei der Wissensbewertung angegangen: Der klare Nachweis der wesentlichen Ursache-Wirkungsbeziehungen zwischen Wissensressourcen, externen Beziehungen und dem Geschäftserfolg. Geschäftsprozessmodelle stellen diesen Bezug her, in dem sie diese Beziehungen visualisieren und die Beschreibung aller Elemente zur Ausführung der Prozesse erfassen. Nach der IWB werden die einzelnen Ursache-Wirkungsbeziehungen aber nicht nur erfasst, sondern gemäß ihres Einflusses auf den Prozess auch gewichtet. Hierdurch wird die Wichtigkeit der einzelnen immateriellen Einflussfaktoren aus dem Kontext der Geschäftstätigkeit heraus errechnet und damit eine Priorisierung von Bereichen mit Handlungsbedarf möglich.

Die IWB macht darüber hinaus eine klare Unterscheidung zwischen den eigentlichen Einflussfaktoren auf die Geschäftsprozesse (Wissensressourcen, Strukturen, Beziehungen etc.) und korrelierenden Indikatoren. Der primäre Fokus der IWB liegt auf der Erfassung und Bewertung der Einflussfaktoren im Kontext der Geschäftstätigkeit. Dies erfolgt durch die Einschätzung der am Geschäftsprozess beteiligten Mitarbeiter. Wichtig für die Bewertung ist dabei, dass die Einflussfaktoren den aktuellen und zukünftigen Anforderungen der Geschäftstätigkeit entsprechen. Die ausgewiesenen Indikatoren haben die Funktion, die Einflussfaktoren zusätzlich zu beschreiben und die in Workshops und Interviews erarbeiteten Selbstbewertungen der Mitarbeiter mit messbaren Fakten zu untermauern. Die Indikatoren machen daher nur im Kontext der Selbstbewertung eine sinnvolle Aussage, da sie i.d.R. selbst nicht wertend sind. Durch die klare Unterscheidung soll vermieden werden, dass WM-Maßnahmen, die eigentlich das Ziel haben, wichtige immaterielle Faktoren im Sinne der Organisation zu verändern, nur darauf zielen Indikatorenwerte zu manipulieren. Von besonderer Bedeutung sind die Indikatoren jedoch bei der externen Kommunikation. Denn in diesem Zusammenhang sind zählbare Fakten von höherem Stellenwert. Dies ist vor allem dort relevant, wo ein Benchmarking mit anderen Organisationen angestrebt wird.

Eine weitere Besonderheit der Wissensbilanzierung nach der IWB ist, dass entgegen anderen Ansätzen zur Wissensbilanzierung oder des Intellectual Capital Reporting, Wissen als Ressource auch inhaltlich erfasst werden kann. Dies erfolgt über die Beschreibung der Wissensressourcen in Form von konkreten Wissensdomänen. Eine Wissensdomäne ist z.B. das inhaltlich definierte „Fachwissen zur Produkterstellung" oder das „Wissen über die bereits durchgeführten Projekte" einer Firma. Somit wird bereits in der Wissensbilanzierung die Frage beantwortet, um welches Wissen es denn eigentlich geht, wenn von „Qualifikation der Mitarbeiter" oder von „Sicherung des Wissens" die Rede ist.

Zusätzlich dazu wurde in die IWB ein Modul zur Abschätzung des monetären Wertes von immateriellen Faktoren und damit auch von Wissensressourcen integriert. Liegt ein so bestimmter Wert eines Elementes vor, kann er erforderlichen Investitionskosten gegenübergestellt werden und eine Investitionsrechnung näherungsweise erfolgen. Auch besteht die Hoffnung, dass die Übersetzung des Wertes von Wissen in die ökonomisch übliche Währung für Wert hilft, eine Annäherung der unterschiedlichen Sprachsysteme des klassischen Bilanzwesens und des Wissensmanagements zu ermöglichen.

16.3 Die sieben Schritte zur „Eröffnungs-Wissensbilanz"

Bei der erstmaligen Einführung der Wissensbilanz nach der IWB sind sieben Schritte erforderlich. Da i.d.R. noch keine Transparenz über den Wissensbestand herrscht, müssen erst die Voraussetzungen für die Wissensbilanzierung geschaffen werden. Es empfiehlt sich das folgende siebenstufige Vorgehen. Die Beschreibung der einzelnen Schritte sind als Leitfragen formuliert, die für den jeweiligen Schritt zu beantworten sind:

1. *Ausgangssituation, Strategie und Zielworkshop:*
   Was ist die Ausgangssituation für die Wissensbilanzierung, welche Ziele verfolgen wir damit und welchen Nutzen erwarten wir uns? Für welchen Teil der Organisation wollen wir eine WB erstellen, was gehört noch dazu, was nicht mehr? Wie sieht unsere Vision und Strategie für die zukünftige Entwicklung der Organisation als Ganzes aus?
   Methode: Workshop
2. *Geschäftsprozess- und Einflussfaktorenanalyse:*
   Wie sehen unsere wichtigsten (wertschöpfenden) Geschäftsprozesse aus? Welches sind die wichtigsten immateriellen Einflussfaktoren in den jeweiligen Geschäftsprozessen und wie groß ist deren Einfluss auf den Prozesserfolg (Wissensressourcen, externe Beziehungen und sonstige Rahmenbedingungen)? Wie definieren wir unsere Einflussfaktoren, so dass diese in unserer Organisation verstanden werden und das ausdrücken, was wir meinen? Wo laufen unsere Prozesse bereits gut, wo gibt es Schwierigkeiten? Wie gut unterstützen die Einflussfaktoren die aktuellen Geschäftsprozesse? Ist die Menge und Qualität der Einflussfaktoren ausreichend? Wie systematisch wird mit den Einflussfaktoren bisher umgegangen?
   Methode: Interviews mit Prozesseignern und Abschlussworkshop
3. *Bewertungs- und Konsensworkshop:*
   Spiegeln die Analyseergebnisse die aktuelle Situation wider? Wie muss die Gewichtung und Bewertung der Einflussfaktoren angepasst werden, damit die-

se der Gesamtperspektive gerecht werden (Diskussion der in den Schritten 1 und 2 gesammelten Argumente)?
Methode: Workshop

4. *Inventarisierung:*
Welche Indikatoren sind zur Beschreibung der einzelnen Einflussfaktoren geeignet? Wie definieren wir die Berechnung der Indikatoren im Detail? Welche Werte haben die Indikatoren? Wie sind die Indikatoren zu interpretieren?
Methode: Workshop und Einzelarbeit der Zuständigen

5. *Potenziale, Wissensziele und Maßnahmenworkshop:*
Welches sind die Einflussfaktoren mit dem größten Potenzial in Bezug auf den Geschäftserfolg? Wie müssen unsere immateriellen Einflussfaktoren entwickelt werden, um unsere Geschäftsprozesse optimal zu unterstützen und den zukünftigen Anforderungen und geplanten Veränderungen gerecht zu werden? Wie können wir dies als Wissensziel formulieren? An welchen Zielerreichungsgrößen messen wir den Erfolg unserer Maßnahmen (Bezug zu den Indikatoren herstellen)? In welchem Zeithorizont ist damit zu rechnen, dass die aufgesetzten Maßnahmen messbare Effekte bewirken?
Methode: Workshop

6. *Einführung der Wissensbilanz:*
Wissen alle Mitarbeiter, die es wissen müssen, über die Wissensbilanz, deren Ziele und Nutzen bescheid? Ist dafür gesorgt, dass die Wissensbilanzierung als Prozess in die Führungsarbeit integriert ist sowie Verantwortlichkeiten und Zuständigkeiten geklärt sind?
Methode: Planung durch die Verantwortlichen und Einbindung der Mitarbeiter über Veranstaltungen und Workshops

7. *Steuerung der Wissensentwicklung:*
Sind alle Maßnahmen auf den Weg gebracht und ein Projektmanagement implementiert? Wie ist der Zielerreichungsgrad der einzelnen laufenden Maßnahmen? Sind Anpassungen der Maßnahmen und/oder der Soll-Vorgaben erforderlich? In welcher Form wird die Wissensbilanz zur Rechenschaftslegung über die Zielerreichung und den Status des immateriellen Vermögens eingesetzt?
Methode: kontinuierliches Controlling

Nach Ablauf der zuvor festgelegten Berichtsperiode bildet der Status der aktuellen Wissensentwicklung den Input für die Wissensbilanzierung der neuen Periode (siehe Schritt 1 des dreistufigen Vorgehens). Falls keine grundlegenden Veränderungen eingetreten sind, die eine vollständige Neuausrichtung der Organisation erfordern, liegt der Schwerpunkt der folgenden Wissensbilanz auf den Schritten der Potenzialbewertung und Inventarisierung. Die Steuerung der Wissensentwicklung sollte in die alltägliche Führungsarbeit integriert sein.

Der periodische Bilanzierungszeitraum kann individuell an die Erfordernisse der jeweiligen Organisation angepasst werden. Es empfiehlt sich den Zeitraum an die Zeithorizonte der initiierten Maßnahmen anzupassen. Durch den starken strategischen Fokus der Wissensbilanz ist diese idealerweise an den Strategieprozess angegliedert.

16.4 Anwendung und Ergebnisse der IWB im Bereich Unternehmensmanagement des Fraunhofer IPK

Das Fraunhofer Institut für Produktionsanlagen und Konstruktionstechnik (IPK) in Berlin ist eines von 58 Fraunhofer Instituten und erarbeitet Methoden und Technologien für das Management, die Produktentwicklung, den Produktionsprozess und die Gestaltung industrieller Fabrikbetriebe. Zudem fokussiert das IPK auf neue Anwendungen in zukunftsträchtigen Gebieten wie der Sicherheits-, Verkehrs- und Medizintechnik.

Das Institut ist in verschiedene Kernarbeitsgebiete gegliedert. Die hier vorliegende Wissensbilanz konzentriert sich auf den Bereich Unternehmensmanagement (UM).

Der Bereich Unternehmensmanagement arbeitet mit insgesamt 67 Mitarbeitern an der anwendungsorientierten Entwicklung und Umsetzung innovativer Konzepte zur Gestaltung der Leistungserstellungsprozesse in Unternehmen, dem Management sowie an der Entwicklung von Methoden und Softwarewerkzeugen zur Unterstützung der Unternehmensplanung und -steuerung.

Diese Themenfelder werden in umsetzungsorientierten Projekten mit Partnern aus Industrie, Handel und Dienstleistung bearbeitet. Neben Auftraggebern aus Deutschland und Europa bilden der asiatische Raum und dort insbesondere Korea, Vietnam und Indonesien besondere Schwerpunkte.

16.4.1 Ausgangssituation im konkreten Anwendungsfall

Was war die Motivation zur Wissensbilanzierung im Bereich UM?

Gerade für eine Forschungseinrichtung wie das Fraunhofer IPK können herkömmliche Methoden der Unternehmensbewertung und -steuerung wenig Aufschluss darüber geben, wo die wirklichen Erfolgsfaktoren liegen, wie hoch deren Entwicklungspotenzial und deren Wert für die erfolgreiche Geschäftstätigkeit ist (Leitner 2004 in diesem Band). Materielle Ressourcen, Maschinen und Anlagen kommen in der überwiegend wissensintensiven Tätigkeit der Forscher so gut wie nicht zum Einsatz und allein die Einwerbung von Forschungsmitteln sagt wenig über die vorhandenen und aufgebauten Kompetenzen sowie die tatsächlichen Forschungs- und Entwicklungsleistungen aus.

Es lag daher nahe die wichtigsten Einflussfaktoren, wie das vorhandene Wissen sowie die auf Forschung und Entwicklung ausgerichteten Prozesse und Strukturen des Bereiches einer Bewertung und gezielten Entwicklung mit Hilfe der IWB zugänglich zu machen. Im Rahmen der Eröffnungswissensbilanzierung wurde die Möglichkeit wahrgenommen die eigenen Wissenspotenziale aufzudecken und den Stand des eigenen Know How sowie die organisationalen Rahmenbedingungen zu bewerten und mit harten Fakten in Form von Indikatoren zu untermauern.

Darüber hinaus war die Wissensbilanzierung in das Projekt „Wachstum mit Wissen" des Bundesministeriums für Bildung und Forschung (BMBF) im Rahmen des Programms „Wissensintensive Dienstleistung" eingebunden. Das Ziel des übergeordneten Projektes war u.a. die Entwicklung und prototypische Implementierung von Wissensmanagement im Bereich UM des Fraunhofer IPK. Hier setzte die zweite Herausforderung an, in dem die Wissensbilanzierung erzielte Veränderungen durch die Einführung von Wissensmanagement transparent und messbar machen sollte.

16.4.2 Ziele und erwarteter Nutzen

Zusammenfassend wurde das Ziel der Wissensbilanzierung folgendermaßen beschrieben:

„Ziel der Wissensbilanzierung nach der IWB ist es, ein Werkzeug bereitzustellen, dass den Bereich Unternehmensmanagement des Fraunhofer IPK in die Lage versetzt, sein spezifisches, immaterielles Vermögen schnell zu erfassen, zu kommunizieren und Maßnahmen zur Veränderung einzuleiten. Neben der Verwendung für die Darstellung der Leistungsfähigkeit, wird mit der Wissensbilanzierung vor allem eine Entscheidungsgrundlage für die operative und strategische Steuerung der Wissensressourcen im Kontext der Geschäftstätigkeit und der definierten Geschäftserfolgsfaktoren geschaffen."

Neben den o.g. allgemeinen Zielsetzungen wurden folgende Erwartungen an den Nutzen der Wissensbilanzierung formuliert:

- Gesteigerte und dauerhafte Transparenz über unser Wissen und unsere Kompetenzen.
- Aufdeckung von Innovations- und Verbesserungspotenzialen.
- Fundierte Entscheidungsgrundlage für die gezielte Entwicklung unserer immateriellen Vermögenswerte.
- Die Möglichkeit zur verbesserten Außendarstellung durch die publizierte Wissensbilanz.

Der Aspekt der Erfassung der Wissensressourcen mit dem Ziel der anschließenden gezielten Steuerung stand bei der Eröffnungswissensbilanzierung im Vordergrund. Die Eröffnungs-Wissensbilanz stellt damit einen ersten Schritt auf einem längeren Weg und Lernprozess dar, der in einer Veröffentlichung der Wissensbilanz münden soll, um mit der ausführlichen Darstellung der immateriellen Vermögenswerte auch Kunden und neue Mitarbeiter zu werben und die Einwerbung von Drittmitteln für innovative Forschungs- und Entwicklungsprojekte zu erleichtern.

Um diesen Herausforderungen gerecht zu werden, wurde ein internes Projektteam von durchschnittlich zwei Mitarbeitern zusammengestellt, das eng mit dem Projektteam, das mit der prinzipiellen Einführung von Wissensmanagement betraut war, zusammenarbeitete. Zur Erfassung der erforderlichen Daten wurden diverse Mitarbeiter aus unterschiedlichen Funktionen und Hierarchien nach Bedarf hinzugezogen und möglichst alle Ergebnisse von parallel laufenden Projekten zur Organisationsveränderung integriert (internes Wissensmanagement-Audit, Mitarbeiterbefragung etc.).

16.4.3 Vorgehen und Ergebnisse

Bei der Vorgehensweise kam das siebenstufige Modell zur Einführung einer Wissensbilanz zum Einsatz (siehe oben 16.3) wobei die Reihenfolge der einzelnen Schritte auf Grund der noch in der Entwicklung befindlichen Methode nicht immer eingehalten wurde. Die beispielhafte Darstellung der Ergebnisse wird im Folgenden an der Dimension der Wissensressourcen durchgeführt. Die Vorgehensweise und Darstellung war für die anderen Elemente des Modells (Geschäftsprozesse, Externe Beziehungen, Rahmenbedingungen und externe Wirkung) prinzipiell gleich. Auf deren ausführliche Darstellung wird hier jedoch aus Platzgründen verzichtet.

Geschäftsprozess- und Einflussfaktorenanalyse – Welche Faktoren beeinflussen unser Geschäft?

Im ersten Schritt nach der Zieldefinition (siehe Ausgangssituation) wurden die wertschöpfenden Geschäftsprozesse analysiert. Als zentraler Geschäftsprozess wurde die Akquisition und Abwicklung von Industrie- und öffentlichen Projekten identifiziert und nach der Methode der Integrierten Unternehmensmodellierung (IUM) modellhaft abgebildet. Im Anschluss wurden alle (für diesen Geschäftsprozess erforderlichen) Wissensressourcen und sonstigen immateriellen Einflussfaktoren erfasst und in das Modell integriert, das im Folgenden auf oberster aggregierter Ebene kurz erläutert wird (siehe Abb. 16.2.):

Ausgangssituation für den Geschäftsprozess des Bereiches UM bilden die bereits in der Vergangenheit erarbeiteten Prozess- und Wissensergebnisse, auf denen die aktuellen Forschungsprojekte aufbauen, um neue Prozess- und Wissensergebnisse zu erarbeiten und am Markt für Forschungsleistungen zu platzieren. Gesteuert wird der Forschungsprozess durch Anfragen und Aufträge aus „Externen Beziehungen" (z.B. Kunden), sowie den Vorgaben der Führung auf Basis der Strategie (siehe Abb. 16.2.).

Unterstützt wird der Prozess durch den Einsatz der erforderlichen Wissensressourcen, die als Wissensdomänen erfasst wurden. Die Wissensdomänen beziehen sich dabei auf die Gesamtheit des Wissens zu einem bestimmten, thematischen und kontextgebundenen Komplex (z.B. das „Fachwissen UM" oder das „Wissen über Projekte (des Bereiches UM)").

Darüber hinaus wurden alle weiteren Ressourcen/Rahmenbedingungen erfasst, die den Ablauf des Prozesses und damit die Erstellung des Ergebnisses maßgeblich beeinflussen. Im konkreten Fall sind dies das Mitarbeiterverhalten, die Organisationskultur mit Ihren Regeln und Normen und die räumliche und technische Infrastruktur unter der auch die IT gefasst wird.

Die so erfassten Wissensressourcen, Externen Beziehungen und Rahmenbedingungen im Forschungsprozess wurden entsprechend ihrem Einfluss auf die einzelnen Prozessphasen gewichtet (im Detail sind dies Marketing, Akquisition, Projektmanagement, Projektdurchführung und Projektabschluss).

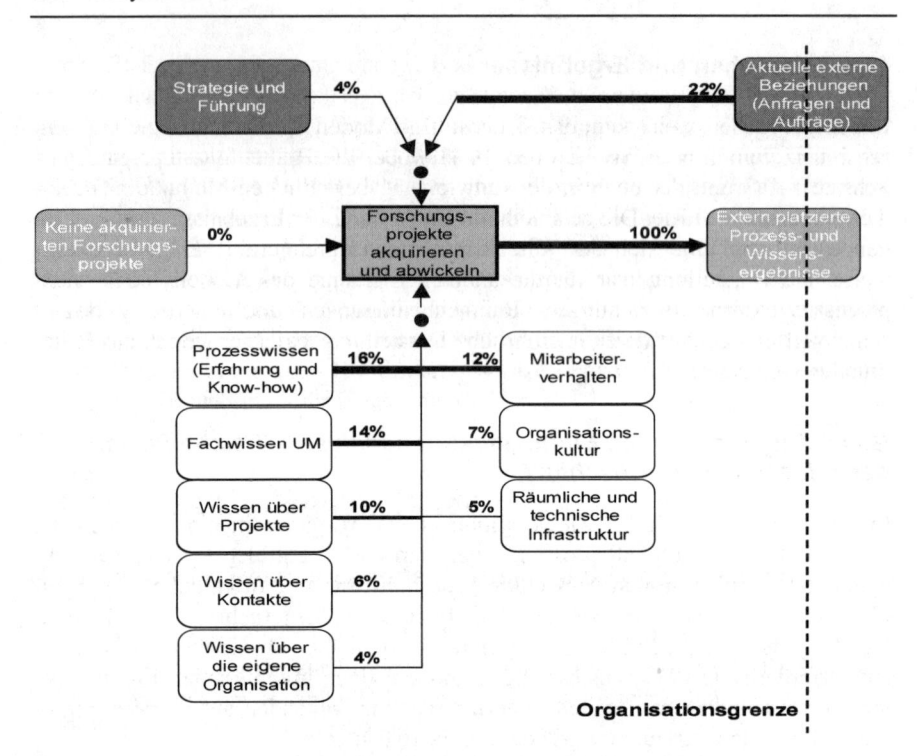

Abb. 16.2. Geschäftsprozessmodell des Bereiches UM auf oberster Ebene

Abbildung 16.2. zeigt das Ergebnis der Gewichtung in das Geschäftsprozessmodell integriert. Die Prozentwerte an den Linien geben das Einflussgewicht der einzelnen Einflussfaktoren wieder. Die Dicke der Linie signalisiert dabei visuell die Stärke des Einflussgewichtes, so dass auf den ersten Blick, unabhängig von den Zahlen, die wichtigsten Einflussfaktoren identifiziert werden können. Im Fall des Bereiches UM sind dies das Prozesswissen, das Fachwissen und die zusammengefassten externen Beziehungen (Beziehungen zum Markt, zur wissenschaftlichen Community und zur Öffentlichkeit). Hieraus ergibt sich eine Abschätzung, wie wichtig die einzelnen Einflussfaktoren (im Verhältnis zueinander) für die Erbringung der Leistung und damit für die Wertschöpfung der Organisation sind.

Analyse der Wissensressourcen – Wie setzen sich unsere Wissensressourcen zusammen?

Zur gezielten Entwicklung von Wissensressourcen ist es darüber hinaus von Bedeutung auch deren Verteilung auf die relevanten Wissensträger zu erfassen. Für den Bereich UM wurden Personen, Dokumente und Strukturen (Vernetzung der Wissensträger untereinander) als die maßgeblichen Wissensträger identifiziert. Um den Zusammenhang zwischen den Wissensdomänen und den Wissensträgern transparent zu machen, wurde zusätzlich eine alternative Darstellung gewählt (siehe Abb. 16.3.). Die Darstellung zeigt die Gewichtung der Wissensdomänen aufgeschlüsselt nach den einzelnen Wissensträgern. Die einzelnen Balken des Diagramms stellen dabei die Wissensdomänen dar, während die Unterteilung der Balken nach den relevanten Wissensträgern erfolgt.

Die Verteilung der Wissensdomänen auf die Wissensträger wurde über die gleiche Methode bestimmt wie oben bereits beschrieben, indem mit den Mitarbeitern gemeinsam die Frage geklärt wurde, wie wichtig die Wissensträger für die Bereitstellung und den effizienten Einsatz der einzelnen Wissensdomänen sind.

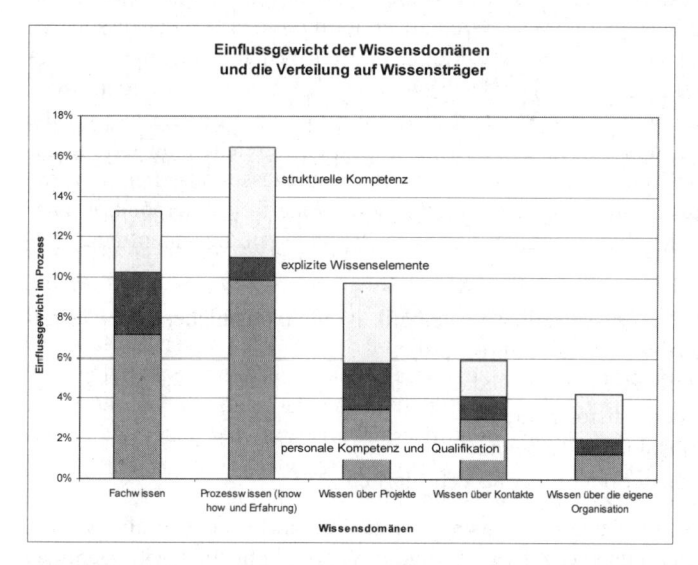

Abb. 16.3. Einflussgewicht der Wissensdomänen und die Verteilung auf Wissensträger

In der Darstellung wird deutlich, dass neben „personaler Kompetenz und Qualifikation", dem wichtigsten Wissensträger des Bereiches UM, die interne Vernetzung der Wissensträger, die sich in der „strukturellen Kompetenz" widerspiegelt, ebenfalls von großer Bedeutung ist. Die expliziten Wissenselemente spielen dagegen bei fast allen Wissensdomänen des Bereiches UM eine untergeordnete Rolle. Lediglich beim „Wissen über Projekte" und dem „Fachwissen" haben die „expliziten Wissenselemente" größeren Einfluss auf den Prozess, was auf die umfangreichen Projektdokumentationen, sowie zahlreiche Fachpublikationen zurückzuführen ist.

Zusammenfassend kann der Vorteil dieser Betrachtungsweise nach der IWB folgendermaßen ausgedrückt werden: Durch die Betrachtung der Wissensressourcen (Wissensdomänen und Wissensträger) im Kontext der Geschäftsprozesse wird sichergestellt, dass das Wissensmanagement jeder Zeit gezielt mit Maßnahmen zur Prozess- und Ergebnisverbesserung intervenieren kann, da sowohl der Zweck (Prozess- und Handlungsbezug), die Form (personales, dokumentiertes oder vernetztes Wissen), als auch der Inhalt (z.B. Kundenwissen oder Projektwissen) des zu organisierenden Wissens bekannt sind.

Bewertung der Wissensressourcen – Wo sind wir gut, wo sind wir schlecht?

Um eine Aussage über das Potenzial einer Wissensressource zu erhalten, ist neben der Bestimmung ihrer Wichtigkeit auch eine Bewertung der Ausprägung erforderlich.

Die Bewertung der Ausprägung erfolgte nach den Dimensionen Quantität (Ist ausreichend viel vorhanden?), Qualität (Ist die Qualität ausreichend? Haben wir das Richtige?) und Systematik (Wie systematisch wird mit den Wissensressourcen umgegangen?). Der angewendete Bewertungsmaßstab war die reibungslose Abwicklung des Projektgeschäftes. Bei der Bewertung der Wissensressourcen durch die Mitarbeiter des Bereiches UM stand also die Frage im Vordergrund, ob die vorliegenden Wissensressourcen ausreichend für die erfolgreiche Abwicklung der aktuellen und anstehenden Aufgaben im Forschungsprozess sind. Hierzu wurde eine fünfstufige Bewertungsskala eingesetzt, bei der eine freie Interpolation zwischen den Werten der Skala möglich war. Die Prozentwerte bedeuten dabei folgendes:

- 0 % = die Quantität/Qualität/Systematik ist nicht ausreichend für die reibungslose Abwicklung des Prozesses
- 30 % = ...teilweise ausreichend...
- 60 % = ...meist ausreichend...
- 90 % = ...absolut ausreichend...
- 120% = ...besser oder mehr als erforderlich...,

Die Bewertungsdimension 120% wurde eingeführt, damit auch Einflussfaktoren mit Rationalisierungspotenzial identifiziert werden können. Diese Bereiche können auf Grund von Veränderungen im Geschäftsmodell entstehen oder einfach dadurch, dass ihnen in der Vergangenheit überproportional viel Aufmerksamkeit zuteil wurde. Dies kommt z.B. häufig bei Einflussfaktoren vor, die dem „Steckenpferd" von führenden Mitarbeitern entsprechen.

Abbildung 16.4. zeigt das Ergebnis der Bewertung für die wichtigsten Wissensdomänen. Der erste Balken zu jeder Wissensdomäne beschreibt dessen quantitative Bewertung, der zweite die qualitative und der dritte den Grad der Systematik im Umgang mit der Wissensdomäne.

Die unterschiedlichen Graustufen in Abbildung 16.4. sind im Original farbig durch das Ampelprinzip festgelegt. Alle Werte unter 30% sind rot gekennzeichnet, zwischen 30% und 60% gelb und über 60% grün. Somit sind bereits auf den ersten Blick die Bereiche zu identifizieren, die ein großes Verbesserungspotenzial aufweisen. Deutlich wird dies beim „Wissen über die eigene Organisation" dessen quantitative Einschätzung gerade noch im gelben Bereich liegt, während die Qualität des Wissens mit meist ausreichend im grünen Bereich und die Systematik im Umgang mit dem „Wissen über die eigene Organisation" als nur teilweise ausreichend eingeschätzt wird und damit im roten Bereich liegt. Hier liegen die Schwächen offensichtlich in der systematischen Bereitstellung des Wissens im täglichen Arbeitsprozess.

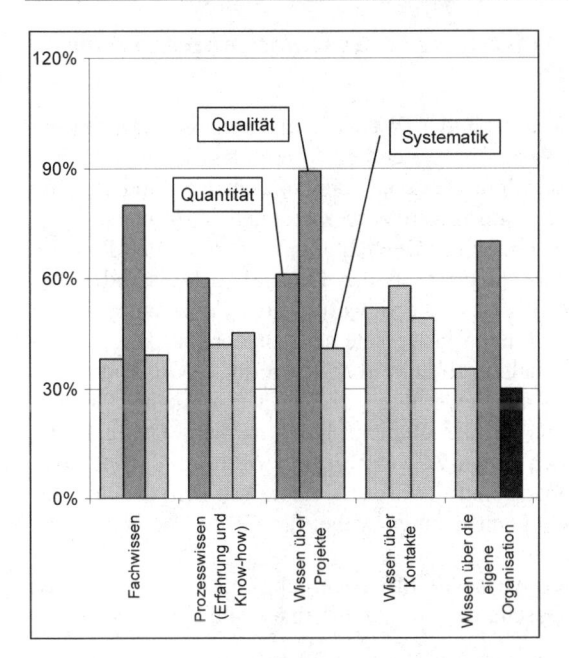

Abb. 16.4. Bewertung der wichtigsten Wissensdomänen

Bestimmung des Potenzials: Wo liegt das größte Potenzial für die Wissensentwicklung?

Aus dem erarbeiteten Einflussgewicht im Geschäftsprozess und der aktuellen Bewertung kann das Potenzial eines Einflussfaktors im Verhältnis zu allen anderen berechnet werden. Ziel der Potenzialbewertung ist es den Bereich zu identifizieren, der bei einer Verbesserung den aktuell größten Nutzen (bei vertretbarem Aufwand) verspricht. Das Potenzial bestimmt sich nach der IWB als Quotient aus dem Einflussgewicht (EG) und dem arithmetischen Mittel aus den Bewertungen (Quantität, Qualität und Systematik). Praktisch bedeutet dies, dass Wissensressourcen von großem Einfluss aber mit einer schon recht guten Bewertung ggf. ein geringeres Potenzial für die Organisation aufweisen als Wissensressourcen mit niederem Einflussgewicht aber einer aktuell schlechteren Bewertung. Die Potenzialbewertung hilft vor allem die einzelnen Bereiche mit Verbesserungspotenzial zu priorisieren, um eine Entscheidungsgrundlage für die strategische und operative Steuerung zu liefern. Das Wissensmanagement kann daher gezielt auf die Bereiche fokussieren, die den größten Nutzen erwarten lassen.

Integrierte Darstellung der Ergebnisse im Geschäftsprozessmodell – Wie hängt alles zusammen?

Die Ergebnisse der Bewertung können in der IWB auch als integrierte Darstellung im Geschäftsprozessmodell erfolgen. Dies bietet den Vorteil, dass alle erarbeiteten Informationen direkt auf den Bereich der Geschäftstätigkeit bezogen sind, der von der aktuellen Bewertung und ggf. angestrebten Verbesserungen betroffen ist.

Abbildung 16.5. zeigt die Ergebnisse der Gewichtung, Bewertung und Potenzialbestimmung des Bereiches UM integriert in das Geschäftsprozessmodell des Forschungs- und Entwicklungsprozesses. Die Bewertung der Ausprägung ist als Balkendiagramm neben dem bewerteten Prozesselement angebracht. Die Ampelfunktion der Balken wurde beibehalten, so dass trotz der geringen Größe der Elemente schnell eine Aussage über die Bewertung getroffen werden kann. Die einheitliche Anordnung der Balken in der Reihenfolge Quantität, Qualität und Systematik ermöglicht schon nach kurzer Zeit die Einzelbewertungen schnell und intuitiv zu erfassen. Darüber hinaus sind die drei Elemente mit dem größten Potenzial durch einen roten Blitz gekennzeichnet, wobei die Größe des Blitzes die Priorisierung durch die IWB anzeigt.

Der Vorteil dieser Darstellungsweise ist offensichtlich, da sie alle wichtigen Managementfragen bzgl. eines Geschäftsprozesses auf einen Blick beantwortet:

- Über welche zentralen Geschäftsprozesse werden unsere Leistungen erstellt?
- Welches sind unsere wichtigsten Ressourcen, die hierzu eingesetzt werden?
- Wie wichtig sind die einzelnen Ressourcen?
- Wo sind wir gut, wo schlecht?
- Wo müssen wir als Erstes aktiv werden, damit unser Geschäft (weiterhin) gut läuft?

Inventarisierung – Welche Zahlen und Fakten untermauern unsere Kompetenz?

Die einzelnen Dimensionen der Wissensbilanz werden im Anschluss mit Zahlen und Fakten in Form von messbaren Indikatoren hinterlegt. Die Aufgabe der Indikatoren ist es die wichtigsten Einflussfaktoren mit quantitativen Zahlen zu untermauern und Veränderungen weitgehend unabhängig von der Selbsteinschätzung der Mitarbeiter sichtbar zu machen.

Die Indikatoren für die Wissensressourcen werden in der IWB gemäß der Gliederung der Wissensträger in „personale Qualifikation und Kompetenz", „explizite Wissenselemente" und „strukturelle Kompetenz" unterschieden. Die Mitarbeiter, die arbeitsvertraglich an das Unternehmen gebunden sind, sind die Träger der „personalen Qualifikationen und Kompetenzen". Hierzu zählt auch der akademische bzw. der berufliche Ausbildungsstand. Neben den eher vergangenheitsbezogenen personalen Qualifikationen, werden hierunter auch die Erfahrung im Projektgeschäft und die darin erworbenen sozialen Kompetenzen im Umgang mit Kollegen, Vorgesetzten und Kunden gefasst.

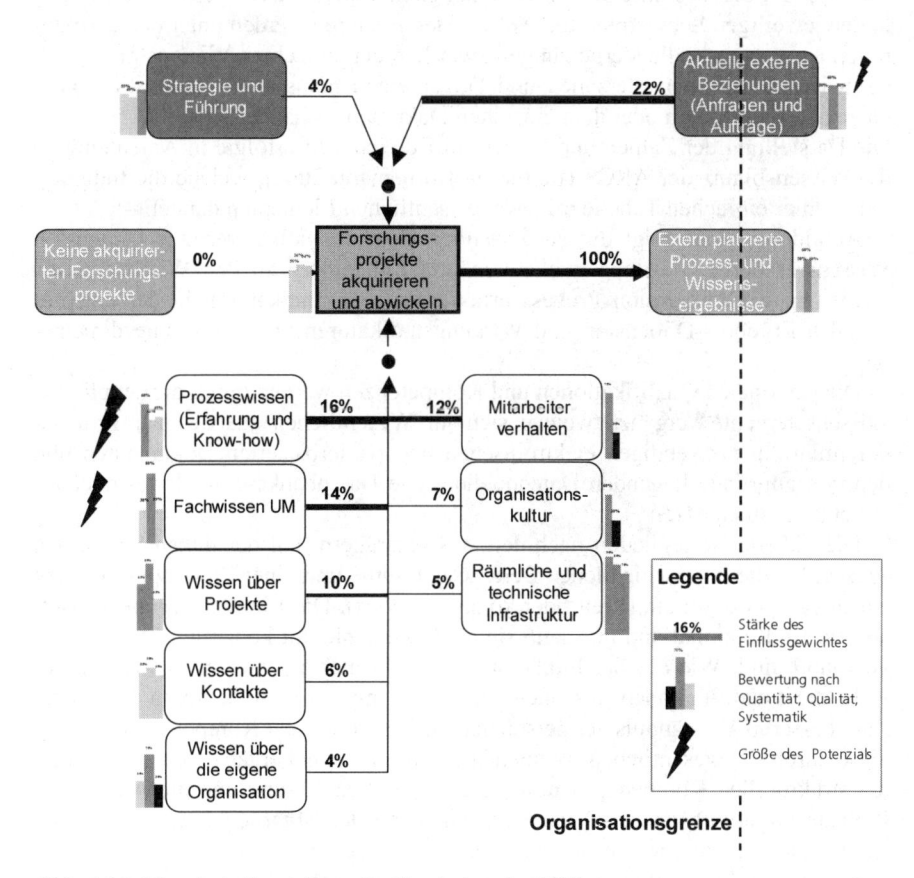

Abb. 16.5. Integrierte Darstellung der Ergebnisse der IWB

Die „strukturelle Kompetenz" bezieht sich auf die Kompetenz der Organisation als Ganzes, unabhängig davon, dass einzelne Mitarbeiter im Laufe der Jahre wechseln. Die strukturelle Kompetenz ist fest an die Organisation gebunden und damit ein wesentlicher Bestandteil des Strukturkapitals der Organisation. Hierzu gehören das erzeugte und zur Verfügung stehende geistige Eigentum (z.B. erteilte Patente) und die im Laufe der Geschäftstätigkeit angereicherte Geschäftserfahrung in den jeweiligen Schwerpunktbereichen. Des Weiteren werden unter der „strukturellen Kompetenz" alle Vernetzungen zwischen den einzelnen Wissensträgern, also zwischen Gruppen, Personen und Dokumenten gefasst, die nicht allein vom einzelnen Individuum oder dem einzelnen Dokument abhängig sind.

Die Darstellung der Zahlen und Fakten im Bereich UM erfolgte in Anlehnung an die Wissensbilanz der ARCS (Leitner u. Bornemann 2002), welche die Indikatoren in einer einfachen Tabelle mit zwei wesentlichen Elementen darstellt.

Abbildung 16.6. zeigt die ausgewählten Bestandsindikatoren zur Dimension Wissensressource. Leistungsindikatoren und Indikatoren zu den Wissensflüssen werden in der Dimension Prozess erfasst, Ergebnis-Indikatoren in der entsprechenden Ergebnis-Dimension und Wirkungsindikatoren in der Wirkungsdimension.

Die personalen Qualifikationen und Kompetenzen werden durch die „expliziten Wissenselemente" ergänzt, welche sich im Wesentlichen aus den zur Prozessdurchführung notwendigen elektronischen und papierbasierten Dokumenten und den ggf. zugrunde liegenden Datenquellen, wie Datenbanken, das Intra- oder Internet zusammensetzen.

Die Tabelle ist gegliedert nach den Wissensträgern (auf der linken Seite), den Werten für die unterschiedlichen Berichtszeiträume und einer Zielsetzung für den neuen Berichtszeitraum (Pfeil oder konkreter Wert). Die Einträge für die Zielsetzungen sind optional und nur dann sinnvoll, wenn sie mit konkreten Maßnahmen verknüpft sind. Wie aus der Indikatorentabelle weiter zu ersehen ist, wurden sowohl die Qualifikationen, als auch die Erfahrungen mit Indikatoren hinterlegt. Zum besseren Verständnis der personalen Qualifikation und Kompetenzen wurden diese durch die wesentlichen Rahmendaten zum Personal ergänzt. Zum Nachweis der strukturellen Kompetenz wurden die Geschäftserfahrung und die Anzahl der Projekte angeführt, da diese, nach Einschätzung der Mitarbeiter, am Besten die Kompetenz im Unternehmensmanagement untermauern.

Bei den expliziten Wissenselementen wurden die offiziellen und gut aufbereiteten Arbeiten der letzten vier Jahre dargestellt, die sich im Wesentlichen aus Projektabschlussberichten und Veröffentlichungen zusammensetzen aber auch die betreuten Diplomarbeiten beinhalten. Dabei wurde der Zeitraum auf vier Jahre beschränkt. da das erarbeitete Wissen, das sich jederzeit am „State of the Art" orientiert, einer relativ kurzen Halbwertszeit unterworfen ist und meist nur die neueren Ergebnisse in der Projektarbeit Anwendung finden können, also als Wissensressource in den Projektprozess einfließen.

16 Die integrierte Wissensbewertung – ein prozessorientierter Ansatz   269

Wissensressourcen	2002	Ziel 2003
Rahmendaten Personal		
Gesamtanzahl der Mitarbeiter (inkl. HiWi)	67	
Wissenschaftliche Mitarbeiter gesamt (WiMi)	32	
Verwaltung/Support	3	
Studentische Hilfskräfte	32	
Personale Qualifikation und Kompetenz		
Fachliche Qualifikation der WiMi		
Ingenieure (inkl. Informatiker)	22	
Geisteswissenschaftler	4	
Wirtschaftswissenschaftler (inkl. Wi-Ing.)	5	
Naturwissenschaftler	1	
davon Promovierte	5	
davon Professoren / Habilitierte	2	
davon ausländische Gastwissenschaftler	3	
Erfahrung der WiMi		
durchschnittliche Betriebszugehörigkeit in Jahren	6,52	⇨
Anzahl MA mit Berufserfahrung außerhalb Fraunhofer	8	
Anzahl MA mit Industrie-Projekterfahrung	23	⇗
Anzahl MA mit Projekterfahrung in öff. Projekten	23	⇗
Explizite Wissenselemente der letzten 4 Jahre		
Projektabschlussberichte	143	
Veröffentlichte wissenschaftliche Arbeiten	121	⇨
davon Herausgeberschaften	13	
davon Bücher	2	
davon Buchbeiträge	74	
davon Zeitschriftenbeiträge	22	⇗
davon Forschungsberichte	3	
davon Dissertationen	7	⇗
Betreute Diplomarbeiten	34	
Strukturelle Kompetenz		
Geschäftserfahrung in Jahren	14	
Anzahl durchgeführter Projekte seit Geschäftsbeginn	344	
davon nationale Industrieprojekte	250	⇗
davon nationale öffentlich geförderte Projekte	58	
davon internationale Projekte	36	
Explikationsgrad des vorhandenen Wissens	30%	⇗
Transparenz über das vorhandene Wissen	37%	⇗

Abb. 16.6. Tabelle mit Indikatoren zu der Dimension Wissensressource

Das Beispiel zeigt darüber hinaus, dass die Indikatoren nur in Zusammenhang mit einer Zeitlinie und ggf. einer mitgelieferten Beschreibung des Kontextes interpretiert werden können. Ob dieser oder jener Zahlenwert gut oder schlecht für die Organisation ist, kann also nicht unmittelbar erschlossen werden. Daher ist neben der Darstellung der Zahlen und Fakten die Wichtigkeit und interne Bewertung der einzelnen Wissensressourcen für die Interpretation von Bedeutung.

Bei der Wahl der Indikatoren im konkreten Fall spielten auch Kosten-Nutzen Aspekte eine Rolle, da der Aufwand durch die Erarbeitung der Indikatoren im Verhältnis zum Nutzen stehen sollte. Daher wurde in erster Linie versucht bereits vorhandene Kennzahlen auszuwerten und dahingehend zu prüfen, ob diese als Indikator für Veränderungen einzelner Faktoren fungieren können. Erstaunlich war hierbei, wie viele unterschiedliche Indikatoren und Kennzahlen bereits in unterschiedlichen Bereichen der Organisation vorlagen (z.B. Führung, Personal, Controlling, Marketing etc.) und in der Wissensbilanz zusammengeführt werden konnten.

Monetäre Wertzuweisung nach der IWB – Wie viel Geld sind unsere Wissensressourcen wert?

Eine der größten Herausforderungen bei der Wissensbilanzierung ist die monetäre Quantifizierung von Elementen des immateriellen Vermögens (IV). Dies ist von besonderer Bedeutung, da z.B. Investitionsentscheidungen maßgeblich davon abhängen, wie wertvoll der Bereich, in den investiert wird, ist oder in Zukunft sein wird. Die IWB bietet hierzu die Möglichkeit.

Das oben beschriebene Geschäftsprozessmodell liefert nämlich nicht nur plausible Zusammenhänge zwischen den einzelnen Einflussfaktoren der Organisation, sondern ermöglicht über die durchgeführte Gewichtung auch eine näherungsweise Ermittlung des monetären Ertrages von einzelnen immateriellen Vermögenswerten[2]. Der Ertrag eines einzelnen Faktors wird also über dessen Einflussgewicht (EG) bei der Erstellung der Produkte und Dienstleistungen und den am Markt dafür erzielten Verkaufserlösen ermittelt.

Verschiedene monetäre Ausgangswerte sind dabei denkbar: Gewinn, Umsatz, Rohertrag, etc. Im vorliegenden Beispiel bildet die monetär quantifizierte Eigenleistung der Organisation (EL) den Ausgangspunkt, da speziell in Forschungseinrichtungen, die als „Non-Profit-Organization" aufgestellt sind, der (meist nicht vorhandene) Gewinn wenig aussagekräftig wäre. Zur Ermittlung der EL wird das operative Ergebnis der Organisation für den betrachteten Zeitraum (i.d.R. ein Jahr) herangezogen und um nicht selbst erbrachte Leistungen und Materialkosten bereinigt. Dies entspricht dem Äquivalent des „Value Added", der an anderer Stelle bereits Anwendung findet (vgl. Pulic 2003).

Die EL berechnet sich dann vereinfacht dargestellt aus dem Umsatz abzüglich Fremdleistungen und Kosten für Rohstoffe und Materialien:

---

[2] Ähnliche Verfahren finden sich auch im „Weightless Wealth Tool Kit" bei Andriessen (2004b in diesem Band) und im Zielkostenmanagement oder Target Costing (Hórvath 1998).

EL = Umsatz – Kosten für Rohstoffe und Materialien – Kosten für Fremdleistung

Die EL spiegelt somit die von der Organisation selbst erbrachte, monetäre Leistung auf Basis eigener Vermögenswerte (materiell und immateriell) wider. Erlöse auf Basis von „durchgereichten" Materialien oder Fremdleistungen werden nicht berücksichtigt, da die Organisation hierzu keinen weiteren Mehrwert erzeugt, also keine Eigenleistung erreicht. Werden hingegen Gewinnmargen auf Grund von Handelstätigkeit beim Verkauf von Fremdleistungen und Materialien erzielt, sind diese in der EL enthalten, denn sie sind auf die Nutzung von Strukturen und Beziehungen sowie auf das Know-how und Verhandlungsgeschick der Mitarbeiter zurückzuführen. Die Personalausgaben werden, wie bei Pulic (2003), im ersten Schritt nicht von der EL abgezogen, da die Mitarbeiter in der IWB als ein Teil der Organisation aufgefasst werden, der eng mit den einzelnen immateriellen Vermögenswerten verwoben ist. Die Personalausgaben werden dementsprechend erst bei einer detaillierten Ertragsrechnung pro Ressource betrachtet.

Um den Beitrag einzelner immaterieller Einflussfaktoren zur Eigenleistung (EL) zu ermitteln, muss die Eigenleistung der gesamten Organisation den einzelnen Einflussfaktoren zugewiesen werden. Hierzu wird das Einflussgewicht (EG) mit der Eigenleistung (EL) der Organisation multipliziert.

Das Ergebnis ist eine Abschätzung darüber, welcher Teil der Eigenleistung auf die einzelnen Einflussfaktoren zurückzuführen ist. Ist dies bekannt und können die Kosten für die Bereitstellung des Einflussfaktors bestimmt werden, können übliche auf dem Ertrag aufbauende Verfahren zur Wertermittlung eines „Unternehmensgegenstandes", wie das Ertragswertverfahren (Wöhe 1993) oder der Discounted Cash Flow (DCF-Methode)[3], zum Einsatz kommen. Auf diese Methoden soll an dieser Stelle nicht näher eingegangen werden[4].

In Abbildung 16.7. ist der monetäre IWB-Wert der Wissensressourcen des Bereiches UM ausgewiesen. Die dargestellten Wissensressourcen entsprechen den bereits oben beschriebenen Wissensdomänen und Wissensträgern (siehe Abb. 16.3.). Lediglich wird der Einfluss der Wissensressourcen auf den Geschäftserfolg jetzt nicht mehr prozentual sondern näherungsweise in Euro ausgedrückt.

Berechnungsgrundlage war eine EL von rund 2.230.000 € als das bereinigte Ergebnis des Bereiches für das Geschäftsjahr 2002. Die überschlägige Abschätzung zeigt, dass dem Prozesswissen, also der Erfahrung und dem Know-how des Bereiches, 2002 ein monetärer Wert von ca. 350-400 T€ zugewiesen wurde und das Prozesswissen damit den größten immateriellen Vermögenswert unter den Wissensressourcen darstellte. Betrachtet man die Wissensträger und nicht die Wissensdomänen, so ist zu sehen, dass auf die personale Kompetenz und Qualifikation annähernd 550 T€ entfielen, während den expliziten Wissenselementen im Vergleich lediglich ein Wert von ca. 190 T€ zukommt.

---

[3] Für eine ausführliche Beschreibung einer Anwendung siehe Andriessen (2004a) und Feng Gu und Baruch Lev (2001).
[4] Weitere Informationen und eine ausführliche Kritik finden sich bei Andriessen (2002) und Pike S, Rylander A, Roos G (2002).

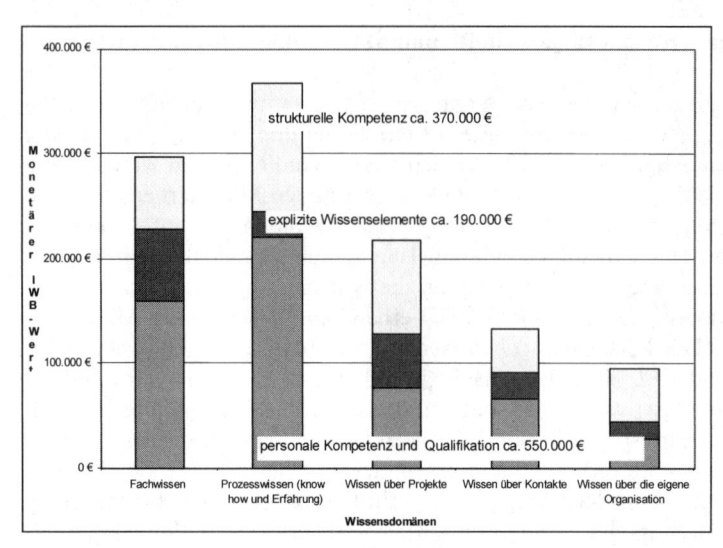

Abb. 16.7. Operativer, monetärer IWB-Wert der einzelnen Wissensressourcen des Bereiches Unternehmensmanagement am Fraunhofer IPK

Insgesamt waren nach der IWB ca. 1,1 Mio. €, also annähernd 50% des Gesamtergebnisses direkt auf die Wissensressourcen zurückzuführen. Dies ist nicht weiter erstaunlich, da das Wissen einer Forschungseinrichtung die zentrale Stellung bei der Bearbeitung von Projekten einnimmt. Die verbleibenden ca. 1,1 Mio. € der operativen Eigenleistung entfielen auf die externen Beziehungen und das Image bei Kunden und Partnern sowie die vorherrschenden Rahmenbedingungen, also Führung, Mitarbeiterverhalten, Organisationskultur sowie technische und räumliche Infrastruktur, die ebenfalls einen bedeutenden Beitrag zur EL leisteten.

Das Beispiel zeigt, dass mit der IWB eine erste grobe Abschätzung des Beitrages von einzelnen immateriellen Vermögenswerten zur gesamten Eigenleistung möglich wird. Der Betrag ist natürlich in keiner Weise geeignet, um darauf aufbauend exakte Kalkulationen für die Finanzbuchhaltung zu liefern. Jedoch setzt er plausibel das operative Geschäftsergebnis einer Periode auch monetär mit den Wissensressourcen in Beziehung, so dass die Aussage „Wissen ist unser wichtigster Unternehmenswert" eine andere Qualität erhält und Größenordnungen von Investitionen im Verhältnis zum jetzt monetär bestimmten Beitrag der Wissensressourcen zur Eigenleistung betrachtet werden können.

Der Wissensbilanzbericht – Wie werden die Ergebnisse zusammenfassend dargestellt und kommuniziert?

Im Wissensbilanzbericht werden alle voran beschriebenen Elemente miteinander kombiniert und im Gesamtzusammenhang der Organisation dargestellt. Es liegt in der Entscheidung der Organisation dabei die monetäre Wertzuweisung mit in den Wissensbilanzbericht aufzunehmen oder ihn ausschließlich für die interne Steuerung zu verwenden. Bei der Wissensbilanz des Bereiches UM wurde die monetäre

Wertzuweisung mit aufgenommen, da es sich bei der Wissensbilanz 2002 ohnehin um ein rein internes Dokument handeln sollte.

Die Struktur zeigt, dass mit dem Wissensbilanzbericht versucht wird alle relevanten Fragestellungen in bezug auf den Status und die Entwicklung der wesentlichen immateriellen Einflussfaktoren zu beantworten. Problematisch in diesem Zusammenhang ist, dass der Bericht einen nicht unerheblichen Umfang annehmen kann, was neben der eigentlichen Umsetzung und der Steuerung der Maßnahmen zusätzliche Ressourcen bindet. Der interne Wissensbilanzbericht des Bereiches UM umfasst derzeit ca. 40 Seiten.

Wissensbilanzbericht		
Herausforderung	Potenzialbewertung	WM-Initiativen
• Beschreibung und Kontext der Organisation inkl. Geschäftsfelder • Mission, Geschäftsstrategie, Prozesse und definierter Geschäftserfolg • Abgeleitete Wissensziele/ Wissensstrategie	• Definition und Wichtigkeit der immateriellen Einflussfaktoren • Bewertung der Einflussfaktoren • Indikatoren zur Beschreibung der Einflussfaktoren • Interpretation der Indikatoren und der Bewertung	• Beschreibung der Initiativen und WM-Maßnahmen • Aktueller Status der Zielerreichung • Soll-Vorgaben und Ziele für die neue Periode

Abb. 16.8. Struktur des Wissensbilanzberichtes nach der IWB

16.5 Lessons Learned – Was sind die zentralen Erfahrungen aus der Wissensbilanzierung?

Eine der wichtigsten Erfahrungen die wir gemacht haben war, dass der Aufwand für die erstmalige Erstellung einer Wissensbilanz nicht unterschätzt werden darf. Neben der eigentlichen Erhebung der immateriellen Vermögenswerte, der Erarbeitung der Zusammenhänge, der Bewertung und der Datenerfassung sind bei der Eröffnungs-Wissensbilanz zahlreiche weitere Schritte erforderlich, wie das Festlegen von Graphiken, die Auswahl und Definition von Indikatoren, Abstimmungsgespräche mit Betroffenen etc., Hinzu kommt, dass die erforderlichen Daten für die Wissensbilanz oft von unterschiedlichen Funktionen und Stellen beschafft werden müssen. Meist besteht für diese Personen, da sie aus anderen Abteilungen sind, keine Weisungsbefugnis, so dass die Datenlieferung von den dort Verantwortlichen eine freiwillige Leistung ist. All dies kann die erstmalige Erstellung der Wissensbilanz erschweren und zeitliche Verzögerungen nach sich ziehen. Hilfreich an dieser Stelle war, dass die Wissensbilanzierung von Mitarbeitern mit guten internen Beziehungen durchgeführt wurde und bereits eine Vertrauensbasis bestand, so dass langwierige Wege über die Hierarchie umgangen werden konnten.

Insgesamt schwierig gestaltete sich auch die Zusammenführung der Daten. Bereits die Auswahl und genaue Definition der Indikatoren war nicht einfach, da sich die Zahlenwerte bei unterschiedlicher Definition teilweise stark unterschieden und zeitliche Unschärfen akzeptiert werden mussten (z.B. Stichtagserhebung). Die Validität der gesammelten Daten war ebenfalls schwer festzustellen, vor allem wenn einige Zeit zwischen der eigentlichen Datenerfassung und der Sammlung für die Wissensbilanz vergangen war. Teilweise lagen unterschiedliche Werte für denselben Indikator vor, abhängig davon, woher oder von wem die Werte stammten. Weiterhin kam es vor, dass Unplausibilitäten zwischen den Zahlenwerten auftraten, die deutlich machten, dass mindestens einer der Werte nicht stimmen konnte. Dementsprechend waren häufig Nacharbeiten erforderlich. Um diese Art von Schwierigkeiten auszuschließen, wird es in Zukunft erforderlich sein, die Datenerhebung in den unterschiedlichen Bereichen zu synchronisieren. Hierdurch sollten derartige Schwierigkeiten leicht zu vermeiden sein.

Die Integration der Eröffnungs-Wissensbilanz in das bereits bestehende WM-Projekt lief dagegen insgesamt sehr gut, da zahlreiche Synergien zwischen den beiden Teilprojekten genutzt werden konnten. Einerseits konnte bei der Wissensbilanzierung z.B. auf bereits erhobene Daten aus dem WM-Projekt zugegriffen werden (vor allem die Bewertung der Wissensressourcen und Rahmenbedingungen), andererseits lieferte die Wissensbilanz messbare Kriterien, die den Einführungsprozess der Wissensmanagementlösungen transparent machten und zur internen Kommunikation eingesetzt werden konnten. Die Wissensbilanz lieferte darüber hinaus die messbaren Kriterien und Indikatoren für den plausiblen Zusammenhang zwischen den Wissensressourcen und dem Geschäftserfolg des Bereiches UM.

Zusammenfassend kann festgehalten werden, dass die wesentlichen Ziele der Wissensbilanzierung erreicht und erste erhoffte Nutzeneffekte eingetreten sind.

So konnte eine gesteigerte Transparenz über das Wissen und die Kompetenzen in jedem Fall verzeichnet werden. Auch die Weiterführung des Instrumentes scheint vorerst gesichert. Derzeit ist bereits die Wissensbilanz für das Jahr 2003/2004 in Planung, um die Entwicklung der immateriellen Vermögenswerte über die Zeit hinweg verfolgen und intern vergleichen zu können.

Darüber hinaus konnten mit der Wissensbilanz im Bereich UM zahlreiche Verbesserungspotenziale aufgedeckt werden. Durch die integrierte Potenzialbewertung war es möglich, eine fundierte Entscheidungsgrundlage für die gezielte Entwicklung der immateriellen Vermögenswerte zu schaffen. Nach der erstmaligen Wissensbilanzierung hat das Instrument jedoch noch keine volle Akzeptanz und Integration in das bestehende Steuerungssystem gefunden. Die weitere Entwicklung bleibt hier abzuwarten.

Die Möglichkeit zur verbesserten Außendarstellung wurde mit der Wissensbilanz ebenfalls geschaffen. Das Ziel der Veröffentlichung der Wissensbilanz wurde allerdings vorerst nicht erreicht. Einerseits ist dies auf die Verzögerung bei der Fertigstellung des Berichtes zurückzuführen, andererseits sollen die Zahlen und

Fakten erst intern beobachtet und erprobt werden, bevor man mit der Wissensbilanz an die Öffentlichkeit geht.

Abschließend sollen noch ein paar zentrale Erfahrungen zu den erforderlichen Rahmenbedingungen bei der Wissensbilanzierung kurz Erwähnung finden:

- Rechtzeitige und „prominente" Einbeziehung der Führung. Besonders wichtig ist, wie bei fast allen Managementinstrumenten, auch bei der Wissensbilanzierung die frühzeitige Einbindung der Führung. Da die Wissensbilanz ein strategisches Führungsinstrument ist, ist es von besonderer Bedeutung, dass die Führung hinter der Wissensbilanzierung steht. Ihre Aufgabe ist es der Wissensbilanz Priorität und Nachdruck in der Organisation zu verleihen.
- Des Weiteren ist es wichtig die Reihenfolge des Vorgehens zu beachten und sich nicht zu früh in den Details zu „verzetteln" (z.B. Erhebung der Indikatoren). Die Wissensbilanzierung bietet durch ihren integrativen Charakter ein großes Erkenntnispotenzial auf allen Ebenen der Betrachtung. Um so wichtiger ist es, dass der Gesamtzusammenhang im Vordergrund bleibt und nicht zu früh bei interessanten „Entdeckungen" ins Detail gegangen wird. Zu groß ist dabei die Gefahr, dass auf Kosten des umfassenden Bildes, das die Wissensbilanz eigentlich zum Ziel hat, einzelne „Baustellen" alle Ressourcen binden und das „ausufernde" Projekt zu Fall bringen.
- Die monetäre Bewertung von Wissen ist mit Barrieren behaftet, denn Geldbeträge werden immer sehr exakt hinterfragt. Das Diskussionspotenzial ist daher hoch und es muss betont werden, dass es sich bei den Beträgen um grobe Abschätzungen handelt. Die Einbeziehung der Mitarbeiter in die gemeinsame Erarbeitung eines Konsenses in Bezug auf die Gewichtungen ist für den plausiblen und transparenten Nachweis der Wirkungsbeziehungen, welche die Basis für die monetäre Wertzuweisung nach der IWB bilden, daher von außerordentlich großer Bedeutung.
- Negative Bewertungsergebnisse sind, wie die monetäre Bewertung, behutsam zu kommunizieren. Diese sollten mit den verantwortlichen Mitarbeitern frühzeitig besprochen werden, um Barrieren abzubauen und mögliche Fehler bei der Datenerhebung auszuschließen. Die Wissensbilanz sollte nicht zum Instrument der Schuldzuweisung werden. Vertrauen für Transparenz muss erst aufgebaut werden, denn die Wissensbilanz schafft schließlich auch dort Transparenz, wo dies evtl. nicht unbedingt erwünscht ist.
- Letztlich muss erwähnt werden, dass die Wissensbilanzierung vom persönlichen Engagement der Projektbeteiligten lebt. Es ist wichtig, dass gerade bei der Eröffnungswissensbilanz die Projektmitarbeiter sich mit dem Thema identifizieren, da, wie bereits angesprochen, ein nicht unerheblicher Aufwand mit der Ausarbeitung verbunden ist. Die übergreifende Arbeit und die zahlreichen Kontakte und Erkenntnisse über die eigene Organisation entschädigen aber meist reichlich für die manchmal recht aufreibende Arbeit.

Als positiver Nebeneffekt bleibt zu erwähnen, dass die Einbindung der Mitarbeiter des Bereiches UM eine für alle Projektbeteiligten positive Erfahrung war. Gerade in einer Forschungseinrichtung weckt das Thema Wissensbilanzierung/

Wissensmanagement die Neugierde der Mitarbeiter und genießt einen hohen Stellenwert. Es war daher nicht schwierig zahlreiche Mitarbeiter zur Projektteilnahme zu bewegen, was für die Projektbeteiligten den positiven Nebeneffekt hatte, dass sie auch mit Kollegen ins Gespräch kamen, mit denen sie auf Grund der unterschiedlichen Abteilungen und Tätigkeiten sonst wenig Kontakt hatten. Dies sorgte auf beiden Seiten für zusätzliche Transparenz und hat die Kommunikation und das Vertrauen nachhaltig verbessert.

16.6 Ausblick

Zahlreiche Initiativen auf der ganzen Welt haben bewiesen, dass die Bewertung und Darstellung von Wissen als Teil der Unternehmensbewertung einen wichtigen Beitrag zur Unternehmensentwicklung leisten kann. Die praktischen Erfahrungen, die beim Einsatz dieser Instrumente, vor allem im skandinavischen Raum gesammelt wurden, bestätigen dies eindrucksvoll (Edvinsson u. Malone 1998; Heisig u. Runeson 2001; Danish Ministry of Science Technology and Innovation 2003; Bornemann u. Leitner 2002). Es scheint daher kaum ein Zweifel darüber zu bestehen, dass sich das Instrument der Wissensbilanz dauerhaft in Organisationen etablieren wird. Die Rahmenbedingungen leisten dem in jedem Fall Vorschub: So empfehlen die internationalen Rechnungslegungsstandards (DRSC 2001, 2004; IASB 1998) bereits eine strukturierte Darstellung der immateriellen Vermögenswerte im Anhang an den Geschäftsbericht. Das Informationsdefizit zwischen Kapitalmarkt und Unternehmen, das auch mit Basel II fokussiert wird, hat ein breites Bewusstsein für das Thema auch bei kleinen und mittelständischen Unternehmen geschaffen und in Österreich ist bereits seit Januar 2004 ein Gesetz in Kraft (Bundesgesetzblatt für die Republik Österreich 2002), das Hochschulen dazu verpflichtet, Wissensbilanzen gemäß eines vorgegebenen Strukturmodells vorzulegen. All dies macht deutlich, dass bereits eine Bewegung in Gang gekommen ist, die nicht mehr aufzuhalten scheint. Es ist zu wünschen, dass zahlreiche Organisationen bereits frühzeitig diese Entwicklung erkennen, um nicht auf kommende Gesetzgebungen reagieren zu müssen, sondern die Wissensbilanzierung aus der Praxis heraus aktiv mitgestalten.

Literaturverzeichnis

Agyris C, Schön, D (1995) Organizational Learning II – Theory, Method and Practice. Addison-Wesley Pub Co, Boston, MA

Andriessen D (2002) The financial value of intangibles. Searching for the holy grail. Hamilton Ontario (Paper presented at the 5th. World congress on the management of intellectual capital. January 16-18, 2002)

Andriessen D (2004a) Making Sense of Intellectual Capital: Designing a Method for the Valuation of Intangibles. Butterworth-Heinemann, Burlington MA

Andriessen D (2004b) Die Implementierung eines Instruments für die Bewertung von intellektuellem Kapital – Aus Fehlern lernen. In: Mertins K, Heisig P, Alwert K (Hrsg) Wissensbilanzen Intellektuelles Kapital erfolgreich nutzen und entwickeln. Springer, Berlin, Heidelberg, New York

Austrian Research Center Seibersdorf (ARCS) (2001) Wissensbilanz 2001. http://www.arcs.ac.at/publik/fulltext/wissensbilanz/ARC_Wissensbilanz_2001.pdf

Bornemann M, Leitner KH (2002) Entwicklung und Realisierung einer Wissensbilanz für eine Forschungsorganisation. In: Pawlowsky P, Reinhardt R (Hrsg) Wissensmanagement für die Praxis. Luchterhand, München

Bundesgesetzblatt für die Republik Österreich (2002) § 12 Leistungsvereinbarung. http://www.bmj.gv.at/aktuelles/download/vo_oberoesterreich.pdf.

Danish Agency of Science Technology and Innovation (2003) A Guideline for Intellectual Capital Statements. http://www.videnskabsministeriet.dk/fsk/publ/2001/AGuidelinefor IntellectualCapitalStatements/videnUK.pdf

Deutsches Rechnungslegungs Standards Committee e.V. DRSC (2001) Deutscher Rechnungslegungstandard Nr. 14 (E-DRS 14 - Immaterielle Vermögenswerte), http://www.standard setter.de/drsc/docs/drafts/14.html.

Deutsches Rechnungslegungs Standards Committee e.V. DRSC (2004) Entwurf Deutscher Rechnungslegungs Standard Nr. 20 (E-DRS 14 Lageberichterstattung), http://www.standardsetter.de/drsc/docs/press_releases/E-DRS%2020_revised_150704.pdf

Edvinsson L, Malone MS (1998) Intellectual Capital. Piatkus Books, London

Feng G, Baruch L (2001) Intangible Assets: Measurement, Drivers, Usefulness. http://pages.stern.nyu.edu/~blev/intangible-assets.doc

Heisig P (2003) Business Process Oriented Knowledge Management. In: Mertins K, Heisig P, Vorbeck J (Hrsg) Knowledge Management. Concepts and Best Practices. Springer, Berlin

Heisig P, Runeson J (2001) Measuring Intangible Assets for Sustainable Business Growth - Celemi, Medium-Sized and Fast Growing. In: Mertins K, Heisig P, Vorbeck J (Hrsg) Knowledge Management. Best Practices in Europe. Springer, Berlin

Hórvath P (1998) Controlling. Franz Vahlen, München

International Accounting Standard Board (IASB) (1998) IAS 38, http://www.iasplus.com/standard/ias38.htm

Leitner KH (2004) Wissensbilanzierung für den Forschungsbereich: Erfahrungen der Austrian Research Centers. In: Mertins K, Heisig P, Alwert K (Hrsg) Wissensbilanzen Intellektuelles Kapital erfolgreich nutzen und entwickeln. Springer, Berlin, Heidelberg, New York

Luhmann N (2001) Soziale Systeme - Grundriss einer allgemeinen Theorie. Suhrkamp, Frankfurt

Pike S, Rylander A, Roos G (2002) Intellectual Capital Management and Disclosure. In: Bontis, N. and Choo,C.W.,eds. The strategic management of intellectual capital and organizational knowledge. New York: Oxford University Press, 657-671.

Pulic A (2002) Do We Know if We Create or Destroy Value? http://www.vaic-on.net/downloads/Konf2002-Pulic.pdf

Spur G, Mertins K, Jochem R (1993) Integrierte Unternehmensmodellierung. Beuth Verlag, Berlin, Wien, Zürich

Wöhe G (1993) Einführung in die allgemeine Betriebswirtschaftslehre. 18. überarb. und erw. Aufl. unter Mitarb. Von Ulrich Döring. Vahlen, München. S 825–836

17 Die erste gesamtuniversitäre Wissensbilanz: Donau-Universität Krems

Günter R. Koch, Richard Pircher

17.1 Der Weg zur Wissensbilanz der Donau-Universität Krems

17.1.1 Die Entstehung des verwendeten Wissensbilanzmodells

Das Thema „Wissensbilanzierung" (englisch und besser: „Intellectual Capital Reporting" = *ICR*) fand erstmals die Aufmerksamkeit der Wissensmanagement-Gemeinschaft ab Mitte der 90er Jahre, als Leif Edvinsson, der oberste Wissensmanager des skandinavischen Versicherungskonzerns Skandia und „Urvater" dieser Bewegung, ein Klassifikationsschema mit Kriterien erarbeitete, mit deren Hilfe alle wesentlichen weichen und „nicht anfassbaren" Faktoren eines Unternehmens und dessen Erfolg dargestellt werden konnten, die aus einer üblichen Finanzbilanz nicht herauszulesen waren. In jenen Jahren wurden parallel zum Thema ICR von den Organisationsmethodikern, zu deren Vorreitern einer der Autoren gehörte, vier große Themenkomplexe der Schaffung von *Modellen* angegangen:

- Die Modellierung von Unternehmen mittels *Prozessen*, eine Bewegung, die derzeit in voller Fahrt ist.
- *Qualitätsmodelle* zur bewussten und zielorientierten Unternehmensführung (ISO 9000, EFQM, CMM,...).
- *Strategiemodelle* (prominent: Balanced Scorecard).
- *Quantifizierungen von weichen Faktoren* und Prozessen, erstmals entwickelt für die Software-Entwicklung (mit Verfahren wie BOOTSTRAP, SPICE, CMM,...).

Spiegelbildlich zu Projekten und Institutionalisierungen auf diesen vier Gebieten in den USA wurden am *Europäischen Software Institut* (ESI) (www.esi.es) in den Jahren 1994 bis 1996 Grundsteine für eine europäische Methodologie des wissensbasierten Managens von „Kopfunternehmen" (zunächst konkret: „softwareintensive Unternehmen", i.d. Praxis Software- und System-Unternehmen) gelegt und wurden schon früh sich abzeichnende Verfahren wie z.B. die *Balanced Scorecard* auf ihre Verwendbarkeit für das strategische Management von IT- und Softwareunternehmen untersucht. Diese wie auch eigene Methoden-Projekte des ESI wurden so gut wie ausnahmslos als transnationale Kooperationsprojekte von der Europäischen Union finanziert. Österreich hatte dabei in eigener Initiative mit einem Kollektiv von kleinen, softwareabhängigen Unternehmen das am ESI standardisierte Prozess-Analyse und -Verbesserungsverfahren SPICE übernommen und erfolgreich eingesetzt und verbreitet, was in diesen Tagen zu einem nach wie vor für die kleinständige österreichische Wirtschaft zur Verfügung stehenden Software-Qualitätszentrum an der Universität Klagenfurt führte. In der Summe war am Standort Österreich damit der Grundstein für Projekte zur methodisch professionellen Führung von „Intelligenzunternehmen" gelegt.

1996 – 1998 ging die größte österreichische Forschungsorganisation, das damalige *Forschungszentrum Seibersdorf* durch eine existenzbedrohende Krise. Diese war einerseits durch finanzielle Vermögensverluste gekennzeichnet, andererseits durch eine über Jahre gewachsene Konzept- und Orientierungslosigkeit, die eine strategische Neuausrichtung und einen wirtschaftlichen Turn-Around dieser mehrheitlich in Staatseigentum befindlichen Großforschungseinrichtung notwendig machte. Die „Rettungsaktion" erforderte die Anstrengung aller „Stakeholder", also Eigentümer, der als Gesellschafter eingebundenen Wirtschaft, Mitarbeiter (vor allem hinsichtlich deren Verzicht auf Versorgungsansprüche), Kunden, Lieferanten und Kooperationspartner in der Wissenschaft. Die Republik Österreich hatte erhebliche Finanzmittel, d.h. Steuergelder zur Sanierung aufzubringen. Das damals neu eingesetzte Management der Forschungseinrichtung, deren Vorsitz einer der Autoren zu übernehmen gebeten wurde, sah sich angesichts der Kritik aus der nationalen Wissenschaftsszene und der sich abzeichnenden, verändernden politischen Situation nicht nur gehalten, klassische Sanierungs- und daran anschließend unkonventionelle Turn-Around-Initiativen zu setzen, sondern musste das Forschungsunternehmen auch in die Lage versetzen zu rechtfertigen, warum es weiter Sinn macht, in eine solche halbstaatliche „*Wissensorganisation*" öffentliches Geld zu investieren. In dieser Umbruchsituation traf es sich ideal, dass die am ESI entwickelten Methodiken, insbesondere zunächst die IT Balanced Scorecard über einen Managertransfers nahtlos an dem dann zu *Austrian Research Centers* (ARC) umbenannten Forschungszentrum Seibersdorf übernommen und für deren Bedürfnisse im Zuge der neuen Strategiebildung weiterentwickelt werden konnten. Das ultimative Ziel der ARC-Unternehmensführung war es, den Nachweis zu erbringen, dass eine Investition in die ARC einen belegbaren Return im Sinne der Steigerung des „Stakeholder Value" vor allem für die Republik Österreich erbringt und zugleich den Wert des Unternehmens steigert. Diese Philosophie war nicht zuletzt auch vom Gedanken beeinflusst, dass zukünftig einmal die Frage der staatlichen Kontrollbehörde (Rechnungshof) und ggf. des Parlaments zu beantworten sein würde, was denn der Einsatz von Steuermitteln im größten nationalen Forschungszentrum letztlich „bringt".

Ohne weitere Diskussion leuchtet ein, dass zur Bewertung von Forschungsleistungen und der Organisationen, die Forschungsergebnisse produzieren, die klassischen betriebswirtschaftlichen Instrumente, wie sie zur Bewertung von Unternehmensleistungen und des Unternehmenswerts gedacht sind, weder adäquat noch ausreichend sind. Dies war die Geburtsstunde der Entscheidung durch das ARC-Management, nun erstmals (und nachweislich) auch im deutschsprachigen Bereich eine Wissensbilanz sowohl als Berichts- und Analyse-, als auch als Steuerungsinstrument für das Management zu entwickeln. Das Ergebnis der dazu eingerichteten Zusammenarbeit zwischen den ARC (G. Koch) und dem Lehrstuhl für Internationales Management an der Universität Graz (U. Schneider) war das heute zum Quasi-Standard gewordene *Koch-Schneidersche Wissensbilanzmodell* (Abb. 17.1.), das zusammen mit einer ersten Wissensbilanz von ARC erstmals bei einer OECD-Konferenz zum *Benchmarking von wissenschaftlichen Leistungen* (Koch et al. 2000) in Berlin publiziert wurde.

Seit 1999 erarbeiten und publizieren die Austrian Research Centers (ARC) (www.arcs.ac.at) als Pilot- und Referenzorganisation *die* Wissensbilanz, die sich als robustes und geeignetes, wenn auch noch nicht perfektes Instrument für die periodische Beobachtung von Veränderungen des „Wissenswertes" einer „Kopf- und Prozess-Organisation" erwiesen hat.

Im Zuge der Reform des österreichischen Universitätsgesetzes in 2002/2003 und den Überlegungen und der damit entwickelten Teilung von Verantwortungen und Zuständigkeiten, insbesondere an der Nahtstelle zwischen dem weitgehend die Universitäten finanzierenden Staat und den mit Autonomierechten versehenen „neuen" Universitäten, wurde die Wissensbilanz nach dem Vorbild des ARC-Modells als eine ideale Berichtsform zur regelmäßigen, jährlichen Transparentmachung der Leistungen, insbesondere der „Wissensproduktion" der Universitäten erkannt und die obligatorische Pflicht der Universitäten zur jährlichen Wissensbilanzierung im §13 des österreichischen Reform-Universitätsgesetzes von 2002 verankert (Leitner et al. 2001).

Koch-Schneidersches Wissensbilanz-Modell

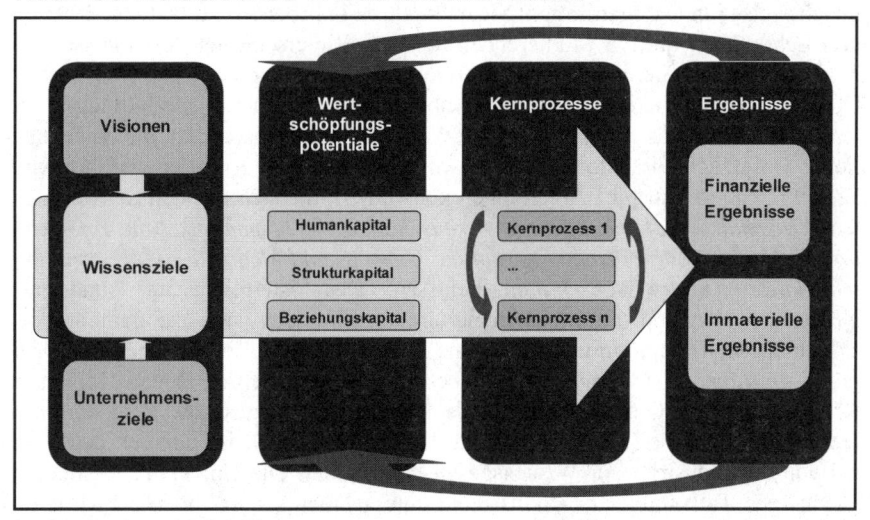

© U. Schneider, Graz und G. Koch, Wien

Abb. 17.1. „Standard-Wissensbilanzmodell" der Austrian Research Centers nach Koch und Schneider

Bis dato haben in Österreich im „Marktsegment" Forschung, Entwicklung und Unterricht neben den ARC deren österreichische Mitbewerber (z.B. Joanneum Research und Salzburg Research), partikulare Universitätsinstitute – so an der Montan-Universität Leoben – sowie einzelne Fachhochschulen begonnen, sich mit dem Thema einer Wissensbilanz fürs eigene Haus zu befassen, jedoch hatte noch *keine Universität in ihrer Gesamtheit* ein solches Projekt angegangen. Die *Donau-Universität Krems*, die auf dem Gebiet der Weiterbildung zum Zeitpunkt der Entstehung der ersten ARC-Wissensbilanz exklusiver Kooperationspartner der ARC auf dem Gebiet des „Management Development & Communication" war (und teilweise heute noch ist), hat aus dieser Verbindung heraus ganz natürlich und symmetrisch zu ARC die Rolle einer Pilot-Universität für die Wissensbilanzierung übernommen.

17.1.2 Charakterisierung der Donau-Universität Krems (DUK) als „zu bilanzierende" Wissensorganisation

Die inhaltliche Ausrichtung der *Donau-Universität Krems* liegt auf *berufsbegleitender Weiterbildung* und damit in Zusammenhang stehender inhaltlicher Forschung. Sie besitzt deshalb einige Charakteristika, deren Skizzierung einleitend notwendig erscheint, um den Kontext für die Darstellung des Pilotprojektes zur Erarbeitung der ersten Wissensbilanz für eine gesamte Universität darzustellen.

Die Donau-Universität Krems wurde 1994 gegründet und ist damit eine vergleichsweise junge Organisation. Sie nahm ihren Lehrbetrieb im Oktober 1995 mit drei Lehrgängen und 93 Studierenden auf. Im Wintersemester 2003/04 ist diese Zahl auf 2800 Studierende in über 100 Studiengängen angewachsen. Damit ist die Donau-Universität Krems der größte Anbieter akademischer Weiterbildung in Österreich und Europas einzige staatliche Weiterbildungs-Universität, die unter staatlicher Gesetzlichkeit jedoch nach privatwirtschaftlichen Kriterien geführt wird. Bis 1997 haben sich fünf Abteilungen konstituiert, die sich mit den Schwerpunkten *Wirtschafts- und Managementwissenschaften, Telekommunikation, Information und Medien, Europäische Integration, Umwelt- und Medizinische Wissenschaften sowie Kulturwissenschaften* befassen. Das österreichische Bundesland Niederösterreich und die Bundesregierung verpflichteten sich zur gemeinsamen Erhaltung der Donau-Universität Krems, wobei der Anteil erwirtschafteter *Drittmittel im Jahr 2003 bereits 78,5 %* betrug. Die Organe der Donau-Universität Krems sind vom Geltungsbereich des Bundeshaushaltsgesetzes ausgenommen. Der Ort, an dem die Donau-Universität Krems angesiedelt ist, spiegelt den Wandel von der Industrie- zur Wissensgesellschaft wider. Die Universität ist in einer ehemaligen Tabakfabrik in Krems-Stein untergebracht, in der noch bis Mitte des letzten Jahrhunderts Virginia-Zigarren produziert wurden.

Als Universität für Weiterbildung bietet die Donau-Universität Krems ausschließlich *postgraduale Universitätslehrgänge* an, die in der Regel mit einem akademischen Grad abschließen. Die Forschung konzentriert sich vor allem auf die Lehre unterstützende *angewandte Forschung*. Die Resultate und die vorhandenen Kompetenzen werden auch im Rahmen von *Consulting* und *Dienstleistung* umgesetzt und vertieft. Partnerschaften mit der Wirtschaft und dem öffentlichen Sektor stellen einen wichtigen Faktor für die Durchführung aller für die DUK typischen Kernprozesse dar.

Die (i.d.R. berufstätigen) StudentInnen der Donau-Universität Krems haben in der überwiegenden Zahl bereits einen ersten akademischen Abschluss erworben. Kernbereich der universitären Lehre ist dementsprechend das Angebot an Studiengängen, die mit einem international anerkannten Master-Grad abschließen, etwa einem Master of Business Administration (MBA), Master of Science (MSc), Master of Arts (MA) oder Master of Laws (LL.M.). Die inhaltliche Palette der angebotenen Studiengänge ist entsprechend der fünf Abteilungen der Donau-Universität Krems sehr breit und reicht beispielsweise vom "Professional MBA Applied Biomedicine" über Europarecht (EURO-JUS), Solararchitektur bis zu Professional MSc.-Programmen in e-Government und Wissensmanagement. Daneben bietet die Donau-Universität Krems eine variierende Reihe von Kurzlehrgängen und Seminaren an.

Die österreichischen *Universitäten* wurden durch das Universitätsgesetz 2002, durch das sie *Vollrechtsfähigkeit* und sehr weitgehende Autonomie erlangt haben, verpflichtet, erstmals für das Jahr 2004 und somit publizierend ab 2005 regelmäßig eine Wissensbilanz vorzulegen. Die Donau-Universität Krems hat beschlossen, schon weit vor diesem Zeitpunkt dieses neue Managementinstrument anzuwenden, um damit Erfahrungen zu sammeln und Nutzen für die internen Prozesse zu generieren. Darüber hinaus soll nach Gesetz die Wissensbilanz neben dem jährlich publizierten Geschäftsbericht und den an der DUK eingeführten Quartalsberichten („Uni-Bilanz") genutzt werden, um die *Transparenz des Geschehens in der DUK nach außen zu erhöhen*. Neben dieser Publizitätsfunktion sollen durch die Wissensbilanz bereits bestehende Ansätze einer *kontinuierlichen organisatorischen Entwicklung* - wie Managementkonferenzen, Innovationsgruppen und Qualitätsmanagement - unterstützt werden.

Die *erste Wissensbilanz* der Donau-Universität Krems wurde in Anlehnung an das Rahmenmodell des Bundesministeriums für Bildung, Wissenschaft und Kultur erarbeitet. Dieses von einer Arbeitsgruppe (Leitner et al. 2001) entwickelte Modell gründet auf dem für die Austrian Research Centers (ARC) entwickelten ursprünglichen *„Standard-Modell"* von Koch und Schneider (siehe Abb. 17.1). Da es sich dabei um ein relativ junges Instrument und um die erste Wissensbilanz für eine gesamte Universität handelt, wurde aufgrund fehlender Erfahrungswerte bewusst in Kauf genommen, dass die gewählte und publizierte Form der Wissensbilanz noch strukturelle und inhaltliche Defizite und Begrenzungen ausweist. Diese Unvollständigkeit erschien gerechtfertigt, da neben den internen Impulsen auch neue Anstöße für Verbesserungen und Erkenntnisse aus weiteren Entwicklungen universitärer Wissensbilanzen erst noch zu erwarten waren.

Die Wissensbilanz der Donau-Universität Krems ist das Ergebnis eines *Pilotprojektes*, bei dem versucht wurde, bestehende Ansätze und Erfahrungen sowohl aus Profit- als auch Non-Profit-Bereich auf die Organisation Donau-Universität Krems in ihrer Gesamtheit zu übertragen und umzusetzen. Mit der erstmaligen Publikation einer Wissensbilanz für *eine gesamte Universität*, die über die Darstellung von universitären Teilbereichen hinausgeht, sollte bewusst ein Impuls gesetzt werden, um der *Konkretisierung des Instrumentes Wissensbilanz* für Universitäten im Sinne des Universitätsgesetzes 2002 einen Schritt näher zu kommen. Wie bereits ausgeführt wurde, ist dabei zu berücksichtigen, dass die Donau-Universität Krems als Universität für Weiterbildung, die ausschließlich postgraduale Studien anbietet, in ihrer Struktur wenig bis nicht mit anderen Universitäten vergleichbar ist. Viele Indikatoren, die für klassische Universitäten mit grundständigen Studien gelten, sind nicht anwendbar oder stehen in einem anderen Kontext und sind entsprechend anders zu interpretieren. Dies hat Rückwirkungen auf Kennzahlen und Ergebnisse, auf Interpretationen und Trends. Gleichwohl ist diese Wissensbilanz der Versuch, einen *fundierten Diskussionsbeitrag zur Wissensbilanzierung von Universitäten* zu leisten. Mit der Anwendung eines Wissensbilanzmodells, das sich für Universitäten noch in der Entwicklung befindet, soll aktiv an einer kritischen Diskussion und den damit verbundenen Lernprozessen teilgenommen werden, was nicht zuletzt mit diesem Beitrag begonnen sein soll.

17.2 Das Wissensbilanzmodell der DUK

Die Auftragsstudie des österreichischen Bundesministeriums für Bildung, Wissenschaft und Kultur „Wissensbilanzierung für Universitäten" (Koch et al. 2000; Leitner et al. 2001; Leitner et al. 2002) und die schon an den ARC seit 1999 gelegten Wissensbilanzen liefern die konzeptionelle Grundlage für „unser" Wissensbilanzmodell und die darin wiedergegebenen Kategorien und entsprechende Indikatoren der Donau-Universität Krems. Hinsichtlich der Darstellung von Wissenszielen und Maßnahmen orientiert sich diese Wissensbilanz an den *Richtlinien des Dänischen Ministeriums für Handel und Industrie* (Danish Agency for Trade and Industry 2000). Des Weiteren wurden die Lerneffekte aus bereits publizierten Wissensbilanzen, vor allem jene der Austrian Research Centers (1999, 2000, 2001, 2002 siehe http://www.arcs.ac.at/ publik/fulltext/wissensbilanz), des Joanneum Research Graz (2001, 2002) sowie des Instituts für Wirtschafts- und Betriebswissenschaft der Montanuniversität Leoben (2001) berücksichtigt.

Das verwendete Wissensbilanzmodell ist ein kombiniertes Struktur- und Prozessmodell, welches in die vier Segmente Rahmenbedingungen, intellektuelles Vermögen, Leistungsprozesse und Ergebnisse/Wirkungen unterteilt ist (siehe Abb. 17.2.). Die Basis dieses Modells bilden *die zentralen Leistungsprozesse der Donau-Universität Krems: postgraduale Lehre, Forschung und Dienstleistungen,* welche ihre Ergebnisse (Output) in den fünf Themenbereichen der Abteilungen Wirtschafts- und Managementwissenschaften, Telekommunikation, Information und Medien, Europäische Integration, Umwelt- und Medizinische Wissenschaften und Kulturwissenschaften erbringen. Die Leistungen der Donau-Universität Krems werden maßgeblich durch den Einsatz des vorhandenen intellektuellen Vermögens charakterisiert. Die *Wirkung (Impact)* der Ergebnisse bei den relevanten Interessensgruppen bestimmt Erfolg und Nutzen aller Leistungen der Donau-Universität Krems. *Leitbild, Strategie und Wissensziele* beschreiben schlussendlich die Rahmenbedingungen, an denen sich die Aktivitäten der Donau-Universität

Krems – insbesondere zum Aufbau und zur Entwicklung von intellektuellem Vermögen – orientieren. Die (Rück-)Wirkung von Lerneffekten bei der Leistungserbringung geht in die Veränderung des intellektuellen Vermögens ein und wird in weiterer Folge in künftigen Wissensbilanzen sichtbar werden.

Die wesentlichen *Rahmenbedingungen* für die Wissensbilanz der Donau-Universität Krems liegen in den gesetzlichen Vorgaben, der organisatorischen Strategie und den darauf abgestimmten Wissenszielen. Das intellektuelle Vermögen wird in den *drei Kategorien Humankapital, Strukturkapital und Beziehungskapital* dargestellt. Das Humankapital charakterisiert Kompetenzen, Fertigkeiten, Motivation und Lernfähigkeit der MitarbeiterInnen.

Das *Strukturkapital* versucht jene Strukturen, Prozesse und Abläufe der DUK zu bewerten, welche die MitarbeiterInnen benötigen, um in ihrer Gesamtheit produktiv zu sein, also alle jene intelligenten Strukturen, welche bestehen bleiben, wenn die MitarbeiterInnen am Abend die Donau-Universität Krems verlassen. Dazu zählen beispielsweise Prozessbeschreibungen, Dokumentationen und ähnliches.

Das *Beziehungskapital* stellt die Vernetzung der Donau-Universität Krems nach außen dar, also Kooperationen zu Forschungs- und Wirtschaftspartnern.

Jede der drei Kategorien wird durch Indikatoren und narrative Elemente beschrieben und soll die Potenziale der betreffenden Kategorie quantitativ als auch qualitativ bewerten. Das Aktivitätenprofil wird durch die Aufteilung der Tätigkeit des wissenschaftlichen Personals auf die drei Leistungsprozesse Lehre, Forschung und Dienstleistungen dargestellt. Die Ergebnisse dieser Prozesse haben Wirkung für die *Stakeholder, zu welchen Absolventen, Finanzierungspartner, Interessenten für Weiterbildungsprogramme, Öffentlichkeit, Multiplikatoren, Scientific Community und Wirtschaft* gezählt werden.

Rahmenbedingungen	Intellektuelles Vermögen	Leistungsprozesse	Ergebnisse / Wirkung
• Gesetzlicher Rahmen	• Humankapital	• Postgraduale Lehre	• Absolventen
			• Finanzierungspartner
			• Interessenten
• Strategie	• Strukturkapital	• Forschung	• Öffentlichkeit
			• Multiplikatoren
			• Scientific Community
• Wissensziele	• Beziehungskapital	• Dienstleistungen	• Wirtschaft

Abb. 17.2. Wissensbilanzmodell der Donau-Universität Krems[1] (DUK)

---

[1] Vgl. dazu auch (Leitner et al. 2001)

17.2.1 Anwendung

Organisation und Struktur des Pilotprojektes zur Erarbeitung der Wissensbilanz bestand einerseits aus einem Lenkungsausschuss, der die Universitätsleitung und damit den Auftraggeber vertrat. Die Mitglieder des Lenkungsausschusses waren bei jenen Projektbesprechungen anwesend, in welchen maßgebliche Entscheidungen getroffen werden mussten. Die konkrete Umsetzung wurde durch das *Projektteam* durchgeführt, das aus *VertreterInnen der fünf Abteilungen* der Donau-Universität Krems bestand. Die Leitung des Pilotprojektes teilten sich zwei Personen inhaltlich. Einerseits war ein *externer Experte* mit Erfahrung in Wissensbilanzprojekten im Profit- wie Non-Profit-Bereich für den theoretischen und prozessualen Rahmen verantwortlich und moderierte die Workshops. Andererseits gab es einen *internen Projektleiter*, der die Abwicklung und Datenerhebung leitete.[2]

Das *operative Vorgehensmodell* für die Analyse der Organisation aus der Wissensperspektive besteht aus *sieben Schritten*. Im *1. Schritt* wurde in unserem Projekt der betrachtete Bereich abgegrenzt. *Schritt 2* beinhaltete die Definition der relevanten Stakeholder und die Festschreibung ihrer Erwartungen in Form von Zielkriterien. Im darauf folgenden Schritt wurden Idealzustände für die Ziel-, Wissens-, Prozess- und Datenebene formuliert. Mit *Schritt 4* wurden die Einflussfaktoren auf die Idealzustände aus den Perspektiven Individuum, Kommunikation/Interaktion, Organisation und Organisationsumfeld erarbeitet. Im Anschluss erfolgte in *Schritt 5* die Identifizierung der wichtigsten Treiber für diese Bereiche. Darauf aufbauend wurden die relevanten Indikatoren abgeleitet. Neben der Ermittlung der für die Organisation adäquaten Indikatoren der Wissensbilanz bietet das *Wissensmanagement-Assessment* eine Grundlage für die Ableitung konkreter Verbesserungsmaßnahmen. *Schritt 6* beinhaltete eine notwendige Priorisierung der Maßnahmenfelder in Bezug auf die festgelegten Zielkriterien. Als *Schritt 7* wurden konkrete Maßnahmen unter Berücksichtigung der Einflussfaktoren der jeweiligen Haupteinflussbereiche abgeleitet. Das Ergebnis ist eine Reihung aller Maßnahmenfelder als Basis für die Auswahl von konkreten Wissensmanagementaktivitäten (vgl. Abb. 17.3.), (Sammer 2001).

---

[2] Allen ProjektmitarbeiterInnen sei an dieser Stelle nochmals herzlichst für ihre aktive und ambitionierte Mitwirkung gedankt. Lenkungsausschuss: Dr. Andrea Henzl, Prof. Dr. Gerhard Gensch; Projektleitung: Dr. Martin Sammer, Dr. Richard Pircher; Projektteam: Dipl.-Kff. Sabina Ertl, Mag. Johannes Kerschbaumer, Mag. Jeanna Nikolov-Ramírez Gaviria, Dr. Gerhard Zednik.

17 Die erste gesamtuniversitäre Wissensbilanz: Donau-Universität Krems

Schritt 1: Organisationsbereich abgrenzen

Schritt 2: Zielkriterien für relevante Stakeholder bestimmen

Schritt 3: Idealzustände formulieren

Schritt 4: Einflussfaktoren erarbeiten

Bewertung der Einflussfaktoren

Schritt 5: Treiber identifizieren

Bewertung der Maßnahmenfelder

Schritt 6: Maßnahmenfelder priorisieren

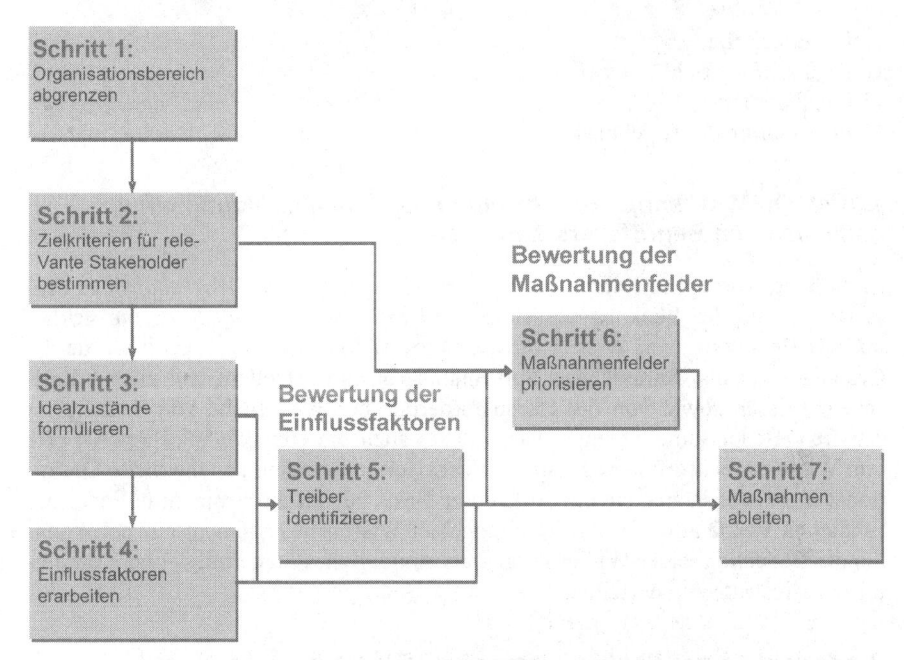

Schritt 7: Maßnahmen ableiten

Abb. 17.3. Vorgehensmodell Wissensmanagement-Assessment (Sammer 2001)

Der gesamte *Prozess der Erstellung der Wissensbilanz* beinhaltete eine detaillierte Analyse der Leistungsprozesse postgraduale Lehre, Forschung und Dienstleistungen, die die Konzeption eines adäquaten Wissensbilanzmodells für die Donau-Universität Krems ermöglichte. Auf dieser Grundlage wurden Erfolgsfaktoren für die professionelle Abwicklung der Leistungsprozesse benannt, mögliche Indikatoren abgeleitet und letztendlich Schlüsselindikatoren identifiziert. Mit der Erhebung der Daten auf Abteilungsebene, der Konsolidierung auf der Ebene der Donau-Universität Krems sowie der Interpretation und Dokumentation der Ergebnisse entstand die hier vorliegende Wissensbilanz in rund drei Monaten und damit ungefähr in der gleichen Zeitspanne, in der die Donau-Universität Krems ihren Geschäftsbericht erarbeitete.

Das Pilotprojekt zur Erarbeitung der ersten Wissensbilanz der Donau-Universität Krems wurde konkret in den folgenden zwölf Teilschritten innerhalb von zehn Workshops und einer Vielzahl von Einzelgesprächen abgewickelt:

1. Kick-Off-Workshop, Einführung in das Thema, Bildung eines gemeinsamen Begriffsverständnisses
2. Definition der Schlüsselprozesse, Erarbeitung der Themenlandkarte
3. Erarbeitung der Indikatoren, Input der Wissensziele
4. Konsolidierung, Konzeptentwurf
5. Diskussion Modell
6. Workshop "Indikatoren"
7. Erhebung der Daten
8. Interpretation Rohentwurf

9. Texterstellung
10. Feedback der Schlüsselpersonen
11. Finalisierung
12. Präsentation der Ergebnisse

1. Kick-Off-Workshop, Einführung in das Thema, Bildung eines gemeinsamen Begriffsverständnisses

Einführend wurden im Rahmen eines gemeinsamen *Kick-Off-Workshops* des Projektteams und des Lenkungsausschusses *zentrale Begriffe und Konzepte* geklärt und die Bedeutung von Wissen für die Organisation diskutiert. Damit wurde die Grundlage für ein umfassendes Verständnis von individuellem und organisatorischem Wissen sowie von der Herausforderung der Weitergabe von Wissen geschaffen. Bedeutsame Themen waren dabei auch die charakteristischen Aspekte von Wissensarbeit(erInnen) sowie eine praxisorientierte und ganzheitliche Definition von Wissensmanagement. Auf dieser Basis bauten die Projektmitglieder ein fundiertes Verständnis für das Themengebiet Wissensmanagement auf und konnten die Bedeutung einer Wissensbilanz als strategisches Steuerungs- und Kommunikationsinstrument beurteilen.

2. Festlegung der Schlüsselprozesse, Erarbeitung der Themenlandkarte

Die Prozesse Lehre, Forschung und Dienstleistung stellen die Schlüsselprozesse der Donau-Universität Krems dar. Diese Schlüsselprozesse wurden in einem Workshop in ihren wesentlichen Prozessphasen definiert. In der *Themenlandkarte* der Wissensbilanz wurden alle inhaltlichen Bereiche der fünf Abteilungen der Donau-Universität Krems einbezogen.

3. Erarbeitung der Indikatoren, Input der Wissensziele

Die *Erwartungen der Stakeholder* wurden in Form von Zielzuständen beschrieben. Der Einsatz von Ishikawa-Diagrammen ermöglicht die Erarbeitung und Darstellung der wesentlichen Einflussfaktoren auf die Erreichung des Idealzustandes in den Bereichen Humankapital, Strukturkapital, Beziehungskapital, Prozesse und immaterielle Ergebnisse. Auf die in unserem Projekt gewählten Indikatoren wird unten näher eingegangen werden. Die Idealzustände wurden wie folgt charakterisiert.

Schlüsselprozess Lehre:
– Kundenorientierung zur Erreichung von Lernzielen und dem Erwerb von Kompetenzen
– Hochqualitative, praxisorientierte und zukunftsfähige Kompetenzentwicklung
– Objektive Beratung über Weiterbildungsangebote
– Schnelle und flexible Reaktion auf Weiterbildungsbedarf
– Vernetzungsmöglichkeiten bieten (Alumni), langfristige Betreuung

Schlüsselprozess Forschung:
- Themenführerschaft in ausgewählten Bereichen praxisrelevanter Forschung in den Themenfeldern der Lehre
- Internationale Ausrichtung
- Intensiver Austausch und Kooperation mit Experten

Schlüsselprozess Dienstleistung:
- Innovative Dienstleistung und Beratung im Sinne einer praxisorientierten Weiterentwicklung wissenschaftlicher Erkenntnisse, die in Zusammenhang mit der Lehre stehen
- Langfristigkeit und Nachhaltigkeit
- Höchste Kundenorientierung
- Kooperatives, interdisziplinäres Auftreten gegenüber den Kunden

Als notwendigen strategischen Input definierte die Universitätsleitung *konkrete Wissensziele*. Diese wurden durch Maßnahmen zu ihrer Erreichung, qualitative und quantitative Wirkungen sowie den notwendigen Mittelbedarf und die Finanzierung spezifiziert. Kurz zusammengefasst handelt es sich um folgende *fünf Zielbereiche*:

1. Umsetzung des gesellschafts- und bildungspolitischen Auftrags: Universitäre Weiterbildung ist in den Bereichen anzubieten, in denen im nationalen und internationalen Bildungsmarkt ein Qualifikationsbedarf entsteht. Die in den postgradualen Studiengängen vermittelten Kenntnisse und Fähigkeiten müssen dauerhaften Bestand in einem globalen Umfeld haben.
2. Die Donau-Universität Krems ist und bleibt eine postgraduale Universität: Sie bietet ihren Studierenden nicht nur Wissensvermittlung, sondern auch Persönlichkeitsentwicklung sowie die Reflexion des bisherigen Berufsweges und der Berufsperspektiven für die nächsten zehn Jahre.
3.1 *Ausbalancierte Aktivitäten in Lehre, Forschung und Dienstleistung* (siehe Abb. 17.6.).
3.2 Hohe *Qualität in der universitären Lehre* und angewandten Forschung, die die Lehre unterstützt. Dienstleistungen müssen aus Lehre und Forschung entwickelt werden. Entwicklung einer größeren kritischen Masse an fest angestellten ProfessorInnen und wissenschaftlichen MitarbeiterInnen.
4. *Wissenschaftliche* Qualifizierung: Förderung der eigenen MitarbeiterInnen, bestmöglich nach Eignung und Neigung. Selbstverständnis der Donau-Universität Krems ist, eine hohe Eigenverantwortlichkeit der MitarbeiterInnen zu fördern und zu fordern.
5. *Kommunikation und Wissenstransfer an die Öffentlichkeit*.

Bei der *Auswahl der Indikatoren* wurden zwei Grundsätze besonders beachtet:

1. Vor dem Hintergrund einer künftigen Verwendung der Wissensbilanz als Führungsinstrument wurde sehr stark auf die Handhabbarkeit geachtet. Ziel war es, möglichst aussagekräftige Indikatoren auszuwählen.

2. Für die bestmögliche Abwicklung der einzelnen Leistungsprozesse sind gewisse kritische Einflussfaktoren von besonderer Bedeutung. Daher waren gerade die erfolgskritischen Einflussfaktoren Ausgangspunkt für die Auswahl von Schlüsselindikatoren aus der Vielzahl an denkbaren und möglichen Indikatoren.

4. Konsolidierung, Konzeptentwurf, 5. Diskussion Modell

Die in den vorangegangen Arbeitsschritten ermittelten Indikatoren waren nun zu dem für die *Struktur der Donau-Universität Krems adäquaten Wissensbilanz-Modell* zu verarbeiten und wiederum im Projektteam zu diskutieren.

6. Workshop "Indikatoren"

In einem weiteren Workshop wurden die *Indikatoren im Detail spezifiziert*. Nach unserer Erfahrung bedürfen einige Indikatoren einer längeren Diskussion, um sie hinlänglich genau zu definieren. Dieser Entscheidungsprozess sollte demgemäß möglichst aufmerksam und vollständig durchgeführt werden, weil etwaige Unklarheiten bei der Interpretation der Indikatoren zu einer inhomogenen Erhebung und Datenbasis führen. Mitunter macht erst der Diskussionsprozess unterschiedliche Interpretationen von Begriffen oder Vorgangsweisen sichtbar.

7. Erhebung der Daten

Auf der Basis der erarbeiteten Definitionen der Indikatoren hatten die VertreterInnen der fünf Abteilungen innerhalb des Projektteams die Aufgabe, die *Daten für ihre Abteilungen* zu erheben. In Einzelfällen gab es Klärungs- und Abstimmungsbedarf in Bezug auf die zu ermittelnden Daten.

8. Interpretation Rohentwurf

9. Texterstellung

Die erhobenen *Daten wurden zusammengeführt und interpretiert*. Einführende und erläuternde Texte zur Donau-Universität Krems und dem Wissensbilanz-Modell wurden verfasst.

10. Feedback der Schlüsselpersonen

11. Finalisierung

12. Präsentation der Ergebnisse

Die Projektleiter stimmten den Rohentwurf mit dem Lenkungsausschuss ab und finalisierten ihn. Anschließend wurde das Ergebnis dem gesamten Projektteam präsentiert.

17.2.2 Ergebnisse

Inhaltliche Ergebnisse

Entsprechend dem Wissensbilanzmodell gliedern sich die Ergebnisse in die Bereiche Humankapital, Strukturkapital, Beziehungskapital und Leistungsprozesse.

Humankapital

Für das wissenschaftliche Personal sind die thematische Spezialisierung („Stärken stärken") sowie wissenschaftlich methodische Fertigkeiten auf höchstem Niveau erfolgsentscheidend. Die Donau-Universität Krems bindet in der Lehre eine Vielzahl renommierter nationaler und internationaler ExpertInnen als GastprofessorInnen oder Lehrbeauftragte ein. Sie bietet damit ihren Studierenden eine interdisziplinäre und internationale *Faculty* und stärkt den Aspekt der interkulturellen Begegnung. In dieser Kombination liegt ein signifikantes Alleinstellungsmerkmal der Donau-Universität Krems. Für den Erfolg bei Dienstleistungsprojekten sind ein *professionelles Projektmanagement* und fachliche Kompetenz auf höchstem Niveau ausschlaggebend.

Die Donau-Universität Krems fördert die Weiterbildung ihrer MitarbeiterInnen sowohl durch finanzielle Unterstützung als auch durch zeitliche Freistellung für die Teilnahme an universitätseigenen Lehrangeboten. Mit der Zielsetzung ausbalancierter Aktivitäten in Lehre, Forschung und Dienstleistung sowie der wissenschaftlichen Qualifizierung und Förderung der MitarbeiterInnen wurde ein deutlicher Schwerpunkt im Bereich des Humankapitals gesetzt. Maßnahmen zur Erreichung der Wissensziele beinhalten unter anderem die Erhöhung des Anteils von Lehrbeauftragten durch eigenes wissenschaftliches Personal sowie die Besetzung zusätzlicher Professuren. Die externen Lehrbeauftragten der Donau- Universität Krems bilden die entscheidende Grundlage für die wissenschaftlich fundierte und gleichermaßen praxisorientierte Umsetzung der Universitätslehrgänge. Eine Verstärkung der Zusammenarbeit und Kooperation innerhalb dieses Netzwerkes trägt damit zu den Wissenszielen 2, 3, 5 und indirekt auch zu Wissensziel 4 bei.

Die Personalstruktur weist bei einer Gesamtanzahl von 201 MitarbeiterInnen einen Frauenanteil von 64,2 Prozent auf. Im wissenschaftlichen Personal sind 38,9 Prozent weiblich. 25,6 Prozent haben promoviert. 53,3 Prozent sind als LehrgangsleiterInnen tätig. Der Wunsch nach Erhöhung des Frauenanteils im wissenschaftlichen Bereich wird durch das Wissensziel 1 thematisiert.

Entsprechend der Definition der Donau-Universität Krems als Universität für Weiterbildung gibt das Aktivitätenprofil der wissenschaftlichen MitarbeiterInnen in Personentagen den Schwerpunkt im Bereich Lehre wieder (siehe Abb. 17.5.). In der Abteilung Umwelt- und Medizinische Wissenschaften besteht ein profilierter Forschungsschwerpunkt, der in dieser Übersicht erkennbar wird.

Tabelle 17.1. Schlüsselindikatoren zum intellektuellen Vermögen der Donau-Universität Krems[3]

Indikator	Wert 2002	Bemessungszeitraum	Bemerkung
Humankapital			
Anzahl MitarbeiterInnen Gesamt	201	Per 31. 12. 2002	Vollzeitäquivalent: 154
Anzahl wissenschaftliches Personal	92	Per 31. 12. 2002	
Anzahl nicht-wissenschaftliches Personal	109	Per 31. 12. 2002	
Anzahl externe Lehrbeauftragte	1.288	Geschäftsjahr (GJ) 2002	
Strukturkapital			
Investitionen in Bibliotheken und elektronischen Medien	181.695 €	GJ 2002	
Qualität der Lehrgangsmaterialien	1,94	GJ 2002	Aus Evaluierungen der Lehrveranstaltungen (1 - sehr gut, 5 - nicht genügend).
Beziehungskapital			
Anzahl strategischer Partner Gesamt	140	GJ 2002	
Davon Forschungspartner	68	GJ 2002	Inkludiert auch Lehre
Davon Wirtschaftspartner	72	GJ 2002	
Anzahl Sponsoren	60	GJ 2002	

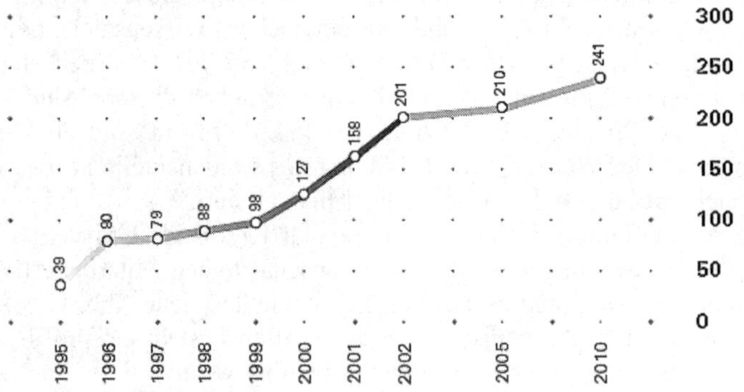

Abb. 17.4. Anzahl MitarbeiterInnen gesamt

---

[3] Die Anzahl der externen Lehrbeauftragten konnte im Rahmen dieses Pilotprojektes nicht vollkommen periodenrein ermittelt werden.

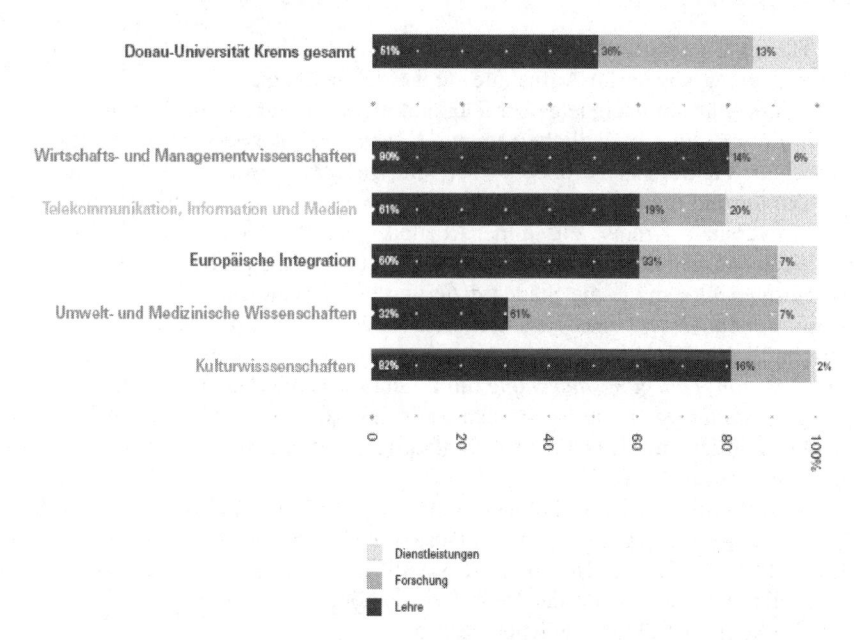

17 Die erste gesamtuniversitäre Wissensbilanz: Donau-Universität Krems 293

Abb. 17.5. Bestehendes Aktivitätenprofil in MitarbeiterInnen-Personentagen 2002[4]

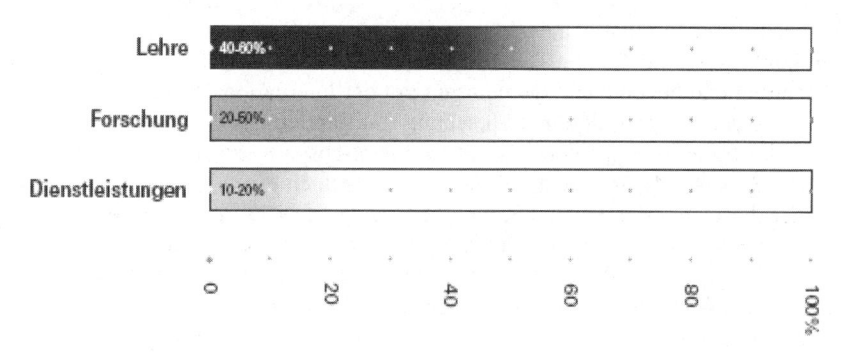

Abb. 17.6. Angestrebtes Aktivitätenprofil 2006

---

[4] Basis: Aufteilung der Personentage des wissenschaftlichen Personals (inkl. freie Dienstnehmer und Werkverträge) auf die drei Leistungsprozesse.

Strukturkapital

Die Donau-Universität Krems hat sich die Aufgabe gestellt, die Entwicklung der Wahrnehmung sowie die Aufnahme- und Erlebnisfähigkeit bei den Studierenden zu fördern. Für ein geeignetes Umfeld sind nicht nur äußere Strukturen, wie etwa der in Entwicklung befindliche *Campus Krems 2005*, sondern im Sinne des intellektuellen Vermögens besonders auch die *„weichen" Faktoren* wie Unternehmenskultur und die spezielle Art und Weise, wie die MitarbeiterInnen an der Donau-Universität Krems zusammenarbeiten, entscheidend. Der Aufbau von modernen *Managementstrukturen* und die Verwendung professioneller *Managementinstrumente* sowie die Standardisierung von Leistungsprozessen sind hier ebenso zu nennen wie eine - aus Sicht der Studierenden - professionelle und partnerschaftliche *Kundenorientierung*, ein ansprechendes Umfeld sowie die hohe *Qualität von Lehrgangsbetreuung* und Lehrgangsunterlagen. Die *Qualität der Lehrgangsunterlagen* wurde von den TeilnehmerInnen der Universitätslehrgänge durchschnittlich mit 1,94 benotet (fünfstufiges Notensystem; 1 = sehr gut, 5 = nicht genügend).

Die Investitionen in Bibliotheken und elektronische Medien beliefen sich im Jahr 2002 auf Euro 181.695. Das entspricht einem Betrag von rund Euro 74 pro StudentIn bzw. Euro 2.018 pro wissenschaftlichem/r MitarbeiterIn. Aus den Wissenszielen 3.1 und 4 kann der Bedarf zur Erhöhung der Investitionen in wissenschaftliche Infrastruktur abgeleitet werden.

Beziehungskapital

Nationale und internationale *Kooperationen mit Wissenschaftsinstitutionen und der Wirtschaft* sind für die Donau-Universität Krems seit Beginn an von hoher Bedeutung und bestimmen – gemeinsam mit der internationalen *Faculty* – wesentlich die Qualität von Lehre und Forschung. Im Bereich der Wissensziele 3.2 und 5 stellt die strategische Vernetzung mit Kooperationspartnern aus Wissenschaft und Wirtschaft sowohl eine wichtige Maßnahme als auch einen Indikator dar. Derzeit verfügt die Donau-Universität Krems über *mehr als 100 Partner in Wissenschaft und Wirtschaft* auf vertraglich fixierter, strategischer Basis. Wichtige Netzwerke für die Lehre bilden die auch international besetzten wissenschaftlichen Beiräte der Universitätslehrgänge, die zur wissenschaftlichen Fundierung von Lehrgangskonzepten beitragen.

Leistungsprozesse

Das intellektuelle Vermögen stellt einen wesentlichen Input für die Erbringung von Leistungen dar. Die Aufteilung der *Humanressourcen* auf die verschiedenen Leistungsprozesse ist in den unterschiedlichen Themenbereichen (Abteilungen) entsprechend dem Aktivitätenprofil strukturiert. Dieses Aktivitätenprofil soll bis 2006 entsprechend dem Wissensziel 3.1 ausbalanciert werden (vgl. Abb. 17.6.).

Tabelle 17.2. Schlüsselindikatoren zu den Leistungsprozessen der Donau-Universität Krems

Indikator	Wert 2002	Bemessungszeitraum	Bemerkung
Postgraduale Lehre			
Anzahl Lehrbeauftragte Gesamt	1.332	GJ 2002	
Davon Donau-Universität Krems	44	GJ 2002	
Davon externe Lehrbeauftragte	1.288	GJ 2002	
Personentage Lehrgangsleitung	4.867	GJ 2002	Geht in das Aktivitätenprofil ein
Personentage interne Lehrbeauftragte	646	GJ 2002	Geht in das Aktivitätenprofil ein
Anzahl Lehrgänge	84	GJ 2002	Einschreibungspflichtige Lehrgänge
Anzahl Lehrveranstaltungsstunden	26.427	GJ 2002	Lehreinheit á 45 Minuten
Gesamtzufriedenheit mit den Lehrveranstaltungen	1,81	GJ 2002	Aus Evaluierungen der Lehrveranstaltungen (1 - sehr gut, 5 - nicht genügend).
Praxisrelevanz der Lehrveranstaltungen	1,75	GJ 2002	Aus Evaluierungen der Lehrveranstaltungen (1 - sehr gut, 5 - nicht genügend).
Zahl der Studierenden	2.441	GJ 2002	An der Donau-Universität Krems inskribiert (ohne Kurzstudien und Seminare)
Zahl der StudienabbrecherInnen	72	GJ 2002	
Zahl der AbsolventInnen	1.081	GJ 2002	
Abgeschlossene Masterarbeiten	418	GJ 2002	
Forschung			
Anzahl wissenschaftliches Personal Gesamt	92	Per 31.12.2002	
Personentage Forschung	3.916	GJ 2002	Geht in das Aktivitätenprofil ein
Anzahl Publikationen: referiert	47	GJ 2002	
Anzahl Publikationen: nicht referiert	71	GJ 2002	
Drittmittelfinanzierte Forschungsprojekte	453.768 Euro	GJ 2002	
Anzahl selbst organisierte Konferenzen	18	GJ 2002	Inkl. Symposien und Tagungen

Abgeschlossene Dissertationen	1	GJ 2002	An der Donau-Universität Krems ist es nicht möglich zu promovieren
Laufende Dissertationen	15	GJ 2002	
Abgeschlossene Habilitationen	1	GJ 2002	An der Donau-Universität Krems ist es nicht möglich sich zu habilitieren
Dienstleistungen			
Personentage Dienstleistungen	1.379	GJ 2002	Geht in das Aktivitätenprofil ein
Anzahl Seminare	108	GJ 2002	
Zahl der SeminarteilnehmerInnen	2.171	GJ 2002	
Dienstleistungsprojekte	1.290.322 Euro	GJ 2002	
Anzahl neue strategische Wirtschaftspartner	5	GJ 2002	

Tabelle 17.2. Fortsetzung

17.2.3 Bewertung und Reflexion der im Zuge der Wissensbilanzierung ermittelten Ergebnisse

Dynamisches Wachstum

Die ermittelten Indikatoren beschreiben einen kontinuierlichen und sehr dynamischen Wachstumsprozess. Die Anzahl der MitarbeiterInnen hat sich von 39 im Jahr 1996, also der Gründungszeit der Universität, auf 201 im Jahr 2002 entwickelt. Mit 2.441 inskribierten Studierenden im Wintersemester 2002/03 erreichte die Donau-Universität Krems die höchste Studierendenzahl seit ihrem Bestehen. Gegenüber dem Vorjahr entspricht dies einem Zuwachs von mehr als 30 Prozent. Die Donau-Universität Krems hat damit von allen österreichischen Universitäten im Jahr 2002 den höchsten prozentualen Anstieg bei der Anzahl der Gesamtstudierenden verzeichnet. Die Besonderheit der Donau-Universität Krems ist die mit 1.288 hohe Zahl an externen Lehrbeauftragten, welche ein breites Spektrum an interdisziplinärer und internationaler Expertise in das Wissensnetzwerk der Universität einbringen und für die Leistungsprozesse verfügbar machen. Mit dieser quantitativen und qualitativen Verstärkung des verfügbaren Humankapitals wurde die Basis dafür geschaffen, die Zahl der Universitätslehrgänge von sieben im Jahr 1996 auf 84 im Jahr 2002 und die der Studierenden von 93 im Wintersemester 1995/96 auf 2.441 im Wintersemester 2002/03 kontinuierlich zu erhöhen (vgl. Abb. 17.7.).

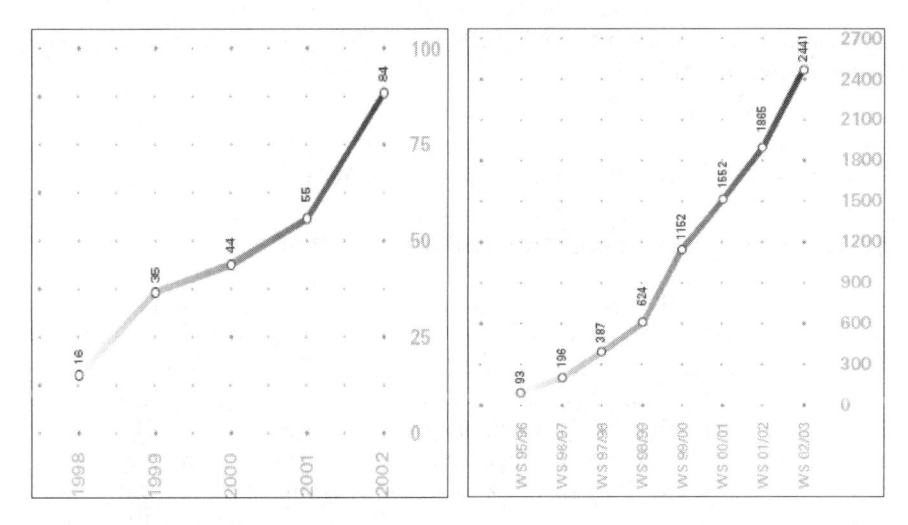

Abb. 17.7. Anzahl Universitätslehrgänge (links), Anzahl Studierende (rechts)

Impulse für verstärkte Forschung

Die im Zug des Pilotprojekts entwickelten Indikatoren waren Anstoß dafür, sich – in dieser Form erstmalig – mit der Verteilung des Humankapitals auf die drei Leistungsprozesse intensiv auseinander zu setzen und die Ergebnisse nachvollziehbar aufzubereiten. Durch das so gewonnene Ist-Aktivitätenprofil und den anschließenden inneruniversitären Reflexionsprozess konnte mit der *Ableitung des Wissensziels „Ausbalancierte Aktivitäten in Lehre, Forschung und Dienstleistung" ein wichtiger Impuls für die angestrebte Stärkung der Forschungsaktivitäten gesetzt werden*. Dies steht im Einklang mit der im Entwicklungsgutachten der Donau-Universität Krems vorgesehenen Erhöhung der Zahl von ProfessorInnen und wissenschaftlichen MitarbeiterInnen.

Obwohl die wissenschaftlichen MitarbeiterInnen intensiv in der Lehre eingebunden sind, haben sie sich im Bereich wissenschaftlicher Veröffentlichungen stark engagiert, was die Ergebniszahlen der Forschungsleistungen dokumentieren. Da es nach Maßgabe des Gesetzes an der Donau-Universität Krems selbst nicht möglich ist zu promovieren oder zu habilitieren, haben bei der wissenschaftlichen Qualifizierung Kooperationen mit externen Partnern eine besondere Bedeutung. So bereitet z.B. das Wissenschaftskolleg Wirtschaftswissenschaften in Kooperation mit der Universität Flensburg AbsolventInnen der Donau-Universität Krems auf die Promotion an dieser Universität vor. Durch das Wissensziel „Förderung und Forderung der Promotion von wissenschaftlichen MitarbeiterInnen" soll die Zahl wissenschaftlicher Leistungen in Form von Dissertationen weiter gesteigert werden. Obwohl externe Habilitationen einen besonders hohen Grad an Kooperationsfähigkeit und Abstimmung und damit überdurchschnittlichen Aufwand verlangen, haben sich im Jahr 2002 etliche MitarbeiterInnen in den Bereichen Translationswissenschaft, Europa- und Technologierecht und Erwachsenenbildung/ Weiterbildung habilitiert.

17.3 Erfolgsfaktoren und Lessons Learned

17.3.1 Unterstützung durch das Top-Management

Für den Erfolg des Pilotprojektes Wissensbilanz an der Donau-Universität Krems war die *Unterstützung des Projektes durch Präsidium, Abteilungsleiter und Lenkungsausschuss* retrospektiv betrachtet *erfolgskritisch*. Diese Unterstützung wurde vor allem in Form von Bereitstellung von Ressourcen und inhaltlichem Input geleistet. Damit kann aufgrund der Erfahrung in unserem Projekt die häufig im Kontext von Wissensmanagement getätigte Feststellung bestätigt werden, dass *die Unterstützung durch das Top-Management einen bedeutsamen Erfolgsfaktor* darstellt.

17.3.2 Methodische Vorgangsweise und Moderation

Hinter dem Ergebnis eines auf die Spezifität der Donau-Universität Krems abgestimmten Wissensbilanzmodells steht ein intensiver Arbeitsprozess, der grundlegende Überlegungen zu den Kernprozessen, deren idealen Zielzuständen und dahinter stehenden Kausalzusammenhängen zum Inhalt hatte. Im Rahmen dessen war es notwendig, unterschiedliche Vorstellungen von *Wirkungsbeziehungen innerhalb der Wertschöpfungsprozesse* zu diskutieren. Aufgrund unserer Erfahrung bringt dies *kurzfristig einen hohen Zeitaufwand* für das Projektteam mit sich. Durch diesen Prozess lässt sich jedoch mehrfach Nutzen generieren. Die methodisch strukturierte Vorgangsweise führt zu einem Ergebnis, das aus der Organisation selbst heraus entsteht und in dieser verwurzelt ist. *Die jeweiligen Charakteristika und Schwerpunkte der Organisation können dadurch kommuniziert und gesteuert werden.* Weiters erlaubt ein derartiges auf die Organisation zugeschnittenes Modell einen adäquaten Einsatz als *Managementinstrument*, weil es auf die spezifischen Kernprozesse hin ausgerichtet ist. Zudem führt der Arbeitsprozess an sich, an dem alle Teilbereiche der Organisation beteiligt sind, zu einer Auseinandersetzung mit dem Thema und kann damit auch eine Identifikation mit dem Instrument fördern. Schließlich können die Ergebnisse und Erfahrungen aus den Workshops für ein *Qualitätsmanagementprojekt* an der Donau-Universität Krems genutzt werden, zu dem zahlreiche *inhaltliche Querbeziehungen* bestehen.

Die fachkundige *externe Moderation* mit einschlägiger Praxiserfahrung hat sich als *sehr bedeutsam* für die Abwicklung des Projektes dargestellt. Einerseits konnte damit auf fundiertem Fachwissen aufgebaut werden, andererseits wurde durch die professionelle und neutrale Ausübung der Moderationsrolle sowohl zeitlich als auch inhaltlich eine sehr effiziente Durchführung des Projektes möglich.

17.3.3 Kommunikation innerhalb der Organisation

Nach unserer Erfahrung ist es nicht immer einfach, den MitarbeiterInnen v.a. außerhalb des Projektteams die organisatorischen *Zielsetzungen und den Nutzen eines derartigen Projektes zu verdeutlichen*. Die Bedeutung eines breiten Verständnisses der Zielsetzungen des Projektes für die Gesamtorganisation kann jedoch für den angestrebten organisatorischen Lernprozess nicht hoch genug eingeschätzt werden. Deshalb schätzen wir die Kommunikation der Ziele und Inhalte des Projektes sowohl vor dessen Start als auch im Zuge der Datenerhebungsphase als äußerst wichtig ein.

17.3.4 Generelle Chance zur kritischen Selbstreflexion

Durch die Wissensbilanz wurde die Notwendigkeit aufgezeigt, den *Impact von Leistungen* künftig umfassender – etwa durch eine regelmäßige systematische AbsolventInnenbefragung – zu erheben. Dies ist gerade für die geplante Verwendung der *Wissensbilanz als Führungsinstrument* bedeutend, da die fundierte Analyse des Wirkungsbereichs notwendige Voraussetzung für eine Steuerung des intellektuellen Vermögens ist. Weiters konnte mit der Definition von Wissenszielen und damit verbundenen Maßnahmen ein *konkreter Beitrag zur Strategieentwicklung* der Universität geleistet werden.

Bei der Analyse der Erfolgsfaktoren für die Leistungsprozesse wurde zudem erkannt, dass die Ergebnisse von Forschung und Dienstleistungen künftig systematischer in den Lehrprozess einzubinden sind. Mit dem Wissensziel „Ausbalancierte Aktivitäten in Lehre, Forschung und Dienstleistung" und der Maßnahme, die Unterrichtstätigkeit der wissenschaftlichen MitarbeiterInnen zu verstärken, wird dieses Vorhaben unterstützt.

17.3.5 Differenzierte Erwartungen gegenüber der Wissensbilanz

Die Erwartungen an das „Projekt Wissensbilanz" waren in der Gesamtuniversität durchaus differenziert und vereinzelt auch skeptisch. Diese Skepsis wird verständlich, wenn man berücksichtigt, dass mit dem Instrument Wissensbilanz keinerlei Erfahrungen bei Universitäten vorliegen. Zweifel beziehen sich beispielsweise auf den Sinn und Nutzen des Prozesses oder etwaige *versteckte Zielsetzungen* dahinter. Es war in unserem Fall jedoch im Zuge von persönlichen Gesprächen relativ rasch möglich, derartige Fragestellungen zu klären. Somit wurde die aktive Mitwirkung alle Abteilungen und Zentren erreicht, weshalb das Projekt in relativ kurzer Zeit erfolgreich umgesetzt werden konnte.

17.3.6 Unterschiedliche Perspektiven auf die Kernprozesse

Im Zuge der Definition der *Kernprozesse* und relevanten *Einflussfaktoren* sowie der *Indikatoren* wurde deutlich, dass zum Teil unterschiedliche Sichtweisen einander gegenüberstanden und *unterschiedliche Begrifflichkeiten* verwendet wurden. Die *Definition von Begriffen und Größen* nahm in unserem Projekt teilweise relativ viel Zeit in Anspruch. Diese Diskussionen und Definitionen unterstützen als Nebeneffekt der Wissensbilanz die Entwicklung einer *gemeinsamen Sprache* in der Organisation. Wie Indikatoren genau zu interpretieren sind, ist eine für die folgenden Arbeitsschritte sehr relevante Fragestellung, um die Qualität der erhobenen Daten sicherzustellen. So waren beispielsweise bei der Zurechnung der Personentage wissenschaftlicher MitarbeiterInnen zu den drei Kernprozessen einige Detailfragen zu klären. Mehrere Tätigkeitsbereiche von LehrgangsleiterInnen können sowohl der Lehre als auch der Forschung zugerechnet werden, weil sie für beide Prozesse gleichermaßen von Bedeutung sind. Im Zuge der Datenerhebung tauchten weiters Zweifel an der Sinnhaftigkeit der Zurechnung von kürzeren Weiterbildungsangeboten (Seminare) zur Lehre auf. Es wurde dann die Entscheidung getroffen, die Definition zu ändern und diese den Dienstleistungen zuzuordnen, weshalb wir Daten zu Seminaren nachträglich gesondert erheben mussten.

17.3.7 Interessenskonflikte und Widerstände

Bei einer Wissensbilanz handelt es sich um ein *Managementinstrument*, das die *organisatorische Transparenz erhöht* und als Grundlage für zukünftige Entscheidungen dienen kann. Deshalb ist damit zu rechnen, dass fallweise neben den inhaltlichen auch partikuläre *strategische Motive* die Diskussion leiten werden. Bei der Detaildefinition von Indikatoren kann es zu Interessensgegensätzen kommen, die einer neutralen Moderation bedürfen. Bei dem Pilotprojekt an der Donau-Universität Krems gab es beispielsweise unterschiedliche Meinungen zu der Definition des Aktivitätenportfolios. Nachdem Argumente für und wider die vom Projektteam vorgeschlagene Darstellungsform diskutiert und geringfügige Adaptionen vorgenommen wurden, fand die erzielte Lösung die erforderliche Zustimmung.

Aufgrund unserer Erfahrung ist es für die Projektleitung generell von großem Vorteil, *unterschiedliche inhaltliche Positionen möglichst früh zu erkennen* und eine adäquate Lösungsstrategie zu entwickeln. Etwaige Unklarheiten oder Widerstände z. B. bei der Definition von Indikatoren stellen umso größeren Mehraufwand dar, je später sie thematisiert bzw. geklärt werden. Deshalb kommt einer eingehenden Diskussion und Reflexion aller relevanten Aspekte in der Frühphase große Bedeutung zu, damit die Fertigstellung des Projektes innerhalb der vorgesehenen Zeitspanne gewährleistet werden kann bzw. die Definition von Indikatoren in Folgeperioden nicht abgeändert werden müsste. In letzterem Fall würde die periodenübergreifende Vergleichbarkeit der Wissensbilanzen eingeschränkt werden.

17.3.8 Fehlende Datenquellen und mangelhafte Homogenität der Daten

Mitunter erweist es sich aufgrund heterogener und unstrukturierter Datenbestände als schwierig, homogene Werte für Indikatoren zu erheben. Schwierigkeiten bei der Erhebung deuten auf ein *Potential für Prozessstandardisierungen* hin und können einen wichtigen Hinweis für Optimierungsschritte geben. Es können jedoch auch inhaltliche Gründe dafür verantwortlich sein, dass Daten nur unter hohem Aufwand in ausreichender Qualität zu erheben sind. So waren in unserem Fall die Gesamtzahl und -struktur der weit über tausend externen Lehrbeauftragten mit der vorhandenen Datenbasis schwierig zu ermitteln. Einerseits sind zahlreiche Lehrbeauftragte in mehreren Abteilungen tätig, es müssen also bei einer dezentralen Erfassung Überschneidungen ausgefiltert werden. Bei einer zentralen Erfassung mittels Personalstatistik und Buchhaltung sind jedoch aufgrund von unterschiedlichen Abrechnungsformen v. a. von Unternehmen die Daten der Lehrbeauftragten oftmals nicht im erforderlichen Detaillierungsgrad verfügbar. Derartige Problemstellungen wurden im Zuge des Pilotprojektes erstmals sichtbar. Das schnelle Wachstum der Donau-Universität Krems dürfte die Entstehung heterogener Datenbestände gefördert haben. Die Wissensbilanz wurde als Anstoß genommen, um eine Konsolidierung in diesem Bereich und damit eine einfachere Datenerhebung anzustreben.

17.3.9 Organisatorischer Lern- und Veränderungsprozess

Die Ausführung der Arbeitsschritte des Pilotprojektes hatten nicht nur das Wissensbilanzmodell und die erste Wissensbilanz der Donau-Universität Krems zum Ergebnis. Ein bedeutsamer Nebeneffekt bestand darin, dass grundlegende Charakteristika der *Wertschöpfungsprozesse* umfassend diskutiert und dokumentiert wurden. Als ein zentraler Bestandteil dessen ist die *Definition strategischer Wissensziele* zu bezeichnen. Es kann als eine Form von Organisationsentwicklungsprozess betrachtet werden, dass über Abteilungsgrenzen hinweg die Schlüsselprozesse, die idealen Zielzustände aus der Sicht der Stakeholder und die dafür relevanten Einflussfaktoren diskutiert und definiert werden. Optimal ausgewertet wird dieser Prozess, wenn die Ergebnisse als Input für weiterführende Maßnahmen genutzt werden. Beispiele für derartige Maßnahmen an der Donau-Universität Krems sind der Aufbau eines *Qualitätsmanagements* und die Durchführung regelmäßiger AbsolventInnenbefragungen.

Die bereits erwähnte Skepsis, die dem Pilotprojekt Wissensbilanz teilweise entgegengebracht wurde, dürfte als durchaus nachvollziehbare Reaktion einzustufen sein, wie sie in ähnlicher Form in der Regel im Kontext von *organisatorischen Veränderungsprozessen* auftritt. Im Sinne eines *ganzheitlichen Veränderungsmanagements* sind diese Reaktionen als organisatorische Realitäten zu integrieren und zu bearbeiten. Nur durch die Sammlung von Erfahrungen mit für den universitären Bereich neuen Managementmethoden wird es möglich sein, diese auf dessen spezifische Anforderungen hin zu adaptieren. Durch diesen Prozess soll beurteilt werden können, wo und wie diese Methoden eine Steigerung von Effizienz und Effektivität innerhalb der spezifischen strategischen Zielsetzungen des Bereiches höherer Bildung unterstützen können und wo dies unter Umständen nicht möglich ist.

Die Erfahrungen mit der Wissensbilanz an der Donau-Universität Krems haben uns in der Annahme bestärkt, dass auch im universitären Bereich durch eine systematische Auseinandersetzung mit den immateriellen Ressourcen ein organisatorischer Lernprozess in Gang gesetzt werden kann. Wirklich sinnvoll wird das Projekt dann, wenn die Wissensbilanz zu einem integralen Bestandteil des Universitätsmanagements auf allen Ebenen wird.

17.4 Die Zukunft

Die aktuelle Stärke der Universitäten liegt in aller Regel in dem individuellen Wissen ihrer MitarbeiterInnen. Aufgrund der insbesondere in Österreich durch das Universitätsgesetz 2002 gegebenen, erweiterten Handlungsfreiräume eröffnen sich konkret für die Donau-Universität Krems zusätzliche Möglichkeiten, als kooperative Gesamtorganisation die Flexibilität und Bedarfsorientierung zu steigern. Die individuellen Wissensträger können nun explizit Akteure für übergreifende Projekte sein.

Unsere Erfahrungen im Pilotprojekt Wissensbilanz der Donau-Universität Krems legen nahe, dass dieses Instrument eine Möglichkeit bietet, um organisatorische Lernprozesse zu initiieren und die strategische Orientierung zu unterstützen. Damit stellt die Wissensbilanz einen wertvollen Baustein dar, um die individuelle Intelligenz, die in der Universität vorhanden ist, zu organisatorischer Intelligenz zu transformieren.

Im weiteren und weiter gespannten Umfeld unserer Partner in Wissenschaft, Forschung und Bildung, die sich mit Wissensbilanzierung in „Wissens- und Denkorganisationen" befassen, sind die aktuellen Entwicklungen bei den sehr großen Wissensorganisationen hinsichtlich deren eigenen Wissensbilanzen einerseits und der internationalen Organisationen mit relevanter Zuständigkeit für Forschung, Entwicklung und Wissensproduktion – auf höchstem Niveau ist hier die EU zu nennen – andererseits zu beobachten. Es ist erkennbar, dass allenthalben nach neuen Methoden gesucht wird, die einen paradigmatischen Wechsel vom Management von „Wissensorganisationen" per Kostenplanung und -kontrolle in Forschung, Entwicklung und Bildung hin zu einem wert- und investitionsorientierten Ansatz zu gelangen. Dieses Thema erhält aktuell einen besonderen Auftrieb durch die vorbereitenden Überlegungen zu neuen Managementparadigmen und -methoden der EU-Kommission für das 7. Forschungsrahmenprogramm 2006-2009. Seitens der großen, international tätigen Forschungs- und Entwicklungs-Unternehmen, die wie die Austrian Research Centeres (ARC) in einer eigenen Vereinigung, der EUROTECH-Gruppe innerhalb der europäischen EARTO-Dachorganisation (www.earto.org) zusammenarbeiten, ist ein Projekt zur Identifikation eines möglichen gemeinsamen, europäischen Wissensbilanz-Standards für Forschungsunternehmen gestartet worden, das von einem der Autoren verantwortet wird. (Zugang zu den Materialien dieses Projekts via Server an der Donau-Universität mit Adresse ftp://eurotech:icr@ftpstud.donau-uni.ac.at, mit Login: eurotech und Passwort: icr).

Literaturverzeichnis

Danish Agency for Trade and Industry (2000) A Guideline For Intellectual Capital Statements - A Key To Knowledge Management. Danish Agency for Trade and Industry, Copenhagen, http://www.efs.dk/download/pdf/videnUK.pdf

Koch G, Leitner KH, Bornemann M (2000) Measuring and Reporting Intangible Assets and Results in a European Contract Research Organization. Berlin (Joint German-OECD Conference, Benchmarking Industry-Science Relationships, October 16 – 17, 2000, Berlin)

Leitner KH, Bornemann M, Schneider U (2002) Development and Implementation of an Intellectual Capital Report for a Research Technology Organization. In: Bontis N (Hrsg) World Congress on Intellectual Capital Readings. Butterworth & Heinemann, Boston, S. 266-286

Leitner KH, Sammer M, Graggober M, Schartinger D, Zielowski C (2001) Wissensbilanzierung für Universitäten. Bundesministerium für Bildung, Wissenschaft und Kultur, Wien. http://www.weltklasse-uni.at/upload/attachments/170.pdf

Sammer M (2001) Wie die Organisation aus der Wissensperspektive analysiert wird - Über Maßnahmenfelder für Wissensmanagementaktivitäten. new management, 10/2001:14-20

18 Intellektuelles Kapital – Performance auf nationaler Ebene

Ante Pulić, Mitchell Van der Zahn

18.1 Einleitung

> "The skill, and the energy, and perseverance, of the artisans of a country, are reckoned as part of its wealth no less than their tools and machinery. According to this definition, we should regard all labour as productive which is employed in creating permanent utilities, whether embodied in human beings, or in any animate or inanimate objects."
>
> ~ J.S .Mill – Principles of Political Economy (Chapter III, 1848) ~

Wie aus den Worten von J.S. Mill hervorgeht, existiert das grundlegende Konzept des Intellektuellen Kapitals (IC) und die Einsicht in die Notwendigkeit seiner Erfassung auf nationaler Ebene schon seit langer Zeit. Eine ernsthafte, eigenständige Beachtung fand das intellektuelle Kapital allerdings erst Anfang der Neunzigerjahre des vorigen Jahrhunderts.

Anfangs waren es vor allem Praktiker aus der Wirtschaftswelt, die Interesse am IC entwickelten. Nachdem eine wachsende Zahl von Studien auf die steigende Diskrepanz zwischen Marktwert und Buchwert von Firmen hingewiesen hatten, wurde die Aufmerksamkeit gegenüber diesem Thema weiter angefacht. Damit stieg auch die Beachtung des IC bei Managern von Unternehmen und deren Stakeholdern sowie bei Wirtschaftspolitikern. Mit dem Übergang zum neuen Jahrhundert war die Rolle der intellektuellen Vermögenswerte (Intellectual Capital Assets = ICA) als zentrale Triebkräfte hinter Wachstum und Wertschöpfung weitgehend anerkannt. Die Entwicklung der IC Konzepte ist an einem Scheideweg angelangt. Die Fürsprecher des IC waren zwar sehr erfolgreich darin, einen professionellen Diskurs zu führen und ein Bewusstsein für die Bedeutung intellektueller Vermögenswerte sowie für die Konsequenzen ihrer Nichtbeachtung zu schaffen, doch nun ist die Zeit gekommen für die Weiterentwicklung dieser Disziplin.

Ein Bereich, der mehr unmittelbare Aufmerksamkeit erfordert, ist die Entwicklung effektiverer Messverfahren zur Offenlegung der IC Performance sowie Bewertung auf nationaler Ebene. Es ist offensichtlich, dass ein Großteil der Diskussionen innerhalb der IC Community auf die Organisationsebene fokussiert ist. Bontis (2002) weist darauf hin, dass, obwohl die Geschichte der IC Literatur sich über eine Dekade erstreckt, die nationale Sicht auf dieses Phänomen noch in den Kinderschuhen steckt. Dieser Umstand lässt natürlich nicht den Schluss zu, IC Belange auf der nationalen Ebene wären ohne Bedeutung, im Gegenteil. Jüngste sozioökonomische und politische Ereignisse unterstreichen die Notwendigkeit einer stärkeren Beachtung des IC auf nationaler Ebene. Es gibt die Auffassung, dass sich die Organisationsebene prinzipiell von der nationalen Ebene unterscheidet, doch viele Phänomene, die der einen Seite zuzuschreiben sind, spiegeln sich auch auf der anderen wider.

Dieser Artikel verfolgt vornehmlich drei Ziele:
Als erstes diskutieren wir die Rechtfertigung für die Entwicklung von Messsystemen zur Erfassung der IC Performance und die Beurteilung auf nationaler Ebene. In diesem Zusammenhang beschreiben wir auch einige Anreize, die nationale Regierungen und Unternehmen dazu bewegen können, sich mehr für die Förderung von IC Messverfahren auf dieser Ebene zu interessieren und einzusetzen. Das zweite Ziel besteht darin, eine geeignete Methodologie vorzustellen, den Value Added Intellectual Coefficient (VAIC™/ICE). Unsere Analyse definiert und beschreibt auch die wichtigsten Kategorien der vorgeschlagenen IC Messgröße, sowie deren Vor- und Nachteile. Als drittes Ziel wollen wir einige überraschende Einsichten präsentieren, die aus der Messung von IC auf nationaler Ebene (basierend auf dem VAIC™/ICE) hervorgehen. Aus praktischen Gründen analysieren wir zunächst die nationale IC Performance zweier geografisch kleiner Staaten – Kroatien und Singapur. Neben dieser Gegenüberstellung wird auch ein Vergleich mit größeren Wirtschaftssystemen dargestellt, wie sie unter den Gesichtspunkten von ökonomischem Erfolg und Wirtschaftsmacht aus der traditionellen Sicht des „Industriezeitalters" definiert werden.

18.2 Prinzipien für ein nationales IC-Messsystem

Es darf angenommen werden, dass ungeachtet politischer Anschauungen das Wohlergehen und der Wohlstand der Bürger eines Landes die Hauptanliegen nationaler Regierungen sind. Insofern sollten diese sich um geeignete Messsysteme bemühen, um diese Anliegen korrekt erfassen und reflektieren zu können. Die zurzeit gängigen nationalökonomischen Messsysteme, deren Ursprung und Entwicklung mit dem Industriezeitalter verknüpft sind, erweisen sich als ungeeignet, da das intellektuelle Kapital nicht erfasst wird.

Im Industriezeitalter haben nationale Regierungen ökonomische Stärke und Position anhand von Finanzkapital und Marktposition belegt, den zwei Grundsäulen traditioneller Wirtschaftstheorie. Finanzkapital wurde dabei ganz allgemein als Vorrat an monetären und materiellen Gütern angesehen, die von der nationalen Wirtschaft produziert und angelegt wurden. Sie bildeten eine Grundvoraussetzung für die Teilnahme am Wirtschaftsgeschehen. Der Schlüssel zum Verständnis von Stärke und Position der Wirtschaft eines Landes liegt angesichts der beschränkten Aussagekraft von Finanzkapital in erster Linie auf jenen Vermögenswerten, die für die Erzeugung von Wohlstand und Reichtum verantwortlich sind.

Waren dies im Industriezeitalter materielle Güter, so sind es im Wissenszeitalter immaterielle, intellektuelle Güter. Es stellt sich jedoch die berechtigte Frage, ob die aus dem Industriezeitalter stammenden Verfahren zur Messung materieller Güter auch die immateriellen Güter des Wissenszeitalters erfassen können. Traditionell ging man davon aus, dass Reichtum durch Massenproduktion immer gleicher Dinge geschaffen wird. Masse bildete also das Grundprinzip ökonomischer Messsysteme. Die Produktion von Waren allein hat jedoch noch keine Relevanz, wenn sie nicht mit einer bestimmten Maßeinheit gekoppelt ist. Das Produktionssystem des Industriezeitalters drehte sich um ein Preissystem, welches sich auf Produktionskosten (Input von erforderlichem Material und nötiger Arbeit) und erzielbaren Gewinn am Markt konzentrierte.

Das Gross Domestic Product (GDP) ist wahrscheinlich das bekannteste und am häufigsten verwendete Maß der Nationalökonomie im Industriezeitalter und spiegelt klar das Konzept von „Masse" und „Preis" wider, d.h. das GDP ist nichts weiter als die Gesamtsumme der produzierten und zu einem bestimmten Preis verkauften Güter. Im Wissenszeitalter hingegen sind Produktionsprozesse immer weniger auf Massenproduktion hin ausgerichtet sondern auf Einzelproduktion, die sich an Kundenwünschen orientiert (customisation). Eine unmittelbare Konsequenz dieser Verschiebung ist die zunehmende wechselseitige Abhängigkeit der jeweiligen Komponenten innerhalb des Produktionsprozesses, die erforderlich ist, um das gewünschte Endergebnis hervorbringen zu können. Im Industriezeitalter kaufte ein Hersteller eine bestimmte Menge an Rohmaterial von einem bestimmten Zulieferer und erzeugte daraus eine bestimmte Menge an Produkten. Diese wurden am Markt an Kunden verkauft, von denen angenommen wurde, dass sie alle hinsichtlich Bedürfnis und Produktanforderung eine homogene Gruppe darstellen.

Im Wissenszeitalter müssen Unternehmen immer stärker auf Kundenwünsche Rücksicht nehmen. Das stellt eine große Herausforderung aber auch zusätzliche Belastungen dar. Um dem besser gerecht werden zu können, muss z.B. das „Front-End" Personal eines Unternehmens eine größere Kundennähe entwickeln. Innovative Mitarbeiter werden gebraucht, die ein Unternehmen in die Lage versetzen können, besser anpassbare und transformierbare Produkte zu entwickeln, um so ein möglichst breites Spektrum an Kundenwünschen befriedigen zu können. Schließlich müssen Unternehmen auch eine Vielzahl von Beziehungen u.a. zu Zulieferern aufbauen und diese nutzen, um ein breites Spektrum von Materialinput zur Verfügung zu haben.

Der Punkt ist, dass sich im Wissenszeitalter die Hauptaktivitäten nationaler Wirtschaftssysteme von der Massenproduktion zur Entwicklung und Gestaltung von Beziehungen zwischen unterschiedlichen Akteuren des Produktionsprozesses (Kunden, Mitarbeiter, Zulieferer, etc.) hin verlagert haben. Des Weiteren gilt als Maßeinheit innerhalb des wissensbasierten Wirtschaftssystems nicht mehr der für ein Produkt bezahlte Preis, sondern die Wertschöpfung und die Effizienz des Einsatzes von Ressourcen, die zum Aufbau und zur Pflege der im Produktionsprozess involvierten Beziehungen gebraucht werden. Kurz gesagt: Wertschöpfung ist nicht länger eine Funktion des Stückpreises von Massenprodukten, sondern des effizienten Einsatzes von Ressourcen zur Pflege von Schlüsselbeziehungen. Das GDP basiert auf Masse und nicht auf Wertschöpfung, Relation und Effizienz, weshalb es ungeeignet ist, die Schaffung von Werten eines nationalen Wirtschaftssystems im

Wissenszeitalter zu erfassen. Wenn sich nationale Regierungen weiterhin auf die Aussagekraft des GDP verlassen, ziehen sie mangelhafte Schlussfolgerungen über den tatsächlichen wirtschaftlichen Wohlstand des Landes, seine Wirtschaftskraft und seine Position innerhalb des Weltwirtschaftssystems.

Im folgenden Kapitel stellen wir das VAIC™ Messverfahren vor. Es ist ein Instrument, mit dem Regierungen besser in der Lage sind, einen Einblick in die Performance des nationalen IC zu gewinnen und herauszufinden, ob sich das Reservoir nationaler intellektueller Vermögenswerte über einen bestimmten Zeitraum hinweg vergrößert oder vermindert hat. Dies stellt eine gute Basis für Regierungen dar, um Strategiepläne zu entwickeln und das Wachstum der Nation im Wissenszeitalter sicherzustellen.

18.3 Entwicklung eines Messsystems für Intellektuelles Kapital auf nationaler Ebene

Den Anfang der VAIC™/ICE Analyse stellt die Berechnung der Gesamtwertschöpfung oder des Mehrwerts (Value Added – VA) dar. Diese Größe wird als die geeignetste Messeinheit für den erzielten Geschäftserfolg gesehen.

VA ist der Unterschied zwischen Output und Input:
$$VA = OUT-IN$$
Hierbei ist VA = Gesamtwertschöpfung;
OUT = Umsatz;
IN = Anschaffungskosten für Material, Teile und Leistungen

Die Berechnung von VA kann auch so erfolgen:
$$VA = OP + EC + D + A$$
Dabei ist OP = operationalisierter Profit;
EC = Gehälter und Lohnkosten;
D = Depreciation;
A = Amortisation

Die Gesamtwertschöpfung (VA) ist ein objektiver Indikator, der die Fähigkeit eines Unternehmens oder Landes darstellt, Werte zu erzeugen, die benötigt werden, um Investitionen in Ressourcen – Gehälter und Zinsen für Finanzkapital, Dividenden an die Investoren, Steuern an den Staat und Investitionen in künftige Entwicklungen – abdecken zu können.

Im Folgenden wird die Effizienz der Ressourcen des intellektuellen Kapitals (IC) sowie des physischen und finanziellen Kapitals berechnet (CE). Dabei besteht das Intellektuelle Kapital wiederum aus zwei Komponenten, dem Human- und dem Strukturkapital. In Übereinstimmung mit der Sichtweise anderer führender IC Experten (Edvinsson 1997; Sveiby 2001; Roos et al. 1997) gilt der Gesamtbetrag von Gehältern und Lohnkosten als Humankapital. Diese Position wird in diesem Konzept nicht mehr dem INPUT zugeschrieben, da Mitarbeiter als Investition und nicht als Kostenpunkt in Rechnung gehen und somit den gerechtfertigten Status einer Schlüsselressource erhalten.

Die Wertschöpfungseffizienz des Humankapitals wird folgendermaßen berechnet:

$$HCE = VA/HC$$

Wobei HCE = Effizienz des Humankapitals,
VA = Gesamtwertschöpfung,
HC = Gesamtbetrag von Gehältern und Lohnkosten

HCE zeigt an wie viel Mehrwert pro investierte Geldeinheit in Humanresourcen erzielt wurde.

Die Gesamtwertschöpfung minus Humankapital ist ein angemessener Näherungswert für Strukturkapital (SC), der zweiten Komponente des intellektuellen Kapitals (SC = VA-HC). Wie aus der Gleichung hervorgeht, ist diese Kapitalform keine unabhängige Größe wie das Humankapital, sondern hängt von der Gesamtwertschöpfung ab und weist ein umgekehrt proportionales Verhältnis zu HC auf. Da beide Größen in dieselbe Position zu VA gebracht werden müssen, wird die Effizienz des SC auf andere Weise berechnet als die des HC. Würde man es auf die selbe Art berechnen, dann käme man zu einem unlogischen Ergebnis, das besagt, dass die SC-Effizienz steigt, wenn die HC-Effizienz fällt. Logischerweise muss die Wertschöpfungseffizienz beider Größen wachsen, um die Gesamteffizienz des IC zu steigern. Deshalb wird die Effizienz des SC folgendermaßen berechnet:

$$SCE = SC/VA$$

Wobei SCE = WS-Effizienz des Strukturkapitals,
SC = Strukturkapital,
VA = Gesamtwertschöpfung

SCE drückt den Anteil des SC im VA aus.

Die Effizienz des Intellektuellen Kapitals (ICE) erhält man, indem man die Effizienzen des Human und Strukturkapitals addiert:

$$ICE = HCE + SCE$$

Unserer Meinung nach, ist ICE für Wissensarbeit und den Wissensarbeiter das, was Produktivität für manuelle Arbeit und den manuellen Arbeiter war.

Um jedoch einen genauen Einblick in die Wertschöpfungseffizienz der Ressourcen zu erhalten, ist es notwendig das physische und finanzielle Kapital (Gesamtkapital (CE)) mit einzubeziehen. Obwohl diese Ressource ihre dominante Position in der wissensbasierten Wirtschaft verliert, kann deren Relevanz nicht verneint werden. Die Effizienz des Gesamtkapitals (CE) wird folgendermaßen berechnet:

$$CEE = VA/CE$$

Wobei CEE = WS-Effizienz des Gesamtkapitals,
VA = Gesamtwertschöpfung,
CE = Gesamtkapital (Buchwert des Nettovermögens)

CEE ist also das Verhältnis von Gesamtwertschöpfung zu eingesetztem Gesamtkapital.

Um die Effizienz der allgemeinen Wertschöpfung zu erhalten, werden die folgenden Größen addiert:

$$VAIC^{TM} = ICE + CEE$$

Wobei $VAIC^{TM}$ = "Value Added Intellectual Coefficient" oder die allgemeine WS-Effizienz

Je höher der VAIC™ Koeffizient, um so besser wurden die Ressourcen eines Unternehmens/Landes ausgenutzt.

Welchen Nutzen bringt diese Analyse? Außer dass VAIC™ das Konzept der Wertschöpfung (VA) beinhaltet und ermöglicht, die WS-Effizienz der zwei Schlüsselressourcen zu ermitteln, hat die Methode noch weitere Vorteile. Es bietet eine standardisierte und konsistente Grundlage für komparative Messung, wobei eine große Anzahl von Mustern möglich ist. Alternative IC-Messmethoden sind insofern begrenzt, da sie (a) Informationen nutzen, die sich nur auf eine limitierte Gruppe von Unternehmen/Nationen beziehen (z.B. börsenorientierte Daten); (b) einzigartige finanzielle und nichtfinanzielle Größen können nicht in eine verständliche Messeinheit zusammengefasst werden (c) dem Profil einzelner Unternehmen/Nation angepasst sind. Daraus geht hervor, dass alternative Messsysteme nicht dazu geeignet sind, konsistent quer durch ein großes und verschiedenartiges Muster für komparative Analyse genutzt zu werden. Weiteres basieren alle für die VAIC™ Kalkulation genutzten Daten auf dem bestehenden Rechnungswesen und sind deshalb objektiv und nachweisbar. Die Einfachheit der Methode erhöht ihre Verständlichkeit und Erkenntniskraft in allen Gesellschaftsschichten. Weil diese Vorgehensweise auf bestehende Konzepte betrieblichen Rechnungswesens aufbaut, ist eine allzu abrupte Abkehr von konventionellen, in der Wirtschaftswelt allgemein akzeptierten Denkmustern nicht notwendig. Deshalb ist VAIC™ für ein breites Spektrum von internen und externen Stakeholdern interressant und kann auf allen Ebenen der Unternehmensführung eingesetzt werden. Ein weiterer wichtiger Vorteil besteht darin, dass mit der VAIC™/ICE Methode einzelne numerische Werte produziert werden, die Konfusion, Missverständnisse und Ärger vermeiden helfen, was oft der Fall ist, wenn mit Hilfe von komplizierten Multi-Index Methoden Länder oder Industriezweige miteinander verglichen werden. Trotz dieser und anderer ungenannter Vorteile ist VAIC™/ICE nicht mehr als ein einzelnes Bewertungsinstrument. Es gleicht einem Blutbild oder einer Röntgenaufnahme Bezug nehmend auf die Wertschöpfungsfähigkeit und Effizienz eines Unternehmens oder Landes. Um eine genaue Diagnose stellen zu können, sollte es mit anderen modernen Management- und Messverfahren kombiniert werden.

18.4 IC-Wertschöpfungseffizienz auf nationaler Ebene

Messung der IC Performance ist auf nationaler Ebene noch bedeutender als auf Unternehmensebene, da Gesetze und Politik, die auf dieser Ebene gemacht werden, starken Einfluss auf den Erfolg der nationalen Wirtschaft sowie einzelner Unternehmen ausüben. Auf der Mikroebene sind Umsatz und Profit nicht mehr unumstrittene Messgrößen für Unternehmenserfolg, das GDP, die traditionelle Messgröße für wirtschaftlichen Fortschritt, erwartet dasselbe Schicksal auf der Makroebene.

Um die Nachteile traditioneller Indikatoren, wie z.B. des GDP, als Barometer wirtschaftlichen Fortschritts und Grundlage für wirtschaftspolitische Entscheidungen im Wissenszeitalter deutlicher vor Augen zu führen, werden zunächst zwei Länder analysiert und miteinander verglichen: Kroatien und Singapur. Obwohl sie geografisch weit auseinander liegen und hinsichtlich ihres historischen Erbes und ethnischen Hintergrunds nicht mit einander zu vergleichen sind, weisen sie doch einige Gemeinsamkeiten auf.

Beide Staaten (besonders Singapur) erstrecken sich über eine kleine Landfläche. Der Wohlstand beider Länder hängt daher mehr von ihrem intellektuellen Kapital ab, als es bei Ländern mit großen natürlichen Ressourcen, wie etwa Australien, Südafrika oder den USA der Fall ist. Den GDP-Werten werden die Werte für die Wertschöpfungseffizienz des intellektuellen Kapitals (ICE) gegenübergestellt, um den Vergleich zwischen traditionellen und neuen Messverfahren zu ermöglichen.

Kroatien hatte 2002 ein GDP von 22 Mil US$. Teilt man diese Zahl durch die Bevölkerungszahl erhält man das GDP pro Kopf, das allgemein als fundamentale Leitlinie für wirtschaftspolitische Entscheidungen und als essenzielles Maß wirtschaftlichen Erfolges gesehen wird. Es gibt verschiedene Gründe dafür, dass Schlussfolgerungen, die aufgrund des GDP erfolgen, heutzutage problematisch sind.

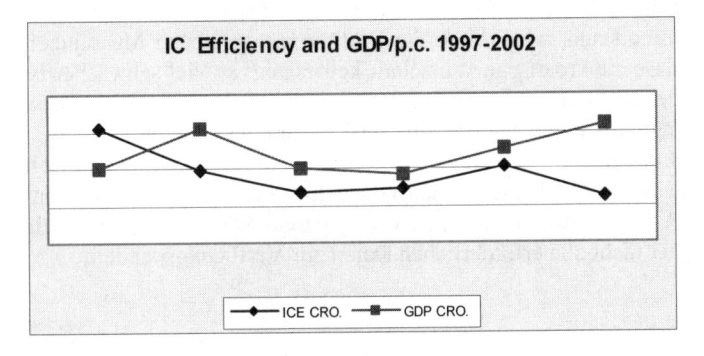

Abb. 18.1. IC Efficiency and GDP/pc 1997-2002

Ein GDP Wert von XX Mil. US$ sagt nichts darüber aus -gleich dem Umsatz auf der Mikroebene- ob dieser gut oder schlecht ist Bezug nehmend auf die existierenden Ressourcen eines Landes. Entsprechend weiß man auch nicht, ob bei einem Anstieg des GDP von 4.500$ auf 4.700$ die nationale Wertschöpfungseffizienz gestiegen ist oder nicht. Es kommt auch durchaus vor, dass gleichzeitig ein Anstieg der GDP und ein Fall der ICE Werte besobachtet wird. Wie ist dieses Paradox zu interpretieren?

Auf der Mikroebene werden andere Maßeinheiten – Umsatz und Profit – angewandt, als auf der Makroebene – GDP. Obwohl beide Maßeinheiten zum selben wirtschaftlichen Dasein gehören, erhalten Unternehmen keine Informationen darüber, wie sie im Bezug zur allgemeinen, nationalen Performance stehen. Darüber hinaus haben Regierungen auch keinen Einblick, welcher Industriesektor oder welche Unternehmen die Generatoren der nationalen Wertschöpfungseffizienz darstellen. Ein anderer, möglicher Grund für das Paradox ist das Berechnungssystem: beim GDP pro Kopf wird die Gesamtsumme durch die Zahl der Bewohner eines Landes geteilt, während bei VAIC™/ICE die Wertschöpfung durch die Zahl derer geteilt wird, die aktiv am Wertschöpfungsprozess mitwirken.

Es stellt sich nun die Frage, welche Messgröße ein Zusatz oder sogar Ersatz für das GDP in der Wissensökonomie sein könnte. Hinsichtlich der Tatsache, dass immer mehr Unternehmen an der WS-Effizienz ihres intellektuellen Kapitals interessiert sind, kommt ICE als eine angemessene Messeinheit für die Makroebene in Betracht. Das folgende Beispiel (Abb. 18.2.) von Singapur und Kroatien soll dies unterstreichen.

Anbetracht der Tatsache, dass Singapur im analysierten Zeitraum fast das doppelte GDP aufweist, ist die Schlussfolgerung logisch, dass Singapurs Wirtschaft im Vergleich zu Kroatien doppelt so entwickelt sei und deshalb wirtschaftlich fähiger und effizienter wäre als Kroatien. Dies wurde bislang allgemein als Faktum akzeptiert. Gäbe es nicht die IC-Problematik, hätte sich an diesem Bild nichts geändert.

In Abbildung (18.3.) sieht man ICE Werte von Singapur und Kroatien im Zeitraum von drei Jahren. Im Gegensatz zum ersten Bild, das anhand der traditionellen nationalen Analyse entstand, wird durch die Einführung der neuen Messeinheit, des ICE, gezeigt, dass die kroatische Wirtschaft keineswegs so viel schwächer ist, im Gegenteil. In der analysierten Zeitspanne näherten sich die ICE Werte Kroatiens denen von Singapur an und sind im Jahr 2001 sogar etwas besser.

Abb. 18.4. zeigt das ICE aller EU Länder, berechnet, addiert und mit dem GDP verglichen (die im Mai 2004 beigetretenen neuen EU-Staaten wurden nicht mit einbezogen). Die Analyse bezieht sich auf die Zeitspanne 1997 – 2001, da für die Jahre 2002 und 2003 nicht alle erforderlichen Daten zur Verfügung standen.

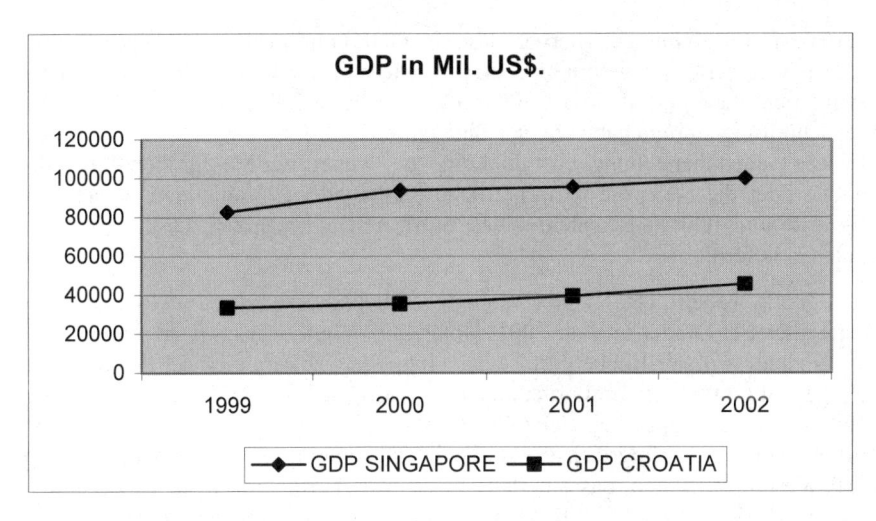

Abb. 18.2. GDP US$ Mill.

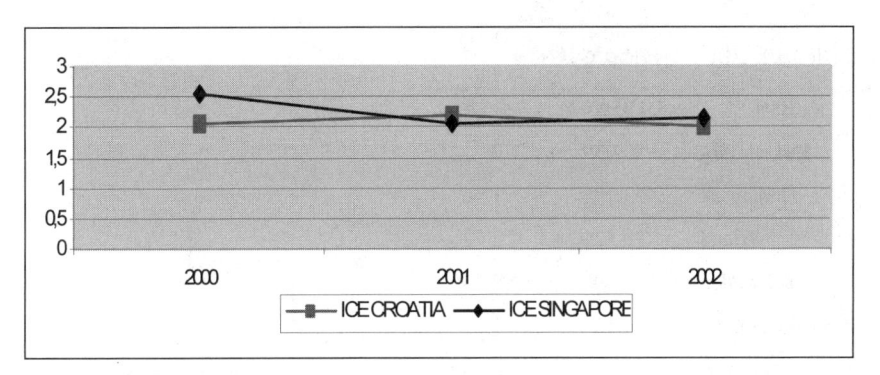

Abb. 18.3. Intellectual Capital Efficiency (ICE)

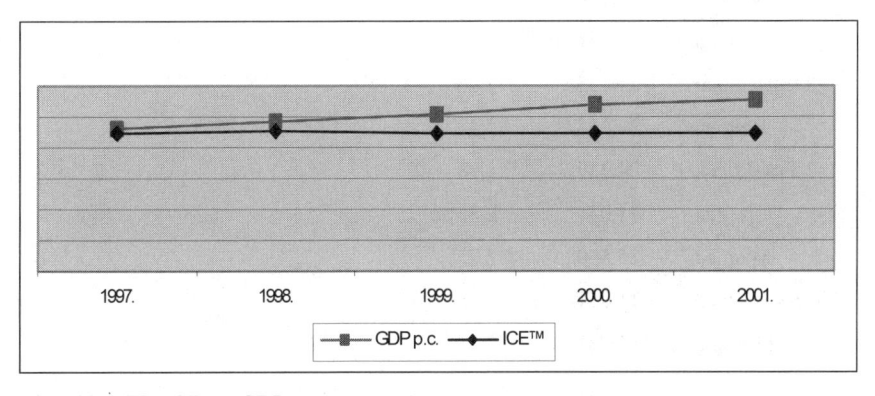

Abb. 18.4. EU-ICE vs. GDP

Aus dem Diagramm geht hervor, dass das GDP kontinuierlich anstieg, während die ICE stagnierte. Im gesamten Zeitraum hat sich die Wertschöpfungseffizienz des IC nicht verändert, d.h. dass 2001 jede investierte Geldeinheit in HC dieselbe Wertschöpfung zufolge hatte wie vor fünf Jahren.

Diese Gegenüberstellung wirft die Frage auf, welche der Messgrößen, die traditionelle oder die neue, die wirtschaftliche Realität der EU objektiver widerspiegelt. Alle angeführten Beispiele sollen Stoff zum Nachdenken, Diskutieren und Forschen liefern.

Folgende Tabelle (18.1.) gibt einen Überblick der erzielten GDP- und ICE-Werte aller EU Länder im Jahr 2001. Hohe GDP Werte weisen nicht automatisch auf effiziente wirtschaftliche Performance hin, wie ein Vergleich der Werte in der Tabelle zeigt. Obgleich Großbritannien den niedrigsten ICE-Wert aller EU Länder aufweist, ist es hinsichtlich der GDP Werte auf Rang fünf. Andererseits weist Griechenland, das erfolgreichste Land im ICE Ranking, keine besonders hohen GDP Werte auf. Italien, das auf Platz zwei im ICE Ranking liegt, ist bezüglich seiner GDP Werte im Jahr 2001 unterhalb des europäischen Durchschnitts.

Tabelle 18.1. 2001 GDP p/c ICE

2001	GDP p/c €	ICE
Luxemburg	50.039	2,21
Dänemark	33.196	1,94
Irland	29.821	2,72
Schweden	27.500	2,58
Grossbritannien	27.143	1,89
Niederlande	26.845	2,23
Österreich	26.374	2,28
Finnland	26.141	2,79
Deutschland	25.155	2,06
Belgien	24.664	2,12
Frankreich	24.289	2,18
Italien	21.034	2,85
Spanien	15.849	2,25
Griechenland	11.951	3,26
Portugal	11.882	2,18
EU TOTAL	23.289	2,21

Wie im Beispiel von Singapur und Kroatien wirft auch hier die ICE Analyse ein neues Licht auf die Fähigkeit der analysierten Länder, durch effektiven Einsatz ihrer Ressourcen effizient Wert zu schaffen. Der Unterschied zwischen GDP pro Kopf und ICE liegt darin, dass bei ersterem alle Konstituenten innerhalb eines Wirtschaftssystems in Rechnung genommen werden. Dem ICE Maßstab liegt die Sichtweise zugrunde, dass nur diejenigen, die tatsächlich einen Beitrag zur Wertschöpfung leisten – die arbeitende Bevölkerung eines Landes – berücksichtigt werden sollen.

Bei der Bewertung der wirtschaftlichen Performance eines Landes ist neben der Relation der Ressourcen zum Resultat (durch VAIC™/ICE ausgedrückt), die Masse von größter Bedeutung (ausgedrückt durch Gesamtwertschöpfung). Deshalb auch folgende Tabelle (Tabelle 18.2.). Aus dieser Tabelle geht hervor, dass die Wertschöpfung der EU Länder sehr konzentriert ist, wobei der angeführte Prozentsatz auf den Beitrag der Länder zur Gesamtwertschöpfung der EU hinweist. Die ersten vier Länder tragen somit 72% und die anderen elf nur 28% zur Gesamtwertschöpfung bei. Wie bemerkt werden kann, sind die „kleinen" Ökonomien die effizienteren. Italien ist das einzige EU Land, das 2001 zur beachtlichen Masse auch eine hohe WS-Effizienz aufweist und somit ein optimales Ergebnis erzielt.

Tabelle 18.2. Tabelle 2001 VA

2001	VA € m	%
Deutschland	1.863.830	23,33
Grossbritannien	1.383.844	17,32
Frankreich	1.358.900	17,01
Italien	1.140.830	14,28
Spanien	589.648	7,38
Niederlande	393.843	4,93
Belgien	227.369	2,85
Schweden	214.557	2,69
Österreich	200.394	2,51
Dänemark	152.522	1,91
Finnland	118.499	1,48
Griechenland	114.568	1,43
Portugal	106.395	1,33
Irland	102.691	1,29
Luxemburg	19.737	0,25
EU TOTAL	7.987.627	100

Tabelle 18.3. 2001 ICE, VA

2001	ICE	VA
Griechenland	3,26	114.568
Italien	2,85	1.140.830
Finnland	2,79	118.499
Irland	2,72	102.691
Schweden	2,58	214.557
Österreich	2,28	200.394
Spanien	2,25	589.648
Niederlande	2,23	393.843
Luxemburg	2,21	19.737
Frankreich	2,18	1.358.900
Portugal	2,18	106.395
Belgien	2,12	227.369
Deutschland	2,06	1.863.830
Dänemark	1,94	152.522
Grossbritannien	1,89	1.383.844
EU TOTAL	2,21	7.987.627

Drei der „big four" Wirtschaften, Deutschland und GB, gefolgt von Frankreich weisen unterdurchschnittliche EU ICE Werte auf, mit Ausnahme Italiens. Das ist ein ernstzunehmendes Problem, da im Fall einer großen Wirtschaft auch kleinste Veränderungen der Effizienzwerte große Auswirkungen auf die Wertschöpfung haben. Eine 2% Steigerung der WS-Effizienz in GB würde approximativ € 32,000,000,000 VA zur Folge haben, in Griechenland jedoch nur € 23,000,000.

Folgende Abbildung (18.5.) zeigt die Abweichung der WS-Effizienz vom europäischen Durchschnitt in einem Jahr. Alle Länder, die unterhalb liegen, tragen zur Senkung des EU ICE Durchschnitts bei und sollten die Ergebnisse als Anstoß sehen, ihre Wirtschaftspolitik zu überdenken. Es muss jedoch darauf hingewiesen werden, dass nur ein mehrjähriger VA und ICE Trend ein objektives Bild der Wirtschaftskraft der EU, wie auch der einzelnen Länder, ermöglicht.

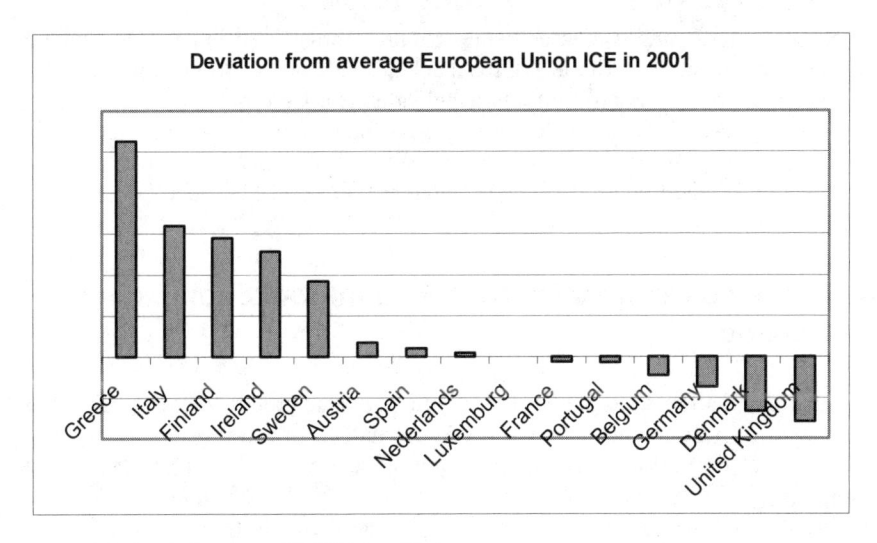

Abb. 18.2. Deviation from EU ICE avg 2001

Die angeführten Beispiele sollen darauf aufmerksam machen, dass Messverfahren der neuen Generation, hier konkret die VAIC™/ICE Analyse, neue Perspektiven hinsichtlich der Performance einer nationalen Wirtschaft bieten. Regierungen sollen angeregt werden, zu überdenken, inwiefern sie anhand der Informationen, die traditionelle Messverfahren liefern, wirtschaftspolitische Entscheidungen fällen können, für die sie Verantwortung tragen.

Im Verhältnis zu Frankreich, Deutschland und England werden die geografisch kleineren Ökonomien von Singapur und Kroatien durch den VAIC™/ICE Index weit gerechter beurteilt. Gemessen am GDP pro Kopf rangierten Kroatien und Singapur weit hinter größeren Ländern wie Frankreich, Deutschland und Großbritannien. Die Wirtschaftsleistung Singapurs lag im Jahr 2001 zwar leicht hinter Frankreich und vor Deutschland, aber es war weitaus effizienter in der Wertschöpfung als England. Die VAIC™/ICE Werte zeigen allerdings, dass die Wirtschaft Kroatiens hinsichtlich ihrer Performance besser als diese Länder war, während die Performance von Singapur in etwa gleich oder ein wenig besser war. Dies ist ein wichtiger Hinweis für die Regierungen von Kroatien und Singapur sowie potentielle Investoren.

Abgesehen davon, dass das VAIC™/ICE Messsystem ein strategisches Tool für Regierungen darstellt, kann es auch den Bürgern dienen, die Verantwortlichkeiten der Regierung zu beurteilen sowie die Einhaltung von Wahlversprechen zu überprüfen. Durch den Verweis auf einen Anstieg des GDP konnten Regierungen früher damit rechnen, wieder gewählt zu werden. Auch wenn ein quantitatives Wachstum der Wirtschaft noch immer als etwas Positives angesehen wird, geraten Regierungen unter immer stärkeren Druck, die Effektivität und Effizienz der Nutzung von Ressourcen (z.B. Steuereinnahmen), deren Kontrolle und Verfügung ihnen anvertraut wurde, unter Beweis zu stellen.

Nationale Regierungen müssen heute viel umsichtiger sein in der Verwendung von Steuereinnahmen und eine Politik machen, welche die Bürger ihres Landes am besten unterstützt und fördert. Die wählenden Bürger könnten es z.B. als Verschwendung auslegen und die Regierung abwählen, wenn diese finanzielle Ressourcen aus einem produktiven Bereich der Wirtschaft abzieht und auf unproduktive Gebiete verlagert und somit zum nationalen Wertverlust beisteuert.

18.5 Vereinbarkeit auf mikro- und makroökonomischer Ebene

Während eine nationale Regierung verständlicherweise großes Interesse daran haben mag, die Kraft und den Zustand der Wirtschaft des Landes innerhalb der globalen Wirtschaftslandschaft zu positionieren, kann sie jedoch den Umstand nicht ignorieren, dass die Entwicklung einer erfolgreichen Wirtschaftspolitik und die Förderung eines geeigneten sozialen Umfeldes eng verknüpft sein muss mit mikroökonomischen Überlegungen.

Für Unternehmensführungen kann es gleichermaßen hilfreich sein, die Performance ihrer Firma im Vergleich zu jener der Gesamtwirtschaft beurteilen zu können. Ebenso wollen Vertreter regionaler Regierungen wissen, wie viel ihre Region zum Wohlstand des Gesamtstaates beiträgt.

Die gegenwärtig verwendeten Maße für die Performance auf nationaler Ebene, wie GDP und GDP pro Kopf, sind im Wesen makroökonomische Messsysteme und daher nicht wirklich vereinbar mit mikroökonomischen Bedingungen bzw. existierenden mikroökonomischen Maßstäben.

Die Unmöglichkeit, Maße zur Bestimmung der Performance auf nationaler Ebene auch auf die mikroökonomische Ebene zu übertragen, bietet Regierungen und Unternehmen einen erheblichen Spielraum für ineffiziente und ungeeignete Strategien und politische Entscheidungen.

Eine Regierung kann z.B. das GDP unmittelbar mit der Schlüsselindustrie des Landes in Verbindung setzen. Dieser Kurzschluss gibt der Regierung zwar die Möglichkeit, den prozentualen Beitrag eines bestimmten Sektors am GDP zu bestimmen, er sagt aber nichts darüber aus, ob dieser Sektor tatsächlich der eigentliche Wirtschaftsmotor ist. Zwei Gründe rechtfertigen diese Behauptung. Erstens kann ein bestimmter Sektor zwar eine große Menge von Produkten erzeugen und verkaufen, dabei aber ungeheure Mengen von Ressourcen völlig ineffizient einsetzen. Die erzeugten Produkte mögen zwar gesellschaftliche Bedürfnisse abdecken, gleichzeitig aber wenig Wert für die zukünftige Entwicklung der Gesellschaft haben.

Anhand der Daten, die das britische „Department for Trade and Industry" in der Studie „The Value Added Scoreboard" im dritten Jahr veröffentlichte, waren wir in der Lage, das ICE zu berechnen, für die, nach dem Kriterium der Wertschöpfung, 600 größten europäischen Unternehmen. Die Werte ihrer IC-Wertschöpfungseffizienz (ICE) sind nach Sektoren geordnet, um einen genauen Überblick ihrer Wertschöpfung (VA) sowie Effizienz zu ermöglichen.

Tabelle 18.4. Tabelle Sectors

SECTOR	VA m. € 2003	VA change to 2002 - m. €	ICE	ICE change% to 2002
Banks	263.840	6.493	2,23	-3,04
Automobiles & parts	145.079	14.150	1,85	-3,65
Telecommunication services	130.609	-9.755	2,86	-11,18
Oil & gas	118.432	-7.269	4,72	-11,44
Support services	94.372	55.360	1,33	-24,86
Transport	87.112	52.526	1,75	-12,06
Construction & building	86.493	21.456	1,92	-11,11
Electricity	73.426	5.756	3,04	-9,79
Engineering & machinery	72.371	20.303	1,57	-7,10
Utilities - other	70.732	0	2,82	0,00
Pharma & biotech	63.899	2.030	2,45	-10,26
Media & entertainment	63.186	5.220	1,82	-14,15
Insurance	60.589	14.377	2,13	-18,39
General retailers	60.094	14.952	1,87	-2,09
Chemicals	58.506	4.145	2,05	1,49
Food producers & processors	56.037	1.588	2,41	-0,82
Electronic & electrical	55.055		1,36	-22,29
Food & drug retailers	54.036	3.494	1,91	-6,37
Aerospace & defence	32.351	3.751	1,54	-7,78
Diversified industrials	24.984	-37.095	1,84	-13,62
IT Hardware	22.439	13.804	1,50	-54,13
Beverages	21.719	1.343	2,93	-3,30
Steel & other metals	20.208	8.366	1,63	-14,66
Leisure & hotels	19.530	-490	1,91	-8,61
Software & computer services	16.677	9.788	1,36	-22,73
Household goods & textiles	16.433	521	2,10	0,00
Mining	16.203	-2.248	3,76	-4,57
Forestry & paper	15.575	-1.170	2,38	-14,70
Health	15.342	3.267	1,87	-1,06
Life assurance	15.333	-7.468	2,20	-10,20
Personal care & household	13.259	334	2,22	1,83
Tobacco	12.608	1.443	3,57	-4,55
Speciality & other finance	5.561	1.057	2,59	7,47
Real estate	1.442	-1.419	10,58	33,75
TOTAL	1.883.532		2,12	

Welchen Nutzen liefern die Informationen in dieser Tabelle 18.4. Jedes Unternehmen, das sein ICE anhand der skizzierten Methodologie berechnet, bekommt zunächst einen Einblick in die eigene Fähigkeit mithilfe intellektueller Ressourcen Wert zu erzeugen und kann sich mit dem ICE Durchschnitt des Sektors oder dem der nationalen Wirtschaft vergleichen. Damit können sich Unternehmen innerhalb des eigenen Sektors, der regionalen oder nationalen Wirtschaft positionieren und, wenn Daten vorhanden sind, mit der internationalen Konkurrenz vergleichen. Darauf wird aus Platzgründen nicht weiter eingegangen. Es soll jedoch nochmals unterstrichen werden, dass unterdurchschnittliche Effizienz sich negativ auf den ICE Durchschnitt – Sektor oder nationale Wirtschaft –auswirkt. Diesbezüglich äußert sich auch die Ministerin des „UK Department for Trade and Industry" in ihrem Vorwort zur VA Studie, dass neben einem kontinuierlichen Wachstum der Wertschöpfung, die Hebung der Effizienz, mit welcher diese geschaffen wurde, die größte Herausforderung für britische Unternehmen darstelle, insbesondere jene die unter dem Sektordurchschnitt liegen.

18.6 Schlussbemerkungen

In den vergangenen Jahren entstanden einige aufregende Initiativen zur Entwicklung von Methoden mit makroökonomischen und nationalen Anwendungsmöglichkeiten zur Messung und Bewertung von IC. Trotz dieser Fortschritte verstärkt sich der Druck, in dieser Richtung noch stärker aktiv zu werden.

GDP und dessen Derivate (z.B. GDP pro Kopf) sind die dominanten Barometer sozialen Wohlstandes, wirtschaftlichen Reichtums und der Stärke und Position nationaler Wirtschaftssysteme.

Aber schon vor dem Hervortreten des IC als treibende Kraft hinter Wertschöpfung wurde das GDP und dessen Derivate von zahlreichen Interpreten scharf kritisiert. Demgegenüber stehen eine Reihe von Vorteilen, welche die Entwicklung von geeigneten IC Messsystemen für die nationale Ebene belohnen würden. So sind nationale Regierungen fortwährend auf nationale Messsysteme angewiesen, an denen sie ihre Wirtschaftspolitik orientieren können und Strategien entwickeln, welche eine für die Wirtschaft förderliche soziale Umwelt zum Ziel haben.

Ohne Entwicklung geeigneter nationaler Messsysteme für das „Wissenszeitalter" und die „knowledge economy", die den Beitrag des IC zum Wohlstand des Landes korrekt erfassen können, kann die Wirtschafts- und Sozialpolitik nationaler Regierungen mit den Anstrengungen eines Bogenschützen, der mit verbundenen Augen Pfeile in ein bewegliches Ziel schießt, verglichen werden.

Dieser Beitrag stellt die VAIC™/ICE Methode in verkürzter Form vor und streicht gleichzeitig die Schwächen heraus, die traditionelle Maße des Industriezeitalters im "Wissenszeitalter" mit sich bringen. Aufgezeigt wird auch die beschränkte Anwendungsmöglichkeit von Maßstäben, welche zur Erfassung des IC auf Unternehmensebene geeignet sein mögen, aber die IC Performance auf nationaler Ebene nicht angemessen widerspiegeln. Als Teil unserer Zusammenfassung haben wir die IC Performance zweier Länder mit ähnlichen demografischen Eigenheiten, Kroatien und Singapur, miteinander verglichen, um damit die Leistungsfähigkeit des VAIC™/ICE Messverfahrens unter Beweis zu stellen. Andererseits wurde die Möglichkeit zusätzlicher analytischer Daten gezeigt, im Bezug auf die EU und ihre Wirtschaftssektoren.

Unsere Analyse zeigt, dass bei der Verwendung traditioneller, nationaler Maßstäbe des Industriezeitalters Singapur ganz klar Kroatien aussticht. Wenn allerdings der Beitrag des IC zur Wirtschaft des Landes mit Hilfe der VAIC™/ICE Methode berücksichtigt wird, ergeben sich überraschende Einsichten. Im nächsten Schritt unserer Untersuchung wollten wir zeigen, dass die VAIC™/ICE Methode eine bessere Herangehensweise ist, um die Wirtschaft von Ländern mit völlig unterschiedlichen demographischen Parametern zu beurteilen. Dazu wurden die EU Länder an ihrer Fähigkeit gemessen, mithilfe ihrer intellektuellen Ressourcen effizient Wert zu erzeugen.

Eine weitere Absicht unserer Untersuchung war, die Stärke des VAIC™/ICE Messverfahrens zu demonstrieren, wenn es darum geht die ökonomische Performance auf der Mikro- und Makroebene miteinander in Einklang zu bringen. Das stellt einen entscheidenden Vorteil dar, der es einerseits Regierungen ermöglicht, ihre Wirtschaftpolitik und sozialpolitischen Strategien fein abzustimmen und der andererseits auch Firmen in die Lage versetzt, ihre Performance einem Benchmarking zu unterziehen und zwar nicht nur gegenüber Konkurrenten sondern auch im Verhältnis zu ganzen Industriezweigen und dem nationalen Durchschnitt. Der Vorteil der VAIC™/ICE Berechnung liegt in der Möglichkeit, diese sowohl auf Einzelunternehmen, Industriezweige, Regionen als auch auf der Makroebene nationaler und internationaler Wirtschaftssysteme anzuwenden.

Obwohl ein Großteil der Diskussion in diesem Beitrag der VAIC™/ICE Methode gewidmet ist, soll dies nicht bedeuten, dass die Entwicklungsbemühungen damit abgeschlossen werden können. Die Suche nach immer besseren Mess- und Bewertungssystemen für die Performance von Unternehmen wie Staaten sollte als ein kontinuierlicher Prozess verstanden werden. VAIC™/ICE ist ein neues Instrument, das neue Einsichten ermöglicht und für Entscheidungsträger auf Unternehmens-, Industrie- und Landesebene wichtige Hinweise liefert. Es stellt die entscheidende Verbindung zwischen IC und finanzieller Performance auf unterschiedlichen Ebenen her.

Um die durch das VAIC™/ICE Verfahren gewonnenen Ergebnisse zu untermauern und zu bewerten, müssen noch weitere, komplementäre IC Maßstäbe für die nationale Ebene entwickelt und eingesetzt werden. VAIC™/ICE ist zwar der erste wichtige Baustein, stellt aber – wie bei so vielen Dingen im Leben – nur den ersten Schritt hin zu einem besseren Verstehen von Zusammenhängen dar.

Literaturverzeichnis

Bontis N (2002) 'Assessing knowledge assets: A review of the models used to measure intellectual capital'. Working paper, Queen's Management Research Centre for Knowledge-Based Enterprises, http://www.business.queensu.ca/kbe

Edvinsson L (1997) 'Developing intellectual capital at Skandia'. Long Range Planning 30(3):266-373

Eisner R (1989) The Total Incomes System of Accounts. University of Chicago Press, Chicago Illinois

England RW (1996) 'Economic development and social wellbeing: Alternatives to gross domestic product'. University of New Hampshire, Durham, New Hampshire (Working paper)

Luthy DH (1998) Intellectual capital and its measurement, http://www3.bus.osakacu.ac.jp/apira98/archives/htmls/25.htm

Pulic A (1998) 'Measuring the performance of intellectual potential in knowledge economy', http://www.vaic-on.net/Opapers/Pulic/Vaictxt.vaictxt.html

Pulic A (2000) 'An accounting tool for IC management', http://www.vaic-on.net/Papers/ham99txt.htm

Roos J, Roos G, Dragonetti NC, Edvinsson L (1997) Intellectual Capital: Navigating in the New Business Landscape. Macmillan, Houndsmills, Basingtoke

Skyrme D (2000) 'Measuring intellectual capital – A plethora of methods', http://www.skyrme.com/insights/24kmeas.htm#meas

Sveiby K (2001) 'Intellectual capital and knowledge management', http://www.sveiby.com.au/BookContents.html

Williams M (2001) 'Is intellectual capital performance and disclosure practices related'. Journal of Intellectual Capital 2(3):192-203

World Bank (1999 – 2003) World Development Report. The World Bank, Washington, D.C.

19 Intellektuelles Kapital in deutschen Unternehmen – aktuelle Studie des Fraunhofer IPK

Kay Alwert, Nadine Vorsatz

19.1 Einleitung

Dem intellektuellen Kapital von Organisationen, seiner Erfassung, Visualisierung und Steuerung wird auch in Deutschland zusehends mehr Aufmerksamkeit gewidmet. Seine Bedeutung für den Erfolg einer Organisation übertrifft längst in vielen wissens- und dienstleistungsintensiven Branchen die der materiellen Werte. Das intellektuelle Kapital kann als Schlüssel zur Innovationsfähigkeit einen nachhaltigen Wettbewerbsvorteil schaffen und ist damit entscheidend für das erfolgreiche Bestehen einer Organisation. Da das intellektuelle Kapital immateriell und demzufolge nicht greifbar ist, besteht sowohl die Schwierigkeit seiner Erfassung und Darstellung als auch seiner Steuerung. Das Competence Center Wissensmanagement des Fraunhofer IPK Berlin will mit dieser Studie Aufschluss darüber geben, welche Bedeutung dem intellektuellen Kapital in deutschen Unternehmen beigemessen wird und inwieweit seine Erfassung und Steuerung innerhalb der Unternehmen erfolgt.

19.2 Datensammlung

Im Rahmen dieser Studie wurden von Mai bis Juni 2004 deutschlandweit 720 Unternehmen verschiedener Branchen und Größe online befragt. Die Unternehmen sollten den Einfluss des intellektuellen Kapitals auf den Geschäftserfolg aktuell und in Zukunft einschätzen und eine Beurteilung der Ausprägung ihres intellektuellen Kapitals und des systematischen Umgangs mit diesem im Unternehmen vornehmen. Dafür wurden entsprechend des Modells des Arbeitskreises Wissensbilanz (siehe Abb. 19.1.) das intellektuelle Kapital in Human-, Beziehungs- und Strukturkapital gegliedert und zusätzlich die Geschäftsprozessdimension herangezogen. Für jede dieser vier Dimensionen wurden mögliche Einflussfaktoren auf den Geschäftserfolg definiert, die jeweils von den Unternehmen zu bewerten waren.

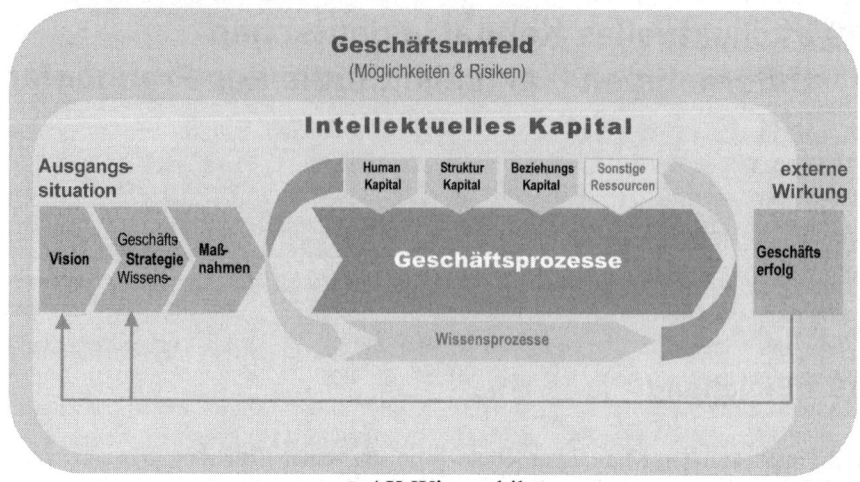

Abb. 19.1. Das Wissensbilanzmodell des Arbeitskreises Wissensbilanz (AK-WB)

Auf Basis dreier Studien (Heisig u. Vorbeck 1998; Heisig u. Orth 2004; Universität Köln 2004) zum Thema Wissensmanagement und der Ergebnisse des Projektes „Wissensbilanzen – Made in Germany" wurden 19 mögliche immaterielle Einflussfaktoren, die von Experten und Praktikern als die Wichtigsten eingeschätzt wurden, bestimmt. Diese Faktoren, in Tabelle 19.1 gegliedert nach den Dimensionen dargestellt, sollten von den Unternehmen beurteilt werden.

Gleichzeitig wurde erfasst, ob, und wenn ja, welche Instrumente die Unternehmen bereits einsetzen, um ihr intellektuelles Kapital zu steuern, welchen Nutzen das Instrument Wissensbilanz erzielen und welchem Unternehmensbereich die Verantwortung für die Wissensbilanz unterliegen sollte. Des Weiteren wurden die Unternehmen danach befragt, ob die Wissensbilanz eher als Steuerungs- oder Kommunikationsinstrument fungieren sollte und welches Verfahren zur Erstellung einer Wissensbilanz geeigneter ist – ein standardisiertes, auf den externen Vergleich ausgerichtetes oder ein individuelles, spezifisch an die Anforderungen des Unternehmens angepasstes Verfahren.

Von den befragten Unternehmen haben 91 den Fragebogen ausgefüllt zurückgeschickt, so dass eine Rücklaufquote von 12,6% vorliegt.

Tabelle 19.1. Mögliche immaterielle Einflussfaktoren auf den Geschäftserfolg

Humankapital	Strukturkapital	Beziehungskapital	Geschäftsprozesse
Mitarbeitererfahrung	Informationstechnik, Software und technische Systeme	Beziehungsmanagement zu Kunden	Wertschöpfende Produkt- und Dienstleistungsprozesse
Soziale Kompetenzen der Mitarbeiter	Kooperation und Kommunikation innerhalb der Organisation	Beziehungsmanagement zu Lieferanten	Führungsprozesse
Mitarbeitermotivation		Soziales Engagement, Verband- und Öffentlichkeitsarbeit	
Führungskompetenz	Unternehmenskultur		
Mitarbeiterausbildung	Forschung und Entwicklung zur Produktinnovation	Beziehungsmanagement zu Investoren und Eignern	
	Prozessinnovationen und interne Optimierungen	Externe Kooperation und externer Wissenserwerb	
	Wissenstransfer und -sicherung	Image/Marke	

19.3 Ergebnisse der Studie

In der Studie sind alle Größen von Unternehmen vertreten, wobei nahezu die Hälfte der Unternehmen (49%) bis zu 500 Mitarbeiter beschäftigen und damit als klein und mittelständisch einzustufen sind. Den Umsatz betreffend liegen 45% der Unternehmen im Bereich zwischen 50 und 500 Millionen Euro.

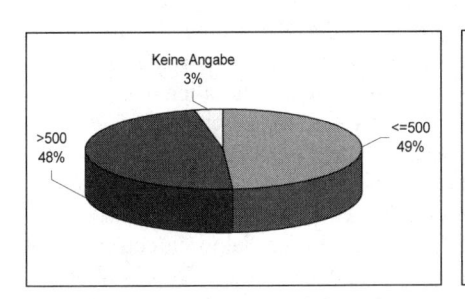

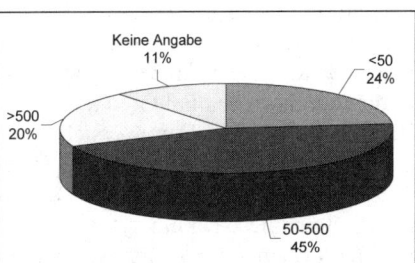

Abb. 19.2. Anzahl der Mitarbeiter (links); Umsatz in Millionen Euro (rechts)

Bezüglich der regionalen Verteilung (Abb. 19.3.) zeigt sich mit 52% eine sehr deutliche Dominanz der Unternehmen aus dem Süden Deutschlands, während die Unternehmen aus dem Osten mit 7% am schwächsten vertreten sind. Beim Vergleich mit der Grundgesamtheit wird deutlich, dass der Rücklauf der Unternehmen aus dem Osten Deutschlands mit 5 % unterdurchschnittlich ist. Der Anteil der Unternehmen aus dem Süden dagegen ist in der Stichprobe deutlich höher als in der Grundgesamtheit. Dies könnte als erstes Indiz dafür stehen, dass sich Unternehmen aus Bayern und Baden Württemberg bereits stärker mit dem Thema auseinandersetzen und hier eine Vorreiterrolle einnehmen.

Mit Blick auf die Branchen (siehe Abb. 19.4.) kann festgestellt werden, dass das intellektuelle Kapital ein Thema ist, das nicht nur branchenspezifisch als bedeutend empfunden wird. Mit Ausnahme des Energiebereiches haben sich Unternehmen aller wesentlichen Branchen an der Studie beteiligt. Dennoch zeigt sich, dass wissensintensive Unternehmen verstärkt vertreten sind. IT Unternehmen stellen neben Beratern und der Automobilbranche mit 22% die größte Gruppe.

Dass die Unternehmen bereits mit dem Thema vertraut sind, wird daran deutlich, dass lediglich einem Befragten keiner der auf das intellektuelle Kapital bezogenen Begriffe bekannt ist. Die meisten Begriffe sind bereits geläufig (Abb. 19.5.), wobei vor allem das Wissensmanagement und der immaterielle Vermögenswert am häufigsten genannt wurden. Die Bekanntheit des Begriffes Wissensmanagement ist sicherlich darauf zurückzuführen, dass diese Disziplin in den letzten Jahren stark Beachtung gefunden hat und eine Reihe von Wissensmanagementprojekten durchgeführt wurden, während der Begriff der Immateriellen Vermögenswerte vermutlich vor allem aus der Rechnungslegung vertraut ist. Mit 40,7% weist der Begriff Intangible Assets den geringsten Bekanntheitswert auf.

19.3.1 Einflussgewicht, Ausprägung und Systematik der einzelnen Faktoren

Um sich ein Bild darüber machen zu können, welche Faktoren den Geschäftserfolg am stärksten beeinflussen und damit von großer Bedeutung für die Unternehmen sind, sollten die befragten Unternehmen neben den materiellen Faktoren wie Gebäude, Grundstücke, Maschinen, Anlagen, Arbeitsmaterialien und Rohstoffe die immateriellen Faktoren aus Tabelle 1 nach ihrem aktuellen und zukünftigen Einfluss beurteilen. Damit ersichtlich wird, welche Faktoren bereits gut ausgeprägt in den Unternehmen vorliegen und welche nicht, wurde abgefragt, ob die einzelnen immateriellen Faktoren die Anforderungen des laufenden Geschäfts ausreichend erfüllen. Da ein systematischer Umgang mit den Faktoren entscheidend ist, die bestehende qualitative und quantitative Ausprägung der Faktoren zu verbessern bzw. nachhaltig zu sichern, wurde auch dieser Aspekt von den Unternehmen beurteilt. Systematik bedeutet, dass die einzelnen Faktoren anhand von regelmäßig gemessenen Indikatoren gezielt beobachtet werden, aus diesen Beobachtungen Maßnahmen für Veränderungen abgeleitet, der Erfolg dieser Maßnahmen gemessen und, wenn notwendig, Anpassungen vorgenommen werden.

Abb. 19.3. Regionale Verteilung

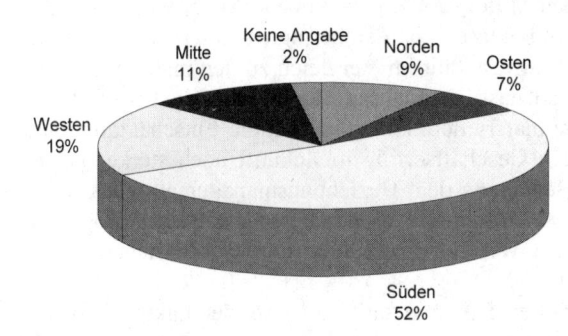

Süden: Bayern, Baden Württemberg

Osten: Berlin, Brandenburg, Sachsen-Anhalt; Sachsen

Westen: Nordrhein-Westfalen, Rheinland-Pfalz und Saarland

Mitte: Hessen, Niedersachsen und Thüringen

Norden: Mecklenburg Vorpommern, Schleswig Holstein, Bremen, Hamburg

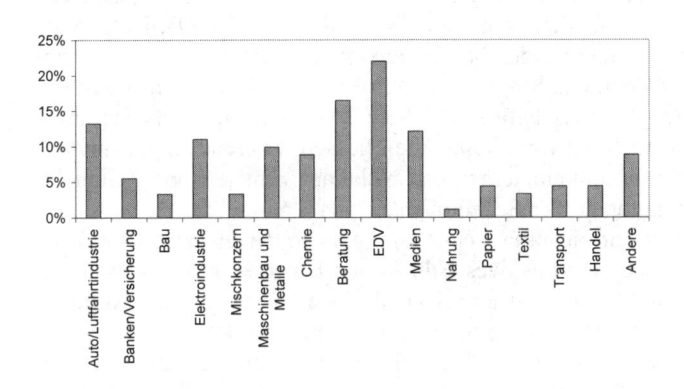

Abb. 19.4. Branche der befragten Unternehmen

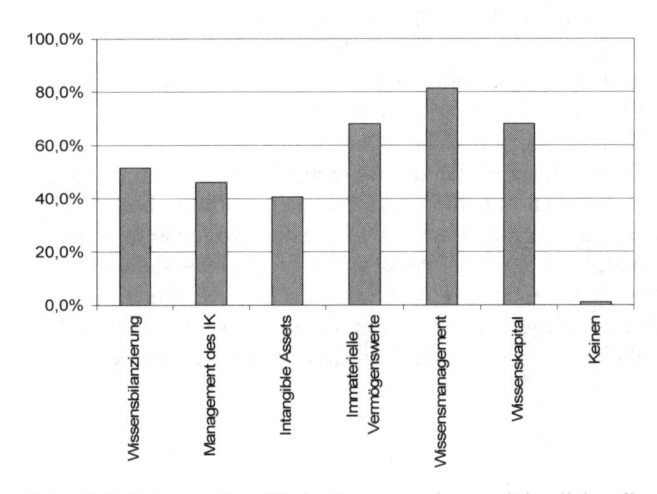

Abb. 19.5. Bekannte Begriffe im Zusammenhang mit intellektuellem Kapital

Die den Einfluss betreffenden Mittelwerte ergeben (siehe Abb. 19.6.), dass keiner der genannten immateriellen Faktoren von den befragten Unternehmen als unbedeutend eingestuft wird. Ihr Einfluss fällt im Vergleich zu den materiellen Faktoren wesentlich stärker aus, so dass sie für den Geschäftserfolg bereits heute schon bedeutsamer sind als die materiellen. Hinzu kommt die Einschätzung, dass alle immateriellen Faktoren den Geschäftserfolg in Zukunft noch stärker beeinflussen. Während die größte Bedeutung dem Beziehungsmanagement zu Kunden und der internen Kooperation und Kommunikation zugesprochen wird, prognostizieren die Unternehmen für den Wissenstransfer und die Wissenssicherung die größte Einflusszunahme.

Bei Betrachtung der materiellen Faktoren fällt auf, dass der Faktor Gebäude und Grundstücke nur eine geringe Bedeutung für den Geschäftserfolg der befragten Unternehmen hat, die auch zukünftig weiter abnehmen wird. Dagegen zeigt sich bei den Faktoren Maschinen, Anlagen, Rohstoffe und Arbeitsmaterialien keine eindeutige Tendenz hinsichtlich ihrer aktuellen und zukünftigen Bedeutung, da annähernd eine Gleichverteilung der beiden Faktoren vorliegt. Unter Einbeziehung der Branche wird deutlich, dass die Faktoren Maschinen, Anlagen, Rohstoffe und Arbeitsmaterialien den Geschäftserfolg der EDV-, Banken-, Versicherungs- und Beratungsbranche nicht oder nur kaum beeinflussen, während sie für die Maschinenbau- und Nahrungsmittelunternehmen nicht nur zum jetzigen Zeitpunkt, sondern auch zukünftig von großer Bedeutung sein werden.

Was die qualitativen und quantitativen Ausprägungen der einzelnen Einflussfaktoren betrifft, zeigt sich ein positives Bild in den Unternehmen. Mehrheitlich wurden die Ausprägungen als meist ausreichend eingeschätzt, um den Anforderungen des laufenden Geschäftes gerecht zu werden. In Abb. 19.7. sind die Antwortverteilungen einiger Faktoren zu sehen. Die beste Bewertung erhielt das Beziehungsmanagement zu Investoren und Eignern, während der Wissenstransfer und die Wissenssicherung mit 31% „teilweise ausreichend" und nur 9% „immer ausreichend" am schlechtesten abschnitten. Das Beziehungsmanagement zu Investoren und Eignern ist allerdings auch der Faktor, dessen Ausprägung mit 8% am häufigsten als „besser als für das laufende Geschäft erforderlich" bewertet wurde. Bei Faktoren, die besser als für die Anforderungen notwendig ausgeprägt sind, besteht möglicherweise Einsparungspotenzial, da hier bereits mehr investiert wird als notwendig, um das Tagesgeschäft im Unternehmen zu bewältigen.

Die Studie zeigt auf, dass anders als bei der Ausprägung Defizite im systematischen Umgang der Unternehmen mit ihren immateriellen Faktoren bestehen. So kann festgestellt werden, dass es um den Wissenstransfer, die Wissenssicherung und die sozialen Kompetenzen der Mitarbeiter am schlechtesten steht. Bei fast 40% der Firmen erfolgt nicht einmal eine Beobachtung dieser Faktoren. Dies ist um so erstaunlicher, da nach Einschätzung der Firmen der Wissenstransfer und die Wissenssicherung zukünftig in ihrer Bedeutung stark zunehmen werden (siehe Abb.19.6.).

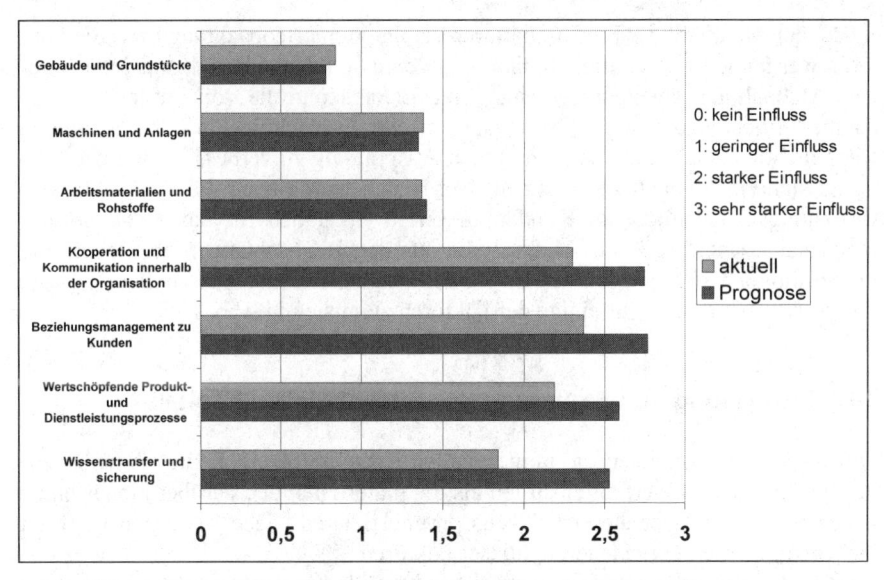

Abb. 19.6. Ausschnitt Mittelwerte: Einfluss materieller und immaterieller Faktoren auf den Geschäftserfolg

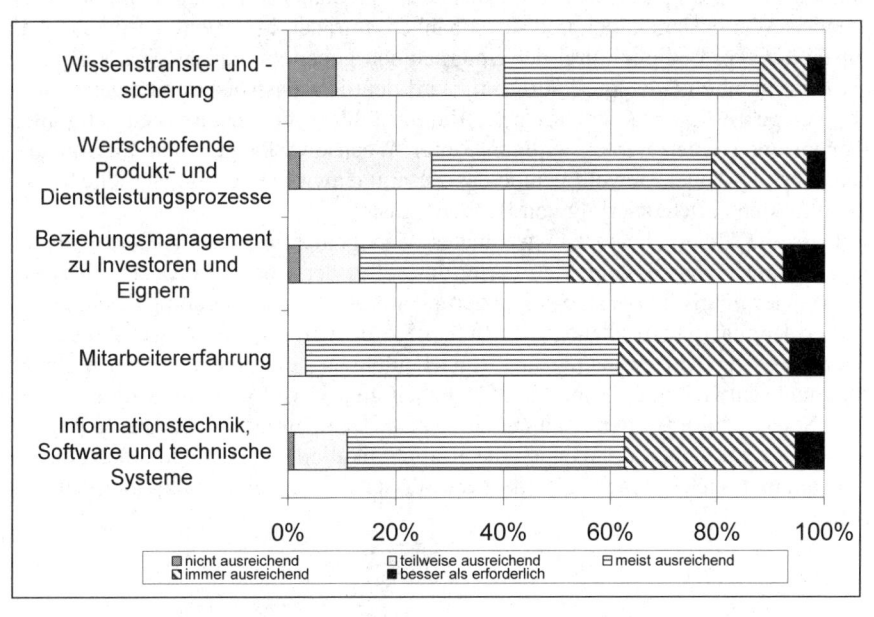

Abb. 19.7. Ausschnitt Verteilung Ausprägungen immaterieller Faktoren

Bei der Mehrzahl der Einflussfaktoren erfolgt keine Beobachtung bzw. die Faktoren werden lediglich mittels Indikatoren gemessen, ohne dass daraus jedoch gezielt Maßnahmen abgeleitet werden. Eine Erfolgskontrolle von initiierten Maßnahmen findet kaum statt. Eine systematische Entwicklung des intellektuellen Kapitals, die entscheidend ist, um dessen Ausprägung zu verbessern und nachhaltig zu sichern, ist nicht zu erkennen. Am besten wurde noch die Systematik des Beziehungsmanagement zu Kunden bewertet. So gaben für das Kundenbeziehungsmanagement 43% an, Maßnahmen aus den Beobachtungen abzuleiten und immerhin noch 16% messen den Erfolg der Maßnahmen und passen diese ggf. an. Die Antwortverteilung für einige der Faktoren zeigt sich in Abb. 19.8.

19.3.2 Erfassung und Steuerung des intellektuellen Kapitals

Obwohl die Unternehmen die immateriellen Faktoren bereits heute als bedeutender für den Geschäftserfolg einstufen als die materiellen und darüber hinaus einen zunehmenden Einfluss dieser Faktoren prognostizieren (siehe Abb. 19.6.), erfolgt bisher so gut wie keine Steuerung dieser Faktoren.

76% der Unternehmen geben an, bisher keine Instrumente zur Steuerung ihres intellektuellen Kapitals zu verwenden. Diejenigen 24% der Unternehmen, die bereits ein Instrument einsetzen, konzentrieren sich auf die Humankapitaldimension und auf IT- Lösungen. Genannt wurden u. a. Personalentwicklung, community of practice, Wissenslandkarten und -datenbanken, Intranet, Mitarbeitergespräche und -fortbildungen. Lediglich drei der Unternehmen geben an, auf die Wissensbilanz als Instrument zurückzugreifen. Damit wird deutlich, dass bisher eine ganzheitliche Perspektive auf das intellektuelle Kapital fehlt. Eine gezielte Steuerung aller Dimensionen unter Berücksichtigung ihrer Wechselwirkungen und Zusammenhänge erfolgt kaum, obwohl gerade das Zusammenwirken der immateriellen Faktoren für den Geschäftserfolg von Bedeutung ist.

Dass die Unternehmen ein geeignetes Managementinstrument als notwendig und wichtig erachten, zeigt sich darin, dass 50% der Unternehmen den Schwerpunkt einer möglichen Wissensbilanzierung auf die interne Steuerung des intellektuellen Kapitals legen (siehe Abb. 19.9.). Sie bevorzugen die Wissensbilanz als Instrument zur Unterstützung ihrer Entscheidungen bei der Unternehmenssteuerung und -entwicklung. Immerhin 39% halten die externe Kommunikation gegenüber Stakeholdern für den wichtigeren Aspekt. Demzufolge werden beide Aspekte, sowohl die Steuerung als auch die Kommunikation, von den Unternehmen als relevant und wichtig erachtet, so dass die Wissensbilanz beide Funktionen erfüllen sollte.

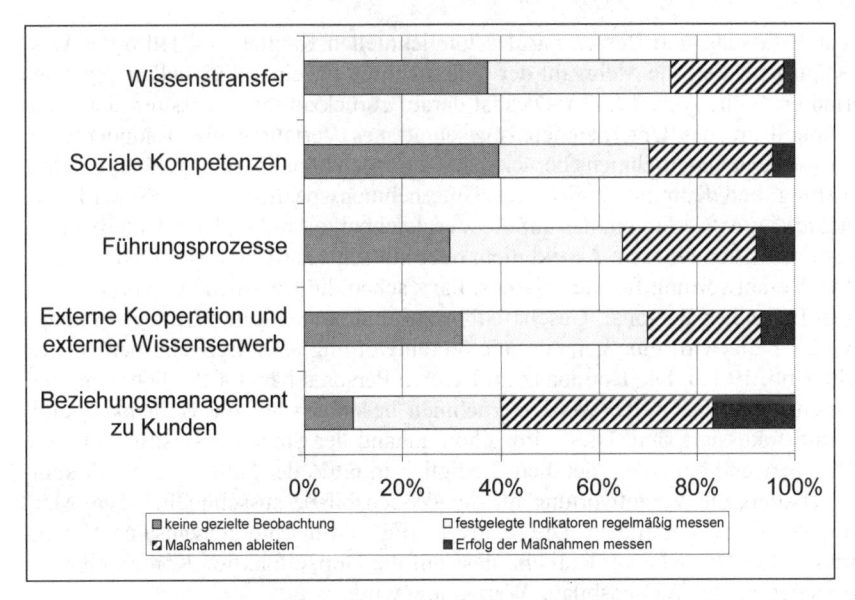

Abb. 19.8. Ausschnitt Verteilung systematischer Umgang mit immateriellen Faktoren

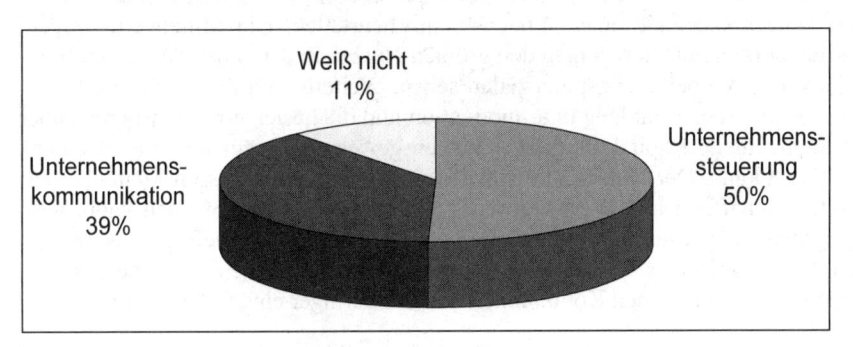

Abb. 19.9. Schwerpunkt der Wissensbilanz

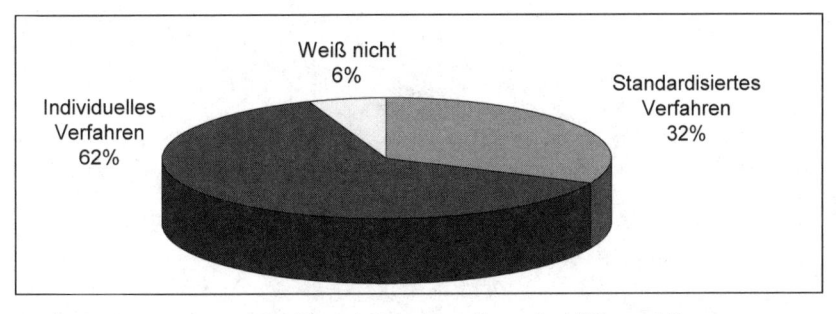

Abb. 19.10. Bevorzugtes Verfahren bei der Erstellung einer Wissensbilanz

Zur Erfassung und Bewertung des intellektuellen Kapitals mit Hilfe der Wissensbilanz plädiert die Mehrzahl der Unternehmen für ein individuell angepasstes Verfahren (siehe Abb. 19.10.). Dies ist darauf zurückzuführen, dass nur durch ein individuell auf das Unternehmen zugeschnittenes Verfahren die Besonderheiten des jeweiligen Unternehmens berücksichtigt werden können, so dass eine optimale Steuerung und Kommunikation der Unternehmensspezifika möglich wird. Ein standardisiertes Verfahren, das auf die Vergleichbarkeit mit anderen Unternehmen ausgelegt ist, kann diesem Aspekt nicht oder nur schwer Rechnung tragen.

Die Verantwortung für die Wissensbilanz sehen die Unternehmen vornehmlich in den Bereichen Personal, Geschäftsführung und strategische Planung. In knapp 30% der Fälle wird eine gemeinsame Verantwortung aller Bereiche befürwortet (siehe Abb. 19.11). Die Dominanz im Bereich Personal hängt sicherlich damit zusammen, dass eine Reihe von Unternehmen besonders auf die Humankapitaldimension fokussiert sind. Dies wird schon anhand der Steuerungsinstrumente, die bereits verwendet werden, deutlich. Lediglich in 6,6% der Fälle wird es für sinnvoll gehalten, die Verantwortung für die Wissensbilanz ausschließlich dem Marketingbereich zu übertragen. Die relativ häufig gewünschte gemeinsame Verantwortung aller Bereiche verdeutlicht, dass auf die Doppelfunktion Kommunikation und Steuerung der Wissensbilanz Wert gelegt wird.

Um Aufschluss darüber zu erhalten, worin die Unternehmen den größten Nutzen der Wissensbilanz sehen, sollten diese die in Abb. 19.12. aufgelisteten möglichen Nutzenpotenziale einer Wissensbilanz beurteilen. Die Mittelwerte zeigen, dass die befragten Unternehmen den größten Nutzen in der Aufdeckung von Innovations- und Verbesserungspotenzialen sehen. Weiterhin wird auch die Verbesserung der Mitarbeiterbindung und -motivation und die gesteigerte Transparenz über das intellektuelle Kapital als großer Nutzen gewertet, der aus der Wissensbilanz resultieren kann. Der Nutzen, der aus der Verwendung der Wissensbilanz bei der Kapitalbeschaffung und Werbung neuer Mitarbeiter gezogen werden kann, wird dagegen am geringsten bewertet. Daraus ergibt sich, dass die befragten Unternehmen den Nutzen einer Wissensbilanz vornehmlich intern sehen, während das Nutzenpotenzial der externen Kommunikation eher geringer eingeschätzt wird.

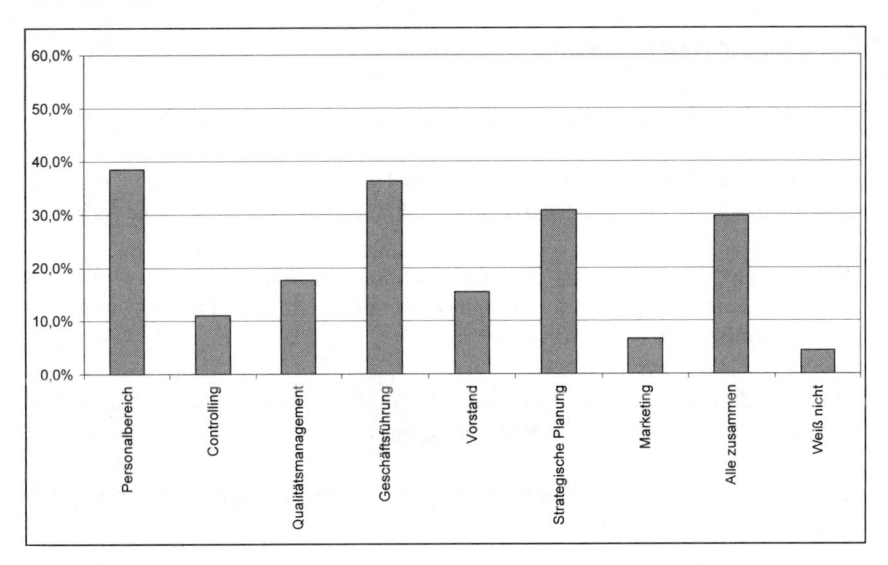

Abb. 19.11. Für die Wissensbilanz verantwortlicher Bereich im Unternehmen

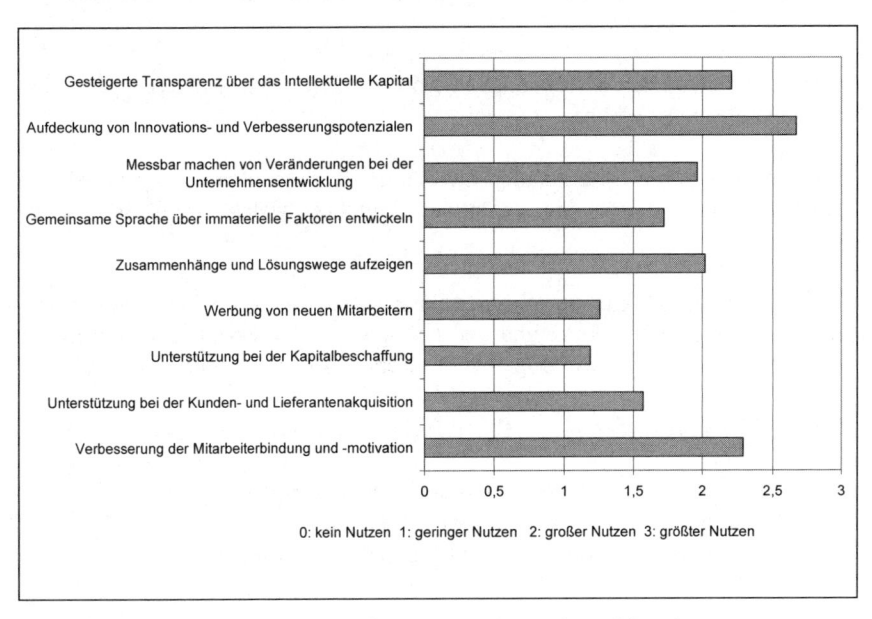

Abb. 19.12. Worin sehen Sie den größten Nutzen einer Wissensbilanz?

19.4 Zusammenfassung

Für die Stichprobe ergeben sich zusammengefasst folgende Erkenntnisse:

- Intellektuelles Kapital spielt in fast allen Branchen eine Rolle und wird als wichtig erachtet, wissensintensive Unternehmen sind jedoch verstärkt vertreten.

- Die immateriellen Faktoren im Unternehmen sind schon heute von größerer Bedeutung für den Geschäftserfolg als die materiellen. Ihr Einfluss wird in Zukunft weitersteigen.

- Während die immateriellen Faktoren bereits gut ausgeprägt sind, gehen die Unternehmen bisher wenig systematisch mit ihren immateriellen Faktoren um.

- Die Mehrzahl der Unternehmen verwenden bisher keine Instrumente zur Steuerung ihres intellektuellen Kapitals.

- Diejenigen Unternehmen, die Steuerungsinstrumente einsetzen, konzentrieren sich auf den Humankapitalbereich und IT Lösungen. Drei der Unternehmen erstellen eine Wissensbilanz.

- Der Schwerpunkt der Wissensbilanz wird vor allem bei der Steuerung des intellektuellen Kapitals gesehen.

- Dennoch halten die Unternehmen die externe Kommunikation gegenüber Stakeholdern ebenfalls für eine wesentliche Funktion, welche die Wissensbilanz erfüllen sollte.

- Die Verantwortung für die Wissensbilanz sollte vornehmlich im Personalbereich, der Geschäftsführung und der strategischen Planung liegen. Aber auch die gemeinsame Verantwortung aller Bereiche wird stark befürwortet.

- Den größten Nutzen der Wissensbilanz sehen die Unternehmen im:
    - Aufdecken von Verbesserungs- und Innovationspotenzialen
    - Verbesserung der Mitarbeitermotivation und -bindung
    - Gesteigerte Transparenz über das intellektuelle Kapital.

Literaturverzeichnis

Heisig P, Vorbeck J (1998) Benchmarking – Knowledge Management Best practices in Germany and Europe (Interne Veröffentlichung)
Heisig P, Orth R (2004) Wissensmanagement Frameworks- Eine inhaltliche Analyse. Berlin (erscheint in Kürze)
Universität Köln (2004) Indikatoren zur Messung von Wissenskapital in Unternehmen. (Interne Veröffentlichung)
www.akwissensbilanz.org

20 Europäische Aktivitäten zur Wissensbilanzierung – Ein Überblick

Peter Heisig

Mit der Erklärung von Lissabon[1] vom 23. - 24. März 2000 haben sich die Staaten der Europäischen Union für das kommende Jahrzehnt das strategische Ziel gesetzt, *„die Union zum wettbewerbsfähigsten und dynamischsten wissensbasierten Wirtschaftsraum der Welt zu machen."* Damit wird die Bedeutung des Produktionsfaktors Wissen für die europäische Wirtschaft und Gesellschaft besonders herausgestellt. In diesem Beitrag versuchen wir einen Überblick über die verschiedenen europäischen und nationalen Aktivitäten im Bereich der Wissensbilanzierung zu geben. Dazu sind intensive Recherchen[2] durchgeführt und in einigen Fällen auch die jeweiligen Projektleiter direkt angesprochen worden, um weitere Informationen zu erlangen. Trotz aller Anstrengungen können wir nicht die Vollständigkeit dieser Darstellungen garantieren. Wir sind allerdings überzeugt, dass uns durch unser europäisches Netzwerk alle führenden und wesentlichen Initiativen zur Wissensbilanzierung in Europa bekannt gemacht wurden und damit der Leser einen guten Überblick über den Stand der europäischen Aktivitäten zur Wissensbilanzierung erhält. Wir beginnen unsere Darstellung mit europäischen und länderübergreifenden Projekten. Danach stellen wir die nationalen Bemühungen in alphabethischer Reihenfolge der Länder dar.

20.1 Europäische Projekte

Im Januar 2000 wurde auf Initiative der Europäischen Kommission (DG Enterprise) eine High Level Expert Group (HLEG)[3] eingerichtet, die sich mit der Wirkung der immateriellen Vermögenswerte auf Unternehmen und die Wirtschaft befasste. In ihrem Bericht (Eustace 2000) kommen die Mitglieder u.a. zu folgendem Ergebnis: "New explanatory models and metrics are needed to enable us to understand the workings of the modern economy, especially the intangible goods and 'content'

---

[1] Laufende Informationen: http://europa.eu.int/comm/lisbon_strategy/index_en.html
[2] Für die Unterstützung bei der Recherche und Aufbereitung des Materials danke ich besonders Herrn Robert Schmid.
[3] Mitglieder der HLEG on Intangibles: Clark G. Eustace (Chair, GB), Clive W. Holtham (Vice-Chair, GB), Patrizio Bianchi (IT), Laurance J. Cohen (GB), Leif Edvinsson (SWE), Reinhold Enqvist (NOR), Simon Fidler (GB), Baruch Lev (USA), Kurt P. Ramin (USA), Thomas E. Vollmann (CH), Stefano Zambon (IT).

sectors that are currently hidden from public view" (ebd. S. 7). Darüber hinaus förderte die EU eine Reihe von Forschungsprojekten, die auf die Entwicklung und Erprobung von Methoden zur Bewertung der immateriellen Vermögenswerte ausgerichtet waren. Eine Auswahl dieser Projekte wird im Folgenden dargestellt.

In Anlehnung an die Berichterstattung über die Realisierung der Lissabon-Agenda (High Level Group 2004) haben Andriessen und Stam (2004) einen Report zum „Intellektuellen Kapital der Europäischen Union" vorgelegt.

20.1.1 MERITUM

Das Meritum Projekt (**ME**asu**R**ing **I**ntangibles **T**o **U**nderstand and improve Innovation **M**anagement – 11/1998 – 4/2001) wurde im Rahmen des Targeted Socio-Economic Research (TSER) Programms von der EU finanziert und von Partnern aus sechs Ländern (Dänemark, Finnland, Frankreich, Norwegen, Schweden und Spanien) durchgeführt. Das Projektziel bestand in der Entwicklung eines zuverlässigen Messverfahrens für Investitionen in immaterielle Vermögenswerte.

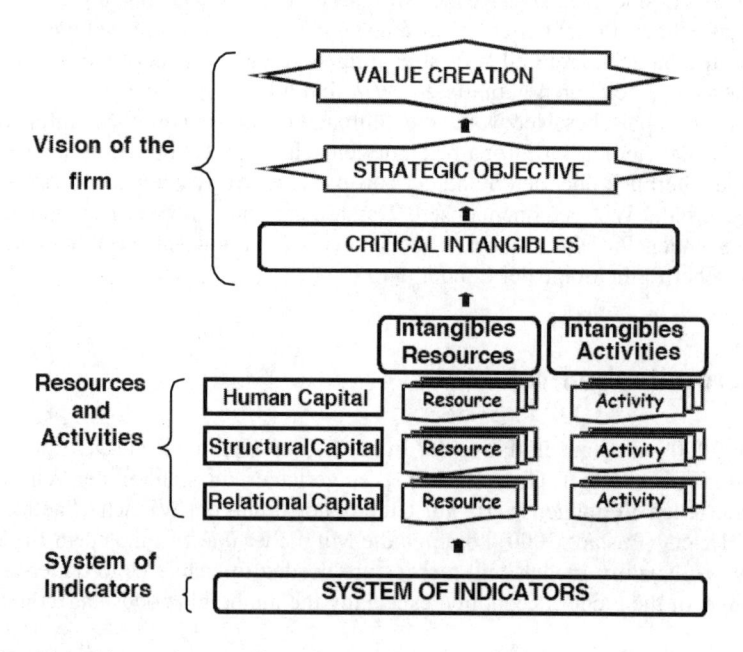

Abb. 20.1. Schema eines Intellectual Capital Statements (Meritum 2001)

Im Einzelnen wurden folgende Ergebnisse erarbeitet: 1) Klassifikation von immateriellen Vermögenswerten. Dabei wird in Anlehnung an die klassische Rechnungslegung nach Bestandsgrößen und Flussgrößen unterschieden. Immaterielle Bestandsgrößen sind Ressourcen, die zu einem bestimmten Zeitpunkt gemessen werden können, wie z.B. Urheberrechte, Warenzeichen, Datenbankinhalte, Netzwerke, Fähigkeiten und Kompetenzen der Mitarbeiter. Unter immateriellen Flussgrößen werden Aktivitäten oder Investitionen verstanden, die auf den Erhalt und die Steigerung des Werts der immateriellen Ressourcen gerichtet sind. Das Intellektuelle Kapital wird nach den drei klassischen Kategorien Human-, Struktur- und Beziehungskapital gegliedert.

Die Besonderheit des Meritum-Ansatzes liegt in der Fokussierung auf die erfolgskritischen immateriellen Vermögenswerte („critical intangibles"). 2) In Fallstudien wurden die bisherigen Erfahrungen von Unternehmen mit der Messung und Bewertung des intellektuellen Kapitals erhoben. Die Vorgehensweisen der Unternehmen ähnelten sich stark und unterteilen sich in der Regel in drei Phasen: a) Identifikation von immateriellen Schlüsselvariablen, b) ihre Messung und c) die Definition von Verbesserungsmaßnahmen. Der Ermittlung von Ursache-Wirkungsbeziehungen zwischen den Variablen wird die größte Aufmerksamkeit gewidmet. 3) Zur Analyse der Betrachtung des intellektuellen Kapitals auf den Kapitalmärkten wurden neben statistischen Analysen vor allem Interviews mit Finanzanalysten geführt. Nach Einschätzung der Analysten werden die immateriellen Vermögenswerte tatsächlich am Kapitalmarkt berücksichtigt. Allerdings variiert deren Bewertung sehr stark von Branche zu Branche und von Firma zu Firma. 4) Die "Guidelines for Measuring and Disclosing Information on Intangibles (Intellectual Capital Report)" besteht aus drei Teilen: a) Ein konzeptionelles Rahmenwerk entsprechend der bereits genannten Unterscheidungen nach Ressourcen und Aktivitäten, b) dem Vorgehen zur Erstellung einer Wissensbilanz und c) einer Gliederungsstruktur für eine Wissensbilanz, die mit der Vision der Firma beginnt, eine Zusammenfassung der immateriellen Vermögenswerte, Aktivitäten und Investitionen liefert sowie das Indikatorensystem darstellt (Abb. 20.1). Diese Empfehlungen wurden als „MERITUM-Guidelines" im Rahmen des Thematic Network Projects E*KNOW-NET (9/2001 – 8/2003) weiter verbreitet.

20.1.2 PRISM

Das PRISM (**P**olicy-Making – **R**eporting and Measurement – **I**ntangibles – **S**kills Development – **M**anagement) Projekt versuchte, in Analogie zu einem Prisma, das Lichtstrahlen in ein Farbspektrum zerlegt und damit beobachtbar und messbar macht, die Gruppe der nicht greifbaren Vermögenswerte („intangible assets") aufzuschlüsseln, zu beschreiben sowie bewertbar und messbar zu machen. Das PRISM Projekt (01/2000 – 7/2003) wurde von der Europäischen Kommission (DG Enterprise) initiiert und im Rahmen des IST-Programms gefördert. Elf Partner aus sieben Ländern (Dänemark, Großbritannien, Irland, Italien, Niederlanden, Spanien, Schweden) waren an diesem Projekt beteiligt.

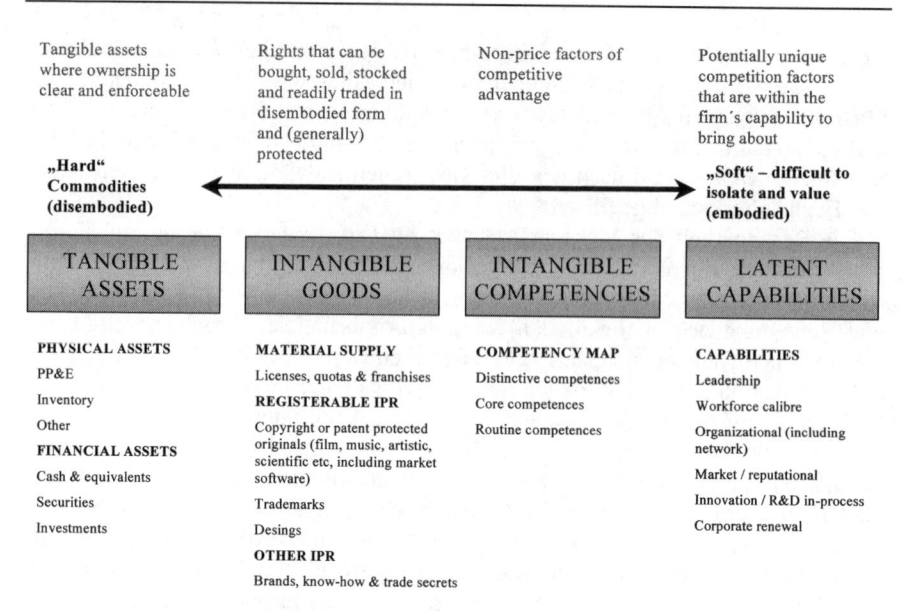

Tangible assets where ownership is clear and enforceable	Rights that can be bought, sold, stocked and readily traded in disembodied form and (generally) protected	Non-price factors of competitive advantage	Potentially unique competition factors that are within the firm's capability to bring about
„Hard" Commodities (disembodied) ←			→ „Soft" – difficult to isolate and value (embodied)
TANGIBLE ASSETS	**INTANGIBLE GOODS**	**INTANGIBLE COMPETENCIES**	**LATENT CAPABILITIES**
PHYSICAL ASSETS PP&E Inventory Other FINANCIAL ASSETS Cash & equivalents Securities Investments	MATERIAL SUPPLY Licenses, quotas & franchises REGISTERABLE IPR Copyright or patent protected originals (film, music, artistic, scientific etc, including market software) Trademarks Desings OTHER IPR Brands, know-how & trade secrets	COMPETENCY MAP Distinctive competences Core competences Routine competences	CAPABILITIES Leadership Workforce calibre Organizational (including network) Market / reputational Innovation / R&D in-process Corporate renewal

Abb. 20.2. Die Ressourcenbasis der Unternehmung des 21. Jahrhunderts (Eustace 2003)

Das PRISM Konsortium kommt u.a. zu folgenden Ergebnissen (Eustace 2003): 1) Die aufkommende (emerging) neue Theorie der Unternehmen, hat die Änderungen der Grundlagen der Wertschöpfung zu berücksichtigen. Immaterielle Produktionsfaktoren werden die Wettbewerbsfähigkeit stärker prägen als bisher (Abb. 20.2). Effektive Innovationsprozesse und Netzwerke werden in der wissensbasierten Wirtschaft Schlüsselfähigkeiten sein. 2) Die ‚versteckte' produktive Ökonomie verlangt nach neuen Mess- und Steuerungsinstrumenten. Die Auflösung der Firmen- („Extended Enterprise) und Eigentumsgrenzen erfordert die Etablierung neuer Mess- und Steuerungssysteme, sowohl auf der makro-ökonomischen Ebene als auch auf der Unternehmensebene. Darüber hinaus werden Empfehlungen für die Akteure im Finanzsektor (Banken, Analysten, Wirtschaftsprüfer) und die Politik gegeben. Alle Ergebnisse und weiterführende Informationen sind unter: www.euintangibles.net abrufbar.

20.1.3 MAGIC

Schließlich wurde bereits im Rahmen des ESPRIT Programms das Projekt MAGIC (**M**easuring and **A**ccounting **I**ntellectual **C**apital, ESPRIT no. 28981, 9/1998 – 2/2001) gefördert, das auf die Entwicklung einer Methodologie und eines Messsystems für das Intellektuelle Kapital zielte (vgl. Spath et al. 2002). An diesem Projekt waren Partner aus Deutschland (IAT), Finnland (QPR Software), Österreich (Profactor), den Niederlanden (SKF), Portugal (ICL) und Spanien (Invenio) beteiligt. Das Softwaresystem wird jetzt vom finnischen Projektpartner für die Einführung von Balanced Scorecards vermarktet.

20.1.4 Initiativen der nordischen Länder: NORDIKA, FRAME, NHKI und PIP

Partner aus den fünf nordischen Ländern Dänemark, Finnland, Island, Norwegen und Schweden setzten ihre Arbeiten zum intellektuellen Kapital im Rahmen der Projekte „NORDIKA" (2000 – 2001) und „FRAME" (2001 – 2003) fort. Diese Projekte wurden durch den Nordic Industrial Fund finanziert. Mit dem NORIDKA Projekt sollte die Zusammenarbeit zwischen den nordischen Ländern sowie die internationale Kooperation gefördert werden, um nordischen Firmen zuverlässige Methoden zur Messung ihres intellektuellen Kapitals bereitzustellen und sie beim Erwerb der erforderlichen Managementkompetenzen zu unterstützen. Dazu wurden bestehende Ansätze (Danish Guidelines, MERITUM-Guidelines und Intangible Asset Monitor) und Anwendungsbeispiele ausführlich beschrieben (Nordic Industrial Fund 2001).

Das Projekt FRAME führte diese Arbeiten fort und zielte auf die Evaluation der praktischen Erfahrungen von Unternehmen mit den verschiedenen Ansätzen des IC Reporting, der Konsolidierung der Werkzeuge und Methoden sowie der Vernetzung der Firmen zum Zwecke des Erfahrungsaustauschs und des gegenseitigen Lernens. Damit soll für Unternehmen ein gemeinsamer Rahmen zum Management und zur Kommunikation ihres intellektuellen Kapitals bereitgestellt werden (Nordic Industrial Fund 2003).

Diese Anstrengungen zur Sensibilisierung und Verbreitung von Methoden und Erfahrungen zum Management des intellektuellen Kapitals sind allerdings noch nicht ausreichend. So bemängelten Verbandsvertreter insbesondere das Fehlen einer „hands on, step by step working method" für kleine und mittelständische Unternehmen (Ásmundsson 2003). Zu diesem Zweck wurde in Juni 2003 ein Vorprojekt „Nordic Harmonized Knowledge Indicators" (NHKI) gestartet, das auf die Etablierung eines Netzwerkes von interessierten Firmen und Verbänden hinarbeitete und die Harmonisierung des IC-Reporting unterstützt will. Mitte Februar 2004 startete das Projekt „Putting IC into Practice" (PIP) mit einer Laufzeit von 30 Monaten, um harmonisierte Indikatoren für die bessere Nutzung der immateriellen Werte in KMU, zusammen mit Firmen aus dem IT-Sektor der nordischen Ländern zu erarbeiten, zu implementieren und zu verbreiten. Zugleich soll ein Leitfaden zur Interpretation von IC-Statements erstellt werden (Claessen 2004).

20.2 Aktivitäten in Europa

20.2.1 Dänemark

Dänemark zählt zu den Pionieren im Hinblick auf die Entwicklung von Methoden zur Messung und Bilanzierung des Intellektuellen Kapitals für Organisationen. Die folgenden Initiativen wurden von der dänischen Regierung seit 1996 gefördert.

Den Startpunkt der Aktivitäten stellt die Studie „Intellectual Capital Accounts – Reporting and Managing Intellectual Capital" (1/1996 – 5/1997) dar, die vom Danish Trade and Industry Council initiiert und von Professor Jan Mouritsen (Copenhagen Business School - CBS) erstellt wurde. Ziel der Studie war die Aufarbeitung der Erfahrungen von zehn dänischen und schwedischen Unternehmen[4] bei der Konzeption und Umsetzung von IC-Statements. Die Studie identifizierte vier Kategorien des IC: Human Ressourcen, Kunden, Technologien und Prozesse. Die jeweiligen Schwerpunkte differieren jedoch beträchtlich bei den Unternehmen. Die Veränderung dieser Kategorien wird mit Indikatoren gemessen. Damit macht die Wissensbilanz die Faktoren für das Wachstumspotenzial des Unternehmens sichtbar und kommunizierbar. Die IC-Statements wurden von den untersuchten Firmen als zentrales Managementinstrument zur Umsetzung und Kommunikation der Unternehmensstrategie betrachtet und nicht als Mittel zur Beschaffung von Fremdkapital. Allerdings berichteten drei Unternehmen (ABB, Skandia und WM Data), dass der IC-Report die Aufmerksamkeit des Kapitalmarktes positiv beeinflusste. Die Studie schlägt drei Folgeaktivitäten vor: 1) Prüfung der Vorhersagbarkeit von Unternehmensentwicklungen durch IC-Statements. 2) Bewertung des IC durch Investoren zur Ermittlung ihres Informationsbedarfs. 3) Pilotprojekte mit Firmen zur Bestimmung der Schlüsselindikatoren für IC-Statements.

Im Februar 1998 wurde das „Danish Intellectual Capital Statements Pilot Project" begonnen, als eines von sieben Elementen einer Regierungsinitiative zur Förderung des Wandels von der Industrie- zur Wissensgesellschaft. Ziel war die Erarbeitung einer Richtlinie zur Erstellung von Intellectual Capital Statements. 19 Unternehmen[5], primär aus dem Dienstleistungsbereich und dem IT-Sektor begannen mit der Erarbeitung ihrer Wissensbilanzen. Begleitet wurde das Projekt unter der Projektleitung der Danish Agency for Trade and Industry durch die Wissenschaftler der Copenhagen Business School, der Universität Arhus sowie von Arthur Andersen Consulting und der Danish Commerce and Companies Agency (DCCA).

Im November 2000 wird die weltweite erste „Guideline for Intellectual Capital Statements – A Key to Knowledge Management" vom dänischen Handels- und Industrieministerium veröffentlicht. Die Besonderheit des dänischen Ansatzes besteht in der „Knowledge Narrative", die die Ambition des Unternehmens beschreibt, die Kundenbedürfnisse mit den Wissensressourcen des Unternehmens zu verknüpfen. Daraus leiten sich Herausforderungen für das Management ab, denen mit geeigneten Maßnahmen zu begegnen ist, deren Erfolg seinerseits durch Indikatoren gemessen werden kann. Im Mai 2001 hatten sich über 100 Unternehmen

---

[4] Beteiligte Firmen: PLS Consult, Rambøll, Skandia, Consultus, Telia, ABB, Sparekassen Nordjylland (SparNord), The Swedish Civil Aviation Administration (SCAA), Sparbanken Sverige, WM Data.

[5] Beteiligte Firmen: Amphion, ATP, Byggecentrum, Byggeplandata A/S, Carl Bro Gruppen, Coloplast A/S, Cowi, A/S Dansk Shell, Dansk System Industri A/S, Dator A/S, Forsikringshøjskolen Rungstedgaard A/S, Hofman-Bang A/S, Hotel Impala A/S, International Datasupport A/S, Kommunedata A/S, Meku A/S, Systematic Software Engineering a/s, Tele & Data, VISIONIK A/S.

in Dänemark bereit erklärt, die Guideline zu testen und eigene IC-Statements zu erstellen. Diese Initiative wurde von mehreren Verbänden u.a. dem Danish Chamber of Commerce und der Confederation of Danish Industries sowie der Agency for Financial Management and Administrative Affairs unterstützt. Die positiven und negativen Erfahrungen von sechs Firmen wurden im April 2002 unter dem Titel "Intellectual Capital Statements in Practice – Inspiration and Good Advice" publiziert.

Aus den Erfahrungen mit der Anwendung des ersten Leitfadens wurde im Februar 2003 eine verbesserte Version der „Intellectual Capital Statements – The New Guideline" veröffentlicht, die auch die IC-Statements gegenüber anderen Managementmethoden wie der Balanced Scorecard und dem Excellence Modell abgrenzt. Zugleich wurde mit der Publikation „Analysing Intellectual Capital Statements" den externen Zielgruppen des IC-Reporting ein Leitfaden zur Interpretation von IC-Statements angeboten (vgl. dazu auch Kapitel 4 in diesem Band). Das Analyseschema beschreibt für die vier Wissensressourcen Mitarbeiter, Kunden, Prozesse und Technologien jeweils die Effekte (Was passiert?), Aktivitäten (Was wurde getan?) und Ressourcen (Was wurde geschaffen?).

Die langjährige Unterstützung der Aktivitäten durch die dänische Regierung und maßgebliche Verbände haben zahlreiche Unternehmen veranlasst, eigene IC-Statements zu erstellen. In den genannten Veröffentlichungen werden rund 40 Unternehmen namentlich aufgeführt (www.videnskabsministeriet.dk). Interessante Beispiele für IC-Statments sind unter www.carlbro.com; www.cowi.dk, www.systematic.dk zu finden.

20.2.2 Deutschland

In der Bundesrepublik Deutschland sind, außer dem BMWA Projekt „Wissensbilanz – Made in Germany" bisher nur wenige Initiativen zur Bilanzierung des Intellektuellen Kapitals unternommen worden.

Im Rahmen des BMBF-Programms Produktion 2000 wurde unter dem Titel „WissensBilanz – Bilanzierung von Anforderungen und Qualifikationen als ein System zur Unternehmensentwicklung" (Förderkennzeichen: 02PV5200, 10/96 – 06/2002) eine Methode zur Bewertung des Wissensbedarfs und Wissensbestandes von Mitarbeitern sowie ein unterstützendes Buchungssystem entwickelt. Die Methode nutzt die Lernzeit als zentrale Messgröße und wurde bei den Partnerunternehmen Stahl Fördertechnik GmbH (Künzelsau), Sauer Danfoss GmbH & Co. KG (Neumünster) und im Karroseriebau der VOLKSWAGEN AG (Wolfsburg) prototypisch erprobt (vgl. Kapitel 6 in diesem Band). Das Projekt wurde von der IG Metall, dem REFA-Verband und der IfaA (Köln) begleitet. Informationen zu dem Softwaresystem sind über die Firma IFAS (Siegen) erhältlich.

Darüber hinaus förderte das BMBF (Förderkennzeichen: 01 HW0169 vom 01.09.2002 bis 31.07.2004) das Vorhaben „Intellectual Capital Management (ICM) für Consulting & Trainingsdienstleister", das Methoden zur wertorientierten Planung und Steuerung wissensintensiver Dienstleistungsunternehmen entwickeln und erproben sollte. Die Ergebnisse sollen in der nächsten Zeit veröffentlicht werden.

Das Forschungsprojekt "Knowledge-Asset-Measurement-System", (Förderkennzeichen: 01 HW 0124 vom 01.06.2002 bis 28.02.2005) verfolgt das Ziel, neue Methoden und Verfahren zur Wissensbewertung und -bilanzierung zu entwickeln und in wissensintensiven Unternehmen praktisch zu erproben (vgl. Kapitel 8 in diesem Band).

In Deutschland gebührt dem Deutschen Zentrum für Luft- und Raumfahrt e.V. eine Vorreiterrolle im Bereich der Wissensbilanzierung auf Unternehmensebene. Auf Anstoß des ehemaligen Vorstandes Prof. J. Blum erstellte die DLR für das Jahr 2000 und 2001 Wissensbilanzen (vgl. Kapitel 15). Die DLR lehnte sich dabei an das Wissensbilanz-Modell der Austrian Research Centers an. Die Wissensbilanz ersetzte den jährlich erstellten Innovationsbericht. Der neue Vorstand der DLR hat diese Form der Berichterstattung nicht fortgeführt, sondern versucht den bisherigen Jahresbericht und die Wissensbilanz in der neuen Forschungs- und Unternehmensbilanz 2002/2003 zu integrieren (DLR 2002/2003).

Das Bundesministerium für Wirtschaft und Arbeit initiierte im Rahmen der Initiative „Fit für den Wissenswettbewerb" Ende 2003 das Pilotprojekt „Wissensbilanz – Made in Germany", an dem sich 14 kleine und mittelständische Unternehmen verschiedener Branchen und Regionen beteiligten. Der Leitfaden „Wissensbilanz – Made in Germany" wurde auf einer Internationalen Konferenz am 20.-21. September 2004 in Berlin vorgestellt. Das Projekt wurde federführend vom Competence Center Wissensmanagement – CCWM am Fraunhofer IPK (Berlin), der Wissenskapital GmbH (Oberreichenbach) und der Intangible Asset Management Consulting (Graz) durchgeführt und von führenden Vertretern aus Schweden (Prof. Leif Edvinsson), Dänemark (Prof. Jan Mouritsen), den Niederlanden (Prof. Daniel Andriessen), Österreich (Dr. Karl-Heinz Leitner) und Deutschland (Prof. Mertins, Prof. North) begleitet. Im Jahr 2005 wird das Projekt in der zweiten Phase fortgeführt[6] (vgl. Kapitel 3).

20.2.3 Finnland

Finnische Wissenschaftler und Firmen waren Partner bei den EU-Projekten MERITUM und MAGIC sowie in den IC-Projekten der nordischen Länder.

2002 initiierte das finnische Ministerium für Handel und Industrie, die Beschäftigungs- und Entwicklungszentren der Regionen Usiimaa und Varsinais-Suomi, die Nationale Technologieagentur Finnlands sowie die Finnvera plc und die Finnish Industry Investment Ltd. ein zwei-jähriges Pilotprojekt zum „Intellectual capital management in Finnish SMEs". Das Projekt wurde von der Beratung IC Partners Ltd. (www.icpartners.fi) durchgeführt und im Sommer 2004 abgeschlossen. Ziel des Projektes war die Entwicklung einer Methodologie zur Identifikation, Messung und zum Management der firmenspezifischen immateriellen Vermögenswerte sowie dem Aufbau eines Netzwerkes von interessierten Firmen zum

---

[6] Weiterführende Informationen unter: www.akwissensbilanz.org

Austausch von Erfahrungen und Best Practices. 16 Unternehmen[7] u.a. aus der IT-Branche, der Medizintechnik, Telekommunikation, Engineering und Bekleidungsbranche beteiligten sich (IC News 2004). Das Ergebnis umfasst neben den firmenspezifischen IC-Analysen, eine Methode für spezialisierte Investmentfirmen und einen Leitfaden für Firmen zur Analyse und Veränderung ihres intellektuellen Kapitals. Alle beteiligten Unternehmen stimmten überein, das etwa 90% des Unternehmenswertes auf immaterielle Vermögenswerte, wie Wissen, Prozesse oder Marken zurückzuführen ist, aber eine systematische, ganzheitliche Betrachtung dieser kritischen Ressourcen fehlt. Die IC-Analysen in den Firmen konzentrierten sich auf einen der drei Kernprozesse Innovation, interne Zusammenarbeit oder den Kundenprozess. Die einzelnen Prozessaktivitäten wurden auf ihren Bedarf an den drei verschiedenen IC-Kategorien untersucht, um die Rolle der drei IC-Kategorien besser zu verstehen und gezielte Maßnahmen ableiten zu können. Die immateriellen Vermögenswerte werden durch die Branche und die verfolgte Geschäftsstrategie wesentlich bestimmt. Als weitere Einflussfaktoren wurde das Alter der Firma, der Spezialisierungsgrad und die Technologieintensität identifiziert.

Seit 1. Juli 2004 fördert das finnische Arbeitsministerium im Rahmen des Programms Tykes (Workplace Development) für drei Jahre die Entwicklung unter dem Titel „IC ToolBox – Intangible Assets and Productivity", ein Instrumentarium zum Management der immateriellen Vermögenswerte und Produktivitätsentwicklung mit einem Budget von 500.000 Euro an der Technischen Universität Tampere (www.tut.fi)

20.2.4 Frankreich

In Frankreich ist das Konzept des immateriellen Kapitals („capital immaterielle") in der Unternehmenspraxis bisher auf wenig Resonanz gestoßen. In einer Befragung von 450 britischen, französischen und spanischen Managern gaben Ende 1999 mehr als die Hälfte der befragten französischen Führungskräfte an, dass sie das Konzept des immateriellen Kapitals schlichtweg nicht verstehen (MAZARS 2000, www.mazars.com). Die HEC School of Management (Paris) war im EU-Projekt MERITUM beteiligt.

Die bisherigen Initiativen gingen in Frankreich primär von staatlichen Stellen oder dem National Accounting Council (Conseil National de la Comptabilité) aus.

Der Nationale Rechnungslegungsrat richtet 1987 eine Kommission („Commission des Investissements immatériels") ein, die eine Methodologie zur Rechnungslegung von Investionen in immaterielles Vermögen erarbeiten sollte. In ihrem 1995 vorgelegten Bericht beschränkte die Kommission ihre Vorschläge auf die Aktivierung des Markenwertes in der Bilanz. Diese Vorschläge wurden allerdings nie umgesetzt.

---

[7] Beteiligte Firmen: Advertising Agency Satumaa, Cloetta Fazer Confectionery, DWT-Engineering, Gui Systems, Hybrid Graphics, Medix Biochemica, Net-Foodlab, Nordic ID, Pukkila, Rosafox, Salon Seudun Puhelin, Stick Tech, Taifun Engineering, Traduct, Trekos and Wireless Entertainment Services (WES).

Das Generalplanungskommissariat („Commissariat Général au Plan" - CGP) hatte bereits in den frühen 80ern erste Arbeitsgruppen zum Thema Bewertung von Investitionen in immaterielle Vermögenswerten eingerichtet. Durch eine Ausschreibung des CGP unter dem Titel „The company and the intangible economy" wurden 1995 mehrere universitäre Studien angeregt, die im Zeitraum von 1997 bis 1999 veröffentlicht wurden (Hoarau 1997, Ballot et al. 1998, Crampes 1998, Delapiere 1998, Dalle, Foray 1999). www.ll-a.fr/intangibles/france.htm

20.2.5 Großbritannien

Seit 1997 wird in Großbritannien ein großes Augenmerk auf intellektuelles Kapital als neuer Standortfaktor veränderter wirtschaftlicher Bedingungen gelegt.

Mit dem White Paper „Building the Knowledge Driven Economy" (1998) wird die zunehmende Bedeutung der immateriellen Vermögenswerte, wie Humankapital, FuE, Marken, Kontakten und Know-how als eine Quelle für zusätzliche Wertschöpfung und Rentabilität von Unternehmen von der britischen Regierung herausgestellt. Auf die fehlende Transparenz und die Probleme bei der Bewertung dieser Vermögenswerte wird hingewiesen. Der Accounting Standards Board wurde beauftragt sich nochmals mit der Fragestellung der Bewertung der immateriellen Vermögenswerte auseinanderzusetzen (White Paper 1998). Im April 2001 wurde eine Machbarkeitsstudie zu einem Forschungsprogramm über „Measurement and valuation of intangible assets" mit den folgenden vier Themenschwerpunkten vorgestellt: 1) „Useful Measures"; 2) „The Role of Intermediaries and Networks"; 3) „Variations across firms and sectors in Intangible Assets"; 4) „The Institutional Infrastructure."

Die Bedeutung der immateriellen Vermögenswerte für die Wettbewerbsfähigkeit von Unternehmen wurde mit dem Bericht „Creating Value from your Intangible Assets" (dti 2001) besonders herausgestellt. Basierend auf den Erfahrungen von rund 50 Unternehmen werden folgende Kategorien von immateriellen Vermögenswerte identifiziert: Beziehungen, Wissen, Führung und Kommunikation, Unternehmenskultur und –werte, Image und Vertrauen, Fähigkeiten und Kompetenz sowie Prozesse und Systeme. Daher wird es als Aufgabe der Unternehmen hervorgehoben, hinter die historischen Daten der greifbaren Vermögenswerte in der Bilanz zu schauen und den Blick, sowohl auf die materiellen als auch auf die immateriellen Werte zu erweitern. Nur durch die Identifikation, das Management und die Entwicklung des gesamten Spektrums an immateriellen Werten lässt sich das volle Potenzial der Firma erschließen. Der Bericht bietet für jede der sieben Kategorien Kernfragen zur Bewertung der aktuellen und zukünftigen Aktivitäten an. Die Ergebnisse dieser Selbstbewertung sollen dann für die Kommunikation mit externen Stakeholdern genutzt werden, so die abschließende Empfehlung des Berichts.

Zur Unterstützung dieser Aufgabe wurde das „Intangibles Self Assessment Tool" im Februar 2004 publiziert (dti 2004). Seit September 2004 wird der Fragebogen online angeboten (www.dti.gov.uk). Der online-Fragebogen erlaubt es den Nutzern, die kritischen Erfolgsfaktoren zu identifizieren, zu verstehen und durch entsprechende Maßnahmen die Wertschöpfung zu verbessern. Die sieben identifizierten Kategorien immaterieller Vermögenswerte werden beibehalten und mit einer Auswahl an Geschäftsproblematiken verbunden: aktuelle und zukünftige Märkte, Produkt und Service, Menschen, Innovation und Wandel, Strategie und Planung, Finanzen und Investitionen, Risiko und Löhne. So soll es ohne großen Aufwand vor allem KMU ermöglicht werden, auswertbare und vergleichbare Daten über ihre aktuelle und zukünftige Geschäftslage zu erhalten.

Das „Institute of Chartered Accountants in England & Wales" greift mit seinem Bericht "New reporting models for business" (Nov. 2003) die Diskussion über die Notwendigkeit der Bilanzierung von immateriellen Vermögenswerten auf und bat seine Mitglieder um Stellungnahme bis zum 31. März 2004. Der Bericht stellt elf verschiedene Modelle[8] vor (ICAEW 2003).

20.2.6 Island

Island beteiligte sich seit 2000 im Rahmen der Projekte der nordischen Länder intensiv an den Arbeiten zum Thema Wissensbilanzierung.

Die vier am NORDIKA Projekt beteiligten isländischen Unternehmen EJS (IT-Unternehmen), Islandsbanki (Finanzdienstleister), mioheimar ehf (Tochterfirma der isländischen Telkom) und Sjóvá-Almennar (Versicherung), arbeiteten im August 2001 ihre Erfahrungen aus dem Projekt auf, um eine isländische Richtlinie zu erstellen. Im Unterschied zu der klassischen Dreiteilung des IC sprechen die isländischen Praktiker von einer Zweiteilung des IC in Humankapital und Strukturkapital. Das Beziehungs- bzw. Kundenkapital wird im isländischen Modell als „Goodwill" und „Image" als Teil des Strukturkapitals eingeordnet. In der praktischen Umsetzung wurde allerdings wiederum nach den drei klassischen Kategorien strukturiert.

Die Pilotunternehmen berichteten über folgende Erfahrungen bei dem IC-Assessment: Für drei von vier Unternehmen war der interne Gebrauch des IC Assessments der Hauptgrund für ihre Beteiligung. Grunddaten für einige Indikatoren sind bereits vorhanden, bedürfen allerdings einer gewissen Aufbereitung, um sinnvolle Interpretationen zu ermöglichen. Wichtig ist die Dokumentation des methodischen Vorgehens, um die spätere Vergleichbarkeit über die Jahre hinweg sicherstellen zu können. Die beteiligten Unternehmen sehen eine natürliche Berechtigung zur Messung des intellektuellen Kapitals in Unternehmen. Sie sehen einen Bedarf hinsichtlich der Methodenentwicklung und Harmonisierung bzw. Standardisierung, um den Prozess der Erstellung und Publikation der Wissensbilanz effizienter zu gestalten und damit seinen Platz in der Organisation zu finden (Porleifsdóttir 2001). Isländische Vertreter (Ásmundsson 2003) sind starke Befür-

---

[8] Die 11 Modelle sind: Balanced Scorecard, The Jenkins Report, Tomorrow's Company, The 21st Century Annual Report, The Inevitable Change, Inside Out, Value Dynamics, Global Reporting Initiative™, The Brookings Institution, ValueReporting™, The Hermes Principles.

worter einer stärkeren Standardisierung der Vorgehensweisen und der Indikatoren für das IC-Accounting.

20.2.7 Italien

Italienische Wissenschaftler waren an dem EU-Projekt PRISM beteiligt (Bergamini, Zambon 2002)

Die gemeinsamen Forschungen der Universität von Ferrara und der Italian Association of Financial Analysts (AIAF) bezogen sich auf die Ermittlung des Umfanges der in externen Dokumenten veröffentlichten Informationen über immaterielle Vermögenswerte. Dazu wurde ein Modell (Abb. 20.3) entwickelt, dass nach den drei Ausprägungen „Detaillierungsgrad der Kommunikation" (Level of depth of communication), „Fünf Dimensionen der Kommunikation" (= Organisation, Prozesse & Innovation, Human Ressourcen, Kunden & Märkte, Strategie) sowie der „Art der Information" (= Aktuell oder Prognose) unterscheidet. Die Forschungen beschäftigen sich insbesondere mit der empirischen Prüfung der Argumentation der Verfechter von Wissensbilanzen bzw. IC-Statements, die konstatieren, dass ein höherer Grad an Informationen über immaterielle Vermögenswerte einen positiven Einfluss auf die Kapitalkosten hat. Die bisher vorgelegten Ergebnisse können diese Argumentation noch nicht stützen. (Cordazzo 2003).

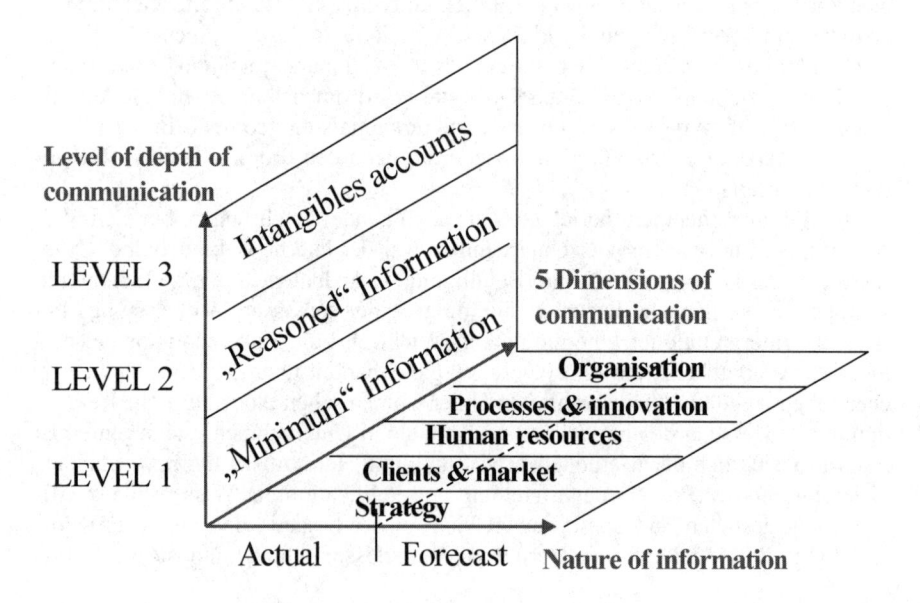

Abb. 20.3. Framework zur Messung des Grades der Kommunikationstiefe über immaterielle Vermögenswerte (AIAF 2002, S. 8)

Über die Anwendung der Wissensbilanzierung in italienischen Unternehmen sind bisher keine Daten bekannt geworden. Der italienische Automobilzulieferer Brembo hat nach eigenen Angaben einen „Intangible balance sheet" für 2002 für interne Zwecke erstellt. Der Nutzen dieses Instrument wird in der Unterstützung des vorausschauenden Managementhandelns gesehen, indem es einen neuen Blick auf die Vermögenswerte des Unternehmens eröffnet (Brembo 2003).

20.2.8 Kroatien

Im Januar 2003 wurde der IC-Report „Efficiency in Croatian Economy" auf dem VI. World Congress on Intellectual Capital in Toronto vorgestellt, der unter der Leitung von Ante Pulic und seinem Team erstellt wurde. Damit legt Kroatien nach Schweden (Rembe 1999), Israel (Pasher 1999) und der Arabischen Region (Bontis 2002) als zweites europäisches Land einen Nationalen IC-Report vor. Die Besonderheit liegt in der angewandten Methode, dem VAIC^{TM} Index (vgl. Kap. 18 in diesem Band).

In Kroatien betreibt die "International Business Efficiency Consulting" das „centar za intelektualni kapital" (CIK www.cik-hr.com), das seit seiner Gründung Mitte 2001 Studien zu Wissensbilanzierung in Banken und im öffentlichen Bereich durchgeführt hat.

Im Oktober 2003 wurde der zweite Bericht „Intellectual Capital. Efficiency on National and Company Level" vom Croatian Chamber of Economy und Deloitte vorgestellt. Der Report stellt die Werte für der „Intellectual Capital Efficiency" (ICE) zum BSP der EU-Mitgliedsstaaten (2001) im Vergleich dar sowie ein ICE-Ranking. Der größte EU-Wertschöpfungsanteil mit 23,3 % entfällt dabei auf die Bundesrepublik Deutschland. Allerdings belegt Deutschland bei der „Intellectual Capital Efficiency" nur den drittletzten Platz. Auf der Basis der Daten der TOP 500 größten europäischen Wirtschaftsunternehmen werden weitere Branchen- und Firmenrankings dargestellt. Abschließend werden die Werte für kroatische Unternehmen und Regionen veröffentlicht.

20.2.9 Niederlande

Bereits 1992 kam das Nationale Planungsbüro der Niederlande in einer Studie über Investitionen in den Niederlanden zum Ergebnis, dass 35% aller Investitionen immaterieller Natur waren und damit der wissensbasierte Anteil an der Gesamtwirtschaft die anderen Sektoren überstieg.

In dem 1999 vom niederländischen Wirtschaftsministerium veröffentlichten Bericht „Inatangible Asssets. Balancing accounts with knowledge" wurden die Ergebnisse von vier parallelen Projekten von vier Wirtschaftsprüfungsgesellschaften (KPMG, Ernst & Young, PricewaterhouseCoopers, Walgemoed) mit insgesamt zwölf Unternehmen[9] verschiedener Branchen dargestellt. Das Ziel dieses Pilotprojektes bestand darin, unterschiedliche Vorgehensweisen bei der Ermittlung der immateriellen Vermögenswerte zu erproben. So wurden unterschiedliche Schwerpunkte gewählt: Walgemoed konzentrierte sich auf die retrospektive Darstellung von Bilanzdaten (on-balance sheet); KPMG erhob prospektive Daten außerhalb der Bilanz (off-balance sheet); PwC stellte retrospektive Daten außerhalb er Bilanz dar und Ernst&Young verknüpfte zwei Ansätze (retrspective/off-balance & prospective/on-balance).

Im Ergebnis stand auch bei diesen Pilotunternehmen der Gebrauch der Wissensbilanz als internes Managementinstrument im Vordergrund, während gegenüber der externen Berichtsfunktion größere Vorbehalte von den Pilotunternehmen geäußert wurden. Die Vorbehalte bestanden primär in dem größeren Interpretationsspielraum der qualitativen Daten und Beschreibungen. Finanzanalysten schätzten die detaillierteren Informationen positiv ein. Ein Unternehmen berichtete von einer günstigeren Kapitalbeschaffung aufgrund der vorgelegten IC-Daten.

20.2.10 Österreich

Den Aktivitäten zur Wissensbilanzierung in Österreich kommt eine Vorreiterrolle im deutschen Sprachraum zu. Seit 2002 verpflichtet der §13 des österreichischen Reform-Universitätsgesetzes die Universitäten sogar zur jährlichen Bilanzierung ihrer Wissensproduktion (vgl. Kapitel 12 u. 13 in diesem Band).

Die konzeptionelle Grundlage für das Wissensbilanzmodell lieferte eine Auftragsstudie des österreichischen Bundesministeriums für Bildung, Wissenschaft und Kultur (Leitner et al. 2001). Das Gesetz zielt mit dieser neuen Form der Vermögensbilanzierung auf die regelmäßige Veröffentlichung von Leistungspotenzialen, Leistungsprozessen und deren Ergebnissen. Drei Elemente sind bei der Bilanzierung zu beachten:

1. Der Wirkungsbereich: Die Darstellung des gesellschaftlichen Wirkungsbereiches und der eigens definierten Ziele und Leitbilder.
2. Das intellektuelle Vermögen, differenziert in Human-, Struktur- und Beziehungskapital.
3. Die in der Leistungsvereinbarung definierten Leistungsprozesse mit ihren Outputgrößen und Wirkungen.

Die Besonderheit der österreichischen Aktivitäten zur Wissensbilanzierung ist ihr Ursprung im Forschungsbereich im Vergleich zum Unternehmensbereich in den nordischen Ländern. Das Austrian Research Center Seibersdorf (ARCS) erarbeitete ein eigenes Modell zur Beschreibung und Messung des IC und veröffentlicht seit 1999 eine Wissensbilanz. Die Wissensziele in 2002 lauteten beispielsweise: „Wissenstransfer", „Interdisziplinarität", „Forschungsmanagement", Internationalität" und „Spin-off und Beteiligungen". Nach einer strategischen Neuori-

---

[9] Vertretene Unternehmen: Bank, Versicherung, Landwirtschaft (2x), Elektro- und Softwarefirma, Fertigungsindustrie (2x), Spielehersteller, Verlag und Beratungsunternehmen.

entierung wurden 2003 stärker inhaltliche Ziele formuliert und auch einige Indikatoren angepasst. Jetzt liegt der Fokus stärker auf thematischen Leitinnovationen, wie beispielsweise „Optischen Biosensoren" oder „Nano Systems". Die bisherigen Wissensziele werden jetzt eher als Mittel zur Zielerreichung verstanden. Ferner erfolgte in 2003 die Übertragung die Wissensbilanzierung auf die acht Tochtergesellschaften der ARC-Gruppe (ARC-Wissensbilanz 2003).

Dem Beispiel der ARCS sind weitere außeruniversitäre Forschungseinrichtungen in Österreich gefolgt und haben eigene Wissensbilanzen entwickelt und publiziert: JOANNEUM RESEARCH Forschungsgesellschaft mbH in Graz (2001, 2002) (vgl. Kapitel 14 in diesem Band), Know-Center[10] Graz (2002) und die gemeinnützige, landeseigene Salzburg Research Forschungsgesellschaft mbH (2003).

Im Universitätsbereich hat die Donau-Universität Krems für das Jahr 2002 erstmals eine Wissensbilanz erarbeitet und veröffentlicht (vgl. Kapitel 17 in diesem Band). Dabei ist zu berücksichtigen, das die Donau-Universität Krems ausschließlich postgraduale Studien anbietet und somit in ihrer Struktur kaum mit anderen Universitäten vergleichbar ist. Ferner haben bisher einzelne Universitätsinstitute, wie beispielsweise das Institut für Wirtschafts- und Betriebswissenschaften der Montanuniversität Leoben (2001, 2002), das Institut für Unternehmensführung, Tourismus und Dienstleistungswirtschaft der Universität Innsbruck (2002, 2003) sowie die Fachhochschule des bfi Wien Gesellschaft mbH (2003) Wissensbilanzen vorgelegt. Typische Schlüsselindikatoren der universitären Wissensbilanzen sind für das Humankapital: Anzahl der Mitarbeiter, des wissenschaftlichen Personals und der Lehrbeauftragten; Strukturkapital: Investitionen in Bibliotheken und elektronische Medien, Ausstattung für Lehre und Forschung oder Personenstunden für F&E-Aufgaben; Beziehungskapital: Anzahl strategischer Forschungspartner und Wirtschaftspartner, Anzahl gestarteter F&E-Projekte, Gastwissenschaftler.

Im Finanzsektor ist die Wissensbilanz der österreichischen Nationalbank für das Jahr 2003 unter dem Titel „Knowledge for Stability" hervorzuheben. Damit legte erstmals eine Nationalbank eine Wissensbilanz vor. Die Wissensbilanz dient im ersten Schritt der internen und externen Kommunikation und soll zukünftig auch als Steuerungsinstrument eingesetzt werden (ÖeNB 2004). Das Wissensbilanzmodell der ÖeNB ist an das ARC-Modell angelehnt, nimmt als vierte Kategorie des Wissenskapitals das Innovationskapital auf. Die Wissensziele der ÖeNB lauten: „Kompetenz durch spezialisiertes Wissen", „Vertrauen durch Wissenstransfer", „Interdisziplinarität durch Internationalität und Kooperation" und „Effizienz durch moderne Unternehmensführung". Als Indikatoren werden für das Humankaptial: Mitarbeiterstruktur sowie Aus- und Weiterbildung; Strukturkapital: Führungsstruktur (Leitungsspanne, Anzahl der Produktmanager), Technische Infrastruktur (Systemverfügbarkeit, Reklamationsfreie Transaktionen), Umweltschutz und Qualitätssicherung sowie Konzernbeteiligungen; Beziehungskapital:

---

[10] Kompetenzzentrum für Wissensbasierte Anwendungen und Systeme Forschungs und Entwicklungs GmbH, Graz unterstützt u.a. im Rahmen des Kplus – Kompetenzzentren-Programm

Kooperation und Vernetzung, Publikationen und Öffentlichkeitsarbeit, Kommunikation im Internet; Innovationskapital: Anzahl Mitarbeiterressourcen für Veränderungsprojekte, Forschungskooperationen, Forschungsaufenthalte und Gutachten.

Schließlich ist noch das Pilotprojekt Wissensbilanz NANONET Styria 2003 hervorzuheben, das erstmals die Methode der Wissensbilanzierung auf ein forschungsorientiertes regionales Netzwerk übertragen hat und von der Landesregierung der Steiermark unterstützt wurde (NANONET 2003). Das Ziel, „die Steiermark soll im Jahr 2007 eine national und international anerkannte Region im Bereich der Nanotechnologie sein", soll mit dem Instrument der Wissensbilanz gefördert werden. Unter Beteiligung der Vertreter des Netzwerkes wurden letztlich 13 zentrale Einflussfaktoren identifiziert, deren Wechselbeziehungen festgestellt und deren quantitativer und qualitativer Erfüllungsgrad bewertet. Auf dieser Basis wurden für die einzelnen Netzwerkpartner Profile erstellt, die Stärken und den Handlungsbedarf deutlich machen.

20.2.11 Schweden

Die schwedischen Aktivitäten zur Wissensbilanzierung können als Wegbereiter zur systematischen Beschreibung, Messung und Bewertung des intellektuellen Kapitals in Wirtschaftsorganisationen angesehen werden.

Die so genannte „Konrad Group" (benannt nach dem schwedischen Konrad-Tag, dem ersten Treffen der Gruppe am 12. November) nahm die Vorreiterrolle für Wissensbilanzierung ein. Eine Gruppe von sieben Wirtschaftsmanagern[11] schloss sich 1987 mit dem Ziel zusammen, ein neues Bilanzierungsmodell anzuregen, das eine verbesserte Berichterstattung über die immateriellen Vermögenswerte erlaubt, um sich damit externen Analysten zu öffnen und für Anleger transparenter zu werden. Von dieser Gruppe wurden erstmalig die klassischen Hauptkategorien des intellektuellen Kapitals, Human, Struktur- und Beziehungskapital erarbeitet (Sveiby et al. 1988, 1989). 1993 empfahl der Swedish Council for Service Industries seinen Mitgliedsunternehmen, die vorgeschlagenen Indikatoren zur Beschreibung des Humankapitals in der Bilanz zu veröffentlichen.

---

[11] Mitglieder der Konrad-Gruppe: Elisabeth Annell, prev. CEO SIFO (market research), Siv Axelsson, HR director Jacobson & Widmark (Technical Consulting), Per-Magnus Emilsson, CEO KREAB (Advertising), Hans Karlsson, Senior Partner KPMG, Stig Wikström, Senior Partner Lindebergs auditing firm, Karl-Erik Sveiby, Convenor and Editor of the book, Carl Johan Wangerud, CEO Health Investment.

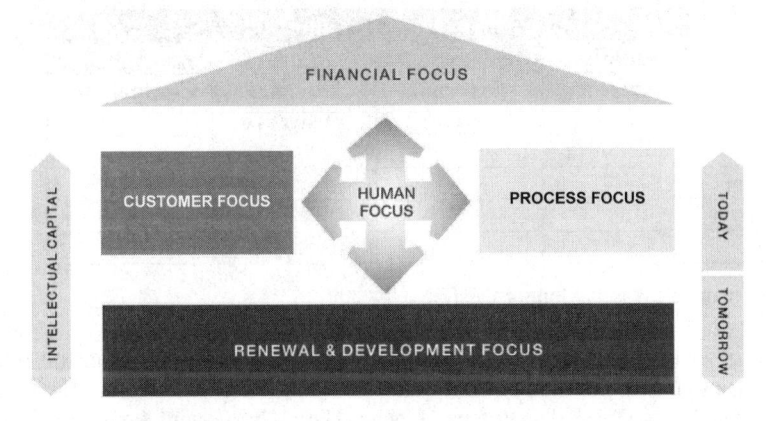

Abb. 20.4. Modell des Skandia IC-Navigator

Mit Leif Edvinsson und Karl-Erik Sveiby kommen auch die beiden exponiertesten europäischen Vertreter aus Schweden. Beide haben anerkannte Modelle zur Wissensbilanzierung entwickelt und praktisch umgesetzt. Leif Edvinsson war als erster Direktor für Intellektuelles Kapital bei dem schwedischen Finanzdienstleister Skandia ab 1991 verantwortlich für die Erarbeitung und Publikation der Wissensbilanz, die unter dem Namen Skandia IC-Navigator (Abb. 20.4) für das Jahr 1994 erstmals publiziert wurde (Skandia 1995) und große Beachtung erfahren hat (vgl. Kapitel 21 in diesem Band; siehe auch Heisig et al. 2001). Heute bietet Skandia seine Erfahrungen mit dem Beratungsprodukt IC-Vision anderen Unternehmen an, die mit diesem Controlling-Instrument die Entwicklung der nicht-finanziellen Indikatoren der Unternehmensbilanz verfolgen möchten.

Karl-Erik Sveiby[12] war nicht nur Koordinator der Konrad-Group sondern entwickelte mit dem Intangible Asset Monitor (IAM) auch einen eigenen Ansatz, der unter anderem vom schwedischen Unternehmen Celemi seit 1995 erfolgreich eingesetzt wird (Heisig, Runeson 2001). Der IAM (vgl. Abb. 20.5) unterscheidet die drei Kategorien externe Strukturen, interne Strukturen und Kompetenzindikatoren, um die wissensrelevanten Elemente eines Unternehmens zu erfassen. Innerhalb dieser Kategorien werden Indikatoren nach den Dimensionen Wachstum, Innovation, Stabilität und Effizienz geordnet.

Neben den international bekannt geworden Unternehmen Skandia und Celemi wurden Wissensbilanzen primär von IT-Unternehmen (WM-Data, TurnIT) und Beratungsunternehmen erstellt (KREAB, Jacobsson & Widmark, Lindebergs, PLS Consult, Ångpanneföreningen ÅF, Bohlin & Strömberg) (Sveiby 1996/2001).

---

[12] Weitere Informationen unter: www.sveiby.com

	Market Value			
	Tangible Assets	Intangible Assets		
		External Structure	Internal Structure	Competence
Growth				
Innovation				
Efficiency				
Stability				

Abb. 20.5. Intangible Assets Monitor", K.E. Sveiby 2001

„Invest in Sweden Agency (ISA)" (www.isa.se) ist die erste nationale Investmentorganisation, die Methoden der Wissensbilanzierung heranzieht, um die Wettbewerbsfähigkeit und das Potenzial einer Nation insgesamt zu bestimmen und zu vergleichen. Als Regierungsagentur verfolgt sie das Ziel, internationale Unternehmen über die Geschäftspotenziale in Schweden zu informieren und sie bei ihren Investitionsvorhaben zu unterstützen. Ausgangspunkt dieses Ansatzes ist die Überlegung, dass Investitionen von wissensstarken Unternehmen zunehmend vom intellektuellen Kapital und Potenzial der Nationen bestimmt und diese so zum entscheidenden Faktor der Standortwahl werden. Die Vorgehensweise zur Bestimmung des nationalen Wissenspotenzials lehnt sich an den IC-Navigator an.

20.2.12 Spanien

In Spanien gründete sich 1998 der „Club Intellect" in dem sich namhafte internationale (u.a. Ericsson, Hewlett-Packard, IBM, Microsoft, Roche, Siemens, Zurich) und spanische Unternehmen (u.a. Banco Bilbao Vizcaya, Banco Central Hispano, Caja Madrid, Repsol, RENFE), Universitäten (Universidad Carlos III., Universidad Deusto, IADE Universidad Autonoma de Madrid) sowie Verbände (Asociación Espanola de Contabilidad y Administración de empresas, Comisión Nacional del Mercado de Valores) zusammenschlossen, um das Verständnis, die Entwicklung und die Messung des Intellektuellen Kapitals zu fördern und durch praktische Projekte voranzutreiben. Unter Federführung der KPMG und des Instituto Universidad Eurofoum Escorial sowie Mitwirkung von Vertretern aus Wirtschaft und Forschung wurde ein Modell zur Messung des Intellektuellen Kapitals erarbeitet. Dieses Modell wurde von drei Pilotanwendern, einem Ingenieurbüro (65 Mitarbeiter), einer Tochterfirma der spanischen Telefónica (106 Mitarbeiter) und einem Finanzdienstleister der Banco Bilbao Vizcay (540 Mitarbeiter) getestet. Dieses Pilotprojekt wurden aus Mitteln des Europäischen Sozialfonds gefördert. Die Ergebnisse wurden im Dezember 1998 veröffentlicht (Euroforum 1998).

Das Modelo Intelect folgte der klassischen Unterscheidung nach Human-, Struktur- und Beziehungskapital. Die vorgeschlagenen Indikatoren sollen den gegenwärtigen Wert und das zukünftige Potenzial des IC, interne als auch externe Faktoren aus dem Umfeld der Organisation sowie mögliche Transformationen zwischen den Kapitalarten abbilden können. 2003 wurde das Modell überarbeitet und differenziert jetzt zwischen den fünf IC-Arten: Human-, Organisations-, Technologie-, Beziehungs- und Soziales-Kapital (Bueno et al. 2003).

Diese 1997 begonnenen Aktivitäten werden inzwischen im Rahmen des Foro del Conocimiento Intellectus des Centro de Investigación sobre la Sociedad del Conocimiento am Instituto Universitario de Administración de Empresas (IADE) der Universidad Autonoma de Madrid fortgeführt. Die IADE war ebenfalls am EU-Projekt MERITUM beteiligt. Die Erstellung einer Software für die Wissensbilanzierung ist geplant (Boletín Intelectus, Julio 2004).

Der Anwendungsschwerpunkt lag bisher im Finanzsektor und im öffentlichen Sektor. Das Modell zur Messung und Steuerung des Intellektuellen Kapitals wurde für die Caja Murcia (11/2001 – 1/2004) sowie für die Bank Caja Madrid (9/2002 – 5/2003) prototypisch angewandt. Zugleich sollen diese Aktivitäten in die Entwicklung eines sektorspezifischen Modells münden. Mit dem Projekt „Intellektuelles Kapital des spanischen Energiesektors" (03/2003 – 09/2004) wurde unter Beteiligung führender Unternehmen (Iberdrola, Union Fenosa, Red Electrica de Espana e Hidrocantábrico) erstmals die Ermittlung des Intellektuellen Kapitals einer gesamte Branche verfolgt. Seit 2001 wird in einem Pilotprojekt zur Verbesserung der Effizienz in der öffentlichen Verwaltung die Übertragbarkeit des Ansatzes auf die öffentliche Verwaltung getestet. Ferner wird der entwickelte Ansatz des Managements des Intellektuellen Kapitals für die Anwendung im Bereich von drei Universitäten und zwei öffentlichen Forschungszentren in der Provinz Madrid geprüft. In 2004 wurde erstmals von der Comunidad de Madrid ein Bericht unter dem Titel "Capital Intelectual y Producción Científica" (Intellektuelles Kapital und Wissenschaftliche Produktion) veröffentlicht.

Auf der Unternehmensebene sind neben den Pilotprojekten im Finanzsektor (Caja Madrid, Caja Murcia, BBV) im produzierenden Gewerbe nur vereinzelte Pilotprojekte zur Erstellung einer Wissenbilanz durchgeführt worden. So präsentierte das Unternehmen UNION FENOSA in ihrer Jahresbilanz 1999 erstmals Daten über das „Capital Intelectual" (ebenso 2000, 2001, 2002). Mitte 2004 präsentierte mit der Firma Genetix erstmals ein Unternehmen der Biotechnologiebranche eine Wissensbilanz. Im spanischen Baskenland haben sich regionale Unternehmen und Forschungseinrichtungen im Cluster del Conocimiento zusammengeschlossen, die sich ebenfalls mit der Anwendbarkeit des Konzeptes des Intellektuellen Kapitals für kleine und mittlere Unternehmen auseinandersetzt (Cluster o.J.).

Schließlich sind noch die Arbeiten zum Intellectual Capital of Regions von J.M. Viedma von der Universität von Katalonien (Barcelona) hervorzuheben. Der von ihm entwickelte RICBS-Ansatz (Regions Intellectual Capital Benchmarking System) zielt auf den Vergleich von Regionen auf der Basis von homogenen Microclustern. Als Struktur lehnt sich das Modell an den Skandia Navigator an und geht in fünf Phasen vor: 1) Schaffung einer Vision, 2) Identifikation von Kernaktivitäten zur Umsetzung der Vision, 3) Identifizierung von Kernkompetenzen zur Realisierung der Kernaktivitäten, 4) Identifizierung von Indikatoren für jede Kernaktivität und Kernkompetenz sowie 5) Zusammenstellung der Indikatoren für die IC-Kategorien des Skandia-Navigators (Viedma 2004).

20.3 Resümee

Die Bedeutung von Wissen als wertvollste Ressource in Europa ist von zahlreichen Akteuren anerkannt und die Notwendigkeit eines systematischeren Umgangs mit dieser Ressource und seinen Produkten machen die dargestellten Initiativen deutlich.

Aus den Gesprächen mit den Anwendern in Unternehmen zeigt sich, dass die Bilanzierung des intellektuellen Kapitals neue Perspektiven auf die zentralen Erfolgsfaktoren einer Organisation eröffnen und deren Wechselbeziehungen deutlicher hervortreten lassen. Diese ersten positiven Erfahrungen gegenüber ist allerdings festzustellen, dass der Durchbruch, d.h. eine weite Verbreitung und Anwendung noch nicht stattgefunden hat. Dafür ist die Anzahl der Anwender noch zu gering und zu klein. Allerdings setzen sich vermehrt auch die Gremien der Rechnungslegung mit dem Thema der Bewertung immaterieller Vermögenswerte auseinander.

Aus dem Überblick der bisher durchgeführten Projekte lassen sich folgende Gemeinsamkeiten und Anforderungen ableiten:

- Die Methoden zur Beschreibung und Bewertung des intellektuellen Kapitals sind für den Praktiker in Organisationen noch anwendungsfreundlicher zu gestalten.
- Eine technische Unterstützung bei der Erstellung von Wissensbilanzen ist geboten und sollte, insbesondere für kleine und mittlere Unternehmen, möglichst kostenfrei bereitgestellt werden.
- Die Harmonisierung der Indikatoren und Messgrößen sollte nicht nur vor dem Hintergrund der Vergleichbarkeit und der Möglichkeiten zum Benchmarking vorangetrieben werden, sondern insbesondere hinsichtlich des Aufwandes zur Datenbeschaffung, Berechnung und Interpretation für KMU. Ein Vorschlag der TOP20 Indikatoren je Kapitalkategorie sollte angestrebt werden (vgl. CWA 14924[13]).
- Den externen Zielgruppen (Steuerberater, Analysten, Kapitalgeber) sind die Ziele der Wissensbilanzierung zu erläutern und Vertreter sind in die weitere Entwicklung einzubeziehen. Leitfäden zur Interpretation von Wissensbilanzen sind zeitgleich zur Fortführung der Methodenentwicklung zu erstellen.
- Die Wissensbilanzierung ist von alternativen Methoden und Vorgehensweisen abzugrenzen und ihr besonderer Nutzen ist herauszuarbeiten.
- Die Erfahrungen der Pioniere sind wissenschaftlich aufzubereiten und weitere Forschungen sind erforderlich (vgl. Scholl, Heisig 2003; Scholl et al. 2004).

Letztlich gilt: Nur wenn wir das intellektuelle Kapital beschreiben und bewerten können, werden wir in die Lage versetzt, Maßnahmen zur Veränderung und Verbesserung unseres wertvollsten Kapitals definieren, umsetzen und die Zielerreichung überprüfen zu können.

---

[13] Die CWA 14924 „European Guide to Good Practice in Knowledge Management" ist in deutscher und englischer Sprache kostenlos downloadbar unter www.cenorm.be

Literaturverzeichnis

Andriessen DG Stam CD (2004) The intellectual capital of the European Union. Measuring the Lisbon agenda. Version 2004. http://www.intellectualcapital.nl/

Ásmundsson (2003) Status of IC Accounting in Iceland. Presentation at "Nordic Harmonized Knowledge Indicators Workshop", Iceland 4. – 6. September 2003.

Austrian Research Center Seibersdorf (ARCS) (1999, 2003) ARC Wissensbilanz. http://www.arcs.ac.at/publik/fulltext/wissensbilanz

Ballot G, Besancenot D, D'Armicoles CH, Falkhfakh F (1998) Le Capital humain des entreprises: constitution et relation avec les performances micro et macro-économiques. Équipe de recherche sur les marchés, l'emploi et la simulation (ERMES), CNRS, Université Panthéon-Assas (Paris-II), 1998

Bergamini I, Zambon S (2002) A Scoring Methodology For Ranking Company Disclosure on Intangibles. EU PRISM Research Project, WP 4, "Accounting, Auditing and Financial Analysis in the New Economy" University of Ferrara, Sep. 2002

Bontis N (2002) National Intellectual Capital Index: Intellectual Capital Development in the Arab Region. Paper presented at 5th World Congress on Intellectual Capital, McMaster University, Michael G. De Groote School of Business, Hamilton, Ontario, Canada, 10.-12. Januar 2002

Brembo (2003) Workshop on Intangibles. Brussels 23. July 2003. http://www.brembo.com/ENG/AboutBrembo/InvestorRelationsFinancialInfo/Presentations/

Bueno E (2000) Gestión del Conocimiento y Capital Intelectual. Experiencias en Espana. Eurofórum Madrid

Bueno E, Arrién M, Rodríguez O (2003) Modelo Intelectus de medición y Gestión del Capital Intelectual, Documentos Intellectus, no. 5, CIC-IADE, Madrid

CEN (2004) CWA 14924: European Guide to Good Pratice in Knowledge Management. Brüssel (CWA = CEN Workshop Agreement)

Claessen E (2004) The PIP Project (Putting IC into Practice): Harmonising the Reporting of Intangibles to Improve SME Performance in the IT Sector. In: Proceedings 5th European Conference on Knowledge Mangement. Paris, 30. September – 1. October 2004, p. 181–188

Cluster del Conocimiento (o.J.): El ABC del Capital Intelectual para Pymes

Cordazzo M (2003) The Value Relevance of Disclosure of Intangibles: European and Comparative Study. Paper presented at the PricewaterhouseCoopers European Doctoral Colloquium in Accounting, Seville 29.3. – 1.4.2003

Crampes C (1998) Les actifs immatériels dans l'entreprise, Groupe de recherche en mathématiques et analyse quantitative (GREMAQ) - Université de Toulouse I, 1998

Croatian Chamber of Economy – Intellectual Capital Association (2003) Intellectual Capital. Efficiency on National and Company Level. Zagreb, Oktober 2003 http://www.cik-hr.com/core/index.html

Dalle JM, Foray D (1999) L'institution brevet dans une économie fondée sur la connaissance: éléments d'analyse. Groupement de recherche 884 - Institutions, emploi et politiques économiques (IEPE), 1999

Delapierre M (1998) L'émergence d'oligopoles en réseau fondés sur la connaissance. Centre d'études et de recherches sur les entreprises multinationales (CEREM), Fondement des organisations et des régulations de l'univers marchand (FORUM), université de Paris-X -Nanterre, 1998

dti (2000): Grasping the Nettle: FINAL REPORT of a Feasibility Study concerning A Programme for research into the measurement and valuation of intangible assets. London April 2000
dti (2001) Creating Value from your Intangible Assets. Unlocking your true potential. London May 2001
dti (2004) CRITICAL SUCCESS FACTORS. Creating Value From Your Intangible. A Selfassessment Tool for Business. London, February 2004
Euroforum, Intelect Club (1998) Medición del Capital Intelectual. Modelo Intelect. Madrid, Dezember 1998
Heisig P, Diethert O, Romanski U (2001) Measuring Knowledge and Generating Knowledge about the Future – Skandia AFS and Skandia Lebensversicherungen AG. In: Mertins K, Heisig P, Vorbeck J (Hrsg) Knowledge Management. Best Practice in Europe. Springer, Berlin
Heisig P, Runeson J (2001) Measuring Intangible Assets for Sustainable Business Growth – Celemi AB, Medium-Sized and Fast Growing. In: Mertins K, Heisig P, Vorbeck J (Hrsg): Knowledge Management. Best Practice in Europe. Springer, Berlin
Hoarau Ch (1997) Mesure, évaluation et analyse de l'efficacité des facteurs immatériels. Centre de recherche européen en management des organisations (CEREMO), université de Metz et IAE de Paris, 1997
IC News Summer 2004 (Newsletter) 4 pages. Edited by IC Partners Ltd.
ICAEW (2003) Information for Better Markets. New reporting models for business. An initiative from the Institute of Chartered Accountants in England & Wales. London November 2003
ISA (1999) Invest in Sweden 1999 Report - Assets in intellectual capital. Stockholm 1999
Italian Assocation of Financial Analysts (AIAF) (2002) The communication of intangibles and intellectual capital: an empirical model of analysis, Official Report n. 106, Milan, AIAF
Leitner KH, Sammer M, Graggober M, Schartinger D, Zielowski C (2001) Wissensbilanzierung für Universitäten. Bundesministerium für Bildung, Wissenschaft und Kultur, Wien. http://www.weltklasse-uni.at/upload/attachments/170.pdf
Ministère des Finances (1995) Les marques: un actif pour l'entreprise - Rapport de synthèse sur la comptabilisation et l'évaluation des marques développées en interne" Paris 1995
Ministry of EconomicAffairs (1999) Intangible Asssets. Balancing accounts with knowledge. Pilot Project. The Hague
Nanonet (2003) Wissensbilanz NANONET Styria 2003.
Nordic Industrial Fund (2001) Intellectual Capital Managing and Reporting. A report from the Nordika project. October 2001. http://www.icpartners.fi
Nordic Industrial Fund (2003) How to Develop and Monitor your Company's Intellectual Capital. Tools and Action for the Competency-based organisation. April 2003
ÖeNB (2004) ÖeNB-Wissensbilanz 2003. Bericht über das intellektuelle Kapital der Österreichischen Nationalbank. Wien 2004
Pasher E (1999) The Intellectual Capital of the State of Israel. Herzlia Pituach: Kal Press
Porleifsdóttir A (2001) Intellectual Capital (IC) assessment. Reykjavik, August 2001
Rembe A (1999) Invest in Sweden: Report 1999. Stockholm, Sweden
Scholl, W., Heisig, P. (2003): Delphi Study on the Future of Knowledge Management – Overview of the Results. In: Mertins K, Heisig P, Vorbeck J (Hrsg) Knowledge Management. Concepts and Best Practice. Springer, Berlin 2003, 2. Aufl.

Scholl, W., König, C., Meyer, B., Heisig, P. (2004): The Future of Knowledge Management. An international Delphi Study. In: Journal of Knowledge Management, Vol. 8, No. 2, p. 19 – 35

Skandia (1995) Visualizing Intellectual Capital in Skandia. Supplement to Skandia's 1994 Annual Report. Stockholm

Spath D, Wagner K, Slama A (2002) Bewertung von Wissenskapital. Wettbewerbsvorteile nutzen durch bewussten und zielgerichteten Einsatz von Wissen. Abschlussbericht des EU Projekts MAGIC, Measuring and Accounting Intellectual Capital. Fraunhofer IRB Verlag, Stuttgart

Sveiby KE (Hrsg) (1988) Den Nya Årsredovisningen. (Eng. The New Annual Report) Workgroup "Konrad". Ledarskap Stockholm. http://www.sveiby.com/articles/ SwedishCoP.htm

Sveiby KE (Hrsg) (1989) *Den osynliga balansräkningen* (The Invisible Balance Sheet), Ledarskap Stockholm. http://www.sveiby.com/articles/SwedishCoP.htm

Sveiby KE (Hrsg) (1996/2001) The Swedish Community of Practice. Paper presentated at PEI onference in Stockholm 25 October 1996. Updated April 2001. http://www.sveiby. com/articles/SwedishCoP.htm

Viedma Martí JM (2004) RICBS. A Methodology and a Framework for Measuring and Managing the Intellectual Capital of Regions. Proceedings of 5th European Conference on Knowledge Management, Paris 30. September – 1. October 2004

21 Das unerschöpfliche Potenzial des intellektuellen Kapitals

Leif Edvinsson

21.1 Ein wachsendes Ungleichgewicht

Wie ist heute das Verhältnis zwischen Wissen (d.h. Intelligenz) und Unwissenheit bzw. Ignoranz? Prüfen Sie Ihre „Mind Map" unter anderem mit den folgenden Fragen:

Wo werden in Ihrem Land, Ihrer Region oder Ihrer Stadt Werte geschaffen? Entwickelt sich eine neue Form der Wertentstehung oder Logistik, die anderes Wissen, einen aktiven Umgang und eine Entwicklung des intellektuellen Kapitals erfordert? Kann es eine alternative Sichtweise geben, wie man die Grundlagen für die Wertschöpfung für einen neuen Wohlstand der Länder/Nationen legen kann, wie man Informationssysteme über die Gesellschaft gestalten und die Zukunft in einen Aktivposten verwandeln kann? Was sind die Muster der Wissenserzeugung in Ihrem Land, um die Zukunft in Vermögen zu verwandeln? Wie sieht die „Landkarte" des Wissens bzw. des intellektuellen Kapitals aus? Wo existieren Wissensgemeinschaften oder Wissensstädte? Welche größeren gesellschaftlichen Innovationen haben während der letzten fünf Jahre stattgefunden? Wird es einen lauter werdenden Ruf nach einem neuen Abkommen über Wissen zugunsten des Wohlstands der Länder geben, der auf sozialem Unternehmertum, einer Kultur des Wissens und gesellschaftlichen Neuerungen basiert? Welches gesellschaftliche Kapital nährt eine Wissensperspektive auf das gesellschaftliche Unternehmertum?

Wir wissen heute, dass es einen exponentiell wachsenden Zustrom an neuen Erkenntnissen, Wissen und Forschung gibt, die sich unter anderem über das Internet schnell global verbreiten. Die Investition in die digitale Wirtschaft ist nie zuvor größer gewesen oder hat sich in schnelleren Zyklen vollzogen; nach einigen Angaben liegt sie bei jährlich 1000 Milliarden US-Dollar, nach manchen Schätzungen sogar noch darüber. Dies hat Nakamura, *Federal Reserve Bank* von Philadelphia, veranlasst die Frage zu stellen, wie viele Milliarden US-Dollar im Bruttoinlandsprodukt der USA nicht erfasst werden? Folglich nehmen wir ein wachsendes strategisches Wissenschaos wahr; oder eine Herausforderung im Hinblick auf diese immateriellen Vermögenswerte und deren strategische Nachhaltigkeit.

21.2 Eine „Landkarte" der immateriellen Vermögenswerte und ihre Größenordnung

Die Investitionen von 18 OECD Ländern im Jahr 2000 variierten nach Khan (OECD) zwischen 2-7 % des BIP, mit Schweden und den USA am oberen Ende. Diese Zahl beruht auf einer eingeschränkten Definition des Aufwands für Forschung und Entwicklung (F&E), Ausbildung und Softwareinvestitionen. Bei einer breiteren Definition würde diese Zahl für die wissensintensiven Wirtschaftsräume auf jenseits von 10 % des BIP steigen. Überdies scheinen die immateriellen Investitionen in diesen Ländern mehr als 60 % aller Investitionen auszumachen. Investitionen in Innovationen sowohl im Industrie- als auch im Dienstleistungssektor werden auf zwischen 1, 7 % und 7, 5 % des BIP geschätzt.

Erst Ende der 1990er Jahre begann das *Bureau of Economic Analysis* in den USA, die Höhe der immateriellen Investitionen zu schätzen, um ein präziseres Bild zu erhalten. Wie oben erwähnt, beliefen sich im Jahr 2000 die Investitionen von inländischen US-Firmen in immaterielle Werte nach einer Schätzung von Nakamura auf 700 bis 1.500 Milliarden US-Dollar. Dies entspricht etwa 10 % des BIPs der USA, die in der nationalen Vermögensstatistik nicht erfasst werden. Dabei ist dies wahrscheinlich sogar nur ein Bruchteil der tatsächlichen Höhe der Ausgaben für immaterielle Vermögenswerte. Vor allem wenn man die Output-Zahlen betrachtet, wird der aggregierte Wert der immateriellen Vermögenswerte der US-Wirtschaft höher geschätzt. Software, Informations- und Kommunikationstechnologie (I&K-Technologie), F&E und auch Infotainment repräsentieren zusammen über 80 % dieser Investitionen. Der Anteil von F&E in den USA wird auf ca. 3 % des BIP bzw. 265 Milliarden US-Dollar geschätzt. Dies wäre eine weitere Herausforderung für die Erfassung und die Rechnungslegung von Vermögenswerten in der Wissenswirtschaft.

In Europa hat dies auch zu dem Bestreben geführt, die Investitionen in wettbewerbsfähige immaterielle Vermögenswerte zu fördern, auch genannt die Lissabon-Agenda des EU-Gipfels in Lissabon, Portugal 2000. Das Ziel ist, insbesondere die Investitionen der EU-Mitglieder in F&E auf 3 % des BIP anzuheben.

Der gesamte Aufwand der OECD-Länder im Jahr 2000 für F&E wird auf 563 Milliarden US-Dollar geschätzt. Betrachtet man die Verteilung unter den größeren Regionen, so fallen 47 % auf die USA, 31 % auf die EU und 17 % auf Japan. Für Schweden werden 3,9 % und für Finnland 3.4 % des BIPs genannt. Als Durchschnitt der OECD-Länder werden 2.4 % genannt. Fügt man diesen Investitionen die Ausgaben für Aus- und Weiterbildung hinzu, würde diese Zahl um rund 5 % steigen. Die Softwareinvestitionen sind in jüngerer Zeit gewachsen, liegen aber immer noch bei ca. 1.4 % des BIPs der OECD.

Dies zeigt sowohl die Verschiebung von Investitionen hin zu immateriellen Werten und deren Höhe als auch den Mangel an systematischer Bewertung und Erfassung der auf diesen Ausgaben beruhenden Wertschöpfung. Ist dieser Wert nun aber gleichzusetzen mit dem Input oder mit dem Output? Was sind die wichtigsten Erkenntnisse?

Vor kurzem führte die Zeitschrift *Economist* den sog. *Latte-Index* ein, der dem bekannteren *Burger-Index* ähnelt. Es vergleicht basierend auf der Kaufkraftparität Preise für Kaffee und Fast-Food-Hamburger auf der ganzen Welt, indem er den Preis der lokalen Währung durch den Dollarpreis teilt. Dementsprechend könnte als nächstes vielleicht ein Öl- oder Energie-Index gebildet werden. Aber hauptsächlich zeigt es den tatsächlichen Nutzen von Produkten. Es veranschaulicht, ob eine Währung über- oder unterbewertet ist. Wie wäre es mit einem vergleichbaren Index für Wissen oder intellektuelles Kapital?

21.3 Internationale Initiativen zum intellektuellen Kapital

Statistisch gesehen ist Schweden heute führend in den von der OECD aufgestellten Vergleichen hinsichtlich der Kompetenzen, es liegt jedoch in der Entwicklung des materiellen Gemeinwohls zurück. Ein strategisches Paradox? Die Grundlage war die Investition in Forschung, I&K-Technologie und Aus- und Weiterbildung. Im globalen Kontext sehen wir einen schnell wachsenden Wettbewerb um Fähigkeiten und Wissen durch eine Anzahl strategischer Wissensinitiativen.

- **Finnland** wird heute als der am schnellsten wachsende Investor in F&E betrachtet und wird gelegentlich auch als Kuwait der globalen I&K-Wirtschaft bezeichnet!
- In **Schweden** war Skandia das weltweit erste Unternehmen, das in den frühen 1990er Jahren mit dem *Intellectual Capital Reporting* (IC-Report) ein Wissensreporting einführte, dem jetzt viele Unternehmen, Forscher und Regierungsinitiativen folgen. Man betrachte auch den ersten Versuch eines IC-Benchmarking durch das IC-Rating™ 1997 in Schweden (www.intellectualcapital.se), das mittlerweile von vielen Ländern lizenziert wurde.
- **Dänemark** hat bereits vor einigen Jahren auf nationaler Ebene einen Kompetenz-Beirat eingerichtet, der auf eine engere Zusammenarbeit zwischen dem privaten und öffentlichen Sektor zielte und zu einer führenden Rolle in der Wissenswirtschaft beitragen sollte. Dänemark wurde so zu einem wichtigen Motor für das Wissensreporting. Die Regierung schuf eine Internetseite für die Berichtslegung des intellektuellen Kapitals (www.vtu.dk/icaccounts). 2003 wurde ein ähnlicher Innovations-Rat mit dem Ziel gegründet, Dänemark bei Innovationen nach vorne zu bringen.
- In **Norwegen** sind einige interessante Initiativen erstmals umgesetzt worden, z.Bsp. das IC-Rating™ der Kommune Larvik (www.larvik.kommune.no). Ein anderes Beispiel ist das IC-Rating™ der norwegischen Erdölfelder und der Prototyp eines Zukunfts-Zentrums, das gesellschaftliches Unternehmertum fördern soll (siehe www.finansanalytiker.no für Richtlinien zum intellektuellen Kapital in Norwegen).
- Auch **Italien** hat bei der Messung von immateriellen Vermögenswerten Pionierarbeit geleistet. 2004 formulierte die AIAF, die italienische Vereinigung von Finanzanalysten, Richtlinien. Dabei wurde eine Suchmaschine und ein

Kommunikationsmodell für immaterielle Vermögenswerte für italienische Unternehmen ausgearbeitet. Ab Anfang 2005 wollen italienische Finanzanalysten Unternehmen auch nach dem Grad der Offenlegung ihrer immateriellen Vermögenswerte einstufen.
- Die **Niederlande** führten ebenfalls sehr früh nationale Konzepte für die Wissenswirtschaft ein. Seit 2004 intensivieren sie ihr Bestreben mit der Gründung des *IC Research Centers* an der Nyenrode Universität und dem *Public Innovation Center* in Den Haag.
- **England** hat mit dem Thema E-Government und der Berichtslegung von immateriellen Vermögenswerten begonnen. Hierfür stehen Initiativen wie die *Royal Society of Art* (RSA), die *Tomorrow's Company* und das *Knowledge Management Forum* am *Henley Management College*. Vor kurzem wurde auch mit der Einführung von PPP (Public Private Partnerships – öffentlich-private Partnerschaften) begonnen, um gesellschaftliches und soziales Unternehmertum zu forcieren. Im Jahr 2000 wurde der erste Minister für gesellschaftliche Unternehmensverantwortung (Corporate Social Responsibility) ernannt und im *Department of Trade and Industrie* eine Abteilung namens *Social Enterprise Unit* gegründet.
- **Dubai** führte sich im September 2003 als die führende Wissensstadt ein, in starkem Wettbewerb mit Singapur. Das Humankapital wird dort durch Lernumgebungen gefördert, wobei der Staat diesen F&E Einrichtungen durch Investitionen in z.B. high-tech das notwendige Strukturkapital zur Verfügung stellt.
- **Österreich** verabschiedete 2003 ein Gesetz, das von Universitäten und Fachhochschulen verlangt, spätestens ab 2005 ihr Wissenskapital in einer sogenannten "Wissensbilanz", einem separaten Bericht über institutionelle Wissensziele, Wissensprozesse und Wissensindikatoren, offenzulegen. Der erste Prototyp stammt von der Universität Krems (www.donau-uni.ac.at/wissensbilanz).
- Das Wirtschaftsministerium in **Deutschland** gründete 2004 ähnliche Initiativen zur Berichtslegung für klein- und mittelständische Unternehmen (www.akwissensbilanz.org).
- Die Region um Minneapolis-St.Paul in den **USA** wurde im Dezember 2002 als Nummer eins des weltweiten Wettbewerbs-Index geführt und überholte damit das Silicon Valley und Austin in Texas als führende Wissensregionen.
- In **Taiwan** gründete das Ministerium für industrielle Technologie dieses Jahr das Taiwan Intellectual Capital Research Center (TICRC).
- So genannte Wissensstädte, intelligente Städte oder Wissenszonen entstehen, unter denen **Barcelona** mit seiner besonderen strategischen Strukturinvestition *22@* (www.bcn.es/22@bcn/) nennenswert ist. Den Kern bildet die Reorganisation der Stadtplanung im Hinblick auf die Wissenswirtschaft und seine Wissensarbeiter.
- **Vancouver, Kanada** wurde im Januar 2004 als attraktivste Wohn- und Arbeitsstätte geführt.

21.4 Die „Longitude Perspektive" – eine *neue* Sicht auf das Unternehmen

Die zunehmende Unsicherheit ruft unter anderem nach besserer strategischer Information und einer besseren Fähigkeit zur Orientierung in der Wissensgesellschaft („Wissensnavigation") auf gesellschaftlicher, unternehmerischer und individueller Ebene. Der Kern ist die Fähigkeit, Kontext zu begreifen und in richtige Relationen zu setzen. Die Alternative ist wachsende Unsicherheit, zunehmende Belastungen für die Individuen durch einen erhöhten globalen Wettbewerb und der daraus höchst wahrscheinlich resultierende Misserfolg. Was also benötigt wird, ist die Verbesserung der Erfassung und unseres Verständnisses der neuen strategischen Alternativen der Orientierung in der Wissenswirtschaft.

Dies könnte man die laterale Sicht („Longitude Perspective") oder die 3. Dimension des strategischen Managements jenseits der traditionellen Perspektiven einer Bilanz, Zeit und Kosten, nennen. Hierbei geht es um Nachhaltigkeit, Umweltbewusstsein und die Bedeutungs- oder Sinngenerierung. Die „Longitude Perspective" basiert auf den immateriellen Vermögenswerten, d.h. der 3. Dimension. Diese „Opportunitätskosten" des unerschöpften Potenzials betonen den kulturellen Kontext der Wertschöpfung. Es könnte nachhaltiges, bisher jedoch nicht aktiviertes Vermögen und sogar Gegenstand unternehmerischer, gesellschaftlicher Verantwortung sein! Mein 2002 erschienenes Buch geht dieser Frage weiter nach (www.corporatelongitude.com).

Die neue „Longitude Perspective" konzentriert sich auf die laterale Dimension eines Unternehmens. Das zentrale Merkmal des intellektuellen Kapitals sind die zukünftigen Verdienstmöglichkeiten, d.h. es basiert nicht auf historischen Kosten, sondern vielmehr auf künftigen Ertragspotenzialen – *im Voraus zu denken und statt kurzfristige Gewinne zu realisieren, zu Werterhaltung und Wertsteigerung zu gelangen.* Dies erfordert eine andere Art des Verständnisses von Unternehmensführung als es das traditionelle Management aufweist. Auf der Grundlage eines Forschungsprojektes mit der EU aus dem Jahr 2003, genannt PRISM, modellierte ich das Zusammenspiel unterschiedlicher Unternehmenswerte als eine neue Theorie der Firma. Diese Modellierung fokussiert die Bereiche der Wertschöpfung eines Unternehmens und jene Bereiche, die die Aufmerksamkeit des Managements erfordern.

Im Zentrum steht der „Wertschaffungs-Bereich", das Management des intellektuellen Kapitals steht vor der Herausforderung, diese lateralen Ressourcen zu aktivieren und somit zusätzliche Wertschöpfung zu generieren. Dies ist das dialektische Tätigkeitsfeld oder die Kinetik (siehe unten) für ein Unternehmertum des Wissens. Es könnte zur Steigerung der Bilanzsumme oder aber durch Untätigkeit zu einer Reduktion, d.h. Wertverfall führen. In diesem Zusammenhang wird eine kritische Frage aufkommen: Was vermag die Wissensnavigation und Unternehmensführung von heute zu leisten, um eine solche „Erosion" zu vermeiden und um das ungenutzte intellektuelle Kapital zu aktivieren, und wie erfahren wir davon aus der Berichtslegung?

Eine neue Sicht auf 'Vermögenswerte'

Sicht auf die Wertkette (oder 'verwendete Vermögenswerte')

Sicht auf das Zusammenspiel aller Unternehmenswerte für einen nachhaltigen Wettbewerbsvorteil ('Opportunitätskosten')

bewertbar in $

eindeutige Eigentumsverhältnisse

"Der Wertschaffungs Mix"

Kapitalzuwachs und verbesserte finanzielle Performance

bewertbar/ messbar mittels anderer Faktoren

Vertragliches Eigentum

Unternehmensführung

1. materielle Werte — 2. immaterielle Werte — 3. immaterielle Kompetenzen — 4. latente Fähigkeiten

Wertverfall und verringerte finanzielle Performance

Führungskräfte/Buchhaltung
Banken
Analysten

Vorstand
Risikokapitalgeber
gesellschaftl. Führungspers.

www.EUintangibles.net ▲ PRISM

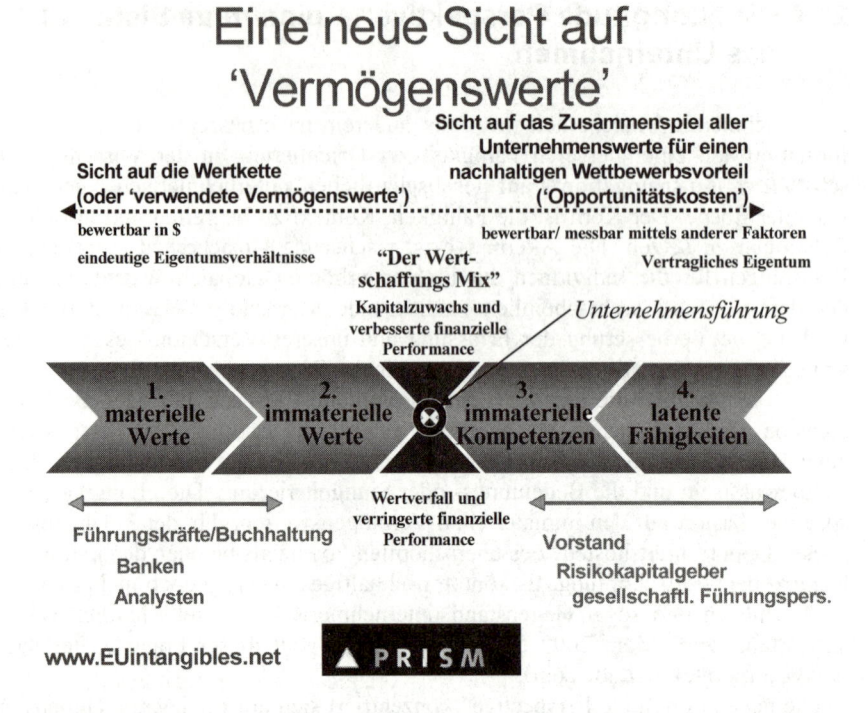

Abb. 21.1. Wertschöpfungsquellen für ein IC Unternehmertum Quelle: www.euintangibles.net & Leif Edvinsson

21.5 Wachsendes strategisches intellektuelles Kapital – der IC-Multiplikator

Was wir benötigen, um diese wachsende Komplexität verarbeiten zu können, ist ein erklärendes und unterstützendes Instrument, das uns sensibilisiert und hilft, die besten Alternativen zu erkennen. Mit anderen Worten wir brauchen Erfassungssysteme, die uns den richtigen Weg in die Zukunft, d.h. die Richtung der Wissensnavigation, weisen. Mangel an Informationen über die Performance des intellektuellen Kapitals und auch kommunizierbarer Informationen hat Auswirkungen auf das Vertrauen in das Unternehmen und auf die effiziente Versorgung und Verteilung von zukünftigen Ressourcen.

Der Begriff des intellektuellen Kapitals kann definiert werden als Humankapital verbunden mit strategischem Strukturkapital, um eine Multiplikator-Auswirkung auf die künftigen Ertragsmöglichkeiten zu erhalten. Für ein Individuum und auch ein Unternehmen oder eine Region ist es notwendig, diese strategische Multiplikator-Wirkung zu steuern.

Die Wissen schaffende Dialektik wird eher von den neuen potenziellen interaktiven Kombinationen bestimmt werden als von älteren Best Practice-Ansätzen. In meiner Forschung nenne ich es den *IC-Multiplikator*, d.h. es wird das Humankapital (HC) durch das umgebende strukturelle Kapital (SC) dividiert - (SC/HC > 1). Wenn der Wert unter 1 liegt, verringert sich der Wert des Humankapitals de facto. Eine gute Messgröße dafür ist die Wertsteigerung pro Kopf. Sie zeigt, wie effizient das Personal das vom Management zur Verfügung gestellte Strukturkapital nutzt. Folglich ist dies auch ein interessanter Schlüsselindikator für die Fähigkeit der Unternehmensführung, das Potenzial innerhalb und außerhalb des Unternehmens freizulegen, unter anderem durch I&K-Technologie und verbesserte organisatorische Rahmenbedingungen.

Diese immateriellen Wechselwirkungen zu kommunizieren, ist entscheidend für die Akquisition der richtigen Ressourcen zur Generierung von Wohlstand. Solche kreativen Modellierungsroutinen werden von Professor Nonaka *KATA* genannt und könnten genauso gut für die Berichtslegung von intellektuellem Kapital stehen. Mit anderen Worten, sich selbst und andere des intellektuellen Kapitals zu versichern, um Glaubwürdigkeit zu schaffen. In der Abschlussarbeit zu einem Master-Studiengang an der Lund-Universität 2002 (Berglund, Groenvall & Johnson) konnte eine hohe Korrelation zwischen dem *IC-Multiplikator* und dem Börsenwert festgestellt werden. Diese Arbeit zeigte, dass die Wertschöpfung pro Kopf zu 84 % mit dem *IC-Multiplikator* vorausgesagt werden kann, die ihrerseits zu 62 % den Börsenwert prognostizieren lässt.

Damit ein Land oder eine Region mit dem wachsenden strategischen Wettbewerb um die globale Akquisition von Kompetenz und Fähigkeiten umgehen kann, ist es notwendig, viel mehr Informations- und Erfassungssysteme zu entwickeln und auch neue Kompetenzen auf individueller, unternehmerischer und gesellschaftlicher Ebene auszubilden. Wissens-Zonen von morgen werden auf der Grundlage von Komplexität/Chaos, Information, digitalen Kompetenzen und der Kultivierung von Wissen geformt.

21.6 Rechnungslegung, Vertrauen und Messung

Warum ist Messen so wichtig? Ganz einfach, weil Mangel an Erkenntnis und kommunizierbarer Information Auswirkungen auf das Vertrauen und die effiziente Versorgung und Verteilung von künftigen Ressourcen hat. Was in der wachsenden Komplexität benötigt wird, ist ein erklärendes, unterstützendes System, um uns für das Erkennen der besten Handlungsoptionen zu sensibilisieren (eine bessere Alternative als *Best Practices*). Mit anderen Worten, wir brauchen (Mess-)Instrumente, die uns die richtige Wissensnavigation in die Zukunft aufzeigen.

Welche Messsysteme können diese grundlegende Neuorientierung zusätzlich unterstützen? Sicherlich ist der Beitrag der notwendigen immateriellen Werte wie Vertrauen, intellektuelle Leistungsfähigkeit („brain efficiency") und der wissensförderlichen Kooperationen und Rahmenbedingungen außerhalb des Anwendungsbereichs konventioneller Buchhaltungssysteme. Der Wert von Beziehungen muss gemessen werden, wie auch der Beitrag von Wissens-Schnittstellen.

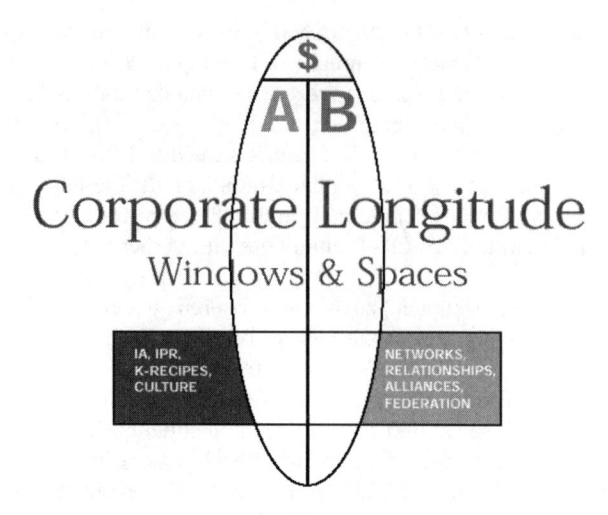

Abb. 21.2. Die „Corporate Longitude" des Unternehmens © Leif Edvinsson

Abbildung 21.2. illustriert die „Corporate Longitude" eines Unternehmens als die laterale Dimension der immateriellen Werte, die innerhalb und außerhalb der vertikalen Bilanz eines Unternehmens stehen. Was benötigt wird, ist ein „Fenster", das den Blick frei gibt auf jene neuen wertschaffenden Wissensbereiche.

Wenn der neue wirtschaftliche Wert in der „Longitude" liegt, d.h. in lateralen Dimensionen statt in vertikalen, dann müssen wir, wie schon angedeutet, eine stärkere „laterale Berichtslegung" über die Wertschöpfung von immateriellen Werten entwickeln und neue Objekte für ein Benchmarking aufdecken. Wir müssen solche neuen immateriellen Indikatoren ernst nehmen und die Rechnungslegung dazu bringen, diese auch zu erheben. Jährliche Berichte sollten erstellt werden, um Transparenz über das intellektuelle Kapital herzustellen und um diese neuen organisationalen Werte steuern zu können.

Einer der detailliertesten und jüngsten IC-Berichte, der in der Tradition der Erfahrungen mit meinem Prototypen eines IC-Reports bei Skandia steht, wurde 2002 vom Austrian Research Center und Pionieren des intellektuellen Kapitals wie Dr. Manfred Bornemann in Österreich vorgestellt (www.wissensmanagement.TU Graz.at). Zusätzlich müssen, wie oben erwähnt, alle Universitäten und Fachhochschulen ab 2005 einen jährlichen Wissensbericht mit Wissenszielen, Wissensprozessen und Wissensindikatoren erstellen. In Schweden wurde 2003 ein sehr ähnlicher Prototyp für F&E-Institutionen des *Zentrums für Molekulare Medizin* (CMM) bei Karolinska begonnen, dem 2004 ein verbesserter Bericht folgte (www.cmm.ki.se).

Bei der Messung langfristiger immaterieller Vermögenswerte, wie man sie vor allem in der medizinischen Forschung findet, ist es wichtig, nicht nur Kosten für Investitionen zu berücksichtigen. Der Schlüssel könnte vielmehr in der Berücksichtigung von Outputs liegen, die man in drei Kategorien unterteilen könnte:

- Kurzfristiger Output, sowohl materiell als auch immateriell, z.B. die Anzahl von wissenschaftlichen Artikeln.
- Mittelfristiger Output, z.B. die Anzahl von Patenten oder Wissensrezepten.
- Faktoren mit langfristiger Wirkung, z.B. Verbesserungen in Gesundheitsstatistiken.

Seit 1997 ist **IC-Rating™** ein weiteres wichtiges Werkzeug, das das finanzielle Rating von z.B. S&P und Moody's ergänzen kann. IC-Rating™ zielt auf ein Benchmarking in den Perspektiven Effizienz, Erneuerung und Risiken von Bestandteilen des intellektuellen Kapitals ab. Es wird mittlerweile von mehr als 200 Organisationen weltweit eingesetzt. Interessant scheint es auch für öffentliche Organisationen wie Schulen und Krankenhäuser zu sein, denen kein Börsenwert für eine Evaluierung zur Verfügung steht. Dieser Ansatz wird jetzt auch zur Bewertung des intellektuellen Kapitals von Städten und Regionen benutzt (wie in Norwegen, siehe oben). Das IC-Rating™ bietet dabei sowohl die Möglichkeit eines Benchmarking als auch den Ausgangspunkt für die Abschätzung der zukünftigen Ertragspotenziale und stellt damit wichtige Informationen darüber zur Verfügung, wie gut die Organisation für die Zukunft gewappnet ist.

In Bezug auf die Messung bildet die traditionelle Berichtslegung größtenteils materielle Güter ab und hat, basierend auf den Anforderungen unter anderem der IASB in London (International Accounting Standard Board) und seiner Regeln, gerade erst begonnen, in immaterielle Wirtschaftsbereiche einzugreifen. Schon 1999 hob das IAS 1 die Notwendigkeit der Berichtslegung über die Schlüsselfaktoren für Erträge hervor; mittlerweile verlangt IAS 38, über generierte immaterielle Werte zu berichten.

Professor Baruch Lev von der New York University ist seit langem ein Pionier auf dem Gebiet der Berichtslegung von immateriellen Vermögenswerten. Im Juni 2004 veröffentlichte er in der *Harvard Business Review* seine Methode, einen umfassenden Wert eines Unternehmens zu ermitteln, der materielle und immaterielle Vermögenswerte mit einbezieht. Dieser kann dann mit dem Börsenwert verglichen werden, um zu erkennen, ob das Unternehmen über- oder unterbewertet ist. Die Differenz nach Abzug der finanziellen Erträge ist der durch immaterielle Werte verursachte Ertrag. Dann errechnet er den Barwert (present value) des erwarteten Zuflusses an Erträgen, die durch immaterielle Werte verursacht werden. Insgesamt ergibt dies den Gesamtwert. Lev sagt: „sicherlich ist intellektuelles Kapital ein Indikator für jedes gut geführte Unternehmen". Der Kern sind die F&E-Investitionen, d.h. die immateriellen Investitionen.

Bisher ist der IAS nicht in der Lage, dass auf intellektuellem Kapital beruhende volle Potenzial eines vernetzten immateriellen Geschäftsmodells des 21. Jahrhunderts abzubilden. Er ist weitgehend begrenzt durch das Konzept von Eigentum und beschränkt sich auf die Berichtslegung derjenigen Vermögenswerte, die innerhalb der rechtlichen Grenzen einer Firma identifiziert werden können. Nur, dies ist unzureichend in der Wissenswirtschaft.

21.7 Die Unternehmensführung weiterentwickeln und strategisches intellektuelles Kapital als organisatorische Potenziale fördern

Die neue Einheit der Unternehmensanalyse in der Wissensära wird sich mehr und mehr auf Innovation, Sinnbildung und die Organisation konzentrieren, was an die Ökologie der Wissenswirtschaft anschließen könnte. Es geht darum, Verbindungen zwischen den Erträgen und ihren Ursachen herzustellen und Möglichkeiten zu schaffen, mit denen diese Verbindungen hergestellt werden können. Daher braucht man immaterielle Indikatoren für Wissensflüsse, psychosoziale und kontextuelle Informationen und ein Management der „Corporate Longitude".

Wertschöpfung entsteht in der Wechselwirkung zwischen Menschen (Humankapital) und dem organisatorischen strukturellen Kapital, wie z.B. F&E-Prozessen. Nonaka (1994) bezeichnet dies als Wissen schaffende Dialektik oder Kinetik. Er bezeichnete sie als *Ba*, was auf Japanisch „Raum für Anerkennung" bedeutet. Bei Skandia nannte man es *Future Center*. Das 1996 gegründete *Skandia Future Center* konzentrierte sich auf die Wertschaffung durch experimentelle Prototypen. Es wurde eine Arena geschaffen, in der Mitarbeiter in die Zukunft eintreten konnten, um dann mit neuen Erkenntnissen in die Gegenwart zurückzukehren.

Im Februar 2002 gründete das dänische Wirtschaftsministerium ein *Mind Lab*, das mit dem Konzept von Skandia und dem japanischen Begriff von *Ba* vergleichbar ist. *Mind Lab* ist allerdings eine Einrichtung mit dem Ziel, Wissensmanagement im öffentlichen Sektor zu fördern. Eine ähnliche Innovations-Plattform wurde schon 2003 geplant und schließlich 2004 von der holländischen Regierung in Den Haag mit dem Ziel einer gemeinsamen Wissensförderung durch das Finanzministerium, das Ministerium für Transport und das Landwirtschaftsministerium eingerichtet.

Dieses Jahr wurde ein weiteres Ideenlabor, genannt *Momentum*, für die regionale Entwicklung von Nord Seeland in Dänemark etabliert (www.Momentum-nord.dk).

Forschungen an der Universität von Göteborg zeigen überdies die hohe Bedeutung von psychosozialen Faktoren. Demnach stehen die Architektur und das kontextuelle Design für bis zu 20 % der gesundheitsrelevanten Faktoren im Arbeitsumfeld.

Folglich erfordert ein neuer Ansatz für die Entwicklung des Managements eine Kombination von neuen Indikatoren, die Werte abbilden, und die Gewährleistung der Voraussetzungen für Wertschaffung. In Schweden beginnen wir nun mit einer kulturellen Berichtslegung, einer Gesundheitsberichtslegung und der Gestaltung von Wissensräumen (www.bottomline.se). Eine der zentralen Dimensionen ist eine umfassendere Unternehmensführung im Hinblick auf die Planung und die Entwicklung von Vermögenswerten, die auf der oben genannten dritten Dimension basiert, d.h. der Kultur.

In diesen neuen Wissensräumen scheint unter anderem Folgendes wichtig zu sein:

- ein kreativer Kontext
- Netzwerke
- Lebensqualität und geistige Zufriedenheit.

Die „kreative" Umgebung ist vor allem von Professor Törnqvist untersucht worden, der drei Typen identifiziert: geographische Milieus, institutionelle Milieus und Vernetzungsmilieus. Es scheint, als wären das Zusammentreffen des Humankapitals, d.h. der Mitarbeiter, und ihre Interaktionen der wichtigste Aspekt. Attraktive Räume für Zusammenkünfte und Netzwerke müssen gestaltet werden. In diesem Zusammenhang mag man sich erinnern, das Städte früher ein Instrument des Wissensaustauschs waren, um Transaktionskosten für den Handel mit Gütern und Dienstleistungen zu reduzieren.

Pöyhönen und Smedlund, Doktoranden an der Lappeeranta Universität für Technologie in Finnland, haben 2004 in einer preisgekrönten Abschlussarbeit drei größere Typen solcher Vernetzungen herausgearbeitet:

- Ein Produktions-Netzwerk, das intellektuelles Kapital durch die effiziente Implementierung vorhandenen Wissens entstehen lässt, z.B. durch Insourcing oder die Integration von externen Spezialisten mit dem Ziel eines Best Practice Transfers.
- Das Entwicklungs-Netzwerk, dass den Wissensaustausch zwischen Akteuren und ihrer Umwelt, z.B. durch Lerngruppen, fördert.
- Innovations-Netzwerke, die unkonventionelles Denken fördern und neues Wissen über bessere Handlungsoptionen generieren.

Die Autoren behaupten, dass eine erfolgreiche Region alle drei Arten von Vernetzung fördern sollte. Die Vernetzung trägt dabei sowohl zur Schnelligkeit als auch zum zyklischen Verlauf von Wertschaffung bei. Kritische Nachhaltigkeits-Faktoren werden dann sowohl „Konnektivität" (connection) als auch „Kontaktivität" (contact) sein.

Stadtentwicklung wird ein nachhaltiger Faktor für die Integration von externer Fachkompetenz und die langfristige Bindung von Fähigkeiten. Im 21. Jahrhundert gründet sich die Entstehung von Innovation auf Wissensstädte, „smarte" Regionen und Wissenszonen mit einem größeren Ausmaß an Kooperation und Lebensqualität für ihre Einwohner. Nach Debra Amidon (2003) ist eine Wissenszone eine geographische Region oder Community of Practice, in der Wissen vom Entstehungsort zum dem Ort fließt, an dem es benötigt wird oder selbst Möglichkeiten bietet. Sie sieht eine Entwicklung seit den 1980er Jahren, die durch zahlreiche Initiativen zur Gründung von Technologieparks, die Forschung, Industrie und Verwaltung zusammenbringen, gekennzeichnet ist. In den 1990er Jahren wurde diese Entwicklung ersetzt durch Wissenschaftsparks, die mehr auf das Lernen ausgerichtet waren. Über ein spezielles Wissenskonzept für solche Wissenszonen kann unter www.entovation.com mehr gelesen werden.

21.8 Schlussfolgerung

Für die "Wissensbilanz – Made in Germany" ist es unabdingbar, über das Gleichgewicht von materiellen Vermögenswerten und Verbindlichkeiten hinauszugehen und zu dem wachstumsrelevanten Gleichgewicht zwischen immateriellen Vermögenswerten und Verbindlichkeiten zu kommen. Es ist wesentlich, das Wissen über die Bedeutung dieser Möglichkeiten für Individuen, Unternehmen und Regionen zu vergrößern und Unwissen zu verkleinern. Die Höhe des unerschöpften Kapitals in Deutschland beläuft sich vielleicht auf 10.000 Milliarden Euro! Neue Ansätze der Unternehmensführung müssen entwickelt werden, die dieses Potenzial erfassen und realisieren können.

Literaturverzeichnis

Amidon D (2003) The Innovation Superhighway- Harnessing Intellectual Capital for Collaborative Advantage. Butterworth-Heinemann, Oxford

Andriessen D (2004) Making sense of Intellectual Capital. Elsevier Butterworth-Heinemann, Oxford

Arvidsson S (2003) Demand and Supply of Information on Intangibles – The case of Knowledge Intensive Companies. Lund Business Press, Lund

Bontis N (2002) National Intellectual Capital Index: Intellectual Capital Development in the Arab Region. United Nations, NY

Bounfour A (2000) "Competitiveness and Intangible Resources: Towards a dynamic View of Corporate Performance'. In Buigues P, Jacquemin A, Marchipont JF (Hrsg) «Competitiveness and the Value of Intangibles». Edward Elgar Publishing Ltd. London (Preface by Romano Prodi.)

Bounfour A (2003a) The Management of Intangibles, The Organisation's Most Valuable Assets. Routledge, London, New York

Bounfour A Edvinsson L (forthcoming2004) IC for Communitiies, Nations, Regions and Cities. Elsevier

Danish Ministry of Industry (2001) Guidelines for Knowledge Accounts Copenhagen. Denmark

Dedijer S (2002) Ragusa intelligence and security 1301-1806. International Journal of Intelligence and Counter Intelligence. 15(1)

Dedijer S (2003) Development & Intelligence 2003-2053. Working Paper 2003/10. Research Policy Institute, Lund

Edvinsson L, Malone M (1997) Intellectual Capital. Harper Business, New York

Edvinsson L, Grafstrom G (1998) Accounting for Minds, Skandia, Stockholm

Edvinsson L, Stenfelt C (1999) IC of Nations- for Future Wealth Creation. Journal of Human Resource Costing and Accounting 4(1):21-33

Edvinsson L (2002) Corporate Longitude. Bookhouse, Pearson

Emdad R (2002) The theory of general, and job-related EPOS : Emdad's pyramid of stress (demand, effort, satisfaction). Karolinska Institute: National Institute for Psychosocial Factors and Health, Stockholm

Florida R, Tinagli I (2004) Europe in the Creative Age. Demos, London

Forrester J (1971) World Dynamics. Productivity Press, Portland, OR
Itami H, Roehl TW (1987) Mobilizing Invisible Assets. Harvard University Press, Cambridge, Mass.
Karlsson GA (1991) The competitiveness of Super brains. "Superhjärnornas kamp - om intelligensens roll i samhället".Fischer & Co Stockholm, Sweden
Leadbeater C (1997) The Rise of the Social Entrepreneur. Demos, London
Lynn R, Vatanen T (2002) IQ and The Wealth of Nations. Praeger, Westport, CT
Mouritsen J (2001) IC and the Capable Firm. Copenhagen Business School, Copenhagen
Nonaka I (1994) 'A Dynamic Theory of Organizational Knowledge Creation'. Organization Science 5(1)
Nonaka I (2002) Paper presented at Global Knowledge Forum, Tokyo, Oct. 24/25.
Nonaka I, Takeuchi H, (1995) The Knowledge-Creating Company. Oxford University Press, Oxford
Palmaas K (2003) The Merciful Entrepreneur. Agora, Stockholm
Pasher E et al. (1998) IC of Israel (prototyping report), Herzlya, Israel
Pulic A (2003) Efficiency on National and Company Level. Croatian Chamber of Commerce, Zagreb
Romer P (1991) Increasing Returns and New Developments in the Theory of Growth., Stanford University Press, Stanford
Saint-Onge H, Armstrong C (2004) The Conductive Organization. Elsevier, Burlington, MA
Stan D (2001) Lessons from the Future. Capstone Publishing, England
Sveiby KE (1997) The New Organisational Wealth. Berrett Koehler, San Francisco
Viedma JM (1999) ICBS Intellectual Capital Benchmarking System. McMaster University, Canada (Paper). Sowie: (2001) Journal of Intellectual Capital 2(2)

Links für weiteres Lesen

www.corporatelongitude.com
www.wissenskapital.info
www.akwissensbilanz.org
www.intellectualcapital.se
www.intellectualcapital.nl
www.iccommunity.com
www.entovation.com
www.bontis.com
www.minez.nl
www.blev.stern.ny
www.ll-a.fr/intangibles/
www.vaic-on.net)
www.videnskapsministeriet.dk/videnregnskaper
www.vtu.dk/icaccounts
www.wissensmanagement.TUGraz.at
www.arcs.ac.at
www.bottomline.se
www.larvikkommune.no

www.nordicinnovation.net
www.finansanalytiker.no
www.skandiafuturecenter.com
www.capriinstitute.org
www.mind-lab.org
www.momentum-nord.dk
www.cmm.ki.se
www.euintangibles.net

Empfohlene Literatur

Andriessen, D (2004) Making Sense of Intellectual Capital: Designing a Method for Valuation of Intangibles. Butterworth Heinemann, Amsterdam

Bontis N (Hrsg) (2002) World Congress on Intellectual Capital Readings: Cutting-edge thinking on intellectual capital and knowledge management from the world's experts. Butterworth Heinemann, Boston

Bontis N, Choo C (Hrsg) (2002) The Strategic Management of Intellectual Capital and Organizational Knowledge. Oxford University Press, Oxford

Bornemann M, Sammer M (Hrsg) (2002) Anwendungsorientiertes Wissensmanagement: Ansätze und Fallstudien aus der betrieblichen und der universitären Praxis. Deutscher Universitätsverlag, Wiesbaden

Brooking A (1996) Intellectual Capital: core asset for the third millennium. International Thomson Business Press, London

Daum J (2002) Intangible Assets: oder die Kunst, Mehrwert zu schaffen. Galileo Press, Bonn

Edvinsson L, Malone Th (1998) Intellectual Capital. Piatkus Books, London

Edvinsson L, Brüning G (2000) Aktivposten Wissenskapital. Gabler, Wiesbaden

Hasebrook J, Zawacki-Richter O, Erpenbeck J (Hrsg) (2004): Kompetenzkapital: Verbindungen zwischen Kompetenzbilanzen und Humankapital. Bankakademie Verlag, Frankfurt am Main

Horváth P, Möller K (Hrsg) (2004) Intangibles in der Unternehmenssteuerung. Vahlen. München

Kaplan R, Norton D (2004) Strategy Maps: converting intangible assets into tangible outcomes. Harvard Business School Press, Boston

Lev B (2001) Intangibles, Management, Measurement, and Reporting. Brookings Institution Press, New York

Mertins K, Heisig P, Vorbeck J (Hrsg) (2003) Knowledge Management – concepts and best practices. Springer, Berlin

North K (2003) Wissensorientierte Unternehmensführung: Wertschöpfung durch Wissen. Gabler, Wiesbaden

Probst G, Raub S, Romhardt K (2003) Wissen managen : wie Unternehmen ihre wertvollste Ressource optimal nutzen. Gabler, Wiesbaden

Reinhard R, Eppler MJ (2004) Wissenskommunikation in Organisationen. Methoden, Instrumente, Theorien. Springer, Berlin

Reilly R, Schweihs R (1999) Valuing Intangible Assets. Mc Graw Hill, New York

Roos J, Edvinsson L, Roos J, Dragonetti NC (1998) Intellectual Capital: Navigating the new business landscape. New York University Press, New York

Stanfield K (2002) Intangible Management: Tools for solving the accounting and management crisis. Academic Press, London

Stewart Th (2001) The Wealth of Knowledge: Intellectual Capital and the Twenty-first Century Organization. Doubleday, New York

Stewart Th (1997) Intellectual Capital: The new wealth of organizations. Nicholas Brealey, London.

Sullivan PH (2000) Value-Driven Intellectual Capital: how to convert intangible corporate assets into market value. John Wiley & Sons, New York

Sveiby KE (1997) The New Organizational Wealth: Managing and Measuring Knowledge-Based Assets. Berrett-Koehler, San Francisco

Teece, D (2000) Managing Intellectual Capital: organizational, strategic, and policy dimensions Oxford University Press, Oxford

Journal of Intellectual Capital www.emeraldinsight.com

Verzeichnis der Beitragsautoren

Alwert, Kay, Dipl. Ing.
Competence Center Wissensmanagement
Fraunhofer Institut für Produktionsanlagen und Konstruktionstechnik (IPK)
Pascalstr. 8-9, D-10587 Berlin
Deutschland

Kay Alwert ist wissenschaftlicher Mitarbeiter am Competence Center Wissensmanagement des Fraunhofer Instituts für Produktionsanlagen und Konstruktionstechnik (IPK), Berlin. Er schloss sein Bauingenieursstudium an der Technischen Universität Karlsruhe 1997 ab. In der Folge arbeitete er als Projektmanager und seit 2000 zusätzlich als Berater mit Schwerpunkt Wissensmanagement. 2001 trat Kay Alwert dem Bereich Unternehmensmanagement des Fraunhofer IPK als wissenschaftlicher Mitarbeiter bei. Dort ist er verantwortlich für die Themenschwerpunkte, Bewertung, Bilanzierung und Management des intellektuellen Kapitals. Zuletzt arbeitete er an der Implementierung von 14 Wissensbilanzen in kleinen und mittelständischen Unternehmen (KMU) sowie der Einführung der Wissensbilanz in einer Forschungsorganisation. Als Mitglied eines internationalen Konsortiums war er maßgeblich mitverantwortlich für den Leitfaden „Wissensbilanz - Made in Germany"

Andriessen, Daniel, Prof.
INHOLLAND University
Wildenborch 6, NL-1112 XB Diemen
Niederlande

Dr. Daniel Andriessen ist Professor für intellektuelles Kapital an der INHOLLAND Universität in Holland, und Direktor der INHOLLAND Forschungsgruppe zum intellektuellen Kapital, die gegründet wurde, um die Auswirkungen der immateriellen Wirtschaft auf Menschen und Organisationen zu erforschen (www.inholland.com). Zuvor arbeitete Dr. Andriessen über 12 Jahre als Management-Berater bei KPMG. Dort gründete er 1997 mit Prof. Dr. René Tissen die Knowledge Advisory Services Group. Gemeinsam konnte die Abteilung von 2 auf mehr als 30 Mitarbeiter wachsen und arbeitete für Kunden aus der ganzen Welt in den Bereichen Wissensmanagement und Bewertung von intellektuellem Kapital.

Biedermann, Hubert, Prof. Dr.
Institut Wirtschafts- und Betriebswissenschaften
Montanuniversität Leoben
Franz-Josef-Straße 18, A-8700 Leoben
Österreich

Hubert Biedermann ist ordentlicher Universitätsprofessor an der Montanuniversität Leoben und leitet das Department Wirtschafts- und Betriebswissenschaften. Nach mehrjähriger Tätigkeit in der Industrie war er Gastprofessor an der Universität Innsbruck und übernahm 1995 die Leitung des Institutes für Wirtschafts- und Betriebswissenschaften. Von 1996 bis 2000 war er als 1. Vizerektor zuständig für das gesamte Ressourcenmanagement der Montanuniversität. Seit 2003 ist er Vizerektor für Finanzen und Controlling. In seiner Funktion als Departmentsleiter gab er 2001 den Anstoß erstmalig eine Wissensbilanz für eine universitäre Organisationseinheit zu erstellen. Das Institut erhielt anlässlich des 6. Speyerer Qualitätswettbewerbes im Themenfeld "Wissensmanagement" den Speyer-Preis 2002. Als Mitglied der Arbeitsgruppe Autonomie im Bundesministerium für Wissenschaft, Kultur und Kunst war er maßgeblich bei der konzeptionellen Ausarbeitung des Gesetzestextes für Wissensbilanzierung und Leistungsvereinbarung befasst.

Blum, Jürgen, Prof. Dr.
Zentrums für Wissenschaftsmanagement Speyer e.V.
Freiherr-vom-Stein-Str. 2, D-67346 Speyer
Deutschland

Prof. Dr. Jürgen Blum ist Rechtsanwalt und Geschäftsführendes Vorstandsmitglied des Zentrums für Wissenschaftsmanagement Speyer e.V. Er war lange Zeit administrativer Vorstand des Deutschen Zentrums für Luft- und Raumfahrt e.V. (DLR) in Köln. Unter seiner Verantwortung sind für das DLR die Wissensbilanzen 2000 und 2001 entstanden, die die ersten in der Bundesrepublik Deutschland waren.

Bornemann, Manfred, Dr.
Intangible Assets Management Consulting
Waltendorfer Hauptstraße 103, A-8042 Graz
Österreich

Dr. Manfred Bornemann arbeitet als selbständiger Unternehmensberater mit aktuell 2 Mitarbeitern seit 1998 im Bereich Wissensmanagement und konzentriert sich dabei auf die Themen der Bewertung von immateriellen Vermögenswerten und deren Darstellung in Wissensbilanzen. Dabei stehen die Unternehmensstrategie sowie Überlegungen zur Produktivitätssteigerung im Vordergrund. Wesentliche Projekte waren die Entwicklung des „Leitfadens zur Wissensbilanz" inklusive 14 prototypischer Wissensbilanzen in KMUs in Kooperation mit dem „Arbeitskreis Wissensbilanz", die viermalige Mitwirkung bei der Erstellung der Seibersdorfer Wissensbilanz, die als Pionierleistung im deutschsprachigen Raum gilt, die Entwicklung der ersten Wissensbilanz in einem Produktionsbetrieb (BUAG) sowie aktuell die Entwicklung einer ersten regionalen Wissensbilanz in der Steiermark zum Thema Nanotechnologie mit dem Ziel der verbesserten Ressourcenallokation durch politische Entscheidungsträger.

Borrmann, Robert
Hermann von Helmholtz-Gemeinschaft Deutscher Forschungszentren e.V.
Ahr-Strasse 45, D-53175 Bonn
Deutschland

Dipl. Kfm. Robert Borrmann ist Unternehmensberater der Horváth & Partner GmbH Stuttgart und unterstützt seit März 2001 den Hermann von Helmholtz-Gemeinschaft Deutscher Forschungszentren e.V. beim Aufbau eines wissenschaftsadäquaten Controllingsystems. Er arbeitet zurzeit an einer Dissertation zum Thema Wissensbilanzen unter der Betreuung von Prof. Blum.

Bukh, Per Nikolaj, Prof. PhD M.Sc. (Econ.)
Department of Accounting, Aarhus School of Business
Fuglsangs Allé 4, DK-8210 Århus V
Dänemark

M.Sc. (Econ.) und Ph.D. Per Nikolaj Bukh arbeitet derzeit als BDO-Professor am Department of Accounting an der Aarhus School of Business. Er hat über 100 Aufsätze und Bücher zu unterschiedlichen Themen publiziert. Seine jüngsten Forschungsarbeiten beschäftigen sich mit IC-Reports und Wissensmanagement. Sein Fokus liegt dabei hauptsächlich auf der Entwicklung von Methoden und Modellen für die Erfassung von Wissensmanagementaktivitäten und in zweiter Linie auf Entwicklungsmöglichkeiten von Wissensressourcen in Unternehmen. Neben seiner Forschungstätigkeit trägt Per Nikolaj Bukh zu Postgraduiertenprogrammen und Wirtschaftskonferenzen durch Vorträge über seine Forschungsschwerpunkte bei. Während der letzten 3 Jahre hat er mehr als 100 Vorträge gehalten und zusätzlich als Berater für eine Reihe dänischer Unternehmen und Organisationen gearbeitet.

Denscher, Gertraud
Böhler-Uddeholm AG
Modecenterstraße 14/A/3, A-1030 Wien
Österreich

Mag. (FH) Gertraud Denscher studierte „Europäische Wirtschaft und Unternehmensführung" in Wien und beschäftigte sich im Rahmen ihrer Diplomarbeit mit dem Intangible Assets Report als Managementinstrument und dessen Anwendbarkeit und Nutzen in produzierenden Unternehmen. Sie war als Projektteammitglied an der Implementierung des Intangible Assets Reports bei der Böhler Schmiedetechnik GmbH & Co KG beteiligt und ist seitdem im Rahmen ihrer Tätigkeit bei Böhler-Uddeholm mit weiteren Projekten im Bereich Wissensmanagement betraut.

Edvinsson, Leif, Prof.
Research Policy Institute (RPI), Lund Universität
Ideon Alfa 1, Scheelevägen 15, S-221 00 Lund
Schweden

Leif Edvinsson ist Inhaber des weltweit ersten Lehrstuhls für Intellektuelles Kapital an der Lund Universität, Schweden. Prof. Edvinsson war bereits 1991 der erste Verantwortliche für Intellektuelles Kapital bei Skandia. Unter seiner Leitung erschien 1994 die allererste Wissensbilanz. Er initiierte und inspirierte weltweit viele Wissensmanagementinitiativen, unter anderem auch „Future Centers". Zurzeit ist er Gremienvorsitzender vieler Organisationen, die sich vor allem mit Wissenschaft beschäftigen, zum Beispiel beim „Center For Molecular Medicine" am Karolinska Institut in Schweden, wo gerade eine Wissensbilanz entwickelt wurde. Prof. Edvinsson ist Vorsitzender des „Knowledgemanagement Forum" am Henley Management College, UK. Er erhielt viele Auszeichnungen, darunter von APQC, USA und „Brain of the Year" 1998 von Brain Trust, UK. Darüber hinaus hat er mehrere Bücher zum Thema Intellektuelles Kapital veröffentlicht. Das letzte, das im Dezember 2004 erschienen ist, befasst sich mit dem Intellektuellen Kapital von Kommunen, Städten, Regionen und Nationen.

Flicker, Anja
LHI Leasing GmbH
Bahnhofsplatz 1, D-80335 München
Deutschland

Anja Flicker, Diplombibliothekarin, (*1969) ist Referentin für Wissensmanagement bei LHI Leasing GmbH. Das Münchner Unternehmen wurde von der Commerzbank, der Financial Times Deutschland und der Zeitschrift impulse mit dem Titel „Wissensmanager des Jahres 2002" ausgezeichnet. Im Rahmen einer Stabstelle für unternehmensinternes Wissensmanagement beschäftigt sich Anja Flicker mit Erschließung, Transfer und Nutzung des Mitarbeiterwissens, Förderung der Wissenskultur sowie Informationsmanagement.

Graggober, Marion, Dipl.-Ing.
Institut Wirtschafts- und Betriebswissenschaften
Montanuniversität Leoben
Peter Tunner Strasse 25-27, A-8700 Leoben
Österreich

Nach dem Kunststofftechnik-Studium an der Montanuniversität in Leoben war Marion Graggober am Institut für Wirtschafts- und Betriebswissenschaften als wissenschaftliche Mitarbeiterin bis Juli 2003 tätig. Die Forschungsschwerpunkte im Rahmen dieser Tätigkeit lagen in den Bereichen Wissensmanagement und der Bewertung immaterieller Vermögenswerte. Im Zuge der Dissertation hat sich Marion Graggober im Speziellen mit dem Einsatz der Wissensbilanz im strategischen Management und Controlling beschäftigt und dies anhand von Praxisbeispielen exemplarisch dargestellt. Die Ergebnisse wurden in Veröffentlichungen und Konferenzbeiträgen publiziert.

Grasenick, Karin, Prof.(FH) DI Dr.
Convelop
Nikolaiplatz 4 / 2, A-8020 GRAZ
Österreich

FH-Prof. DI Dr. Karin Grasenick ist seit 2004 Eigentümerin der Fa. Convelop. Sie studierte Soziologie, Technische Mathematik und dissertierte im Bereich biomedizinische Messtechnik. Die Dissertation wurde als Basis zur Gründung der Firma cnsystems herangezogen (österreichischer Staatspreis für Innovation). Sie war vier Jahre lang an der Fachhochschule Joanneum. In dieser Zeit war sie Projektleiterin eines innovativen Ansatzes zur Begleitung von Betrieben bei der Einführung neuer Technologien (Etablierung neuer Lernformen, und partizipativer Lernkulturen). Als wissenschaftliche Mitarbeiterin der JOANNEUM RESEARCH hat sie u.a. in Kooperation mit arcs ein erstes Modell zur Wissensbilanzierung in der außeruniversitären Forschung mitentwickelt. Sie hat den JR-Explorer, die Wissensbilanz der JOANNEUM RESEARCH in den Jahren 2000-2004 entwickelt, eingeführt und betreut. convelop ist Kooperationspartner von ics London (intellectual capital services), mit den Schwerpunkten Wissensbilanzierung und die Förderung der Wissenskommunikation in Organisationen.

Grübel, Daniela
LHI Leasing GmbH
Bahnhofplatz 1, D-80335 München
Deutschland

Daniela Grübel ist Diplom-Betriebswirtin (FH) und studierte International Business Administration an der Fachhochschule Wiesbaden und der Universidad de Santiago de Chile. Ihre Diplomarbeit verfasste sie zum Thema "Intellectual Capital Reporting" in Zusammenarbeit mit der Commerzbank AG Frankfurt. Seit Mai 2004 ist sie Referentin der Geschäftsführung bei der LHI Leasing GmbH in München.

Heisig, Peter, Dipl. Sozw.
Competence Center Wissensmanagement
Fraunhofer Institut für Produktionsanlagen und Konstruktionstechnik (IPK)
Pascalstr. 8-9, D-10587 Berlin
Deutschland

Peter Heisig ist Gründer und Leiter des Competence Centers Wissensmanagement am Fraunhofer Institut für Produktionsanlagen und Konstruktionstechnik (IPK), Berlin. Er studierte Sozialwissenschaften an den Universitäten Göttingen, Wien und Bilbao. Seit 1990 arbeitete er in Projekten für Industrie- und Dienstleistungsunternehmen zu den Themen Prozessgestaltung, Gruppenarbeit und KVP sowie Benchmarking. Er initiierte die 1. Deutsche Benchmarkingstudie zum Wissensmanagement (1998-99) und begleitet die Studie des Benchmarkingzentrums der Universität St. Gallen als Subject Matter Expert (2000-01). 2001 führte er gemeinsam mit der Humboldt-Universität eine weltweite Delphi-Studie über „The Future of Knowledge Management" durch. 2002 wurde er von der EU als deutscher Experte zum Wissensmanagement in die europäische CEN Arbeitsgruppe „European Guide to Good Practice in Knowledge Management" berufen. 2004 unterstützte er den American Productivity & Quality Center (Houston, USA) bei der Durchführung der Benchmarkingstudie „Best Practice Transfer". Er entwickelte die Methode zum „Geschäftsprozessorientierten Wissensmanagement" GPO-WM®, die in mehreren Projekten zur Einführung von Wissensmanagement erfolgreich eingesetzt wurde. Herr Heisig hat über 50 Veröffentlichungen und rund 100 Vorträge und Workshops zum Thema Wissensmanagement durchgeführt. Herr Heisig hat Lehraufträge zum Wissensmanagement an der Technischen Universität Berlin, der Humboldt-Universität und der e-Business School der Universität Lecce (Italien).

Als Mitglied des Advisory Boards wirkte Herr Heisig aktiv an der Konzeption und Durchführung des Projektes „Wissensbilanz -Made in Germany" mit.

Kivikas, Mart
  Wissenskapital Edvinsson & Kivikas Entwicklungsunternehmen GmbH
  Lohbeet 18, D-91097 Oberreichenbach
  Deutschland

Mart Kivikas (37) ist der Mitbegründer und Vorstandsvorsitzende von Wissenskapital Edvinsson & Kivikas Entwicklungsunternehmen GmbH, Deutschland. Das Unternehmen mit Sitz im fränkischen Oberreichenbach unterstützt internationale Organisationen in deutschsprachigen Ländern, Wissenskapital einzuschätzen, zu bewerten, zu pflegen und zu kapitalisieren. Kivikas gehört zum Arbeitskreis Wissensbilanz, der prototypische Wissensbilanzen in kleinen und mittelständischen deutschen Unternehmen erstellt (www.akwissensbilanz.org). Der Schwede und Este beendete 1991 sein Studium als Diplomkaufmann an der Stockholm School of Economics und lebt seit 1996 in Deutschland. Nach seiner Tätigkeit als Controller bei Unternehmen wie Unilever und Skanska war er bis zur Gründung von Wissenskapital 2001 selbstständiger Berater und Interims-Manager. Er entwickelte Wirtschaftspläne und Strategien für Firmen, hauptsächlich in der IT- und Telekommunikationsbranche

Koch, Günter R., Prof. Dr.
  execupery @ TechGate
  Donauy-City 1, A-1220 Wien
  Österreich

Prof. DI Günter R. Koch ist Unternehmer, Manager und Wissenschaftler. Anfang der 90er Jahre in Graz Gastprofessur in *Systementwurf und Systemarchitekture.* Von 1998 bis 2003 wissenschaftlich-techn. Geschäftsführer der Austrian Research Centers (ARC / Forschungszentrum Seibersdorf). 1997„Software-Architekt" bei SUN Microsystems in Genf. Bis 1996 Generaldirektor des in Spanien ansässigen

European Software Institutes (ESI), von 1985 bis 1988 Leiter eines deutschen Technologiezentrums und seit 1981 die längste Zeit Geschäftsführer von deutschen Software-Unternehmen. Vorlesungen an Universitäten und wissenschaftliche Arbeiten, zuletzt über *Methoden des Forschungsmanagements* und insbesondere der „*Wissensbilanzierung*", als deren „Vater" er in Österreich gilt.

Prof. Koch ist heute Aufsichtsratsvorsitzender der börsennotierten Fa. TOPCALL International AG, Präsident der Österreichischen Gesellschaft für IT- und Informatik-Forschung, Gastprofessor an der Donau-Universität Krems und als freier Berater in Sachen Wissen(schaft)smanagement tätig.

Leitner, Karl-Heinz, Dr. Mag.
Abteilung Technology Policy, Systems Research ARCS
Kramergasse 1, A-2444 Seibersdorf
Österreich

Dr. Karl-Heinz Leitner, Studium der Wirtschaftsinformatik, ist seit 1995 wissenschaftlicher Mitarbeiter in den ARC systems research, einer Tochter der Austrian Research Centers. Er beschäftigt sich dort mit Fragen des Innovationsmanagement, Strategieforschung sowie Forschungspolitik und hat zahlreiche Forschungs- und Entwicklungsprojekte für öffentliche Auftraggeber und Unternehmen durchgeführt. Seit mehreren Jahren befasst er sich mit der Erfassung von immateriellen Vermögenswerten im Rahmen von Wissensbilanzen und im besonderen mit der Bewertung von F&E. Karl-Heinz Leitner hat Wissensbilanz-Projekte für Forschungsorganisationen und Unternehmen koordiniert und ist innerhalb der ARC für die Entwicklung der Wissensbilanz verantwortlich.

Lingemann, Hans-Friedrich
IFAS - Forschung und Beratung
Im Steingarten 30, D-57074 Siegen
Deutschland

Hans-Friedrich Lingemann ist Dipl.-Ing. des Maschinenbaus und seit 1981 Inhaber des Forschungs- und Beratungsinstitutes IFAS (Institut für arbeitswissenschaftliche Studien). Seit 1992 ist Herr Lingemann zudem als geschäftsführender Gesellschafter der Firma ASDORF-Maschinen tätig und mittlerweile an weiteren Maschinenbauunternehmen beteiligt. Daneben nimmt er Aufgaben als Aufsichtsrat sowie als Gutachter wahr.

Bedingt durch Ausbildung und Tätigkeit hat seine wissenschaftliche Arbeit einen starken Anwendungsbezug. Querschnittsthemen, wie z. B. Projekte zur Organisations- und Personalentwicklung unter wirtschaftlichen Aspekten in den 80er Jahren, sind dabei häufig. Die Wissensbilanz entstand als konsequente Fortführung dieser Arbeiten zunächst als Konzept und anschließend ab ca. 1995 in der betrieblichen Anwendung.

Mertins, Kai, Prof. Dr. Ing.
Abteilung Unternehmensmanagement
Fraunhofer Institut für Produktionsanlagen und Konstruktionstechnik (IPK)
Pascalstr. 8-9, D-10587 Berlin
Deutschland

Direktor des Bereiches Unternehmensmanagement am Fraunhofer-Institut für Produktionsanlagen und Konstruktionstechnik. Seit 1998 Honorarprofessor an der Technischen Universität Berlin.
Jahrgang 1947. Elektromechanikerlehre in Hamburg. Studium der Elektrotechnik, mit Schwerpunkt Mess- und Regelungstechnik zum Ingenieur (grad) in Hamburg. Wirtschaftsingenieurstudium an der Technischen Universität Berlin (Dipl.-Ing.). Promotion bei Prof. Dr. h. c. mult. Dr.-Ing. G. Spur über "Steuerung rechnergeführter Fertigungssysteme". Industrietätigkeit in Elektromontage, Inbetriebnahme und Wartung von Fertigungsanlagen, Projektierung von Fabrikanlagen. Aufgabenschwerpunkte sind: Unternehmensmodellierung, Unternehmensmanagement, Produktionsorganisation, Wissensmanagement, Fabrikplanung, Auftragssteuerung, Fertigungsleitsysteme, Mitarbeiterqualifikation. Erfahrungen als Manager internationaler Projekte mit europäischen und asiatischen Konsortien.

Mohr, Christina
KAM.sys Forschungsprojekt
Fabrikzeile 21, D-95028 Hof
Deutschland

Christina Mohr, geboren am 26.08.1977 in Langen/Hessen studiert an der Fachhochschule Hof Betriebswirtschaftslehre mit den Schwerpunkten Marketing und Personal & Organisation. Erfahrungen sammelte sie durch zahlreiche Praktika in Deutschland, Spanien, USA und China bei Hidrolimpia S.L., Horváth & Partner, L´ORÉAL, EBIS und Siemens. Sie schreibt ihre Diplomarbeit im Rahmen des Forschungsprojektes KAM.sys zum Thema "Entwicklung, Implementierung und Vermarktung eines Vorgehensmodells zur wissensorientierten Unternehmensplanung und Steuerung".

Mouritsen, Jan, Prof. Dr. merc.
Department of Operations Management, Kopenhagen Business School
Solbjerg Plads 3, B.5., DK-2000 Frederiksberg
Dänemark

Dr. merc. Jan. Mouritsen, ist Professor und Leiter des Department of Operations Management der Kopenhagen Business School. Er hat mehr als 130 Artikel und Bücher veröffentlicht, ist Mitglied im redaktionellen Beirat von mehr als 10 wissenschaftlichen Zeitschriften und hat eine Reihe akademischer Preise für seine Forschung erhalten. Jan Mouritsens Forschungsinteressen schließen „management control", „manufacturing accounting", „operations management", „intellectual capital" sowie „knowledge management" und „immaterial assets" ein. Jan Mouritsen unterrichtet im Rahmen von MBA-Programmen, wird regelmäßig als Redner zu

Konferenzen und Seminaren eingeladen und arbeitet als Berater für die freie Wirtschaft sowie für öffentliche Institutionen. Von 1998 bis 2002 leitete Jan Mouritsen die Forschungsgruppe, die die dänische Richtlinie für intellektuelles Kapital im Auftrag des dänischen Ministeriums für Technologie, Forschung und Innovation entwickelte.

Nagel, Claus
   Esi Managementberatung Gmbh
   Äußere Bayreuther Straße 13, D-95032 Hof / Saale
   Deutschland

Claus Nagel, wurde am 04.03.1973 in Hof / Bayern geboren. Nach seinem Studium derBetriebswirtschaftslehre mit den Schwerpunktfächern Organisationslehre, Personalwirtschaft und Wirtschaftsinformatik an der Universität Bayreuth, arbeitete er als Strategie und Prozessberater bei der Logisma AG, einem Tochterunternehmen von Rödl & Partner, in Pforzheim und Bamberg
Im August 2002 wechselte er als Geschäftsführer in die EBIS GmbH. Im Rahmen des Forschungsprojektes KAM.com der HighTech-Offensive Bayern war er dort für die Durchführung verschiedener Praxistests zum Knowledge-Asset-Management verantwortlich. Im September 2003 übernahm der die Projektleitung des Forschungsprojektes KAM.sys.

North, Klaus, Prof. Dr.
   Fachbereich Wirtschaft, Fachhochschule Wiesbaden
   Bleichstraße 44, D-65183 Wiesbaden
   Deutschland

Prof. Dr.-Ing. Klaus North lehrt Internationale Unternehmensführung im Fachbereich Wirtschaft der Fachhochschule Wiesbaden. Er entwickelt in Forschung und Praxis anwendungsorientierte Konzepte zur wissensorientierten Unternehmensführung. Sein Buch „Wissensorientierte Unternehmensführung" (Gabler 2002, 3 Auflage) ist ein Standardwerk. Prof. North ist Jury des Preises „Wissensmanager des Jahres" und war Gründungspräsident der Gesellschaft für Wissensmanagement.

Offen, Rainer
   VR Bank Südpfalz eG
   Waffenstr. 15, D-76829 Landau
   Deutschland

Rainer Offen ist Betriebspädagoge und Dipl. Systemischer Coach. Er arbeitet in den Bereichen Personalbetreuung und Organisationsentwicklung der VR Bank Südpfalz in Landau. Als Praktiker verfügt über umfangreiches Know-how und Projekterfahrung in Veränderungsprozessen. Das Projekt "Wissensbilanz" wurde von ihm in der VR Bank Südpfalz federführend geleitet.

Reinhardt, Rüdiger, Prof.(FH) Dr. habil
Leiter des Studiengangs für Berufstätige „Wirtschaft & Management"
Management Center Innsbruck
Universitätsstraße 15, A-6020 Innsbruck
Österreich

Prof. Dr. Rüdiger Reinhardt (*1960) ist gegenwärtig Leiter des Studiengangs für Berufstätige „Wirtschaft & Management" am Management Center Innsbruck und Privatdozent an der TU Chemnitz. In seiner Forschung beschäftigt er sich schwerpunktmäßig mit Themen wie Wissensmanagement, Change Management, Organisationales Lernen, Führungskräfte- und Personalentwicklung und Intellectual Capital. In seiner Lehre behandelt er Inhalte wie Change Management, Personalmanagement, Führung, Forschungsmethoden und Wissensmanagement.

Pircher, Richard, Dr.
Zentrum für Wissens- und Informationsmanagement
Donau-Universität Krems
Dr.-Karl-Dorrek-Straße 30 A-3500 Krems
Österreich

Wissenschaftlicher Mitarbeiter und Leiter des berufsbegleitenden Universitätslehrganges Wissensmanagement an der Donau-Universität Krems, Zentrum für Wissens- und Informationsmanagement. Projektleitung zur Erstellung der ersten gesamtuniversitären Wissensbilanz, Beteiligung in internationalen Forschungsprojekten und mehrere Lehraufträge. Zuvor war Richard Pircher u. a. als Geschäftsführer im Non-Profit-Bereich und im Projektmanagement tätig. Studium der Betriebswirtschaftslehre mit den Schwerpunkten Informationswissenschaft und Innovationsmanagement / Umweltmanagement und Promotion im Bereich Organisations- und Personalmanagement.

Pulić, Ante
Universität Zagreb
Trg maršala Tita 14, HR-10000 Zagreb
Kroatien

Prof. Dr. Ante Pulić ist ordentlicher Professor an der Universität Zagreb und Präsident des Verbandes für Intellektuelles Kapital im Rahmen der kroatischen Handelskammer. Sein Spezialgebiet ist die Messung der Wertschöpfungseffizienz (WSE) des IC anhand der VAIC™ Analyse, deren Autor er ist. Die Einzigartigkeit der VAIC™ Analyse ist, dass sie auf allen Ebenen angewandt werden kann und einen Überblick über die Effizienz des intellektuellen Kapitals von Unternehmensprozessen, Holdings, Regionen oder Nationen bietet (WSE der kroatischen Wirtschaft 1998-2003, WSE des Singapore Capital Market 2000-2002). Derzeit arbeitet er am Projekt, „Increasing of National Intellectual Capital", das in 50 kroatischen Unternehmen durchgeführt wird.

Van der Zahn, Mitchell
  School of Accountancy, Singapore Management University
  Accountancy Building, Level 10
  469 Bukit Timah Road, SGP-259756 Singapore
  Singapur

Dr. Mitchell Van der Zahn ist derzeit Associate Professor an der School of Accountancy der Singapore Management University. Mit mehr als 65 Publikationen, darunter 5 Buchbeiträgen, 16 Artikel in begutachteten Zeitschriften und 49 begutachteten Konferenzbeiträgen, sind Dr. Van der Zahn's Forschungen in hoch angesehenen international begutachteten Zeitschriften erschienen, darunter in International Journal of Accounting, European Accounting Review, Journal of Intellectual Capital und The Learning Organization. Derzeit ist er Mitglied im Herausgeberbeirat folgender Zeitschriften: International Journal of Accounting, Auditing and Performance Evaluation, Financial Accounting, Regulation and Governance Journal and Singapore Accountants. Im Zusammenhang mit seiner wissenschaftlichen Arbeit hat Dr. Van der Zahn, inspiriert durch herausragende Persönlichkeiten des Intellektuellen Kapital, wie Ante Pulic, Nick Bontis und Manfred Bornemann, um nur ein paar zu nennen, das Corporate Governance Intellectual Capital (CGIC) Archiv entwickelt. Das CGIC ist der Versuch eine Datenbank für die Intellectual Capital Performance und die Corporate Governance Praktiken öffentlich gehandelter Firmen in Singapur einzurichten . Diese Datenbank wurde entwickelt, um Interessenten relevante Maßzahlen über die intellektuelle Kapitalleistung auf der Firmenebene, auf der Meso-Ebene (industrieller Sektor) und auf der Makro-Ebene (Kapitalmarkt) zu geben und um Veränderungen in der Corporate-Governance Landschaft in Singapur zu messen

Vorsatz, Nadine
  Competence Center Wissensmanagement
  Fraunhofer Institut für Produktionsanlagen und Konstruktionstechnik (IPK)
  Pascalstr. 8-9, D-10587 Berlin
  Deutschland

Nadine Vorsatz studierte an der Humboldt Universität zu Berlin Betriebswirtschaftslehre mit den Schwerpunkten Organisationstheorie und Marketing. Ihre Diplomarbeit verfasste sie im Rahmen des Projektes „Wissensbilanz – Made in Germany". Seit 2004 ist sie studentische Mitarbeiterin am Fraunhofer IPK Berlin mit dem Schwerpunkt Wissensbilanzierung.

Zinka, Jürgen
  Böhler-Uddeholm AG
  Modecenterstraße 14/A/3, A-1030 Wien
  Österreich

Jürgen Zinka besuchte die Höhere Technische Bundeslehranstalt Fachrichtung Maschinenbau in Kapfenberg. Sein beruflicher Werdegang begann bei Austrian Energy, wo er Projektleiter in der Umwelttechnikabteilung war.

Danach war er bei MAGNA STEYR Fahrzeugtechnik im Qualitätswesen tätig, wo er auch die Ausbildung zum Qualitätsmanager absolvierte. Später übernahm er bei MAGNA die Leitung der Abteilung Ideenmanagement und war Hauptverantwortlicher für den Kontinuierlichen Verbesserungsprozess.

Seit Januar 2004 ist Herr Zinka Leiter der Stabstelle der Geschäftsführung für KVP bei BÖHLER Schmiedetechnik. Dort ist er federführend verantwortlich für die SIX SIGMA Projekte, wobei er selbst SIX SIGMA Black Belt ist. Weiters ist er verantwortlich für Wissensmanagement, standardisierte Problemlösung und die Einführung und Betreuung der Balanced Scorecard.

Sachverzeichnis

Abschlussbericht s.a.
   Wissensbilanzbericht **167**
ARCS-Modell **176, 207**
Außendarstellung s.a. Kommunikation,
   extern **274**

Balanced Scorecard **13, 24, 27, 43, 113, 190, 206, 211**
Basel II **4, 139, 276**
Benchmarking **124, 195, 220, 245**
Berechnungsgrundlage **34**
Berichterstattung, extern s.a.
   Kommunikation, extern **247f.**
Berichtslegung
   - extern s.a. Kommunikation, extern **164ff., 168**
   - traditionell s.a.
      Bilanzierungssystem, traditionell **369**
Bewertung, monetär **21, 23, 129, 160, 167, 235, 257,** 270, **275**
Bewertungsbasis s.a
   Bewertungsmaßstab **188**
Bewertungsmaßstab **20,** 188
Beziehungen visualisieren **219**
Beziehungskapital **7, 59, 112, 126, 177, 189, 192, 211, 285**
Bilanzierungssystem, traditionell **1,** 369
Bilanzierungszeitraum **258**
BMWA-Modell **27**
Brand Valuation **27**
Buchungssystem **98f.**
Buchwert **4**

Calculated Intangible Value **27**
Center of Excellence **246**
Citation - Weighted Patents **27**
Corporate Reporting s.a.
   Wissensbilanzbericht **127**

Danish Guideline **24, 28**
design cycle **157**
Design-Ansatz **156**
deutero-learning **200**

Economic Value Added (EVA) **28**
Effizienz der allgemeinen
   Wertschöpfung (VAIC) s.a. VAIC **310**
Effizienz des Intellektuellen Kapitals (ICE) **309**
Einbeziehung der Führung s.a.
   Geschäftsleitung, Unterstützung durch die **274**
Einflussfaktor s.a. Erfolgsfaktor **48,** 80, **236, 255f.,** 265
Entwicklung s.a. Steuerung **274, 283**
Entwicklungs-Netzwerk **371**
Erfolgsfaktor s.a. Einflussfaktor **48, 80,** 236, 255f., 265
Ergebniskomponente **229**
Evaluierungskultur **201**

Finanzdienstleistungsbranche **139**
Finanzierungsverfahren **250**
Finanzkapital **230, 306**
Forschungskollektivvertrag,
   österreichischer s.a. Universitätsgesetz, österreichisches **231**
Fragebogen **72**
Führungskräfteunterstützung s.a.
   Geschäftsleitung, Unterstützung durch die **82**

Ganzheitlichkeit **82, 127**
Gesamtwertschöpfung **308**
Geschäftserfolg **12, 146**
Geschäftsergebnis **109, 111, 113, 116**
Geschäftsleitung, Unterstützung durch die **82, 123,** 274, 298, 334
Geschäftsprozess **117,** 189, 192, 207, **254, 256,** 284, 300
Geschäftsumfeld, international **7**
Globalisierung **7**
Gross Domestic Product **307**

Holistic Value Approach (HVA) **28**
Humankapital **7, 23, 112, 125, 177, 189, 192, 211, 230, 285, 309, 325, 364, 367, 370f.**

IC Performance **305f.**, **308**
IC-Multiplikator **366f.**
Immaterielle Vermögenswerte *s.a.*
  Intellektuelles Kapital **253**
Inclusive Value Methodology (IVM) **28**
Indexbildung **196**
Indikator **33**, **49**, **52**, **57**, **60**, **76f.**, **127**, **132**, **144**, **190**, **211f.**, **218**, **238**, **266**, **289f.**
Indikatorensystem **110**, **117**, **132**
Industriezeitalter **306**
Information der Öffentlichkeit *s.a.*
  Kommunikation, extern **59**
Informationen bereitstellen *s.a.*
  Kommunikation, extern **214**
Innovations-Netzwerk **371**
Intangible Asset Monitor (IAM) **28**
Intangible Asset *s.a. Intellektuelles Kapital* **2**
Intangibles Scoreboard **29**
Integrierte Wissensbewertung (IWB) **29**, **253f.**
Intellectual Capital (IC) Index **29**
Intellectual Capital (IC) Rating **29**, **369**
Intellectual Capital Audit (ICA) **29**
Intellectual Capital Benchmarking System (ICBS) **29**
Intellectual Capital Report *s.a.*
  Wissensbilanzbericht **3**, **55**, **58f.**
Intellectual Capital *s.a. Intellektuelles Kapital* **2f.**
Intellectual Capital Statement *s.a.*
  Wissensbilanzbericht **3**
Intellectual Property (IP) Information Disclosure **30**
Intellektuelles Kapital **1ff.**, **6**, **33**, **58**, **207**, **253**, **305**, **308**, **323**, **334**, **365f.**,
  - Bewertung **34**
  - Erfassung **19**
Interventionen *s.a. Steuerung* **113**

JR-Explorer **225ff.**

Kernkompetenz **159**
Kernprozess *s.a. Geschäftsprozess* **207**, **300**
Knowledge-Asset-Measurement-System **121ff.**

Kommunikation, extern **7**, **9**, **35**, 59, 118, **129**, 164ff., 168, **195**, **206**, 214, 216f., 247f., 274, 283, **334**
Kommunikation, intern **9**, **46**, **161**
Kommunikationsregeln **78**
Konrad Group **30**
Kontinuierlicher Verbesserungsprozess **180**
Kreativität **181**
Kundenbeziehung *s.a.*
  Beziehungskapital **59**
Kundenwünsche **307**

Leistungsprozess *s.a. Geschäftsprozess* **189**, **192**, **284**
Lernende Organisation **176**, **180ff.**,
Lernprozess **145**, **184**, **200**
Lernschleife **146**, **254**
  - double-loop-learning **199**, **229**
  - single-loop-learning **199**, **228**
Lernzeit **92**
Lissabon Abkommen **1**, **337**
Longitude Perspective **365**

Management *s.a. Steuerung* **8**, **12**, **164f.**
  - Unterstützung *s.a. Geschäftsleitung, Unterstützung durch die* **298**
Management-Agenda *s.a. Steuerung* **161**, **167**
Managementinstrument *s.a.*
  Steuerungsinstrument **12**, **59**, **169**, **216**, **234**, **300**
  - Schnittstelle *s.a.*
    Steuerungsinstrument, Schnittstelle **13**
Market to Book Ratio **30**
Marktwert **4**
Maßnahmen *s.a. Steuerung* **57**, **115**, **149f.**
Messsystem **367**
Messung, metrisch *s.a. Bewertung, monetär* **235**
Messverfahren **20**
Mitarbeiterakquisition **7**
Moderation, extern **298**

narrative Schilderung („knowledge narrative") *s.a. story telling* **56**, 151
Nutzen **83**, **179**

Ökonomie des Verfahrens 21
Optimierung s.a. Steuerung 76, 135
Organisation, lernende 150
Österreichische Forschungsbilanz 30

Patent Valuation 30
Personalausgaben 271
Produktions-Netzwerk 371
Produktivität 42
Prozessmodell 243
Prozessorientierung 122
Publizitätsfunktion s.a. Kommunikation, extern 283

Qualitätsmanagement 14, 301
Quantifizierung, monetär s.a. Bewertung, monetär 270

Rating 5
Rechnungslegungsstandard 5, 24, 84, 121, 221, 276
reflective cycle 156
Reporting-Bericht s.a. Wissensbilanzbericht 132
Risikosteuerungsinstrument 127

Sensitivitätsanalyse 144, 178, 197
Skandia Navigator 30
Soll/Ist-Zustand 72, 147
Stakeholder, Auskunft geben s.a. Kommunikation, extern 216ff.
Standardisierungsgremien 5
Steuerung 9, 12, 20, 34, 57, 76, 113, 115, 128f., 135, 149f., 164ff., 215, 219, 245f., 255, 274, 283
Steuerungsinstrument 12, 59, 125, 151, 169, 188, 195, 216, 228, 234, 300, 334
- Schnittstelle 13
- traditionell 1
story telling s.a. narrative Schilderung 56, 151
Strategieentwicklung 299
Strukturdimension 254
Strukturkapital 7, 112, 126, 177, 189, 192, 211, 230, 268, 285, 309, 370
Strukturkomponente 228
Strukturmodell 243, 253
Systematik 326

Technology Broker 31
Tobin´s q 31
Transparenz 8, 43, 117, 149, 250

Übersicht, extern s.a. Kommunikation, extern 118
Universitätsgesetz, österreichisches 6, 187, 189, 231, 281, 283
Unternehmen
- Groß~ 84
- kleine und mittelständische (KMU) 41, 84
Unternehmenskultur 136
Unternehmenswert 41
Ursache-Wirkungszusammenhang 110f., 115f., 178, 256, 298

Value Added Intellectual Coefficient (VAIC) 31, 310
Value Chain Scoreboard 31
Veränderungsmaßnahmen s.a. Steuerung 34
Verbesserungspotenzial 274
Vergleichbarkeit zwischen verschiedenen Unternehmen s.a. Benchmarking 124
Verständnis, geteiltes 179
Vester-Matrix 201

Weightless Wealth Tool Kit (WWTK) 31, 158
Wertschöpfung 370
Wirkungsanalyse 200
Wissen 1
- als Machtfaktor 134
- intuitiv 42
Wissensbasis 177
Wissensbilanz
- Akzeptanz 248
- Nutzen 260
- Voraussetzungen 257
WissensBilanz der ifas 31
Wissensbilanzbericht 3, 55, 58f., 127, 132, 167, 212, 272
Wissensbilanzmodell/ -instrument 2, 45, 51, 141, 188, 203, 206f., 209, 237, 241, 279, 284
Wissensbilanz-Report s.a. Wissensbilanzbericht 212
Wissensdomäne 257
Wissensgesellschaft 184

Wissenskommunikation 78
Wissensmanagement 14
 - als Change-Ansatz 82
 - Phasenmodell des Integrativen 72
 Ziele *s.a. Wissensziele* 57
Wissensprozess 73
Wissensressource 56, 262, 264
Wissensstrategie 45
Wissenszeitalter 307

Wissensziele 57, **113**, **177**, **209**, **211**, **244**, **289**
Wissenszone 371
Workshop 75

Zieldiskussionsprozess 45
Zielgruppe 10
Zielvereinbarungen 249
Zielvorgaben 34

Druck und Bindung: Strauss GmbH, Mörlenbach